한국 근현대 불교사상 탐구

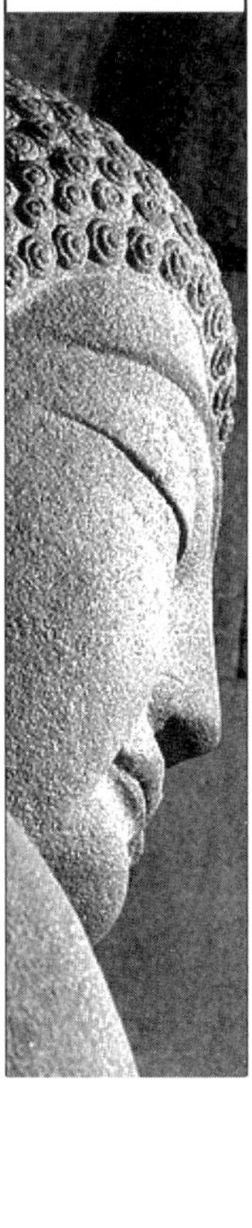

한국 근현대
불교사상탐구

신규탁 著

새문사

『한국 근현대 불교사상 탐구』 서문

한국 근현대 불교는 무한한 광맥에 비유할 수 있다. 이 광맥에는 한국불교의 어제·오늘·미래라는 자화상, 현실, 모순, 문제가 가득 담겨져 있다. 나는 이 점을 주목하고 근현대 불교의 연구와 개척이라는 화두를 잡고 이 광맥을 탐색한 지가 어언 20여년이나 되었다.

한국 근현대 불교라는 광맥을 캐기 위해서는 다양한 안목과 실력을 갖춘 많은 광부가 필요하다. 광부들의 튼튼한 육체와 견실한 도구, 그리고 탄탄한 수레 등이 절대적으로 요청되었다. 그러나 20년 전에는 한국 근현대 불교의 광맥을 캐는 연구자가 희소했다. 그래서 새로운 연구자들의 동참과 활동이 나타나면 나의 가슴은 뛰고 시선은 집요하였다.

그런데 세월이 지나면서 역사학, 불교학, 철학, 종교학 등의 분야에서 자생적인 연구자가 등장하여 이제는 상당한 연구자 층이 형성되어가고 있다. 이런 변화에는 승가단체·사찰·법인·종단·대학 등에서 근현대 불교 연구에 쏟아 부은 추동력에도 원인이 있다.

이런 배경에서 나는 근현대 불교 연구에 참여하는 신규탁 교수를 평소 주목해왔다. 신 교수는 탄탄한 불교의 이해, 견실한 어학 실력, 선명한 논리 전개, 부지런한 작업을 통해 많은 연구 활동을 하는 중견 학자이다. 나는 신 교수의 연구 성과물에 많은 빚을 지고 있다. 역사학 관점에서 연구를 하는 나로서는 아무래도 불교의 사상 및 철학 방면에는 한계가 있었다. 그래서 사상과 철학 방면에서 연구하는 신 교수의 활동을 주목했다.

이러던 차에, 신 교수가 근현대 불교의 연구 성과물을 집약·정리하여 한 권의 책으로 상재한다며, 나에게 원고를 보내면서 서문을 부탁해왔다. 보내온 원고를 살펴보니 지금껏 보지 못하였던 새로운 연구의 관점이 들어있어 책의 가치를 높이고, 또 한국불교 연구의 역사와 지성을 풍부하게 해주었다. 내 생각에 이 책은 다음과 같은 측면에서 의의가 있다.

첫째, 이 책에는 근현대 불교의 철학성과 종교성이 발굴 · 정리되어 있다. 불교의 정체성은 종교 · 신행 · 철학이 본질이지만 그간의 연구는 이런 점을 간과했다. 이는 연구의 척박함에 기인한 것인데, 신 교수는 우리에게 불교의 철학사상 및 신행의 연구가 시급함을 알게 해주었다.

둘째, 이 책에는 한국불교의 정체성 및 역사적 흐름이 심층적으로 연구되어 있다. 근현대 불교 연구는 한국불교 1700년이라는 역사적 맥락과 또 현실적 문제의식 속에서 이해되고 정리되어야 마땅하다. 그러나 지금까지의 연구는 이런 역사와 현실적 계기를 소홀하게 인식해왔다. 그런데 이 책에서는 한국불교의 전통, 동아시아 관점, 다양한 이념(봉건주의, 제국주의, 근대주의 등)을 활용하여 근현대 한국불교에 개재된 특성을 밝혀내고 있다.

셋째, 이 책에는 근현대 불교의 주역인 고승들에 대한 새로운 관점이 투영되어 있다. 이제까지의 고승 연구는 찬양 · 우호 · 설명 차원에서 진행된 점도 없지 않았다. 그런데 신 교수는 고승의 본질 및 정체성을 논하면서도 그들의 특성과 차별성까지 밝혀내고 있다.

이상으로 나는 이 분야 연구의 동향을 바탕으로, 이 책의 성격과 의의를 조망해보았다. 이 책이 근현대 한국불교 연구자들과 이 땅의 불교를 고민하는 사부대중의 관심을 촉발시킬 수 있으리라 확신하면서, 또 신 교수의 학문적 행보를 주목하면서, 또 동도(同道)의 도반(道伴)들과 수희(隨喜)의 공덕(功德)을 나누면서, 서문을 대신한다.

2012년 2월 20일

동국대학교 연구교수 김광식

엇갈리는 시선들

1. 파란만장한 지난 100년

정치적 이념은 물론 예론(禮論)에 까지 성리학이 확장되는 과정에서, 조선시대의 불교는 이념적으로는 물론 생활 세계에서조차 점차 힘을 잃어 갔다. 더불어 승려들의 사회적인 위치 역시 그러했다. 군주를 정점으로 하는 차별적 신분제도와 토지를 매개로 하는 봉건적 종법제(宗法制) 속에서는 그 어떤 사상도 여기로부터 자유로울 수 없었다. 이런 상황은 유교적 이념이 유지되던 중국 대륙과, 그리고 중국으로부터 강력한 영향을 받고 있던 주변 국가에 공통적으로 나타난다.

그러나 이러한 유교적 봉건주의는, 자본주의와 산업 기술로 무장된 서유럽 제국주의 앞에 무릎을 꿇기 시작했다. 그 상징적인 사건이 바로 1840년에 발발한 '아편전쟁'이다. 이로부터 '천하'의 중심이었던 청나라 왕조는 서유럽의 제국주의에 의해 분할 관리되고, 조선은 일본의 제국주의 관리 속으로 들어갔다. 이렇게 시작된 동북아시아의 근대는 파란만장한 100년이었다.

1945년 제국주의 일본의 패망으로, 1948년 8월 15일 한반도의 남쪽에는 '대한민국'이 세워졌고, 1948년 9월 9일 북쪽에는 '조선민주주의인민공화국'이 세워진다. 한편 1949년 중국 본토에는 '중화인민공화국'이 건설되었고, 1912년에 건국된 '중화민국'은 결국 대만 섬으로 정부를 옮겨간다.

이러는 동안에 중국과 한반도의 움직임은 서로의 정황은 약간씩 달랐어도,

해결해야 할 문제는 크게 둘로 집약되었다. 하나는 반(反) 제국주의이고, 또 하나는 반(反) 봉건주의였다. 물론 이 과정에서 두 지역이 모두 자본주의와 사회주의의 이념적 대립 갈등도 겪었다.

그런데 여기서 우리가 주목해야 할 점이 있다. 그것은 중국의 경우는 자국민의 이념과 제 손으로 청나라 왕조를 타도시켰던 반면, 조선왕조를 타도시킨 주체는 일본 제국주의였다는 점이다. 이 점은 봉건왕권 시대를 바라보는 이후의 시각에 상당한 차이를 가져오게 했다.

중국의 경우는 봉건왕권의 핵심 이념이었던 당시의 유교를 철저하게 비판했고 이와 더불어 그에 동조했던 불교 또한 면죄되지 않았다. 이런 시각은 1940년대의 허우와이루(候外廬)의 『중국사상사(中國思想史)』에서 이미 분명해졌다. 인민정부 수립 후에는 이런 시각이 여러 방면에 계속 확산되어 갔다. 팡리티엔(方立天)의 『위진남북조불교논총(魏晉南北朝佛教論叢)』(中華書局, 1982)에 이런 시각이 잘 드러난다. 그에 따르면 중국의 철학사 위에서 유물주의와 유심주의와의 대전에 있어 불교철학은 유심주의의 중요한 '방면군(方面軍)'이었다고 평한다.

이런 입장은 그 뒤 런지위(任繼愈) 등에 계승되었다. 그는 중국불교를 다음과 같이 평가하고 있다. "첫째, 불교는 유심주의 종교 철학체계이고 철학성이 풍부하다. 둘째, 중국불교는 외국 것이라고 말할 수 없다. 이것은 중국철학사의 중요한 부분이고 송명철학(宋明哲學)에 큰 영향을 주었다. 셋째, 불교에 대한 비판적인 관점을 분명히 하는 것에 의하여, 유물주의의 이해가 개발된다. 넷째, 불교의 연구와 이해는 유심주의 비판의 힘이 된다. 다섯째, 불교 연구에 선행하여 역사 유물주의의 관점을 유지해야 한다."[1)]

그의 이런 불교 인식은 대륙에서 출판되는 중국불교 연구의 일반적인 관점이기도 하다. 그는 다시 『중국불교사(中國佛教史)』 제1권 (中國社會科學出版社, 1981)의 「서(序)」에서 이렇게 말하고 있다. "마르크스주의의 사적(史的)

1) 任繼愈, 「佛教哲學思想在中國的傳播與發展」『漢唐佛教思想論集』, 北京: 人民出版社, 1974. 일본어 번역으로는 古賀英彦(外) 譯, 『中國佛教思想論集』, 東京: 東方書店, 1980.

유물론은 원리로서는 몇 개의 간단한 조항이 있을 뿐이지만, 이것을 어떻게 적확하게 중국불교사의 연구에 사용하는가는 앞으로도 과학적인 실천을 통하여 해결해 가야만 하는 어려운 문제이다." 그런데 이것을 근거로 그가 유물사관을 포기했다고 속단해서는 안 된다. 이것은 오히려 그가 자신의 관점을 보다 객관화하려는 결심의 표명이라고 생각된다.

물론 1990년대 후반에 들어오면서 다소 시각의 변화가 일기는 했지만 기본 기조에는 변함이 없다.[2)] 현재도 중국 정부의 '중국국가종교사무국' 홈페이지의 〈政策法規〉를 보면 이런 입장이 여전히 유지되고 있음을 확인할 수 있다.[3)]

그러면 우리의 경우는 어떠한가? 일본 제국주의에 의해 조선조 500여 년간의 왕정은 종결되었고, 그 결과 조선을 지탱했던 유교는 이제는 더 이상 지도 이념이 될 수 없었다. 조선 말기의 유교적 질서와 이념이 당시 자신들에게 가져다준 좋은 점이 무엇이고 나쁜 점이 무엇이었는가를 따져볼 겨를도 없이 남의 손에 의해 강제 해체되고 만다.

봉건군주제를 찬양하고 그것의 보호를 받던 사대부(士大夫)들과 그 체제 이념에 길들여진 백성들로서는 조선 왕조의 해체는 그야말로 '나라가 망한' 격이었다. 조선 말기에 탐관오리에게 푸대접을 받고, 때로는 지주들에게 힘에 부치는 소작료를 지불하면서도, 그것이 전부인 양 살았던 사람들로서는 '나라'와 '조정(朝廷)'을 따로 떼어 생각한다는 것은 쉽지 않았다. 그러니 이런 사람들이 조선의 조정을 지탱했던 유교(儒教)를 대상화한다는 것은 쉬운 일이 아니었다. 유교의 전(前) 근대성을 깨부수고 세계사적인 근대 세계를 지향한다는 것은 엄두도 못 낼 일이었다.

그러나 근대화의 물결은 누구도 거스를 수 없었다. 이 점은 역사를 지내놓고 보니 더욱 분명하게 드러났다. 그런데 문제는 어떤 방식으로 근대화를 하는가이다. 일본과 친밀한 관계를 맺으면서 일본식의 근대화를 하자는 것인가? 아니면 유럽이나 미국과 가까운 관계를 맺으면서 그 쪽 방식으로 근대화를

---

2) 末木文美士 · 曹章祺, 『現代中國の佛教』, 東京: 平河出版社, 1996.

3) http://www.sara.gov.cn/gb/zcfg/default.htm

하자는 것인가? 또 아니면 중국이나 소련과 관계를 맺고 사회주의식 근대화를 하자는 것인가? 이런 와중에 온 나라는 혼란 속에 빠지고 만다. 결과적으로 일본인의 손에 의해 일본을 위한 근대화가 조선에 도입된다.

그런데 여전히 유교의 봉건 체제가 긴 세월 동안 드리웠던 '그림자'의 정체를 인식하지 못하는 사람들이 적지 않았다. 이러다보니 조선의 체제 교학인 유교에 대해 비판은커녕 온정주의적 발상까지 있었다. 이런 상황에서 전제 왕권 체제에 길들여진 유교나 불교의 봉건성을 문제 삼는다는 것은 아예 엄두도 못 내었다. 게다가 조선 시대 약 500년을 넘는 긴 세월 유교에 의한 불교의 탄압은 이런 우리의 상황을 더욱 '복잡하게' 만들었다.

불교는 자신들의 몸속에 깊이 배어든 전근대적 봉건성에 대해서는 아랑곳하지 않았다. 지난 세월 유교와 그 조정으로부터 받았던 박해에 한이 맺히고, 한편으로는 일본 불교의 근대적 요소에 주목한 나머지 저들의 의도를 알기에는 많은 세월이 걸렸다.

지나온 세월을 비판하자니 현재 일제가 자행하는 조선의 통치 정책에 동조하는 꼴이 되고, 그렇다고 일제의 조선 통치를 거부하자니 근대화의 물결을 거스르는 꼴이 된다. 그렇지 않고 제3의 길로 서양의 자유주의나 사회주의 노선을 걷는 앞선 사람도 있었지만 이들이 설 수 있는 역사 무대는 현실에는 없었다.

마침내 제2차 세계 대전에서 연합군이 승리하자, 미-소 양대 진영으로 갈려 저들은 각각 우리에게 현대를 안겨주었다. 우리 스스로 자체적으로 키워온 역사 발전의 동력이 없었고, 지나온 세월을 돌아볼 안목도 준비되지 않았기에, 급변하는 세계 정세 속에서 그저 유럽이나 미국을 향한 전진만이 살길인 줄 알았다. 남한에서는 말이다. 일본제국주의 침략으로 인해 '뒤틀린 근대'를 반성하여 그것을 곧게 펼 여유 자체가 없었다. 하물며 봉건 체제의 모순에 대해 책임을 묻는다는 것은 더욱 어려웠다.

그러나 분명한 것은 역사는 연속적이고 중층적이라는 것이다. 겉 토양을 보면 미국식의 현대판인 것 같지만, 그 겉을 한 겹 걷어내면 그 속에 일본

제국주의 흙이 나오고, 이 흙을 한 겹 걷어내면 그 속에는 유교의 봉건성이 나오고, 이 흙을 한 겹 더 걷어내면 그 속에는 불교 사상이 깔려 있다. 바닥을 다시 캐보면 그 속에는 긴 세월 쌓여온 무속적인 삶의 흔적들이 깔려 있다. 때로는 이런 역사의 퇴적물이 한데 뒤섞여 현재에 동시적으로 나타나기도 한다.

이런 속에서 불교는 '유교적 봉건'의 비판과 극복에도 소홀했고, 일제에 의해 주도된 '뒤틀린 근대'의 비판 극복에도 역시 소홀했다. 역사는 중층적이고 연속적인데도 말이다. 이런 복합적인 공동체의 하나가 현재의 한국불교이다.

2. 법성 사상에 뿌리를 둔 선-화엄-염불

유럽 사람들이 긴 세월 동안 이루어왔던 '근대적' 가치도, 그리고 세계사적인 지평 위에 펼쳐진 '현대적' 제도도, 우리에게는 아주 짧은 시간에 도입되었다. 그리하여 이제는 천자(天子)도 천황(天皇)도, 그리고 그 힘에 의존했던 왕(王)도 조선총독(朝鮮總督)도 사라졌다. 이제는 주권은 국민에게 있다는 이념 하에 새 시대가 열렸다.

긴 세월 동안 이 지역의 이념적 원천이 되었던 중국의 유교는 이제는 더 이상 이 지역에서 힘을 발휘할 수 없었다. 고대 국가 시절만하더라도 중국의 '고전'은 이 지역에서도 역시 '고전'이었다. 유교의 5경(經)이 그랬고, 또 정자(程子)와 주자(朱子)에 의해 새로 해석된 신유학(新儒學)의 각종 서적들이 그랬다. 그러나 상황이 많이 달라졌다. 이제는 이런 모든 것들은 그저 지나간 과거의 철학 사상이 되고 말았다. 뿐만 아니라 그런 이념을 담당하던 사대부(士大夫) 집단도 사라졌다. 더구나 그들의 지식 전달 매체이자 소통의 수단이었던 '한문(漢文)'은 이제 더 이상 그럴 수가 없게 되었다.

필자가 여기에서 주목하고자 하는 것은 '한문'이 이제는 더 이상 지식 전달의 매체 노릇을 못하게 되었다는 점이다. 읽을 줄 아는 사람들도 줄어들고, 더구나 한문으로 생각하고 그것을 문장으로 표현하는 사람들은 턱없이 줄어들었다.

조선시대 훈민정음이 창제되었지만, 긴 세월 동안 이 지역 지식인들은 중국의 고전을 번역 없이 읽어왔다. 물론 저술 활동도 그랬다. 그러나 해방 공간에서는 더 이상 그럴 수가 없었다. 한글 시대가 되었다.

해방과 더불어 불교계는 종단(宗團)을 만들고 현대 사회에 부응할 수 있도록 각종 제도를 새롭게 정비했다. 그리고 불교 교단을 구성하는 핵심 인적 구성체인 출가 승단도 정비하고 교육도 했다. 그 과정에서 비구-대처 분규라는 큰 아픔도 겪었다. 이와 동시에 법보(法寶)를 한글로 번역하기 위해 '역경사업(譯經事業)'을 종단의 3대 사업의 하나로 내걸고 꾸준히 노력했다.

그러나 '한문'을 매체로 지식을 생산하고 소통해 왔던 긴 세월의 축적된 성과를, 이렇게 짧은 시간에 '한글'로 대체한다는 것은 결코 간단한 일이 아니었다. 여기에는 과도기적인 현상이 나타나기 마련이다. 현재 한국불교는 그런 과도기 속에 처해 있다고 필자는 생각한다.

그런데 이 과도기는 단순한 '매체'의 변환만을 의미하는 것은 아니다. 거기에는 '콘텐츠'의 문제도 관련되어 있다. 고대 봉건시대의 한국불교는 중국불교와 밀접한 관련을 맺어왔다. 그 과정에서 동북아시아의 불교적 가치를 함께 발전시켜 왔다. 그러나 이제 더 이상 그것만이 우리의 좌표라고 고집할 필요는 없다. 이미 우리는 '세계'를 경험하기 시작했다. 그 결과 불교에도 다양한 불교가 있다는 것을 구체적으로 알게 되었다. 팔리(pāli)어로 기록된 '고전(古典)'과 그것을 사용하는 수행자 공동체가 있음을 알았고, 이미 우리 불교계는 그것의 존재를 실감하고 있다. 유교적 봉건시대의 '법령'에 의해서 살아온 승단이 아닌, 석가모니 부처님 당시의 '율장'에 의해서 살아온 승단이 있었던 것이다.

이 시점에서 우리는 지나온 전통을 점검해 볼 필요가 있다. 동북아시아 불교의 전통을 일구어온 주역 중의 하나인 한국불교의 전통을 말이다. 이 전통을 계승할 것이냐 마느냐는 다음의 문제이다. 우선적인 것은 이 전통이 무엇인가를 분명히 하는 일이다. 그런 다음에 현재를 살고 있는 우리는 '지금' 그리고 '앞으로' 어떻게 할지를 고민해야 할 것이다.

그래서 필자는 먼 과거의 역사보다 지금 우리에게 가까운 근현대에 주목했고, 책의 제목을 『한국 근현대 불교사상 탐구』로 붙였다. 비록 '근현대'라는 용어를 책 제목으로 사용은 했지만, 필자는 한국사의 시대구분에 대해서 새로운 입장을 내거나, 또는 다양한 논의의 어느 쪽을 동조하거나 비판할만한 입장은 못 된다. 다만 '대한제국' 시기의 각종 제도의 변동에 주목하면서, 그 당시 불교 관계 법령의 출현을 한국불교의 '근대' 시기로 잡았다. 1902년 궁내부 관리서에서 공포한 「국내사찰현행세칙」에 주목한 것도 이런 연유이다. 이 시점을 전후로 『경국대전』「사사(寺社)」 조항은 실질적으로 폐기되기 때문이다. 그리고 1911년에 공포된 조선총독부의 「사찰령」이 '실질적 효력'을 상실한 때부터를 한국불교사의 '현대' 시기로 잡았다.

또 제목에 '사상'이란 용어를 사용한 것은, 이 책은 불교 중에서도 철학사상 방면에 한정한 탐구이기 때문이다. 역사학적인 연구는 아님을 분명하게 하기 위해서이다. 역사 방면에서의 연구는 이미 동국대의 김광식 교수, 진각대의 김경집 교수, 한국국학진흥원의 김순석 교수에 의해서 많이 연구되었다.

시기적으로는 '근현대', 그리고 주제상으로는 철학사상 방면에 한정해 볼 때에, 근현대 한국불교 사상은 조선시대와 비교해서 달라진 점은 없다. 물론 승단을 둘러싼 각종 제도들은 많은 변동이 있기는 있었다. 그러나 조선시대 『경국대전』「도승(度僧)」조의 승과 시험 과목으로 제시되었던 『화엄경』, 『십지론』, 『경덕전등록』, 『선문염송』은 근현대 시대에도, 최고의 독서 과목으로 그 중심적 위상을 잃어본 적이 없었다. 승려들마다 이 텍스트들을 얼마나 깊이 연구했는가의 질적 차이는 있을 수 있지만, 이것을 대체할만한 지식 체계는 없었다. 그 결과 출가 수행자들은 이 텍스트들을 정점(頂點)으로 그것을 수행의 지남(指南)으로 삼았고, 저마다의 현실 속에서 능력과 인연 따라 그것을 실천했다. 이것을 사상적 측면에서 말하면, 근현대기의 승려들은 '법성(法性)' 사상을 근간으로 하면서, 간경자(看經者)들은 혜안(慧眼) 구족(具足)을, 참선자(參禪者)들은 의단(疑團) 독로(獨露)를, 염불자(念佛者)들은 삼매(三昧) 현전(現前)을 추구했다고 할 수 있다.

그러나 이제는 세월이 달라졌다. 유교적 봉건 질서의 몰락과 더불어 '한문'

은 더 이상 지식 소통의 수단 역할을 할 수 없게 되었다. 『화엄경』, 『십지론』, 『경덕전등록』, 『선문염송』을 정점(頂點)으로 하는 그런 '고전'을 읽고, 그것을 석사(釋詞)하고 염롱(拈弄)하는 승려들은 거의 사라졌다. 뿐만 아니라 그것을 교육하는 승단 내의 교육 시스템 자체가 절멸의 위기를 맞이하고 있다. 몇몇 학림(學林)이 겨우 명맥을 이어가는 정도이다.

그런데 여기에서 분명히 밝힐 것은, 필자는 끊어져가는 '법성' 교학의 전통을 계승하려는 연구자의 한 사람이지만, 그렇다고 이 전통만이 현재 그리고 미래의 유일한 대안이라고 생각하지는 않는다는 점이다. 그 이유는 위에서도 밝혔지만, '한문'을 매개로 소통하는 세월은 이미 지났기 때문이고, 또 세계사적인 지평이 우리 앞에 놓여 있기 때문이다.

다만 이 점은 명심해야 한다. 즉, 지난 전통으로 현재와 미래를 뒤덮어서도 안 될 일이고, 역으로 현재 내가 모른다고 하여 엄연하게 있었던 과거의 역사를 비(非) 역사로 거세해서도 안 된다.

3. 주체적인 자기 철학하기

필자가 서울 종로구 견지동에 있는 조계사를 처음 간 것은, 1978년 어느 날이었다. 당시는 조계종이 무엇인지? 또 총무원이 무엇인지? 게다가 총본산이 무엇인지? 전혀 알지 못하던 그런 때였다. 대학과 대학원을 졸업하고 다시 일본 동경대에서 박사학위를 받고 연세대학교 철학과의 불교전공 교수로 취직을 하니 그 때가 1994년이었다. 불교에 마음을 둔 지 16년이 지났다.

그로부터 세월이 다시 흘러 연세대학교 철학과에서 교편을 잡은 지도 금년으로 19년째에 접어든다. 주로 당나라 시대의 화엄사상과 선불교를 강의하고, 그 방면의 연구를 업으로 삼았다. 그러면서도 한국의 불교사상에 관한 논문도 인연 따라 발표했다.

돌이켜보니, 신라시대의 원효와 의상, 그리고 고려시대의 대각 국사 의천, 보조 국사 지눌, 청평 거사 이자현, 지공・나옹・무학 삼대화상 등에 관한 논문을 썼다. 조선시대로는 함허 득통을 비롯하여, 백파 긍선에 이르기 까지, 또 일제강점기의 용성 진종, 한암 중원 등 큰스님들의 불교사상을 탐색했다. 해방 이후의 인물로는 운허 용하를 비롯하여 최근의 퇴옹 성철에 이르기 까지 큰스님들의 불교 사상에 주목을 했었다. 이 책은 이런 연구들을 결집한 것이다.

물론 연구의 방법이나 활용하는 자료는 중국 당나라 시대의 화엄사상과 선불교와 관련지어서 했다. 그렇다고 비교를 한 것은 아니었다. 그럴 수가 없었다. 왜냐하면 필자에게 있어서, 중국 땅과 한국 땅에서 진행되었던 과거의 불교는 서로 구분되는 것이 아니었기 때문이다. 그렇게 구분이 안 되는 이유는, 필자가 구분을 안 한 것이 아니라, 고대사회 동북아시아의 불교는 애초부터 지역적 또는 시간적인 특수성을 넘어서 보편적인 그 무엇과 맞닿아 있기 때문이다. 한역(漢譯) 경전을 공유했던 저들에게 있어서, 근대의 산물인 '국가'라는 것은 별로 의미가 없었다.

한역 경전을 근간으로 하는 동북아시아의 불교 연구는 각 지역을 넘나드는 유기적인 시각과 상호 보완적인 자료 활용을 해야 한다는 것이 필자의 입장이다. 시작은 중국 지역의 불교에서 할 수도 있고, 일본 지역의 불교에서 할 수도 있다. 그러나 연구자의 시좌(視座)는 항상 한 · 중 · 일 삼국으로 열려 있어야 한다고 생각한다.

그런데 이제 필자 나이 50을 넘기고 있다. 내 속에 생기는 변화를 마주하게 된다. 그 변화의 원인 또는 그 시원이 어디인지는 잘 모르겠지만, 어느덧 필자는 불교 자체가 지향하는 '종교성' 내지는 '철학성' 쪽으로 시선이 향하고 있다.

더 젊은 날과 비교해 보면 표면상 많은 변화가 있는 듯하지만, 그러나 실상은 동일한 문제 의식의 연장선에 서 있다. 위에서도 밝혔듯이, 필자는 당나라 시대의 화엄사상과 선불교를 연구하지만, 그 연구의 궁극적 시선은 항상 나는 어떻게 살 것인가? 또는 저들은 우리에게 어떻게 살라고 말하는가? 항상 '삶'과 관련된 물음과 마주하고 있었다.

좀 더 구체적으로 말하면, 어떻게 해야 그 사상에서 추구하는 궁극적 도달점에, 그것이 개인의 성불이든, 아니면 사회 공동공체의 행복이든, 그 도달점에

다가갈 수 있을까에 늘 관심이 집중되어 있다. 그러다 보니 자연 한국불교 종단의 각 사찰에서 진행되는 불교 신행에 깊은 관심을 갖게 되었다. 이와 더불어 한국불교 교단의 조직과 그 역사에 대해서도 깊은 관심을 갖게 되었다. 이 책에 실린 내용들은 그런 필자의 관심과 고민의 산물이다. 지금으로부터 약 2년 전에 『때 묻은 옷을 걸치며』(정우서적)라는 제목으로 낸 필자의 불교철학 에세이집도 이런 고민의 산물이었다. 같은 고민의 산물이지만, 그 책에서는 고민을 문학적으로 드러냈다면, 이 책에서는 그것을 논증적으로 드러내었다.

제1부는 한국불교의 정체성을 염두에 두면서 구성해 보았다. 불교종단의 출현 측면에서, 불교 관계 법령의 변화 측면에서, 예불 의식에 드러난 신앙 측면에서, 불경의 한글 번역 측면에서, 우리의 정체성을 찾아보았다. 그 결과 '법성(法性)' 사상을 근간으로 하는 선-화엄-염불이 솥의 세 발처럼 정립(鼎立)됨을 확인할 수 있었다.

제2부에서는 봉건 시대의 전통을 계승하면서, 동시에 근현대의 새로운 변화의 역사를 창조해가는 대표적 승려상을 염두에 두면서 인물을 선별했다. 근대불교 선구자로서의 용성을, 선불교 계승자로서의 한암을, 교학과 번역 중흥자로서의 운허를, 애국 이념 운동가로서의 운암을, 승속일체의 종단 창설자로서의 태허를, 각각 살펴보았다.

제3부에서는 선승들의 법어를 중심으로 그들 속에 흐르는 전통을 확인해 보았다. 조계종이 이미 총림 체제로 방향을 정했기 때문에, 교단의 전통적인 수행 체계는 총림의 방장(方丈)을 중심으로 진행되었다. 이로 인하여 선승들의 기상은 하늘을 찔렀다. 『경덕전등록』과 『선문염송』을 염롱(拈弄)하던 이 지역의 오랜 전통이 오늘에도 전승되고 있음을 확인할 수 있었다.

제4부에서는 오늘의 이 땅에 사는 사람들의 삶 속에 살아있는 불교가 되기 위한 고민을 해 보았다. 지난 시대에도 이 지역 사람들의 삶과 문화에 불교가 지대한 공헌을 했듯이 말이다. 사상의 지나온 역사에 '대하여' 탐구하는 것에서 한 걸음 더 나아가, 지금의 나의 삶과 '하나 되어' 움직이는 사상에 주목했다. 그리하여 세 가지를 방법적으로 제안해 보았다. 첫째는 제 나라 말로 번역하기,

둘째는 전통으로 돌아가서 다시 묻기, 셋째는 일상어로 토론하기였다.

이렇게 하여 한 권의 책으로 묶었는데, 그 과정에서 전체의 편제를 생각하여 필즉필(筆則筆)하고 삭즉삭(削則削)했다. 각종 학회에서 발표하고 학술지 게재를 위한 심사를 받는 과정에서 많은 분들께서 지도하고 염려해주셨다. 이문회우(以文會友)하고 이우보인(以友輔仁)하여 그 은공에 보답하려고 한다. 특히 인문학 보급에 남다른 철학으로 임하시는 **새문사** 이규 사장님께는 뭐라고 감사드려야 할 지 모르겠다. 인문학을 함께하는 동지들에게 오래 기억될 것이다.

2012년 2월 1일

脫空 居士 辛奎卓 謹識.

차례

제2부 한국 근현대기의 대표적 승려상

부 록

제1부

한국불교의 정체성 탐색

제1장

종단의 출현을 통해 본 한국불교의 정체성

1. 조계사의 어제와 오늘
2. 조계종과 한암 선사
3. 한암 선사의 불교관
4. 오늘의 대한불교조계종

1. 조계사의 어제와 오늘

서울 종로구 견지동에 위치한 조계사(曹溪寺)의 원래 이름이 태고사(太古寺)였음은 이미 알려진 사실이다. 그리고 태고사(太古寺)의 초대 주지가 한암중원(漢岩重遠; 1876~1951) 선사(禪師)였다는 것도 그렇다. 조선총독부로부터 인가를 득하여 소화(昭和)16년(1941년) 5월 1일 시행된 「朝鮮佛教曹溪宗總本寺太古寺法(조선불교 조계종 총본사 태고사법)」에 의해, 그해 8월 4일자로 총독부는 한암 선사를 조선불교 조계종 총본사 태고사의 주지 겸 조선불교 조계종의 종정으로 허가한다.[1)]

태고사(지금의 조계사) 초대 주지가 나온 지 금년(2012년)으로 만 70년 하고도 8개월이 지났다. 그리면 초대 주지 한암 선사가 구상하고 실천하려 했던 불교의 모습이 지금 계승 정착되고 있는가? 이 물음에 대한 대답을 하기 위해서는 무엇보다 한암 선사가 구상하고 있었던 불교의 제 모습이 무엇이었는가를 밝혀야 할 것이다. 그와 더불어 한국의 근현대 불교사라는 배경도 주목해야 할 것이다. 그런 다음에 향후 '대한불교조계종(大韓佛教曹溪宗)'은 어떤 방향으로 나아가야 할지에 대해서도 생각해보아야 할 것이다.

2. 조계종과 한암 선사

새로 제정된 종헌에 의해 1962년 4월 11일 '대한불교조계종'의 새 종정(이효봉) 추대 및 총무원장(임석진)의 취임식이 열렸다. 물론 당시는 국가재건최고회의 의장 박정희 장군이 행세하던 시절이었다. 그런데 그날 종정의 교시(教示)에서도 드러나다시피 수많은 우여곡절이 있었다. 이 우여곡절을 간단하게, 특히 현 조계종의 종명(宗名)과 종조(宗祖)와 종지(宗旨)에 초점을 맞추어서, 또 대한불교(大韓佛教)란 용어와 더불어, 그것들이 어떻게 해서 사용되게 되었는지 그 역사적 배경을 살펴보자.

1) 종단사간행위원회, 『太古宗史』, 서울: 한국불교출판부, 2006, p.175.

먼저 현대의 한국불교에 직접적인 영향을 준 조선시대의 불교 상황을 간단하게 개관해 보자. 그런 다음에 일제강점기의 불교 상황을 보기로 한다.

조선 태조 개국에서 태종 6년(1406년) 당시의 불교 상황을[2] 다음의 〈표1. 조선 초기의 종단 현황〉에서 특히 종명(宗名)과 그에 소속된 사찰수를 통해서 알 수 있다. 당시만 해도 다양한 종파가 있었었다.

〈표1. 조선 초기의 종단 현황〉

종 명	사찰수
조계종+총지종	70
천태소자종+천태법사종	43
화엄종+도문종	43
자은종	36
중도종+신인종	30
남산종	10
시흥종	10

이렇게 시작된 조선시대의 불교 상황은 계속 탄압을 받아, 세조 6년(1424년)에는 선종(禪宗)과 교종(敎宗)만이 남는다. 그 후 중종 11년(1516년)에는 당시의 국가 최고 법전(法典)이었던 『경국대전(經國大典)』의 「도승(度僧)」과 「도첩식(度牒式)」 등의 조항이 삭제됨으로써, 조선은 법률상으로 불교를 인정하지 않게 된다. 비록 명종 5년부터 약 15년간 일시적으로 선종판사(禪宗判事 : 보우普雨 선사; 봉은사 주지)와 교종판사(敎宗判事 ; 수진守眞 선사; 봉선사 주지) 제도를 두기는 했지만 그것도 결국 사라진다. 이리하여 조선의 불교는 '무종산승(無宗山僧)'시대로 접어든다. 이 시대에 대해 다음과 같은 평가가 있다.

2) 김영태, 『한국불교사개설』, 서울: 경서원, 1986, p.175.

> 국가로부터 종단도 승려의 신분도 박탈당해 머물고 몸 붙일 곳이라고는 깊은 산속뿐이었으므로, 글자 그대로 山中僧家(산중 승가)의 시대였다. 그러한 때에 출가 불자의 본분을 지켜 禪家(선가) 본연의 法風(법풍)을 확립하여 法子法孫(법자 법손)이 師資相承(사자상승)함으로써 길이 慧命(혜명)을 계승케 했던 산승(산중 승단) 祖師(조사)가 서선 대사 청허당 휴정이었다.[3]

그 후 임진왜란을 겪으면서 도총섭(都摠攝) 제도가 확산되자, 국방 내지는 실록 수호를 위해 부분적으로 일부 승려의 신분이 대접을 받기는 했지만, 전체적인 기조는 억불(抑佛)이었다. 이런 기조 속에서 조선은 일본을 비롯한 서구 세력들과 충돌하면서 근대를 맞이한다.

마침내 1895년(고종 32년) 4월에 「승려도성출입금지법」이 폐지되고, 다시 1902년(광무 6년) 7월에 궁내부 산하 '관리서(管理署)'에서 「국내사찰현행세칙」 36조가[4] 공포되었다. 그러나 이것도 여러 사정으로 1904년(광무 8년) 1월에 폐지되고 사(寺)와 사(社)에 관한 일은 내부관방(內部官房)으로 이관되었고, 다시 그해 2월에는 내부(內部) 지방국(地方局)으로 이첩되었다. 그 후 1908년(융희 2년) 3월에 원흥사를 중심으로 '원종(圓宗)'이 설립되고[5] 대종정(大宗正)에 이회광 선사가 취임했다. 그러나 이회광 선사의 매교(賣敎) 행위로 인해 호남의 승려들(대표 진진응, 박한영, 김종래)이 1910년 10월에는 광주 증심사(澄心寺)에서의 승려대회를 시작으로 1911년 1월에는 영남과 호남의 승려들이 순천 송광사에 모여 '임제종(臨濟宗)'을 창립하고 관장으로 김경운(金擎雲; 당시 선암사 주석) 장로(長老)를 추대했다. 이로써 북쪽(서울)의 '원종(圓宗)'과 남쪽(전라도)의 '임제종(臨濟宗)'이 양립하게 되었다.

1911년 6월 3일에는 7조에 달하는 「사찰령(寺刹令)」을, 그해 7월 8일에는 8조에 달하는 「시행규칙」을 공포한다.[6] 이 법령에 의거하여 '조선불교선교양

---

3) 종단사간행위원회, 『태고종사』, 서울: 한국불교출판부, 2006, p.66.

4) 이 법령은 이 책의 부록에 실렸으니 참조 바람.

5) 각 부장 명단을 보면, 총무 김현웅, 교무 진진응(불참), 학무 김보륜(후임에 김지순), 서무 김석옹(후임에 강대련), 인사 이명회(후임에 김구하), 감사 박보봉(후임에 나청호), 재무 서학암(후임에 김용곡), 고등강사 박한영 등이었다.

종(朝鮮佛教禪教兩宗) 회의소'를 지금의 서울 종로구 창신초등학교 터인 원흥사(圓興寺)에 설치하였다. 이에 따라 30본사는 각각 사법(寺法)[7]을 제정하여 총독의 인가를 얻어서 본말사에 시행했다.

이 이후에도 긴 사연들이 이어진다. 그러다가 다시 1928년 11월 30일에 '전국승려발기대회'가 열린다. 이듬해 1929년 1월 3~5일에 각황사(覺皇寺)에서 승려대회를 열고 '조선불교 선교 양종 종헌(朝鮮佛教禪教兩宗宗憲)'[8]을 채택한다. 1934년에 '일조불교합병안(日朝佛教合併案)'이 중추원에 제의되어, 1935년에 '조선불교 총본산 박문사(朝鮮佛教總本山博文寺)' 설치의 인가 서류가 총독부에 제출된다. 이에 반발한 조선의 승려들은 '조선불교 선교양종 총본사 각황사(朝鮮佛教禪教兩宗總本寺 覺皇寺)' 설치에 돌입한다. 절은 1938년 10월 10일 준공된다. 여러 논의 끝에 최종적으로 총본사의 이름을 태고사(太古寺)로 정하고 1940년 7월 15일 총독부로부터 허가를 획득한다. 이와 더불어 '선교 양종'이라는 이름 대신 '조계종(曹溪宗)'으로 고치고, 1941년 5월 1일에 「조선불교 조계종 총본사 태고사법(朝鮮佛教曹溪宗總本寺太古寺法)」을 총독으로부터 인가받는다. 방한암 선사는 태고사 주지 겸 조계종 제1대 종정(宗正)으로 추대된다.

마침내 1945년 8월 15일 일제가 패망한다. 일제 청산의 바람과 함께 「조선불교 조계종 총본사 태고사법(朝鮮佛教曹溪宗總本寺太古寺法)」과 '조계종(曹溪宗)'이라는 명칭도 이제는 버려야 할 때가 되었다. 그리고는 새로운 단체로 '조선불교(朝鮮佛教)'를 건립하고 첫 '교정(教正)'으로 박한영 장로를 추대한

---

6) 이 두 법령은 이 책의 부록에 실렸으니 참조 바람.

7) 그 寺法의 형식은 대동소이하다.

제3조 : ○○寺 本末 一般의 法脈은 太古普愚禪師의 嫡派 芙蓉靈觀禪師의 二大神足 ① 청허휴정 ② 부휴선수 兩 禪師의 法孫 중 解行兼備自를 推하여 住持職으로 爲하여 法燈을 傳持하여 此를 寺門相續의 通規로 함.

제4조 : ○○寺 本末 一般의 사찰에서는 禪教兼學으로 함

8) 이때에 교정 7인(김환암, 서해담, 박한영, 이용허, 김동선, 김경운, 방한암)이 선임된다. 이때의 宗名은 '조선불교는 선교 양종이라 함'이고, 종지는 '本 兩宗은 佛祖正傳의 心法(禪)과 教理(教)로써 宗旨라 함'이고, 본존은 '본 양종은 석가모니를 본존으로 하고 太古(普愚)國師를 宗祖라 함'이라 하고 있다.

다. 1945년 9월 22일에서 23일 양일간 열린 해방 후 최초의 승려대회에서 「조선불교 조계종 총본사 태고사법」을 폐기하기로 하고, 드디어 1946년 5월 28일 총 26장 106조의 「조선불교 교헌(朝鮮佛教教憲)」[9]이 공포된다. 그러나 「조선불교 교헌」도 1954년 4월 불국사에서의 승려대회에 의해 그해 6월 20일 제13회 중앙교무위원회를 끝으로 폐지된다. 그리고는 '한국불교조계종(韓國佛教曹溪宗)'으로 개칭하여 종헌과 법전을 정비하고자 한다.[10] 이런 와중에 1954년 5월 20일 다음으로 시작하는 문서가[11] 전달된다. 그것이 소위 이승만 대통령의 '유시'였다. 그 후 이루 말할 수 없는 우여곡절 끝에 1962년 4월 11일에 '大韓佛教曹溪宗(대한불교조계종)'이 출범한다.

〈표2. 불교 단체 명칭 변화 조견표〉

순서	종명	일시	비고
1	圓宗	1908년 3월	서울 원흥사
1910년 10월 일제 조선 점령			
2	臨濟宗	1911년 1월	호남의 선사들 (관장 : 김경운 장로)
3	朝鮮佛教禪教兩宗	1911년 6월	원흥사에 회의소 설치
4	朝鮮佛教禪教兩宗	1929년 1월	각황사에서 승려대회를 열어 左의 宗憲 채택
5	朝鮮佛教禪教兩宗	1938년 10월	左의 總本山 覺皇寺 준공
6	朝鮮佛教曹溪宗 總本寺太古寺法	1941년 5월	총독으로부터 인가

---

9) 教旨에 대해서는 **제2조**에서 "朝鮮佛教는 불타의 自覺覺他 覺行窮滿의 根本旨를 體하야 원효성사의 同體大悲의 大乘行願을 修하며 보조국사의 定慧兼修에 의하여 직지인심 견성성불을 위주함으로써 教旨로 함. 조선불교는 소의경전을 한정하지 아니함'이라 했다. 그리고 법맥의 전등(傳燈)에 대해서는 **제4조**에서 '조선불교의 전등은 신라시대에 오교구산의 종파적 分別을 가졌으나 近古爾來는 종파를 초탈한 綜合佛教의 교지를 가진 태고보우국사 이하 벽계정심선사의 법맥을 이은 청허휴정선사와 부휴선수선사의 법맥을 授受하는 例에 從함"이라 했다.

10) 만암대종사문집간행회 편, 『曼庵文集』, 전남: 백양사 고불총림, 1997, pp.224~226.

11) 大秘指文教 第四號, 檀紀四二八七年 五月 二十日, 大統領 原本 決裁, 文教部長官. 中央佛教院長 貴下. 이 문서의 수신자 '중앙불교원장 귀하'에 주목할 필요가 있다. 즉 당시에 구체적인 종명(宗名) 혹은 단체명이 나타나지 않는다.

1945년 8월 해방			
7	朝鮮佛教教憲	1946년 5월	제정 공포
1950년 6월 한국전쟁			
8	韓國佛教曹溪宗	1954년 6월	종명 개칭(공포는 7월 3일)
1954년 5월 이승만 대통령 유시			
9	大韓佛教曹溪宗	1962년 4월	종정(이효봉), 총무원장(임석진)

이런 변화에서 필자의 주목을 끄는 것은 '조계종'이라는 불교 단체 명칭의 등장이다. 이상의 〈표2. 불교 단체 명칭 변화 조견표〉에서 보다시피, 일제강점기 총36년 가운데 '선교양종(禪教兩宗)'이라는 종명이 있었던 것은 약 30여 년이다. 1941년 5월에 한암 중원 선사를 최고 책임자로 하여 '조계종'이라는 종명이 근현대사에 최초로 등장한다. 그러다가 1945년 해방을 맞으면서 좌우 대립을 비롯한 복잡한 정치이념 상황과 맞물리는 와중에서 1946년 「조선불교교헌」이 제정 공포된다. 물론 이 당시에는 아직 '대한민국(大韓民國)'이라는 국호는 없었다. **초대 교정(教正)**으로 석전 영호(石顚暎湖; 1870~1948, 본명은 朴漢永) 장로(長老)가 추대되었으나, 2년도 채 못 되어 1948년 2월 29일(음력) 석전 장로가 입적하자, **제2세 교정**으로 1948년 3월 10일 방한암(方漢巖; 1876~1951) 선사가 취임한다. 그 후 3년이 지나 방한암 선사가 한국전쟁 중인 1951년 2월 14일(음) 입적하자, **제3세 교정**으로 1951년 3월 15일 만암 종헌(曼庵宗憲; 1876~1956) 선사가 취임한다. 당시는 남과 북이 서로 전쟁 중이었다.

여기에서 주목해야 할 부분이 있다. 1948년 7월 17일 '대한민국' 헌법이 공포되고, 그해 8월 15일에 '대한민국' 정부가 출범한다. 이제는 국호(國號)가 정해졌다. 더 이상 '조선(朝鮮)'이라는 명칭을 사용할 이유가 없었다. 이때부터는 국내의 전반적인 정서는 '조선(朝鮮)'이라는 용어를 '한국(韓國)'이라는 용어로 대치하는 분위기였다.

그러면 당시에는 종명이 무엇이었을까? 단기 4287년(1954년) 6월 20일자로 발표된 만암 선사의 13회 정기중앙교무회 회의에 즈음한 '교시(教示)'에 보면 분명 '**教正 曼庵宗憲**(교정 만암 종헌)'이라 명시되어 있다. 이 회의에서는 종명

(宗名)·종헌(宗憲)·종령(宗令) 등을 논의했다. 제13회 '중앙교무회'를 끝으로 '교정제(敎正制)'는 막을 내린다.

이렇게 되기까지에는 1954년 6월 10일 불국사 극락전에서 새로 개정될 '조계종 종헌'의 초안을 심의했다.[12] 그런데 당시는 이미 이승만 대통령의 유시(5월 20일)가 문교부장관을 거쳐 불교중앙총무원장(공문에는 中央佛教院長이라 했음, 주11) 참조)에게로 시달되었는데, "총무원장(당시 원장은 朴性夏였음)의 충격은 컸지만, 이 한 장의 지시서가 앞으로의 교단을 크게 뒤집어놓을 도화선이 될 줄은 미처 몰랐던 모양이다."[13]

이상의 정황으로 볼 때에, 대한민국 정부가 출범한 이후에는 '조선불교'라는 명칭 대신 언필칭 '한국불교'라고 호칭했고, 또 교헌(敎憲)에서의 '교(敎)' 자 대신 '종(宗)' 자를 넣어 칭종(稱宗)하여, '조계종(曹溪宗)'이라 했던 것으로 보아야 한다.

그러면 일제강점기, 그리고 해방 이후까지 사용되었던 '朝鮮佛教曹溪宗(조선불교조계종)'이라는 종명을 사용하지 않은 이유, 즉 종명에서 '曹溪宗(조계종)'이란 명칭을 뺀 이유는 무엇일까?

그것은, 당시의 그것(=「조선불교 조계종 총본산 태고사법」)이 아무리 조선 승려들의 손에 의한 자주적인 노력에 의해서 붙인 법률 명칭이라 해도 일제의 '조선총독부'의 인가에 의해서 공인된 것이라는 점이 못내 불편했기 때문이다. 그래서 '조선불교조계종'이라는 종명을 굳이 거부하고 1946년에는 '조선불교'라고만 했던 것이다. 실제는 '조계종'이면서도 말이다. 그러나 이제는 '대한민국(혹은 한국)'이란 새로운 국호가 정해졌다. 그리하여 일제 때의 방한암 선사가 초대 종정을 지냈던 '조선불교조계종'에서 '조계종'이라는 종명을 되살린다.

이승만 정부가 출범한 이후의 한암 선사 당시에는 이미 현실적으로 '한국불

12) 『東亞日報』 1954년 6월 17일자(종단사간행위원회, 『태고종사』, 한국불교출판부, 2006, p.258 재인용).

13) 종단사간행위원회, 『태고종사』, 서울: 한국불교출판부, 2006, p.258.

교조계종'이라는 호칭이 있었던 것으로 추정된다. 그러나 물론 문서적(또는 법적)으로는 「조선불교 교헌」이 공식적 또 실효적 역할을 하고 있었다. 그러다가 한암 교정(敎正)의 뒤를 이은 만암 교정 대에 와서 '조계종 종헌'을 만들기 위한 심의가 열리게 되었다고 볼 수 있다.

송만암 선사가 재임하던 중인 1954년에 이승만 대통령의 '유시'가 발표된 후 불교 내부의 진통은 더더욱 심해진다. 이 진통을 '법란(法亂)'으로 보아야 하는가? 아니면 '정화(淨化)'로 보아야 하는가? 이 문제는 논란의 여지가 있다. 이 책에서는 가치중립적으로 '분규(紛糾)'로 표현하고자 한다. 이승만 대통령의 8차례에 걸친 '유시' 이후 상상을 초월하는 '분규'가 계속되었다. 이 과정에서 1962년에 '**대한불교조계종**'이 문교부에 등록하고, 그리고 1970년에는 '**한국불교태고종**'도 역시 문교부에 등록한다. 이렇게 하여 일단 외형적으로 '분규'는 종식되었고, 갖은 곡절 끝에 '대한불교조계종'이 삼국시대부터 내려오던 각종 재산과 전통을 승계하여 오늘에 이르고 있다.

3. 한암 선사의 불교관

이상에서 우리는 근현대사에서 '조계종'이라는 종명이 등장하게 된 과정을 간단하게 살펴보았고, 그 과정에서 중심적인 역할을 한 사람이 한암 선사임도 알 수 있었다. 그러면 당시에 한암 선사가 건설하려 했던 불교의 모습은 어떠했는가? 이 문제에 대해 '종조의 문제', 그리고 '승려의 본분' 등을 중심으로 살펴보기로 한다.

1) 종조의 문제

종조의 문제에 대해서 보기로 하자. 이것을 알아보기 위해서는 현재의 학계에서는 『수정증보판 한암일발록(漢巖一鉢錄)』(한암문도회 간, 민족사, 1996년)을 근본 자료로 삼고 있다. 이하에서는 『한암일발록』으로 약칭하기로 한다. 이 책에는 한암 선사가 1930년 4월 당시의 『불교』 제70호에 게재한 「해동초조에 대하여 — 종조론(宗祖論)」이라는 글을 소개하고 있다. 이제 그것을 보기로 한다.

> 그때에 신라 도의 대사가 선풍을 우러러보고 서쪽으로 바다를 건너가 서당 지장(西堂智藏) 화상을 배알하시고 법인(法印)을 얻어 동토로 돌아오신 것이 전기(傳記)에 분명하니, 그러면 달마가 중국의 초조가 된 것같이 도의가 해동의 초조가 됨은 지혜 있는 자가 아니더라도 쉽게 알 수 있는 일이 아닌가.[14)]

이 글을 통해 한암 선사가 도의 국사를 해동의 선종 초조라고 생각하고 있었음을 분명하게 알 수 있다. 그러면서 한암 선사는 자신의 이런 입장을 분명하게 하기 위해 『불교』 제58호에 실린 퇴경 권상로 스님의 글을 문증(文證)으로 제시한다. 이어서 한암 선사는 보조 지눌을 범일(梵日) 국사의 후예로 거론하면서, 보조 국사가 육조 혜능을 경모하여 조정의 칙지를 받들어 산 이름을 조계산으로 고쳤다고 서술하고 있다. 뿐만 아니라 보조 국사의 비명(碑銘)에 "나이 겨우 8세에 조계(曹溪) 운손(雲孫) 종휘(宗暉) 선사에게 귀의하여 삭발하고 구족계를 받았다."는 금석문의 문증을 제시한다.

그런데 세상 사람들은 왜 태고 보우 국사를 초조라 하는가? 「해동초조에 대하여 — 종조론」이라는 글을 보면, 당시에 사람들은 태고 보우 국사를 해동의 초조로 수용하고 있었음을 짐작할 수 있다. 이런 정황은 당시의 각종 불교 관계 법령들에서도 확인된다.

그러나 이에 대한 한암 선사의 입장은 분명하다. 그것은 "태고는 중흥조라 함은 혹 가할지 모르나 어떻게 초조가 되겠는가? 태고의 도덕이 광대하고 고명하나 초조의 '초(初)'에는 적당하지가 않다."[15)] 여기에서 보다시피 한암 선사는 태고를 중흥조로 주장하는 것까지는 인정하는 듯이 보인다. 그런데 사실 한암 선사의 속내는 '태고중흥조설'도 마지못해 현실적으로 수용하는 것임을 알 수 있다. 선사는 이렇게 말한다.

---

14) 漢巖門徒會刊, 『修訂增補版 漢巖一鉢錄』, 서울: 민족사, 1996, p.77.
15) 漢巖門徒會刊, 『修訂增補版 漢巖一鉢錄』, 서울: 민족사, 1996, p.79.

또한 연원 계통을 정직하게 가릴 것 같으면 오늘날 우리 형제가 태고 연원이 아님을 단언하는 바이다. 왜 그러느냐 하면 귀곡 각운(龜谷覺雲) 선사가 조계종 제13 국사 각엄(覺儼) 존자의 손제자가 됨은 분명히 이능화 선생이 저술한 『불교통사』에 기재되어 있는데, 태고 국사의 손자 제자라는 문구는 고래로 전해오는 기록이나 또는 비명(碑銘)에도 도무지 없다고 하였은즉 무엇을 근거로 하여 태고를 구곡의 스승으로 했는지 생각해 볼 일이다. 당당한 해동 조계종 제13 국사의 손제자인 구곡이 다시 임제종의 후손인 석옥에게 법을 얻어 온 태고의 손제자가 될 필요가 있겠는가. 그러면 뒷사람이 태고 문하에 구곡을 계승한 이유가 무엇인가.[16]

한암 선사의 속 생각은 위의 인용문에 분명하게 드러난다. 그런데도 불구하고 당시의 사람들은 태고 보우 국사와 그리고 태고 국사가 중국 원나라에서 법을 받았다는 석옥 청공 선사에 주목하는 것이 '현실임'을, 한암 선사는 잘 알고 있었다. 이에 대해 한암 선사는 다음과 같은 이유들로 인해서[17] '사실(史實)'이 아닌 석옥 청공—태고 보우의 사자 상승 관계를 세상 사람들이 만들었을 것이라고 추정하고 있다.

첫째, 고려가 망하고 조선이 들어섰고, 또 그 조선이 불교를 탄압했기 때문에 고려 사람을 숭앙한다면 저해가 필연적이었을 것이다. 게다가 선교 양종을 합종시킨 법령 하에서 조계종이라 칭할 수 없었을 것이다.

둘째, 불교를 탄압하던 조선시대에도 허응, 청허, 송운 등의 선사들에게 '판조계종 종사(判曹溪宗宗師)'라는 칭호를 내린 것은, 비록 그것에 큰 의미를 부여할 필요는 없겠지만, 분명 조계종에 대한 인식이 있었다는 것이다.

셋째, 조선에서는 중국을 숭배했기 때문에 중국 선종에서 연원을 계승하면, 마치 당시의 유교가 연원을 모두 정자(程子)나 주자(朱子)에게 두었던 것처럼,

---

16) 漢巖門徒會刊, 『修訂增補版 漢巖一鉢錄』, 서울: 민족사, 1996, p.79.
17) 漢巖門徒會刊, 『修訂增補版 漢巖一鉢錄』, 서울: 민족사, 1996, pp.79~80.

그럴싸하게 승려 행세하기가 쉬웠다는 것이다. 사실 고려에 유학이 이미 전래되어 있었지만, 조선의 유생들은 자신들의 도통을 모두 송대의 정주(程朱)에 대고 있다.

넷째, 벽계 정심 선사가 임제 후손 총통(總統) 화상에게 법을 얻어 왔음에도 다시 구곡을 멀리 계승[遠嗣]함에는 이유가 있다. 즉, 구곡이 심인(心印)을 전하지 못하고 천화(遷化)하심으로 해동 조계종의 연원이 단절됨을 애석히 여겨 구곡이 13 국사 각엄 존자의 손제자였던 까닭에 그를 멀리 계승하여 조계 연원의 부활을 시도하였다는 것이다.

이렇게 한암 선사는 구곡 각운(龜谷覺雲) 선사가 보조 국사의 법통을 이었고, 다시 벽계 정심 선사가 그 법을 이어 오늘에 이어진다는 것이다. 그러면서 다음과 같이 조계의 법통을 주장하고 있다.

> 우리 형제들은 해동 보조 국사로부터 제13 국사 각엄 존자의 손제자인 구곡 선사와 구곡을 멀리 계승[遠嗣]하여 조계종을 부활하게 하신 벽계 선사의 연원이요, 태고의 연원이 아님을 단언할 수 있다. 그런즉 지금으로부터 도의 국사를 초조로 정하고, 그 다음에 범일 국사, 그 다음에 보조 국사로, 13 국사 각엄 존자에 이르러서 졸암 온연, 구곡 각운, 벽계 정심 등으로 연원을 정해 다시 해동 조계종을 부활하는 것만이 정당하다.[18)]

그러면서도 현실적으로 유행하고 있는 '태고법통설'에 대해서도 절충적인 입장을 취해 이렇게 말하고 있다.

> 만일 그렇지 아니하고 옛 사람이 이미 오랫동안 시행한 것을 갑자기 개정하기 어렵다 하여 태고 국사를 계승한다 하더라도, 초조는 반드시 도의 국사로 정하고, 그 다음 동시에 법을 얻어 오신 홍척, 혜철, 범일 등 여러 국사로, 그 다음에

18) 漢巖門徒會刊, 『修訂增補版 漢巖一鉢錄』, 서울: 민족사, 1996, p.81.

보조 국사로, 내지 16 국사로 위수(爲首)하고, 그 다음에 조계종 대선사를 봉한 차서로 태고 보우 국사를 계승하여 태고, 환암, 구곡, 벽계, 벽송 등으로 계통을 정해 해동 조계종 연원을 정당하게 드러내어서, ….[19)]

여기에서 우리는 한암 선사가 생각하는 자신의 종조에 대한, 더 나아가서는 당시 한국불교의 계보에 대한 입장을 엿볼 수 있다.

이상은 1930년 4월에 『불교』지에 이 글을 발표한 한암 선사의 견해이다. 그런데 당시는 1929년 1월에 채택된 「조선불교 선교 양종 종헌」이 현존하던 시기였다. 그 종헌의 '제3장 본존'조에 의하면, "본 양종은 석가모니를 본존으로 하고 태고(보우) 국사를 종조(宗祖)라 함."이라고 하여 태고 보우 국사를 종조로 삼고 있었다.

이렇게 태고 보우 국사를 종조로 하는 것은 1941년 5월 1일에 시행된 「조선불교 조계종 총본사 태고사법」에서도 동일하다. 물론 이 법의 공포는 한암 선사가 초대 '종정의 직위'로서 한 것이다. 한암 선사는 일본어로 이루어진 총 16장의 종헌을 발표하면서 "소화 십구년 십일월 십일 조선불교 조계종 종정 야마가와주엔(山川重遠)"이라고 공포 연월일과, 직함과, 본인의 법명을 기록하고 있다. 한암 선사 자신도 태고 보우 국사를 종조로 하는 것에 대해 '표면적'으로 인정은 했다. 그러나 '내면적'으로는 그렇지 않았던 것이다.

이와 더불어 이 법도 처음에는 「조선불교 선교 양종 총본산 각황사법」에서 출발한 것이다. 게다가 총본산 건립의 계기는, 지금의 신라 호텔 자리에 있었던 일본 절 박문사(博文寺)를 조선불교의 총본산으로 하려는 일본 승려들의 움직임에 격분하여 시작된 것임을 상기할 필요가 있다.

이것이 무엇을 말하는가 하면, <u>조선불교를 선교 양종(禪敎兩宗)으로 보아야 한다는 의식이 널리 퍼져 있었고, 종조(宗祖)는 태고 보우 국사라는 인식이 현실이었음을 알 수 있다.</u> 더 말할 것이 무엇이 있겠는가? 총본산의 사명(寺名)을 '태고사(太古寺)'라고 한 것이 무엇을 의미하는 것이겠는가? 이미 오랫동안

19) 漢巖門徒會刊, 『修訂增補版 漢巖一鉢錄』, 서울: 민족사, 1996, p.81.

'태고법통설'이 통용되었던 것이다. 사실(史實)의 여부를 떠나 현실(現實)이었다. 그럼에도 분명한 것은 한암 선사는 위에서 본 것처럼, 조계 선종의 종조는 도의 국사이고, 그리고 보조를 거쳐, 13 국사 각엄 존자에 이르러서 졸암 온연, 구곡 각운, 벽계 정심 등으로 이어졌음을 확신하고 있었다.

2) 승려의 본분

한암 선사는 출가 사문이 지켜야 할 본분에 대해 다섯 가지를 제시하고 있다. 그것이 유명한 「승가오칙」이다. 첫째는 선이고, 둘째는 염불이고, 셋째는 간경(看經)이고, 넷째는 의식(儀式)이고, 다섯째는 가람수호이다. 그런데 안타깝게도 「승가오칙」의 각 부분에 대한 설명은 일체 없다. 다만 이 「승가오칙」은 한암 선사가 1926년(당시 50세) 오대산 상원사에서 제정한 것임은 『한암일발록』의 부록에 실린 「연보」에 의해서 알 수 있다. 이 기회에 제정과 관련된 내력을 알 수 있는 계기가 되었으면 좋겠다.

이하에서는 한암 선사가 말하는 「승가오칙」의 구체적인 내용에 대해서, 『한암일발록』을 중심으로 복원해 보고자 한다.

(1) 선(禪)

한암 선사가 말하는 선(禪)은 간화선(看話禪)이다. 여기에 대해서는 누구도 달리 말할 수 없다. 한암 선사의 선사상에 대해서 필자는 「남종선의 地平에서 본 방한암선사의 선사상—반조(返照)와 간화(看話)－」라는 제목으로 『한암사상』제2집(2007년)에 발표한 바 있다. 그리고 이 내용은 다시 이 책의 「제6장. 친절한 선승 : 방한암」에 수정 보완해서 실었다.

그 내용을 보면 한암 선사는 철저한 간화선주의자였음을 쉽게 알 수 있다. 다만 여기서 한 가지 꼭 첨부하고 싶은 것은 한암 선사는 화두 드는 법에 대해 매우 '친절하고 자세했다'는 것이다. 질문자의 대답에 대해 시의적절하고 분명하게 대답을 하고 있다. 다시 뒤에서 언급하겠지만, 간화선을 표방하는 '대한불교조계종'에서는 이 점을 잘 계승·발전해 가야 할 것이다.

(2) 염불(念佛)

한암 선사가 염불을 승가의 중요한 본분의 하나로 꼽았는데, 그러면 선사가 말하는 염불이란 도대체 어떤 염불인가? 한암 선사가 건봉사의 선원(禪院)에서 조실(당시는 '주실'이라 칭했음)로 수행자들을 지도했던 것은 잘 알려진 일이다. 한암 선사가 이곳의 선원으로 가게 된 데에는 아래와 같은 당시의 상황이 있었다.

잘 알려진 대로, 금강산 건봉사는 신라 시대에 동량 발징(棟樑發徵) 화상이 아미타불 염불을 통해 생천(生天)한 이래로 5차에 걸쳐 '만일염불회'가 있었던 곳으로 역사와 전통이 깊다. 당시에 이런 '염불회'는 많이 있었다.

그런데 1911년 「사찰령」을 공포한 조선총독부에서는 일본불교의 법요식을 조선에 강요하면서, 고래로 전래되던 조선불교의 각종 불교의례를 금지하였다. '화청'이나 '작법' 등이 모두 금지되었다. 이런 외적인 추세와 연관되어, 1914년 1월에 개최된 제3회 '조선불교 선교 양종 30본산 주지회의소'에서는 건봉사의 '만일염불회'를 제외하고 전국의 '염불당'을 폐쇄하여 '선원'으로 바꿀 것을 결의했다.[20)]

이로 인해 많은 '염불당'이 조선불교의 긴 역사 속에서 사라져 갔다. 그러나 건봉사의 경우는 그 역사가 매우 장구하여 쉽게 폐지하지 못했던 것 같다. 1921년에 당시의 주지 이대련(李大聯) 스님이 중심이 되어 결국 선원으로 바뀌게 되었다. 그러면서 당시 같은 금강산 장안사에서 주석하던 방한암 선사를 방장으로 초청하게 된다.

그런데 이렇게 '만일염불회'를 폐지한 자리에 개설된 선원의 방장으로 있던 한암 선사가 「승가오칙」에서 '염불'을 출가승의 중요한 과제로 제시하는 것은 무슨 사연인가? 대체 한암 선사가 말하는 '염불'이란 무엇인가? 대답은 간단하다. 한암 선사는 저마다의 자성(自性) 속에 들어 있는 미타정토(彌陀淨土)를 염(念)하라고 한다. 같은 염불이라도 그 속내용은 달랐다.

우리는 한암 선사의 염불에 대한 입장을 「금강산 건봉사 만일암 신설선회후

---

20) 「조선불교 선교양종 삼십 본산 주지 회의소 제삼회 총회록」『해동불교』제4호, 1913, pp.87~89.

선중방함록 서(金剛山 乾鳳寺 萬日庵 新設禪會後 禪衆芳啣錄 序)」를 통해 엿볼 수 있다. 여기서 정토염불에 대한 선사의 입장을 찾아보기 위해서는 먼저 정토 신앙에 대한 건봉사의 역사적인 상황을 좀 더 분명하게 밝혀 둘 필요가 있다. 그래야만 이 엄청난 전통의 단절에 한암 선사가 동참하고 있음을 알 수 있기 때문이다.

신라 경덕왕 17년(758)에 동량 발징(棟樑發徵; 또는 八珍) 화상은 금강산 원각사(현재 고성의 건봉사)에 '만일염불회'를 개설한다. 이런 정황을 우리는 『건봉사본말사적』에서 읽을 수 있다. 제1회는 신라 경덕왕 17년(758), 제2회는 조선 순조 2년(1802), 제3회는 철종 2년(1851), 제4회는 고종 18년(1881)에 시작하여 융희 2년(1908)에 회향했고, 제5회는 1908년 금암 의중(錦岩宜重) 대사가 시작하여 1927년 원옹 덕성(圓翁德性) 대사가 화주(化主)가 되어 만일회를 계승했다.

제5회가 진행되던 1921년 '만일염불회'가 폐쇄된 자리에 세운 '선원'에 한암 선사가 조실로 부임한 것이다.

염불에 관련된 일체의 불사(佛事)는 일제에 의해 지속적으로 탄압을 받아 겨우 명맥을 유지할 정도였다. 해방 후에는 1954년 5월 20일 발표된 이승만 대통령의 유시(諭示)로 발단된 한국불교는 큰 소용돌이 속에 빠졌다. 이 와중에 '염불업(念佛業)'을 하던 일부 대처승들이 뒷전으로 몰리면서 염불의 전통은 단절의 위기를 맞이했다. '짓소리'는 물론 '홋소리'를 비롯한 각종 소리 및 작법도 거의 고사할 지경이 되어버렸다.

당시 건봉사 '만일염불회'에서는 여러 승려들이 모여 큰 소리를 내어 염불을 하면서 정토에 왕생하기를 발원하는 수행을 하고 있었다. 현재도 당시 건봉사 염불당에서 수행했던 어장(魚丈)이 의정부에 생존해 계신다. 지금도 당시의 수행 방식과 가람의 배치와 인물 등에 대해 생생하게 기억하고 있다. 여기에서 그 일과를 모두 소개할 수는 없으니 간단하게 소개하면 다음과 같다.

아침 송주와[21] 저녁 송주를[22] 포함하여 매일 4분 정근을 한다. 그러면서

21) 1)〈정구업진언〉에서 시작하여 〈개법장진언〉까지 외우고, 2)〈4대주〉를 외우고, 3)다음부터는

틈을 내어 어장 스님들의 지도하에 상주권공, 각배재, 영산재 등을 비롯해 장엄, 지화, 양공, 착복, 사물 등을 배운다. 매우 엄격한 수행일과로 이루어져 있었다. 그런데 당시의 이런 '염불회' 수행에 대해서 한암 선사는 매우 비판적인 생각을 가지고 있다.

> 이 건봉사는 발징 화상이 원력으로 생을 받고, 31명이 몸을 버리고 왕생한 이후로 오늘날에 이르기까지 일천여 년을 흘러오는 동안 법과 도가 모두 쇠퇴하여 서방정토에 태어나기를 염원하는 자들은 모두가 소리 높여 염불하는 것을 최고의 법칙으로 생각한 나머지 모두가 자성미타(自性彌陀)의 진실된 교법(敎法)을 돌이켜 관(觀)할 줄 모르고 있다.[23)]

이 인용문으로 미루어 볼 때에 우리는 한암 선사가 말하는 「승가오칙」의 하나인 염불은 '만일염불회'에서 하는 그런 염불 수좌의 수행이 아님을 알 수 있다. 한암 선사는 '염불'과 '선'을 분명하게 나누어서 생각하고 있다.

> 염불이란 부처를 생각하면서 청정한 법계에 태어나기를 구하는 것이다. 청정한 법계가 있기 때문에 더러운 땅이 있으며, 부처를 생각하기 때문에 자기가 본래 범부라고 생각하게 되는 것이다. 이렇듯 범부와 부처가 이미 둘이요, 청정한 법계와 더러운 국토가 이미 둘인즉 기쁨과 싫어함, 취함과 버리는 마음이 나지 않을 수 없으며 천차만별이 항상 일용 사물상에 나타나게 된다.

저녁 송주와 동일하다. 즉 "준제공덕취, ……, 귀명례삼보. 나무상주시방불, 나무상주시방법, 나무상주시방승"까지 외워 마친다. 4)다음에는 장엄염불로 넘어간다. 아미타불금색신, 상호엄단무등륜, …… 시고아금공경례. 원아진생무별념, 아미타불독상수, …… 관구서방아미타. 나무서방대교주, 무량수여래불, 나무아미타불(반복). 5)〈극락세계십종장엄〉 6)〈미타인행사입팔원〉 7)〈제불보살십종대은〉 8)〈보현보살십종대원〉 9)〈석가여래발상성도〉 10)〈다생부모십종대은〉 11)〈오종대은명심불망〉 12)〈고성염불십종공덕〉 13)"청산첩첩미타굴"에서 시작하여 "자타일시성불도"까지 하고, 14)〈무량수불설왕생정토주〉 15)〈결정왕생 정토진언〉에서 계속하여 〈보회향진언〉까지 마치고, 16)계수서방안락찰, 접인중생대도사, 아금발원원왕생, 유원자비애섭수, 고아일심귀명정례로 끝낸다.

22) 1)〈정구업진언〉에서 시작하여 〈개법장진언〉까지 외우고, 2)"천수천안관자재보살 ……, 나무본사아미타불"까지 끝내고, 3)〈신묘장구대다라니〉를 외우고, 4)〈사방찬〉, 〈도량찬〉, 〈참회게〉, 〈참회진언〉을 외우고, 5)"준제공덕취, ……, 정획무등등, 계수서방안락찰, 접인중생대도사, 아금발원원왕생, 유원자비애섭수, 고아일심귀명정례."에서 끝을 낸다.

23) 漢巖門徒會刊, 『修訂增補版 漢巖一鉢錄』, 서울: 민족사, 1996, p.336.

그러나 참선이란, 처음 마음을 낼 때 곧바로 스스로의 마음이 부처임을 세워 한 생각의 기틀을 돌리면 영겁의 무명이 얼음 녹듯 곧 바로 사라질 것이다. …… 참선과 염불은 두 가지의 길로서 서로의 거리가 마치 하늘의 구름, 땅의 진흙처럼 멀어져 버릴 것이니 어떻게 하면 하나가 됨을 알 수 있을까?[24)]

한암 선사가 염불을 수용하는 면이 있지만, 그것은 어디까지 선사의 입장에서 선적인 방식으로 수용하는 것이다. 한암 선사에게는 선과 염불에 대한 선사들 특유의 이해 방식이 있다. 즉 그것은 자성미타(自性彌陀)를 염(念)하면서 자신을 반조하는 것이다. 한암 선사가 「승가오칙」에서 말하는 '염불'도 역시 자성미타를 염하는 그런 염불이다. 남종선의 전통에 서 있는 선사들의 염불관은 기본적으로 이러했다. 고려 말의 태고 보우 국사도 그랬고, 나옹 혜근 선사도 그랬다. 이런 전통은 조선의 선승들에게도 이어졌다.

이재창 교수는 「조선시대 선사의 염불관」에서,[25)] 조선시대 대표적인 승려 중의 하나인 서산 휴정(西山休靜; 1520~1604)을 "선념일치(禪念一致)를 실천하는 철저한 미타신앙의 선사였다."라고 평가하고 있는데, 이런 평가는 역시 서산의 제자인 편양 언기(鞭羊彦機; 1581~1644년)에 대해서도 마찬가지이다.

한암 선사가 말하는 염불은 자성미타를 찾는 염불이다. 한암 선사는 자신의 이런 의중을 태고 보우 선사의 이야기를 인용하여 간접적으로 드러내고 있다.

태고 화상께서 말하기를 '곧바로 자성미타를 생각하여 하루 종일 4위의 내에 줄곧 마음 마음이 끊임없이 이어지고, 생각 생각이 혼매하지 않으며, 정밀하게 자신을 반조(返照)하여 염불하는 자가 누구인가를 생각하여 오래 동안 공부해 가면 잠깐 사이에 마음과 생각이 끊어지고 아미타불의 진체(眞體)가 뚜렷이 앞에 나타나게 될 것이다'고 했다.[26)]

이렇게 참선을 업(業)으로 하는 한암 선사는 간화선의 입장에서 염불을 해석

24) 漢巖門徒會刊, 『修訂增補版 漢巖一鉢錄』, 서울: 민족사, 1996, p.335.
25) 이재창, 「조선시대 선사의 염불관」『한국정토사상연구』, 서울: 동국대출판부, 1985.
26) 漢巖門徒會刊, 『修訂增補版 漢巖一鉢錄』, 서울: 민족사, 1996, p.336.

하고 있다. 이런 입장에서 한암 선사는 나옹 선사가 여동생에게 보낸 편지에 들어 있는 게송[27]을 인용하고 있다.

염불을 바라보는 선사들의 공통적인 견해는 한암 선사에게도 고스란히 드러난다. 이런 견해에 입각하여 한암 선사는 당시의 '만일염불회'에서 염불하는 방식을 부정하고, 신라 때부터 내려오는 매우 상징적인 염불수행도량에 설치된 선원에서 간화선으로 수행자를 지도했던 것이다. 그러면서 한암 선사는 당시 염불당에 회자되던 발징 화상의 상서를 이렇게 비판하고 있다.

> 발징 화상의 祥瑞(상서)는 세상 사람들이 이 말을 듣고서 모두 합장한 채 귀의하거니와, 오늘 여기의 상서는 지혜 없는 이와는 말하기 어려운 일인데, 만일 선사가 물어주지 않았던들 하마터면 묻힐 뻔했습니다.
>
> 祥瑞(상서), 상서여,
> 드물고, 드물고, 드문 일이니,
> 자세히, 자세히, 들어라.
> 일념 대중이
> 오줌을 눌 때에는 오줌 누고
> 똥을 눌 때에는 똥을 누니라.[28]

그리고 당시 염불수좌들이 불상의 상호를 관(觀)하면서 명호를 부르는 현실도 이렇게 비판하고 있다.

> 보조 국사가 말한 바와 같이 '(부처님의) 어여삐 여겨주심을 받으려는 마음을 가지고 불상을 관(觀)하고 부처의 이름을 외쳐 대면서 오랜 세월이 흐르다 보면 대부분 마귀와 도깨비에게 포섭되어 미치광이처럼 정처없이 치달리어 헛되이 공부하는데 고생한다.'고 했다. 어찌 마음이 아프지 않겠는가?[29]

---

27) "아미타불은 어느 곳에 계시는가? 간절히 마음에 새겨 잊지 말아라. 생각이 다해서 생각 없는 곳에 이르면 6문(門)에서 항상 붉은 금빛이 솟아나리라."(漢巖門徒會刊, 『修訂增補版 漢巖一鉢錄』, 서울: 민족사, 1996, p.336).

28) 漢巖門徒會刊, 『修訂增補版 漢巖一鉢錄』, 서울: 민족사, 1996, p.225.

29) 漢巖門徒會刊, 『修訂增補版 漢巖一鉢錄』, 민족사, 1996, pp.336~337. 필자의 이 책의 인용문에

이상에서 우리는 결론을 내릴 수 있다. 한암 선사가 「승가오칙」에서 말하는 염불은 자성미타를 찾는 염불이라는 것이다. 그러면 자성미타를 찾는 염불을 한암 선사가 적극 권장하는 것인가? 그렇지는 않다. 혹 염불을 할 경우에는 그렇게 하라는 것이다. 결코 한암 선사는 염불을 우선적으로 권장하지는 않는다. 무엇보다 화두 참구를 통해서 견성성불 할 것을 권장하면서 한암 선사는 이렇게 말한다.

> 그러므로 옛 선사가 말하기를, '천리 길을 가려면 첫 발을 바르게 내디뎌야 한다.'고 했다. 불법을 배우는 사람은 맨 처음 선택을 분명히 하여 이치를 깨닫고 응당 닦아 나아가지 않을 수 없다. 이 경우에 만일 옛 습관을 개혁하여 바른 길을 열어 보이주지 않는다면 장차 어떻게 큰 법을 유지하여 무궁히 전할 수 있겠는가?[30)]

한암 선사가 승가의 규범 중의 하나로 권장하는 염불은 반조(返照) 혹은 간화(看話)하여 자성을 깨치는 수행을 근본으로 하는, 또는 그런 위에서 하는, 그런 염불이다. 한암 선사에게 있어서 '첫 발'은 간화선이었다.

(3) 간경(看經)

간경(看經)에 대해 한암 선사는 어떤 입장을 가지고 있는가? 남겨진 그의 문헌에 따르면, 한암 선사는 선어록 읽는 것을 비롯하여 책 읽는 것을 적극적으로 권장하고 있고, 물론 본인 자신도 그렇게 하고 있음을 알 수 있다. 선(禪) 관계 서적과 교(敎) 관계 서적을 나누어서 살펴보자. 먼저 선 관계 서적을 보자.

한암 선사가 많이 읽은 어록들은 『보조어록』, 그 중에서도 『수심결』을 비롯해 『경덕전등록』 등이다. 특히 『경덕전등록』은 한암 선사가 27세 되던 해인

나오는 "(부처님의) 어여삐 여겨주심"의 원문은 '將見愛之情 觀彼佛相'이다. 한암문도회의 번역에는 "사랑을 받으려는 마음을 가지고"로 되어 있다.

30) 漢巖門徒會刊, 『修訂增補版 漢巖一鉢錄』, 서울: 민족사, 1996, p.337

1903년에 해인사에서 읽었던 것으로 전해진다.[31] 그리고 한암 선사가 『경덕전등록』을 자주 보았음은 제자 탄허 강백의 회고에서도[32] 알 수 있다.

그런 독서 배경 탓인지 한암 선사의 『한암일발록』을 보면, 선사는 중국 남종선 선사들의 화두들을 종횡무진 인용하고 있는 것을 한눈에 알 수 있다. 한암 선사는 어록 읽는 것을 몸소 실천했고, 또 권장했다. 뿐만 아니라 한암의 문체는 한문체를 비롯해 어록체를 동시에 구사하고 있다. 특히 문답을 기록할 때에는 당송대의 구어를 방불케 한다.

다음으로 교(敎) 관계 서적을 보자. 한암 선사는 경전 중에는 『금강경』을 특히 좋아했다. 이 점은 소위 『금강경삼가해』를 현토 간행하면서 그 서문을 쓰는 곳에서도 분명하게 드러난다.[33] 이 책은 함허 득통 선사가 편차하고 설의(說誼)한 『금강경오가해』 중에서 육조(六祖), 야보(冶父), 종경(宗鏡) 등 3가를 싣고, 규봉(圭峰)과 부(傅) 대사 등 2가를 빼고 현토 간행한 것이다. 이렇게 빼고 넣는 데에는 한암 선사가 경전을 어떻게 대했는지를 간접적으로 엿볼 수 있다. 아래에서 이 점을 살펴보기로 한다.

함허가 설의한 『금강경오가해』는 기본적으로 규봉 종밀의 『금강경찬요』가 근간이다. 규봉은 인도의 '18주설(住說)'과 '27단의설(斷疑說)'을 채용하면서, 전통적인 교학승의 경전 주석 방식에 의해 『금강경』을 분석하고 해설하고 있다. 이런 규봉의 『찬요』를 기준으로 해서[34] 다른 나머지 4인의 해설을 편차하고 그에 따르는 해설을 붙인 게 바로 『금강경오가해』이다. 그런데 한암 선사는 이 책의 근간이 되는 규봉의 『금강경찬요』를 제외한다. 그 이유가 무엇일까? 다음의 「금강반야바라밀경 중간 연기 서」를 보자.

---

31) 漢巖門徒會刊, 「방한암 대종사 연보」『修訂增補版 漢巖一鉢錄』, 서울: 민족사, 1996, p.512.
32) 김탄허, 「한국불교의 거인」『修訂增補版 漢巖一鉢錄』, 漢巖門徒會刊, 서울: 민족사, 1996, p.454.
33) 방한암, 「金剛般若波羅蜜經重刊緣起序」『金剛般若波羅蜜經』, 佛教社會奉仕會, 1967, 1丈.
34) 화엄교학자들은 기본적으로 규봉 종밀의 『금강경찬요』를 중시한다. 남송의 화엄교학승인 長水子璿(965~1038년)의 『金剛經刊定記』가 그 대표적인 예이다. 『금강경간정기』는 현재에도 강사들의 필독 도서이다.

『오가해』 중에서 육조, 야보, 종경 등 3가의 주석에는 곧 의리(義理)의 미묘함을 설해서 보고 듣는 자로 하여금 깨끗이 뼈를 바꾸고 창자를 씻은 듯하게 하며, …… 곧 일천성인이 전하지 못하신 향상일로(向上一路)를 초월케 하시니, …… 억겁을 지난다 해도 만나기 어려운 법이다. ……

함허의 「설의」는 더욱 무한한 기권(機權)의 의미를 드러내어 배우는 이로 하여금 자연히 사모하고 기뻐하며 존경하는 마음이 우러나서 청량 해탈의 경지에 뛰어들게 하시니, ……[35)]

이렇게 3가를 취하는 이유를 설명하고 있다. 한마디로 말하면 3가의 주석은 향상일로(向上一路)하여 일체의 사량분별을 초월하게 하고, 함허의 설의는 근기에 맞추어주는 권교 방편이 구비되어 있다는 것이다. 그래서 취한다는 것이다. 그러면 나머지 2가에 대해서는 어떤 입장인가?

그러므로 3가해와 함허의 설의를 전부 싣고, 규봉의 찬요와 부대사의 송을 싣지 않은 것은 한갓 후학이 호대(浩大)하여 지니기 어려울 뿐 아니라 이상 네 가지 주석을 완상(玩賞)하여 밝은 뜻을 통달하면, 두 분의 주해는 자연 그 가운데 있기 때문이니라.[36)]

이 인용문만을 보면 규봉의 설의를 뺀 것은 효용적인 면에서 그런 것이지, 교의(教義)나 선지(禪旨)에 맞지 않아서 그랬던 것은 아님을 알 수 있다. 한암 선사는 규봉 종밀을 비판하는 일군의 선사들과는 이런 점에서 다르다. 뿐만 아니라 자신이 교학을 전공한 자가 아님을 분명하게 밝히면서 교학에 대해 필요 이상의 비난을 삼가는 인품을 보여주고 있다.

우리는 한암 선사의 이런 모습을, "교문과 삼승에 대한 행상에 관한 것은 자세히 말하면 한량이 없고 필자가 일찍이 잘 익히지 못해서, 고인의 말씀에 의해 대강을 말했거니와"[37)]라는 문장에서 분명하게 읽을 수 있다. 이렇게 자신

35) 漢巖門徒會刊, 『修訂增補版 漢巖一鉢錄』, 서울: 민족사, 1996, p.327.
36) 漢巖門徒會刊, 『修訂增補版 漢巖一鉢錄』, 서울: 민족사, 1996, p.328.
37) 漢巖門徒會刊, 『修訂增補版 漢巖一鉢錄』, 서울: 민족사, 1996, p.124.

의 입장을 분명하게 하면서 교학에 대해 이렇게 말하고 있다.

> 교문(敎門)에서의 믿음은 복락을 좋아하는 이에게는 10 선(善)을 닦아 인천(人天)의 복락이 되게 하고, 낙과 공적(樂果空寂)을 즐기는 이에게는 생멸인연으로 인한 고집멸도를 닦게 하고, 성과 불과(聖果佛果)를 좋아하는 이에게는 오랜 세월 6바라밀을 닦아 보리열반에 이르는 정과(正果)를 삼게 함을 믿는 것이다.[38)]

위 인용문에서 한암 선사는 교학승들이 말하는 일반적인 입장을 그대로 수용하여 옮겨놓고 있다. 인천(人天)의 복을 목표로 하는 이들에게 10선법을 가르치고, 공(空) 도리를 닦으려 하는 자들에게는 4성제를 가르치고, 그리고 성불을 목표로 하는 이들에게는 보살행을 닦게 한다는 것이다. 6바라밀로 상징되는 보살행을 통해서도 성불할 수 있다는 것이 한암 선사의 입장이다. 성불에 이르는 길 중의 하나로 화엄의 보살행을 인정한다. 이 점 또한 선사로서 한암의 입장을 다른 선사들과 구별하게 해주는 좋은 문증(文證)이 된다.

그리고 교학에 대해서도 한암 선사는 1승의 교학과 3승의 교학을 구분하고 있다. 한암 선사가 말하는 1승이란 다름 아닌 화엄 1승이다. 반면에 3승이란 점수를 바탕으로 현생 밖에 따로 극락정토가 있다고 믿는 것이다. 아래의 인용문을 보자.

> 1승의 믿음이란, 무량겁이 곧 일념이요 일념이 곧 무념이니 근본 보광명지를 의지해 10신 10주 10행 10회양 10지를 두루 닦아서 덕행이 원만하여 불과를 증득하되, 시종이 한 찰나의 삼매를 여의지 않는 줄을 믿는 것이다.
>
> 3승의 믿음이란, 혹은 미혹을 끊고 과를 증득하며 혹은 미혹을 그대로 두고 중생을 제도하며 혹은 불과가 아승기겁을 닦은 뒤에 있다 하며 혹은 예토인 사바세계 밖에 따로 정토를 구할 수 있음을 믿음이니,[39)]

여기에서 보다시피 한암 선사는 일승 원교로서의 화엄과, 정토 염불 특히

---

38) 漢巖門徒會刊, 『修訂增補版 漢巖一鉢錄』, 서울: 민족사, 1996, p.124.
39) 漢巖門徒會刊, 『修訂增補版 漢巖一鉢錄』, 서울: 민족사, 1996, p.124.

타방 정토왕생을 염원하는 염불 수행과는 분명하게 선을 긋고 있음을 알 수 있다. '만일염불회'를 없애고 '선원'을 개설한 건봉사의 초청에 응하여, 한암 선사가 그곳 방장으로 간 것도 이런 입장이 반영된 것이다.

(4) 의식(儀式)

현재 한국 불교계는 불교 의례를 운운하려면 누구나 예천 용문사의 안진호 강백이 편집 간행한 『석문의범』을 소홀히 할 수 없다. 이 책의 간행에 즈음하여 권상로 스님은 그 「서(序)」에서 이렇게 말하고 있다.

> 有人이면 斯有事요 有事면 斯有禮요 有禮면 斯有儀니 大而禮樂刑政과 小而揖讓進退가 是야라.[40)]

즉 사람이 살게 되면 그곳에는 일이 있게 마련이고, 일이 있으면 거기에는 예의 범절이 있게 마련이고, 예의 범절이 있으면 거기에는 겉으로 드러나는 의례 형식이 있게 마련이다. 크게는 의례와 음악과 법률로부터 작게는 인사 출입에 이르기 까지가 모두 의례 형식이다.

불문(佛門)의 각종 의식집으로는 조선 경종 3년(1723)에 전남 곡성에 있는 도림사의 지환(智還) 선사가 간행한 『범음집(梵音集)』을 비롯해, 순조 2년(1826) 전북 순창 구암사(龜巖寺)의 해동 화엄종주(華嚴宗主) 백파 율사(白坡律師)가 간행한 『작법구감(作法龜鑑)』 등을 꼽을 수 있다. 안진호 강백의 『석문의범』 편집도 이런 연장선에서 이루어진 일이다.

그런데 선문(禪門)의 각종 의례에 관해서는 고려 이후에는 이렇다할만하게 정리된 것이 없다. 비록 중국의 『백장청규』가 있다고 하나, 조선의 실정에 맞게 제정된 선문의 의례는 없었다. 이런 상황을 감안할 때에 한암 선사의 「선원규례(禪院規例)」는 그 의미하는 바가 매우 크다 하겠다. 그리고 그 이후에 성철 퇴옹 선사가 '봉암결사'에서 사용한 「공주규약(公住規約)」, 그리고

---

40) 安震湖 編, 『釋門儀範』, 京城府: 前卍商會, 1935.

현재 대한불교조계종 선원수좌회에서 간행한 『조계종 선원청규』(조계종 선원수좌회, 조계종출판사, 2010)도 일련의 역사적인 맥락을 갖는다.

한암 선사의 「선원규례」는 1922년 건봉사에 '만일염불회'를 폐지하고 '선원'을 세우면서 제정 활용한 '선원'의 생활 규칙이다. 본 장에서는 그 구체적인 내용은 생략하고, 그 소임명만을 들어보자. 주실(籌室), 제일좌(第一座), 제이좌(第二座), 열중(悅衆), 병법(秉法), 헌식(獻食), 지전(知殿), 소지(掃地), 지객(知客), 서기(書記), 원주(院主), 다감(茶監), 별좌(別座), 시자(侍者), 공사(供司), 미감(米監), 마호(磨糊), 정통(淨桶), 종두(鐘頭), 간병(看病), 화두(火頭)가 있다. 이런 소임들만 보아도, 당시의 규모나 역할을 어떻게 분담하여 공동체 살림을 살았는지 짐작할 수 있다.

「선원규례」에서 한암 선사는 조실의 역할을 다음과 같이 밝혀놓고 있다.

> 상당설법은 의당 초1일, 15일로 정하되 수시로 가르침을 청해야 할 것이니, 학인의 부지런함과 게으름에 달려 있는 것이지 일정한 준칙에 얽매이지 말아야 한다.[41]

선원의 매우 중요한 규칙을 제시하고 있다. 조실의 상당설법(上堂說法)을 정례화시키고 있다. 뿐만 아니라 수시로 입실(入室) 점검할 것을 명시하고 있다.

이렇게 한암 선사는 선원 생활의 규칙뿐만 아니라, 조선조에 내려오는 예컨대 『작법구감』의 내용에 대해서도 적극적인 관심을 보였고, 그 중에서도 '예참문(禮懺文)'을 손수 정비한 것은 주목해야 한다. '분규'를 전후하면서 조계종의 선승들이 보여주었던 태도와는 많이 다르다.

이하에서는 한암 선사의 「소예참문(小禮懺文)」[42]을 소재로 하여 그 속에 담긴 불교사상을 살펴보기로 한다.

---

41) 漢巖門徒會刊, 『修訂增補版 漢巖一鉢錄』, 서울: 민족사, 1996, p.33.
42) 漢巖門徒會刊, 『修訂增補版 漢巖一鉢錄』, 서울: 민족사, 1996, pp.372~373.

예참문은 상단권공(上壇勸供)의 중요한 한 부분으로, 이 예참문을 통해서 우리는 당시의 불교계에서 예경했던 대상들을 알 수 있다. 「소예참문」은 모두 12회의 정례(頂禮)로 범주화되어 있다.

(1) 초정례 : 청정법신 비로자나불, 원만보신 노사나불, 천백억화신 석가모니불 등 3신불.
(2) 2정례 : 과거 7불.
(3) 3정례 : 약사여래, 아미타여래, 보승여래, 부동존여래, 10신(身) 비로자나여래, 미륵존여래.
(4) 4정례 : 참죄업장 12존여래, 지장원찬 13존여래, 치성광여래, 북두칠성여래
(5) 5정례 : 기타 각종 시방에 중중무진으로 상주하시는 부처님.
(6) 6정례 : 화엄경과 법화경 등에 등장하는 각종 보탑과 사리탑.
(7) 7정례 : 화엄경, 법화경, 반야경, 원각경, 능엄경, 범망경, 아미타경, 목련경, 부모은중경, 지장경 등등의 경전.
(8) 8정례 : 신묘장구대다라니, 불정존승대다라니 등을 비롯한 일체의 법보.
(9) 9정례 : 문수보살, 보현보살, 관세음보살, 대세지보살, 금강장보살, 제장애보살, 지장보살, 준제보살 등.
(10) 10정례 : 법기보살, 살타파륜보살, 화엄경 10불 세계의 각 보살, 극락세계를 넘나드는 각종 보살 등.
(11) 11정례 : 화엄경의 53선지식, 선재동자, 10제자, 1200 대아라한 등.
(12) 12정례 : 서역의 28대 조사, 당나라의 6대 조사 및 5종 분파의 역대 조사, 해동 선종의 초대 조사 도의 국사, 화엄 초조 원효, 의상, 자장 율사, 보조국사, 지공 나옹 무악 3대화상, 태고 왕사, 환암 선사, 서산 사명 양대 화상 등의 승보.

이상에서 간략하게 한암 선사의 「소예참문」을 소개했다. 「소예참문」의 내용을 살펴보면 이것은 전래되어 온 「소예참례」[43]와 「대예참례」[44]를 절충해서, 당시에 필요한 불문(佛門)의 예경 대상과 계보를 분명하게 한 것임을 알 수 있다. 그러나 기본적으로는 「대예참례」의 정신을 잘 계승하면서도, 「소예참

43) 安震湖 編, 『釋門儀範』, 서울: 前卍商會, 1935, pp.2~6.
44) 安震湖 編, 『釋門儀範』, 서울: 前卍商會, 1935, pp.13~38.

례」가 지나치게 간소화된 것을 보완한 것이다.

한암 선사는 「소예참문」을 통해서 법보와 3신불을 중심으로 한 불보와, 그리고 법신의 상주를 보여주는 사리에 대한 예경을 분명하게 했다. 그리고 이어서 『화엄경』을 으뜸으로 하는 대승경전에 대한 예경을 분명하게 했고, 다음으로 각종 다라니에 대한 예경을, 다음으로 문수・보현으로 이어지는 각종 대승의 보살에 대한 예경을 분명하게 했고, 화엄의 선지식과 초기 불교 당시의 성문승에 대한 예경을 분명하게 했고, 끝으로 역대 전등의 조사들에 대한 예경을 분명하게 했다.

위에서도 말했지만 기본적으로는 「대예참례」를 규모 있게 줄인 형식을 취했다. 그러면서도 분명하게 다른 곳은 마지막의 〈12정례〉 부분이다. 『석문의범』의 「대예참례」는 기본적으로 화엄 교학을 중심으로 한 예참이다. 그러다 보니 인도와 중국의 화엄종의 조사들에 대한 예경을 하고 있다.[45)]

그런데 조계의 선종을 표방하는 한암 선사는 그것을 삭제하고, '전지 조인(傳旨祖印) 도의 국사(道義國師)'를 맨 먼저 예경하도록 개작(改作)했다. 여기에서도 우리는 한암 선사의 '종조관'의 면모를 엿볼 수 있다. 화엄을 중심으로 하는 통불교적인 전통을 수용하면서도, 그러는 속에서 도의 국사를 해동 선종의 초조(初祖)로 세우는 계보 의식을 가지고 있었다. 여기에서도 한암 선사의 종조관이 분명하게 드러난다.

(5) 가람 수호

『한암일발록』에 「승가오칙」의 마지막으로 '가람 수호'가 소개되어 있지만, 이에 대한 구체적인 양상을 그 책에서는 찾아보기가 어렵다. 다만 한암 선사 자신의 말은 아니지만, 편집자의 해설인 듯한 다음의 구절이 보이기는 한다.

> 수행자는 오로지 참선, 염불, 간경, 의식을 수행할 수 있는 선근이 없거나,

45) "至心頂禮供養 華嚴七祖 跡居八地 摧邪現正 馬鳴菩薩 樹下生身 龍宮悟道 龍樹菩薩…… 如是海會 諸大祖師."(安震湖編, 『釋門儀範』, 서울: 前卍商會, 1935, p.38).

부득이 이를 수행할 수 없을 경우 모름지기 수호가람의 원을 세워 가람을 수호 보전하고 수행자를 존중하여 외호한다면 선근이 익어 필경 발심하게 되리라 하시고 수호가람을 제5칙으로 삼으신 것이다.[46)]

그런데 위의 인용문에서 알 수 있듯이, 이 글은 한암 선사 자신의 글은 아니다. '가람 수호'에 대한 한암 선사의 이야기를 제3자가 들려주는 형식으로 되어 있다. 때문에 이 인용문에 대해서는 들은 자와 기록한 자를 분명하게 함으로써, '가람 수호'에 대한 한암 자신의 입장을 분명하게 기록・정착시켜야 할 것이다.[47)]

비록 이런 문제점이 없지는 않지만, 한암 선사가 '가람 수호'를 중요하게 여겼던 것은 분명하다. 필자는 한암의 이런 면모를 「불영사 사적비」, 「오대산 상원사 선원 헌답 약기」, 「설악산 오세사 선원 헌답 약기」 등에서 찾아볼 수 있었다.

이 세 기문(記文) 모두 설운(雪耘) 장로의 가람 수호에 대한 기록이다. 「불영사 사적비」를 보면, 설운 선사가 이 절에 처음 오신 해는 대한제국 광무 3년 즉 1899년이었다. 이 절에 내려오던 전답은 남용되어 사라지고, 도량의 전각이 모두 망가져서 뜰 앞은 잡초만 무성했다고 한다. 설운 선사는 전답을 다시 사들여, 거기에서 수확되는 곡식의 일부는 선방(禪房)의 비용으로 충당하게 하고, 일부는 사중(寺中)에 들여놓게 했다. 이렇게 조목을 정해 놓은 연유를 한암 선사는 이렇게 헤아리고 있다.

> 조목을 정해놓고 선방 몫으로 한 것은 온전히 선방의 양식을 하기 위함이요, 또한 합해서 쓰면 뒷날 이 절을 관리하는 이가 간혹 공용(公用)함이 많음을 빙자해서 선회(禪會)를 폐지할까 두려워서였으리라.[48)]

46) 漢巖門徒會刊, 『修訂增補版 漢巖一鉢錄』, 서울: 민족사, 1996, p.30.

47) 『한암일발록』을 읽다 보면, 이런 부분들이 더러 눈에 띈다. 번역을 비롯해 원문의 토 내지는 교감 등을 좀 더 손을 보았으면 좋겠다. 한암 선사는 문장이 섬세한 분이다. 잘 교감하고 번역해야지만, 그 분의 그런 솜씨를 손상 없이 고스란히 드러내어 오늘에 전할 수 있을 것이다.

선방 몫을 정하게 한 내심을 이렇게 헤아린 것이다. 그러면서 이 기문에 한암 선사는 "뒷날의 주지와 간사는 장로의 뜻을 실추시키지 말고 성심으로 수호하여 상주물을 아끼고 보호하며 선원을 잘 이어나가 다함이 없이 한즉, 한 등을 켜서 백천 등을 밝혀 밝음이 다함이 없이 되리니 그 공덕은 사방 허공과 같아서 헤아릴 수도 없다."라고 적어 후세에 당부한다.

그 밖에도 설운(雪耘) 장로는 상원사 선원이라든가 또는 오세암 선원에 선량(禪糧 : 선원 대중의 양식)을 대기 위해 따로 몫을 지어 전답을 헌납한다. 한암 선사는 이것을 기념하여 기문(記文)을 지으며, 선회(禪會)를 잘 보존하고, 선승 납자들을 잘 보필하고, 또 대중을 무시하거나 속이는 일이 없도록 하기를 후인들에게 당부하고 있다.

4. 오늘의 대한불교조계종

이상에서 필자는 '조계종'이라는 명칭이 근현대 한국의 불교사에 언제 그리고 어떤 방식으로 대두되었는지를 살펴보았다.

조선시대에는 숭유억불로 인해 '무종명 범승(無宗名 凡僧)'[49]이 점점 늘어나게 되었다. 그렇지만 역시 '선종'과 '교종'이라는 기준은 유지되었다.[50] 이런 현상은 일제강점기에도 계속되다가, 1941년을 기점으로 해서 '선교 양종'에서 '조계종' 일변도로 기울어지기 시작했다. 특히 당시 조선총독부의 대처(帶妻) 허용 정책에 반대하던 선승들이 여기에 힘을 보태었다. 방한암 선사도 그런 수행자 중의 하나였다. 그리고 해방이 되면서 이들의 세력은 점점 세간의

---

48) 漢巖門徒會刊, 「불영사 사적비」『修訂增補版 漢巖一鉢錄』, 서울: 민족사, 1996, p.355.

49) 무종명 범승 : 이 용어는 1902년에 공포된 「국내사찰현행세칙」의 제4조에서 승려들의 법계(法階)를 나누면서 나타난다. 그 세칙에 따르면 "무종명 범승이란 선종, 교종이라 칭할 수 없는 수행이 없는 탁발업자 염불업자를 말함."이라고 한다. 자세한 조문은 부록에 실린 이 세칙을 참조.

50) 이런 양상을 우리는 당시의 법령들을 통해서 확인할 수 있다. 조선시대의 『경국대전』에서도 승과를 선종과 교종으로 나누었고, 이런 전통은 대한제국과 조선총독부 시절의 각종 법령에도 이어진다. 부록에 실린 법령 참조.

호응을 받기 시작했다.

이런 역사 속에서 한암 선사는 교정(教正)을 포함하여 종정(宗正) 등 불교 종단 최고 지도자에 여러 번 추대되었다. 근현대 불교의 역사 속에서의 한암의 역할이 그만큼 컸기 때문에, 그가 어떤 생각을 가졌었는가는 매우 중요하다. 특히 현재 '대한불교조계종'의 정체성을 운운할 때에는 더욱 중요하다.

그러면 한암 선사는 불교에 대해 어떤 생각을 가지고 있었는가? 위에서 살펴본 대로 한암 선사는 남종선에 한국불교의 계보를 대고 있다. 즉, 784년에 당나라 광부(廣府)의 보단사(寶壇寺)에서 비구계를 받고 홍주의 개원사에서 마조 도일(馬祖道一)의 제자인 서당 지장(西堂智藏) 선사의 법을 이어받은 뒤 821년에 귀국한 가지산문의 세1조 명적 도의(明寂道義)를 해동의 조조로 받든다.

그리고 승려가 지켜야 할 본분으로 다섯 가지를 제시하는데, 참선, 염불, 간경, 의식, 가람 수호가 그것이다. 참선에서는 간화선을 철저하게 주장했고, 염불에서는 자성 미타를 염하도록 했고, 간경에서는 주로 『전등록』, 『금강경』, 『보조어록』 등을 권장했고, 의식에 대해서도 「소예참문」을 지을 정도로 적극적인 관심을 가졌고, 가람 수호에서는 특히 선원과 선방의 납자들을 잘 호념할 것을 강조하고 있다.

그러면 현재의 '대한불교조계종'이 과연 한암 선사가 당시에 선양했던 불교의 길을 가고 있는가? 이하에서는 이 점을 점검하면서, 조계종의 정체성을 되돌아보기로 한다. 그러기 위해서는 다양한 측면에서 검토가 필요하겠지만, 한암 선사가 제기했던 주제에 한정함으로써, 그 양상을 서로 비교 검토할 수 있도록 한다.

1) 종조의 문제

대한불교조계종의 종헌[51] 제6조에는 "本宗(본종)은 신라 헌덕왕 5년에 조계

51) 대한불교조계종 홈페이지 http://www.buddhism.or.kr

혜능 조사의 증법손 西堂智藏(서당 지장) 선사에게서 心印(심인)을 받은 道義(도의) 국사를 宗祖(종조)로 하고, 고려의 太古普愚(태고 보우) 국사를 重興祖(중흥조)로 하여 이하 淸虛(청허)와 浮休(부휴) 양 법맥을 繼繼承承(계계승승)한다."라고 하여 종조를 밝히고 있다. 이 조항을 보면 대한불교조계종은 선종임이 분명하다. 이 부분은 한암 선사의 입장과 일치한다.

그런데 문제는 종헌 제1조이다. 여기에 보면 "本宗(본종)은 大韓佛敎曹溪宗(대한불교조계종)이라 칭한다. 本宗(본종)은 新羅(신라) 道義國師(도의 국사)가 創樹(창수)한 迦智山門(가지산문)에서 起源(기원)하여 高麗(고려) 普照國師(보조 국사)의 重闡(중천)을 거쳐 太古(태고) 普愚國師(보우 국사)의 諸宗包攝(제종포섭)으로서 曹溪宗(조계종)이라 공칭(公稱)하여 이후 그 宗脈(종맥)이 綿綿不絶(면면부절)한 것이다."라고 하고 있다.

문제는 태고 보우 선사를 어떤 맥락에서 위치시켜야 하느냐는 것이다. 앞에서 보았다시피 한암 선사의 속뜻은 태고 보우는 어디까지나 "조계종 대선사로 봉한 태고 보우 국사"이다. 그런데 조계종의 종헌 제1조에서는 "普愚國師(보우 국사)의 諸宗包攝(제종포섭)"이라고 한다. '여러 종(宗)'을 포섭한 인물로서 태고 보우를 꼽고 있다. 그러면 대체 여기서 말하는 '여러 종(宗)'이란 무슨 뜻인가? 신라의 구산(九山) 선문으로 보기에는 시대적으로 너무 멀다. 시대적으로 볼 때에 태고 보우 당시의 '여러 종(宗)'은 〈표1. 조선 초기의 종단 현황〉에서 보이는 조선 초 태종 당시와 유사할 것이다.

그렇다면, 그리고 또 현재의 조계종이 진실로 태고 보우를 '여러 종(宗)'을 포섭한 인물로 평가하고 동시에 그를 '중천조' 내지는 '중흥조'로 추대한다면, 대한불교조계종은 그 정체성에 있어 논란의 여지가 있다. 이 종헌을 만들던 당시 승려들의 의식 속에 '선종'의 법통을 세우려는 의식이 있었음은 잘 드러난다. 그러면서도 역사 속의 '여러 종(宗)'도 포섭해야 한다는 의식도 여전히 간직하고 있었다고 할 수 있다. 그렇다면 대한불교조계종은 출발부터가 법통의 문제에 모순을 안고 출발한 셈이다. 마음은 선종을 하고 싶었는데, 현실은 그렇지 못했다.

2) 참선의 문제

「승가오칙」 중의 첫째인 간화선을 대한불교조계종 소속 승려들이 모두 실천하고 있는가? 문제를 더 선명하게 하기 위해 필자는 이 물음을 다음과 같은 두 질문으로 나누기로 한다. 첫째, 조계종에 속한 본 말사의 각종 '절'들에서 선 수행을 하는가? 둘째, 조계종에 속한 '승려'들이 간화선을 하는가? 그 중의 일부가 그렇다는 말이 맞을 것이다. 그것도 아주 적은 일부가 말이다. 대부분의 '절'에서는 오히려 선(禪)보다는 「신묘장구대다라니」를 염송하는 정토 염불 내지는 기도가 더 성행하고 있다. '승려'들도 마찬가지이다. 그 실례로 조계종의 총본산인 조계사를 보면 알 수 있다. 여기에서 무슨 '상당법어'나 '입실' '점검'이 있겠는가?

3) 염불의 문제

자성미타를 찾으라는 선사들의 일관된 염불관이 한암 선사에게서도 드러남은 위에서 본 대로이다. 그럼 현재의 조계종에서 이렇게 염불하는가? 말은 그런다고 그럴 것이다.

그러나 〈관음시식〉의 내용과 〈49재〉의 내용과, 〈불공〉의 내용을 보면, 이 경우는 모두 '부처님의 신력'에 의지해 또는 '대비주의 신력'에 힘입어 영가나 재자의 소원을 빌어주는 것이다. 위의 의식문에 들어 있는 '승불신력(承佛神力)' 또는 '장법가지(將法加持)' 등의 문구가 그것을 대변한다. 지금의 조계종 본말사에서 통용되는 염불은 타력 신앙으로서의 염불문이다. 이는 한암 선사를 비롯한 역대 선사들이 권장했던 자성미타의 염불과는 거리가 있다.

4) 간경의 문제

한암 선사는 읽어야 할 책으로 선(禪) 쪽으로는 『경덕전등록』과 보조 국사의 『수심결』을 권장했다. 그러면서 스스로는 각종 법문에 『선문염송』을 많이 활용하고 있다. 그리고 교(敎) 쪽으로는 『금강경』 읽기를 권장했다. 물론 읽는 방법에 있어서는 자신은 교(敎)를 전공하는 자가 아니라는 단서를 달면서 「3가해」를 권장했다.

그러면 현재 조계종에 속한 승려들이 『전등록』이나 『선문염송』을 읽고 그것을 자료로 삼아 자신의 수행을 비롯해 재가 불자들을 지도하고 있는가? 제방의 선원에서 과연 『선문염송』을 염롱(拈弄)하여 학인들을 제접(提接)하는 조실이 몇 명이나 될까? 이 책의 제12장과 제13장에서 분석하듯이 구산 선사나 성철 선사 이후 이런 전통은 사라져가고 있다. 게다가 『전등록』이나 『선문염송』을 꼼꼼하게 이력을 밟아 읽어가는 강원은 이제 종적을 감추고 말았다.

그렇다고 전혀 한암 선사의 전통이 사라진 것은 아니다. 『금강경』은 많이 보급되었다. 그것도 한암 선사가 제시한 선(禪)의 측면에서 『금강경』을 해설하는 쪽으로 말이다.

5) 의식의 문제

선종을 표방한 조계종은 이 부분에 대해 소홀했다. 그 결과 각 방면의 의례 전통을 지켜가지 못했다. 우선 조석 예불부터가 전통에서 멀어져 있다. 요즈음과 같은 '상단칠정례'는 1950년 중반 이후에 퍼진 것으로 긴 역사의 전통과는 달라졌다. 특히 법보화 3신(身)을 근간으로 하는 본존관이 많이 모호해졌다. 이 점은 이 책의 제4장에서 자세하게 다루고 있다. 전통적인 예불 의례로는 '향수해례', '오분향례', '사성례'를 많이 사용하였다.

거기에다 '예참문'도 변형되어, 예경과 참회의 중심에 대하여 역사적인 전통을 상실했다. 운곡(韻曲)과 좌립(坐立)까지 살펴보면 향후 점검해야 할 부분이 많이 있다. 최근에 들어 각종 의례의 정비와 한글화에 노력하는 것은 잃어버린 역사를 찾는 의미 있는 불사이다.

6) 가람 수호의 문제

조계종에서의 수행자라면 대개 선방의 수좌와 강원의 학인을 꼽을 수 있다. 이들을 보호하고 그들이 공부를 잘 할 수 있도록 물자와 공간을 제공하는 것이 가람 수호의 첫 걸음이다. 한암 선사는 이 부분을 간절하게 당부하고 있다. 수행자는 불교의 봉황이다. 받들고 보호해야 한다. 그밖에도 상주물을 보호해야 할 것이다. 그러나 역사가 말해주듯이, 해방 후 각종 소용돌이 속에서 임야를 비롯한 많은 토지들이 매각되었다.

이상에서 살펴보았듯이 '조계종'이라는 명칭은 일제강점기, 그리고 이승만 정부 시절의 분규라는 특수한 역사적 배경 속에서 새롭게 역사의 표면으로 부각되었다. 이 말은 즉, '대한불교조계종'의 탄생이 그렇다는 것이다.

'대한불교조계종'을 탄생시켰던 당시 인물들의 입장에서 보면 이 기간이란 참으로 긴박하고 또 험난한 시기였다. 그런 상황에서 때로는 감정적, 때로는 변칙적, 때로는 선동적 방법을 사용한 바도 없지 않았다. 이제는 상황이 달라졌으니 조계종에 속한 재가와 출가 불자들이 균형적인 생각을 가져야 한다. 어떻게 말이냐? 단도직입적으로 말하면 다음과 같다.

첫째, 출가 수행자가 되었으면 전시대의 무종(無宗) 산승(山僧)에서 탈피하여, 각자의 인연에 따라 전문 분야를 실천해야 할 것이다. 돌이켜보면, 고려시대의 몽고 항쟁기를 거치면서 한국의 불교는 종파적인 이념이나 인맥의 전승은 단절되었고, 그후 조선을 거치면서는 '제종포섭(諸宗包攝)'이라는 말처럼 승려의 전공이 사라졌다. 그러나 역사를 잘 살펴보면 이런 와중에도 선과, 염불과, 간경이라는 전공 의식이 살아 있음을 알 수 있다.

비록 역사적인 상황 속에서 조계종이라는 종명을 표방했지만, 그런 명칭에 휘둘리지 말고, 희미하게나마 전승되는 간화 수행과, 정토 염불과, 화엄 교학을 저마다의 인연에 따라 하나 또는 겸하여 전수(專修)하는 풍토를 만들어야 할 것이다.

참고로 과거에는 어떤 전통이 있었는지, 『송고승전』[52]의 분류를 소개한다. 현재 한국의 출가 수행자들은 자신이 어느 과(科)에 속하는지 돌아보는 계기가

52) 贊寧, 『宋高僧傳』(『대정장』50, 710a-b).

되었으면 좋겠다.

1. 역경(譯經) : 變梵成華, 通凡入聖, 法輪斯轉, 諸佛所師.
2. 의해(義解) : 尋文見義, 得意忘言, 三慧克全, 二依當轉.
3. 습선(習禪) : 修至無念, 善惡都亡, 亡其所亡, 常住安樂.
4. 명률(明律) : 嚴而少恩, 正而急護, 嬰守三業, 同彼金湯.
5. 호법(護法) : 家有良吏, 守藏何虞, 法有名師, 外禦其侮.
6. 감통(感通) : 逆於常理, 感而遂通, 化于世間, 觀之難測.
7. 유신(遺身) : 難捨易捐, 施中第一, 以穢漏體, 迴金剛身.
8. 독송(讀誦) : 十種法師, 此爲高大, 染枸橼花, 果時瓤赤.
9. 홍복(興福) : 爲己爲他, 福生罪滅, 有爲之善, 其利博哉.
10. 성덕(聲德) : 統攝諸科, 同歸高尚, 唱導之匠, 光顯佛乘.

둘째, 불교 고유의 가치를 확고하게 세워, 세속의 이념에 휘둘리던 지난 역사의 어리석음을 반복하지 말아야 할 것이다.

그 이념이 일본의 제국주의가 되었든, 또는 더 거슬러 올라가 조선의 봉건주의가 되었든, 아니면 밑으로 내려와 이승만 정부의 미국식 민주주의가 되었든, 이제는 그런 세속적 가치에 휘둘리지 말고, 불교 고유의 가치에 주목하는 조계종이 되어야겠다.

또한 현재 조계종에 남아있는 봉건적 요소를 척결해야 할 것이다. 법맥(또는 계맥) 의식을 비롯하여 문중 의식 등을 줄여가야 할 것이다. 알고 보면, 인도 28대 조사들의 전등(傳燈)을 거쳐, 중국에서 6대 조사를 거쳐, 대대상승 되었다는 계보 의식은 유교의 종법제(宗法制)에서 나온 것이다. 이것은 유교적 봉건제가 있었던 지역에만 나타나는 특수한 현상이다.

이제는 대종(大宗) 소종(小宗)을 따지던 그런 유교적 봉건제 사회가 아니다. 승가 공동체가 중심이 되어야 하고, 각 공동체의 결계(結界) 단위별로 율장(律藏)에 바탕을 둔 생활과 점검이 이루어져야 한다. '사자상승(師資相承)'보다도 '대중결계(大衆結界)'가 더 우선해야 한다. 은사가 누구냐는 것보다 소속 공동체 즉 '어디 중'인가를 더 중요하게 생각해야 한다.

또 일제의 잔재 요소도 정리해야 할 것이다. 「사찰령」→「불교재산관리법」→「전통사찰보존법」 말이다. 이 법의 제정은 통제가 근본이었음을 상기하고, 불교 정신에 입각한 자율적인 법률을 만들어야 할 것이다.

셋째, 세속 정치의 좋지 못한 전례들을 불문(佛門) 안으로 끌어 들여서는 안 될 것이다. 특히 선거로 총무원장 뽑고 본사 주지 뽑는 것, 이것 말고 불교 본래적인 방법으로 돌아가야 한다. 교단 내의 세속 정치화는 이미 도를 넘었다. 1994년 이후를 '개혁종단'의 시작이라고 호칭하는데, 그것도 벌써 18년을 지나고 있다. 그 잘잘못을 평가할만한 세월과 내용이 축적되었다. 무엇을 어떻게 '개혁'했다는 말인가? 또 그것을 담당한 인적(人的) 실체가 있었는가? 또 그들은 무엇을 생각했는가? 또 어느 방향으로 개혁하려 했는가? 더 나아가 그 과정에 드러난 철학이나 행동 속에 과연 '불교적' 근거가 있는가? 개혁을 부르짖던 그 주체가, 다시 개혁의 대상이 되는 것이 역사인가? 毛澤東(마오쩌뚱)의 말대로 '계속혁명(繼續革命)'인가?

분명한 것은, "선호념제보살(善護念諸菩薩)하시고 선부촉제보살(善付囑諸菩薩)하시는 여래의" 깊으신 자비를, 지금 이 땅의 역사 속에서 불자들이 어떻게 받들어 갈지에 대하여, 교학적 근거도 있으면서, 또한 실질적이면서, 또한 실현 가능하면서, 또 역사적일 수 있는 방안을 모색해야 할 것이다. 이 길에는 출가중(出家衆)과 재가중(在家衆)이 때로는 서로의 역할을 분담하기도 하고, 때로는 협력하기도 해야 할 것이다.

제2장

불교 관계 법령을 통해 본 한국불교의 정체성

1. 천하는 천자의 것
2. 중국 땅에서 시행된 불교 관계 법령
3. 한국 땅에서 시행된 불교 관계 법령
4. 남겨진 과제들

1. 천하는 천자의 것

당나라 시대의 화엄과 선불교 사상을 연구한다는 간판을 걸고 보따리를 편 필자로서는, 중국이나 한국 불교에 관계된 각종 제도(制度)를 전문적으로 연구할 겨를은 없었다. 다만, 이 지역의 문화 이해 차원에서 평소 『통전(通典)』, 『당육전(唐六典)』, 『당률소의(唐律疏議』, 『구당서(舊唐書)』, 『신당서(新唐書)』, 『전당문(全唐文)』 등을 가까이 두고 보기는 한다.

그럴 때마다 느끼는 것이, 중국에서의 불교는 불교 교단의 '율장'보다 국가의 '율령'[1]에 의해 통제되었다는 점에 매우 놀라곤 했다. '유교적 봉건 왕권제도' 속에서, 승려 신분을 허가하는 법적 주체는, 원칙적으로 '천자(天子)'였다. 해당 관청은 천자의 명을 받아 '승려 신분증'을 발급했다.

국가로부터 교부되는 승려 증명서가 바로 도첩(度牒)이다. 여기에는 승려의 본적, 속명, 연령, 소속 사찰, 은사의 이름 등을 기록하고 관청의 관계자가 연명하여 날인한다. 이것을 당대의 경우 사부(祠部)에서 관리했기 때문에 '사부첩(祠部牒)'이라고도 한다. 『통전』에 의하면, 천보 6년부터 지덕 3년까지 승적이 사부에 비치되었다고 한다.

중국의 경우나 고려의 경우는 도첩(度牒)의 획득(獲得)에 의해 승려로 공인되기 때문에 비구와 사미를 모두 '승려'로 본다. 이 점은 인도와 다르다. 그런데 요즈음 대한불교조계종의 경우는 사미를 '예비승려'로 부르는데, 이것은 우리의 전통과는 맞지 않는다. 중국의 경우는 도첩을 받은 다음 여러 절을 순방하여 여러 스님들께 법을 받고 불교를 연구한 뒤에 구족계를 받아 비구가 되면 한 사찰에 거주할 수 있었다.

그리하여 비구의 경우는 국가의 구분전(口分田) 제도에 입각하여 30무(畝; 1무는 지역에 따라 다르지만 대개 666.5㎡, 약 200坪이다)의 토지를 받는다. 『당육전』(제4권)에 의하면 도관의 도사와 여관, 그리고 사원의 승니는 3년에 한

1) 승단과 국가 권력과의 밀접한 관계를 잘 보여주는 점을 밝히기 위하여, 우리는 승관제(僧官制), 도승제(度僧制), 승니급전제(僧尼給田制) 등도 연구해야 한다.

번씩 승적[簿籍]을 작성한다. 모두 3부를 만드는데, 1부는 사부(祠部)에, 또 1부는 홍로시(鴻盧寺)에, 또 1부는 소속 군현의 관청에 둔다.

이렇듯이 '유교적 봉건 왕권 제도' 속에서 천자의 권한 밖의 조직은 원천적으로 허용되질 않았다. 설사 천자의 권한이 약화되어 중앙 통제가 약해지는 경우가 있더라도, 그 경우는 지방의 군벌(또는 호족)들이 천자의 빈자리를 대신했다.[2] 뿐만 아니라, 승려들이 생활 속에서 지켜야하는 규범들도 인도의 그것과는 여러 면에서 달랐다.

이 점은 역사적인 석가모니나 당시의 승단이 '세속의 왕법'과 일정한 거리를 두고, '출가 공동체의 자율적인 율법'에 의해 운영되었던 것과는 판이하게 다르다. 인도의 남방 상좌부의 경우는 소위 「경분별」, 「건도부」, 「부수」 등으로 구성된 소위 '팔리 율장'에 따라 공동체 생활을 했다. 그밖에 부파들 중에서 법장부의 『사분율』이나 설일체유부의 『십송률』 등도 오늘날 전해져서, 우리는 당시 출가 승단의 규범들을 알 수 있다.

그러나 북방 불교는 그 중에서도 중국의 불교는 율장에 의한 교단생활을 하지는 않았다. 중국의 경우는 '유교적 봉건 왕권 제도'에 입각한 그들 나름의 통치가 있었고, 물론 그것은 법률로 정해져 공권력을 가진다. 관제사찰(官制寺刹)의 상좌(上座), 사주(寺主), 유나(維那) 등 3강(綱)은[3] 승통(僧統)이 임명했지만, 승통은 권력의 최고 관리가 관장한다.[4]

결국 중국의 불교 교단은 국가 권력과 직간접으로 관련을 맺어왔다는 점에서, 석가모니 당시의 교단과 그 후의 출가 공동체가 '왕권'과 일정한 거리를 둔 것과는 여러 면에서 차이가 난다. 그 결과 중국에서는 승단 내에서 승려

---

2) 지방 분권이 강했던 중당 이후에 절도사 또는 지방의 군벌들이 승통(僧統) 이외에 임의로 승정(僧正)을 임명하기도 한다.

3) 사주(寺主)는 사찰의 대표자로서 사회적 대외적으로 사원의 책임자이다. 상좌는 사원 안에서 승려들을 지도하는 책임자이다. 승단 내부에서는 상좌가 사실상 상위이다. 물론 3강 사이에 충돌하는 경우 또한 당시의 판례에 나오기도 한다.

4) 당나라 초기에는 홍로시(鴻盧寺) 밑에 숭현서(崇玄署)를 두어 불교와 도교의 종교업무를 관장하게 했다. 그러다가 측천무후 이후에는 상서성(尙書省)의 사부(祠部)로 이관되었다. 그 이후에도 좌우공덕사(左右功德使)를 두는 등 약간의 변화는 있었다.

개인 간의 송사가 생기면, '승가의 율법'으로 단죄하는 사안도 부분적으로 있기는 하지만, 국법 즉 『당률(唐律)』이나 「승도격(僧道格)」이 더 강력한 구속력을 갖는다.

2. 중국 땅에서 시행된 불교 관계 법령

중국 땅에서 유교적 정치 질서가 확장되어감에 따라, 황제에 의한 중앙집권적 권력은 사회 전반으로 확산되어갔다. 특히 한대(漢代) 동중서(董仲舒)의 '현량대책(賢良對策)'이 정치 현장에 실행됨에 따라, 천하(天下)의 통치는 전적으로 천자(天子)에게 귀속되었다. 그리고 이런 추세는 후세로 내려오면서 점점 더 확산되어갔다.

비록 당나라 때에 유종원(柳宗元)을 비롯해 간헐적으로 봉건제(封建制)의 회귀가 재론되지만, 송·명·청을 거쳐 군현제(郡縣制)의 확장과 더불어 황제의 권력은 더욱 강력해져갔다. 불교와 국가 권력 사이의 관계만 보더라도, 황제를 정점(頂點)으로 하는 정치 권력으로부터 불교의 각종 사안들은 통제를 받았다. 그 사안들 중 대표적인 예 하나로, '승려 신분증'의 일종인 도첩(度牒)의 국가 관리이다. 승려 인사권의 상당 부분이 세속의 관료 손에 있었다.

당나라는 일찍이 율(律)·령(令)·격(格)·식(式)의 율령 체계를 정비했는데, 일반화시켜 말하면 '율'은 지금의 형법에 해당하고, '령'은 행정법에 해당하고, '격'은 임금의 조칙에 의해 개정 보충된 법률이고, '식'은 소위 시행세칙에 상당한다.

당 왕조는 이전의 왕조들이 그랬듯이 불교와 도교 교단에 대한 통제권을 군주권의 밑에 예속시켰기 때문에, 승려에게도 '백성(百姓)'에 해당하는 국법을 적용시켰다. 이런 속에서 일부의 종교 지도자들은 불교의 '초속성(超俗性)'을 인정해달라고 요구했고, 더 나아가 형법상의 우대 차원에서 종교에 관한 특별법 제정을 요구하기도 했다. 우리는 이런 정황을 정관(貞觀) 9년(635년) 현완 법사(玄琬法師)가 태종에게 올린 표(表)[5]에서 확인할 수 있다.

이 표에 따르면, “출가 사문을 백성과 같은 과(科)로 처리할 수는 없다. ; 不應使沙門與百姓同科”는 불교 측의 항변이 있었음을 알 수 있다. 이에 대하여 태종은 그 정황을 인정하여, “불교의 내율(內律)에 의거하여 조문을 잘 제정하라. ; 依準內律, 明爲條制”고 칙명을 내렸던 것이다. 이렇게 해서 만들어진 것이 승(僧)과 도(道)에 관한 ‘격(格)’ 즉 「승도격(僧道格)」이다.

이 법은 일본에 전래되어 저들의 「승니령(僧尼令)」 속에 인용되고 있다. 이런 역사적인 배경 때문에 일본에서는 이 분야의 연구가 축적되어 있다.[6] 그러나 정작 중국 본토에서는 사라졌다. 사라지게 된 배경에는 승려에 대한 법적 우대가 점점 줄어들었기 때문이다. 마침내는 출가 승려들도 모두 세속의 법률에 적용을 받게 되었다. 이런 정황은 이하에 소개되는 글에 잘 드러난다.

> 오늘 이후로는 승니(僧尼)들은 율(律)을 강의하는 것을 제외하고는 (승니 자율적으로 하는) 일체의 어떤 ‘판결[斷]’도 금지한다. 여섯 때로 참회하는 방법은 반드시 (승니 내부의) 율의에 따라서 해야 할 것이며, 오후에는 밖으로 나다녀서는 안 되니 (그럴 경우는) 마땅히 세속의 제도를 지켜야 한다. 만약 이를 범하는 자가 있으면, 환속하라고 먼저 판결[斷]을 내린 뒤에 이어서 (세속의) 법률에 의거하여 죄를 적용한다.[7]

이상의 조치[詔勅]는 당 현종(玄宗) 개원(開元) 19년(731) 4월에 내려졌다. 이후로 승니에 대한 법률적 특권은 사라졌고, 이런 전통은 훗날에도 계속되었다. 결국은 승려의 특권은 사라지고 국가의 법령에 의해 통제를 받는다.

---

5) 『佛祖統紀』卷第39, “九年十月. 玄琬法師終於延興寺, 遺表有云, 聖帝方尊事三寶, 不應使沙門與百姓同科. 乞令僧有過者, 並付所屬以內律治之. 帝嘉納焉, 乃遣皇太子臨弔. 敕有司, 給葬具. (敕葬沙門, 自琬師始.) ○十一月. 詔曰, 比緣喪亂, 僧徒減少, 華臺寶塔, 窺戶無人. 其令天下度僧尼三千人. 有司詳定, 務取德業精明者, 以聞. 僧徒有假託醫巫, 左道惑衆, 造詣官曹, 屬致贓賄者, 朕在情持護, 必無寬貸. 諸犯過者, 宜令所司, 依準內律, 明為條制. ○詔曰, 老子李姓, 是朕之祖, 名位稱號宜在佛先. 沙門智實法琳等詣闕申理, 詔不許. 駕幸洛陽”(『대정장』49, 364c)

6) 三浦周行의 『法制史の研究』, 瀧川政次郎의 『律令の研究』와 『支那法制史研究』, 滋野井括의 『唐代佛教史論』, 諸戶立雄의 『中國佛教制度史の研究』 등이 있다.

7) 『全唐文』권30, “自今以後, 僧尼除講律之外, 一切禁斷. 六時禮懺, 須依律儀, 午後不行, 宜守俗制. 如犯者, 先斷還俗, 仍依法科罪.”(董誥 等 編, 『全唐文』, 上海: 上海古籍出版社, 1993)

이하에서는 『당률』과 『당률소의』의 조문을 중심으로 해서 승려의 범죄를 어떻게 국법으로 추단했는지를 조목별로 검토해 보기로 한다.

1) 승려의 속복 문제

[唐律] 若誣告道士女冠應還俗者, 比徒一年. 其應苦使者, 十日比笞十, 官司出入者, 罪亦如之.

누군가가 도사나 여관이 속복을 입었다고 무고를 하게 되면, 그 사람에게 똑같이 징역 1년을 벌한다. 한편 (도사나 여관이) 고사(苦使)의 벌을 받을 죄를 지었다고 무고를 하면, 그 사람에게는 똑같이 10일간 태형 10대씩을 친다. 관청에 출입한 자도 무고의 경우와 동일하게 적용한다.

[疏議] 依格, 道士等輒著俗服者還俗. 假有人告道士等輒著俗服, 若實並須還俗, 旣虛反坐比徒一年. 其應苦使者, 十日比笞十. 依格道士等, 有歷門教化者, 百日苦使. 若實不教化, 枉被誣告, 反坐者誣告苦使十日比笞十, 百日杖一百. 官司出入者, 謂應斷還俗及苦使官司判放. 或不應還俗及苦使官司枉入, 各依此反坐徒杖之法. 故云如之. 失者各從本法.[8)]

「승도격」에 의하면, 도사 등이 속복을 입으면 환속시킨다. 만약 어떤 사람이 도사 등이 속복을 입었다고 고했을 경우, 만약 사실이면 환속시키지만, 거짓일 경우는 반좌법(反坐法)에[9)] 의해 그 자를 똑같이 징역 1년에 처한다. 또 (도사들이) 고사(苦使)의 벌을 받을 죄를 지었다고 무고하면, 10일간 태형 10대씩을 친다.

「승도격」에 의하면, 도사 등이 일반인의 집을 드나들며 교화하는 자는 100일 동안 고사(苦使)를 시킨다. 그러나 만약 실제로 (일반인의 집을 드나들며) 교화를 안 했는데도 무고를 당하면, 반좌법을 범한 자가, 상대를 10일간 고사시키라고 무고하면 똑같이 태형 10대를 치고, 상대를 100일간 고사시키라고 무고했으면 똑같이 곤장 100대를 친다.

8) 長孫無忌 撰, 『唐律疏議』卷第3, 京都: 中文出版社, 1982, pp.106~107.

9) 반좌법(反坐法) : 타인을 무고하면, 무고한 사람에게 무고한 내용과 동일한 형벌을 주거나, 또는 무고한 형벌의 내용과 똑같은 죄상으로 처벌하는 법.

'관청에 출입한 자'에게는 환속 및 고사의 추단을 내려서 관청으로부터 추방해야 한다. 혹 환속 및 고사에 응하지 않고 멋대로 관청에 찾아가면, 각각 반좌법에 따라 징역이나 태형 법에 따른다. 그래서 '이에 준한다.'고 한 것이다. 빠진 것은 각각 본법(本法)을 따른다.

► 이 조항 중에서 승려들의 행동거지에 관한 정보만 추려보자.

1. 승려가 속복을 입으면 환속시킨다.
2. 승려가 백성의 문전을 돌면서 교화를 하면 '고사(苦使)'의 벌을 받는다.
3. 승려가 관청에 출입하여 (무고하면) 벌을 받는다.

2) 승려의 간음에 관한 문제

[唐律] 諸稱道士女冠者, 僧尼同.

(본 『률』에서) 도사나 여관으로 표기된 조항은 승니의 경우에도 동일하게 적용한다.

[疏議] 依雜律云, 道士女冠姦者, 加凡人二等. 但餘條唯稱道士女冠者, 卽僧尼並同義. 道士女冠時, 犯姦還俗. 後事發亦依犯時加罪, 仍同白丁. 配徒不得已告牒當之.[10)]

「잡률」에 의하여 말하면 이렇다. 도사나 여관이 간음을 했을 경우는 일반 사람들보다 처벌을 2단계 올린다. 단 다른 조항에서 도사나 여관만을 칭했더라도 이는 승니에게도 같이 적용한다. 도사나 여관의 신분으로 있을 때에 간음을 하면 환속시킨다. 도사나 여관이 환속한 뒤에 간음의 사실이 발각되었을 경우에는 간음을 범했을 때를 기준으로 죄를 부과하니, 백정과 동일하게 취급한다. 유배나 징역을 할 수 없을 경우에는 도첩을 반납하는 것으로 형벌에 충당한다.

► 이 조항 중에서 승려들의 행동거지에 관한 정보만 추려보자.

4. 승려가 간음을 하면 첫 단계로 먼저 환속 조치시켜 범인(凡人)으로 되돌

10) 長孫無忌 撰, 『唐律疏議』卷第6, 京都: 中文出版社, 1982, p.164.

린다.

5. 이렇게 범인으로 되돌린 다음, 범인의 간음죄보다 두 단계 이상 엄한 형벌을 가한다.

6. 도첩을 반납하여 승려의 신분을 포기하는 것[告牒]으로, 형벌을 대신하기도 한다.

3) 제자가 스승에게 욕설을 하는 문제

[唐律] 若於其師, 與伯叔父母同.

(승려나 도사에게 있어) 스승은 부모나 백부나 숙부와 동일한 법적 지위를 가진다.

[疏議] 師謂於寺觀之內, 親承經教, 合爲師主者. 若有所犯, 同伯叔父母之罪. 依鬪訟律, 詈伯叔父母者徒一年, 若詈師主亦徒一年. 餘條犯師主, 悉同伯叔父母.[11)]

스승이라 함은 절이나 도관 내에서 경전이나 가르침을 직접 배워주신 분이니 마땅히 '사주(師主)'로 예우할 것. 만약 '사주'를 범하는 일이 있으면, 세속인들이 자신의 부모나 백부나 숙부를 범하는 죄와 동일하게 처벌한다. 「투송률」에 의하면, 부모나 백부나 숙부에게 욕설을 하면 징역 1년에 처하고 '사주'에게 욕설을 해도 역시 징역 1년에 처한다. 그 밖의 다른 조항에서도 '사주'를 범하면 모두 부모나 백부나 숙부를 범한 거와 같은 죄로 다스린다.

► 이 조항 중에서 승려들의 행동거지에 관한 정보만 추려보자.

7. 출가자는 '사주'를 세속인이 자신의 부모에게 대하듯이 해야 한다.

8. 예컨대 '사주'에게 욕설을 하면, 범인이 부모나 숙백에게 욕설하면 그렇듯이, 징역 1년에 처한다.

11) 長孫無忌 撰, 『唐律疏議』卷第6, 京都: 中文出版社, 1982, pp.164~165.

4) 스승의 제자 대함에서 생기는 문제

[唐律] 其於弟子與兄弟之子同.

(스승에게 있어) 제자는 세속 사람들이 '형이나 아우의 아들'을 대하듯이 보살펴야 한다.

[疏議] 謂上文所解. 師主於其弟子有犯, 同俗人兄弟之子法. 依鬪訟律, 歐殺兄弟之子, 徒三年. 賊盜律云, 有所規求, 而故殺期以下卑幼者絞. 兄弟之子是期親卑幼. 若師主因嗔競歐殺弟子, 徒三年. 如有規求故殺者, 合當絞.[12]

위의 조문을 풀이하면, '사주(師主)'는 제자가 범죄 행위를 하면 세속 사람들이 자신의 '형이나 아우의 아들'에게 하듯이 지도해야 한다. 「투송률」에 의하면 '형이나 동생의 아들'을 구타하면 징역 3년에 처한다고 했다. 「적도율」에서는 뉘우쳐 구하는데도 1년간이나 상복을 입는 (촌수가 아주 가까운) 아랫사람을 고의로 죽이는 자는 교수형에 처한다고 한다. '형이나 동생의 아들'은 기년(朞年; 만1년)의 상복을 입는 아랫사람이다. 만약 '사주'가 화를 내어 제자를 구타하면 징역 3년에 처한다. 뉘우쳐 구하는데도 고의로 (제자를) 죽이는 경우는 마땅히 교수형에 처한다.

► 이 조항 중에서 승려들의 행동거지에 관한 정보만 추려보자.

9. 승려는 자신의 제자를 세속 사람들이 '형이나 동생의 아들'을 돌보듯이 해야 한다.

10. 승려가 제자를 구타하면 3년 징역에 처한다.

11. 제자를 고의로 죽이면 스승을 교수형에 처한다.

5) 3강과 절에 소속된 노비들과의 문제

[唐律] 觀寺部曲奴婢於三綱, 與主之期親同.

---

12) 長孫無忌 撰, 『唐律疏議』卷第6, 京都: 中文出版社, 1982, p.165.

절이나 도관에 소속된 부곡이나 노비는 3강(綱)을 대하기를, 주인의 조부모나 숙부나 형제 대하듯이 해야 한다.

[疏議] 觀有上座觀主監齋, 寺有上座寺主都維那, 以爲三綱. 其當觀寺部曲奴婢於三綱, 有犯, 與俗人朞親部曲奴婢同. 依鬪訟律, 主毆殺部曲, 徒一年. 又條. 奴婢有犯, 其主不請官司而殺者, 杖一百. 注云, 期親殺者與主同. 下條. 部曲准此. 又條. 部曲奴婢毆主之期親者, 絞. 詈者, 徒二年. 若三綱毆殺觀寺部曲, 合徒一年. 奴婢有罪, 不請官司而殺者, 杖一百. 其部曲奴婢, 毆殺三綱者, 絞. 詈者, 徒二年.[13)]

도관에는 상좌, 관주, 감재가 있고 절에는 상좌, 사주, 도유나가 있는데 이들이 3강이다. 해당 도관이나 절에 속한 부곡이나 노비가 3강에 대하여 죄를 범하면, 세속의 기친(朞親)과 부곡이나 노비 사이의 관계와 같이 처벌한다.

「투송률」에 의하면, 주인이 부곡을 구타하면 징역 1년에 처한다. 또 노비가 죄를 범했을 경우 주인이 관청의 관리를 청하지 않고 죽이면 곤장 100내를 친다. 이 부분의 주에서 기친을 죽이는 것은 주인을 죽이는 것과 동일하게 취급한다고 했다. 그 다음 조항에는 부곡도 이에 준한다고 했다. 또 다음 조에 부곡이나 노비가 주인의 기친을 구타하면, 교수형에 처한다고 했다. 욕설을 하면 징역 2년에 처한다고 했다. 만약 3강이 도관이나 사원의 부곡을 구타하면 모두 징역 1년에 처한다.

노비가 죄를 지었지만 관청의 관리를 청하지 않고 임의로 죽이면, 곤장 100대를 친다. 부곡이나 노비가 3강을 구타하면 교수형에 처한다. 욕설을 하면 징역 2년에 처한다.

► 이 조항 중에서 승려들의 행동거지에 관한 정보만 추려보자.

12. 사원의 3강이 부곡이나 노비를 구타하면 징역 1년에 처한다.

13. 3강에게 노비나 부곡이 죄를 지었더라도 관리를 청해서 처리해야지 임의로 처리하면 벌을 받는다.

---

13) 長孫無忌 撰, 『唐律疏議』卷第6, 京都: 中文出版社, 1982, p.165.

6) 스승의 물건을 훔치는 문제

[唐律] 餘道士與主之緦麻同.

그밖에 도사와 세속에서 주인의 시마(緦麻)[14]는 동일하게 취급한다.

[疏議] 〈해당 사항이 없어서 필자가 임의 생략〉 道士女冠僧尼犯姦盜, 於法最重. 故雖犯當觀寺部曲奴婢姦盜, 卽同凡人. 謂三綱以下, 犯姦盜得罪無別. 其奴婢姦盜, 一準凡人得罪. 弟子若盜師物, 及盜弟子物等, 亦同凡盜之法. 其有同財弟子私取用者, 卽同同居卑幼私輒用財者. 十匹笞十, 十匹加一等, 罪止杖一百. 若不滿十匹者不坐.[15]

도사나 여관이나 승니가 간음이나 도둑질을 했을 때는 법 중에서 최고로 무겁게 적용한다. 그러므로 비록 자기가 사는 도관이나 사원의 부곡이나 노비를 간음하거나 그들의 물건을 훔치더라도 세속인과 동일하게 취급하여 처벌한다. 이를테면 3강 이하 누구라도 간음죄와 도둑죄를 범하면 예외가 없다. 노비를 대상으로 간음하거나 도둑질을 해도 동일하게, 세속인에게 그런 것에 준하여 죄를 묻는다.

제자가 스승의 물건을 훔치거나 그 반대의 경우는 세속인의 도둑질에 관한 법과 동일하게 처리한다. 공동의 재산[同財]을 제자가 사사로이 취하여 사용하는 경우는, 동거 노비가 사사로이 (주인의) 재물을 사용하는 것과 같이 취급한다. 10필에 곤장 10대를 때리되, 10필 단위로 올라가서 곤장 100대까지 늘려간다. 10필이 채 안 되는 경우는 사법 처리하지는 않는다.

► 이 조항 중에서 승려들의 행동거지에 관한 정보만 추려보자.

14. 승려의 간음이나 절도 행위는 일반인보다 무겁게 벌한다.

15. 스승과 제자 간의 절도 행위도 법으로 명시하고 있다.

---

14) 시마(緦麻) : 석 달 동안 입는 상복. 또는 그 정도의 관계.

15) 長孫無忌 撰,『唐律疏議』卷第6, 京都: 中文出版社, 1982, pp.165~166.

7) 사도승에 관한 문제

[唐律] 諸私入道及度之者, 杖一百. 已除貫者, 徒一年. 本貫主司及觀寺三綱, 知情者與同罪. 若犯法合出觀寺, 經斷不還俗者, 從私度法. 卽監臨之官, 私輒度人者, 一人杖一百, 二人加一等, 罪止流三千里.[16)]

(국법에 의하지 않고) 야매로 도관이나 사원에 출가한 자와 그렇게 하도록 도와준 자는 곤장 100대를 친다. (같은 경우라도) 본관에서 이미 제적된 자는 징역 1년에 처한다. 본관의 주무 관리나 도관이나 사원의 3강이 어떤 사람이 야매로 출가한 정황을 알고도 신고하지 않으면 위와 동일하게 처벌한다.

만약 범법 행위가 있어서 도관이나 사원에서 추방 처단을 받았는데도 환속하지 아니한 자는, 「사사롭게 득도한 자 처벌 법령」에 따른다. 사도승(私度僧)을 관리해야 할 관리가 사사롭게 득도를 시키면, 1명 득도시킬 때마다 곤장 100대를 때리고, 2명을 득도시키면 형벌을 한 등급씩 올려가서, 유배 3,000리까지 이르게 한다.

[疏議] 〈대체로 위의 본문과 비슷하기 때문에 필자가 임의 생략〉

► 이 조항 중에서 승려들의 행동거지에 관한 정보만 추려보자.

16. 국법에 의하지 않은 사도승(私度僧)을 엄격하게 금지했다. 당사자, 방관자, 관리 모두 처벌받는다.

17. 죄를 지어 절에서 추방되었는데도 법복(法服)을 입고 다니는 경우가 있었다. 물론 이 경우에도 처벌을 받는다.

8) 불상의 파괴에 관한 문제

[唐律] 諸盜毁天尊像佛像者徒三年. 卽道士女冠盜毁天尊像, 僧尼盜毁佛像者, 加役流. 眞人菩薩各減一等. 盜而供養者杖一百.

모든 천존상이나 불상을 훔치거나 파손한 자는 징역 3년에 처한다. 즉 도사나 여관 중에 천존상(天尊像)을 훔치거나 파손하거나, 승니 중에 불상을 훔치거나

16) 長孫無忌 撰, 『唐律疏議』卷第12, 京都: 中文出版社, 1982, p.223.

파손하는 자는 고역을 시키거나 유배를 보낸다. 진인(眞人)의 상이나 보살의 상을 훔치거나 파손한 자는 곤장 100대를 친다.

[疏議] 〈이 앞 부분은 본조와 비슷해서 필자가 임의 생략〉
其道士等盜毁佛像及菩薩, 僧尼盜毁天尊若眞人, 各依凡人之法.[17]

도사나 여관이 불교의 불상이나 보살상을 훔치거나 파손할 경우와, 역으로 승니들이 도교의 천존상이나 진인상(眞人像)을 훔치거나 파손할 경우에는, 세속인과 동일하게 취급한다.

► 이 조항 중에서 승려들의 행동거지에 관한 정보만 추려보자.

18. 불교의 승려들이 불상이나 보살상을 훔치거나 파괴하면 일반인보다 엄하게 처벌한다. 즉 자신의 종교에서 신앙의 대상으로 하는 신물(神物)을 파괴하면, 그렇지 않은 사람이 그런 것보다 엄하게 벌한다.

19. 이교도간에 존상을 훔치거나 파괴하는 것은 일반인과 같이 처벌할 뿐, 달리 가중처벌하지 않는다.

9) 승려의 일상생활에 관한 문제

[唐六典] 凡道士女道士衣服, 皆以木蘭靑碧皀荊黃緇壞之色. [若服俗衣及綾羅, 乘大馬, 酒醉, 與人鬪打, 招引賓客, 占相吉凶, 以三寶物餉饋官寮, 勾合朋黨者, 皆還俗. 若巡門敎化者, 和合婚姻, 飮酒食肉, 設食五辛, 作音樂博戱, 毁罵三綱, 凌突長宿者, 皆苦役也.][18]

무릇 도사나 여도사의 의복은 모두 목란(木蘭)이나 청벽(靑碧) 색이나 조형황(皀荊黃) 색이나 치괴(緇壞) 색으로 해 입는다. [만약 속인의 복장을 입거나 능라로 된 옷을 입거나, 큰 말을 타거나, 술에 취하거나, 사람들과 싸우거나, 빈객들을 불러 모으거나, 점치거나, 관상으로 길흉을 보거나, 절의 재물을 가져다가 벼슬아치에게 주거나, 붕당을 만드는 자는 모두 환속시킨다. 만약 민가를

17) 長孫無忌 撰, 『唐律疏議』卷第19, 京都: 中文出版社, 1982, pp.299~300.
18) 陳仲夫 點校, 『唐六典』卷第4, 北京: 中華書局, 1992, p.126.

돌면서 교화하는 자이거나, 혼인을 중매하거나, 술과 고기를 먹거나, 5신채를 먹거나, 음악을 연주하고 광대를 하거나, 3강에게 욕설을 하거나, 나이든 출가자를 능멸하고 당돌하게 구는 자는 모두 고역(苦役)을 시킨다.]

► 이 조항 중에서 승려들의 행동거지에 관한 정보만 추려보자.

20. 승려는 정해진 색깔의 법복을 입어야 하고 속복을 입으면 환속시킨다.

21. 말을 타고 다니거나, 술에 취하거나, 점을 보거나, 붕당을 만들거나, 삼보의 정재를 탕진하면 환속시킨다.

22. 그 밖에 중매나, 육식이나, 음주나, 3강에게 욕설을 하거나, 나이 많은 선사에게 불손한 자들은 고역을 시킨다.

10) 승려의 재산 소유에 관한 문제

[通典] 大唐至德二年七月, 宣諭使侍御使鄭叔清奏. …… 諸道士女道士僧尼如納錢, 請準勅廻授餘人, 幷情願還俗, 授官勳邑號等, 亦聽. 如無人廻授及不願還俗者, 準法不合畜奴婢田宅資財. 既助國納錢, 不可更拘常格. 其所有資財能率十分納三分助國, 餘七分並任終身自蔭, 身沒之後, 亦任廻與近親.[19)]

당나라 지덕(至德) 2년 7월 선유사 시어사 정숙청(鄭叔淸)이 주청을 올렸다. "…… 모든 도사와 여도사와 승니들 중에 나라에 돈을 바친 경우, 그것에 의해서 얻은 관훈이나 읍호를 남에게 주든가, 아니면 환속을 했는데도 그것을 가지고 있는 것은 허락할 수 없습니다. 그러나 만약 환속을 원하지 않는 자의 경우, 원래 법에 따르면 노비나 전택이나 재산을 축적하는 것은 합당하지 못한 줄 압니다. 그러나 기왕에 국가의 재정을 도와 돈을 헌납한 이상 '상격(常格)'에 구애될 것은 없습니다. 그가 소유한 재산의 10분의 3할을 나라에 바치면 나머지 7할은 종신토록 소유하게 하고, 본인이 죽은 뒤에서는 본인의 마음대로 가까운 친족에 돌려줄 수 있게 해주십시오."

► 이 조항 중에서 승려들의 행동거지에 관한 정보만 추려보자.

---

19) 杜佑 撰, 王文錦 外4人 點校, 『通典』卷第11, 北京: 中華書局, 1988, p.244.

23. 나라에 돈을 내고 승려 자격을 부여받는 변칙이 허용되기도 했었다.

24. 승려는 노비, 토지, 주택, 재산을 소유할 수 없다는 '이미 시행되는 법규[常格]'가 있었다.

25. 국가의 재정난을 타개하기 위하여, 국가가 승려들에게 불법으로 소유한 재산을 양성화시켜 주고 그 일부를 환수하기도 했다.

이 밖에도 『당률소의(唐律疏議)』에는 비구와 비구니의 방에 남자나 혹은 여자를 재우는 사람은 그 경중에 따라 5일 내지는 100일간 고역(苦役)에 종사하게 하는 등, 승려들의 자잘한 생활에까지 국가가 법령으로 단속하고 있었다. 심지어는 서로 다투다가 이가 부러졌을 경우에 관한 형법 조문도 마련되어 있을 정도이다.

중국 땅에서 국가의 통제 속에서 철저하게 종교를 관리하는 역사는 매우 오래되었다. 더구나 청나라 말기 종교를 앞세운 서양 제국주의 침투를 경험한 저들로서는, 국가 권력에 의한 종교의 통제는 더욱 공고해졌다.

중화인민공화국(中華人民共和國)이 1949년에 건국되었지만 이들은 전통을 계승하여 불교 교단을 국가의 통제 속에서 관리하고 있는데, 이런 정황은 '국가종교사무국(國家宗教事務局)' 사이트[20]를 보면 잘 드러난다. 이들의 경우는 '헌법적'으로는 정교의 분리와 자유를 인정하지만, '현실적'으로는 그렇지 못하다.

그런데 여기서 한 가지 유념할 것은, 이런 현실이 저 지역에 있어서는 긴 역사의 맥락에서 볼 때에 전통적이고 정통적이라는 점이다. 물론 중국의 이런 종교 정책은 현대 사회에서는 매우 특수한 사례이다. 왜냐하면 현대에는 기본적으로 정교 분리 쪽으로 움직이고 있기 때문이다.

20) 中國國家宗教事務局 홈페이지(http://www.sara.gov.cn/gb/zcfg/default.htm)에 들어가 〈政策規則〉을 면밀하게 검토해보면 국가의 통제가 매우 강력함을 알 수 있다.

3. 한국 땅에서 시행된 불교 관계 법령

유교적 이념을 정치 이념으로 하는 조선의 불교 관계 법령은 원천적으로 중국의 법 전통에 철학적 기반을 두고 있다. 이런 철학적 기반은 율령제가 확산되어가던 고려에도[21] 전래되었다.

조선은 고려의 법제를 수용하고 또 명나라의 제도를 수용하여 각종 법전(法典)을 정비했다. 조선은 『경국대전(經國大典)』[22]「예전(禮典)」 속에 「度僧(도승)」 및 「도첩식(度牒式)」[23] 등의 조항을 두어 승려의 관리를 위한 법적인 장치를 마련하였다. 유교(儒教)를 국시로 하는 조선이었지만, 이런 법률로 인하여, 지극히 제한적이나마 불교가 법적으로 보호를 받을 수 있었다.

그러나 이런 상황도 일시적이었고, 결국 중종(中宗) 11년(1516)을 기하여 이 법률마저도 폐지된다.[24] 그 후 명종 6년(1551)에 도첩(度牒) 발급을 재개했으나 명종 21년에 또다시 폐시되었다. 그리하여 조선시대는 긴 세월 동안 법적 공백 상태에서 불교가 지속된다.

서세동점의 시기, 1894년 갑오개혁으로 의정부(議政府)의 내무아문(內務衙門)[25] 산하에 '사사국(寺祠局)'이 설치된다. 다시 을미개혁으로 '사사국'은 '지방국 사사과(地方局 社寺課)'로 개편되어 순종 융희 원년(1907년)까지 존속한

---

21) 김영미, 「고려시대 불교계 통제와 율령- 승려 행동 규제를 중심으로-」『사학연구』67호, 과천: 한국사학회, 2002. ; 원영만, 「고려시대 승관제 연구」, 서울: 동국대학교 대학원 박사학위 청구논문, 2010.

22) 『경국대전』은 세조의 특명에 의해 편찬을 시작하여 세조 6년(1460)에 「戶典」을 편찬하고, 다음 해에 「刑典」을 편찬하고, 「吏典」,「禮典」,「兵典」,「工典」은 예종 원년(1467)에 완성된다.

23) 이 책의 부록에 실린 법령 참조.

24) 『중종실록』권27, 11년(1516년) 12월 임술(壬戌).

25) 1894년(고종 31) 갑오개혁 당시 관제 개혁을 통해 의정부(議政府) 산하에 내무 · 외무 · 탁지 · 법무 · 학무 · 공무 · 군무 · 농상, 등 8아문을 설치했다. 그 중 내무아문(內務衙門)은 종래의 이조(吏曹)와 제중원(濟衆院) 등이 관장하던 사무와 지방행정을 총괄하는 부서였는데, 산하에 총무국(總務局), 판적국(版籍局), 주현국(州縣局), 지리국(地理局), 사사국(寺祠局), 회계국(會計局), 위생국(衛生局) 등 7국을 두었다. 이 중 사사국은 악독(岳瀆) · 사찰 · 신사(神祠)에 대한 업무를 관장했다. 직제상 각 국에는 참의(參議) 1명이 배속되었으나, 지리국과 사사국의 참의는 위생국장이 겸임하였다. 1895년 4월 1일 관제 개편으로 내무(內務)는 내부(內部)로 바뀌었고, 내부(內部)는 1910년 일제 강점으로 폐지되었다.

다. '사사국' 운영의 주된 목적은 문화재 조사 및 보존 행정을 담당하는 것이었는데,[26] 다시 일제강점기에는 조선총독부 '회계국'으로 그 소관 업무가 이관된다.

그런데 여기에서 주목할 일은 '관리서(管理署)'의 설치와 운영이다. 사찰에 관련된 업무는 갑오개혁 당시 일시적으로 의정부(議政府)의 내무아문(內務衙門)의 '사사국(寺祠局)' 소관 업무로 편제되었으나, 궁내부(宮內府)와의 이권 관계로 우여곡절을 겪는다.[27] 그리하여 1902년(광무6년) 4월에는 궁내부 산하에 '관리서'를 편제하고, 원흥사에 그 사무소를 설치한다. 그러다가 광무 8년(1904) 1월 '관리서'를 폐지하고, 그 소관 사무를 내부관방(內部官房)으로 잠시 이관했다가, 같은 해 2월에 칙령 제15호로 내부(內部) 지방국으로 다시 이관한다.

1902년(광무6년) 7월 당시 궁내부 산하의 '관리서'에서 총 36조에 달하는 「국내사찰현행세칙(國內寺刹現行細則)」[28]을 발표한다. 이로 인하여, 명종 21년(1526)에 폐지된 도첩의 발행이 약 378년 만에 다시 부활된 셈이다. 이 세칙은 사찰과 승려에 관한 근대적 의미의 법적 근거를 규정한 것으로, 그 의미가 매우 크다. 물론 광무 8년(1904) 1월에 '관리서'가 폐지되었기 때문에, 약 18개월 존치되었던 이 세칙이 과연 얼마나 현실적 '실효'를 거두었는지는 더 조사해 보아야 할 것이다. 그러나 이 법령의 조항을 통해, 우리는 불교의 관리에 대한 당시 지도자들의 생각을 엿볼 수 있다. 게다가 이 법령이 그 후 조선총독부의 불교 관계 법령 제정과도 연계되었음을 상기하면, 그 의의가 매우 크다고 하겠다.

그 후 일제강점기에는 조선총독부가 1911년 6월 「사찰령(寺刹令)」을 공포

---

26) 김재국, 「일제강점기 고려시대 건축물 보존 연구」, 서울: 홍익대학교 대학원 박사학위 청구논문, 2007년 6월, pp.16~19.

27) '관리서'는 이권이 관련된 부서였기 때문에 그 소속에 많은 이동이 있었다. 이 사안에 대해서는 더 많은 조사가 필요하지만, 본 장에서는 『태고종사』(종단사간행위원회 편, 서울: 한국불교출판부, 2006년, p.91)의 고증을 준용하기로 한다.

28) 이 책의 부록에 실린 법령 참조.

하고 같은 해 7월 「사찰령」[29]을 공포하여 대한제국 당시의 사원 업무를 관장한다. 이 당시의 법령과 시행규칙에 대해서는 본 장의 「3) 일제강점기」 부분에서 자세하게 분석・검토하겠지만, 대한제국의 그것과 크게 다른 점은 법규의 관리 주체가 '대한제국'에서 '조선총독부'로 이관된 점이다. 그러나 위에서도 언급했지만 기본 방향이나 원칙은 「국내사찰현행세칙」의 연장선에 놓여 있다. 이렇게 된 이유는 「국내사찰현행세칙」 자체가 이미 일제의 근대적 법령에 영향을 받아서 제정된 것이기 때문이다.

돌이켜보면 고려를 거쳐 조선에 이르는 소위 왕권 체제 하에서 불교는 철저하게 '왕'의 관리 하에 있었고, 대한제국 시대에는 '황제'권력 안으로 귀속되었다. 그러다가 일제가 이 지역을 강점하면서부터는 다시 '조선총독'에게 귀속되었던 것이다.

1945년 일제가 패망하자, 38선 이남은 '미군군정청'이 '조선총독부'의 권한을 이양받는다. 1945년 10월 「미군정 법령」에 의거 일제 당시 일본인의 귀속농지에 대한 '농지개혁'을 단행하려 했으나, 우여곡절 끝에 1948년 3월에 미군정청은 「과도정부 법령」을 공포하여 '농지개혁'을 단행했다. 이 과정에서 조선총독부의 비호 아래 몰수되었던 불교계 토지의 상당 부분이 불교계로 환수되지 않고 제3자에게 넘어갔다.

1948년 8월 15일 '대한민국'이라는 국호(國號)로 새 국가가 출범한다. 이 때부터는 정치와 종교의 분리 원칙에 따라, 불교 교단은 자체의 법규에 의해 스스로 내부의 문제를 해결해야 했다. 그리하여 당시 승려들은 헌법이 정한 종교의 자유에 근거하여, 다양한 '불교 단체'를 만들고 자체적으로 각종 법규들을 만들었다. 그런데 이것은 '사람'에 대한 규정일 뿐, 불교의 전래된 '재산'에 관한 규정은 역시 '국법(國法)'의 소관이었다. 그 결과 삼국시대부터 형성되고 누적된 '불교의 재산'은 '사설(私設)' 단체인 '종단'의 소위 '종헌'과 '종법'만으로는 그 소유권을 완전하게 행사하기는 불가능했다.

미군군정청의 '중앙토지행정처'에서 관장하던 토지 관계 업무는 대한민국

---

29) 이 책의 부록에 실린 법령 조문 참조.

시절에는 '농림부'로 이관된다. 1949년 6월 29개 조항의 「농지개혁법」이 시행되고 개정 법률안이 1950년 3월 다시 공포되어 전국적으로 시행된다. 이 과정에서 자영농 보호의 원칙하에 불교계 토지의 상당 부분은 또다시 제3자에게 넘어갔다.

설상가상으로 6·25가 덮치고, 다시 이승만 대통령의 소위 '유시(諭示)'가 1954년 5월 20일 1차로 시작하여 1955년 12월 8일에 이르기 까지 무려 8차에 걸쳐 발표된다. 이로 인하여 당시 불교계는 불교 단체를 운영하는 '법적 당사자(法的 當事者)'가 누구냐는 문제에 휘말려 갖은 '우여곡절'[30]을 겪는다. 세간에서는 이를 소위 '비구대처 분규'라 한다. 이 과정에서 불교계의 많은 토지가 또다시 절 밖으로 빠져나갔다.

5·16 군사정변 직후 '국가재건최고회의'는 이 분규를 방지하고 불교 재산을 보호한다는 명분으로 1962년 5월 31일 총 19개 조항으로 이루어진 「불교재산관리법」[31]을 공포한다. 이 법령은 '불교 단체'에 대한 정의(定義)를 비롯하여 각종 용어에 정의를 내린다. 뿐만 아니라 '불교 단체'는 각령(閣令)이 정하는 바에 따라 '문화공보부'에 등록할 '의무'를 지게 되었다. 주지의 취임에 대해서도 주무 장관에게 '등록'해야 했고, 그렇지 않으면 해당 '불교 단체'의 재산 관리상 '법적 당사자(法的 當事者)'가 될 수 없었다. 게다가 재산 및 회계에 관한 각종 사안에 대한 '신고' 의무를 부과했고, 이를 어길 경우에 국가는 공권력으로 제재를 가할 수 있게 했다.

비록 당시가 군사정변이라는 특별한 시대 상황이기는 했지만, 불교계는 국가 법률이 정한 '법적 당사자'의 지위를 차지하려는 데만 오히려 주목하고, 「불교재산관리법」이 가지는 '종교의 자유 제한'에 대해서는 상대적으로 별

30) 우여곡절 : 소위 조계-태고 분규라는 안타까운 사건들이 있었다. '대한불교조계종'은 이 사건을 '정화'라는 시각에서 해석하고 있고, '한국불교태고종'에서는 이 사건을 '법난'이라는 시각에서 해석하고 있다. 이에 대해 필자는 이 사건을 학문적으로 평가내릴 준비는 아직 안 되어 있다. 세월이 지난 지금에서 과거를 돌아보면, 보다 더 많은 실증적 사료와 증언들이 필요하겠지만, 어느 쪽이든 처음에 내걸던 구호와 현실 사이에는 심한 '비틀림'이 있다는 생각을 지울 수 없다.

31) 이 책의 부록에 실린 법령 조문 참조.

저항을 하지 않았다. 오히려 관권(官權)에 줄을 대어, 서로 유리한 지위를 향유하기 위하여 각축을 벌이기도 했다.

그 후 다시 전두환 대통령 시절 정부는 1987년 11월 28일자로 「전통사찰보존법」[32]을 제정・공포했다. 이 법령은 '전통사찰'을 보호하기 위한 목적이라고 그 입법 의도를 명시했다. 물론 '전통사찰'은 '대통령령'이 정하는 바에 따라 문화체육부장관이 '지정'하게 되었다. 한편 제14조에 보조금 조항을 설치하여 국가 또는 지방자치 단체가 '전통사찰'의 보존과 관리를 위하여 필요한 경비를 보조할 법적 근거도 마련했다. 이 조항으로 불교 단체는 정부나 지방자치 단체의 '보조금'을 받아 '전통사찰'의 각종 구조물을 개보수 할 수 있게 되었다.

그러나 이 법들은 때로는 불교 재산을 '보호'하는 기능도 했고, 때로는 '제한'하는 기능도 했다. 이 과정에서 종단의 운영자들은 '권력'으로부터 완전히 자유로울 수가 없었다. 이런 단점을 해소하기 위해 불교계의 종단들은 부단히 노력했고, 마침내 국회는 2011년 12월 29일 본회의에서는 「전통사찰의 보존 및 지원에 관한 법률」 개정안을 통과시켰다. 이로 인하여, '전통사찰'에 속한 문화 유산의 보존 및 활용 등에 대한 지원 범위가 넓어지고 커지게 되었다. 또 '전통사찰'에 대한 정부나 지방자치 단체의 관리와 통제 조항이 대폭 사라졌다.[33] 향후 이 법령이 실행되면 국고 지원은 더욱 늘어나게 될 것이다. 이와 상응하여 국가의 불교 재산 감독권도 상대적으로 강해지고 투명해질 것이다.

이하에서는 구체적인 법률 조항에 근거해서 불교를 관리했던 양상들을 시대별로 검토해 보기로 한다. 특히 인사(人事) 행정에 관한 법령과 재산(財産) 관리에 관한 법령에 주목하고자 한다.

먼저 조선시대 전제 왕권의 근본 법전이었던 『경국대전』 속에는 승려의 관리를 위해 어떤 법적 장치가 있었는지를 살펴볼 것이다. 이와 더불어 대한제

32) 이 책의 부록에 실린 법령 조문 참조.

33) 대한불교조계종의 기관지 「불교신문」(http://www.ibulgyo.com/news) 2012년 1월 3일자로 발표된 박인탁 기자의 보도 참조.

국 시기에 제정된 법령도 검토할 것이다. 다음으로는 일제강점기에 조선총독부가 불교를 관장하기 위해서 만든 법령들을 검토할 것이다. 끝으로 대한민국 시절 공포된 불교 관계 법령들을 검토할 것이다.

1) 조선시대

조선의 경우는 위에서도 간단하게 보았다시피, 세조와 예종 사이에 편찬된 『경국대전』 내에 불교계의 인사 및 재산을 통제하는 법령을 제정해 두었다. 그런데 『경국대전』은 기본적으로는 『대명률(大明律)』에 기초하고 있다. 그리고 다시 『대명률』은 『통전(通典)』이나 『당육전(唐六典)』 등을 비롯한 당대(唐代)의 법 전통을 계승하고 있다. 때문에 조선의 불교 관계 법률은 기본적으로 당시의 중국과 밀접한 관계가 있음을 염두에 두어야 한다. 당나라 시대의 상황은 본 장의 「2. 중국 땅에서 시행된 불교 관계 법령」에서 이미 살펴보았다.

조선의 『경국대전』에는 불교 관계 법령이 크게 [도첩(度牒)], [사사(寺社)], [도첩식(度牒式)], [수금(囚禁)], [금제(禁制)], [공천(公賤)] 부분에서 거론되고 있다. 조항의 양이 많지 않으니 전문을 번역하여 소개하기로 한다. 그런 다음에, 먼저 인사권에 관련된 법률 조문을 검토하고, 이어서 재산권에 관한 부분을 검토하기로 한다.

[도첩(度牒)]

○승려가 되려고 하는 자는 30일 이내에 선종(禪宗) 또는 교종(敎宗)에 신고[告]하고 송경(誦經) 시험〈시험 경전은 『(천수)심경』[34], 『금강경』, 『살달타(薩怛陁)』[35]이다.〉을 치루고 (예조의) 허가를 받는다. 정전(丁錢)〈정포(正布) 24필〉을 받고 도첩을 발급한다. 〈30일을 경과한 자는 친족이나 가까운 사람이 관청에 신고[告]하게 하고, 환속시킨 뒤에 부역에 처한다. 알고서도 고의로 신고하지 않은 자도 아울러 처벌한다.〉

---

34) 원문은 "心經"이다. 이 경우의 『心經』은 『千手心經』을 줄여서 표기한 것이다. 1969년 통도사에서 간행한 『행지수지』 속에 『千手心經』이라는 명칭으로 현행 『千手經』을 간행한 사례가 있다.
35) 『살달타(薩怛陁)』: 『살달다반달라(薩怛答般怛羅』의 약칭. 다라니의 일종.

○도첩을 타인에게 대여하는 자는 「현대관방패면(懸帶關防牌面)에 관한 율(律)」[36]에 의거 처벌한다.

○선종과 교종 양종에서는 매 3년마다 (僧科) 선발 시험을 관장한다. 선종은 『경덕전등록』, 『선문염송』을 시험 과목으로, 교종은 『화엄경』과 『십지론』을 시험 과목으로, (승과를) 시행하되 각각 30명씩 뽑는다.

○모든 사찰의 주지는 양종에서 여러 사람의 공적 천거를 받아 예조에 보고하고, 문서를 이조에 이첩하여 조사하게 한 뒤에 임명하되 30개월마다 바꾼다. (본 법령을) 범하는 경우에는 양종에서 예조에 보고하고 사실을 밝혀 죄를 묻는다. 음행한 자를 추천하면 추천한 승려도 함께 연좌한다.

○주지를 바꿀 때는 장부를 인수인계한다. 유실된 물건이 있으면 변상하게 한다.

[사사(寺社)]

모든 사(寺)와 사(社)는 신축하지 못한다. 오직 옛 기지(基址)만을 중수(重修)할 수 있는데, 이 경우 양종에 신고하고 예조에 보고하여 허가를 받아야 한다.

[도첩식(度牒式)]

예조첩

학생 ○○○ 나이 ○○생 본관 ○○
아버지의 관직 ○○ 이름 ○○
외조부의 관직 ○○ 이름 ○○ 본관 ○○

예조는 알리노라.

선종 (또는 교종)의 천거에 준하건대, ○○에 거주하는 ○○ 관직의 ○○ 모습의 남자 ○○○가 정전(丁錢)을 내고 출가하여 승려가 되어 법명 ○○으로 도첩 받기를 원한다. 이에 의거 옛 예규를 살피고 문서를 갖추어 ○○년 ○○월 ○○일에 ○○승지 신(臣) ○○○는 교지를 받들어 이에 실시함. 정중히 문서를 해당 부서에 이관했고, 정전은 이미 받았음. 도첩을 발급하기에 합당한 자임.

---

36) 『大明律講解』(卷第13)에 실린 「병률(兵律)」의 일종으로 궁위(宮衛)에 관한 율(律)이다. 도첩 소유자에게 조용조(租庸調) 상의 세제 혜택이 있었기 때문에, 이 부분을 매우 엄격하게 관리했다.

○○년 〈예부 도장 날인〉 ○○월 ○○일 기록함

판서 수결 참판 수결 참의 수결 정랑 수결 좌랑 수결

[수금(囚禁)]

장형(杖刑) 이상 수금(囚禁)을 처함에 있어, 문무관 및 내시부(內侍府), 사족(士族)의 부녀자, 승려의 경우는 (예조의) 허가를 득한 뒤에 수금(囚禁)한다. 〈사옹원이나 액정서의 경우와 같다. 한 번 입번(入番)에 응하는 것도 그렇다.〉 허가 없이 출가한 자는 먼저 수금한 뒤에 (예조의) 허가를 받는다. 〈승려로서 살인, 도적질, 음행, 상해 등 죄를 지은 자도 이와 같음. ○혹 사찰을 수색하는 일은 허가를 받은 뒤에 한다.〉

[금제(禁制)]

○허가 없이 관청에 출입하는 자, 유생의 부녀자 신분으로 절[寺]에 올라가는 자, 〈비구니도 동일〉 조관추방출시녀(朝官娵放出侍女), 수역자(水賜者), 위조문서 작성자, 도성 안에서 몰래 제사를 지내는 자, 사족(士族)의 부녀 신분으로 산간이나 계곡을 유람하는 자, 들에서 제사를 지내거나 산천이나 성황 및 사묘에서 제사를 지내는 자, 과거 시험장의 관리나 노비들과 교통하는 자, 이유 없이 검문을 거부하는 자, 이런 자들에게는 곤장 100대를 친다.

〈… 필자 생략 …〉

○4대문 안에서 무축(巫祝)을 행하는 자, 여염집 내에서 유숙하는 승니는 〈탁발을 하거나 부모 동생을 만나거나 재(齋)에 필요한 물자를 나르는 승니는 제외.〉 그 죄를 재판한다.

[공천(公賤)]

공천자(公賤者)는 매 3년마다 적안(績案)을 작성한다. ○공천자(公賤者) 중에 도망자가 있으면 본관은 즉시에 상사에게 보고하고 문서를 각 도(道)에 보내어 수색하여 귀환시킨다. 검거하지 않는 관리 및 알고도 고발하지 않은 자와 그와 절친한 자는, 아울러 「제서유위(制書有違)에 관한 율(律)」로 재판한다. 만약 부역을 피하여 승니가 된 자는 곤장 100대를 치고, 먼 변방의 천읍(殘邑)이나 관노(官奴)로 종신토록 배속시킨다. 이런 정황을 알고 있는 은사[師僧尼]는 「제서유위(制書有違)에 관한 율(律)」로 재판하고, 환속시킨 뒤 부역시킨다. 〈사천자(私賤者)의 경우는 죄를 심판한 뒤에 원래의 주인에게 보낸다.〉

이상에서 보듯이, 승려 자격증에 해당하는 도첩은 예조(禮曹)에서 관장하고 있음을 알 수 있다. 주지의 임명권은 예조에 있고, 다만 그 추천권이 선교 양종에 있다. 또 선교 양종에서는 3년마다 승과(僧科)를 관장하는데, 그 품신의 권리 역시 예조에 있다.

뿐만 아니라 재판권도 각종 법령으로 정해져 있다. 이때에 사용하는 「율」은 『대명률(大明律)』이었다. 조선 초 고사경(高士褧)과 김지(金祗) 등을 시켜 『대명률』을 이두로 번역하게 하고, 정도전과 당성(唐誠)이 윤문하여 태조 4년(1395) 『대명률직해(大明律直解)』라는 이름으로 30권 4책을 간행한다. 비록 불교의 율문(律文)인 『사분률』이나 『마하승지율』 등이 명목상으로는 존재했지만 현실적으로 시행되지는 않았다. 국법에 의한 승려의 추단 전통은 본장의 주7)에서도 보았듯이, 이미 당 현종(玄宗) 개원(開元) 19년(731)부터 널리 정착되기 시작하였다. 중국 법의 영향을 받고 있는 고려나 조선의 법령도 경우는 마찬가지였다.

재산권에 대해서도 역시 장부를 만들어 관리하게 했고, 유실되면 조사해서 반납하게 했다. 물론 신축 사원의 허가는 원칙적으로 금하였다.

그런데 여기에서 우리가 주목할 것은, 조선시대에는 선종과 교종이 승단의 기관으로 있었다는 점과, 또 각 종(宗)별로 승과에서 치루는 시험 과목을 지정해 두었다는 것이다. 이로 미루어 보건대, 『경덕전등록』, 『선문염송』, 『화엄경』, 『십지론』을 비롯하여 『금강경』과 『천수심경』은 당시 불교 사상 형성에 큰 영향을 주었음을 짐작할 수 있다. 조선 영·정조 시절에 인악 의첨(仁岳義沾; 1746~1796)이나 연담 유일(蓮潭有一; 1720~1799) 등에 의해 생성된 사기(私記)류가 모두 이상의 경전을 대상으로 했던 것도 이런 법률의 역사와 무관하지 않다.

2) 대한제국

대한제국 고종 광무 6년 1902년 7월 당시 궁내부 산하의 '관리서'는 총 36조에 달하는 「국내사찰현행세칙(國內寺刹現行細則)」(이하 「세칙」으로 약칭)을 발표한다. 자세한 조항은 이 책 부록에 실린 조문을 참조하기로 하고, 인사권과 재산권에 집중하여 살펴보기로 한다.

이 「세칙」에는 근대적인 의미의 조항들이 나타나기 시작한다. 그 대표적인 조항으로 제3조에서 규정한 정치 담론의 금지와 무차법회(無遮法會)를 꼽을 수 있다.[37] 이 조항에는 정교 분리의 원칙이 나타나고, 또 신분 차별 철폐 사상이 드러난다. 이 점을 제외한 그 밖의 여러 조문은 본질적으로 『경국대전』의 법 정신을 계승하고 있다.

도첩의 관리에 대해서 살펴보자. 제23조에서 도첩을 발급받은 뒤에 머리를 깎게 했다. 물론 그 발행과 관리는 궁내부 산하의 '관리서(管理署)' 소관이다. 단 『경국대전』에서는 정전(丁錢)을 받고 각종 의무를 면제했는데 반해, 「세칙」에서는 1년에 4냥(兩)을 소속 사찰에 납부하여, 이 중 4전(錢)을 '관리서'로 보내어 국가 재정에 충당하게 했다.

또 「세칙」에서는 불교계의 행정 구역을 정비하고 직제도 세분화 했다. 우선 원흥사(元興寺)를 대법산(大法山)으로 정하고, 대법산 산하에 16개의 중법산(中法山)을 두어 도내(道內)의 말사를 관장하게 했다. 직제도 제7조에서처럼 세분화 했지만, 그 '임명에 관한 첩지'는 '관리서'에서 주관했다. 감원(監院) 이하의 낮은 직책 정도만 각 사찰에서 임명할 수 있을 뿐이었다. 좌우(左右)의 교정(敎正)을 공선(公選)하게 한 뒤 정부 관료가 임명하게 했는데, 이것은 역시 『경국대전』의 전통을 계승한 것이다.

「세칙」에서는 재산 관리를 엄격하게 하려 한 점도 두드러진다. 제25조, 제26조, 제27조에서 보듯이, 각종 문서를 정비하여 사원의 재무 상황과 문화재를 조사·관리하고 있음을 알 수 있다. 또, 「세칙」은 다소 근대적인 요소가 첨가되었지만, 기본적으로는 『경국대전』의 정서를 원칙으로 하면서 조항을 세분화했음을 알 수 있다. 제33조와 제36조에서처럼 사찰의 모든 행정은 '관리서'의 각종 포달 규칙을 지켜야 했고, 「세칙」에 없는 사안은 '관리서'의 추가 규정을

37) 무차법회(無遮法會) : 신분의 고하, 남녀노소 차별없이 법회에 참석할 수 있게 되었다. 이 점은 『경국대전』의 [금제(禁制)]에서 부녀자들의 사찰 출입을 금했던 것과 차이가 난다.

기다려야 했다.

본 「세칙」이 비록 그 시행의 측면에서는 효력이 적었다 할지라도, 우리는 거기에 명문화 된 각종 조항들을 통해서 당시 불교계의 현황과, 또 그것을 바라보는 집권자들의 의도를 엿볼 수 있다. 그리고 본 「세칙」 제7조와 제28조에서 볼 수 있듯이, 조선조의 '총섭제(또는 승통제)'에서 일제강점기의 '본산제'로 변천하는 과도기적 모습도 있다. 또한 선·교 양종의 분류 의식이 여전했음을 알 수 있다. 제10조와 제11조, 또 제7조와 제17조, 등에서 볼 수 있듯이 선(禪)과 강(講)에 대한 구별도 있었다. 또 제4조를 통해서, '수행승'과 '사판승'과 '평승' 등 승려의 전문 분야를 분류하는 정서가 존재했음을 알 수 있다. 가사의 색깔을 구분하여 제3자가 분명하게 알 수 있게 한 것도 이런 정서의 표현이라 할 수 있다.

3) 일제강점기

조선을 강제 합병한 일본은 1911년 6월 3일 당시의 조선불교를 규제하는 법령으로 「사찰령(寺刹令)」을 제정했고, 그해 7월 9일 그 「사찰령시행규칙(寺刹令施行規則)」(이하 「시행령」으로 약칭)을 공포하고 시행했다. 이하에서 그 내용을 보면 알겠지만, 승단의 재산 관리권과 인사 관리권은 '조선총독'이 장악했다. 이 점은 대한제국의 「세칙」에서 그 관리권을 '관리서'의 주무관인 '육군참령(陸軍參領)'의 지휘 아래 두었던 것과 크게 다른 점이다. 또한 대한제국의 「세칙」에서는 시행에 관한 법규는 조문화되었지만, 처벌에 관한 법규는 미비했다. 그러나 「시행령」에는 처벌 규정도 함께 두었다. 이 점은 근대적 법규의 면모가 갖추어지는 과도기적인 현상이다. 「사찰령」과 「시행령」을 이 책 뒤에 부록으로 게재했으니, 각 조문을 참조하면 그 변천의 양상을 구체적으로 알 수 있을 것이다.

「사찰령」의 제1조에서 볼 수 있듯이, '조선총독'의 권한은 막강했다. 특히 제7조의 조항은 거의 전권을 조선총독에게 맡길 수 있는 법적인 근거가 된다. 그리고 「시행령」 제1조에서 비록 모든 것을 '사법(寺法)'으로 정한다고 하여 외형적으로는 자율적인 것처럼 보이지만, '사법(寺法)'의 제정은 「사찰령」 제3조에 조선총독의 '허가' 사항으로 규정하여 조선총독의 관리권 속에 두고 있다. 게다가 1912년에 제정 공포한 총 13장 100조로 예시(例示)된 「본말사법」(양식)[38]을 보면, 조선총독부가 얼마나 치밀하게 불교를 관리했는지를 알 수 있다. 뿐만 아니라, 같은 해 9월에 각도 장관 앞으로 포달(布達)된 「사찰 주지 취직 인가에 대한 취급 방법의 건」[39]이나, 또 그와 관련하여 조선총독부 고시(告示)로 하달된 「주지 취직 허가 신청서 양식」[40]도 치밀하다.

그러면 일제강점기에 제정된 불교 관계 법규를 어떻게 평가해야 할까? 이에 대한 당시 사람의 평가를 우리는 이능화(1869~1943) 스님의 「승려들이 공천하여 주지를 선정하고 총독부의 인가를 받는 일은 전례(前例)를 따른 것이다」는 글에서[41] 읽어볼 수 있다. 주41)에서 말한 '전조(前朝)의 옛 관례'에서 '전조'는 조선 혹은 대한제국을 지칭하고, 또 '옛 관례'는 『경국대전』의 [도첩]과 [도첩식], 그리고 대한제국의 「세칙」 등을 지칭한다고 볼 수 있다.

한 마디로 말하면 「사찰령」을 비롯한 일제강점기에 제정된 각종 불교 법령이 조선의 전통을 계승한 것이라는 평가이다. 필자가 보기에 이능화의 이런 평가는 일리가 있다고 생각한다. 왜냐하면, 불교 관계 행정을 담당하는 주무관이 '예조판서'에서 '조선총독'으로 변한 것 외에, 승려의 인사권이 승단 밖에 있는 점은 변함이 없기 때문이다. 이하에서 다시 논하겠지만, 주지의 임명과 승려의 자격 관리 등에 관한 행정을 승단 내부에서 관리하게 된 것은 해방 이후의 일이다.

한편, 아무리 통치의 주체가 조선총독부라는 점을 감안하더라도, 이상의

38) 종단사간행위원회 편, 『태고종사』, 서울: 한국불교출판부, 2006, pp.111~124.

39) 종단사간행위원회 편, 『태고종사』, 서울: 한국불교출판부, 2006, p.109.

40) 종단사간행위원회 편, 『태고종사』, 서울: 한국불교출판부, 2006, pp.109~111.

41) "현재 시행되는 법령에 사찰 주지의 임기는 3년이다. 승려들이 공천(公薦)하여 주지를 선정하고, 직책 취임을 신청하여 인가를 받은 후에야 비로소 실행할 수 있다.〈본사 주지직의 취임은 조선총독부의 인가를 받아야 하고, 말사 주지의 취임은 지방장관의 인가를 받아야 한다.〉 이는 전조(前朝)의 옛 관례에 따라 그렇게 한 것이다."(이능화 저, 조선불교통사역주편찬위원회 역편, 『역주 조선불교사』6권, 서울: 동국대학교출판부, 2010, p.364.)

법령들이 근대적 양상을 띠고 있음은 부인할 수 없다. 일제강점기에 제정된 불교 관계 법규는 향후 미군정청 시기는 물론 대한민국 시기에도 기본적인 골격을 이루고 있다. 이런 점에서 일제강점기의 불교관계 각종 법규, 부령, 규칙, 고시, 포달, 통첩 등에 대한 면밀한 연구가 필요하다. 그 연구가 비판적이든 아니면 수용적이든 말이다. 특히 소화 11년(1936)에 반포된 「사원규칙(寺院規則)」에는 일본인들이 조선 땅에서 사원을 건립할 수 있는 법적 근거가 조문으로 규정되었다. 그 중에서도 제9조와 제10조에 명시된 '신도대표'(이 법규에서는 '檀信徒'라 명명)에 관한 규정은 4부 대중에 관한 우리나라 최초의 불교 법규로서, 오늘날 한국 불교 현실에도 의미하는 점이 크다 하겠다.

4) 대한민국

마침내 1945년 제국주의 일본이 패망했다. 38선으로 남북이 분할되고, 이남은 '미군군정청'으로부터 약 3년간 신탁통치를 받았다. 이 동안에도 조선총독부에서 제정 시행한 「사찰령」과 그것에 근거한 각종 법규가 활용된다. 게다가 '조선총독부'의 재산은 '미군군정청' 재산으로 대부분 이관된다. 법규의 공백을 막기 위한 부득이한 조치였다고 백 보 양보하더라도, 1948년 '대한민국'이라는 새로운 국가와 정부가 탄생되었는데도, '미군군정청'의 관행이라는 미명하에 조선총독부 시절의 법령이 그대로 사용된 것은 비난을 면하기 어려울 것이다.

대한민국 정부 수립 이후 우리가 또 주목해야 할 법령이 있다. 그것은 1949년 6월 21일에 공포된 「농지개혁법」이다. 이 법령은 '표면적으로는' 농민의 자경(自耕)을 내세웠지만, 꼭 그렇게만 보기에는 불교 재산의 유실이 너무나 컸다. 불교계는 많은 임야와 농지를 잃게 되었다. 또 승려들의 환속과 함께 불교의 재산을 세속으로 빼내게 하는 계기도 제공했다. 결과적이지만, 「농지개혁법」은 '공권에 의탁한 불교 재산 몰수'로 활용된 점이 없지 않았다. 궁여지책으로, 1953년 7월에 「사찰자경농지사정요령」이 시행되었지만, 실효성은 물론 현실성도 적었다.

예컨대 승려 1인당 200평을 그가 소속된 사원에 귀속하게 하는 정도였다. 그것도 사찰로부터 2km 이내에 있는 농지에 국한했다. 200평이면 소위 1마지기인데, 당시에 직접 농사를 지어도 쌀 1가마 소출하기 힘들고, 게다가 소작을 주면 5두(斗) 받는다. 결과적으로 승려 1명이 1년에 쌀 40kg 가지고 먹고살아야 한다. 절 밑에 사는 동네 사람 이름 빌려 승려로 위장 신고했다가 떼어먹힌 사례는 부지기수이다. 25평짜리 법당이 있는 절이면, 그 법당의 부처님 불량미(佛糧米)로 25평×농지 50평 = 750평, 즉 750평의 농지를 보유할 수 있다. 당시 마지를 '저수지' 못하시는 불보살 상이 많았다.

불교에 대한 각종 법률상의 차별은 이미 군정청 시절부터 '내면적'으로 방향을 잡기 시작했다. 점령군의 종교가 미국식 기독교였음을 상기해야 한다. 예수탄신일이 국경일이 되는 것도 이런 정서에서 나온 발상이다. 설상가상으로 이승만 대통령의 소위 '유시(諭示)'는 독재 권력에 의탁하여 상위법을 위반하는 초법적 위력을 발휘했다. 몰역사적(沒歷史的)인 법령의 제정과 시행 속에서 불교의 '재산'이나 '인사'에 관한 무수한 재판이 '국법'으로 추단되었다.

(1) 「불교재산관리법」 시기

혼란은 계속되었다. 소위 비구승·대처승의 분규 속에서 '법적 당사자'의 지위를 차지하기 위한 각종 법원의 재판은 쉴 날이 없었고, 그 비용 충당으로 많은 불교 재산이 제3자에게 매매되어갔다. 1961년 박정희 소장은 5·16 군사정변을 감행한 뒤, 이듬해 1962년 5월 31일자로 '국가재건최고회의'는 대처승·비구승 간의 분규를 방지하고 불교 재산을 보호한다는 명분을 내세워 「불교재산관리법」을 공포한다.

이 법령 중 국가 권력이 개입할 수 있는 조항으로 우선 제6조를 들 수 있다. "불교단체는 각령(閣令)의 정하는 바에 따라 문화공보부에 등록하여야 한다." 즉, '불교단체'는 문화공보부에 '등록'을 해야만 한다. 물론 등록을 받아주느냐 마느냐의 결정권은 국가 기관에 있다. 실제로 '대처측'의 종단 등록이 거절된 사례도 있었다. 또, 9조 ②항에서 보듯이, "불교단체의 주지와 대표임원이 취임하였을 경우에는 지체없이 문화공보부장관에게 등록하여야 한다.” 이 조항이 있기 때문에, 여러 이유를 달아서 대표자 등록을 거부 당한 사례도 있었다. 분규 시절, 비구와 대처 양측 모두 그런 경험을 했다.

또 ‘제3장 재산 및 회계’ 부분도 역시 국가 관청의 개입 여지를 제공하고 있다. ‘법대로 하면’, 당시의 불교계는 큰 일이 아닐 수 없다. 이런 상황에서 불교계 지도자들과 정치 지도자들의 ‘야합’은 예견할 수 있다. 10월 유신 이후 정부의 각종 파행적 독재 행위가 벌어지는데도, 불교계가 보수적 태도로 일관했던 점을 상기해 보아야 할 것이다.

(2) 「전통사찰보존법」 시기

「불교재산관리법」이 시행된 지 26년이 지난 1987년 11월 28일 「전통사찰보존법」이 제정되었다. 그러나 「전통사찰보존법」이 소위 ‘전통사찰’에만 적용한다는 제한 조건이 있기는 해도, 이 법령 역시 불교계의 재산을 통제하기는 마찬가지였다. 국가 기구(문화체육부장관)의 개입을 허용하는 법률적 근거는 여전히 남아 있다. 제6조가 그 대표적인 사례 중의 하나이다. 또 ‘주지’의 개념을 정의하는 제2조를 보자. “주지라 함은 사찰의 대표자로서 사찰을 운영하고 그 재산을 관리하는 승려를 말한다.” 아무리 정교 분리의 현대 사회에서 제정된 국법임을 감안하더라도, 불교의 각종 「청규」에서 나오는 주지의 역할과는 상당한 거리가 있다. 이 법령에 준하면 주지는 사찰의 ‘운영자’이고 재산의 ‘관리자’일 뿐이다. ‘출가 수행자’라는 고려는 안중에도 없었다.

제3조는 ‘전통사찰’의 ‘지정’ 및 ‘등록’을 규정하고 있는데, ‘지정’ 자체를 문화체육부장관이 할 수 있게 규정한다. 이렇게 지정되고 나면, 그런 다음에는 이 법령의 규제를 받는다. 참 아이러니한 점은 엄밀한 의미에서 ‘전통사찰’에 해당되지 않는 사찰들도 이 법령의 ‘보호’를 받기 위해서 당해 사찰 주지가 자발적으로 ‘전통사찰’로 등록하는 경우가 적지 않았다는 점이다. 게다가 제12조는 국가 공권력의 개입 여지를 열어놓았다. 주무 부처 장관이 소위 ‘분규사찰’의 재산관리인을 임명할 수 있게 하였다. 정치적 공작 가능성을 열어둔

조항이다.

「전통사찰보존법」의 위헌적(違憲的) 요소를 고치기 위하여 불교계는 부단히 정부에 시정을 요구했다. 이와 더불어 정부는 전통문화재를 합리적으로 보존 관리하기 위해 여러 방안을 모색했다. 수차례에 걸쳐 불합리한 법 조항을 개정했고, 때로는 조항 자체를 폐지 또는 신설하기도 했다. 이런 노력 끝에 2009년 3월 5일 「전통사찰보존법」은 법제 명칭을 변경하고 또 조항 일부를 개정하여 「전통사찰의 보존 및 지원에 관한 법령」으로 공포되었다. 물론 기본적인 골격은 크게 달라진 게 없다. 그러나 명칭에 '지원에 관한'이라는 용어를 붙임으로 해서 정부나 지방자치 단체의 '지원금'에 대한 의무감을 높이는 기능을 했다.

이상에서 필자는 과거 유교적 봉건사회 시대에 불교 승니에 관한 국가의 관리를 살펴보았고, 일제강점기와 맞물리는 우리의 근대시기와, 그리고 해방 이후의 현대시기 불교 교단에 관계되는 국가 법령 등을 검토해 보았다. 「1. 천하는 천자의 것」에서도 밝혔듯이 필자는 법률 전공자가 아니기 때문에, 세밀한 법률적 논의와 그 판례 등을 논하기에는 역량이 부족하다. 그러나 누구라도 이 법령의 문면(文面)만 읽어보아도, 국가 권력에 의한 불교 교단의 통제 실상을 짐작할 수 있을 것이다.

4. 남겨진 과제들

유교적 봉건 왕권 체제의 특징의 하나로, 우리는 토지를 매개로 한 차별적 신분제를 들 수 있다. 이런 체제 속에서는, 아무리 '출가(出家)를 전제로 한 공동체'라고 해도 '왕권(王權)'의 통제 하에 예속된다. 중국의 경우 '왕권'의 외호 속에서 불교가 정착되었기 때문에, 인도의 출가 정신이 중국에서는 온전하게 전파될 수 없었다. '유교적 봉건 왕권 체제'의 영향 하에 있었던 한국 지역도 경우는 마찬가지였다.

긴 세월 동안 이 지역의 불교는 정치 권력의 개입에 노출되었다. 이런 역사적 현실을 갑자기 제거하면 자유롭기보다는 더 큰 혼란이 올 수 있다. 그렇다고 언제까지나 정치 권력이 개입할 수 있는 법적인 장치를 그대로 둘 수만은 없다. 이것이 '딜레마'이다. 이 '딜레마'를 풀기 위해서는 우선 먼저 불교 교단 내부의 자치적 역량을 길러야 할 것이다. 그러면서 서서히 국가적인 법령에 의존한 교단의 통치 범위와 강도를 줄여가야 할 것이다. 또한 이 땅에서 불교의 역사는 길지만, 자치의 역사는 일천하다는 점을 교단 구성원들이 서로 공감하고, 그렇게 공감하는 바탕 위에서 불교 정신에 입각한 교단 운영을 위해 출가와 재가가 함께 노력해야 할 것이다.

한편 불교는 우리 민족의 고대 문화 창달에 절대적인 영향을 미쳤음을 잊어서는 안 될 것이다. 긴 역사 속에서 불교는 유무형의 많은 문화를 생산했다. 한국의 역사와 불교가 불가분의 관계에 있다는 것은 전혀 새로운 이야기도 아니다. 때문에 국가와 불교는 서로 협력하여 우리의 전통 문화 유산을 합리적으로 관리할 수 있는 방안을 모색해야 한다. 이럴 경우 정교 분리가 원칙인 오늘날, 특정 종교 행위에 국고를 사용하게 해서도 안 될 것이고, 특정 종교를 빌미 삼아 문화재를 방치해서도 안 된다. '종교 재산'과 '전통 문화재' 사이를 합리적으로 구분하여 관리할 수 있는 법규의 제정이 필요하다.

법규의 제정에 대해서는 국가적인 문화재를 가장 많이 보유하고 있는 '대한불교조계종'이 앞장서야 할 것이다. 2011년 12월 29일자로 정기국회 본회의에서 「전통사찰의 보존 및 지원에 관한 법률」 개정안을 통과시킨 것은, 늦은 감이 있지만, 국가적으로 보나 불교계의 입장에서 보나 모두 잘된 일이다. 그러나 이 개정안도 면면히 살펴보면, 관권의 개입이 현행의 그것보다는 비록 많이 줄었다고는 하지만, 개선해야 할 부분이 적잖이 있다. 뿐만 아니라 그 밖의 '산림법', '수자원보호법', '국립공원법', '농지법', '문화재관리법', '녹지법' 등등, 그동안 불교계의 재산권을 옥죄이던 각종 법령들도 개정 보완되어야 할 것이다.

이런 문제들을 해결하기 위해서는 무엇보다 먼저 국가 권력과 불교계와의 관계에 대한 역사적 맥락을 이해할 필요가 있다. 본 장에서 조선시대에서부터 근현대에 이르는 불교 관계 법규를 검토한 의도에는, 이런 역사적 이해의 지평을 넓혀보려는 현재적 문제 의식이 흐르고 있다. 이와 더불어 불교의 문화와 재산(문화재 포함)은 단순한 불교 교단 자체만의 소유를 넘어 민족 공동체의 유산이라는 의식도 함께해야 할 것이다.

제3장

불경의 한글 번역을 통해 본 한국불교의 정체성

1. 불경 번역에 나타난 경향성
2. 조선 초기 : 간경도감
3. 일제강점기 : 백용성
4. 대한민국 시기 : 이운허와 김월운
5. 불조의 말씀으로 되돌아가기

1. 불경 번역에 나타난 경향성

한역(漢譯) 경전은 조선 초기부터 오늘에 이르기 까지 긴 세월에 걸쳐 한글(훈민정음 또는 조선글)로 번역되었다. 본 장에서는 일차적으로 이 번역 과정에 드러나는 '경향성' 혹은 '방향성'을 밝히는 데에 주력하고, 이와 함께 각 시대마다 그 경향성 속에 드러나는 지향점(指向點)들을 연결해 보려고 한다. 이 작업은 불경의 번역을 통해서 구축된 과거의 전통이 무엇인가를 우리에게 확인하게 해 줄 것이고, 또 전통에 뿌리 내린 한역 경전 연구와 수행은 물론, 그것을 바탕으로 한 불교 전승에도 일조를 하게 해 줄 것이다. 물론 향후 한글 번역의 방향 결정에도 지침을 주게 될 것이다.

돌이켜보면 외래 사상이나 문화가 해당 지역에 정착하는 과정에서 '의미의 해석'과 '자기네 문자로의 번역'은 매우 중요하다는 교훈을, 우리는 인류의 문화사에서 배울 수 있다. 불경 번역도 역시 그렇다고 생각한다. 이런 맥락에서 필자도 불경의 '해석'과 '번역'에 주목하고 연구한 바 있다.[1] 뿐만 아니라 학회 차원에서 집단적으로 이 문제를 다루는 경우도 있었다. 학회 차원의 것으로 우선 '대각사상연구원'이 2002년 5월 2일에 종로 대각사에서 개최한 '백용성 선사와 한국불교 역경의 역사적 조명'이라는 학술 대회를 꼽을 수 있다. 이 대회의 발표문은 『대각사상』 제5집(서울: 대각사상연구원, 2002년 11월)에 실렸는데, 그 제목과 필자를 소개하면 다음과 같다.

1. 조선 초기의 역경(김영배)
2. 일제하의 역경(김광식)
3. 백용성 선사의 역경 활동과 그 의의(한보광)
4. 해방 이후 역경의 성격과 그 의의(윤창화)
5. 동국역경원의 역경사업(최철환)

---

1) 신규탁, 「철학의 토착화; 당나라 불교의 한 사례」『철학연구』54, 서울: 철학연구회, 2001.

간경도감(존치 기간; 1461~1471)에서의 불경 '언해', 백용성(1864~1940)의 '조선글' 번역, 이운허(1892~1980)와 김월운(1928~생존)이 주관한 '한글대장경', 그리고 김탄허(1913~1983)의 번역 등등이 거론되고 있다. 이런 선행 연구가 있었음에도 불구하고, 2009년 '동아시아불교문화학회'에서 불경의 번역 문제를 또 다시 재조명한 적이 있는데, 이것은 번역의 문제가 그만큼 중요하다는 것을 반증하는 사례라고 생각한다.

2002년 '대각사상연구원' 학술대회 때, 필자는 토론자로 참여했는데, 지내놓고 보니 귀 담아 들을만한 이야기가 적잖이 나왔다. 당시에 토론자의 한 명이었던 김은중 박사의 다음과 같은 말을 주목해보자.

> 애당초 한글대장경 간행은 불교대중화에 기여하고 불교학 발전의 밑거름이 되기 위함이었던 것 같다. 그렇다면 고려대장경의 완역이 끝나는 이 시점에서 그런 애당초의 목적이 얼마나 달성되고 있는가를 반성할 필요가 있을 것이다. 물론 불교 대중화나 불교학 발전은 동국역경원만의 몫이 아니라 한국불교계의 몫일텐데 이런 과제의 수행이 한국불교계에서 얼마나 체계적이고 유기적으로 이루어졌는지에 대한 반성이 요청된다.[2] (밑줄 필자)

번역을 하는 이유에 대해서는, 그것이 세조 당시의 '간경도감(刊經都監)'이었든, 용성 선사의 '삼장역회(三藏譯會)'이었든, 운허 강백과 월운 강백의 '동국역경원(東國譯經院)'이었든, 그 목적하는 바는 대동소이하다.

그러면 이렇게 번역된 불경이 과연 '얼마나 읽혔을까?' 번역에 들인 막대한 재원 내지는 역경사(譯經士)의 노고에 비해, 그 결과물이 소기의 목적을 과연 얼마나 달성했을까? 적어도 '대중에게 읽히는 부분'과 '불교학의 발전' 어느 쪽에도 만족할 만한 결과를 내었다고 보기는 어렵다. 물론 이렇게 된 원인은 역경(譯經) 자체에도 결함이 있을 수 있겠지만, 더 큰 원인은 한국 불교계를 구성하는 두 축인 '출가 불자'와 '재가 불자' 모두가 불조(佛祖)의 '경전'이나 '어록'에 그다지 주목하지 않는 '현실'에 있다고 필자는 생각한다.

2) 김은중, 「'동국역경원' 사업에 대한 논평」『대각사상』제5집, 대각사상연구원, 2002, p.189.

즉, 고려 말과 조선 초를 겪으면서 불교는 정치적으로 탄압을 받았고, 그 결과 소위 '무종 산승(無宗山僧)'화 되었다. 조선 시대에는 선승 계열의 후손들만 겨우 명맥을 이었고, 그 과정에서 다행히 숙종 이후 임자도에 대장선(大藏船)이 들어와 소위 '화엄 르네상스'가 일어났다. 그 결과 화엄의 교학이 부흥되면서 동시에 『경덕전등록』과 『선문염송』 등 선(禪) 문헌이 일부 학승들에 의해 읽혀졌다. 그 전통이 화엄사의 진진응, 선운사의 박한영 강백 등에 전승되었다. 그렇다고는 해도 이런 분들은 창해일속(滄海一粟)이고, 출가자이건 재가자이건 경전(선어록 포함)을 수시로 읽는 불자들은 많지 않았다. 이런 '현실'을 말한다.

비록 '현실'은 이렇다고 할지라도, 훈민정음이 창제된 이래, 시절 인연에 따라 이 땅의 지성들은 한문 불경을 (1)'우리의 문자로 번역'하고 또 (2)'우리의 언어로 해석'을 해왔다. (1)과 (2)는 상호 의존적이지만, 결국 우리는 (2)를 통해서 우리의 철학을 풍부하게 하고 이 지역의 사상을 창조해 간다.

따라서 우리는 과거 번역의 역사 '전통'을 더듬어서, 어떤 부류(部類)의 경전이, 또 어떤 형태의 경전이, 다른 경전에 비해 상대적으로 '더 많이 보급 간행'되었는지를 조사해 볼 필요가 있다. 그리고 또 이렇게 '더 많이 보급 간행된' 이유도 찾아보아야 할 것이다. 그리하여 비록 불조(佛祖)의 '말씀'에 주목하지 않는 불교 신행(信行)이 현재 우리의 '현실'이라 할지라도, 이런 '현실'에 효과적인 불경 류(類)를 골라서 또 효과적인 형태로 번역해서, 많은 사람들이 읽을 수 있게 해야 할 것이다.

이와 더불어 불경에 담긴 뜻을 '우리의 언어로 해석'함에 있어, '전통적'으로 우리의 조상들은 어떤 장점을 가지고 있었고, 또 그 장점이 오늘 우리에게 어떻게 계승되고 있는지를 조사하여, 이 시대에 알맞게 심화 발전시켜 나아가야 할 것이다. 과거의 축적된 좋은 전통을 지금 우리가 모른다고 해서 방치하고, 다른 지역의 불교 전통을 '새잡이로' 들여오는 것만이 능사는 아니다. 범어(梵語)로 쓰인 불교 사상을 한자(漢文)를 매개로 온전하게 '해석'하느라고 들였던 노력과 세월을, 그리고 그 시행착오를[3] 우리는 역사에서 익히 알고 있다.

본 장은 바로 이런 문제의식에서 출발한다.

이하의 조사 분석에서 밝혀지겠지만, 현재의 한국불교와 '동질적 맥을 (비교적) 같이하는 전통'은[4] '법성(法性)' 개념을 근간으로 하는 간화참선-화엄교학-염불왕생이다. '법성'이라는 용어가 독자들에게 매우 생소할 수도 있을 것이다. 필자는 이 개념으로 필자 자신의 철학을 표방하며, 각종 논저에서 거론하고 있다. 이하에서는 간단하게 필자가 말하는 '법성철학' 이해를 위해서 필자의 다른 책[5]에서 제시했던 '법성'의 개념과 그것을 근간으로 하는 철학사상을 간단하게 소개하기로 한다.

법성철학의 핵심 개념은 두말할 것 없이 '법성'이다. 중생의 심신작용에는 불생불멸하며 본래적으로 존재하는 본바탕이 있는데 이 본바탕을 법성(法性; dharmatā)이라 한다. 중생의 본바탕인 법성에는 불가사의한 영험과 청정한 지혜의 기능이 있다. 이런 본바탕이 펼쳐지는 세계를 화엄 교학자들은 '법계(法界)' 또는 '진계(眞界)'라 한다. 한편 남종선의 선사들은 그 법성을 '주인공' 또는 '부모가 낳아주기 이전의 나의 본 면목' 또는 '당체'라 이름 하기도 한다. 『화엄경』에서는 '한마음[一心]'이라 한다. 본바탕인 '한마음' 위에서 소위 12지(支) 연기가 펼쳐진다. 12 연기의 각 지(支) 하나하나는 모두 공(空)하고 무상하지만, '한마음'은 본래의 바탕이므로 매 순간 속에 영원하다. 연기의 소산인 '현상'에 휘둘리지 말고, 본바탕인 '한마음'을 각자가 저마다 몸소 체험하여, 그 본바탕에 갖추어진 불가사의한 능력을 꾸밈없이 사용하면서 세상살이하자는 것이 법성철학의 궁극 목표이다.

그러면 본바탕을 어떻게 하면 체험할 수 있을까? 그것은 '무심(無心)'해야 한다. '무심'해야만 본바탕과 하나가 될 수 있다. 우리는 '선행(先行)된 인상'을

---

3) 시행착오 : 예를 들면 중국에서 '5가(家) 7종(宗)'으로 대표되는 '격의불교(格義佛敎)'를 그 사례로 꼽을 수 있다. 결국은 구마라습 삼장에 와서 '본의불교(本義佛敎)'가 되었다는 사가들의 평가 말이다.

4) '동질적 맥을 (비교적) 같이하는 전통' : 역사적으로 신라의 불교, 또 고려의 불교가 있었다고 하지만, 그것들이 현재의 한국불교에 맥이 닿아 있다고 하기는 어렵다. 현재 한국불교의 자기동일성은 조선시대 그것도 임진왜란 이후에 형성된 것이라고, 필자는 생각한다.

5) 신규탁, 『화엄의 법성철학』, 도서출판 깃발, 2008, pp.9~10.

가지고 사물을 인식한다. 이런 인식 방법으로 인해 생긴 지식에는 대상 즉 경계가 있다. 이 대상인 경계는 선행된 인상과 매개되어 우리들의 의식 활동 속에 표상된다. 이런 '원초적인 순환' 구조 때문에 본바탕은 '인식'의 방법으로는 알 수 없다. 그럼에도 불구하고 인간들은 그 본바탕을 개별적 '존재자' 내지는 '존재 현상'의 일종으로 간주하여 대상화하는 동시에, 선행된 인상의 구성체인 '이성'을 매개로 하여 본바탕을 인식하려고 한다. 잘못은 여기에서 시작된다.

본바탕은 '존재' 그 자체이지 개별적 경계 즉 '존재자'는 아니다. 오히려 개별적 경계를 경계하도록 해주는 그 무엇이다. 이것은 우리가 '무심'할 때에 '무(無)매개적'으로 우리 앞에 드러난다. 체험하는 게 아니라, 체험되어지는 것이다. 이것이 '완전한 깨침' 즉 '돈오(頓悟)'이다. 이런 체험 위에서 각종 연기 현상이 무상한 줄을 알아, 거기에 휘말리지 말아야 한다.

본래 청정하건만 무상한 현상에 휘둘리는 원인은 '어리석음' 즉 번뇌 때문인데, 시간을 한정하지 말고 쉼 없이 '어리석음'을 제거해야 한다. 설사 금생에 안 되면 내생에, 그렇게 하기를 세세생생에 하는 것이다. 이런 면에서 법성철학은 종교와도 맞닿아 있다.

그러면 어떻게 해야 '어리석음'이 제거되는가? 바로 이 지점에서 화엄교학과 남종선이 갈라진다. 남종선의 전통에 서 있는 당나라 선사들은 '반조(返照)하라' 하고 송나라 선사들은 '화두(話頭)에 집중하여 일체의 사량분별을 쉬라'고 한다. 반면 화엄교학에서는 '관법(觀法)을 바탕으로 보살도를 실천하라'고 한다. 즉 6바라밀 내지는 10바라밀 더 나아가서는 『화엄경』에 펼쳐지는 보현의 보살행을 실천하라고 한다.

이상이 필자가 말하는 '법성철학'의 존재론이며 인식론이며 가치론이다. 물론 이 '법성'이라는 개념은 필자 독창의 것은 아니다. 이 개념은 그간 필자가 중국 당나라 시대의 청량 징관과 규봉 종밀, 그리고 당대의 선종 문서, 그리고 불교 의례에 관한 문서들을 읽으면서 그 속에 공통적으로 내재하는 철학적 개념을 발굴한 것이다. 개념의 발굴도 역시 '철학하기'의 하나이다.

중국의 화엄과 선의 영향을 받은 조선 불교의 경우에도 일정 시기 이후부터는 '법성' 개념으로 해석이 가능하다. 즉 일정한 동질성이 형성된다. 물론 이런 동질성을 소급해 올라가면 조선 중기 임진왜란 이후까지 올라갈 수 있겠다. 동질성의 소급 시기 문제는 별도로 고증해야 할 논제지만, 아무튼 간화수행-화엄교학-정토염불 이런 세 종류의 신행이 솥의 세 발처럼 정립(鼎立)되어 오늘에 전하고 있다.

이하에서는 시대별로 한문 불경의 한글(훈민정음, 또는 조선글) 번역에 나타난 경향성을 검토하기로 한다.

2. 조선 초기 : 간경도감

앞의 「1. 불경 번역에 나타난 경향성」에서도 언급했듯이, 번역에 대한 역사적 고찰은 2002년, 즉 '한글대장경'이 출판 완료된 다음 해에 열린 '대각사상연구원' 학술회의에서 이미 밀도 있게 논의되었었다. 그리고 『월운스님 고희기념 불교학 논총』[6]에도 기획 편집된 바 있다. 이제 그것을 바탕으로, 당시에 어떤 경전이 번역되었는가를 소개하고, 이런 번역 군(群)의 나타남이 결과적으로 무엇을 의미하는지 평가해보고자 한다.

먼저 조선 초기에 번역된 불경의 목록을 보도록 하겠다. 김영배 교수는 「조선 초기의 역경」이라는 논문에서 이렇게 말하고 있다. "이 글에서 '조선 초기'는 정음 창제 후 15세기 말까지를 가리키며, 다음에 보다시피 이 시기에 중요한 불경은 거의 다 번역되고, 그 뒤에는 대개 이전에 간행된 것의 중간본(重刊本)이 대부분을 차지한다."[7] 그리고 이어서 이 기간에 번역된 경전을

6) 『월운스님 고희기념 불교학 논총』(서울: 동국역경원, 1998)에 실린 한글(조선글, 훈민정음)번역과 유관한 글로 다음을 들 수 있다. 남풍현, 「『직지심체요절』의 구결에 대한 소고」; 김영배, 「『월인석보』의 편찬」; 안병희, 「간경도감의 언해본에 대한 연구」; 정진원, 「불교 관련 한글 자료 현황」; 장영길, 「불전 언해와 국어학」; 박경원, 「역경」; 심삼진, 「동국역경원 '역경예규'에 관한 소견」; 김용섭, 「율장 한글 번역 현황」.

7) 김영배, 「朝鮮 初期의 譯經」『대각사상연구』제5집, 2002, pp.11~12.

다음처럼 나열하고 있다. 『석보상절』(1447/1561), 『월인석보』(1459/1542), 『능엄경언해』(1461/1462), 『아미타경언해』(1461/1464/1558), 『몽산법어언해』(1459~1461 사이/1521…), 『법화경언해』(1463/1523…), 『선종영가집언해』(1464/1520…), 『금강경언해』(1464/1575), 『반야심경언해』(1464/1495), 『원각경언해』(1465/1579?), 『목우자수심결언해』(1467), 『사법어언해』(1467/1500…), 『금강경삼가해』(1482), 『남명집언해』(1482), 『불정심경언해』(1485/1533…), 『영험약초』(1485), 『육조법보단경언해』(1496/…), 『진언권공』(1496), 『삼단시식문언해』(1496).

이외에도 16세기에 언해된 책으로, 『법집별행록언해』(1522), 『불설대보부모은중경언해』(1553), 『선가귀감언해』(1569), 『염불작법』(1572), 『계초심학인문・발심수행장・야운자경서』(1577) 등이 있다.

이상과 같은 불서가 훈민정음으로 번역되었다는 것은 무엇을 의미할까? 필자가 보기에, 이것은 이미 당시의 지성계가 이런 경전에 대한 내용적 '해석'에 있어 일정 수준에 달했다는 것을 의미한다. 이런 불서들의 대다수는 이미 고려 말부터 당시 독서계에 소개되어 애독되고 연구되었다. 즉, 수요가 있었다는 것이다. 조선이 유교를 국시(國是)로 하면서도 유교의 '5경(經)'을 번역하지 못한 것은, 말 그대로 '못한' 것이었다. 아직 '5경'에 대해 당시 학자들이 합의할 만한 수준의 내용 '해석'을 공유하지 못했기 때문이다. 합의할 수 있는 '해석'은 퇴계와 율곡의 시대를 거치면서 가능해진다.

이렇게 번역된 경전에는 다음과 같은 일련의 경향성이 보인다.

(1) 선교일치적(禪教一致的) 요소가 많은 서적이 유통되는 경향이다. 그 예의 하나로 송대의 선승인 온릉 계환(溫陵戒環)[8]이 주해한 『법화경요해(法華經要解)』가 여러 차례 언해된 것을 들 수 있다. 『석보상절』이나 『월인석보』 속에 『법화경』이 인용된 것까지를 포함하면, 『법화경』의 유통도, 또 『계환해』

8) 온릉 계환(溫陵戒環) : 생몰 연대는 자세하지 않다. 다만 송나라 휘종 선화 연간(1119~1125)에 『법화경요해(法華經要解)』와 『수능엄경요해(首楞嚴經要解)』를 찬술하였으니, 활동 시기를 짐작할 수 있다.

를 언해하는 것도, 분명 일종의 경향이다. 여기에서 우리는 '온릉 계환'에 주목해야 한다. 『능엄경언해』도 역시 『수능엄경요해(首楞嚴經要解)』가 대본이기 때문이다. 온릉 계환은 경학사(經學史) 상 어떤 위치에 있는 선사인가 하면, '선적(禪的) 경향이 있는 경학자'이다. 온릉 계환은 『능엄경정맥소(楞嚴經正脈疏)』를 낸 명나라 교광 진감(交光眞鑑)과는 경안(經眼)이 퍽 다르다. 이 점은 운허 강백이 누누이 강조했다. 이 점에 대해서는 이 책의 「제7장. 겸손한 화엄학승 : 운허 용하」의 주56)에서도 언급할 것이다.

어떻게 다른가? 법성철학(法性哲學)에서는 '일심(一心)'을 설명함에 있어 '인연설(因緣說)'이나 '자연설(自然說)'을 정면으로 비판한다.[9] '일심'은 '본연청정(本然淸淨)'한 것으로서 인연에 의해서 만들어진 것도 아니고, 그렇다고 저절로 그런 자연(自然)도 아니기 때문이다. 그런데 계환은 '본연청정'한 '일심'을 사마타 · 삼발제 · 선나 등의 3관(觀) 수행을 통해서 '획득'하는 것으로 설명하는데, 법성의 교학에서 이 점은 절대로 수용될 수 없다. 그것은 우리에게 본래 구족되어 있는 것이지, 닦아서 얻어지는 것이 아니다.

바로 이런 경학상의 관점 차이 때문에 이 지역(고려와 조선과 한국) 강사들은 『계환해』를 불편해 했고,[10] 이운허는 역경사 교육에 아예 『정맥소』를 사용하기도 했다.[11]

선교일치적 경향은 『법집별행록언해』와 『선종영가집언해』에도 드러난다. 그 중 『선종영가집언해』의 경우는 선-화엄-천태의 전문가들이 모두 공들였던 서적이다. 당시 간경도감의 간행 경향에 대해 이인혜는 이렇게 말하고 있다.

9) 신규탁, 「중국불교의 도가 비판에 관한 고찰 - 길장 · 징관 · 종밀을 중심으로-」『동양철학』제28집, 2007.

10) 본 장의 주36) 참조.

11) 이 교육에서 했던 것이 녹음 테이프로 남았고, 그것을 그의 제자 월운 강백이 풀어서 출판한 것이 바로 『능엄경 강화』전3책(동국역경원, 1993)이다.

> 이러한 『永嘉集(영가집)』이 조선초 숭유억불책 속에서도 채택되어 재해석된 경위를 다음과 같이 추정해 보고자 한다. …〈필자 임의 생략〉… 그리하여 禪敎一致(선교일치), 즉 화엄과 선의 입장에서 타 저술들을 재해석하는 경향이 있었고 그것들은 간경도감을 통해 집중적으로 간행되었다. …〈필자 임의 생략〉… 『永嘉集(영가집)』도 같은 맥락에서 볼 수 있다.[12]
> * 밑줄은 필자가 붙인 것임.

(2) 남종선 중에서도 송대(宋代)의 간화선(看話禪) 계통의 서적이 여러 차례 반복적으로 언해되는 경향이 있다. 물론 이렇게 된 배경에는 당시 중국 대륙의 불교 동향과도 관계가 있다. 『몽산법어언해』가 바로 그 산물의 하나이다. 조명제 교수에 의하면, 이 책은 원대 선종계와 고려 사상계의 직·간접적인 교류를 통해서 이루어졌다고 한다.[13] 이와 함께 우리는 『금강경삼가해언해』나 『육조법보단경언해』 등도 선종 특히 당대(唐代)에 유행하던 남종선 계통의 불서임을 상기할 필요가 있다.

(3) 법성(法性) 사상을 근간으로 하는 경전들과 그 주석서들이 주로 번역되는 경향이다. 화엄종 제5조로 불리는 규봉 종밀(780~841)의 주석서가 유통된 것을 그 증거로 댈 수 있을 것이다. 『원각경』은 작은 『화엄경』이라 불리는 경전으로, 규봉 종밀은 이 책을 『대승기신론』의 진여연기(眞如緣起) 사상에 입각하여 주석하고 있다. 두순-지엄-법장-청량-규봉의 화엄 5대조(代祖) 중에서 규봉의 책이 언해되었다는 것은 참으로 의미하는 바가 크다. 규봉은 일승현성교(一乘顯性敎)의 입장에서 유식 및 반야를 비판적으로 종합하고 있다.[14]

그리고 이런 전통은 송대(宋代)를 거치면서 『능엄경』 연구의 확산과 더불어 선사상을 함께 아우르는 쪽으로 전승을 거듭해갔다. 이런 전승은 급기야 고려

12) 이인혜, 「己和의 禪宗永嘉集科注說誼 硏究」, 서울: 동국대학교 대학원 석사학위 논문, 1989, p.2.
13) 조명제, 『고려후기 간화선 연구』, 서울: 혜안, 2004, pp.161~163.
14) 신규탁 편역, 『화엄과 선』, 서울: 정우서적, 2010, pp.100~114 참조.

에도 미쳤으니, 우리는 그 실례를 고려 후기 청평(淸平) 거사 이자현(李資玄; 1061~1125)의 수행에서도 찾을 수 있다.[15)]

(4)『오대진언』,『진언권공』,『삼단시식문언해』,『진언집』,『염불작법』 등 의례에 관한 의문(儀文)의 언해에 주목할 필요가 있다. 이것은 불교 의식에 관한 당시 사람들의 관심을 잘 드러내 준다. 그리고 이런 의례집은 왕생 염불 사상과 밀접했다. 활자본『아미타경언해』도 이런 경향을 잘 대변해주고 있다.

이상과 같은 조선 초기 언해(또는 번역)의 양상을 통해서, 우리는 다음 결론에 이를 수 있다고 생각한다. 조선 초기에는 선(禪; 남종선-간화)-교(敎; 법성교학)-진언(眞言; 염불왕생), 이렇게 세 경향의 불교 서적이 번역·유행되었다고 말이다.

3. 일제강점기 : 백용성

일제강점기 당시의 역경에 대해서는 김광식 교수에 의해 연구 보고된 바 있다.[16)] 김광식 교수는 당시에 활동하던 인물로 이능화, 정광진, 권상노, 봉문(鳳門) 거사, 백성욱, 백용성, 한용운, 김태흡, 김법린, 안진호, 허영호, 조종현, 방한암, 김동화, 신소천, 김적음, 현서봉 등을 열거하여 그 사례를 밝히고 있다. 당시 역경의 경향은 김광식 교수의 표현대로, "불교의 민중화 운동", "불경의 번역이 신앙과 깨달음에 이르게 하는 문제와 직결", "대중을 위한 역경", "역경이 포교, 불교의 대중화, 불교의 민중화라는 방향에서 접근" 등의 양상으로 나타난다. 김 교수는 여러 면에서 백용성의 '가시적 성과'에 주목하고 있다. 또 김 교수는 '삼장역회(三藏譯會)'의 출범을 1921년 8월로 고증해내기도 했다.

---

15) 신규탁, 「이자현의 선사상」『동양철학연구』제39집, 2004, pp.213~235.
16) 김광식, 「일제하의 역경」『대각사상연구』제5집, 2002, pp.45~83.

이하에서는 백용성 선사의 번역을 중심으로, 어떤 부류(部類)의 경전이 번역되었는지를 나열해 보고, 그런 다음 그것에 나타난 경향이 만약 있다면, 어떤 것인지를 설명해 보기로 한다. 이 작업은 『대각사상연구』제5집에 실린 한태식 교수(보광 스님)의 논문에서 많은 도움을 받을 수 있었다. 한 교수의 이 논문은 특히 각 번역 및 저술을 포함하여 그것들이 언제 어디에서 이루어졌는지를 소상하게 밝히고 있어, 당시 '삼장역회(三藏譯會)'의 운영 상황을 엿볼 수 있게 한다.[17]

먼저 번역한 경전의 목록을 들어보면 다음과 같다. 『범망경연의』(1921/미출판), 『신역대장경 금강경강의』(1921), 『신역대장 금강마하반야바라밀경』(1922), 『수능엄경 선한 연의』(1922), 『금비라동자위덕경』(1922), 『선문촬요』(1922), 『각정심관음정사총지경(覺頂心觀音正士摠持經)』(1924), 『대방광원각경』(1924), 『선한문역 선문촬요』(1924), 『상역과해 금강경』(1926), 『대각교의식』(1927), 『팔양경』(1928), 『조선글 화엄경』(1928), 『조선어 능엄경』(1928), 『육조단경 요역』(1930), 『대승기신론』(1930), 『각설 범망경』(1933), 『천수경』(1938), 『지장보살본원경』(1939).

이상의 번역서를 그 책들 속에서 다루고 있는 내용을 기준으로 분류해 보면, 크게 (1)선(禪)에 관한 서적, (2)강원 이력 과정에서 수학하는 경전이나 논서, (3)불교 의식에 관한 서적으로 나누어 볼 수 있다.

우선 (1)에 속하는 것으로 『선문촬요』 2종과 『육조단경 요역(六祖壇經要譯)』이 있는데, 이 중 초조 달마 · 보조 지눌 · 박산 무이의 법어가 중심을 이룬다.

번역상에 특별히 주목할 만한 사안은 없는 듯하지만, 『육조단경요역』의 경우는 제목이 말해주듯이 '요점을 추려서 번역'한 것이다. 이 번역서에 대해서 필자는 이 책 뒤에 나오는 제5장에서 그 특징을 일곱 가지로 정리했는데, 미리 살펴보면 다음과 같다.

17) 한보광, 「백용성 선사의 역경활동과 그 의의」『대각사상』제5집, 2009.

용성 선사는 한문 경전을 번역함에 있어서 읽는 이의 이해에 많은 신경을 쓰고 있음을 알 수 있다. 『육조단경』을 要譯(요역)함에 있어서도 역시 그러하다. 내용의 중복이 있으면 삭제하거나 간략하게 요약해서 번역한다. 이런 경향은 용성 선사의 다른 번역서에도 아주 흔하게 나타나는 요소이다. 단락을 내용에 따라 자유자재로 나누는 것도 역시 그런 배려에서 나온 것이라 볼 수 있다.[18)]

이처럼 (4)원문의 글자에 구애되지 않고 요점을 추려서 번역하는 것은 백용성 선사의 번역에 일반적으로 나타나는 경향으로, 경전의 번역에도 동일하게 나타난다. 필자가 보기에 백용성 선사가 이렇게 한 이유는 독자에 대한 배려인 듯하다. 이 점은 일제강점기에 나온 번역서나 그 후 '한글대장경'과 비교할 때에 특별하게 다른 점이다.

경전 번역에 나타난 또 하나의 경향은 (5)과목(科目)을 붙여서 번역하는 것을 꼽을 수 있다. 물론 이 점은 조선 초기 언해본들과 기본적으로 경향을 같이하지만, 세밀하게 들여다보면 거기에는 미묘한 차이가 있다.

조선 초기의 언해본들은 중국에서 생산된 텍스트를 빼놓지 않고 '있는 그대로' 번역했지만, 백용성 선사는 경우에 따라서는 자신이 직접 과목을 '창의적으로 붙여가면서' 번역한다. 우리는 이 점에 특히 주목할 필요가 있다. 인도나 중국과는 달리 이 지역(당시는 조선)의 경학 발전, 더 나아가서는 새로운 사상의 개발이라는 측면에서 이런 창의성은 매우 중요하기 때문이다.

백용성 선사의 『원각경』 번역은 조선 초기에 언해된 규봉 종밀의 주석 영향도 있기 때문에, 부분적으로 규봉 종밀의 과목(科目)을 활용한다. 또 『금강경』 번역의 경우도 전통적으로 소명 태자의 과목이 널리 유통되었기 때문에, 그것을 수용하기는 한다. 그리고 『능엄경』의 경우도 『계환해』를 근간으로 하고 있다.

비록 위와 같은 요소가 있기는 하지만, 기본적으로 백용성 선사는 독자적으로 분과(分科)하고 또 그 과목명을 적절하게 '새로 지어 붙이고' 있다. 특히

---

18) 신규탁, 「『六祖壇經』과 용성 선사」『대각사상』제12집, 2009, p.196.

『대승기신론』을 번역하면서 본문을 총 99개로 분단(分段)하고, 각 단별로 과목명을 시설(施設)하는데, 이 과목들은 본문의 내용을 이해하는 데에는 더 없이 좋은 해설 역할을 하고 있다.

과목의 정치함은 필자가 본 바로는 『범망경』의 번역에서 더욱 두드러진다. 『범망경』과 『화엄경』은 현재 한국불교계에서도 중요하게 취급되는 경전으로, 백용성 선사의 이 번역이 우리나라에서는 최초이다. 알다시피 『범망경』은 상하 양 권으로 되어 있는데, 1957년 해인사 천화율원에서 이운허 강백이 『하권』 즉 10중계(重戒)와 48경계(輕戒) 부분만 번역한 바 있다. 현재 유통되는 번역이 대개는 운허 강백의 번역에 신세진다.[19)]

그런데 『상권』의 경우는 중국에서 찬술되는 과정에서 문장 자체가 다듬어지지 않았기 때문에, 그 뜻을 정확하게 이해한다는 것은 여간 어려운 게 아니다. 다행히도 신라 태현의 『범망경고적기』가 여타의 주석서와는 달리 축자적(逐字的) 형식을 취하고 있어, 본문 이해에 절대적 도움이 된다.

백용성 선사의 『각설범망경』을 검토해보면, 신라 태현과 비교해서 백용성 선사는 상당히 다른 경안(經眼)을 갖추고 있음을 곳곳에서 발견할 수 있다. 태현은 법상(法相) 계통의 학승인 연유로, 그 쪽에 기울어 해석하는 부분이 있다. 그런데 『범망경』의 중국 찬술 배경은 『화엄경』의 지위설(地位說)의 중국 보급과 밀접하기 때문에,[20)] 법성철학(法性哲學)에 대한 이해가 있어야 그 내용을 온전하게 파악할 수 있다.

백용성 선사는 바로 이 점에 착안하여, 화엄의 지위설(地位說)을 빌어서 『범망경』 상권과 하권의 본문 모두를 '조선글'로 번역하고 있다. 물론 선사 자신도 '고백'하듯이 번역에 애를 먹는 부분이 있다. 하지만 백용성 선사야말로 법성사상(法性思想)을 이해함에 있어 조선 중기 이후 정착된 강원 이력의 전통을 온전하게 계승하고 있음을 확인할 수 있다.

19) 운허 용하, 『범망경 보살계본』, 경기: 도서출판 깃발, 2009.

20) 신규탁, 「『범망경』「상권」과 「하권」의 관계에 대한 소고-심지(心地) 수행과 계율(戒律) 실천의 병행」『한국선학』제29호, 서울: 한국선학회, 2011.

이런 전통 속에서 용성 선사는 첫 단계로는 우선 '의정(疑情)'의 독로(獨露)를 통하여 '대원각체성(大圓覺體性)'을 체험하고, 그런 다음에는 그 체험을 바탕으로 해서 당시 강원의 '이력'을 열람하여 법성(法性)에 관한 다양한 교학 이론을 습득하고, 이런 경험들을 종합하여 자신의 '대각사상' 실천 운동을 보급하였다.

돌이켜보면, 조선 초기에는 선(禪)과 교(敎), 그리고 진언(眞言)에 관한 책들이 언해되었는데, 그 당시는 교(敎)라고 해도 특정한 종파적 경향이 드러나지는 않았다. 그런데 백용성 선사 시대에 오면, 교(敎)의 성격이 법성(法性) 계통으로 선명해진다.

이렇게 선명해지게 된 계기는 숙종 전후 시작된 '화엄의 르네상스'에 기인한다. 17세기 징광사(澄光寺)를 중심으로 선암사의 백암 성총(1631~1700)이 판각한 불서출판들이 그 증거가 될 것이다. 그 후 연담 유일(1720~1799)이나 인악 의첨(1746~1796) 등의 화엄 종장(宗匠)들이 줄을 잇고, 또 백파 긍선(1707~1791)이 화엄과 선과 율을 회통하면서[21] 강학(講學)이 일장(日長)하여 강원 '이력'의 규모가 정착되어 갔기 때문이다. 이런 전통이 그대로 백용성 선사에게 이어졌다고 생각된다.

그런데 정작 『화엄경』 자체에 대해 백용성 선사는 분과(分科)하거나 과목명을 붙이지는 않았다. 물론 당시의 경학적 전통 속에서 선사는 『조선글화엄경』(12권)을 번역했고, 이 과정에서 이통현 장자의 『화엄론』과 청량 징관의 『화엄경소초』를 참조하였다. 「조선글 화엄경 첫머리말」과 또 「저술과번역에대한연ㅅ긔」에서 백용성 선사는 당시의 정황을 각각 이렇게 말하고 있다. 원래의 표기를 그대로 인용한다.

> 이경을번역할때에 화엄논과 청양소를의ㅈ이하야 글뜻을 부루어 번역하기도하고 번만한것을삭제하고 간단한뜻으로 번역하기도하고 중송은빼고 고기송만

---

21) 백파 선사의 비석 중 추사가 짓고[撰]하고 씀[書] 전액을 보면, 당시의 추사도 백파 선사의 가풍을 이렇게 평하고 있음을 알 수 있다. 즉 "華嚴宗主白坡大律師大機大用之碑".

번역하기도하였으니 그리알고보시오[22)]

대각응세이천구백삼십륙년삼월일일에 독립선언서발표회의대표일인으로 경성서대문감옥에서 삼년간철창생활의신산한맛을톄흠하기되엿다 각종교신자로써동일한국사법으로 들어온자의 수효는 몰을만치많엇다 각각자긔들의 신앙하는종교서적을청구하야 공부하며 긔도하더라 그때에 내가열람하야보니 모다조선글로번역된것이오 …〈필자 임의 생략〉…

세월을지내다가 신유년삼월에 출옥하야 …〈필자 임의 생략〉…

(대각응세이천구백오십삼년 병인음력첫여름사월십칠일하오이시에 화엄경번역착수하야 익년정묘십일월십삼일상오십시에번역을마치니 화엄경번역한일ㅅ자수효를계산하면이백오십구일간이오(다만번역한일ㅅ자만계산함)나의나히는 륙십사세러라)[23)]

즉 착수는 1926년 음력 4월 17일 오후 2시이고, 완료는 1927년 음력 11월 13일 오전 10시였다. "그런데 번역하던 도중에 건백서 제출 등으로 분망한 일도 있었으나 『화엄경』 번역에 전념한 것은 259일간이었다고 한다. 당시 내원암(경상도 양산군 소재)과 서울을 오가면서 『화엄경』을 완역했다는 것은 그의 초인적인 능력이었다고 보여진다."[24)] 공감이 가는 평이다.

그러면 백용성 선사는 선과 교의 관계를 어떻게 보고 있을까? 이 부분에 대한 대답을 우리는 『신역대장 금강마하반야바라밀경』의 「總判大義(총판대의)」 부분에서[25)] 들을 수 있다.

이 중 〈說敎次序理由(설교차서이유)〉 부분에서 백용성 선사에 의하면, 부처님이 처음 정각을 이루시고는 『화엄경』을 설했으나 중생들이 어리석어서 부득이하여 20년간 '소승교'를 설했다고 한다. 그런 다음에 『금강경』을 설하시어 소승의 집착을 쳐부수어 대승으로 인도하니, 결국 『금강경』은 대승의 초문(初

22) 白龍城 先生 譯, 『조선글화엄경』첫권, 三藏譯會 刊行, 京城: 昭和2年, 1張(『용성대종사전집』제11 · 12집, 제1권), pp.1~2.

23) 白龍城 先生 譯, 『조선글화엄경』열둘째권, 三藏譯會 刊行, 京城: 昭和3年, 2張(『용성대종사전집』제11 · 12집, 제12권), p.78.

24) 한보광, 「백용성선사의 역경활동과 그 의의」『대각사상』제5집, 2009, p.111.

25) 白龍城 先生 譯, 『신역대장 금강마하반야바라밀경』, 2張(『용성대종사전집』제5집), p.419.

門)에 해당한다고 한다. 이 경의 내용은 아직 대승의 궁극에는 이르지 못했다는 것이다. 그리하여 『능엄경』과 『기신론』과 『원각경』과 『유마경』 등의 계급을 밟아 『화엄경』에 도달해야 교리가 비로소 완전해진다고 한다.

여기까지는 백용성 선사도 전통적인 화엄교학과 입장을 같이한다. 그런데 "『화엄경』의 교리가 완전하다 해도 선종 문하에서는 도에 들어가는 첫 단계에 불과하다"는 지점부터는 선종과 교종에 대한 백용성의 선사적 입장이 분명하게 드러난다.

백용성 선사는 "如上敎意(여상교의)를 通合(통합)하야 前後(전후)가 圓滿(원만)한 然後(연후)에사 吾佛(오불)의 敎意(교의)가 融通(융통)한 者(자)이어늘"이라고 한다.

이 구절에서 드러나듯이, 백용성 선사의 주장은 선(禪)・교(敎)를 '통합(通合)'해야 한다는 것이다. 이러한 백용성 선사의 교판(敎判) 사상은 간경(看經)의 차례를 배열하는 다음의 인용문에 더욱 분명하게 드러난다.

> 看經의 次序
> 金剛經, 楞嚴經, 起信論, 圓覺經, 華嚴經, 傳燈錄, 拈頌 此等經을 次序로 看然後에사 敎理方圓하니라.[26]
>
> [필자 번역]
> 경전을 보는 순서
> 금강경, 능엄경, 기신론, 원각경, 화엄경, 전등록, 선문염송 이런 등등의 경전을 차례로 읽은 다음에 비로소 교리가 비로소 뚜렷해진다.

이 인용문에서 극명하게 드러나듯이 백용성 선사는 조선 시대에 유행하던 전통적인 간경(看經)의 순서를 수용하고 있음을 알 수 있다.

(6)조선시대에 암암리에 형성된 '사교입선(捨敎入禪)'의 구호를 계승하고 있다. 이런 용성 선사의 전통은 해방 후는 물론 지금까지도 적어도 '구호로는'

26) 白龍城 先生 譯, 『수능엄경 선한연의』 권제1, p.3 (『용성대종사전집』제9집), p.503.

계승되고 있다. 물론 그렇게 교육 프로그램을 운영하는 종단의 교육 기관은 한 곳도 없지만 말이다.

이상에서 필자는 일제강점기 용성 선사에 의해 번역된 경전 속에 나타난 경향으로 (1)부터 (6)까지 총 여섯 가지를 추려보았다.

4. 대한민국 시기 : 이운허와 김월운

백용성 선사는 조국의 광복을 불과 5년 남겨둔 채, 1940년에 입적한다. '대한민국'의 건국 이후를 '현대'라고 시대구분한다면, 백용성 선사는 '근대'의 후반을 살다간 셈이다.

'근대'를 이어 '현대'에 들어 경전 번역의 역사(役事)를 이룬 학승은 이운허와, 선사(先師)를 도와 그 일을 함께한 김월운을 들 수 있다. 두 강백은 사제(師弟) 관계로, 근 30년간 시공을 같이함은 물론 역경(譯經)이라는 한 배를 탔다고 할 수 있다. 1964년 '동국역경원'이 설립되면서 시작된 '한글대장경'의 '출간'을 이운허가 원장직(재임 기간; 1964~1980)을 맡으면서 1/3을 완수했고, 나머지 2/3 분량의 '출간'을 김월운이 원장직(재임 기간; 1993~2008)을 맡으면서 회향했으니 말이다.

두 강백 사이에는 특히 '경학 방면'에 있어서는 닮은 점이 너무 많기 때문에, 그 차이를 찾아내기란 좀처럼 쉽지 않다. 이 책에서 비록 편의상 항을 1)과 2)로 나누어 서술하기는 했지만, 본질적인 차이는 없다. 다만 '역할 분담' 내지는 '시절 인연'의 차이로 인하여, 역경(譯經)과 강학(講學)에 있어서 두 강백의 행적이 다르게 드러났다고 생각된다.

'역할 분담'이란, 이운허와 김월운 두 강백은 같은 화엄 강사이면서도, 이운허는 『능엄경』과 『화엄경』을 번역했고, 김월운은 『원각경』과 『조당집』, 『경덕전등록』, 『선문염송』, 『선문염송설화』 등 선 계통의 문헌을 번역했다. 이것은 두 강백 사이에 경학관(經學觀)에 차이가 있어서 그런 것이라기보다는, 사부가 이미 했기 때문에, 제자는 사부가 못다 한 것을 채운 것이라 생각된다.

또 '시절 인연'이란, 이운허는 경론의 과도(科圖) 또는 과목(科目)을 집필하지 않은 것 같은데, 김월운은 그것을 했다. 또 이운허는 사기류(私記類)를 탈초하거나 출간하지 않은 것 같은데, 김월운은 그것을 한다. 그런데 이런 차이는 필자가 보기에, 시절의 인연이 말세(末世)를 한참 지나, 이제는 경학 자체가 아주 사라질 것 같은 '위기의식'에 대한 두 선사 간의 느낌 차이라고 생각된다. 이운허의 시대에는 비교적 시간의 여유가 있었으나, 김월운의 시대에는 더 절박해진 그런 '시절 인연'을 말한다.

1) 이운허

이운허(李耘虛; 1892~1980)의 명성은 많은 출가와 재가 불자들의 입에 회자(膾炙)되는 것에 비해, 불교학자들에 의한 연구 논문[27]은 적은 편이다. 앞으로 많은 연구가 나와야 할 것이다. 운허 강백은 일제강점기 시절 독립운동과 민족교육운동, 그리고 해방 후의 역경사업과 승려 교육에 큰 공을 세운 인물이다.[28] 향후 많은 연구가 필요하다. 이때를 위한 자량(資糧)을 삼기 위해서라도 우선 이운허의 번역서를 정리해 두기로 한다.

『수능엄경』(안성 청룡사, 1952년 프린트본/통도사, 1959년 재판/동국역경원, 1972년), 『사미율의요략』(경남: 해인사 천화율원, 1956/1959 개정판), 『무량수경』(경남: 해인사 천화율원, 1956), 『범망경』(경남: 해인사 천화율원, 1957), 『사분계본』(경남: 해인사 천화율원, 1957), 『신산정(新删定) 사분승계본』(경남: 해인사 천화율원, 1957), 『한글금강경』(경남: 통도사, 1958), 『정토삼부경』(부산: 정토문화사, 1958), 『사분비구니계본』(경남: 해인사 천화율원,

27) 이한정, 「운허스님 『수릉엄경』 번역의 연구」『월운스님 고희기념 불교학 논총』, 서울: 동국역경원, 1998; 신규탁, 「운허의 생애와 불교 사상 소고-불교의 경학 방면을 중심으로」『불교학연구』 제19호, 서울: 불교학연구회, 2008). 필자의 이 논문은 이 책의 제7장에 수정 보완하여 다시 실었다. 최근 학술회의 자료집의 형태로 발간된 『운허 큰스님의 삶과 교육사상』(교종본찰 봉선사 문조현양회, 2010년 10월 9일)에 실린 김월운, 「바늘구멍으로 하늘 구경하기」; 조준희, 「이운허 민족교육운동의 정신적 배경」; 인환, 「나의 운허 선사 隨聞記」; 지환, 「운허 선사의 탁상일기를 통해 본 역경 사업」 등이 있다.

28) 이 부분에 대해서는 이 책의 제7장에서 다시 검토할 것이다.

1959), 「보현행원품」(서울: 동국역경원, 1959년 재판), 『유마힐경』(서울: 선학원, 1960), 『부모은중경』(미상, 1961), 『목련경』(미상, 1961), 『우란분경』(미상, 1961), 『승만경 · 금강명경』(서울: 법보원, 1962), 『자비수참』(미상, 1964), 『40권본 화엄경』(서울: 동국역경원, 1964), 『범망경』(서울: 법보원, 1965), 『사미율의』(청룡사, 1965), 『열반경』(서울: 법보원, 1965), 『80권본 화엄경』(서울: 동국역경원, 1966), 『무구정광대다라니』(미상, 1966), 『문수보살영험록』(봉선사, 1967), 『문수사리발원경』(봉선사, 1967), 『금강반야바라밀경』(서울: 홍법원, 1970), 『정토심요』[29](서울: 대각회출판부, 1971 초판, 1983 3판), 『묘법연화경』2책(서울: 법보원, 1971/아성출판사, 1979), 『수능엄경주해』(서울: 동국역경원, 1974), 『60권본 화엄경』(서울: 동국역경원, 1974), 『자비도량참법』(서울: 대각회출판부, 1978), 『능엄경강화』3책(운허 강화, 월운 녹취, 서울: 동국역경원, 1993).

이상의 번역서를 보면서 운허 강백의 번역에 드러난 경향성을 찾아보도록 하겠다.

첫째, 번역한 경전의 교상(教相)에 드러난 경향을 찾아보기로 하겠다. '동국역경원'이 설립된 1964년 4월 이전에는, (1)계율 관계 서적, (2)정토 관계 서적, (3)효행 관계 서적, (4)『능엄경』과 『금강경』 『법화경』 등 조선 초기에도 일찍이 언해된 불경이 주류를 이룬다. 그리고 1964년 '동국역경원'이 설립된 이후는 그 이전의 경향이 유지되면서, (5)『화엄경』 관계 서적이 더해지고, (6)『승만경』이나 『유마경』 등, 굳이 표현하면 '재가 불자'에게 친밀하게 느껴질 수 있는 불서 번역을 들 수 있다. (7)끝으로 『문수보살영험록』, 『문수사리발원경』, 『자비수참』 등과 같은 신앙적인 서적이다.

둘째, 번역의 형태면에 드러난 경향을 찾아보기로 하자. 『한글금강경』이나

29) 『淨土心要』 : 이 책은 『정토십의론』(천태지자 설), 『천여화상 정토혹문』(선우 편), 『연종집요』(홍인표 찬)를 한 권으로 묶어서 번역 출판한 것이다.

『수능엄경주해』에서 나타나듯이, (8)경의 본문을 번역하면서 과목(科目)을 친다. 『한글 금강경』의 경우는 '전통 수용'의 차원에서 세친의 '27단의설(斷疑說)'과 소명 태자의 '32분설(分說)'을 병용하지만, 『수능엄경주해』의 경우는 '전통을 살리되 새롭게' 과목을 붙이고 있다.

다음으로 들 수 있는 경향은 특히, 조선 초기의 간경도감이나 일제강점기의 백용성 선사와 비교해 볼 때에, (9)고래의 설을 종합하여 본문 이해에 필요한 '주해(註解)'를 붙이고 있는 점이다.

다음은 학인들을 대상으로 석사(釋詞)를 하는 전통적인 방식은 물론, (10)대중을 향해 경전을 강의하는 점이다. 이운허 강백의 이런 강의 방식은 해인사 강사 시절(1955년 12월~1958년 5월)에 첫 선을[30] 보였고, 많은 이들에게 신선한 감동을 주었다. 당시 수강했던 동국대 교수 채인환 스님은 '흑판강의'라고 이름을 붙인 바 있는데,[31] 이운허의 이런 강의 방식은 그 후 역경사 양성을 위해 1974년 봉은사에서 약 4개월간 실시한 『능엄경』 강의에서도 진가를 발휘했다. 봉은사 강의는 녹음한 테이프가 남아 있어, 선사의 사후, 제자 월운 강백에 의해 『능엄경 강화』(전3책)[32]로 출간된다.

셋째, 교학 사상적인 측면에서 번역 경향을 찾아보도록 하자. 운허 강백은 전통적인 화엄 5조, 그 중에서도 현수 법장과 청량 징관, 그 중에서도 청량의

---

30) 운허 강백은 1936년(당시 45세) 봉선사에 '홍법강원'이 설립되면서부터 강학을 하셨지만, 당시의 제자들로서 저간의 소식을 전하는 이들은 없다. 선사가 설립한 광동학교 교장을 지낸 혜원 김지복 스님이 6·25 이전의 제자인데, 얼마 전에 유명을 달리했고, 이제는 그 시절의 소식을 아는 이가 없는 듯하다. 항차, 1929년 서울 안암동 개운사 칠성각에서 강원을 졸업한 우수한 승려 10명을 선발하여 개강한 '고등연구원' 시절의 소식은 들을 길이 없다. 다만 지금은 개운사 절 뜰 한 곁에 '개운사 강원'으로 인연된 '봉선사월초노화상공덕비'만 덩그런 하다.

31) 인환, 「나의 운허 스님 隨聞記」『운허 큰스님의 삶과 교육사상』, 경기도: 교종본찰 봉선사 문조현양회, 2010년 10월 9일, pp.26~47.

32) 이 책의 「머리말」(p.3)에 의하면, "本稿(본고)는 나의 師傅(사부)이신 耘虛先師(운허 선사)께서 1974년 여름부터 가을까지 봉은사 역장에서 역경 수련생을 위하여 강의하실 때, 녹음했던 것을 녹취하여 상재한 것이다."라고, 이 책을 편하고 그 머리말을 쓴 김월운 강백이 밝히고 있다.

교상(敎相)과 판석(判釋)을 중심으로 삼고 있다. 강백은 금강산 수행 시절부터 『법화경』을 즐겨 읽었고, 또 그것을 남들에게 '재미있게' 강의했으며, 그 경의 '구원실성(久遠實成)' 사상을 믿었다.[33] 또 강백은 『열반경』의 '법신상주(法身常主)'하심과 '모든 중생의 성불'과 '열반의 4덕(德)' 사상을 수용했고,[34] 『능엄경』의 '묘명(妙明)하고 진정(眞精)한 묘심(妙心)'과 '원묘(圓妙)한 명심(明心)' 등을 믿었던 강백이다. 운허 강백의 이런 사상은 『능엄경』으로부터 영향 받은 바가 컸다고 생각된다.

이 경에 대한 강백의 여러 차례 번역이 저간의 사정을 말해준다. 임종의 순간에도 『능엄경』을 관(觀)했으니[35] 강백이 얼마나 『능엄경』을 좋아했는지 짐작하게 한다. 운허 강백은 간경(看經)에 있어 고인(古人)들의 주소(注疏)를 취사선택한다. 그 가운데 『능엄경』의 경우는 아래의 인용문에서 알 수 있듯이, 당시 유통되는 『계환해』가 아니라 『능엄경정맥소(楞嚴經正脈疏)』를 특별히 좋아했다.

> 우리나라 諸方(제방)에서 自來(자래)로 宋(송)의 戒環師(계환사)의 要解(요해)에 의하여 講說(강설)하였으나 要解(요해)에는 錯誤(착오)가 있다는 것이 古來(고래)의 定評(정평)이며, 高麗末(고려말)의 幻菴普幻師(환암 보환사)는 「首楞嚴經幻解刪補記(수능엄경환해산보기)」를 지어 訂正(정정)하기도 하였다. 그래서 이 번역에는 明(명)의 交光眞鑑 師(교광 진감 사)의 正脈疏(정맥소)를 主要(주요)한 參考(참고)로 하였다.[36]

운허 강백이 『정맥소』를 기준으로 해서 『능엄경』을 번역하거나 강의하는 이유는 몇 가지가 있지만, 그 중에서도 '일심(一心)'에 대한 이해와 그와 관련된

---

33) 이운허 저, 『불교의 깨묵』, 서울: 동국역경원, 1972년 초판, 1978년 54판, pp.83~84.

34) 『법륜』(1968년 3월 11일)에 실린 「열반경」이라는 글이 있다. 이 글은 다시 『운허선사어문집』(김월운 편, 서울: 동국역경원, 1989년 초판, 1992년 재판, pp.160~168)에 전재(轉梓)되었다.

35) 김월운, 「장엄한 落照」 『운허선사어문집』, 김월운 편, 동국역경원, 1989년 초판, 1992년 재판, pp.407~411.

36) 이운허 역, 『수능엄경』, 서울: 동국역경원, 1970년 초판, 1987년 3판, p.402.

수행론과 관련된 점이 크다 하겠다. 강백이 명나라 진감(眞鑑)이 지은 『능엄경정맥소』를 특히 애용하는 것도 이와 관련 있다 하겠다.

화엄의 전통에서 보면, '일심'은 수행을 통해 만들어지는 것이 아니다. 그것은 '자연(自然)'도 아니고 '인연(因緣)'도 아니다. 신훈(新熏)이 아니라 본분(本分)이다. 그런데도 불구하고 『계환해』는 '일심'에 대하여 수증(修證)의 개념을 도입하기 때문에 경의 본의에 멀어졌다는 것이 강백의 생각이다. 다음을 보자.

> 이 正脉疏(정맥소)가 좀 다른 것이, 다른 이들은 修行(수행)해서 얻는 걸 얘기했는데 그러니까 奢摩他(사마타), 三摩(삼마), 禪那(선나)를 의지해서 修行(수행)해 얻는 걸 얘기했는데, 正脉疏(정맥소)에서는 그것이 본래 우리에게 具足(구족)해 있다, 이겁니다.
>
> 다른 이들은 識(식)을 가지고, 우리가 지금 禪(선)한다고 하면, 分別(분별)하는 識(식)을 가지고 해야 되는데, 正脉疏(정맥소)에서는 識(식)은 生滅(생멸)하는 것이니, 生滅(생멸)하는 걸 가져서 공부하면 生滅(생멸)하는 결과밖엔 못된다고 했습니다. 그것은 능엄경에서 부처님도 말씀하셨습니다.[37]

여기에서도 보다시피, 중생에게 본래 갖추어진 '일심(一心)'은 수행이라는 인연으로 인해서 만들어지는 것이 아니다. '일심' 위에서 펼쳐지는 온갖 현상들은 인연의 법칙에 따라 생・주・이・멸하지만 '일심' 자체는 '인연'의 법칙에 관계하지 않는다. 그렇다고 물론 외도들이 말하는 '자연'도 아니다. 분별하기 전에 있는 것 즉, 성(性)은 본연청정(本然淸淨)한 것이다. 운허 강백은 이렇게 정리하고 있다.

> 그래서 自然(자연)은 물론 아니지만 因緣(인연)이라고 해도 안 맞는 말입니다. 因緣(인연)이라고 하면 없던 게 생기고 없어지는 生滅法(생멸법)을 얘기하는 것이요, 우리의 見(견) 自體(자체)는 宇宙(우주)의 眞理(진리)입니다.
>
> 宇宙(우주)의 眞理(진리)는 없던 게 생기고 있던 게 없어지는 것이 아니기 때문에, 生滅法(생멸법)을 가지고 말하는 因緣(인연)이나 自然(자연)은 워낙에

37) 이운허, 『능엄경강화 I』, 서울: 동국역경원, 1993, pp.61~62.

안 맞는 말입니다.[38)]

이상은 화엄종 즉 법성종 학승의 모습을 여실히 드러내주는 부분이다. 『원각경』 「보각장」에서는 이를 두고 '작병(作病)'이라고 한다. 즉 "첫째는 작병(作病)이니, 어떤 사람이 말하기를, '나는 마음에 갖가지 수행을 닦아서 원각을 구하겠다'고 하면, 저 원각성(圓覺性)은 지어서 얻어지는 것이 아니기 때문에, 이런 생각 하는 것을 병이라 한다."[39)] 원각성(圓覺性)은 무생(無生)이지, 수행으로 인해서 생성되는 것이 아니다. 즉 (11)운허 강백의 교학에는 '일심법계(一心法界)' 사상이 바탕을 이룬다.

향후 운허 강백의 불교사상을 연구하는 이들을 위하여, 위에서 거론한 번역서 이외의 서적명을 부기하기로 한다. 『大敎指文(대교지문)』(봉선사 홍법강원, 1920), 『한국독립운동사』(발행처 불명, 1956), 『조계종강요』(발행처 불명, 1958), 『불교사전』(법보원, 1961), 『增編 法數(증편 법수)』(발행처 불명, 1961), 『불교의 자비』(동국역경원, 1964), 『우리말 팔만대장경』(편찬책임, 홍법원, 1962), 『여인성불』(불광출판부, 1991), 『방생의식; 불교의 자비와 방생의 이야기』(동국역경원, 2001 재판)가 있고, 현토한 것으로 『법계도기총수록』(동방원, 1988 재판) 등이 있다.

2) 김월운

다음은 김월운(金月雲; 1928~생존)의 불경 번역을 보도록 한다. 월운 강백은 1947년 9월 28일 경남 남해 화방사(花芳寺)로 출가해서, 1949년 운허 강백을 은사로 득도(得度)하니 법명은 해룡(海龍)이다. 1954~1957년 사이에 운허 강백 회상에서 사교와 대교 이력을 마치고, 1959년 4월 운허 강백에 입실(入室)하니 월운(月雲)은 스님의 당호이다. 입실한 그해 9월부터 양산 통도사에서 개강

38) 이운허, 『능엄경강화 I』, 서울: 동국역경원, 1993, p.294.
39) 김월운 주해, 『원각경주해』, 서울: 동국역경원, 1974, p.141 ; 신규탁 역, 『원각경』, 경기: 도서출판 깃발, 2009, pp.128~129.

(開講)했고, 그 후 양주 봉선사에 이르도록 후학을 지도하고 있다.

"경학으로 불조에 은혜 갚는 게 어떠냐?"는 사부의 권유대로, 그 길을 가고 있다. 그러던 중 이운허의 대를 이어 1993~2008년 사이에는 '동국역경원장' 임무를 수행했다. 그 기간 중 2001년에는 '한글대장경'(전318권)을 '완간'했다.[40] 그리고 1996년 봉선사에 '능엄학림(楞嚴學林)'이 설치되자 좌주(座主)로 착좌(着座)하여 지금껏 경학 동지를 양성하고 있다.

월운 강백이 어떤 경전을 번역했고, 또 그가 경전을 어떻게 이해하고 있는지를 연구하는 데에 소용되는 자료로 다음을 들 수 있다.

첫째, 경률론(經律論)이나 의례문(儀禮文)의 원문(原文)을 제시하고 또는 출처를 밝히고, 그것을 석사(釋詞)하거나, 분과(分科)하거나, 현토(懸吐)하거나, 강화(講話)하거나, 교감(校勘)하거나, 내지는 이들을 결합하여 서책으로 발간한 자료들로 다음이 있다.

『사입이장경』(불암사, 1968), 『원각경주해(圓覺經註解)』(동국역경원, 1974), 『금강경강화(金剛經講話)』(보련각, 1977/동문선, 2008), 『화엄경초역(華嚴經抄譯)』(동국역경원, 1978), 『삼화행도집(三化行道集)』(기원정사, 1980), 『삼화표월지(三化標月指)』(경서원, 1983), 『삼화일용집(三化日用集)』(비백, 1987), 『대승기신론강화(大乘起信論講話)』(佛泉, 1993), 『종용록(從容錄)』전3책(장경각, 1993), 『현토 석가여래행적송(懸吐 釋迦如來行蹟頌)』(佛泉, 1995), 『효이야기』(동국역경원, 2001), 『선문염송·염송설화(禪門拈頌·拈頌說話)(전10책)』(동국역경원, 2005), 『무상게강화(無常偈講話)』(佛泉, 2011), 『인본욕생경주해(人本欲生經註解)』(동국대 출판부, 2011) 등이 있다.

둘째, '한글대장경' 시리즈로 원문을 주석 없이 번역만 한 것으로 다음을 들 수 있다.

---

40) '완간' : 간행 완료라는 뜻으로 '번역'은 아직 진행형이라는 생각으로 월운 강백은 항상 이렇게 표현한다.

『장아함경』(한글대장경 제1책), 『대반야바라밀다경』(한글대장경 제34책-제40책), 『해심밀경 외 4경』(한글대장경 제57책), 『사분율』(한글대장경 제62책-제64책), 『중론 외 13경』(한글대장경 제68책), 『대승기신론』(한글대장경 제70책), 『선문염송』(한글대장경 제72책-76책), 『조당집』(한글대장경 제77책-제78책), 『경덕전등록』(한글대장경 제79책-제81책), 『제법집요경 외 44경』(한글대장경 제162책), 『실담분다리경 외 11경』(한글대장경 제172책), 『보살지지경』(한글대장경 제194책) 등 약 27책이 있다.

셋째, 학인들을 대상으로 한 강의용으로, 원 자료를 편집하거나 강요(綱要)한 것으로 다음을 들 수 있다.

『구사대강(俱舍大綱)』(통도사, 1960), 『유식강요(唯識綱要)』(통도사, 1961), 『일용의식수문기(日用儀式隨聞記)』(다보, 1991) 등이 있다.

넷째, 전통 강원의 이력본(履歷本)을 간경(看經)하기 위해 만든 사기(私記) 등 훈고(訓詁)의 공구서(工具書)로 다음과 같은 책을 들 수 있다.

『현토 교감 능엄경환해산보기(懸吐 校勘 楞嚴經幻解刪補記)』(통도사, 1957년 프린트/동국역경원, 2005년), 『금강경 사기(金剛經 私記)』(통도사, 1958년 프린트), 『능엄경 사기(楞嚴經 私記)』(통도사, 1960년 프린트), 『원각경 사기(圓覺經 私記)』(통도사, 1960년 프린트), 『제교행상(諸教行相)』(통도사, 1960년 프린트), 『치문하막기(緇門蝦蟆記)』(봉선사, 1980년 프린트), 『화엄경소초과도집(華嚴經疏鈔 科圖集)』(대한불교조계종 교육원, 1998), 『화엄청량소초 현담기 유망기(華嚴淸凉疏鈔 懸談記 遺忘記)(天字卷-荒字卷)/발병(鉢柄)(天字卷-荒字卷) · 현담기(懸談記)(天字卷-洪字卷)』 전2책(동국역경원, 2004), 『화엄청량소초(華嚴淸凉疏鈔) 삼현(三賢) 유망기(遺忘記)(日字卷-生字卷)/잡화기(雜華記)(日字卷-生字卷)』 전2책(동국역경원, 2006), 『화엄청량소초(華嚴淸凉疏鈔) 십지품 삼가본 사기(十地品 三家本 私記); 유망기(遺忘記)/잡화기(雜華記) · 잡화부(雜華腐)』 전2책(대한불교조계종 교육원, 2002), 『화엄청량

소초(華嚴淸凉疏鈔) 십지품(十地品)·후삼회(後三會) 유망기(遺忘記)(麗字卷-師字卷)/잡화기(雜華記)(麗字卷-官師卷)·잡화부(雜華腐)(劍字卷-光字卷)』(도서출판 佛泉, 2008), 『기신론 사기(起信論 私記)』 전2책(능엄학림, 2005년 프린트), 『능엄경 연담기(楞嚴經 蓮潭記)』(능엄학림, 2008년 프린트), 『능엄경 인악기(楞嚴經 仁岳記)』(능엄학림, 2005년 프린트), 『금강경 발병기(金剛經鉢柄記)(白坡記)』(능엄학림, 2008년 프린트), 『금강경 인악기(金剛經 仁岳記)』(능엄학림, 2008년 프린트), 『금강기(金剛記)』(능엄학림, 2008년 프린트), 『서장 사기(書狀 私記)』(대한불교조계종 교육원, 2008), 『선요 사기(禪要 私記)』(대한불교조계종 교육원, 2008), 『원각경 광명기(圓覺經 光明記)』 등을 들 수 있다.

조선시대에 생성된 경학 공구를 정비하는 데에 들이는 월운 강백의 공력은 비장할 정도이다. 강백은 자신을 조선의 고종 임금 신세에 비견하는 말을 가끔 하는데, 이 나라 조선 화엄의 마지막이 당신 대에 막을 내리는 아쉬움과, 그러면서도 후학들에 의해 사문(斯文)이 부흥될 실낱같은 기대도 동시에 포함된 심정인 듯하다.

종단 차원에 『사집 사기(四集私記)』를 간행한다는 소식에 강백은 기쁨을 감추지 못해 이렇게 그 심정을 들킨다.

> 교정본이 미흡한 것이 분명히 있을 터인데 이렇게 致辭(치사)부터 쓰는 나의 모습에 실소하지만, 모쪼록 老學人(노학인)이 스스로 기쁨을 감당하지 못하고 표현하는 것이라 惠諒(혜량)해 주기 바란다.[41)]

그러면서, "白坡遠孫 楞嚴學林 老學人 月雲 謹記(백파원손 능엄학림 노학인 월운 근기)"라고 문장을 마친다.

최근에는 '백파 원손' 또는 '백파 6세 법손'이라는 표호(表號)를 종종 쓰는데, 강백은 자신이 한 일이나 저술에 각별한 소회가 있을 때에 이렇게 쓴다. 이런

---

41) 월운, 「종단 차원의 〈四集私記〉 刊行 消息을 듣고」『四集私記』, 대한불교조계종 교육원 불학연구소, 서울: 조계종출판사, 2008.

표현이 처음 나타난 것은 1985년 봉선사 청풍루(淸風樓) 중건을 마치면서 쓴 중수기(重修記)이다. 그만큼 청풍루의 중건은 월운 강백에게 의미 있는 불사였기 때문일 것이다. 그 다음으로는 2005년 동학사승가대학에서 간행한 한글번역판『대승기신론소필삭기회편』의「추천사」에 등장한다.

조선시대 학승들이 필사한 사기(私記) 탈초(脫草)에 들이는 선사의 공은 남달랐다.

다섯째, 경학(經學)의 여가에 학구(學究)한 소위 논문들로 다음과 같은 것이 있다.

「二障說備妄(이장설비망)」(『중앙승가대학논총』제1집, 중앙승가대학, 1992. 5),「普幻(보환)의 楞嚴經 理解(능엄경 이해)」(『한국불교문화사상사-가산지관스님 화갑논총』, 가산불교문화진흥원, 1992. 9),「一然(일연)의 修行觀(수행관)」(『일연과 삼국유사학술세미나집』, 중앙승가대학, 1992. 7),「華嚴經入法界品備妄(화엄경입법계품비망)」(『석림논총』30집, 동국대학교석림회, 1996) 등이 있다.「講師等呼稱由來小考(강사등 호칭 유래 소고)」(『世主妙嚴講五十年紀念論叢』, 봉녕사승가대학, 2007)

여섯째, 강학과 번역의 여가에 시인(時人)의 청탁에 응한 단편들이 있다.

이 중 1989년 이전의 단편들의 일부는『달처럼 구름처럼; 雲堂餘話(운당여화)』(각원 편, 대원사, 1989)에 수록된 바 있고, 서(序)·발(跋)·명(銘)·상량문(上樑文)·게(偈)·시(示) 등을 비롯한 각종 단편들은 여기저기 흩어져 있다. 그리고 사료를 편책(編冊)하는 춘추(春秋)의 안목은『奉先寺本末寺誌(봉선사본말사지)』(월운 편, 봉선사, 1975년 프린트판),『耘虛禪師語文集(운허선사어문집)』(월운 편, 동국역경원, 1989년 초판, 1992년 재판),「新編佛祖源流(신편불조원류)」(『世主妙嚴主講五十年紀念論叢』, 봉녕사승가대학, 2007) 등에서 엿볼 수 있다.

일곱째, 1983년 4월 1일부터 10여 년간, '봉선사 불교전문 통신강원'을 설립하여, 전통적인 강원의 이력(履歷) 교재를 번역도 하고 또 그 해설을 녹음하여, 테이프로 보급한 바 있다.

교과과정은 '보통반'과 '전문반'으로 구성되었다. 『치문』 및 『4집(集)』과 『4교(教)』[42]가 세상에 돌아다닌다. 이런 일을 한 저간의 사정은 「조그만 보람」(『운당여화』, 각원 보엽 편, 하락도서, 1983)에서 알 수 있다. 아직은 녹음 테이프 상태로 있지만, 녹취하여 전사(轉寫)한다면 김월운 강백의 경학사상(經學思想)을 연구하는 데에 귀중한 자료가 될 것이다.

이상의 번역 자료를 바탕으로, 불경 번역에 나타난 월운 강백의 경향을 분석해 보기로 한다. 특히 강백의 사부인 운허 강백과 비교해서 말이다. (1)선 문헌을 많이 번역했다. (2)경학 연찬에 있어 훈고(訓詁)의 전통을 부활시켰으니, 사기류(私記類)를 탈초(脫草)하고, 현토(懸吐)하고, 또 과도(科圖)를 만드는 등이 그런 예이다. (3)불교의식에 관한 자료의 수집과 번역 및 강의, 더 나아가서는 각종 법요의식의 한글 번역 및 보급에 노력했다. (4)경의 본문을 번역하고, 분과하고, 고래의 주석가의 설을 취사선택하는 동시에, 번역자 자신의 해석을 붙이는 저술 방식을 개발했다. 즉, '○○○講話(강화)' 또는 '○○○註解(주해)' 등의 저술 형태인데, 『원각경』, 『금강경』, 『기신론』, 『무상게』, 『인본욕생경』 등을 그렇게 했다. (5)위의 '일곱째'의 사례에서 드러나듯이, 전통 경학의 대중화에 공을 들였다. 1983년부터 운영한 '불경서당 훈문회'[43]도 그런 사례 중의 하나이다. (6)경론을 '강화(講話)'하거나 또는 '주해(註解)'할 경우에는 항상 고존숙(古尊宿)의 소초(疏鈔)와 과목(科目)을 중시했을 뿐만

42) 『금강경』은 오가해, 『기신론』은 필삭기, 『능엄경』은 계환해, 『원각경』은 함허소를 대본으로 했다.

43) '불경서당 훈문회': 매주 토요일 저녁과 일요일 아침에 대학원생들을 대상으로 강의를 했다. 저간의 사정은 『삼대화상연구 논문집』(불경서당 훈문회 편, 경기: 도서출판 불천, 1996) 뒷날개; 신규탁, 「봉선사 불경서당 훈문회 연기」(『때묻은 옷을 걸치며』, 서울: 정우서적, 2009), pp.124~125 참조.

아니라, 그것을 활용하여 여타 경론에 응용하여 분과(分科)하고 과목명(科目名)을 새로 개발하기도 한다.

그 중에서도 『인본욕생경 주해』(동국대 출판부, 2011)는 그 절정을 이룬다. 이 책의 번역 초고를 완성한 강백은 『人本欲生經(인본욕생경) 飜譯(번역) 및 試譯稿(시역고)』(2010년 6월 28일, 프린트본)를 제방의 경학 강사들에게 미리 우송하고, 다시 '봉선사 능엄학림' 강당으로 초빙하여 하루 종일 강평회를 하면서, 자신의 번역에 대해서 의견을 청취하기도 했다. 이 자리에서 강백은 번역을 한 후에는 전문가들의 비평 절차가 중요함을 역설하면서, 모인 강사들에게 "일생을 이 길에 바치오."라는 당부를 하기도 했다. 이 책의 출간으로 사문(斯文)의 훈고(訓詁)와 치경(治經)의 전범(典範)이 됨은 물론 뒷날 이 길을 가는 이들에게 표식(標式)이 될 것이다.

월운 강백의 이런 훈고 정신은 젊은 시절부터 있었다. 우리는 강백의 이런 정신을 『능엄경환해산보기』와의 인연에서도 알 수 있다.

> 내가 통도사에서 능엄경을 볼 적에 도무지 무슨 말인지 모르겠어서 私記(사기)를 보면 으레 幻解(환해)를 보라 해놓고는 넘어가니, 幻解(환해)를 만나야만 살 것 같았다. 그러던 어느 날 寺下村(사하촌) 新坪(신평)엘 다녀오는 길에 뜻밖에도 엿장수의 고물 짐에 이 古本(고본)이 있는 것이 아닌가? 너무 반가워서 얼마인가를 주고 물려받았다. 돌아와서 사부(운허 노사)님께 보여드렸더니, 역시 퍽이나 좋아하셨다. 그 후 얼마를 지난 서기 1957년, 지금은 고인이 된 道還(도환) 學人(학인)에게 필경을 시켜 프린트판으로 간행한 것이 그간 아쉬운 대로 유통되었는데 잘 보이지 않는 흠이 있어 淨書版(정서판)을 내면 좋겠다고 생각한 지 오래다.[44)]

월운 강백이 석경(釋經)에 있어 교판(敎判)과 행상(行相)을 중시하는 것도 그렇다. 강원 이력 중 '사교'에 대한 월운 강백의 입장은 기존에 출판된 책에서 그 살림살이를 약간 엿볼 수 있는데, 아쉽게도 『화엄경』만이 없다.

비록 『화엄경 초역』[45)]에서 일선도(一線道)로 강백 자신의 '화엄경관(華嚴經

44) 김월운 편, 『懸吐 校勘 楞嚴經幻解刪補記』, 서울: 동국역경원, 2005, pp.1~2.

觀)'을 살짝 드러내기는 했지만, 찾기가 쉽지는 않다. 여기에 간략하게나마 이 책을 기준으로 필자 나름대로 그것을 찾아보기로 한다.

『화엄경 초역』에는 『화엄경』 원문의 일부를 추려서 번역하고 배열하는 과정에서 여타 사람들의 그것과는 다른 점이 눈에 보인다. 초출(抄出)의 기본 논리는 전통적인 신(信) · 해(解) · 행(行) · 증(證)의 사분설(四分說)이다.

이 경우 ①거과권락생신분(擧果勸樂生信分)에 제1 「세주묘엄품」에서 제6 「비로자나품」까지 배치한다. 그런데 월운 강백은 제34 「여래십신상해품」, 제33 「불부사의법품」, 제14 「수미정상게찬품」 등에서 초출(抄出)한다. 중생들이 믿어야 할 대상인 법신(法身)의 모습과 능력과 원력과 세계 등을 집약적으로 드러내기 위한 고려인 듯하다.

다음으로 ②수인계과생해분(修因契果生解分)은 전통적으로는 제7 「여래명호품」부터, 제37 「여래출현품」 까지이다. 그런데 월운 강백의 경우는, 제12 「현수품」과 제17 「초발심공덕품」과 제15 「십주품」만 초출한다. 저서의 성격이 초출이니 그도 그럴 수 있다. 그런데 제17품과 제15품의 순서를 바꾼 것은 강백 나름의 경학관(經學觀)으로 생각된다. 제12품에서 '믿음의 본질'을 드러낸 다음, 제17품에서 '발심의 공덕'을 알고서, 그리하여 다음에 제15품에서 '물러나지 않는 믿음'을 배열하는 순으로 재구성한 것이라 생각되기 때문이다.

다음으로 ③탁법진수성행분(托法進修成行分)은 전통적으로 제38 「이세간품」을 배치하는데, 월운 강백의 경우는 제25 「십회향품」의 일부와 제26 「십지품」의 일부를 배속시킨다.

마지막으로 ④의인증입성덕분(依人證入成德分)은 전통적으로 제39품 「입법계품」을 배속시키는데 비해, 월운 강백의 경우는 제39품 「입법계품」의 일부를 초출하고, 또 『40권본 화엄경』의 마지막 품인 「보현행원품」을 첨부한다.

방대한 경전을 처음 접하는 학인들에게는 길잡이가 될 것이다. 다만 강백 자신이 원체 짧은 '해설'을 달았기 때문에, '한 쪽 모퉁이만 들어도 나머지 세 모퉁이를 미루어 알 수 있는 자'가 아니고서는 저간의 소식을 다 알기는

45) 김월운 번역 해설, 『華嚴經 抄譯』, 동국대학교 부설 역경원, 1978.

쉽지 않을 것이다.

『인본욕생경 주해』의 서문으로 붙은 도올 김용옥 선생의 「도올서」에서도 간곡하게 제안했듯이 『화엄경월운소초』가 나올 수 있을지, 그렇게 되도록 세월이 기다려 줄지 모르겠다.

5. 불조의 말씀으로 되돌아가기

한역불전(漢譯佛典)이 해동에 유입된 이래, 이 지역 지성계는 그 책을 통해 불교의 사상을 이해하기 위하여 부단히 노력해왔다. 그 노력은 일차적으로, 내용을 '해석'하고 '이해'하는 형태로 드러났다. 그 과정에서 본문을 주석하기도 했다. 물론 우리 문자가 없었기 때문에 부득이 '한문(漢文)'을 사용할 수밖에 없었다. 그러는 사이에 비록 이두(吏讀), 향찰(鄕札), 구결(口訣) 등의 차자(借字) 표기 방법을 사용하여 소위 '번역'을 했다고는 하나, 여러 제한이 있었다. 그러다가 훈민정음이 창제된 후로 명실상부한 '번역'을 할 수 있었다.

그 후로 일제강점기에는 민족교육의 차원에서 '조선글'로 '번역'하기도 했다. 또 '대한민국'이 건국된 후에는 '한글'이 각종 문서와 언론 매체는 물론 국민교육 전면에 부각되면서, 불교 경전도 '한글화'의 길을 걷지 않을 수 없었다. 마침내 2001년 '한글대장경'을 완간하고 고불식(告佛式)을 올렸다.

그런데 '한글대장경'을 비롯하여 적잖은 불경이 한글로 번역되었지만, 과연 그 책들이 '신도들의 신행 활동에 도움'이 되고 있는가? 또 그 번역이 과연 '불교학 발전'에 얼마나 공헌을 했는가? 이런 물음에 대하여 긍정적인 답을 내놓기는 쉽지 않다. 그렇다면 그 원인이 어디에 있겠는가? 번역의 문제인가? 아니면 이런 번역물을 활용하지 않는 불교 학계 내지는 불교 신앙계의 문제인가? 이 또한 쉽게 답할 수 있는 게 아니다.

이 문제에 대하여 이 책에서는 깊이 다루지는 않았지만, 그럼에도 우선 꼽을 수 있는 원인으로 불교 신앙계의 '현실'을 들 수 있다. 출가 불자들 중에는 '큰스님'으로 호칭되는 사람은 많아도, 실로 '불조(佛祖)의 경전이나 어록에 능한 이'는 손꼽을 정도이다. 그러다 보니 신도에게 설법이나 신앙 상담을 한다고 해도 불경이나 어록에 근거를 두는 경우는 흔치 않다.

게다가 '사교입선(捨教入禪)'에 대한 잘못된 해석은 이런 '현실'을 더욱 부추기고, 체험의 중요성만 앞세워 이론을 무시하기 일쑤이다. 이것이 '현실'이다. 이런 '현실'이 결국은 '경전 읽기'를 외면하게 한다. 그럼 이런 '현실'을 어떻게 누가 극복할 것인가? 그것은 단연 '출가 불자'가 앞장서고 '재가 불자'가 따라야 할 것이다.

그러나 종단들마다 갈수록 선관(禪觀) 수련이나 교학(教學) 연찬이나 염불(念佛) 정진하는 '수행승'들은 점점 줄고 있다. 이런 법말차일(法末次日)을 당하여 '만나라(曼拏羅) 회상(會上)'을 건립하려 한다면 무언가 '새 바람'이 불어야 한다. 그러기 위해서는 무엇보다 '불조(佛祖)의 말씀'으로 돌아가야 한다고 필자는 생각한다.

그리하여 '말씀'에 의존해서, 그 '말씀'을 방편으로 삼아, 그 '말씀'이 지향하는 바를 체험하고, 그 '말씀' 대로 실천해야 한다. 때문에 불경을 번역할 경우, 이 '번역'이 과연 이런 일을 수행하는 데에 도움이 될 수 있는가를 깊이 생각해야 한다.

그렇다면 이제는 '어떤' 경전을 번역해야 그런 일을 수행해낼 수 있는가가 관건일 것이다. 여기에는 두 가지 대안을 생각해 볼 수 있다.

(1) 새 밭 개간하기

최근 한국 불교계에는 초기 경전 즉 팔리(Pāli)어 경전이 번역 보급되고 있어 우리 불교계를 정신차리게 해주고 있다. 좋은 일이다. 여기에 뜻을 둔 사람은 이 방면에 매진해야 할 것이다. 비록 전통이 짧아서 어려움이야 있겠지만, 이 점은 어쩌면 역으로, 새 부대에 새 술을 담듯이 오히려 장점으로 작용할 수도 있다. 향후 어찌 될지는 잘 모르겠으나, 잘 되어 또 하나의 새로운 전통을 만드는 역할을 하든, 아니면 기존의 잘못을 보충하는 역할을 하든, 기대되는 바 크다.

(2) 묵은 밭 가꾸기

조선 초를 지나 임진년에 시작된 일본과의 7년 전쟁을 거치면서, 우리나라(조선)의 불교는 법맥(法脈)으로는 태고 보우 선사로 정착되었다. 그리고 수행적으로는 정토업(淨土業)을 닦는 염불(念佛)과, 법성교학(法性敎學)을 연찬하는 간경(看經)과, 화두(話頭)를 드는 참선(參禪)이 솥의 세 발처럼 정립(鼎立)되어왔다. 비록 그 힘이 미미하더라도 말이다.

그런데 그 미미함도 일제강점기의 '대처와 식육 허용 정책'과, 해방 후 '비구-대처 분규'와, 또 그 분규 통에 들어온 '급조된 승려들의 확산' 등으로 사라져 가는 위기를 맞이하고 있다.

비록 현실이 이렇다고는 하더라도, 우리에게는 '묵은 밭'의 남은 전통이 있다. 본 장에서도 검토했듯이 훈민정음 창제 이후의 번역과, 백용성의 번역과 이운허와 김월운의 번역에서, 우리는 '일정한 경향성'을 발견할 수 있었다. 이 '경향성'을 살려간다면, '새 밭' 개간하기보다 '쉬울 수' 있다고 생각한다. 비록 현재는 '묵은 밭'이 되었지만 선현들이 공들인 밑거름이 있기 때문이다.

그러면 위에서 필자가 말한 '일정한 경향성'이란 무엇일까? 그것은 본 장에서도 약간 소개한 '법성철학(法性哲學)'과 그것을 근간으로 하는 간화참선-화엄교학-염불왕생이다. 이 전통은 삼위일체가 되어 우리 불교 신앙의 도처에 깃들어 있다. 가람의 배치, 도상(圖像)의 시설, 예경의 의식, 등등에도 말이다.

특히 예경(禮敬) 속에는 모진 세월 속에서도, 그 예문(禮文) 속에 '법성철학'의 정신이 면면히 흐르고 있다. 비록 '비구-대처 분규'과정에서 많이 손상되었지만 말이다. 얼마 전만 해도 대중이 많은 곳에서는 '향수해례'를 했고, 보통 절에서는 '오분향례'를 했다. 거기에 보면 "지심귀명례(至心歸命禮) 긍고금(亘古今) 휘천지(輝天地) 법성교해(法性敎海) 주함패엽(珠函貝葉)."[46]이라는 구절이 있다. 법보(法寶)를 총괄해서 '법성교해(法性敎海)'로 집약하여 예경했던 것이다. 예경 의식 속에 드러난 경향상에 대해서는 이 책의 「제4장. 예불의식문을 통해본 정체성」에서 자세하게 검토하고 있다.

---

46) 안진호 편, 『석문의범』, 서울: 前卍商會, 1935년 초판, 1983년판, p.7.

우리의 전통 속에는 '법성(法性)'에 대한 신앙이 있는데, 이 전통을 우리는 간경도감의 언해와 백용성 · 이운허 · 김월운 세 스님들의 불서 번역을 통해서 확인할 수 있었다. 그러니 의식(儀式) 방면은 물론, 수행에도 '온고이지신(溫故而知新)' 정신으로 '묵은 밭'을 일구어 보자는 것이다. 수많은 경전이 있지만, 우리의 전통에 뿌리내린 법성 계통의 불교 서적을 우선적으로 번역 보급하자는 것이다. 그 이유는 우리의 '전통'이 그 속에 있어 다른 영역보다 정확하게 그리고 시행착오를 보다 줄일 수 있기 때문이다.

다행히도 지금까지 선원(禪院)의 선회(禪會)는 명맥을 이어가고 있다.[47] 이 또한 선조들이 물려준 유산이며 우리의 재산이다. 또 봉선사의 '능엄학림'처럼 전통적인 경론(經論)과 소초(疏鈔)와 사기(私記) 등을 열람하면서 치경(治經)하는 곳도[48] 있으니, 이 또한 전통의 유산이다. 다만 아쉬운 것은 조계종의 '학림법(學林法)' 상 수업 연한이 한정되었기 때문에 이 기간이 차면, 후배를 위해서 자리를 비워줘야 하는 점이다. 일용(日用)으로 삼장(三藏)을 강론하며 절차탁마하며 그렇게 세월을 보내는 출가수행 공동체, 즉 '경회(經會)'가 생기기를 희망한다.

'학림'이 되었든 '경회'가 되었든 명칭이야 아무래도 좋으니, '묵은 밭'에서 김준현 시인의 말처럼 '낙뢰목(落雷木)의 여심(餘心)'이 되어 새 생명이 움텄으면 좋겠다. 여기에 '수행하는' 어회(魚會)가 되살아나면 금상첨화이다. '재(齋) 지내는 기술 배우는 강습소'는 이제 그만 늘이고, '선방 수좌'들이 철철이 결제(結制)하여 화두 들 듯이, '염불 수좌'들이 수행하는 어회(魚會)로 환골탈태(換骨奪胎)되어야 할 것이다.

---

47) 2010년 10월 보름부터 3개월 정진하는 동안거(冬安居)에 '대한불교조계종' 소속의 약 100여 개의 선방에 약 2,200여명의 간화수좌가 수행 정진한다. [불교신문 2010년 11월 17일자 송고, 이성수 기자].

48) 능엄학림에서는 월운 강백과 그의 전강 제자 취봉 정원(翠峰淨圓) 좌주의 지도하에 해마다 10여 명의 학인들이 기신론 필삭기, 능엄경 계환해, 금강경 간정기, 원각경 대소초, 화엄경 징관소초를 교재로 해당 사기를 대조하며 일일이 석사(釋詞)하고 강론하고 있다.

제4장

대웅전 예불문을 통해 본 한국불교의 정체성

1. 긴 역사 다양한 가풍
2. 상단칠정례의 유래와 문제점
3. 단절과 모순의 해결 방안 모색
4. 법성 사상의 부활을 위한 제언

1. 긴 역사 다양한 가풍

'대한불교조계종'은 그 종헌(宗憲) 제1조에서 밝혔듯이, "本宗(본종)은 大韓佛教曹溪宗(대한불교조계종)이라 칭한다. 本宗(본종)은 新羅(신라) 道義國師(도의 국사)가 創樹(창수)한 迦智山門(가지산문)에서 起源(기원)하여 高麗(고려) 普照國師(보조 국사)의 重闡(중천)을 거쳐 太古(태고) 普愚國師(보우 국사)의 諸宗包攝(제종포섭)으로서 曹溪宗(조계종)이라 公稱(공칭)하여 이후 그 宗脈(종맥)이 綿綿不絶(면면부절)한 것이다."[1]고 한다. 그러고 보면 참으로 긴 역사를 가진다.

그런데 이 책의 제1장에서도 보았듯이 긴 역사만큼이나 우여곡절도 많아서, 각종 방면에 내적 혼란과 모호함이 없지 않다. 그도 그럴 것이, 역사적으로는 다양한 종파가 실재했지만, 조선시대에는 왕조의 정책에 의해 초기에는 선교(禪教) 양종(兩宗)으로 불교 사원을 축소시켰고, 끝내는 그마저도 없애버렸기 때문이다. 이 과정에서 불교는 사상과 교육과 정치 등 각 방면에서 '제도권 밖'으로 밀려났다.

한편 일제강점기에 조선총독부는 '제도권 밖'에 있던 불교를 식민통치의 일환으로 '제도권 안'으로 편제시켰다. 이 과정에서 불교의 각종 제도는 비록 근대화가 되었지만, 이것은 일제의 '식민 통치 구도'와 맞물려, 불교의 근대화는 복잡한 양상으로 드러났다.

'제도권 안'에서 불교를 자주적으로 다시 정비하기 시작한 것은 1948년 '대한민국' 정부 수립 이후였다. 그 후 10여 년 간 불교 안팎으로 우여곡절을 겪은 끝에 '대한불교조계종'[2]이 종헌 등 관계 서류를 갖추어 1962년 4월 11일 종단 등록을 마치면서 대한민국의 민법(民法)에 의한 권리와 의무를 가지게

1) 대한불교조계종 홈페이지 참조. http://www.buddhism.or.kr/pMain/main.aspx

2) 대한불교조계종이 1962년 각종 서식을 갖추어 교육부에 종단 등록을 했지만, 그 이전에도 불교 공동체에서는 자신들의 정체성을 문서로 표출해왔다. 그 사례로, 「조선불교 선교 양종 종헌」(1929년 1월), 「조선불교 조계종 총본산 태고사법」(1941년 5월), 「조선불교 교헌」(1946년 5월), 「한국불교조계종 종헌」(1954년 6월) 등이 그것이다. 제1장의 〈표2.〉 참조

된다. 비로소 '하나의 종단'이 된 셈이다. 이 시기부터 각종 사안들이 한 순간에 몰려들게 된다. 500여 년에 걸친 전제 왕조의 '제도권 밖'에서 또는 일제의 '식민통치 구도 속'에서 기형적으로 운영되던 각종 제도들도 이제는 일정한 체계를 갖출 필요가 생겼다. 종단의 '종명(宗名)', '종지(宗旨)', '종통(宗統)', '소의경전(所依經典)', '의례(儀禮)' 등을 정비해야 했다. 뿐만 아니라 수계(授戒) 제도, 재산 관리, 출가 및 재가의 교육 제도, 행정 조직 등등 이루 다 열거할 수 없을 정도로 산적한 각종 문제들이 한꺼번에 들이닥쳤다. 설상가상으로 '비구 대처 분규'까지 겹쳤다.

그러나 세월의 흐름과 함께 대한불교조계종도 차츰 안정권에 접어들고 있다. 이런 종단의 안정적 발전에 보조를 맞추어, 대웅전 내에서 행해지는 현행 '예불문'에 대해 전통의 확인 차원에서 검토해 볼 필요가 있다.

사실 조선시대에는 각 산문(山門)마다 전래되는 그 나름의 '예불문'이 있었지만, 나라 전체적으로 통일된 형태는 없었다. 이런 상황은 일제강점 시기에도 마찬가지였다. 해방 후 어수선한 시기에 당시 통도사에서 주석하던 월운 강백은 여러 가지 사정을 감안하여 현재 대한불교조계종에서 사용하는 '예불문'을 편집・유포한다. 그런데 문제는 이 '예불문'이 전통과 많이 달라졌다는 것이다. 특히 본존(本尊)을 누구로 설정하는가에 있어서 더욱 그러했다.

필자는 이 달라짐을 밝히기 위하여, 조선 시대와 일제강점기 시대에 유통하던 각종 문헌 자료 속에 들어 있는 '예불문'을 비교하고 분석할 것이다. 그리고 그 변질의 양상을 규명한 뒤에, 한 걸음 더 나아가 '건설적 대안'을 모색해 보려고 한다. 대안을 모색하는 준거는 전통의 계승이다. 즉 법신(法身) 신앙에 대한 옛 전통을 계승하여, '예불문'과 '예참문'을 정비할 것을 제안하고자 한다. 이 과정에서 필자는 한자(漢字) 불교권에서 전통적으로 '예불문'과 '예참문'이 밀접하게 관련을 맺고 있음도 논증해 나가려 한다.

2. 상단칠정례의 유래와 문제점

1) 상단칠정례의 유래

이하에서는 현재 조계종에서 공식적으로 채택한 '예불문'인 '상단칠정례(上壇七頂禮)'의 유래를 살펴보고, 그런 다음 그것에 대하여 필자가 생각하는 문제점을 제시하기로 한다. 현행 '상단칠정례'의 유래를 생각할 경우, 대개는 우선 『석문의범(釋門儀範)』(安震湖 편집, 1935년)을 떠올릴 것이다. 그런데 막상 이 책을 열람해보면 '상단칠정례'는 없다. 그러니 결국 현행 조계종 '상단칠정례'는 1935년 이후에 만들어진 것임을 알 수 있다. 그렇다면 누가 만들었는가? 이 문제를 논의하기에 앞서, 이미 널리 알려진 내용이지만 논의의 전개를 위해서 '상단칠정례'를 인용하기로 한다.

① 상단칠정례(上壇七頂禮)[3]

〈茶偈〉
我今清淨水 變爲甘露茶 奉獻三寶前
願垂哀納受 願垂哀納受 願垂慈悲哀納受

〈五分香偈〉
戒香 定香 慧香 解脫香 解脫知見香
光明雲臺 周邊法界 供養十方 無量佛法僧
獻香眞言 옴 바아라 도비야 훔 (3번)

至心歸命禮 三界導師 四生慈父 是我本師 釋迦牟尼佛.
至心歸命禮 十方三世 帝網刹海 常住一切 佛陀耶衆.
至心歸命禮 十方三世 帝網刹海 常住一切 達磨耶衆.
至心歸命禮 大智文殊舍利菩薩 大行普賢菩薩 大悲觀世音菩薩 大願本尊地藏菩薩摩訶薩.
至心歸命禮 靈山當時 受佛付囑 十代弟子 十六聖 五百聖 獨修聖 乃至 千二百

3) 대한불교조계종 포교원, 『통일법요집』, 서울: 조계종출판사, 1998년 5월, p.43.

諸大阿羅漢 無量慈悲聖衆.

至心歸命禮 西乾東震 及我海東 歷代傳燈 諸大祖師 天下宗師 一切微塵數 諸大善知識.

至心歸命禮 十方三世 帝網刹海 常住一切 僧伽耶衆.

唯願 無盡三寶 大慈大悲 受我頂禮 冥薰加被力 願共法界諸衆生 自他一時成佛道.

이상이 현재 조계종에서 공식적으로 채택하고 있는 '예불문'인 '상단칠정례'이다. 그러면 이상과 같은 ①'상단칠정례'가 언제부터 시행되었으며, 그 유래는 어떻게 되는가? 그간 이 점에 대해 여러 설이 분분했는데, 1991년 발간된 『日用儀式隨聞記(일용의식수문기)』에서 월운 강백은 자신이 작성반포(作成頒布)한 것이라고 밝혔다.[4] 당시 월운 강백이 작성・반포한 내용은 다음과 같다.

② 월운 편집 통도사 예불문

戒香 定香 慧香 解脫香 解脫知見香
光明雲臺 周邊法界 供養十方 無量佛法僧
獻香眞言 옴 바아라 도비야 훔 (3번)

至心歸命禮 三界導師 四生慈父 是我本師 釋迦牟尼佛.

至心歸命禮 十方三世 帝網刹海 常住一切 佛陀耶衆.

至心歸命禮 十方三世 帝網刹海 常住一切 達磨耶衆.

至心歸命禮 大智文殊舍利菩薩 大行普賢菩薩 大悲觀世音菩薩 大願本尊地藏菩薩摩訶薩.

至心歸命禮 靈山當時 受佛付囑 十代弟子 十六聖 五百聖 獨修聖 乃至 千二百諸大阿羅漢 無量慈悲聖衆.

至心歸命禮 西乾四七 唐土二三 五派分流 歷代傳燈 諸大祖師 天下宗師 一切微塵數 諸大善知識.

至心歸命禮 十方三世 帝網刹海 常住一切 僧伽耶衆.

---

4) 金月雲 編著, 『日用儀式隨聞記』, 경기: 중앙승가대학, 1991, pp.35~36. 이하에서는 행론(行論)의 편의상, 이 예불문을 '월운 편집 통도사 예불문'으로 명명하기로 함.

唯願 無盡三寶 大慈大悲 受我頂禮 冥薰加被力 願共法界諸衆生 同入彌陀大願海.

1955년 월운 강백이 작성・반포한 '월운 편집 통도사 예불문'과 현행 조계종의 '예불문'인 '상단칠정례'는 대동소이하다. 소이(小異)한 부분만 표로 정리하면 다음과 같다.

〈표3. 예불문 동이표〉

	월운 편집 통도사 예불문	상단칠정례
전등조사	西乾四七 唐土二三 五派分流	西乾東震 及我海東
회향발원	同入彌陀大願海	自他一時成佛道

그렇다면 '월운 편집 통도사 예불문'은 어디에 근거해서 편집한 것인가? 본 장의 주12)의 인용문에서처럼 "諸方(제방)의 예불문을 參酌(참작)해서" 만들었다고 한다. 그러면 이 때 참작한 "諸方(제방)의 예불문"이란 무엇일까? 『일용의식수문기』에서 구체적으로 언급하지는 않았지만, 『(佛家日用)作法集(불가일용작법집)』[5]과 『석문의범』에 실린 '예불문'을 중심으로 하여, 그 밖의 많은 책을[6] 참고했음을 추측할 수 있다. 이렇게 추측할 수 있는 이유는 이 두 책의 '예불문'을 『일용의식수문기』(pp.34~35)에 나란히 소개하고 있기 때문이다. 이하에서는 위의 두 의례집에 소개된 '예불문'의 해당 부분을 다시 인용하여, 필자가 고민하는 문제가 무엇인지를 좀 더 분명하게 제시해보기로 한다.

③ 『불가일용작법집』에 실린 禮佛節次(예불절차)[7]

普禮眞言

---

5) 『(佛家日用)作法集』: 이 목판본은 고종2년(1869) 해인사에서 개판(開版)한 것인데, 편저자는 미상(未詳)이다.

6) 『日用儀式隨聞記』에는 『수월도량공화불사여환빈주몽주문답』, 『설선의』, 『염불작법』, 『석문상의초』, 『석문가례초』, 『승가례의문』, 『염불보권문』, 『염불문』, 『작법구감』, 『불가일용작법집』 등을 복사하여 부록으로 수록하고 있다.

7) 편자 미상, 『佛家日用作法集』, 高宗 二年, 陜川 海印寺, 17~18張. (『日用儀式隨聞記』, p.34).

我今一身中 卽現無盡身 遍在諸佛前 一一無數禮
옴바ᄋᆞ라믹 (三說)

至心歸命禮 盡十方 極三際 無盡海會 一切佛陀耶衆.
至心歸命禮 盡十方 極三際 無盡海會 一切達麼耶衆.
至心歸命禮 盡十方 極三際 無盡海會 一切僧伽耶衆.[8)]

又[9)]

至心歸命禮 法報化三身佛.
至心歸命禮 四方四智 諸位 如來佛.
至心歸命禮 盡十方 極三際 華嚴海會 難思諸佛.
至心歸命禮 亘古今 揮天地 法性海藏 珠函貝葉.
至心歸命禮 圓通教主 觀世音菩薩 幽冥教主 地藏菩薩 滿虛空 遍法界 星羅輔翼 塵沙菩薩.

又復

歸依如是 十方盡虛空界 一切三寶 無量賢聖.
唯願 大悲 受我頂禮 願共法界諸衆生 同入彌陀大願海.

이상은 『불가일용작법집』의 목판본 내용을 전재(轉梓)한 것이다. 다음은 『석문의범』의 '五分香禮(오분향례)'를 소개한다.

④ 『석문의범』에 실린 오분향례[10)]

戒香 定香 慧香 解脫香 解脫知見香
光明雲臺 周邊法界 供養十方 無量佛法僧

8) 『日用儀式隨聞記』에는 "至心歸命禮～一切僧伽耶衆." 부분은 생략되어 있다.
9) 又 : 이상의 예경을 마치고 아래의 예경을 '또 한다'는 뜻이다. 지시문이 아닌 예경 내의 예문(禮文)으로 보아야 한다. 뒤에 나오는 '又復'도 역시 예문이지, 지시문이 아니다. 이렇게 반복한 것은 공경의 예를 지극하게 표하기 위함인 것 같다.
10) 安震湖 編, 『釋門儀範』, 京城府: 前卍商會, 1935, p.6.

獻香眞言
옴 바아라 도비야 훔[11](三說)

至心歸命禮 法報化三身佛.
至心歸命禮 過去三尊 現在四位 七如來佛.
至心歸命禮 五部世界 諸位如來佛 當來 龍華敎主 慈氏 彌勒尊佛.
至心歸命禮 盡十方 極三際 華嚴海會 難思諸佛.
至心歸命禮 亘古今 揮天地 法性海藏 珠函貝葉.
至心歸命禮 道場敎主 觀世音菩薩 大願本尊 地藏菩薩.
至心歸命禮 滿虛空 遍法界 星羅輔翼 塵沙菩薩.
至心歸命禮 華嚴末會 諸位善知識 與善財童子.
至心歸命禮 靈山當時 受佛付囑 十代弟子 十六聖 五百聖 獨修聖 乃至千二百 諸大阿羅漢 慈悲聖衆.
又復歸依 如是十方 盡虛空界 一切三寶 無量賢聖.
唯願 無盡三寶 大慈大悲 受我頂禮 冥薰加被力 願共法界諸衆生 (云云).

이상의 ③'『불가일용작법집』(1869년) 예불절차'와 ④'『석문의범』(1935년) 오분향례'를 보면 이 둘 사이에는 서로 유사점이 있음을 알 수 있다. 그런데 이 둘과, 다시 이 둘을 참조해서 만들었다고 하는 ②'월운 편집 통도사 예불문'과의 사이에는 많은 차이가 있음을 알 수 있다. 이 차이를 필자는 '전통과의 단절'이라고 평가한다. 그러면 전통을 누구보다 잘 알고 있는 화엄 대강백이 왜 이토록 새롭게, 그것도 거의 창작 수준에 가깝게 '예불문'을 편집했을까? 다음의 인용문을 보자.

特(특)히 現行(현행) 七頂禮(칠정례)는 1955年(년) 筆者(필자)가 通度寺(통도사)에 있으면서 淨化紛糾(정화분규)의 소용돌이 속에 入山(입산)한 僧尼(승니)가 많음을 보고 紛糾(분규)가 끝난 뒤 高低(고저)가 순탄하여 어느 宗派(종파)나 누구나 쉽게 唱和(창화)할 수 있도록 構想(구상)하여 몇몇 同志(동지)와 뜻을 모아 諸方(제방)의 예불문을 參酌(참작)해서 作成頒布(작성반포)한 것인데, 無

11) 옴 바아라 도비야 훔: 이 부분은 한자로도 표기되어 있음.

難(무난)히 施行(시행)되고 있으나 功過(공과)는 모르겠다.[12]

이 인용문에는 월운 강백이 ②'월운 편집 통도사 예불문'을 작성반포(作成頒布)한 장소와 배경과 의도가 잘 드러난다. 당시에 한국불교계는 "淨化紛糾(정화분규)의 소용돌이"가 있었음을 알 수 있다. 이 과정에서 소위 말하는 '급조승'이 양산되었음은 근현대 한국불교를 연구하는 학자들이 지적하고 있다.

당시 '급조승'들의 경우 습의(習儀)가 제대로 되었을 리가 만무하다. 절차를 밟아서 출가한 경우는 전통적인 이력(履歷)을 배우고, 또 '안채비 소리' 정도는 배운다. 그러나 당시의 형편은 그렇지 못했던 듯하다. 그래서 "高低(고저)가 순탄하여 어느 宗派(종파)나 누구나 쉽게 唱和(창화)할 수 있도록 構想(구상)" 한 것이라고 생각할 수 있다. 여기서 월운 강백이 말한 "宗派(종파)"는 당시의 비구측과 대처측을 비롯한 1950년대 당시의 여러 종파를 지칭한다고 보아야 할 것이다. 당시에 선종이니 교종이니 하는 전통이 현존했다고 보기는 어렵기 때문이다.

그러나 여전히 필자에게 아쉬움이 남는다. 과거의 '예불문'에는 삼신불(三身佛)을 중심으로 하는 불신(佛身) 사상에 입각한 본존(本尊) 의식(意識)이 분명했는데, 왜 석가모니불을 본존(本尊)으로 했을까? 그렇다면 ②'월운 편집 통도사 예불문'에 나오는 '석가모니불'은 법신(法身)인가? 그렇게 보려면, 거기에는 합당한 교학이 밑받침이 되어야 할 것이다. 그러나 역사적으로 그런 사실은 없었다.[13]

이상은 필자가 월운 강백의 당시 작업에 대해 지금도 여전히 궁금해하는 부분이다. 아마도 화신(化身) 석가모니 부처님이 아니 계셨으면, 법신과 법신의 법성교해(法性教海)의 존재도 알 도리가 없었기 때문에 그렇게 했을까? 그렇더라도 월운 강백은 성종(性宗)의 교학을 하는 학승인데 …….

그런데, 필자가 보기에 '예불문'에 대한 월운 강백의 '생각'은 훗날 변화가

12) 金月雲 編著, 『日用儀式隨聞記』, 경기: 중앙승가대학 출판부, 1991, p.36.
13) 『법화경』의 "구원실성(久遠實成) 석가모니불" 사상을 중심으로 한 본존관(本尊觀)에 입각한 종단도 있기는 하다. 그러나 전통 한국불교에 이런 사상은 없었다.

있었다. '생각'의 변화 시기가 언제부터인지 알 수는 없으나, 문헌자료로 드러난 것은 『삼화일용집』을 발행한 1986년이다. 무엇을 근거로 이렇게 단정하는가? 이 책은 1980년 첫 간행한 『三化行道集(삼화행도집)』을 현장에서 활용하면서 제기되었던 문제들을 참작하고 또 일상에 긴요한 것만을 추려서 만든 것이다. 1980년의 『삼화행도집』에는 수록하지 않았던 '예참문'이 『삼화일용집』에는 등장한다. 『삼화일용집』에는 삼신불(三身佛)을 본존(本尊)으로 하는 다음과 같은 '예참문'을 소개하고 있다.

⑤ 『삼화일용집』에 실린 예참[14)]

지심정례공양 상주법계 진언궁중 반야해회 암밤남한캄대교주 청정법신 비로자나불 아바라하카법계주 원만보신 노사나불 아라바자나 사바일대교주 천백억화신 시아본사 석가모니불(여시해회 일체제불)

〈… 필자 임의 생략 …〉

지심정례공양 일승원교 대방광불화엄경 대승실교 묘법연화경 대승시교 반야경 대승돈교 원각경 대승종교 수능엄경 칭찬정토 아미타경 불이법문 유마경 아함경 방등경 구모생천 목련경 대보부모은중경 십육관경 조상경 허공장경 무애대비심 백천대다라니 여시내지 경장율장논장진전 상주일체 달마야중 (여시해회 원만교해)

〈… 필자 임의 생략 …〉

지심정례공양 서건사칠 당토이삼 오파분류 역대전등 제대조사 급아해동 전지조인 도의국사 화엄초조 의상조사 해동초조 원효국사 자장율사 대각국사 정혜쌍수 보조국사 일체작법지처 위작증명 지공 나옹 무학 삼대화상 서산 사명 양대화상 여시내지 보살 연각 성문성상 상주일체 승가야중 (여시행회 청정승보)

유원 무진삼보 대자대비 수아정례 명훈가피력 원공법계제중생 동입미타대원해.

---

14) 김월운 편저, 『삼화일용집』, 서울: 비백, 1986, pp.31~35.

그리고 이상의 '예참문'은 다시 대한불교조계종 『통일법요집』(1998년)의 '예참②'에[15] 수용된다. 그러면 월운 강백이 이상의 '예참문'을 『삼화일용집』(1986)에 새로 삽입한 이유는 무엇일까? 필자가 생각하기에, 강백 자신이 반포했고, 그 뒤에 현행 조계종 '예불문'으로 정착하게 된 ①'상단칠정례'만으로는 한국불교 전통이 담고 있는 삼보(三寶)에 대한 입장을 온전하게 드러내지 못해, 그 결과 본인이 의도하지는 않았지만 후학들에게 불교의 역사를 잃어버리게 했다는 강백 자신의 '반성'이 반영되었다고 추정한다.

1955년에 만든 ②'월운 편집 통도사 예불문'은 당시 세상 사람들의 정서에 부합했고, 그 결과 전국에 퍼져 이제는 '정착'되었다. 그리하여 대한불교조계종도 결과적으로 월운 강백이 작성・반포한 위의 ②를 수용하였다.[16] 또 세상 사람들은 한 걸음 더 나아가 '예불문' 첫 구절에 반복되는 "지심귀명례(至心歸命禮)"라는 구절을, "지심정례공양(至心頂禮供養)"으로 바꾸어 '예참문'을 '변질'시켰다. 그리고 이런 세상의 유행이 종단 차원에서 수용되어 『통일법요집』(1998년)에 '예참①'로 채택된다. 그러나 『삼화일용집』(1986)에서 첫선을 보인 월운 강백의 '예참'문이 비록 조계종의 공식 의례집인 『통일법요집』(1998년)에 '예참②'로 채택되었지만, 세상의 정서는 이미 '예참①'로 굳어져버렸다.

이렇게 볼 때에, 세상 사람들은 월운 강백의 ②'월운 편집 통도사 예불문'에는 적극 호응했지만, 『삼화일용집』의 '예참'과 『통일법요집』의 '예참문②'에는 호응을 하지 않았다고 해석할 수 있다. 그리하여 결과적으로 현재 조계종의 '상단칠정례'는 '불신관(佛身觀)'의 측면에서 과거와 단절을 가져왔다. 월운 강백은 '예불문②'를 작성・반포하고 37년이 지난 시점에서, 주12)의 인용문에서처럼 "功過(공과)는 모르겠다."고 고백한다. 필자에게 이 고백은 여러 가지 여운을 남긴다. 현재 한국 불교의 대다수 종단이 사용하는 '예불문'을 편집・유통한 것은 대단한 공덕이다. 그럼에도 "공과(功過)는 모르겠다."고 회고

15) 대한불교조계종 포교원 편찬, 『통일법요집』, 서울: 조계종출판사, 1998, pp.93~96.

16) 대한불교조계종이 종단 차원에서 공식적으로 수용한 것은 『통일법요집』을 편찬한 1998년의 일이다. 뿐만 아니라, 이제는 태고종을 비롯한 수많은 종단이 월운 강백의 '예불문'을 따르고 있다. 법화계열 종단에 속하는 대한불교관음종조차도 이 '예불문'을 따르고 있다.

하는 월운 강백의 말은 단순한 겸양만은 아닌 듯하다.

아무튼 위에서 필자는 월운 강백의 변화에 대하여, 문헌을 바탕으로 추측을 했지만, 그러나 이것은 어디까지나 필자의 추측일 뿐이다. 월운 강백은 1955년 당시의 불교 내부의 사정으로 인해 ②'월운 편집 통도사 예불문'을 제작 반포했고, 또 소기의 목적은 달성했다. 그런데 세월이 흐르다보니 강백 스스로가 의도한 것은 아니겠지만, 결과적으로 한국불교의 전통에서 예경해오던 삼불원융(三佛圓融)의 '본존관(本尊觀)'에 단절을 초래함과 더불어 교학의 중심이 흔들리게 됨을 염려했기 때문에 그렇게 회고했을지도 모른다. 물론 필자의 추측이다. 필자는 가까이서 여쭐 수 있는 처지이지만, 이미 밖으로 나간 문서는 당사자도 어찌할 수 없는 것이기 때문에, 그렇게 하지 않기로 마음을 먹었다. 작품이 이미 작가의 손을 떠나는 순간, 그것은 독자들의 몫이다. 그렇다면 문제는, 이것을 받아들여 사용하는 자들의 몫이다. 이렇게 볼 때에 이미 이 문제는 대한불교조계종의 종단 차원으로 넘어간 것이다.

2) 상단칠정례의 문제점

이상에서 조계종의 현행 상단 예불문의 유래에 대해 살펴보았다. 이하에서는 현행 조계종 '예불문'인 ①'상단칠정례'의 문제점에 대해서 고찰하기로 한다.

이 문제를 논하기에 앞서, '예불문'에 대한 필자의 교학적 입장을 먼저 제시하고자 한다. 이렇게 하는 이유는 '예불문'에 대한 교학적 입장을 분명하게 하는 것이, 이하에서 전개되는 필자의 논지(論旨)를 독자들에게 보다 선명한 형태로 전달할 수 있기 때문이다. 또 그렇게 해야, 불필요한 오해를 줄일 수 있을뿐더러, 나아가 제도를 정비해가는 현재의 각 불교 종단들에게도 '건설적'인 논의로 작용할 수 있을 것이다. 더구나 '예불문'의 문제는 불교의 신행(信行) 생활과도 밀접하기 때문이다. '예불문'에 대한 필자의 교학적 입장을 요약하면 다음과 같다.

> '예불문(禮佛文)'에는 예경(禮敬)의 대상이 분명해야 한다. 그 중에도 본존(本尊)이 분명해야 한다. 여기에는 해당 종단의 교상판석(敎相判釋)이 반영되어야 하고, 또 그 종단의 지나온 역사가 반영되어야 한다. 역으로 말하면, '예불문' 속에는 그 예문을 봉독하는 개인 또는 그 집단 구성원의 불교에 대한 생각이 노정(露呈)된다. 총론적으로 말하면, '예불문'은 그 종단의 기체(基體)로서 거기에는 그 종단의 과거와 현재와 미래가 들어 있다.

그렇다면 '예불문'에 대한 필자의 이러한 교학관에 근거하여, 앞에서 제시한 4종(種)의 '예불문'을 시대 순으로 즉 ③(1869년), ④(1931년), ②(1955년), ①(1998년) 순으로 '본존관(本尊觀)'에 특히 주목하면서 검토해 보겠다.

먼저 불보(佛寶)를 보자. ③과 ④에서 예경(禮敬)의 대상이 되는 불보(佛寶)는 법·보·화(法報化) 삼신불(三身佛)과 『화엄경』에 등장하는 여러 부처님 등이다. 반면에 ②와 ①의 경우는 문면상(文面上)으로는 삼신(三身) 사상이 드러나지 않는다. '석가모니불'에 대한 예경이 벽두부터 시작된다. 그런데 '석가모니불' 앞에는 '천백억 화신'이라는 수식어가 붙듯이, 성종(性宗)의 교학전통에서 볼 때에 이 부처님은 화신(化身)이다.

다음은 법보(法寶)를 보자. ③과 ④에서는 '법성해장 주함패엽(法性海藏珠函貝葉)'이라 하여 대승경전, 그 중에서도 법성(法性)을 드러내는 경전을 예경의 대상으로 분명하게 명시하고 있다. 이 점은 본 논문 주14) ⑤'『삼화일용집』에 실린 예참'을 보더라도 분명하게 드러난다. 그러나 ②와 ①의 경우는 '제망찰해 상주일체 달마야중(帝網刹海 常住一切 達摩耶衆)'이라 하여 포괄적으로 제시하고 있다. ②와 ①에는 용궁보장(龍宮寶藏)이라는 소위 '신앙'[17]이 제거된다. 그러나 성종(性宗)의 교학 전통에서 귀의하는 법보(法寶)는 대승경전이고, 이 경전들은 바로 법신불(法身佛)이 설한 것이다.[18]

---

17) '신앙' : 초기불교에서는 '니카야'는 역사상의 인물인 석가모니불의 말씀이라고 한다. 이런 이념적 전통에 서있는 사람들은 대승의 경전은 불설(佛說)이 아니라고 한다. 그런데 대승 불교의 전통에 서있는 필자는 대승의 경전은 법신불(法身佛)의 존재를 '신앙'하는 수행자 집단의 종교적 산물이라고 생각한다.

18) 이 점에 대해, 대승의 학승들이 많이 언급했을 것이지만, 필자의 독서 범위에 포착된 것은 규봉 종밀의 『원각경대소초』「현담」에 실린 내용이다. 종밀 선사는 이렇게 말하고 있다. 대승

마지막으로 승보(僧寶)를 보자. ③과 ④의 경우는 대승경전에 등장하는 중요 보살과, 또 『화엄경』「입법계품」에 등장하는 여러 선지식과 구법 실천가의 상징인 선재동자까지도 예경의 대상이 된다. 물론 성문승단과 역대의 전등조사에게도 예경한다. 반면에 ②와 ①의 경우는 『화엄경』「입법계품」에 등장하는 여러 선지식과 구법 실천가의 상징인 선재동자가 삭제된다.

이렇게 비교하면, '②와 ①', '③과 ④' 간에 삼보에 관한 관점이 적잖은 차이를 드러냄을 알 수 있다. 중요한 점 몇 가지만 정리하면 다음과 같다. (1) 삼신사지(三身四智) 등 불신(佛身) 사상의 유무, (2) 『화엄경』에 출현하는 불·보살·선지식 사상의 유무, (3) 대승의 용궁보장설 인정 여부 등으로 축약할 수 있다.

이렇게 볼 때에 조계종의 현행 '예불문'이 전통에서 멀어졌다는 필자의 주장은 더욱 분명해지고 근거를 가지게 된다.

그렇다면 다음 단계의 문제를 생각해 보기로 한다. 즉, 역사의 변화 말이다. 역사의 변화 차원에서 보면 '예불문'도 변할 수 있다. 또 시대에 따라 변해야 한다. 왜냐하면, 사람은 '구체적 현실'에서 '살아가게' 마련이다. 이렇게 구체적인 현실을 살아가는 사람들의 흔적이 쌓여서 또 '새 역사'가 만들어진다. 그게 역사이다. 그런데 이렇게 '새 역사'를 만들어 가려면, 그에 따르는 후속적(後續的) 또는, 사전적(事前的)인 '해석'이 있어야 한다. 아울러 그 '해석'은 해당하는 교학적 이론이 뒷받침될 수 있어야 한다.

불교가 조선시대처럼 '제도권 밖'에 있던 시절에는 '자연스럽게' 각 사원별로 또 문도별로 불교의례를 제각기 달리할 수도 있었다. 그러나 '제도권 안'으로 들어오면서, 게다가 '대한불교(또는 한국불교) ○○종(宗)'이라고 종단 이름을 내건 이상, '자연스럽게'는 더 이상 용납될 수 없다. 서로 다른 소(小) 공동체가 모여서 대(大) 공동체를 이룰 경우에는, 일반적으로 소(小)를 '회통

경전은 법신불이 정토세계에서 설하고 있지만, 아난 존자가 보기에는 사바의 예토에서 화신 석가모니가 설하는 것처럼 보인다. 그래서 아난이 결집했다는 것이다. '신앙'적인 경전관(經典觀)이다.

(會通)'하는 대(大)의 논리가 요구되기 때문이다. 물론 그 '회통(會通)'에는 이론과 역사가 뒷받침되어야 한다.

논의를 좀 더 팽팽하게 진행해 보기로 하겠다. 대한불교조계종이 '예불문'에 있어서 '새 역사'를 만들겠다는 발상에서 현행처럼 '예불문'①을 채택했다고 한다면, 수긍할 수 있다. 역사는 언제나 당시를 살아가는 사람들이 만들어가는 것이므로. 이런 차원에서 법신(法身) 사상도 버리고, 또 법성교해(法性教海)와 그 사상을 담은 핵심 경전인 『화엄경』도 뒷전에 물리거나 배제할 수도 있겠다. '대한불교조계종'의 종헌을 보면 소의경전은 『금강경』과 전등법어이다. 그러나 『금강경』은 「예참문」에서도 보다시피 '대승시교(大乘始教)'이다. 전통과의 단절은 '화엄신중단'에 예경을 안하는 곳에서도 또 드러난다. '화엄신중단'에 모셔진 신중들에게 법문을 일러준다는 발상에서 『반야심경』만 독송하는 경우도 있다. 이것은 명백하게 전통과의 단절이다.

그런데 문제는 그렇게 하려면, 일관되게, 총체적으로, 모든 '의례'를 '유기적'으로 바꾸어야 한다는 점이다. '예불문' 하나만을 전통과 다르게 바꾼 채, 그 밖의 불교의식[19]은 그냥 재래의 전통 그대로 유지한다면, 혼란이 야기될 것은 자명하다.

그러나 한국에서 유통되는 모든 불교의식은 '법성(法性)' 사상을 바탕으로 하고 있음을 상기해야 한다. 출가 공동체의 근본이 되는 계율도 그렇다.[20]

---

19) 불교의식 : 불교의식(佛教儀式)에 대한 연구는 한국에서는 초보적 단계이다. 다행스럽게도 월운 강백이 『日用儀式隨聞記』(金月雲 編著, 경기: 중앙승가대학 출판부, 1991)를 세상에 내놓음으로써, 이 분야 연구의 '디딤돌'이 되었다. 필자가 여기서 '디딤돌'이라 한 이유는, 현재 한국에서 의식 분야의 연구를 시작하려면, 이 책의 내용을 비판하든 (혹은 비난하든) 아니면 수용하든 밟아야만 하기 때문이다. 이 책에서 월운 강백은 불교의식을 크게 둘로 범주화 하고 있다. 첫째는 1)광의적 의식(불교 교리 및 모든 수행)이고, 둘째는 2)협의적 의식(佛菩薩像前에 드리는 형식적 의식)이다. 그리고 2)는 다시 둘로 나누었는데 (1)전문의식(상주권공, 영산재 등의 범패·작법)과 (2)일용의식(일상생활에 쓰이는 평이한 안채비 일체)이다. 이 책의 제목을 '일용의식'으로 한 것을 보면, 이 책에서 다루려는 의식의 범주를 알 수 있다. (2)의 일용의식을 또 ①기초의식과 ②상용의식으로 범주화 하여 설명하고 있다. 또 ①기초의식은 다시 송주(誦呪), 석(釋), 예불(禮佛) 등 3조목으로 나누어 설명하고 있다. 필자가 지금 이 책에서 다루는 '예불문'은 상단(上段)의 '예불문'만으로 한정된 것이다.

20) 이것은 사상 측면뿐만이 아니다. 계율도 마찬가지이다. 현재 조계종은 『범망경』으로 '포살'을

어디 그 뿐이겠는가? 전통적으로 전문 강원에서 배우던 이력과정은 모두 '법성' 사상이 뿌리를 이루고 있다. 의례문에 사용되는 여러 문구들도 법성 계통의 경전에서 유래할 뿐만 아니라, 의례의 근본 사상도 '법성' 사상에 기초를 두고 있다.

요컨대, 3신(身) 사상과 법성교해(法性敎海) 사상을 배제한 현행 '예불문' ①은 전통적으로 전승되던 불교의식과는 물론 교학의 전통과도 단절되었다. 더 심각한 것은 '예불문' 하나만 바꾸어놓았기 때문에, 이것과 여타의 불교의식 사이에 생기는 단절 내지 모순이다.

모순이 너무 많기에 하나하나 나열할 수도 없을 정도이다. '사시마지불공'에 사용되는 「삼보통청」의 경우만 보더라도 이런 모순을 알 수 있다. 그 중에서 〈청사(請詞)〉[21] 하나만 들어보기로 하겠다. 이것을 보면 우리가 전통적으로 예경했던 대상의 성격이 명확하게 드러난다.

● 南無一心奉請. 三佛圓融, 十身无涯, 十方常住, 眞如佛寶. 格外禪燈, 顯密教海, 十方常住, 甚深法寶. 三明已證, 二利圓成, 十方常住, 淸淨僧寶. 如是三寶, 無量無邊, 一一周邊, 一一塵刹. 唯願慈悲, 憐愍有情, 降臨道場, 受此供養.

● 南無一心奉請. 性天寥廓, 覺海汪洋. 法力難思, 大悲无涯. 三身四智, 眞如佛寶. 開毘盧廣大之義門, 照實際幽心之寶藏, 拈華微笑, 格外禪詮, 三藏五教, 甚深法寶. 慈悲无涯, 善巧難思. 積資糧而, 上趣菩提. 興行願而, 下攏群品. 一乘三乘, 淸淨僧寶. 如是三寶, 無量無邊, 一一周邊, 一一塵刹. 唯願慈悲, 憐愍有情, 降臨道場, 受此供養.

● 南無一心奉請. 以大慈悲, 而爲體故, 救護衆生, 以爲資粮. 於諸病苦, 爲作良醫. 於失道者, 示其正路. 於闇夜中, 爲作光明. 於貧窮者, 令得伏藏. 平等饒益, 一切衆生. 淸淨法身, 毘盧遮那佛. 圓滿報身, 盧舍那佛. 千百億化身, 釋迦牟尼佛.

하고 있다. 『범망경』은 철저하게 법성 사상을 근간으로 하여 중국에서 찬술된 것이다. 이하의 논문 참조. 신규탁, 「『범망경』「상권」과 「하권」의 관계에 대한 소고 – 심지(心地) 수행과 계율(戒律) 수행의 병행(竝行) –」『韓國禪學』 29호, 서울: 한국선학회, 2011년 8월. 이 논문은 다시 『계율 연구 논문집』(인환 · 마성 · 이자랑 편, 정우서적, 2011)에 재수록 되었다.

21) 이 〈청사〉는 『作法龜鑑』(『한불전』10, 126a-b)에 소개된 것이다.

西方教主, 阿彌陀佛. 當來教主, 彌勒尊佛. 十方常住, 眞如佛寶. 一乘圓教, 大華嚴經. 大乘實教, 妙法華經. 三處傳心, 格外禪詮. 十方常住, 甚深法寶. 大智文殊菩薩, 大行普賢菩薩, 大悲觀世音菩薩, 大願地藏菩薩, 傳佛心燈, 迦葉尊者, 流通教海, 阿難尊者, 十方常住, 淸淨僧寶. 如是三寶, 無量無邊, 一一周邊, 一一塵刹. 唯願慈悲, 憐愍有情, 降臨道場, 受此供養.

조계종『통일법요집』에 실린 〈청사(請詞)〉에는, 위의 〈청사〉 중 세 번째 부분만 수용하였다.[22] 그리고 각 법회의 현장에서도『통일법요집』대로 실행된다. 그런데 '예불문'①은 현행하는 〈청사〉와도 잘 맞지 않는다. 삼신(三身) 신앙의 결여이다. 이런 모순 현상은 〈헌좌게〉, 〈공양게〉, 〈유치〉, 〈축원〉 등에서도 나타난다. 「상주권공」이나 「영산재」 등 전문의식의 경우로 가면 이런 모순은 더욱 깊어진다.

3. 단절과 모순의 해결 방안 모색

이상에서 필자는 조계종의 현행 '예불문'인 ①'상단칠정례'는 전통과 많이 달라졌고, 그 달라짐으로 인해 불교 의례 간의 내적 모순도 생겼고, 더 나아가 불교 교리와의 모순까지 생겼다고 주장했다. 그리고 그 주장을 입증하기 위해 문헌적 증거를 제시했다. 그러면 이 단절과 모순을 어떻게 해결해야 하는가? 방법은 두 측면에서 생각해 볼 수 있다.

첫째는, 현행 ①'상단칠정례'를 폐지하여 재래의 전통으로 되돌리고, 또 그와 더불어 '예참문'도 재래의 전통적인 것으로 원위치시키는 방법이다. 이 경우 '예불문'을 ③으로 할지 ④로 할지는 큰 차이가 없으니 어느 것을 해도 무방하다.

문제는 '예참문'인데,『석문의범』에 소개된 전통적인 '대예참'은 분량이 너무 길어서 현실 활용이 어렵다. 그 대안으로써『석문의범』의 '소예참'을 토대로 월운 강백이 축약했고, 그것이 다시 조계종의『통일법요집』속에 '예참②'

22) 대한불교조계종 포교원 편찬,『통일법요집』, 서울: 조계종출판사, 1998, pp.85~86.

로 수용되었으니, 이것을 채택하는 것이 '현실적'[23]이다. 이렇게 하여 예불과 예참이 유기적으로 호응하게 하면서, 전통을 계승해야 할 것이다.

둘째는, 현행의 ①'상단칠정례'가 널리 퍼져 정착된 현실과 '타협'하여, ①에 나오는 '석가모니'의 불격(佛格)을 법신(法身)으로 재해석하는 교리(敎理)를 구축하고, 이를 출·재가(出·在家) 불자(佛子)들에게 학습시키는 방안을 고려해 볼 수도 있다. 그러나 이 경우 아무래도 옹색해질 가능성이 있다. 왜냐하면, 법성교학의 전통에 서 있는 1600여년의 한국불교의 교리 체계에서, 석가모니불을 법신(法身)으로 보는 전통은 없었기 때문이다.[24] 그래서 필자는 첫째의 방법 쪽으로 마음이 기운다.

그런데 어떻게 할 것인가는 종단 차원에서 절차를 밟아 논의하고 공포해야 할 문제이다. 다만 이상에서 필자가 제시한 두 방법 중 어느 방법을 택하든, 현재의 모순과 단절을 해결하려고 할 때에 반드시 고려해야 할 '원칙' 하나를 제시해 본다. 그것은 '예불'과 '예참'을 서로 호응하게 해야 한다는 입장이다.

'예불'과 '예참'의 호응 관계에 주목하는 필자의 입장은 월운 강백의 설을 수용한 것이다. 월운 강백은 『일용의식수문기』[25]에서, "각종 귀의찬류(歸依讚類)가 각종 예참문(禮懺文)으로 발전한 바탕이" 되었고, 또 "삼보를 예경의 대상으로 삼아 예참법(禮懺法)이 발달되었다가 그것이 보편화되면서 조석예불(朝夕禮佛)로 정착되지 않았나 한다."고 조심스럽게 '가설'을 내놓는다. 즉,

---

23) 한암 중원 선사가 편집한 「소예참문」(한암문도회편, 『증보수정판 漢巖一鉢錄』, 1996, pp.370~373)도 역시 전통을 잘 보존하고 있다. 이 책의 제1장 주)42에 그 일부를 소개했다. 그런데 현재 이미 조계종 종단에서 『통일법요집』(1998)을 제정 반포했으니, 『통일법요집』의 '예참②'가 '현실적'이라는 것이다. 그리고 구성에 있어서도 『통일법요집』의 '예참②'가 더 구성지다. 그러나 현재 오대산 월정사에서는 한암 선사의 「소예참문」을 봉행한다니, 이 또한 '현실'이다. 어느 쪽이든, 재래의 전통을 유지하는 점에서는 공통적이다. 오대산의 전통을 보아도, "지심정례공양 삼계도사 사생자부 시아본사 석가모니불."을 첫 시작으로 하는 현행 '예참'에는 문제가 많다는 것을 알 수 있다.

24) "남묘호우렌게키요우"로 한국에 잘 알려진 일련종(日蓮宗) 또는 일련정종(日蓮正宗)의 영향을 받은 일부의 '법화계열 종단'들은 석가모니의 불격(佛格)을 구원실성(久遠實成) 법신으로 보지만, 이런 전통이 한국불교 전통에는 없었다.

25) 金月雲 編著, 『日用儀式隨聞記』, 경기: 중앙승가대학 출판부, 1991, pp.29~30.

귀의찬(歸依讚) ⇒ 예참문(禮懺文) ⇒ 예불문(禮佛文)으로 변화되어 갔다는 것이다.

필자는 이런 '가설'에 원칙적으로 동의하면서, 이하에서는 월운 강백이 제시한 '가설'을 보강하는 역사적 실증 사례를 소개하기로 한다. 특히 법성(法性) 사상을 계승하는 수행승 가운데 '예참의식'을 연구했으며, 또 이념적으로 사자상승의 관계에 있는 중국 당송(唐宋) 시대의 두 인물이 남긴 문헌을 대상으로 한다. 두 문헌이란 하나는 『원각경도량수증의(圓覺經道場修證儀)』이고, 다른 하나는 『화엄보현행원수증의(華嚴普賢行願修證儀)』(No.1473本)이다.

1) 『원각경도량수증의』에 나타난 예불

규봉 종밀(圭峰宗密; 780~841) 선사는 평생 『원각경』 연구와 그 실천에 힘썼던 학승이자 수행승이다. 종밀의 말년 작품으로 『원각경도량수증의(圓覺經道場修證儀)』가 있는데, 이 책은 수나라와 당나라로 전승되던 천태(天台) 계통의 의례를 수용하면서, 또 훗날 남송대의 화엄학자 장수 자선(長水子璇; 965~1038) 법사나 진수 정원(晉水淨源; 1011~1088) 법사의 의례(儀禮) 사상에 영향을 주었던 자료이다. 또한 이 책은 중국불교 의례사(儀禮史) 연구에서도 매우 중요하다.

『원각경도량수증의』는 내용상 크게 세 부분으로 나누어진다. 첫째는 도량법사(道場法事),[26] 둘째는 예참법(禮懺法),[27] 셋째는 좌선법(坐禪法)[28]이다.

이 중에서 '예불의식'과 관련된 부분은 예참법(禮懺法) 부분이다. 예참(禮懺)은 모두 여덟 과정을 거치면서 진행된다. ①부처님과 보살님을 비롯하여 3보를 청해 모시고, ②이렇게 모신 3보님께 향과 촛불로 공양을 올리고, ③그

26) 도량법사 : 7문(門)으로 분별하여 설명하고 있다. ①勸修, ②簡器, ③呵欲, ④棄蓋, ⑤具緣, ⑥嚴處, ⑦立志.

27) 예참법 : 8문(門)으로 분별하여 설명하고 있다. ①啓請, ②供養觀門, ③稱讚如來, ④禮敬三寶, ⑤懺悔諸障, ⑥餘雜事, ⑦旋遙念誦, ⑧正坐思惟.

28) 좌선법 : 8문(門)으로 분별하여 설명하고 있다. ①總標, ②調和, ③近方便, ④辨魔, ⑤治病, ⑥正修, ⑦善根發, ⑧證相.

런 다음에는 부처님의 공덕을 찬탄하는 게송이나 노래를 바치고, ④이어서 불법승 3보에게 인사를 올리고, ⑤그런 다음에 참회하고, ⑥이렇게 참회를 마치고는 다양한 법사(法事[29]; 불교 의식)를 진행하고, ⑦이어서 불보살의 명호를 부르며 법좌를 도는데 꽃을 뿌리면서 천천히 걷고 나서는 경전을 독송하고, ⑧마지막으로 정좌(正坐)하고 사유(思惟)한다. 이 순서를 보더라도 '불공의식'과 '예참법'의 유관함이 분명하게 드러난다.

예참 의식의 일부인 ④불법승 3보에게 인사를 올리는 부분을 보자. 양이 많기 때문에 본존관(本尊觀)을 볼 수 있는 대목만을[30] 인용하기로 한다.

> 南無 大慈大悲 入神通大光明藏 現諸淨土 以應圓機 我本尊 毗盧遮那佛 (我今稽首禮 願住如來平等法會 自例知)
> 南無 大方廣圓覺經中 大光明藏 於諸衆生覺地 光嚴住持 一切諸佛 (云云)
> 南無 身相融通 言音無礙 同說圓覺經者 百千萬億 恒河沙諸佛 (云云)
> 南無 具大慈悲 有大誓願 盡於本來 守護圓覺者 三世諸佛 (云云)
> 南無 大慈大悲 娑婆世界 隨機赴感 全體應現 千百億化身 釋迦牟尼佛 (云云)
> 南無 妙法蓮華經中 過去久遠滅度 多寶如來 (云云)
> 南無 東方滿月世界 十二上願 藥師瑠璃光佛 (云云)
> 南無 西方極樂世界 四十八願 阿彌陀佛 (云云)
> …
> 〈이하 필자 생략〉

이상은 '예경삼보(禮敬三寶)' 즉 삼보에 예경하는 예문(禮文)이다. 여기에서도 알 수 있듯 예경의 대상이 되는 본존(本尊)은 역시 법신을 근간으로 하는 삼신불(三身佛)이다.

29) 법사(法事) : 부처님께 설법해주실 것을 청하고, 또 부처님의 공덕을 덩달아 기뻐하고, 얻은 공덕을 회향하고, 발원하고, 무상게(無常偈)를 읊고, 여러 성현님들께 절을 올리고, 예참을 올리는 것 등이다.

30) 圭峰宗密, 『圓覺經道場修證儀』, (『신찬만자속장』 74, 382c-384c).

2) 『화엄보현행원수증의』에 나타난 예불

이상과 같은 종밀 선사의 사상은 송대의 화엄학승들에까지 계승된다. 송대의 화엄학승을 말할 때에 흔히 '이수(二水)'와 '사가(四家)'[31]를 드는데, '이수(二水)'란 장수 자선과 그의 제자 진수 정원을 지칭한다.

정원 법사가 활동하던 당시 송나라 불교계는 외형적으로는 화엄종을 표방하지만, 참회 수행의 행법은 천태 사상이나 정토 사상이나 선 사상 등을 수용하고 있었다. 정원 법사는 이것을 부끄럽게 여겨 종밀 선사의 『원각경도량수증의』를 깊이 연구하고 화엄종의 참회 행법을 제시하기에 이르렀다.[32] 왜냐하면 정원 법사가 보기에 종밀 선사의 『원각경도량수증의』에는 참회 행법에 관한 모든 규식(規式)이 갖추어져 있었기 때문이다. 그래서 정원 법사는 화엄종의 철학에 부합하는 참회 수행법을 정비하게 되었다. 이런 배경에서 만들어진 책이 바로 『화엄보현행원수증의(華嚴普賢行願修證儀)』이다. 이 책은 두 본(本)이 있는데 하나는 『No.1472本』이고 다른 하나는 『No.1473本』이다.[33] 이 외에도 『수능엄단장수증의(首楞嚴壇場修證儀)』(1권)가 있다. 이 책들은 모두 '도량참회법'[34]에 관한 것들이다.

이하에서는 비교적 잘 정비되어 있는 『No.1473本』을 바탕으로, 먼저 참회법의 얼개를 살펴보고, 다음에는 예경문(禮敬文)에 대하여 살펴보기로 한다. 『화엄보현행원수증의』(No.1473本)는 모두 10문(門)으로 구성되어 있는데, 그 제목만을 소개하면 ①통서연기(通敍緣起), ②엄정도량(嚴淨道場), ③정신방법(淨身方法), ④계청성현(啓請聖賢), ⑤관행공양(觀行供養), ⑥칭찬여래(稱讚如來), ⑦예경삼보(禮敬三寶), ⑧수행오참(修行五懺), ⑨선요칭념(旋繞稱念),

31) 四家 : 雲溪의 普靜寺 道亨, 毘陵의 華嚴寺 觀復, 玉峰의 可堂 師會, 希迪인데, 이들은 모두 賢首法藏의 『華嚴五教章』에 疏를 붙인 학승들이다.

32) 『華嚴普賢行願修證儀』, 『신찬만자속장』74, 369c. 참조.

33) 『No.1473』의 내용이 『No.1472』의 내용보다 비교적 잘 정비되어 있다. 필자가 생각하기에는 『No.1472』가 초고본이고, 『No.1473』은 그 수정본인 듯하다.

34) 도량참회법 : 이 주제에 대해서 필자는 다음의 논문에서 조사한 바 있다. 신규탁, 「古代 韓中佛教交流의 一考察-高麗의 義天과 浙江의 淨源을 事例로」『동양철학』 제27집, 서울: 한국동양철학회, 2007, pp.238~242.

⑩송경규식(誦經規式)이다.

이상을 참고하더라도, 현행 한국불교계의 '사시불공'에 대한 유래(由來)를 복원할 수 있다. 이 중에서 본 장의 주제와 관련된 ⑦예경삼보[35]를 읽어보면 예경(禮敬)의 대상인 불보(佛寶)는 역시 법신 '비로자나불'이고, 이들도 역시 '비로자나불'을 본존(本尊)으로 예경했음을 알 수 있다.

一心頂禮, 十身初滿, 正覺如成, 不離閻浮, 而昇天上, 無盡身雲, 本尊毗盧遮那佛.

一心頂禮, 普攝穢國, 修大行願, 蓮花化生, 皆蒙授記, 阿彌陀佛.

一心頂禮, 發辭讚定, 普現其前, 同名法慧, 功德林等一切諸佛.

一心頂禮, 眉間放光, 勸說十地, 與金剛藏法門 辯才十方諸佛.

一心頂禮, 出現品中, 稱讚人行, 皆說此法, 同名普賢, 微塵數佛.

一心頂禮, 盡華嚴經中, 華藏世界, 微塵刹土, 十方三世一切諸佛.

一心頂禮, 大方廣佛華嚴經, 剖裂玄微, 一乘別教, 汪洋悉備, 十二分經.

一心頂禮, 菩提場中, 佛果會主, 發明十願, 徧收玄妙, 普賢菩薩摩訶薩 (說行願主, 此當三拜).

一心頂禮, 普光明殿, 十信會主, 十首菩薩摩訶薩.

一心頂禮, 忉利天宮, 十住會主, 十慧菩薩摩訶薩.

一心頂禮, 夜摩天宮, 十行會主, 十林菩薩摩訶薩.

一心頂禮, 兜率天宮, 十向會主, 十幢菩薩摩訶薩.

一心頂禮, 他化天宮, 十地會主, 金剛藏菩薩摩訶薩.

一心頂禮, 重會普光明殿, 顯彰因圓果滿, 如來性起, 妙德菩薩摩訶薩.

一心頂禮, 三會普光明殿, 開發進修成行, 善慧菩薩摩訶薩.

一心頂禮, 逝多林中, 證入法界, 如來之前, 文殊師利菩薩摩訶薩.

一心頂禮, 末會之主, 五十五員, 眞善知識, 權實菩薩摩訶薩.

一心頂禮, 圓根上器, 修證軌範, 百城求法, 一生克備, 善財菩薩摩訶薩.

一心頂禮, 應跡淨邦, 觀自在菩薩, 大勢至菩薩, 彌勒菩薩, 馬鳴龍樹諸祖菩薩, 及十方三世, 一切菩薩摩訶薩.

一心頂禮, 會末之中, 舍利弗等六千比丘, 盡虛空界, 微塵刹中, 有學無學, 一切聲聞緣覺賢聖僧.

---

35) 『華嚴普賢行願修證儀』(『신찬만자속장』74, 371b-c).

이상에서 필자는 법성(法性)의 전통을 계승하고, 또 조선의 화엄 교학에 절대적인 영향을 미쳤던 당송대(唐宋代) 두 학승이 찬술한 예문(禮文)을 간단하게 소개했다. 이 소개를 통해 우리는 중국 당송 시대에 이름을 떨쳤던 화엄종(華嚴宗) 종사(宗師)들의 두 예문(禮文)이, 조선에서 유행하던 ③『불가일용작법집』에 실린 '예불절차' 및 ④『석문의범』에 실린 '오분향례'와 그 내용상 상통한다는 점을 확인할 수 있다.

여기서 우리가 주목해야 할 것이 또 하나 있다. 한국에서 현재 전통적인 화엄교학에 뜻을 둔 사람이라면 전라도 고창 선운사에 있는 '華嚴宗主白坡大律師 大機大用之碑(화엄종주 백파 대율사 대기대용지비)'를 기억할 것이다. 추사 김정희가 짓고 쓴 전액(篆額)이다. 이 비석의 주인이 바로 백파 긍선(白坡亘璇; 1767~1852)이고, 백파 강백이 편집한 의례집이 『作法龜鑑(작법귀감)』(1826)이다. 그 책에 나온 〈청사〉를 필자는 위의 주21)에 소개했는데, 이것은 당송 시대의 화엄 종장들의 의례문(儀禮文)과 이념적으로 상통한다.

4. 법성 사상의 부활을 위한 제언

지금까지 필자는 대한불교조계종의 현행 '상단칠정례'가 지닌 유래와, 그것의 문제점을 지적했고, 또 '예불문'과 '예참문'이 밀접하게 관련되어 있음을 문헌자료로 논증했다. 그러면서 동시에 이 문제 해결을 위한 방안도 제시해 보았다. 필자의 분석이나 대안에 대해서는 여러 측면으로 시시시비를 논할 수 있다. 그러나 쉽게 부정하지 못할 것은 대한불교조계종의 현행 '예불문'인 '상단칠정례'가 전통에서 멀어졌다는 필자의 주장과 근거 제시이다.

'예불문'을 비롯한 '예불' 의례가 한 종단의 총체적 이념과 역사를 반영한다는 점에서, 그 중요성은 아무리 강조해도 지나침이 없다. 그럼에도 불구하고 현재의 대한불교조계종은 이 문제를 소홀히 하고 있다는 생각을 지울 수 없다. 만약 조계종이 신흥종단이라면 그럴 수도 있다. 그러나 이 책의 제1장에서 보았듯이 대한불교조계종은 신흥종단이 아니다.

지난 역사를 돌이켜보면, 일제강점기에 일본의 니찌렌슈우(日蓮宗) 계통 사상이 조선에 전파되었고, 그 영향으로 해방 후, 남한에도 이 계통의 신흥종단이 많이 생겨났다. 이 종단들의 '예불문'이나 '권청문'은 재래의 한국 전통과는 판이하게 다르다.[36] 분명하게 인식해야 한다. 대한불교조계종은 근현대 시기에 생긴 신흥종단이 아니다.

이 글을 계기로, 한국불교의 대부분을 차지하는 대한불교조계종이 현행 '상단칠정례'를 다시 한 번 생각해 보고, 또 '예불문'과 여타의 의례문(儀禮文)이 유기적으로 소통할 수 있게끔 반성하며 연구하는 기회가 되기를 바란다. 특히 '예불'은 '예참'과 뗄 수 없다는 점을 상기하여 '예참'의 종교적 의례를 복원시킴으로써, 해(解)·행(行)을 함께 할 수 있는 의례가 정착되기를 바란다. 더 나아가 보현보살의 행원(行願)이 절실하게 요구되는 현대사회의 수요도 고려해야 할 것이다. 다시 말해 화엄성중에 대한 예경이 필요하다.

필자가 위에서 사례로 든 전통적인 '예불문'에는 이런 요소들이 다 구비되어 있다. 이런 좋은 전통을 버려서는 안될 것이다. 의식(儀式)이란 사상과 역사와 문화와 수행 등의 각 분야와 유기적으로 연결되기 때문이다.

사실 불전(佛錢) 자체가 예(禮)는 아니다. 그러나 그것이 아니면 삼보를 공경하는 마음을 표하기가 어렵다. 의례도 마찬가지이다. 본분(本分) 도리에서 본다면, 죽비 세 번 친들 어떻고, 그것마저 안 한들 어떠랴. 그러나 신훈(新熏) 측면에서 본다면 절대로 생략할 수 없는 것이다.

이와 더불어, 결국에는 한국불교의 정체성을 연구하는 자들의 몫이겠지만, 조선시대에 유행하던 불교 의례는 남송의 화엄종 종사들의 의례문과 밀접하게 관련되어 있다는 점을 염두에 둘 필요가 있다. 이 문제에 대해 필자는 종합적으로 연구 발표할 예정이다. 특히 재래 강당(講堂)의 이력(履歷)이 조선시대에

---

36) 이법화, 『法華經要文과 禮規』, 영산법화사출판부, 1961 초판, 1986 8판. 여기에 실린 『삼보례』는 다음과 같다. "지심귀명례 삼계도사 사생자부 시아본사 구원실성 석가모니불 // 지심귀명례 일승원교 평등대혜 실상 묘법연화경// 지심귀명례 시방삼세 제망찰해 상주일체 법화홍통 승가야중." 한국법화종, 대한법화종, 영산법화종, 불입종(佛入宗) 등이 이런 식의 '예불문'을 독송한다.

형성된 것과 관련하여, 조선의 화엄교학을 신라나 고려의 화엄 전통과 결부하여 논하기보다는, 남송과 그 후 명대의 화엄사상과 연대하여 논증해나갈 계획이다. 물론 '동아시아 화엄교학'이라는 '지역 공동체'적 시좌(視座)를 확보해야 할 것이다.

돌이켜보면, 6 · 25 전쟁이 끝난 뒤 2년도 채 안 된 1955년 어수선한 시절에, 월운 강백의 덕택으로 승속이 함께 예불할 수 있는 기반이 마련되었다. 이제는 당시의 문제도 해결되었고, 또 월운 강백이 작성한 '예참'의 예문(禮文)이 '예참②'로 대한불교조계종 『통일법요집』에도 채택되었으니, 이것을 보급 유통시켜, 잠시나마 단절된 이 땅의 불교 전통이 복원되고 계승되기를 희망한다. 그리고 현행 '상단칠정례'를 과감하게 버리고 재래의 전통 '예불문'인 ③이나 ④로 복귀하기 위한 결단을 촉구한다.

그러나 만약 현행 '상단칠정례'가 너무 굳어져서 현실적으로 어렵다면, 이것은 이것대로 그냥 두고 '향수해례(香水海禮)'를 보급하는 것도 대안으로 고려해볼 수 있을 것이다. 아직도 '향수해례'의 운곡과 예문(禮文)을 기억하는 스님들이 생존해 있을 때 말이다.

이런 심정에서 '향수해례'의 전문과 '화엄신중예경'을 이하에 소개한다. 끝으로 대한불교조계종 이외의 각 종단들도 자종(自宗)의 교판과 종풍과 역사에 부응하는 '예불문'을 갖추었으면 좋겠다.

1. 향수해례(香水海禮)[37]

아금청정수 변위감로다 봉헌삼보전
我今淸淨水 變爲甘露茶 奉獻三寶前

원수애납수 원수애납수 원수자비애납수
願垂哀納受 願垂哀納受 願垂慈悲哀納受

37) 순서송: 향천천일안도대, 청아금락칠염진.

나무 향수해 화장계 비로해회 제불제보살
南無 香水海 華藏界 毘盧海會 諸佛諸菩薩

나무 천화대 연장계 사나해회 제불제보살
南無 千華臺 蓮藏界 舍那海會 諸佛諸菩薩

나무 천화상 백억계 석가해회 제불제보살
南無 千華上 百億界 釋迦海會 諸佛諸菩薩

나무 일월광 유리계 약사해회 제불제보살
南無 日月光 琉璃界 藥師海會 諸佛諸菩薩

나무 안양국 극락계 미타해회 제불제보살
南無 安養國 極樂界 彌陀海會 諸佛諸菩薩

나무 도솔천 내원계 자씨해회 제불제보살
南無 兜率天 內院界 慈氏海會 諸佛諸菩薩

나무 대위덕 금륜계 소재해회 제불제보살
南無 大威德 金輪界 消災海會 諸佛諸菩薩

나무 청량산 금색계 문수해회 제불제보살
南無 淸凉山 金色界 文殊海會 諸佛諸菩薩

나무 아미산 은색계 보현해회 제불제보살
南無 峨嵋山 銀色界 普賢海會 諸佛諸菩薩

나무 금강산 중향계 법기해회 제불제보살
南無 金剛山 衆香界 法起海會 諸佛諸菩薩

나무 낙가산 칠보계 관음해회 제불제보살
南無 洛迦山 七寶界 觀音海會 諸佛諸菩薩

나무 칠진산 팔보계 세지해회 제불제보살
南無 七珍山 八寶界 勢至海會 諸佛諸菩薩

나무 염마라 유명계 지장해회 제불제보살
南無 閻摩羅 幽冥界 地藏海會 諸佛諸菩薩

나무 진허공 변법계 진사해회 제불제보살
南無 盡虛空 遍法界 塵沙海會 諸佛諸菩薩

나무 서건사칠 당토이삼 오파분류 역대전등
南無 西乾四七 唐土二三 五派分流 歷代傳燈

제대조사 천하종사 일체미진수 제대선지식
諸大祖師 天下宗師 一切微塵數 諸大善知識

유원 무진삼보 대자대비 수아정례 명훈가피력
唯願 無盡三寶 大慈大悲 受我頂禮 冥熏加被力

원공법계제중생 동입미타대원해
願共法界諸衆生 同入彌陀大願海

2. 신중예경(神衆禮敬)

청정명다약 능제병혼침 유기옹호중

淸淨茗茶藥 能除病昏沈 唯冀擁護衆

원수애납수 원수애납수 원수자비애납수

願垂哀納受 願垂哀納受 願垂慈悲哀納受

지심귀명례 진법계 허공계 화엄회상 상계 욕색제천중

至心歸命禮 盡法界 虛空界 華嚴會上 上界 欲色諸天衆

지심귀명례 진법계 허공계 화엄회상 중계 팔부사왕중

至心歸命禮 盡法界 虛空界 華嚴會上 中界 八部四王衆

지심귀명례 진법계 허공계 화엄회상 하계당처 일체

至心歸命禮 盡法界 虛空界 華嚴會上 下界當處 一切

호법선신 영기등중

護法善神 靈祇等衆

원제천룡팔부중 위아옹호불리신

願諸天龍八部衆 爲我擁護不離身

어재난처무재난 여시대원능성취

於災難處無災難 如是大願能成就

제2부

한국 근현대기의 대표적 승려상

제5장

근대화의 선각자: 용성 진종

1. 용성 연구의 현황
2. 법성에 기초한 용성의 불교사상
3. 『각해일륜』에 드러난 용성의 불교사상
4. 『육조단경 요역』에 드러난 용성의 불교사상
5. 전통의 재확인

1. 용성 연구의 현황

'대각사상연구원'의 성립과 더불어 용성 진종(龍城震鐘; 1864~1940, 본명 白相奎) 선사에 관한 연구는 이 연구원의 기관지인 『대각사상(大覺思想)』을 통하여 꾸준하고도 전문적으로 연구 보고되었다. 이들 연구의 상당 부분은 동국대 한태식 교수(보광 스님)와 동국대 김광식 교수에 의하여 선도되었다.

한 교수가 용성 선사 연구에 대하여 자료적인 면에서 풍부한 전거를 제시하면서 이 분야의 석사학위 논문(1979년)을 개시로 개척적인 연구 성과를 많이 내었다면, 김 교수는 역사학적인 시야와 방법으로 당시 활동하던 승려들의 삶을 객관적으로 조명하여 소위 〈근현대 한국불교 고승 연구〉라는 새 분야를 개간했다. 더구나 일제 강점기가 끝난 현재에도 한국의 학계가 일본의 불교학 연구에 종속되는 상황을 감안할 때에, 김 교수의 이 분야 연구는 한국 불교학계에 자긍심을 가져다준다.

이런 용성 선사에 대한 그간의 연구 성과에 대하여 창원대학의 이덕진 교수는 그의 논문 「용성진종의 선사상에 관한 일고찰」에서 넓게 조감하고 있다. 그 논문에 의하면 2006년 말을 기준으로 하여 용성 선사에 관한 연구가 모두 84편이라고 하니,[1)] 연구 논문 편수 면에서 결코 적지 않음을 알 수 있다. 이 논문에서 이 교수는 용성 선사에 대한 연구 분야를 크게 셋으로 나누고 있는데 적절한 안배라고 생각되어 여기에 소개한다. 첫째는 (1)생애에 관한 연구이고, 둘째는 (2)불교개혁에 관한 연구이고, 셋째는 (3)불교사상에 관한 연구이다.

이제 각 분야별로 연구의 정황을 살펴보자.

먼저, (1)생애 부분에 관한 연구는, 위에서 거론한 한태식 교수와 김광식 교수에 의하여 많이 연구 보고되었다. 이덕진 교수가 위 논문에서 소개한 연구만 해도 2권의 저서와 8편의 논문이 있다. 이렇게 볼 때에 용성 선사의 생애에 관한 큰 줄기는 거의 밝혀진 셈이다.

---

1) 이덕진, 「龍城震鐘의 선사상에 관한 일고찰」『한국불교학』제48집, 서울: 한국불교학회, 2007, p.483.

다음으로, (2)불교개혁 부분에 관한 연구 성과를 보자. 동국대 김정희 교수의 논문에[2] 따르면, 이 분야의 연구에 「백용성의 불교개혁과 대각교운동」(김광식), 「일제하 선학원의 운영과 성격」(김광식), 『근대불교의 재조명』(김광식), 「용성선사의 불교개혁론」(한보광) 등이 있다고 한다. 그러고 보면 이 분야도 적잖은 연구가 진행되었음을 알 수 있다.

김 교수는 위의 논문에서, 용성 선사의 개혁사상을 반(反) 제국주의 운동의 연장선상에서 분석한 기존의 연구 성과를 인정하면서, 동시에 '근대화'라는 측면에서 용성 선사의 '대각교(大覺敎) 운동'을 분석하고 있다. 그리하여 김 교수는 "백용성의 대각교는 근대 이전의 선불교 전통의 단순한 답습이 아니라, 조선의 근대화 과정에서 성립했던 근대적 산물이라고 평가해야 할 것이다."(p.204)라고 평한다.

김 교수의 이런 분석은 매우 설득력 있는 것으로 '근대화' 개념을 도입하여 '대각교 운동'을 분석함으로 인해, 이 운동이 가지는 당시의 사회사상적 함의를 드러내주고 있다. 뿐만 아니라 소위 '근대화'라는 역사 변동 속에서 당시의 선각자 승려들의 역사 인식의 깊은 생각을 읽을 수 있게 해주었다. 세상이 변하고 있다는 것을 용성 선사는 뼈저리게 체험했고, 그 체험의 반성에서 나온 것이 '대각교 운동'이었음을 알 수 있다.

끝으로 (3)불교사상 부분에 관한 연구는 어떠한가? 이에 대하여 이덕진 교수는 그간의 연구가 "용성의 생애에 대한 나름대로의 많은 연구가 있지만, 그러나 선법에 대한 본격적인 연구는 아직까지 이루어지지 않고 있다."고 평하고 있다. 그러면서 문선희(정수 스님)가 동국대학교에 제출한 석사학위 논문 「용성선사의 『수심정로』 연구」를 소개하는 세심함도 잊지 않았다.

또한 이덕진 교수는 용성 선사가 선사임에도 불구하고 그의 선사상에 대한 연구가 없음을 못내 아쉬워하면서, 본인의 위의 논문을 통하여 불교사상의

---

2) 김정희, 「백용성의 대각교의 근대성에 대한 소고- 마음[覺]을 중심으로-」(『불교학연구』제17집, 2007.

연구 지평을 넓히려고 했다. 이 점에서 용성 선사의 '불교사상' 방면에 문선희와 더불어 이덕진 교수는 향도적인 역할을 수행한 셈이다. 용성 선사의 '불교사상' 방면을 논하려는 필자로서는 문선희의 논문(2003년)과[3] 이 교수의 논문(2007)에서 제시한 향도적 연구 성과를 출발점으로 하지 않을 수 없다.

우선 문선희의 논문은 그 제목이 말해주듯 『수심정로(修心正路)』를 대상으로 용성의 선사상을 분석한 것이다. 이 논문에서 문선희는 이렇게 결론을 내리고 있다. "지눌과 혜심이 각각 간화(看話) 10종병을 위주로, 『능엄경』에서는 마경을 위주로 언급한 반면, 용성은 10종병과 마경에 대한 것을 함께 논하였다."(p.348) 문선희의 이런 결론은 용성 선사의 선사상이 사상사적으로 어떤 맥락과 연결되어 있는지를 밝혀주는 귀한 성과이다.

이와 더불어 문선희는 용성과 지눌 또는 혜심과의 차이, 내지는 용성과 『능엄경』의 차이에 대해서도 분석한 자신의 연구 결과를 이렇게 제시한다. "지눌은 병명(病名)의 열거 이외에 특별한 설명이 없는 반면, 용성과 혜심은 옛 선사들의 말을 인용하거나 자신의 견해를 덧붙여 설명함으로써 논지(論旨)의 전개나 의도를 짐작할 수 있게 했다는 점에서 다른 점을 발견할 수 있다."(p.348)

한편, "지눌과 혜심의 공통점은 이 열 가지 병에 대하여 '無字(무자)' 화두를 대표적 화두로 언급하는 반면, 용성은 '무자' 화두에 국한하지 않는 점에서 지눌이나 혜심과의 차이점이 있다."(pp.348~349)고 논하고 있다.

끝으로 문선희는 본인의 논문에서 용성 선사가 몸소 보여준 "선의 대중화", "바른 공부에 대한 한글화와 그 보급", "서울에서 선회(禪會)와 선원(禪院)을 개방하여 많은 사람들에게 참선을 실수(實修)하게 했던 것" 등을 꼽아 용성 선사의 선사상의 특징을 자리매기고 있다.

문선희의 이런 연구는 특히 용성 선사의 선사상을 핵심적으로 요령 있게 드러내었다고 생각된다. 다만 필자와 입장을 달리하는 점이 몇 가지 있어,

---

3) 문선희(정수), 「龍城禪師의 『修心正路』에 대한 小考」 『대각사상』 제6집, 서울: 대각사상연구원, 2003. 이 논문은 본인의 석사 논문을 수정 보완한 것임.

이번 기회에 용성의 '불교사상' 방면 연구를 함께 하기 위한 동반자적 제안을 하고자 한다.

문선희는 본인의 논문에서, 용성 선사는 '식음에서 나오는 마의 모양[識陰魔相(식음마상)]'에 대해서는 언급하지 않았다고 논하면서, 용성 선사가 그렇게 한 이유를 이렇게 말하고 있다. "그러나 5음 가운데 識陰(식음)에 대해서는 언급하지 않았다. 그 이유는 용성이 『수심정로』를 탈고한 때가 59세 되는 해이므로 연로한 까닭으로 볼 수도 있다. 또 하나는 '상음(想陰)'에 대한 경지는 상당한 수행 계위에 이르렀음을 의미하는 점으로 보아 『수심정로』는 초심인을 대상으로 한 저술이기 때문에, 이 경계에 대해서는 간략히 다룬 것으로 유추할 수 있다."(p.348)

이런 문선희의 견해와 평가에 대하여 필자는 다음의 근거로 다른 견해를 제시해본다.

첫째, '상음(想陰)'과 '행음(行陰)'에 대하여 용성 선사가 간략하게 언급했다는 문선희의 발견은 매우 예리했다. 이 점은 『능엄경』 본문과 『수심정로』를 대조해보면[4] 바로 드러난다. 그런데 문선희의 판정대로, 과연 용성 선사가 식음에 대해서는 아예 언급하지 않았는가? 또 그렇게 언급하지 않은 이유가 문선희의 말대로 "『수심정로』가 초심인을 위한 저술이기 때문"일까?

만약 그렇다면 『수심정로』가 과연 초심인을 위한 작품인가 라는 문제가 제기될 수 있다. 이하에서는 이 문제를 살펴보기로 한다. 필자가 보건대 『수심정로』는 그 내용으로 보아 결코 초심인만을 위한 것이라고 보기는 어렵다는 생각이 든다. 이 책은 선 수행의 일반적이고 중요한 지침을 제시한 바른 길인, 그야말로 '정로(正路)'이다. 따라서 이 책에서 거론하는 화두 수행법은 신참(新參)은 물론 구참(舊參) 수행자에게도 절실한 부분이다. 그렇다고 용성 선사가 "연로해서" 소위 '미완(未完)'으로 남겨두었다고 볼 수 있는가?

---

4) 이운허, 『수능엄경 주해』, 서울: 동국역경원, 1974, pp.435~478. 즉 『능엄경』9권 末과 10권 初에 '상음'과 '행음'을 각각 10개씩 논하고 있다. 그러나 『수심정로』(pp.234~240)에서는 대폭 생략되어 있다.

결론을 먼저 말해보면, 『수심정로』의 「상(常) 무상(無常) 외도를 말함」(p.241)의 본문 설명은 곧 '식음에서 나오는 마의 모양[識陰魔相]'에 해당한다고 필자는 생각한다. 문선희는 이 부분을 '행음(行陰)'에 배속했다. 물론 '행음'에서도 상(常)-무상(無常)을 논하고 있기는 하지만, 필자가 보기에 이 부분은 『능엄경』의 '식음' 중에서 〈2. 능비능집(能非能執; 불가능한 일을 가능하다고 집착하는 것)〉, 〈3. 상비상집(常非常執; 영원한 것이 아닌데도 영원하다고 집착하는 것)〉을 요약한 것으로 보아야 한다는 것이다. 원체 중요한 부분이니 용성 선사의 말을 직접 인용해 보기로 한다.

> 예순 한째 상 무상 외도를 말함(제십육)
>
> 혹 나는 떳떳하고[常] 다른 이는 무상하다고 함이니, 나의 맑은 성품은 시방세계에 두루하여 엉키어 없어지지 아니하거늘, 일체 중생이 다 나의 맑은 성품 가운데서 스스로 일어났다가 멸하였다가 하는 것이다.
>
> 그런고로 나 하나만 떳떳한 것이고, 일체의 중생은 다 무상한 것이라 하는 것은 팔식을 지키는 외도인 것이다. 고금의 외도가 단견과 상견에서 더욱 벗어남이 없으니 그만두고자 한다.[5]
>
> * 밑줄은 필자가 임의로 붙인 것.

이 중에서 용성 선사가 말하는 "일체 중생이 다 나의 맑은 성품 가운데서 스스로 일어났다가 멸하였다가 하는 것"은, 『능엄경』에서 말하는 "12류 중생들이 내 몸에서 유출(流出)하였다고 함은 내가 저들을 낳았다는 것이니, 능(能)하지 못한 것을 능(能)히 했다고 망계(妄計)하는 것"[6]으로, 〈2. 능비능집(能非能執)〉에 해당한다. 이는 마헤수라가 자기가 수많은 중생을 낳았다고 하는 어리석음과 유사하다.

또 용성 선사가 위의 인용문에서 말하는 "나 하나만 떳떳한 것이고, 일체의 중생은 다 무상한 것이라 하는 것은 팔식을 지키는 외도인 것"은, 『능엄경』에

5) 『修心正路』, p.241.

6) 이 해설은 운허 강백의 해설임. 이운허, 『수능엄경 주해』, p.481 참조.

서 말하는 "내가 識(식)에서 나왔으니 곧 我(아)이니, 능히 만물을 내었다 함이요. 이것은 내가 識(식)에서 나왔으니 識(식)이 無常(무상)하다 한다. … 生滅(생멸) 중에 있으면서도 常住(상주)한다고 妄計(망계)하는 것"[7]으로 〈3. 상비상집(常非常執)〉에 해당한다.

이렇게 볼 때에 용성 선사는 '식음'을 '생략'한 것이라고 보기 어렵다. '생략'이 아니라 '축약(縮約)'한 것이다. 경전을 번역함에 있어 용성 선사는 경우에 따라서는 과감하게 축약하여 독자의 이해를 돕는 사례가 많다.[8]

그럼에도 불구하고, 문선희의 위 논문은 비록 이상과 같은 점에서 필자와 입장을 달리하지만, 매우 정교한 분석과 전거 대기를 하고 있음에는 분명하다. 또 용성 선사의 선사상을 이해하는데 많은 기여를 했다고 생각한다. 문선희는 박사과정에서 수년간 용성 선사의 선사상을 전문적으로 연구하고 있으니, 곧 좋은 결과가 나오리라고 기대한다.

한편, 용성 선사의 '불교사상' 방면에 관한 논문으로 위에서 인용한 이덕진 교수의 논문을 들 수 있다. 이 교수는 그 논문의 말미에서 "용성은 철저한 임제선 계통의 간화선자이다." 라는 결론을 내리고 있지만, 이런 견해는 이미 문선희의 논문에서 제시된 것인데,[9] 용성의 선 사상의 '계보'를 다시 학계에 환기시킨 점에서 그 의미를 갖는다.

그리고 이 논문에서 이덕진 교수는 "용성은 그의 마음 사상을 세 개의 축을 중심으로 해서 개진하고 있다."(p.503)고 언급하면서, 그 세 축이란 (1)불성으로서의 마음, (2)공적영지(空寂靈知)로서의 마음, (3)"마음에 대한 순수한 정신

---

7) 이 해설은 운허 강백의 해설임. 이운허, 『수능엄경 주해』, p.482 참조.

8) 이런 현상은 백상규 역, 『대승기신론』, 京城府: 대각교중앙총본부, 昭和 5年(1930년)의 곳곳에서도 나타난다. 이 책만은 필자가 일일이 검토했다. 그런데 매우 송구스럽지만 필자는 아직 용성 선사가 번역한 경전을 전체를 샅샅이 다 보지는 못했다. 부분적으로 검토했지만 이런 축약(縮約)의 현상은 선사가 번역한 『금강경』, 『원각경』, 『능엄경』, 『조선글 화엄경』, 『범망경』 등등에서도 나타난다. 앞으로 기회를 보아서 『용성전집』에 실린 용성 선사의 저술에 대한 상세한 해제를 하려고 한다.

9) 문선희(정수), 「龍城禪師의 『修心正路』에 대한 小考」 『대각사상』 제6집, 서울: 대각사상연구원, 2003, p.483.

주의적 입장"으로서의 유식에서 말하는 마음이라고, 이 교수는 논지를 모아간다. 그리고 첨부하여 (1)과 (2)는 선불교적 전통에서 나온 것이고, (3)은 유식사상과 일치한다[10]고 주장한다.

그런데 (1)의 주장에 대해서는 공감되는 바가 있지만, 그렇다고 하더라도 '불성(佛性)'의 측면에서 '마음'을 논하는 학파와 인물은 불교의 역사 속에 매우 많다. 따라서 '불성' 개념을 도입하여 용성의 불교사상적 특징을 논하기 위해서는 더 많은 설명이 필요하다. 왜냐하면 '불성'이라는 용어는 어떤 이론적 맥락에서 사용하는가에 따라, 그 의미가 다양하게 사용되기 때문이다.

그리고 이 교수의 말대로 용성 선사가 (2)를 주장했다면, 용성 선사는 하택종을 추종하는 선사가 되는데,[11] 이 주장을 관철하기 위해서는 용성 선사 사신의 문헌에서 구체적인 전거를 제시해야 할 것이다.

또 비록 용성 선사가 제8아뢰야식을 언급했다고 해서, 이것을 근거로 용성 선사의 "마음에 대한 순수한 精神主義的(정신주의적) 입장은 유식사상의 주장과 다른 점을 우리는 발견할 수 없다"(p.483)고 단정할 수 있을까 하는 의문이 생긴다. 왜냐하면 아뢰야식설을 이용하여 '마음'의 문제를 설명하는 것은 지론종(地論宗)에서도, 화엄종(華嚴宗)에서도, 남종선(南宗禪)에서도 중요하게 다루고 있기 때문에, 용성 선사가 사용하는 아뢰야식설을 유식의 입장이라고 주장하기에는 더 많은 논거가 필요하다고 생각된다.

그러면 용성 선사가 거론한 아뢰야식설은 어떤 철학 사상적 체계 위에서 나온 것인가? 이 점에 대하여 필자는 이 교수와는 다른 입장을 가지고 있다.

---

10) "위와 같은 용성의 마음에 대한 순수한 정신주의적 입장은 유식 사상의 주장과 다른 점을 우리는 발견할 수 없다. 따라서 우리는 선사인 용성의 마음사상에 깊숙이 자리 잡고 있는 유식교학의 위치를 충분히 가늠해볼 수 있다." 이덕진, 「龍城震鐘의 선사상에 관한 일고찰」『한국불교학』제48집, 2007, p.483.

11) 이 교수는 그의 위의 논문 p.489에서 용성 선사의 「諸宗淵源」을 인용하고 있다. 즉 "이 空寂靈知(공적영지)가 부처의 眞實體(진실체)이다 荷澤宗(하택종)이 여기에 해당한다." 그런데 필자가 보기에 이 말은 용성 선사가 제목에서 밝혔다시피, 하택종이 그렇다는 것을 설명하는 것이지, 용성 자신이 하택의 주장을 동조하겠다는 의지 표명은 아니다. 때문에 이 구절을 근거로 용성 선사의 마음에 관한 사상을 '공적영지로서의 마음'이라고 해석하기는 어렵다.

용성 선사는 '불성(法性)의 상주불멸'을 수용하는 소위 전통적인 '성종(性宗)' 내지는 '법성종(法性宗)'의 교학 체계 속에서 거론되는 아뢰야식설을 수용하고 있다. '법성종'에서는 『능엄경』의 50음 변마장에서 특히 '식음'을 설명하는 부분에서도 분명하게 제기하듯이, 8식은 '인의심(因依心)'으로서 그것을 '세우는 것[立]'은 결국은 '망계과(妄計果)의 오류'를 범해 마침내 원통(圓通)을 어기고 열반을 등진다고 경계하고 있다.[12] 뿐만 아니라 용성 선사 자신도 주5)의 본문 인용 밑줄친 부분에서 보여주듯이, "팔식을 지키는 외도"라고 분명하게 말하고 있다.

제8아뢰야식에 대한 용성 선사의 이런 입장은 이 책의 제13장 「3. 아뢰야식 개념 이해에 나타나는 본분주의」에서 보이듯이, 그의 손자 제자 퇴옹 성철(1912~1993)에게도 동일하게 나타난다. 8식을 지켜서는 안 된다고 말이다. 8식 속에 있는 미세한 망념(소위 '修惑')을 제거하여 '진여(眞如)'가 현전하게 해야 한다. 이런 경지는 보살의 지위가 다 한 자리로서 오직 부처와 부처만이 알 수 있는 자리라고 한다. 즉 깨쳐야지만 알 수 있는 경지이지, 문자(文字)나, 언설(言說)이나, 심연(心緣)으로 대상화 할 수 있는 경계는 아니다. 이것은 『기신론』의 입장인데, 용성 선사는 『각해일륜』에서 이렇게 말하고 있다.

> 한 생각이 퍼뜩 일어남으로 제일 처음에 미(迷)함을 이루나니, 이것을 이름하여 제팔 아뢰야 신식(第八阿賴耶 神識)이라고도 하며, 대체로 이 식으로 변하여 만물이 출생하는 것이다. … 〈필자 임의 생략〉 … 비유를 들면 공중의 구름이 일어남으로 인하여 자연히 해의 광명을 가리는 것과 같이, 망념(妄念)이 문득 일어남에 본각성(本覺性)이 자연히 가리웠도다.[13]
>
> * [,]은 필자가 찍은 것임.

이렇듯이 용성 선사가 말하는 아뢰야식은 '진망화합식(眞妄和合識)'이고,[14]

12) 이운허, 『수능엄경 주해』, p.482.

13) 백용성, 『각해일륜』제2권「여섯째, 因緣을 觀하는 것」, 서울: 대중불교장학회, 1979, pp.36~37.

14) "진(眞) · 망(妄)이 화합(和合)하여 제팔식(第八識)이 되었으니, 고요하여 허공이 되고, 움직여서 세계가 된다." 백용성, 『각해일륜』제2권 p.49.

유식종에서 말하는 아뢰야식은 '망식(妄識)'이다. 용성 선사는 "자성이 본래 청정하고, 본래 생멸이 없으며, 본래 구족하고, 본래 요동치 아니하며, 능히 만법을 내[生]는 것"[15]으로서의 '일진심(一眞心)' 사상을 가지고 있다. 이 '일진심(一眞心)'을 용성 선사는 때로는 '본각성(本覺性)'이라고도 했고, 때로는 '대원각체성(大圓覺體性)'이라고도 했고, '본원각성(本圓覺性)'이라고도 했고, 때로는 '원묘명심(妙明眞心)'이라고도 했고, 이렇게 이름은 달리하나 지시하는 내용은 동일하다. 그리고 용성의 이런 사상은 기본적으로 『대승기신론』에서 영향 받은 것이다. 용성 선사의 말을 인용해보자.

> 대저 참 마음 성품의 자체가 모든 형상이 없는 지혜와 알름이 없되 자체를 지키지 않고 연을 따라 이루나니 이로서 생멸이 없는 本源性(본원성)이 생멸을 일으키나니 生滅(생멸)과 不生滅(불생멸)이 和合(화합)하여 오로지 생멸도 아니고 불생멸도 아닌 것을 아뢰야식이라고 하며, … 극히 미세한 생각을 業相(업상)이라고 하고, … 轉變(전변)된 것이므로 轉相(전상)이라 하고, … 이를 現相(현상)이라고 하는 것이다. … [16]
>
> * …는 필자가 임의로 생략한 부분임.

이렇게 용성 선사는 『대승기신론』의 삼세(三細)와 육추(六麤) 사상을 요약하면서, 그 용어를 쉬운 한글로 풀어서 설명하고 있다.

이상에서 필자는 용성 선사의 불교사상에 관한 기존의 연구 성과를 간략하게 살펴보았다. 이 과정에서 이미 필자는 용성 선사의 불교사상 속에는 소위 '법성(法性)'의 철학이 전제되어 있음을 반증적(反證的)으로 드러내 보였다.

물론 이것을 이덕진 교수의 말대로 '불성' 사상이라고 명명(命名)해도 필자로서는 굳이 마다하지는 않는다. 다만 문제는 '불성' 내지는 '법성'을 '어떤 철학적 구조'에서 설명하는가에 따라 입장이 달라질 수 있다는 것이다. 이하에

---

15) 백용성, 『각해일륜』제2권 「마흔 다섯째, 식을 굴리어 지혜를 이루는 것(轉識成智)」, 서울: 대중불교장학회, 1979, p.175.

16) 백용성, 『각해일륜』제2권 「열째, 중생이 오직 식으로 된 것을 밝힘」, 서울: 대중불교장학회, 1979, pp.62~64.

서는 용성 선사가 '어떤 철학적 구조'에서 '법성'을 논하는지에 대하여 검토해 보기로 한다. 한편 용성의 저서에 대해서는 이미 이 책 제3장의 「3. 일제강점기 : 백용성」 부분에서 소개했다. 이하에서는 그 책들을 자료로 용성 선사의 불교 사상을 살펴보기로 한다.

2. 법성에 기초한 용성의 불교사상

용성 선사는 '법성(法性)'이라는 말보다는 실은 '대원각체성(大圓覺體性)'이라는 용어를 즐겨 쓴다. 또 '대원각체성'을 줄여서 '각성(覺性)'이라고 칭하기도 한다. 용성 선사는 자신이 말하는 '각성'은 '인연'도 아니고 '자연'도 아님을 분명하게 하기 위하여 '본연(本然)'이라는 수식어를 덧씌워서 '본연각성(本然覺性)'이라고도 한다.

교학승들은 '각성(覺性)'은 '인연(因緣)'도 아니고 '자연(自然)'도 아님을 분명하게 하기 위하여 긴 세월 도교나 유교의 사상가들과 논쟁을 해왔고, 그런 교학승의 전통은 화엄학승들에 의하여 전승되었다. 필자는 중국에서의 이런 전통에 대하여 철학적 분석을 한 적이 있다.[17)]

그러면 이하에서는 '각성'에 대하여 용성 선사는 어떤 입장을 가지고 있는지 살펴보기로 하자. 『수심론(修心論)』의 「본종편(本宗篇)」에서 이렇게 말한다.

> 각(覺)인 진공(眞空)과 각인 묘유(妙有)가 원융무애(圓融無碍)하니 각은 스스로 각이 아닌 고로 각도 아니며, 진공(眞空)은 스스로 진공이 아닌 고로 진공도 아니며, 묘유는 스스로 묘유가 아닌 고로 묘유도 아니니 그러나 각인 진공인지라 진공인 각이며 각인 묘유인지라 묘유인 각이니, <u>세 가지가 원융하여 총히 한 기틀(機)</u>이니라.[18)]
>
> * [,]표와 밑줄과 맞춤법은 필자가 임의로 가필한 것임.

---

17) 신규탁, 「中國佛敎의 道家 批判에 關한 考察-吉藏, 澄觀, 宗密을 중심으로-」『동양철학』제28집, 서울: 한국동양철학회, 2008.

18) 『修心論』의 「本宗篇」, 3丈 右葉.

위 인용문에서 용성 선사는 '각', '진공', '묘유' 이 셋의 관계를 총체적 시스템으로 이해하고 있음을 알 수 있다. 이것은 결국은 『기신론』의 '일심', '진여', '생멸'을 용성 선사가 자신의 언어로 재해석한 것이다. 이 점을 분명하게 하기 위하여 용성 선사가 번역한 『기신론』에서 해당 부분을 인용하기로 한다.

> 一心(일심)에 依(의)하여 心眞如門(심진여문)과 心生滅門(심생멸문)이 있으니, 是心(시심)이 곧 일체세간과 출세간을 總攝(총섭)하니라. [일체 待對(대대)가 無(무)한 一心(일심)이 진여문과 생멸문을 具(구)하였으니, 진여문은 不變義(불변의)요 생멸문은 隨緣義(수연의)이니라. 不變(불변) 故(고)로 生滅(생멸)과 染淨(염정)과 일체 名相(명상)이 無(무)하고, 수연 고로 일체 依正(의정)과 因果(인과) 등이 轉變(전변)하며 德相(덕상)과 報用(보용)이 業(업)을 隨(수)하여 現前(현전)하되 진여는 온전히 생멸의 진여요 생멸은 온전히 진여의 생멸인 고로] 二門(이문)이 각각 일체법을 總攝(총섭)하나니, 어찌함인고 하니 二門(이문)이 相離(상리)함이 없는 연고이니라.[19)]
>
> * [ ] 괄호 표기와 밑줄은 필자가 붙인 것임.

이 인용문에서 괄호 안의 문장은 『기신론』 본문의 번역이 아니라, 용성 선사가 독자의 이해를 돕기 위하여 임의로 설명을 첨가한 부분이다. 이 문장의 '일심(一心)'을 원효나 법장은 모두 '여래장'으로 해석하고 있고 이 점은 대개 화엄 교학가들이 공감하는 바이다. 그리고 그 여래장 속에는 '진여의 속성[義]'과 '생멸의 속성[義]'이 있다.

그런데 괄호 안에 들어있는 용성 선사의 해석은 좀 특이하다. 강원의 이력에서 교재로 사용하는 『대승기신론필삭기회편』에서는 이 부분에 대하여 이런 식의 해석은 보이지 않는다.[20)] 물론 원효의 해석에서도 말이다.[21)]

그러면 대체 용성 선사는 『기신론』의 "依一心法(의일심법)하여 有二種門(유이종문)하니 云何爲二(운하위이)오. 一者(일자)는 心眞如門(심진여문)이요 二

---

19) 백상규 역, 『대승기신론』, 京城府, 대각교중앙총본부, 昭和 5年(1930), p.4.

20) 性聰 會編, 『大乘起信論筆削記會編』卷2(『한불전』8, 685c-688a).

21) 元曉, 『大乘起信論疏』上卷(『대정장』44, 206c).

者(이자)는 心生滅門(심생멸문)이니 是二種門(시이종문)이 各皆總攝(각개총섭)하니라. 此義云何(차의운하)오. 以是二門(이시이문)이 不相離故(불상리고)이니라."를 해설함에 있어, 무엇에 근거하여 [ ] 괄호 안과 같은 임의적 해설을 첨가하였는가?

참으로 놀라운 일이다. 용성 선사는 명대의 휴이(攜李) 사문(沙門) 진계(眞界) 선사의 『대승기신론찬주』를 인용하여[22] 한글로 번역하고 있는 것이다. 용성 선사는 당신이 번역한 『대승기신론』의 여러 곳에서 진계 선사의 『찬주』를 인용하여 번역 소개하고 있다. 진계 선사의 주소(注疏)가 언제부터 조선에 전해졌는지는 알 수 없지만, 진계 선사의 『능엄경찬주』가 강사들의 손에 돌았다.[23] 강사도 아닌 선사인 용성이 이 책을 보았으니 선사의 독서 범위를 가히 짐작하게 한다.

아무튼, 용성 선사가 자신의 깨달음의 과정을 소개한 『수심론』의 「본종편」이 『기신론』의 1심(心)-2문(門) 행상(行相)에 기초해서 그 철학적 사상을 구축하고 있음은 분명하다. 또 용성 선사는 『대승기신론』을 번역하고 해설함에 있어 진계 선사의 『찬주』를 활용하고 있다.

이것은 용성 선사가 비록 깨달음은 화두 참구를 통해서 얻었지만, 그 깨달음에 대한 이론적 설명 작업은 화엄의 '법성(法性)'의 교학사상을 활용했다는 것을 보여주는 증거가 된다. 이런 점은 현재의 한국 불교에 시사(示唆)하는 바가 매우 크다 하겠다. 즉 제아무리 간화선을 통해서 깨달았다고 할지라도

---

22) 攜李 沙門 眞界, 『大乘起信論纂註』卷上(『신찬만자속장』45, 339b-c).

23) 필자는 20여 년 전에 월운 강백의 봉선사 회상에서 『능엄경』과 『기신론』의 찬주를 배운 바 있다. 그 때에 강백께서 소장한 금릉각경처본(金陵刻經處本)을 복사해서 보았는데, 강백은 유독 진계 선사의 찬주를 좋아했다. 세월이 한참 지나 그 연유를 여쭈었더니 "간결하고 요점적이어서"라고 대답하셨다. 『대승기신론강화』(월운 술, 경기: 佛泉, 1993)에서도 진계 선사의 설을 많이 인용하고 있다. 월운 강백의 전강 제자인 진원 좌주는 아주 어려서 선운사 운기 강백(운기 스님은 석전 박한영 강백의 전강 제자로서, 통도사 해남 좌주에게 전강한 당대 최고의 학승.) 회상에서 진계 선사의 찬주를 배웠다고 한다. 그러고 보면 찬주는 일찍부터 석전의 문하생 사이에서 유통되었음을 짐작할 수 있다.

교학의 학습을 게을리하면 '꿀 먹은 벙어리'가 될 것이고, 역으로 용궁보장을 종횡으로 엮는다 해도 체험이 없으면 '남의 말이나 흉내내는 앵무새'가 된다는, 그런 교훈을 우리는 용성 선사에게 배울 수 있다.

그러면 다음에는 용성 선사에게 있어서 깨달음이라는 소위 종교적인 체험이 어떻게 해서 일어나는지를 보기로 하자. 『수심론』의 「본종편」을 다시 보자.

> 대각응세 2911년 춘 삼월에 다시 양주군 보광사 도솔암에 와서 홀연히 心境(심경)이 공하여 能見所見(능견소견)과 能覺所覺(능각소각)이 없더라. 이 뒤로는 … 백만 아승지 모든 법이 하나도 이곳에 어리댈 수 없더라.
>
> 응세 2912년 추 구월에 전라도 순천군 송광사에서 삼일암에서 다시 깨달으니 '일면불 원면불'화두와 '無字(무자)' 화두가 煥然明白(환연명백)하여 의심이 없더라.[24)]

여기에서 용성 선사가 자신의 체험을 술회하고 있듯이, 깨달음이 현전(現前)하는 경계는 능(能)–소(所)가 사라진 경계이다. 진망화합식인 아뢰야식은 사태(事態)와 접촉하면 그 사태에 대한 인상(印象)을 자기 속에 그려두는 작용(作用)을 일으킨다. 그러는 순간 이 작용은 '파악하는 것[能取]'과 '파악되어진 것[所取]'으로 쪼개진다. 그리고는 이렇게 쪼개진 각각에 대하여 실재성을 부여하여, 그것을 각각 '보는 주관의 작용[能見相]'과 '보여지는 대상의 작용[境界相]'으로 잘못 인식하는 작용을 수반(隨伴)한다. 아뢰야식에는 이런 '허망분별(虛妄分別)'하는 작용이 있다. 그런데 바로 이 지점에 주목할 필요가 있다.

'능취'–'소취'[25)]의 작용이 일어나는 마음의 현상에는 여전히 상주불변하는 '진여(眞如)'가 상응(相應)하고 있다. 물론 '진여'는 '능취작용' – '소취작용'을 떠나서 별도로 있는 것은 아니다. 이들의 관계는 용성 선사 주18)에서 보여주듯이 "세 가지가 원융하여 총히 한 기틀(機)"인 것이다. 아뢰야식이 '능취' – '소취'로 쪼개지는 분별(分別)이 사라지고 일체의 생멸심이 공해지고 '진여'

24) 『修心論』의 「本宗篇」, 2丈–左葉.

25) '능취'와 '소취'는 그 관계양상이 대대(待對)적인 것이므로, 가운데 '–'를 넣어서 표기했음.

만이 오롯이 드러날 때에, 용성 선사의 표현을 빌면 "환연명백(煥然明白)"하게 되는 것이다.

이 경지가 되면 모든 분별망심이 다 사라져서 "은산철벽(銀山鐵壁)과 같아져서 더 나아감을 보지 못하고", 또 "일체 유위 무위의 모든 법이 하나도 이곳에 어리댈 수 없게 된다."

이런 경지를 『대승기신론』에서는 이렇게 말하고 있다. 같은 텍스트이지만, 화엄 교학을 좋아하는 필자의 '읽기'와 간화 납승의 '읽기'에는 저마다 특색이 있다. 이하에서는 양쪽의 '읽기'를 대비시켜, 두 가풍의 차이를 살펴보기로 한다. 이렇게 하면 우리는 용성 선사의 입장을 보다 분명하게 알 수 있다.

[화엄 교학가]

如菩薩地盡, 滿足方便, 一念相應. 覺心初起, 心無初相, 以遠離微細念故. 得見心性, 心卽常住, 名究竟覺.[26)]

보살의 수행단계를 다 마친 10地 보살은 모든 방편을 잘 활용하여 한 순간에 자기 전체의 법신과 하나 된다. 생 · 주 · 이 · 멸하는 마음 일어나는 첫 순간을 분명하게 알아차리니 (覺하는) 心에는 '初生의 相'조차 없다. 왜 그렇게 되는가 하면 미세한 망념조차 전혀 없기 때문에 심성(心性)을 보게 되는 데 심성이 상주불변하기 때문이다. 이를 궁극의 깨달음이라고 한다.

[간화 납승]

十地正士(십지정사)는 수행방편이 만족하야 一念(일념)이 能(능)히 覺(각)으로부터 相應(상응)되나니, 覺心(각심)이 初起(초기)하나 능히 覺(각)하기 전에 本覺心(본각심)은 初相(초상)이 無(무)한지라 微細念(미세념)을 멀리한 고로 本覺心性(본각심성)을 見(견) 할지니, 此心(차심)이 常住(상주)하여 生滅(생멸)이 本無(본무)하며 始覺(시각)과 本覺(본각)이 無二(무이)한 故(고)로 구경각이라 하니라. 〈용성 자신의 脚注; 이상은 心體(심체)를 依(의)하여 極微細(극미세)히 生(생)함을 覺(각)한 故(고)로 生相(생상)을 覺(각)함이니라.〉(백상규 역, 『대승기신론』, p.8)

---

26) 『대승기신론필삭기회편』권2(『한불전』8, 407a-c).

여기에서 '일념상응(一念相應)'에 대해 필자는 진계 선사의 『찬주』와 월운 강백의 『대승기신론강화』를 참조하여 "한 순간에 자기 전체의 법신과 하나 된다."고 석사(釋詞)했다. 한편, 용성 선사는 "一念(일념)이 能(능)히 覺(각)으로부터 相應(상응)되나니"라고 번역했다.

또 "覺心初起(각심초기), 心無初相(심무초상)"을 용성 선사는 "覺心(각심)이 初起(초기)하나 能(능)히 覺(각)하기 前(전)에 本覺心(본각심)은 初相(초상)이 無(무)한지라"고 하여 '覺心初起(각심초기)'에서 '覺心(각심)'을 명사형으로 보고 그 의미를 '本覺心(본각심)'으로 해석한 것이다. 반면에 진계 선사와 월운 강백과 필자는 '覺心初起'에서의 '覺(각)'을 '자각하다', '알아차리다'의 뜻을 가진 동사(動詞)로 보았다.

그러면 용성 선사는 왜 이렇게 보았을까? 그것은 용성 선사가 보기에 '각심' 자체에는 이미 일체의 미세 망념이 완전히 사라졌기 때문에 거기에는 생·주·이·멸하는 일체의 모든 법은 전혀 없다고 판단했기 때문이다.

용성 선사가 『수심론』의 「본종편」에서 표현한 바대로 "백만 아승지 모든 법이 하나도 이곳에 어리댈 수 없더라."인 것이다. '이곳'은 물론 '각심(覺心)' 자리를 지칭한다. 즉 용성 선사는 '각심(覺心)'이 초기(初起)하더라도, 그 '각심'에는 생멸심이 전혀 없다고 이해한 것이다. 그래서 용성은 『대승기신론』 본문에 없는 말이지만 "生滅(생멸)이 本無(본무)하며 始覺(시각)과 本覺(본각)이 無二(무이)한 故(고)로"라는 말을 임의로 삽입했던 것이다.

반면에 화엄학자들은 생·주·이·멸하는 생멸심을 관찰하는 공부 즉 관행(觀行)을 닦기 때문에 마음을 조용히 하여 만약 미세한 망념이 살짝 생기려고 하는 최초의 기미를 관찰하여, 그것이 무상하고 공함을 '알아차려' 거기에 집착하지 않는 수행을 한다. 그렇기 때문에 위와 같이 번역할 수밖에 없다. 이 점이 "의정(疑情)만 하고 별로 알음을 내지 말 것"(『수심론』, 23丈-우엽)을 강조하는 간화선 수행자와, 화엄 교학가의 수행법인 관행(觀行)이 갈리는 부분이다.

이상에서 검토한 바대로, 간화선자가 주장하는 '의정(疑情)'의 방법을 통하던, 아니면 화엄교가 주장하는 '관행'의 방법을 통하든, 능-소가 사라지면 '각성(覺性)'과 단박에 온전히 상응한다고 했다. 그렇다면 이렇게 상주불변하는 '각성'을 주장하는 법성의 철학사상은 불교의 핵심인 연기설을 부분적으로만 수용하는 것이 아닌가?

세간에서 말하는 '여래장 사상은 불교가 아니다'느니, 혹은 '원각사상은 불교가 아니다'느니 하는 비판으로부터, 과연 '법성'의 철학 사상은 자유로울 수 있는가? 이제부터 이 문제에 대한 대답을 용성을 통해서 찾아보기로 한다.

> **제자:** 금방 선생님께서 각이 본성이라 하시니 이것은 확정(確定)한 것이라 정한 법(定法)이 아닙니까? 그러면 대각께서 말씀하신 바 정한 법이 있음이 없는 것이 아뇩보리라 하신 것으로 크게 상위(相違)가 된 것이 아닙니까? 자세히 일러주십시오.

> **선생:** 그대가 보지 못하였도다. 능엄경에 말씀하사되 허공이 大覺(대각) 中(중)에서 나는 것이 바다에 한 물거품이 발하는 것과 같다 하시니 이것이 표시한 것이 아니고 무엇인고? 또 말씀하시되 한사람이 眞(진)을 발하여 근원에 돌아가면 시방허공이 다 녹아진다 하시니 그 근원성은 각이 아니고 무엇인고? 바닷물 짜운 맛이 종종명상이 없으되 사람이 이름 지어 짜다는 것으로 표시하는 것과 같이 우리의 心性(심성)이 종종명상이 없으되 强然(강연)히 이름 지어 覺(각)이라는 것으로 표시한 것이다. 각은 지혜로도 알 수 없고, 識(식)으로도 알 수 없는 것이다. 바닷물 짜운 것이 淸濁動靜(청탁동정)이 없어 전체가 짜운 것과 같아야 三界萬法(삼계만법)이 오직 覺(각)이니라.[27]

질문과 대답이 분명하므로 더 이상 설명을 붙일 필요가 없다. 다만 여기서 필자는 위의 비유에서 나오는 '허공'이 무엇을 의미하는지를 용성 선사의 '언설(言說)'로 분명하게 하는 정도로 그치고자 한다. 용성 선사는 이렇게 말하고 있다. "비유컨대 허공이 種種相(종종상)이 아니로되 종종상을 建立(건립)하는 것과 같다."(『수심론』, 5장-우엽)고 한다.

---

27) 『修心論』, 3丈-左葉.

이것으로 미루어보면, 용성 선사는 '각성(覺性)' 즉 '대원각체성(大圓覺體性)'의 상주불멸을 적극 옹호하고 있는 것을 알 수 있다. 그러나 이런 주장을 한다고 하여, 그런 주장을 하는 사람들이 소위 '각성(覺性)' 즉 '대원각체성(大圓覺體性)'이 연기(緣起)의 현상 밖에 있는 실체(實體)를 인정했다고 간주하여, 그것을 비불교(非佛敎)라고 비판할 수는 없다.

왜냐하면 이미 위에서도 누차 여러 부분에서 드러냈다시피, '법성'의 교학 체계에서는 총체적인 연기(緣起)의 현상 속에서, 법성 교학의 용어로 바꾸어 표현하면 법계연기(法界緣起)의 현상 속에서 '대원각체성(大圓覺體性)'을 논하기 때문이다.

필자가 이렇게 말하면, 혹 어떤 반론자는 법성의 교학 체계에서는 연기의 현상 속에 내재하는 불변의 '대원각체성(大圓覺體性)'을 인정하는 것이 아니냐고 반론할 수 있을 것이다. 이런 반론에 대하여 필자는 '대원각체성(大圓覺體性)'은 '무위법(無爲法)'의 범주에 속하는 것이고, '무위법(無爲法)'은 역사상의 석가세존 당시부터 거론되었다고 대답할 것이다. '언어'로 거론되고 '문자'로 표기되었다고 해서, 그렇게 하는 그들이 '무위법(無爲法)'을 실체화했다고 비난받을 수는 없다.

왜냐하면 용성 선사도 누누이 강조하고 『대승기신론』에서도 밝혔다시피, '대원각체성(大圓覺體性)'은 '언설(言說)'·'문자(文字)'·'심연(心緣)'의 상(相)을 떠나[離]있음을 명확하게 인지하고, 타인에게도 그렇게 말하고 있다. 그렇다고 다시 반론자들이 '제법무아'와 '제행무상'의 법인(法印)을 거론하여, '일체의 법'과 '일체의 행'의 범주에 '무위법'을 배속시킨다면, 즉 무위법조차도 '무아'이고 '무상'이라고 하는 그들이야말로 외도(外道)이다. 불교는 무위법인 열반을 추구하는 **종교**이다.

3. 『각해일륜』에 드러난 용성의 불교사상

『각해일륜』은 대각 응세(應世) 2956년(서기 1930년)[28] 기사(己巳)년 3월 15

일 대각교당(大覺敎堂)에서 발행하였는데, 이 책은 『용성대종사전집』 제6집의 1쪽부터 221쪽까지에 영인되어 실려 있다. 또 『용성대종사전집』 제6집에는 1979년에 활자로 출판된 『각해일륜』 전4권(서울: 대중불교장학회, 1979년)을 영인하여 실어놓았다. 이 책에서는 1979년판을 대본으로 했다.[29] 그 밖에 또 정산(正山) 안영봉(安英鳳)이 「머리말」을 붙여 프린트본으로 유포한 『각해일륜』(세존응화 2988년; 서기 1961년)도 있어서 곁으로 참조하였다. 그런데 이 프린트본에는 「육조단경 요역」 부분은 없다.

『각해일륜』 전4권의 제1권과 제2권은 교학(敎學) 이론에 입각하여 인간을 비롯한 세계의 생명이 생기(生起)하는 유래를 설명한 것이고, 제3권은 선 수행에 필요한 긴요한 지침으로 「수심정로(修心正路)」라는 편명이 붙어 있고, 제4권은 부록으로 『육조단경』의 요점을 추려서 한글 번역하고 강화(講話)한 「육조단경 요역」이다.

이 중 제3권에 대해서는 앞에서 본 문선희의 논문에서 중요한 문제를 거의 언급하였고, 또 그 논문에 대한 필자의 입장을 위에서 약간 피력했으므로 여기에서는 생략한다.

그렇지만 꼭 언급해 둘 부분이 있는데, 그것은 『각해일륜』의 초판은 1930년에 나왔지만, 이 책에 실린 「수심정로(修心正路)」는 이미 용성 선사의 59세(1922년)에 단행본으로 출간되었다는 점이다. 이 사실이 왜 중요하냐 하면, 용성 선사는 1936년에 『修心論(수심론)』(京城府: 대각교 중앙본부)을 출판하기 때문이다.

---

28) 불기(佛紀)를 표기하는 방법이 둘이 있다. 하나는 북방 불교의 방식으로 『주서이기(周書異記)』에 의해 주(周)나라 소왕 26년 갑인년(기원전 1027년) 음력 4월 8일을 화신 석가 세존의 응화(應化) 원년으로 기산(起算)하는 방법이다. 다른 하나는 남방 불교의 방식으로 『중성점기(衆聖點記)』에 의해 석가세존께서 열반에 드신 기원전 485년 음력 2월 15일을 기준하여 세존 없이 제자들만이 하안거를 보낸 그날부터 불기 1년으로 삼는 방식이다. 신규탁, 『때 묻은 옷을 걸치며』(서울: 정우서적, 2009), pp.115~116 참조.

29) 『용성대종사전집』을 영인 편집함에 있어, 原 판본의 페이지를 없애고, 새롭게 일련번호를 부여한 경우가 있다. 흩어진 자료를 한 곳에 모아 귀중한 자료의 유실을 방지했다는 점에서는 이 전집이 매우 가치 있다. 그런데 용성 자신의 작품과 그렇지 않은 작품을 구별할 필요가 있다. 또 원 자료의 쪽수를 비롯하여 각종 刊記를 원래대로 영인했으면 하는 아쉬움도 있다.

이 책은 「본종편(本宗篇)」, 「병을 간택함」, 「무짜화두병」, 「화두에 의심을 내지 아니하는 병」, 「화두에 의심을 얻었을지라도 지견에 빠지면 병 됨」, 「心工(심공)을 닦는 정로(正路)」, 「대각교 지취(旨趣)」, 「화두법」으로 구성되었다. 이 책의 편명이 보여주듯이, 선(禪) 수행에 관한 지침서이다. 이 책은 『수심정로(修心正路)』와 『심조만유론(心造萬有論)』과 『청공원일(晴空圓日)』과 더불어 용성의 선(禪) 사상을 연구함에 있어 필독도서이다.

그 중에서도 「본종편(本宗篇)」은 특히 주목해야 한다. 이 편명(篇名)이 보여주다시피 이 부분에서 용성 선사의 '본종(本宗)' 즉 자신이 설립한 '대각교(大覺敎)'에서 말하는 '각(覺)' 내지는 '각성(覺性)'을 단적으로 제시하고 있다. 동시에 용성 선사 자신이 '각(覺)'한 내력을 소상하게 적어 공개하고 있기 때문이기도 하다. 이 부분의 문제는 다시 뒤에서 논하기로 한다.

그러면 『각해일륜』의 제1권과 제2권에서 보여주는 교학(敎學)에 대한 용성 선사의 입장을 살펴보도록 하자. 교학에 대한 용성 선사의 입장은 『화엄경』의 '일심연기(一心緣起)' 사상과, 『기신론』의 '일심(一心) 이문(二門)' 사상과, 『능엄경』 및 『원각경』의 '원각묘심(圓覺妙心)' 사상에 바탕을 둔 '법성(法性)의 철학'이다.

용성 선사가 이런 사상을 접하게 된 것은, 당시 조선 불교계의 전문 강원에서 사용되던 '이력(履歷)'과 밀접한 관계가 있다. 운허 강백의 설에 따르면 이런 이력 과정은 벽계 정심(碧溪正心)[30] 선사로부터 시작하여 백암 성총(栢庵性聰; 1631~1700) 선사에 이르러 정착하게 된다고 한다.[31]

백암 성총 선사는 숙종 7년(1681년) 서해의 임자도(荏子島)에 표류한 선박에서 190여 권에 달한 경전을 입수하고, 그것을 판각하고 숙종 21년에 전남 순천 선암사 창파각(滄波閣)에서 화엄 대법회를 개설한 뒤로, 전(全) 조선 땅에는 '화엄교학 르네상스'가 일어났다. 『기신론 필삭기』, 『금강경 간정기』, 『화

30) 벽계 정심(碧溪正心) 선사는 조선 태종(재위 1400~1418) 때에 정부의 불교 탄압으로 강제 환속 되셨는데, 그 과정에서도 선(禪)으로는 제자 지엄(智嚴) 선사를 만나 그 법을 전했고, 교(敎)로는 제자 정련 법준(淨蓮法埈)을 만나 그 법을 전수했다.

31) 운허 용하, 『불교사전』, 서울: 동국역경원, 1961, p.710.

엄경 회현기』, 『화엄경 청량소』, 『대명법수』, 『치문』, 『정토보서』 등 총 5,000여 판에 달하는 판각을 조성하여 인행(印行)하였다.

거기에다 조선 초에는 이미 규봉 종밀의 『원각경대소』, 온릉 계환의 『능엄경요해』가 언해본으로 보급되었고, 그 후에도 장수 자선의 『능엄경의소주해』와 교광 진감의 『능엄경정맥소』가 중국으로부터 전래되었다.

게다가 설파 상언(雪坡尙彦; 1707~1791), 연담 유일(蓮潭有一; 1720~1799), 인악 의첨(仁岳義沾; 1746~1796), 백파 긍선(白坡亘璇; 1767~1852) 등 기라성 같은 화엄종장들이 출세하여 각종 사기(私記)와 은과(隱科) 등을 저술하였다.

이런 분들에 의해서 『4집』, 『4교』, 『대교』 등의 '이력과정(履歷課程)'이 정비되게 되었다. 이로 인하여 특히 교문(敎門)에서는 『능엄경』, 『기신론』, 『금강경』, 『원각경』, 『화엄경』, 그리고 선문(禪門)에서는 『경덕전등록』과 『선문염송』 등이 그 주석서와 함께 널리 읽히게 되었다.

용성 선사도 바로 이런 조선의 독서계로부터 영향을 받았고, 이런 영향은 용성의 여러 저술에 드러난다. 다만 여기에서 특별하게 적어두는 것은 용성은 이런 책을 보고 깨친 것이 아니라, 깨닫고 나서 이런 책들을 읽었다는 점이다. 그것도 '의심하는 공부'를 하다가 깨친 것이다.

이렇게 깨침을 체험한 뒤에 용성 선사는 위에서 거론한 당시 유행하던 경전을 혼자 읽은 것이다. 그는 이미 출가 전에 한문에 대해서 상당한 소양을 갖추고 있었다. 조선시대 승려들 중에는 보기 드문 반가(班家)의 자제였다. 그런데 선사 자신도 분명하게 밝히다시피 교(敎)를 중심으로 하는 수행자는 아니었다. 다음을 보자.

> 만약 참다운 화엄종이라면 화엄경을 보기도 하려니와 첫째로 법계 삼관을 닦아야 참다운 화엄종이라 할 것이며, 만약 참다운 법화종이라 한다면 공·가·중 삼관을 닦아야 할 것이며, 원각경이나 모든 경은 다 그 가운데 관법이 있으니 그 경을 좇아 관법을 닦아야 할 것이다. … 나는 본래 교종이 아니므로 요점만 위하여 간략하게 설명한 것이다."[32]
>
> * 밑줄은 필자가 임의로 붙인 것임.

이런 연유로 해서 용성의 교학사상은 자신의 말 그대로 "요점만 위하여 간략하게 설명한 것"이다. 때문에 교학의 특히 당시 화엄의 교학가처럼 경전의 판석(判釋)과 석사(釋詞)에 대해서는 별 관심을 보이지 않고 오직 내용 파악에만 주목한다.

그럼에도 불구하고 용성 선사는 화엄의 교학가들이 건립한 '법성(法性)'의 철학 사상을 정확하게 이해하고 있다. 이하에서는 『각해일륜』에 근거하여, 그의 교학 사상을 간략하게 소개하기로 한다.

용성 선사는 기본적으로 『능엄경』에 나오는 상주불멸하는 '묘명진심(妙明眞心)'이 온 우주와 온 생명의 근원이라고 이해하고 있다. '묘명진심'은 위에서도 언급한 대로 '원묘각성(圓妙覺性)'이라고도 부르고 '대원각성' 내지는 '진각', '묘각' 등의 다양한 이름으로 불린다.

그런데 이 "묘명진심이 본분을 지키지 아니하고 너무 밝아서 경거망동함으로, 참 밝은 성품이 망령되이 밝아져서 어두운 마음으로 화하나니 이것이 무명이 되는 것이다. 비유하면 청정한 바닷물이 외면으로 보면 일정하게 동하지 아니하나 안으로 미세하게 잠복하여 흘러 머물지 아니한 것과 같아서, 묘명진심이 미세한 인연을 발생하는 것도 이와 같다. 이렇게 미세하게 동요하는 것을 아뢰야식이라 한다."[33]

그리고 "이것이 모두 묘명진심으로부터 아뢰야식이 되고, 아뢰야식으로부터 완공이 되며, 완공으로부터 어두운 기운과 밝은 기운이 서로 마주치면 그 사이에서 바람이 나는 것이다."[34]

그리고 "대저 움직여 동하는 그것이 바람도 되고 나무도 되는 것이니 이 搖風陽木(요풍양목)이 陰土(음토)와 배합하여 그 둘 사이에서 음금양금(陰金陽金)이 생하고, … 그러므로 五行(오행)이 相生(상생)하여 만물이 생성하고, 오행이 相剋(상극)하여 만물이 掃蕩(소탕)하는 것이다."[35]

32) 『각해일륜』, p.163.
33) 『각해일륜』, p.44.
34) 『각해일륜』, p.46.
35) 『각해일륜』, p.47.

용성 선사의 이런 견해는 『능엄경』의 세계 생기설(生起說)을 요점적으로 추려서 그대로 옮겨 놓은 것임을 알 수 있다. 다만 『능엄경』과 다른 점은, '음양오행설'을 가미한 것이다. 한편, 중생계의 생명체가 생기하는 것에 대해서 앞에서 이미 살펴본 대로 『기신론』의 일심(一心), 이문(二門), 삼세(三細), 육추(六麤) 사상을 가지고 설명하고 있다. 또 태, 란, 습, 화 등의 12류(類) 중생들이 생기하는 것은 『능엄경』의 사상에서 요점을 따온다.[36)]

여기에서도 '중음신(中陰神)'의 존재를 설명하는 부분은 『능엄경』에는 없는 부분이지만, 용성 선사는 '중음신'의 존재를 설명하여 당시의 세상에 유포되던 불교의식인 '49재 천도의식'의 이론적 근거를 제공한다.[37)]

용성 선사는 요즈음 선사와는 달리, '관상염불(觀相念佛)'을 하는 수행이라든가,[38)] '주문(呪文)'을 지송하는 수행이라든가,[39)] 화엄교학가의 각종 '관법(觀法)' 수행이라든가,[40)] 천태의 '삼관' 수행이라든가,[41)] 소승의 '사선 팔정' 관법과[42)] '4념처관' 내지 '수식관'이라든가,[43)] 심지어는 '임종염불' 까지도 포용하여,[44)45)] 심지어는 독성(獨聖)도 무루묘각(無漏妙覺)을 증득하여 그 지혜와 신통과 변화가 불가사의하다고 포용한다.[46)]

이렇게 용성 선사는 "대각성인이 무수한 방편으로 중생을 인도하신다."[47)]는 '포용적 입장'을 가지고 있다. 그러면서도 자신은 "그러나 나는 대각께서 傳授(전수)하신 別傳宗旨(별전종지)를 믿어 수행한다."[48)]고 하여 선승의 면모를

36) 『각해일륜』, pp.118~148.
37) 『각해일륜』「중음신을 辨明함」, pp.82~86.
38) 『각해일륜』, p.163.
39) 『각해일륜』, pp.156~157.
40) 『각해일륜』, pp.160~162.
41) 『각해일륜』, p.162.
42) 『각해일륜』, pp.149~153.
43) 『각해일륜』, pp.149~153.
44) 『각해일륜』「병자를 보호하여 영혼을 천도할 것」, pp.146~148.
45) 『각해일륜』, pp.144~145.
46) 『각해일륜』, p.159.
47) 『각해일륜』, p.163.
48) 『각해일륜』, p.153.

잃지 않고 있다. 그리하여 용성 선사는 "본래 스스로 구족한 대원각성을 깨쳐 영겁에 생사고해를 면하고 천상 인간의 큰 법왕이 되어 광제 중생하는 것이 우리의 목적이다."[49]라고 한다. 불도 수행의 궁극적 목적은 동일하지만 그곳에 도달하는 길의 다양성을 열어놓으면서도, 자신의 입장을 분명하게 하는 분이 용성 선사이다.

용성 선사는 팔만사천의 방편을 하나도 버리지 않으면서, 선승으로서의 자신의 본분을 엄전하게 지켰다. 염불당을 부수거나 간경을 홀대하는 모습이란 용성 선사의 가풍에는 찾아 볼 수 없다. 경전에 관한 지식도 해박하고, 그것을 다시 요점으로 간략하게 남에게 설명도 잘 하고 있다. 이런 점을 지금의 대한불교조계종은 주목할 필요가 있다.

간경과 염불과 참선은 한국불교의 중요한 전통이다. 고려말-조선초를 거치면서 '태고법통설'이 정착하게 됨에 따라, 생리적(生理的) 계보로는 태고 보우를 기점으로 계대(繼代)를 하면서도, 이념적(理念的) 계보로는 선의 계보도 있었고, 염불의 계보도 있었고, 화엄교학의 계보도 있었다.

이런 조선불교의 전통은 조선 경종3년(1723년) 전남 곡성 도림사에서 지환(智還) 선사가 『범음집(梵音集)』을 편찬하고, 다시 조선 순조26년(1826년) 순창의 구암사 사문이신 백파 선사가 편찬한 『작법귀감』을 거쳐, 다시 1935년에 용문사의 안진호 강백의 『석문의범』에 전승된다. 이런 면에서 『각해일륜』에서 보여주는 용성 선사의 '포용적 입장'은 조선 불교의 주류에 맞닿아 있음을 알 수 있다. 뿐만 아니라 용성 선사의 '법성(法性)' 철학은 동북아시아 불교의 핵심적 주류와도 연결되어 있다.

4. 『육조단경 요역』에 드러난 용성의 불교사상

용성 선사가 수행가로서 또 종교운동가로서 세상에 나오게 된 데에는 현재 경기도 파주군(당시는 양주군) 광탄면 영장리(靈場里)에 위치한 고령산 보광

---

49) 『각해일륜』, p.165.

사(普光寺; 당시의 寺名은 古靈寺)와 밀접한 인연이 있다.

용성 선사는 대각 응세 2910년(서기 1884년, 용성 선사 21세) 4월 8일 보광사에서 『육조단경』을 열람한다.[50] 그 해 가을 용성 선사는 금강산을 오가면서 공부에 힘써 의심이 사무쳐 '은산철벽(銀山鐵壁)'의 심정을 체험한다. 그러고 나서 그 이듬해 춘 3월에 고령산 정상에 있는 도솔암에서 '능(能)-소(所)'가 사라진 상태를 체험한다.

이 시기에 용성 선사는 의성 고운사에 주석하던 수월 화상(水月 和尙; 1855~1928)에게서 배운 『대비주(大悲呪)』를 열심히 '지송(持誦)'했다. 이러고 보면 용성 선사의 불교적 깨침의 체험에는 『대비주(大悲呪)』 주력(呪力)과 『육조단경』 열람이 큰 계기가 되었음을 알 수 있다.

그 중에서도 보광사에서 처음 접한 『육조단경』에 대해서, 용성 선사 자신이 말하기를, "이제 우리 大覺敎(대각교)의 精神骨髓(정신골수)로 삼아 광제중생하기를 목적하고 이 경(=『육조단경』)을 번역한다."라고 한 걸 보면, 용성 선사가 이 경을 매우 중요하게 여기고 있었음을 알 수 있다.

이하에서는 용성 선사가 번역한 『육조단경』을 소재로 하여, 그 번역 속에서 용성 선사만이 갖고 있는 『육조단경』에 대한 견해들을, 비록 그것이 '단편적'이기는 하지만, 찾아보려고 한다. '단편적'일 수밖에 없는 까닭은 번역이었기 때문에 번역자 자신의 철학적 입장을 개입시킬 수 있는 여지가 적기 때문이다.

비록 그렇다고 하더라도 매우 부분적이기는 하지만, 용성 선사는 『육조단경』을 번역하면서 자신의 견해를 촌평(寸評) 형식으로 드러내고 있다. 또 '조선글'로 번역하면서 번역 용어를 선택하는 과정에서 용성 선사 자신만의 특색도 드러내고, 또 번역의 편제에서도 원문(原文)을[51] 다시 편차(編次)한다. 이런 곳에서도 용성 선사의 생각을 엿볼 수 있다.

필자는 바닷가의 모래밭에서 귀한 조약돌을 줍는 심정으로 용성 선사의

---

50) 1950년대에서 1970년대 사이에 보광사와 도솔암에 주석하며 가람 수호 및 수도를 하신 성파 도형(현재 서울 홍제동 기원정사 주석, 선학원 원장 역임) 선사의 증언에 따르면, 당시 이 절에는 『반주삼매경』 경판을 비롯하여 고서들이 많이 있었다고 한다.

51) 용성 선사가 보았던 『육조단경』의 대본은 「덕이본(德異本)」임.

『육조단경』 번역문을 검토하면서 이 책에 대한 용성 선사의 고유한 이해 방식과 내용을 찾으려 했는데, 혹시 그것이 '침소봉대'가 되지 않을까 염려도 된다. 그러면서도 한 사상가의 사상적 특징을 찾기 위해서는 섬세함이 지나쳐서 때로는 소심해질 필요도 있다고 자위해 본다.

1) 『육조단경』과의 만남

앞에서도 살짝 언급했듯이, 용성 선사는 고령산 보광사 도솔암에서, 1884년(세존 응화 2910년)에 '은산철벽'이 되는 경지를 체험하고, 다시 그 이듬해 춘 삼월에 '능(能)-소(所)'의 대립이 사라지는 체험을 하게 되었다.

그러면 이러한 체험들은 과연 어떤 계기(혹은 방법)에서 얻게 되었는가? 필자의 연구 조사에 의하면, 마음이 '은산철벽'을 대하듯이 일체의 사량분별이 쉬어지는 체험 공부는 『천수(千手)』와 『육자주(六字呪)』의 '지송'을 통해서 얻었다. 그리고 '능(能)-소(所)'의 대립이 사라지는 체험은 『육조단경』에 나오는 "나에게 한 물건이 있는데, … 이것이 무엇인가?"라는 구절을 화두(話頭)로 삼아, 이 화두에 마음을 집중하여 오직 '이것이 무엇인가?' 의심했고, 이 의심이 계기(혹은 방법)가 되어 그런 체험을 했던 것이다. 용성 선사는 『수심론(修心論)』(1936년 출판)에서 이렇게 술회하고 있다.

> 나는 본시 선생이 있어서 공부하는 법을 받은 것이 아니다. 내가 홀연히 한 생각이 일어나되 이 천지 세계가 무엇으로써 근본이 되었는고 … 본래 공하여 한 물건도 없더라. 나는 이때에 선지식도 보지 못하였으며, 모든 경전과 어록도 보지 못하였다. (1)다못 선생에게 배운 것은 『千手』와 『六字呪』 뿐이라. 9개월 동안 남북으로 다니며 참참이 지송하다가 대각 응세 2910년(서기로 환산하면 1884년) 추 팔월에 금강산에 들어가 두루 구경하다가 내가 다시 공부를 더욱 힘써 하되 은산철벽(銀山鐵壁)과 같아져서 더 나아감을 보지 못하였다.
>
> (2)대각응세 2911년 춘 삼월에 다시 양주군 보광사 도솔암에 와서 홀연히 心境(심경)이 공하여 능견소견(能見所見)과 능각소각(能覺所覺)이 없더라. 이 뒤로는 … 백만 아승지 모든 법이 하나도 이곳에 어리댈 수 없더라.

(3)응세 2912년 추 구월에 전라도 순천군 송광사 삼일암에서 다시 깨달으니 '일면불 월면불' 화두와 '無字(무자)' 화두가 환연명백(煥然明白)하여 의심이 없더라.

(4)대각 응세 2913년 추 팔월에 낙동강을 건너갈새 한 구를 지으니

금오에 천추달이요,	金烏千秋月
낙동강에 만리파로다.	洛東萬里波
고기 잡는 배는 어느 곳으로 갔는고,	漁舟何處去
의구히 갈대꽃에서 자더라.	依舊宿蘆花[52]

* 문단 나누기와 밑줄은 필자가 첨가.

위의 인용문에 나온 (1)과 (2)의 체험이 바로 고령산에서 있었던 것이다. 그 중에서 (1)에서는 『천수』와 『육자주』 '지송'을 통하여 은산철벽(銀山鐵壁) 상태를 체험하는 공부를 했고, (2)에서의 공부는 『육조단경』과 밀접한 관계가 있다. 이렇게 주장하는 근거는 이즈음에 용성 선사가 고령산 보광사에서 『육조단경』을 만났기 때문이다.

> 용성이 초년에 발심하여 단포자일 납자로 청천에 뜬 학과 같이 사해 팔방을 훨훨 다니다가 대각 응세 2910년 4월 8일에 경기도 양주군 고령사에서 비로소 『단경』을 얻었다. 그 후로 이 경을 선생으로 삼아 도를 닦아 왔었다.
> 이제 우리 대각교의 精神骨髓(정신골수)로 삼아 광제중생 하기를 목적하고 이 경을 번역한다.[53]

『각해일륜』 전4권의 「제4권. 부록」으로 실린 『육조단경 요역(六祖壇經 要譯)』은 1930년 3월 15일자로 대각교당(大覺敎堂)에서 발행된다. 이 인용문에서 보다시피, 용성 선사는 『육조단경』을 '대각교' 정신의 골수로 삼고 있음을 알 수 있다. 용성 선사는 (2)에서처럼 도솔암에서 '능-소'가 사라진 상태를

52) 백용성, 『修心論』, 1丈 左葉-2丈 右葉.
53) 백용성, 「六祖壇經 要譯」 『각해일륜』, 대중불교장학회, 1979년판, p.242.

체험했음을 고백한다. 그러면 이 당시에는 무슨 수행을 해서 이런 체험을 얻었는가? 이에 대한 대답 역시 필자는 (1)에서처럼, 『천수』와 『육자주』를 지극 정성으로 '지송'하면서 그리고 『육조단경』의 '이 물건이 무엇인가?' 화두를 참구했다고 생각한다.

보광사에서 금강산을 넘다들던 당시에는 아직 '무자' 화두 공부를 했다고 보기는 어렵다. 무슨 근거로 이렇게 말하는가 하면, 『각해일륜』이 출간된 해는 1930년이다.

이 해보다 약 8년 앞선 용성 선사 59세 시절(1922년)에 출간된 『수심정로』에는 아직 '무자' 화두 이야기는 거의 보이지 않는다. 『수심정로』에서는 '시심마(是甚麽)' 화두(話頭)로 일관한다. 이 화두는 "이 물건이 무엇인가? 이와 같이 의심할지어다."라고 용성 선사 자신이 밝히고 있듯이[54], 『육조단경』과 관련된 '의심공부'이다.

'무자' 화두 공부에 대한 이야기는 용성 선사 73세(1936년)에 출간된 『수심론(修心論)』에서 등장한다. 이 책은 경성부(京城府)에 있던 '대각교 중앙본부'에서 출판한 것으로, 「본종편(本宗篇)」, 「병을 간택함」, 「무짜 화두병」, 「화두에 의심을 내지 아니하는 병」, 「화두에 의심을 얻었을지라도 지견에 빠지면 병됨」, 「심공(心工)을 닦는 정로(正路)」, 「대각교 지취(旨趣)」, 「화두법」 등으로 구성되어 있다.

'무자' 화두 공부는 위의 인용문 (3)에서 고백하다시피, 순천 송광사에서 있었던 것이다. 이로써 용성 선사는 일체의 의심이 다 녹아 내렸던 것이다.

마지막 인용문 (4)에서는 자신의 체험을 시로 표현한 것이다. 여기에서 필자의 주목을 끄는 것은 1884년과 1885년 사이의 행적이다. 용성 선사 21세 시절(1884년 4월)에 보광사에서 『육조단경』을 만나고, 이 경을 만나기 9개월 전에 즉, 용성 선사 20세에(1883년 여름 전·후)는 『천수』와 『육자주』를 '지송'한다.

그리고 다시 용성 선사 22세 시절(1885년 3월)에 도솔암에서 '능(能)-소(所)'가 사라지는 경험을 한 것이다. 용성 선사가 나이 20~22세 시절 약 3년간의

54) 백용성, 「수심정로」 『각해일륜』, 대중불교장학회, 1979년판, p.183.

세월이 관건이다. 이 시절에 무슨 공부를 했는가? 이 시절의 공부는 『천수대비주』 '지송'과 『육조단경』을 스승으로 삼아서 공부를 했던 것이다.

인용문 (1)에서 용성 선사는 '은산철벽'의 상태를 경험했다고 회상하는데, 이런 상태는 마음이 대상 경계에 대하여 일체의 사량분별을 내지 않지만 그러면서도 마음이 총명하게 깨어있는 집중 상태이다. 용성 선사는 『천수대비주』와 『육자주』 '지송'을 하면서 이와 같은 마음의 집중 훈련을 익혔다. 이렇게 '은산철벽'이 되는 집중 훈련의 힘이 개발되고, 이렇게 개발된 힘을 가지고 『육조단경』에서 말하는 다음의 화두를 참구하여 깨침을 얻었다. 즉, 『육조단경』의 다음 화두를 참구해서 확철대오를 한다.

> 육조대사께서 말씀하시되 "나에게 한 물건이 있는데 위로 하늘을 받치고 아래로 땅을 괴었으며, 밝은 것은 일월과 같고, 검기는 칠통과 같아서, 항상 나의 동정하는 가운데에 있으니 이것이 무슨 물건인가?" 하시며, 또 육조대사께서 회양 선사를 대하여 물어 이르되, "무슨 물건이 이렇듯 왔는가?" 하시니 회양 선사는 이를 알지 못하여 8년 동안 궁구하다가 확철대오하였으니 이것이 화두하는 법이다.
>
> … 〈필자 임의 생략〉 …
>
> 이것이 무슨 물건인가? 하고 단지 의심하여 볼지어다. 추호라도 달리 아는 마음을 내지 말고 단지 의심이 큰불덩어리 같이 의심만 할지어다. 단지 은산철벽 같이 하여 발을 붙이지 못할 곳을 향하여 뚫어 들어갈지어다.[55]

여기에서 보다시피, 용성 선사가 '확철대오' 하게 된 것은 『육조단경』에 나오는 "이것이 무슨 물건인가?"하는 의심 공부를 통해 얻은 결과이다.

그리고 화두를 참구하는 마음 자세는, 마치 마음이 '은산'이나 '철벽'을 대하는 것처럼 마음이 향하는 대상 경계에 대하여 분석하거나 그것을 알려 해서는 안 된다. '은산철벽'이란 천애의 절벽인데, 앞에 가로놓여 더 이상 앞으로 갈

55) 백용성, 「수심정로」 『각해일륜』, 대중불교장학회, 1979년판, pp.184~185.

수 없는 상태를 비유한다. 모든 사량분별이 더 이상 밖으로의 지향작용(指向作用)이 멈춘 상태를 뜻한다. 그저 의심만이 사무치는 심정을 선사들은 이런 비유를 통하여 토로하고 있다.

다음으로 '능(能)-소(所)'가 사라진다는 것은 무슨 경지인가? 이 문제는 인간의 인식 내지는 지식 이론과 관계되어 있다. 동북아시아의 불교권에서는 이 문제를 '아뢰야식설'로 해석하고 있다. 이 내용에 대해서는 본 장의 주25) 부분의 본문에서 설명했으니 그것을 다시 참조하기 바란다.

이상과 같은 종교적인 체험이 바로, 고령산 보광사와의 인연에서 일어나게 되었던 것이다. 그리고 그곳에는 『천수대비주』 '지송'과 『육조단경』과의 인연이 핵심이다.

그런데 용성 선사 자신도 밝히다시피, 『천수대비주』를 열심히 '지송'하여 업장을 소멸했고, 이와 함께 『육조단경』을 스승 삼아 그 책에서 나오는 '이 한 물건'을 사무치게 의심해서 불교적인 체험을 하게 되었던 것이다. 사실 한국의 불교계에 『육조단경』과 관련하여 종교적인 체험을 한 고승들은 많이 있다. 이와 더불어 『육조단경』에 관한 연구는 한국의 학계에 많이 보고되어 있다.[56] 그것을 일일이 여기에서 반복할 필요는 없을 것이다. 왜냐하면 이곳에서는 『육조단경』의 내용이 무엇인가를 분석하고 평가하는 것을 목적으로 하는 것은 아니기 때문이다.

여기에서 필자가 주목하려는 핵심은, 용성 선사가 『육조단경』을 어떻게 이해하고 있는가이다. 이 문제를 해결하기 위한 방법으로는 용성 선사가 번역한 『육조단경 요역』을 문헌적 자료로 삼아, 그 속에 나타난 용성 선사 자신만의 독창적인 '해석(解釋)'이 무엇인가를 찾아보려고 한다. 이와 더불어 『육조단경』의 어느 부분에 용성 선사가 주목을 하고 있는지도 겸하여 검토하려 한다.

---

56) 김지견 편, 『육조단경의 세계』, 서울: 민족사, 1989.

2) 『육조단경 요역』과 『덕이본 육조단경』

『육조단경』은 여러 판본이 있는데,[57] 당시 조선에서는 『덕이본(德異本)』이 주로 유통되었다. 용성 선사가 번역의 대본으로 삼은 것도 『육조단경 요역』을 살펴보면 역시 『덕이본』임을 알 수 있다. 먼저 아래의 표를 통하여 우리는 용성 선사가 『육조단경』을 어떻게 요약해서 번역했는지를 알 수 있다. 이 표에서는 제목을 대조하였다.

〈표4. 『육조단경 요역』과 『덕이본 육조단경』 대조〉

	『육조단경 요역』	덕이본 『육조단경』
1	단경을 역술하여 본교에 전도과로 한 이유를 설명함	해당 사항 없음
2	육조성사께서 법을 받으신 역사	제1. 悟法傳衣(오법전의)
3	마하반야경의 제목을 강론함	
4	공덕과 복덕이 다름을 설명	제2. 釋功德淨土 (석공덕정토)
5	안락세계가 있느냐 없느냐 하는 것	
6	정과 혜가 일체	제3. 定慧一體(정혜일체)
7	심공하는 데 용심하는 것	제4. 教授坐禪(교수좌선)
8	오분법신향을 전수하는 것	제5. 傳香懺悔(전향참회)
9	무상 참회를 주는 것	
10	네 가지 큰 서원을 발하는 것	
11	3신이 일체임을 설명	
12	모든 근숙 정사들이 참청하는 것	제6. 參請機緣(참청기연) 제7. 南頓北漸(남돈북점) 제8. 唐朝宣詔(당조선조) 제9. 法無對示(법무대시) (용성 선사는 제9를 생략)
13	성사께서 열반하시는 것	제10. 咐囑流通(부촉유통)

57) 김지견 편, 『육조단경의 세계』, 민족사, 1989년. 이 책에는 각종 판본 및 조선간본의 유통에 관한 연구 성과가 소개되어 있다. 이와 더불어 駒澤大學禪宗史研究會編, 『慧能研究』, 東京: 大修館書店, 昭和53年(1979)을 참조하면, 각 본에 대한 변천을 알 수 있다.

이하에서는 양 본을 대조하면서 용성의 『육조단경』 번역을 검토하기로 한다. 순서는 『육조단경 요역』을 기준으로 한다.

(1)단경을 역술하여 본교에 전도과로 한 이유를 설명함

이 부분에서는 『육조단경 요역』(이하 『요역본』)을 출판하는 이유를 밝히고 있다. 그 내용은 위에서 본 바와 같다. 즉, "용성이 초년에 발심하여 단포자일 납자로 청천에 뜬 학과 같이 사해 팔방을 훨훨 다니다가 대각 응세 2910년 4월 8일에 경기도 양주군 고령사에서 비로소 『단경』을 얻었다. 그 후로 이 경을 선생으로 삼아 도를 닦아왔었다. 이제 우리 대각교의 정신골수(精神骨髓)로 삼아 광제중생 하기를 목적하고 이 경을 번역한다." 『육조단경』은 용성 선사가 『천수대비주』를 만난 뒤, 최초로 읽은 불교 서적이다.

(2)육조성사께서 법을 받으신 역사

【1】

[요역본 p.243] 覺性(각성)이 본래 청정하니 다만 이 마음을 쓰면 바로 정각을 성취하여 마쳤느니라.

[덕이본] 菩提自性, 本來清淨, 但用此心, 直了成佛.

[평가] '보리자성(菩提自性)'을 '각성(覺性)'으로 해석.

【2】

[요역본 p.244] 온 뜻은 정각을 구하고, 다른 물건은 구하지 아니 하나이다.

[덕이본] 遠來禮師, 惟求作佛, 不求餘物.

[평가] '作佛(작불)'을 '正覺(정각)'으로 해석. 용성 선사는 '佛(불)'을 '覺(각)'으로 해석함. 이런 해석어의 선택은 용성 선사의 다른 저서에도 일관되게 나타난다.

【3】

[요역본 p.245] 사람에게는 남북이 있다고 하려니와 靈覺性(영각성)은 어찌

남북이 있으리요.

[덕이본] 人雖有南北, 佛性本無南北.

[평가] '佛性(불성)'을 '靈覺性(영각성)'으로 해석.

【4】 *

[요역본 p.248] <u>본심과 본성이</u> 불생불멸함을 깨달아 만법을 건립하되 염념이 걸림 없어 하나가 참되면 일체가 다 참되어 만경이 여여하리라. 만약 이와 같으면 곧 각성을 본 것이다.

[덕이본] 須得言下, <u>識自本心, 見自本性</u>, 不生不滅. 於一切時中, 念念自見, 萬法無滯, 一眞一切眞, 萬境自如如. 如如之心, 卽是眞實. 若如是見, 卽是無上菩薩之自性也.

[평가] 심재열 거사는 "바로 자기 본심을 알고 자기 본성이 나지도 않고 죽지도 않는 줄을 알아야 한다."고 번역하고,[58] 성철 선사는 "마음을 알아서 성품을 봄[識心見性]"이라고[59] 해석한다. 그런데 용성 선사는 "<u>본심과 본성</u>"으로 병렬로 해석한다. 용성 선사는 '識心(식심)'과 '見性(견성)'을 동일한 수행으로 이해했다고 필자는 생각한다.

【5】

[요역본 p.251] 어찌 자성이 본래 청정하며 본래 생멸이 없으며, 본래 구족하며, 본래 요동함이 없으며, 능히 만법을 생하는 것을 알았으리까?

[덕이본] 何期自性本自清淨, 何期自性本不生滅, 何期自性本自具足, 何期自性本無動搖, 何期自性能生萬法.

[평가] 이 말은 혜능이 일체 만법이 자성을 떠나서 있는 것이 아님을 언하에 대오하고, 그리고 나서 5조 홍인 조사에게 드리는 말이다. 자성은 본래 청정하고, 본성은 불생불멸하고, 자성은 누구에게나 다 있고, 자성은 본래 요동함이

58) 심재열 역주, 『역주 육조단경』, 불국선원, 1986, p.82.
59) 퇴옹 성철, 『돈황본단경』, 장경각, 1995, p.21.

없고, 자성에서 일체의 만법이 생긴다는 것이다. 내용상에는 차이가 없으나, 용성 선사는 원문의 중복되는 구문을 생략해서 의미만을 간결하게 드러낸다.

【6】

[요역본 p.255] 너와 나와 한갓 홍인 선사를 사부로 섬기었으니 달리 말을 하지 말라.

[덕이본] 汝若如是, 吾與汝同師黃梅, 善自護持.

[평가] 심재열의 번역에서는 "그대 만일 이와 같을진대 나와 그대는 다 함께 황매를 스승으로 삼은 바이니 앞으로 잘 보호할 일입니다."[60)]라고 한다. 그런데, 용성 선사는 그대와 나는 모두 똑같이 동일한 분을 스승으로 섬겼다는 뜻으로 해석한다.

【7】 *

[요역본 p.257] 객이 묻되 그 뜻이 심히 깊으니 어떻게 해득할 것인가요?

용성이 대답하기를, 바람이 동한다고 주장하는 사람의 뜻은 바람의 성품은 번 없이 동하는 것이므로 번이 동하는 것이 아니라 하는 것이니 이 사람은 '性(성)'에 집작된 것이다. 또 번이 동한다는 것은 이 사람 뜻에는 번이 없으면 동하는 표시가 없는 것이므로 이 사람은 번의 '相(상)'에 집착된 것이다.

성사께서 번과 바람이 동한 것이 아니라 하시는 말씀은 바람과 번을 내놓고 따로 마음이 동한다는 것이 아니라 동하는 것이 곧 마음이 동한 것이요, 번이 동하는 것이 곧 마음이 동하는 것이라. 三界全體(삼계 전체)가 唯心大光明體(유심대광명체)가 동한 것이라 하는 말씀이다.

[덕이본] 值印宗法師講涅槃經, 時有風吹旛動, 一僧曰風動, 一僧曰旛動, 議論不已. 惠能進曰, 不是風動, 不是旛動, 仁者心動, 一衆駭然.

[평가] 이 부분은 [덕이본]에 나오는 일화를 소재로, 그 의미에 대하여 용성 선사가 '성상회통(性相會通)' 관점에서 자신의 입장에서 해석하고 설명한다.

---

60) 심재열 역주, 『역주 육조단경』, 불국선원, 1986, p.97.

'법성(法性)' 철학의 전통에 서 있는 용성 선사의 입장을 분명하게 드러내는 부분이다.

【8】

[요역본 pp.258~259] 인종이 묻기를, "둘이 없는 법은 어떠한 것입니까?" 하니, 성사가 대답하시되, "네가 『열반경』을 강론하니 밝게 각성(覺性)을 보는 것이 둘 아닌 법이니라."

인종이 묻기를, "『열반경』에 말씀하시되 살·도·음·망을 범하고 5역을 지은 자와 깨달은 성품의 종자를 끊은 무성천제들은 마땅히 선근각성을 끊나이까? 끊지 않나이까?" 하였다.

대답하시기를, "대각께서 말씀하시되, '선근이 둘이 있는데 하나는 떳떳하고 하나는 떳떳하지 못한 것이니 覺性(각성)은 둘이 없으므로 끊는 것이 아니요, 또 하나는 선이요 하나는 불선이니 각성은 선과 불선이 아니므로 둘이 아닌 것이다. 오온과 십팔계를 범부는 둘로 보거니와 지혜 있는 자는 그 성품이 둘 아님을 요달하나니 둘 없는 성품이 곧 각성이니라.' 하였다."

[덕이본] 宗又問, 如何是佛法不二之法. 惠能曰, 法師講涅槃經, 明佛性, 是佛法不二之法. 如高貴德王菩薩白佛言, 犯四重禁作五逆罪, 及一闡提等, 當斷善根佛性否. 佛言, 善根有二, 一者常, 二者無常. 佛性非常非無常, 是故不斷, 名爲不二. 一者善, 二者不善. 佛性非善非不善, 是名不二. 蘊之與界, 凡夫見二. 智者了達其性無二, 無二之性卽是佛性.

[평가] 『열반경』에서 나오는 고귀덕왕보살과 부처님과의 대화를 간접적으로 옮기지 않고, 혜능과 인종 사이의 직접 대화 형식으로 바꾸어 번역함으로 해서, 이해를 간명하게 하고 있다.

(3)마하반야경의 제목을 강론함

이 부분은 덕이본에는 〈제1. 悟法傳衣〉라고 하여 한 단락에 기록되어 있는 것을, 용성 선사는 따로 떼어서 별도의 장으로 편차하였다.

【9】 ❋

[요역본 p.260] 마하반야 바라밀은 범어이니 우리말로 번역하면 큰 지혜로 생사의 바다를 건너 圓明寂照(원명적조)한 열반의 언덕에 이른다는 말씀이니, 이것은 마음을 깨달아 행할 것이며, 말로만 할 것이 아니라 마음과 말이 다르지 아니하면 본성을 깨친 것이니 성품을 여의고는 각이 없는 것이다.

[덕이본] 摩訶般若波羅蜜是梵語, 此言大智慧到彼岸. 此須心行, 不在口念. 口念心不行, 如幻・如化・如露・如電. 口念心行, 則心口相應, 本性是佛, 離性無別佛.

[평가] 용성 선사는 열반의 상태는 "圓明寂照(원명적조)"하다고 보았다. 이런 입장에 있는 용성 선사는 '灰身滅智(회신멸지)'의 무기공의 상태에 떨어지는 것을 매우 경계하고 있다.

【10】 ❋

[요역본 p.261] 비유하건대 허공 자체가 일체의 명상이 없으며 능히 만물의 색상을 건립하나니 우리의 자성은 頑空(완공)이 아니라 참으로 빈 眞空妙旨(진공묘지)이니, 우리의 자성이 만법을 머금고 있으므로 크다고 하는 것이며 선악의 취사와 일체의 염착이 없으므로 크다고 한 것이다.

[덕이본] 善知識, 世界虛空, 能含萬物色像. 日月星宿, 山河大地, 泉源谿澗, 草木叢林, 惡人善人, 惡法善法, 天堂地獄, 一切大海, 須彌諸山, 總在空中. 世人性空, 亦復如是. 善知識, 自性能含萬法是大. 萬法在諸人性中. 若見一切人惡之與善, 盡皆不取不捨, 亦不染著, 心如虛空, 名之爲大, 故曰摩訶.

[평가] 위의 『덕이본』 원문 인용에서 보여주다시피, 첫째, 허공은 그 속에 일체의 삼라만상을 머금듯이, 사람의 자성이 모든 것을 머금고 있다. 둘째, 자성이 비록 모든 것을 머금지만 그렇더라도 머금은 내용물에 집착하지 않는다. 이런 두 가지의 특징을 들어서 '성공(性空)'을 설한다.

이 부분에서 용성 선사는 '자성(自性)'이 '공(空)'하다는 말이 의미하는 '공'의 뜻을 '진공묘지(眞空妙旨)'로 풀이하고 있다. 물론 이렇게 풀이하는 근거는

『육조단경』의 원 텍스트에 마련되어 있다. '완공(頑空)'에 떨어지는 것을 극히 경계하는 용성 선사의 입장이 이 부분에서도 역시 분명하게 노출되고 있다.

【11】 ❋

[요역본 p.261] 대저 공부하는 사람은 얼굴을 잊으며 마음을 죽이어 목석과 같이 하지 말지니 이것은 참으로 제일 큰 병이니라. 心量(심량)이 광대하여 법계를 온통 머금고 있는 것이다. 쓸 때는 요요분명하여 일체를 역력히 아는 것으로 일체가 곧 하나이며, 하나가 곧 일체이다. 거래가 자유하여 걸리는 마음이 없으므로 이것을 지혜라 한다.

[덕이본] 又有迷人, 空心靜坐, 百無所思, 自稱爲大. 此一輩人, 不可與語, 爲邪見故. 善知識, 心量廣大, 遍周法界, 用卽了了分明, 應用便知一切. 一切卽一, 一卽一切. 去來自由, 心體無滯, 卽是般若.

[평가] 무기공(無記空)에 떨어지는 것을 철저하게 경계하는 한편, 반야의 지혜에 간직된 분명하게 실상을 파악하는 작용의 현전을 강조한다.

【12】

[요역본 p.262] 용성 선사는 이하의 원문 번역을 생략하면서 그 이유를 "次中法門重疊故, 制譯(차중법문중첩고, 제역)"[61]이라고 즉 "다음에 나오는 법문은 중첩되기 때문에 빼고 번역한다."고 밝힌다.

[덕이본]

善知識, 若欲入甚深法界及般若三昧者, 須修般若行, 持誦金剛般若經, 卽得見性. 當知此經功德無量無邊, 經中分明讚歎, 莫能具說. 此法門是最上乘, 爲大智人說, 爲上根人說. 小根小智人聞, 心生不信. 何以故, 譬如大龍下雨於閻浮提, 城邑聚落, 悉皆漂流, 如漂棗葉, 若雨大海, 不增不減. 若大乘人, 若最上乘人, 聞說金剛經, 心開悟解, 故知本性自有般若之智, 自用智慧, 常觀照故, 不假文字. 譬如雨水, 不從天有, 元是龍能興致, 令一切衆生・一切草木・有情無情, 悉皆蒙

61) 백용성, 「육조단경 요역」『각해일륜』, 대중불교장학회, 1979년판, p.262.

潤. 百川衆流, 却入大海, 合爲一體. 衆生本性般若之智, 亦復如是.

善知識, 小根之人, 聞此頓教, 猶如草木根性小者, 若被大雨, 悉皆自倒, 不能增長. 小根之人, 亦復如是, 元有般若之智, 與大智人更無差別, 因何聞法不自開悟, 緣邪見障重, 煩惱根深. 猶如大雲覆蓋於日, 不得風吹, 日光不現. 般若之智亦無大小, 爲一切衆生自心迷悟不同, 迷心外見, 修行覓佛, 未悟自性, 卽是小根. 若開悟頓教, 不能外修, 但於自心常起正見, 煩惱塵勞, 常不能染, 卽是見性.

善知識, 內外不住, 去來自由, 能除執心, 通達無礙, 能修此行, 與般若經本無差別. 善知識, 一切修多羅及諸文字, 大小二乘, 十二部經, 皆因人置, 因智慧性, 方能建立. 若無世人, 一切萬法本自不有. 故知萬法本自人興, 一切經書, 因人說有. 緣其人中有愚有智, 愚爲小人, 智爲大人. 愚者問於智人, 智者與愚人說法. 愚人忽然悟解心開, 卽與智人無別.

善知識, 不悟卽佛是衆生, 一念悟時, 衆生是佛. 故知萬法盡在自心, 何不從自心中, 頓見眞如本性. 菩薩戒經云, 我本元自性淸淨, 若識自心見性, 皆成佛道. 淨名經云, 卽時豁然, 還得本心.

善知識, 我於忍和尙處, 一聞言下便悟, 頓見眞如本性, 是以將此教法流行, 令學道者頓悟菩提, 各自觀心, 自見本性. 若自不悟, 須覓大善知識, 解最上乘法者, 直示正路, 是善知識有大因緣. 所謂化導令得見性, 一切善法, 因善知識能發起故. 三世諸佛, 十二部經, 在人性中本自具有. 不能自悟, 須求善知識, 指示方見. 若自悟者, 不假外求. 若一向執謂須他善知識, 方得解脫者, 無有是處. 何以故. 自心內有知識自悟, 若起邪迷, 妄念顚倒, 外善知識雖有教授, 救不可得. 若起正眞般若觀照, 一刹那間, 妄念俱滅, 若識自性, 一悟卽至佛地.

[평가] 요점만을 간결하게 번역하려는 용성 선사의 의도가 드러나는 대목이다.

【13】 ❋

[요역본 pp.262~263] 만약 지혜로 觀照(관조)하면 內外(내외)가 明徹(명철)하여 본심을 알 것이니, 곧 해탈이며, 반야며, 無念(무념)이다. 어떤 것을 무념

이라고 하는가? 일체 법에 대한 염착심이 없으며 쓰는 곳마다 분명하여 周邊(주변)하되 무심하며, 다만 본심이 청정하여 육식이 육근 문두로부터 육진의 경계를 대하되 염착이 없으며, 잡란치 아니하여 자재무애하며, 응하여 쓴 곳마다 반야삼매가 현전하여 자재무애한 것이니, 저 외도들의 얼굴을 잊어버리고 마음을 죽이는 것과는 다르다. 곧 만법을 통달하며 모든 대각의 경계를 보며 대각의 지위에 이르러 가는 것이니라.

[덕이본] 善知識, 智慧觀照, 內外明徹, 識自本心. 若識本心, 卽本解脫. 若得解脫, 卽是般若三昧, 卽是無念. 何名無念, 若見一切法, 心不染著, 是爲無念. 用卽遍一切處, 亦不著一切處. 但淨本心, 使六識出六門, 於六塵中無染無雜, 來去自由, 通用無滯, 卽是般若三昧, 自在解脫, 名無念行. 若百物不思, 當令念絶, 卽是法縛, 卽名邊見. 善知識, 悟無念法者, 萬法盡通. 悟無念法者, 見諸佛境界. 悟無念法者, 至佛地位.

[평가] 『덕이본』과 『요역본』이 내용상에서는 비슷하지만, 원문의 중복을 피하고 내용을 요점적으로 번역하고 있다.

(4)공덕과 복덕이 다름

위의 〈표4〉에서 보다시피 『덕이본』의 〈제2. 釋功德淨土(석공덕정토)〉를 용성 선사는 〈4. 공덕과 복덕이 다름〉과 〈5. 안락세계가 있느냐 없느냐 하는 것〉의 두 단락으로 나누어서 요약 번역하고 있다. 〈4. 공덕과 복덕이 다름〉 부분은 『덕이본』의 원문과 큰 차이는 없다. 다만 『덕이본』에서 "善知識(선지식), 念念無間是功(염념무간시공), 心行平直是德(심행평직시덕)."을 용성 선사는 "생각 생각이 자성을 매하지 아니하여 간단이 없는 것이 공이 되고, 평등히 곧은 것을 행하는 것이 덕이 되며[요역본 p.266]"라고 번역한다. 내용상에는 전혀 차이가 없지만, 『요역본』이 의미가 비교적 분명하다. '자성'을 깨치는 것에 대하여 용성 선사가 얼마나 중요하게 여기고 있는가를 보여주는 부분이다.

한편 "만일 공덕과 법신을 찾고자 한다면 이와 같이 닦으면 참다운 공덕이 되는 것이다.[요역본 p.266]"의 『덕이본』 원문을 보면 "若覓功德法身(약멱공덕

법신), 但依此作(단의차작), 是眞功德(시진공덕)."이다. 여기에서 중요한 것은 "若覓功德法身(약멱공덕법신)"을 어떻게 번역하는가이다. 용성 선사는 '공덕'과 '법신'을 병렬로 보았다.[62] 『육조단경』의 논리대로라면, 법신을 깨는 것, 또는 자성을 깨치는 것이 공덕이다. 즉 견성(見性)만이 공덕이다. 법신을 보려면 이것도 역시 자성을 깨쳐야 한다. 『육조단경』의 입장에서 보면, 교학에서 말하는 5종 법신의 하나인, 공덕 자체가 몸이 되어 드러나는 즉 '공덕(功德)인 법신(法身)'으로 풀이하기보다는 '공덕'과 '법신'을 병렬로 보는 용성 선사의 해석이 타당하다고 필자는 생각한다.

(5)안락세계가 있느냐 없느냐 하는 것

【14】 ❋

[요역본 p.270] 위공이 묻기를, "세속 사람이 집에 있으면서는 어떻게 수행하오리까? 가르쳐주옵소서." 하니, 성사가 말씀하시되, "도는 머리털 깎고, 아니 깎는데 상관이 없으니 나의 게송을 들으라."

[덕이본] 韋公又問, 在家如何修行, 願爲教授. 師言, 吾與大衆說無相頌, 但依此修, 常與吾同處無別. 若不依此修, 剃髮出家, 於道何益. 頌曰.

[평가] 밑줄 친 부분은 『덕이본』과 『요역본』의 내용이 상당하게 다르다. 『덕이본』에서는 내가 일러준 게송대로 수행해야지 그렇지 않고서는 삭발염의하여 수행해도 소용이 없다는 뜻이다. 반면에 『요역본』의 번역은 '재가 · 출가의 구별이 없음'에 주목한다. 이 부분에 대해여 필자는 번역의 오류라기보다는, 오히려 출가 · 재가를 구별하지 않으려는 용성 선사의 관점을 드러낸 부분이라고 평가하고자 한다. 용성 선사의 '새 불교 운동'을 이해하는 데에 매우 중요한 대목이다.

62) 심재열 역주, 『역주 육조단경』, 불국선원, 1986년, p.141. 이 책에서는 "만약 **공덕 법신(法身)**을 찾으려면 다만 이렇게 하여야 참 공덕이니라."라고 되어 있다.

(6)정과 혜가 일체[定慧一體]

이 부분에서는 다른 대목과는 달리 용성 선사 자신의 당부 말을 첫머리에 적고 있다. 그 내용은 다음과 같다.

용성이 말하되, 심지가 일정하고 부동하여 산란심이 없는 것을 定(정)이라 하고, 심지가 어리석지 아니하여 지혜가 圓明(원명)한 것을 慧(혜)라 하나니 후래 학자는 이와 같이 미루어 볼지어다.[63]

【15】 ✻

[요역본 p.272] 無住者(무주자)는 사람의 근본 성품이니 세간의 선악 호취와 내지 원친 등 일체의 좋고 나쁜 경계가 허공과 같아서 추호도 염착이 없으며 삼세의 일체 경계에 頓然無心(돈연무심)하니라.

만약 일체 염법에 머물러 있으면 곧 계박이 되는 것이라서, 住(주)함이 없는 心體(심체)가 靈知不昧(영지불매)하여 모든 계박을 해탈한 것이니 이것이 무주를 본으로 삼는 것이요,

[덕이본] 無住者, 人之本性, 於世間善惡好醜, 乃至冤之與親, 言語觸刺欺爭之時, 並將爲空, 不思酬害. 念念之中, 不思前境. 若前念今念後念, 念念相續不斷, 名爲繫縛. 於諸法上, 念念不住, 卽無縛也, 此是以無住爲本.

[평가] '허령(虛靈)하면서도 (일체를) 지각(知覺)하는 성질을 가지고 있는 마음의 바탕'에 대한 용성 선사의 입장이 분명하게 드러난다. 이런 마음의 본바탕이 어디에도 집착하거나 얽매이지 않는 상태를 용성 선사는 무주(無住)라고 이해한 것이다. 이 점은 『덕이본』의 취지와 『요역본』의 내용이 기본적으로 일치한다. 다만 『덕이본』에 없는 부분인 '영지불매(靈知不昧)한 심체(心體)'라는 말을 『요역본』에서는 삽입했지만, 기본적으로는 『육조단경』의 입장을 계승한다. 다만 용성 선사가 '영지불매(靈知不昧)한 심체(心體)'를 분명하게 알아차리고, 그 밖의 모든 경계에 대해서는 무심할 것을 강조한 점을 알 수

63) 백용성, 「육조단경 요역」 『각해일륜』, 대중불교장학회, 1979년판, p.271.

있게 하는 대목이다.

【16】 ✻

[요역본 p.272] 생각을 다 끊어 목석과 같이 하는 것을 무념이라 하지는 않는 것이다.

[덕이본] 若只百物不思, 念盡除卻, 一念絶卽死, 別處受生, 是爲大錯.

[평가] '회심멸지(灰心滅智)'하여 무념무상의 경계에 안주하는 잘못을 경계하는 용성 선사의 입장이 이곳에서도 분명하게 드러난다.

(7)심공하는데 용심하는 것

이 부분은 『덕이본』을 거의 그대로 번역했다. 『요역본』에서는 『덕이본』에서 중언부언한 군더더기를 없애서 간결하다.

(8)오분 법신향을 전수하는 것

(9)무상 참회를 주는 것

(10)네 가지 큰 서원을 발하는 것

이상의 세 대목은 『덕이본』과 별다른 내용이 없다.

(11)삼신이 일체임을 설명

이 대목은 『덕이본』의 내용을 생략하고 번역하지 않은 부분이 많이 있다.

【17】

[요역본] 생략

[덕이본] 善知識, 今發四弘願了, 更與善知識, 授無相三歸依戒. 善知識, 歸依覺, 兩足尊. 歸依正, 離欲尊. 歸依淨, 衆中尊. 從今日去, 稱覺爲師. 更不歸依邪魔外道, 以自性三寶常自證明. 勸善知識, 歸依自性三寶. 佛者, 覺也. 法者, 正也. 僧者, 淨也. 自心歸依覺, 邪迷不生, 少欲知足, 能離財色, 名兩足尊. 自心歸依正,

念念無邪見, 以無邪見故, 卽無人我貢高, 貪愛執著, 名離欲尊. 自心歸依淨, 一切塵勞愛欲境界, 自性皆不染著, 名衆中尊. 若修此行, 是自歸依. 凡夫不會, 從日至夜, 受三歸戒, 若言歸依佛, 佛在何處. 若不見佛, 憑何所歸, 言卻成妄. 善知識, 各自觀察, 莫錯用心. 經文分明言自歸依佛, 不言歸依他佛. 自佛不歸, 無所依處. 今旣自悟, 各須歸依自心三寶. 內調心性, 外敬他人, 是自歸依也. 善知識, 旣歸依自三寶竟, 各各志心, 吾與說一體三身自性佛, 令汝等見三身, 了然自悟自性, 總隨我道. 於自色身, 歸依淸淨法身佛, 於自色身, 歸依圓滿報身佛, 於自色身, 歸依千百億化身佛. 善知識, 色身是舍宅, 不可言歸. 向者三身佛, 在自性中, 世人總有, 爲自心迷, 不見內性, 外覓三身如來, 不見自身中有三身佛. 汝等聽說, 令汝等於自身中, 見自性有三身佛. 此三身佛, 從自性生, 不從外得.

[평가] 『덕이본』의 이 부분은 3신(身)에 대한 언급보다는 3보(寶)에 대한 이야기가 주류를 이룬다. 물론 법・보・화의 3신이 언급되기는 하지만, 이는 법보를 설하는 부분이므로, 아마도 용성 선사는 자신이 새롭게 붙인 제목 즉 〈11. 삼신이 일체임을 설명〉과 내용상 연관이 없었기 때문에 『요역본』에서는 생략을 한 듯하다. 아니면 아래의 【18】【19】【20】에서 3신(身)을 논하기 때문에 생략한 것일 수도 있다. 용성 선사는 그 스스로가 '요역'이라고 이름을 붙였듯이 요점만 추려서 번역했기 때문이다.

【18】

[요역본 p.280] 마음이 본래 청정하여 한 물건도 없으며 없는 것도 공하여 識(식)과 지혜가 미치지 못한 것을 거짓 이름 하여 '청정법신'이라 한다.

[덕이본] 해당 원문 없음.

[평가] 이 부분은 『덕이본』에는 없다. 따라서 이 부분은 청정법신에 대한 용성 선사 자신의 해석을 붙인 것으로 볼 수 있다.

【19】

[요역본 p.280] 염념이 지혜가 원명하여 세간과 출세간의 선악 제법이 둘

아님을 통달하여 큰 지혜 광명이 朗然獨存(낭연독존)한 것을 '원만보신'이라 한다.

[덕이본] 何名圓滿報身, 譬如一燈能除千年闇, 一智能滅萬年愚. 莫思向前已過, 不可得, 常思於後, 念念圓明, 自見本性. 善惡雖殊, 本性無二, 無二之性, 名爲實性. 於實性中, 不染善惡, 此名圓滿報身佛. 自性起一念惡, 滅萬劫善因, 自性起一念善, 得恒沙惡盡. 直至無上菩提, 念念自見, 不失本念, 名爲報身. 善知識, 從法身思量, 卽是化身佛. 念念自性自見, 卽是報身佛. 自悟自修自性功德, 是眞歸依. 皮肉是色身, 色身是舍宅, 不言歸依也. 但悟自性三身, 卽識自性佛.

[평가] 보신불에 대해서는 『덕이본』의 원문을 요점만 추려서 번역하고 있으며, 내용상에서는 달라진 게 없음.

【20】

[요역본 p.280] 또 간략하게 말한다면 한 생각이 나지 아니하면 성품의 근본이 허공 같으니 이 이름이 법신이요, 또 법신으로부터 일어나는 心用(심용)을 化身(화신)이라 하고, 근본지와 후득지가 둘이 없어 內外(내외)가 한 지혜 광명으로 화한 것이 원만보신이라 하니라.

[덕이본] 해당 원문 없음.

[평가] 【19】에서 원문으로 인용한 밑줄 친 부분과 【20】의 밑줄 친 부분은 내용이 서로 상응하지만, 법신과 화신을 각각 설명하는 부분은 『덕이본』의 내용에는 없다. 용성 선사 자신의 3신관인 듯하다.

(12)모든 근숙정사(根熟正士)들이 참청(參請)하는 것

이 대목은 『덕이본』의 〈제6. 參請機緣(참청기연)〉, 〈제7. 南頓北漸(남돈북점)〉, 〈제8. 唐朝宣詔(당조선조)〉를 묶은 것이다. 혜능 선사가 제자들 또는 관리들과 선에 관하여 질문하고 대답한 것이기 때문에, 용성 선사의 『요역본』처럼 하나의 단락으로 묶는 것도 가능하다고 생각된다. 그리고 『덕이본』의 〈제9. 法無對示(법무대시)〉 부분은 『요역본』에는 아예 생략되어 있는데, 그 이유에 대해서 용성 선사 자신의 설명은 볼 수 없다.

【21】 ❋

[요역본 pp.283~284] 용성이 이르되, 앞 생각이 나지 아니하면 모든 법의 당처가 공적하여 일정하게 동하지 아니한 것이며, 뒷생각이 멸하지 아니하면 覺慧圓明(각혜원명)한 것이니, 이것은 定(정)에 즉한 慧(혜)라는 말이며, 또 일체상을 이룬 것이 마음이라는 말은 앞 구절을 뒤집어 놓은 것이다. 또 일체상을 여읜 것이 곧 覺(각)이라는 말은 둘째 구절을 뒤집어 놓은 말이니 이것은 혜에 즉한 정이라는 말이다.

이것은 정혜로서 분석하였거니와 또 다른 한 뜻이 있으되, 물이 곧 젖는 것이니 마음이 전체가 곧 각이라는 말이며, 젖는 것이 곧 물이니 이것은 각의 전체가 곧 마음이라는 말이다. 이 비유를 깨치면 범부와 성인을 물론하고 둘 없는 것을 요달할 것이다.

[덕이본] 이 부분은 해당 원문이 없다.

[평가] 이 부분은 『덕이본』의 다음 구절에 대한 용성 선사가 설명을 붙인 글이다. 원문은 이렇다. "初參祖師, 問曰, 卽心卽佛, 願垂指諭. 師曰, 前念不生卽心, 後念不滅卽佛. 成一切相卽心, 離一切相卽佛." 용성 선사는 '정(定)'과 '혜(慧)'가 둘이 아님을 분명하게 하고 있다. 정과 혜를 둘로 보고, 그것을 쌍으로 닦는 정혜쌍수(定慧雙修)의 수행법과는 차이가 있다. 또 용성 선사는 남종(南宗) 선종사(禪宗史)의 뒷날 즉 마조 도일에서 등장하는 "心卽是佛(심즉시불)"의 관점에서 법해와 육조와의 위의 대화를 분석하기도 한다. 둘을 모두 소개하고 있다.

【22】 ❋

[요역본 p.290] 용성이 이르되, 제8식을 굴리어 법신을 발명하고, 제7식을 굴리어 보신을 발명하며, 제6식을 굴리어 화신을 발명하는 것이니라. 전5식을 굴리어 대원경지를 이룬 것은 제8식과 동체이므로 따로 분석할 것 없다. 제8식

자체가 허공과 같아서 세계 천지의 만유를 머금어 있는 것이니 이 8식을 굴리면 온전히 法身(법신)이 獨露(독로)하는 것이요, 제8식 자체는 恒審思量(항심사량)하는 것이니 이것을 굴리어 報身(보신)을 성취하는 것이며, 6식은 辨事識(변사식)이라 하는 것이니 이것을 굴리어 化身(화신)을 성취하는 것이다. 제8식이 五根 門頭(오근 문두)에 비친 것이 前(전) 5식이니 이 5식은 8식과 동체이므로 따로 분석할 것이 없다.

[덕이본] 해당 원문 없음.

[평가] 이 부분은 유식(唯識)의 '전식득지(轉識得智)'설을 3신설(身說)과 결부지어서 설명한 것이다. 즉, 8식→대원경지→법신, 7식→평등성지→보신, 6식→묘관찰지→화신, 5식→성소작지 →법신이다. 화살표(→)는 전의(轉依)를 표시한다. '전식득지(轉識得智)'는 『성유식론(成唯識論)』권10(『대정장』31, 56b)에 나오는데, 용성 선사가 이 책을 직접 독서했다기보다는, 유식의 이 부분은 조선 시대와 일제 당시에 유행하던 『능엄경 계환해』를 비롯하여 『화엄경수소연의초』「현담」 등에서 간접적으로 정보를 얻은 것으로, 용성 선사가 당시 강원 이력 과정에서 보던 책들을 통해서 이런 견해를 갖게 되었다고 할 수 있겠다.[64)]

【23】

[요역본 pp.308~309] 용성이 이르시되, 나는 이 대목이 대단히 어려워 알기가 극난하므로 여러 말을 많이 보태어 번역하였으니, 그리 알고 보라.

비유하건대, 대해 바다가 변치 않고 동하지 아니한다고 하면 파도가 날 수 없는 것이요, 또 바닷물이 전체 파도요, 파도가 전체 물이며, 또 바닷물도 전체가 젖고, 파도도 전체가 젖는 것이니 파도는 제법에 비유되고, 바닷물은 覺性(각성)에 비유한 것이다. 바닷물이 떳떳함이 없어 무량한 파도를 내고

64) 이런 현상은 『歸源正宗』에서 유교와 도교를 비판하는 부분에서도 동일하다. 『화엄경수소연의초』「현담」에서 청량 징관 법사가 유교와 도교를 비판한 내용을 그대로 활용하고 있다. 백용성 저, 『귀원정종(歸源正宗)』, 大正2년 초판, pp.13~33.(『용성대종사 전집』, 제8집, pp.773~793).

또 파도마다 전체의 바닷물이며 전체가 젖는 것이니, 참되고 떳떳한 성품이 일체 제법에 두루한 것도 이와 같은 것이다.

[덕이본] 해당 원문 없음.

[평가] 『열반경』에 '佛性常住(불성상주)' 설이 나온다. 바로 『열반경』을 공부한 장행창이라는 승려와 불성이란 무상한 것이라고 설명한 육조 혜능 선사와의 사이에 질문이 오고갔다. 즉, "師曰, 無常者, 卽佛性也, 有常者, 卽一切善惡諸法分別心也." 이에 대하여 행창 승려가 『열반경』의 내용과 다르다고 의심을 표하자, 이에 대하여 육조 혜능 선사가 이렇게 설명한다. "師曰, 汝知否, 佛性若常, 更說什麽善惡諸法, 乃至窮劫無有一人發菩提心者, 故吾說無常. 正是佛說眞常之道也. 又, 一切諸法若無常者, 卽物物皆有自性, 容受生死, 而眞常性有不遍之處, 故吾說常者. 正是佛說眞無常義."

이상의 질문과 답변에 대하여 용성 선사는 "이 대목이 대단히 어려워 알기가 극난하므로 여러 말을 많이 보태어 번역하였다."는 것이다. 그러면서 위와 같이 자신의 방식대로 위의 대화를 해설 내지는 해석해 본 것이다. 우리는 이 대목에서 소위 "不守自性隨緣性(불수자성수연성)"이라는 글귀를 연상해 볼 수 있을 것이다. 용성 선사는 自性이 (자성 ; 물론 용성 선사는 '자성'이라는 용어보다는 '大圓覺體性(대원각체성)'이라는 용어를 즐겨 사용함.) 인연을 만나서 다양한 현상 속에 작용하는 것을 설명하고 그 구조를 염두에 두고 있다. 독자로 하여금 『대승기신론』의 진여-생멸의 관계를 떠올리게 한다. 용성 선사가 요약해서 번역한 『대승기신론』(백상규 역, 대각교중앙총본부, 1930년)이 있는데, 이 책의 비유를 연상시키는 부분이기도 하다.

(13)성사께서 열반하시는 것

【24】

[요역본 p.320] 성사께서 이르시되, "나뭇잎이 떨어져 뿌리로 돌아가면 올 때에는 잎이 없나니라." … 〈필자 생략〉 … 성사께서 개원 원년 계축 팔월

삼일에 국은정사에서 문도에게 고하시되,

[덕이본] 又問曰, 正法眼藏, 傳付何人. 師曰, 有道者得, 無心者通. 又問, 後莫有難否. … 〈필자 생략〉 … 三十一道信大師, 三十二弘忍大師, 惠能是爲三十三祖. 從上諸祖, 各有稟承, 汝等向後, 遞代流傳毋令乖誤.

[평가] 용성 선사는 정법안장의 전수에 관한 문답과, 뒷날의 예언 등과, 전법의 계보에 대해서는 생략하고 번역하지 않았다.

위에서 필자는 『육조단경』에 대한 용성 선사의 『요역본』과 『덕이본』을 대조하면서, 간단하게 필자의 소감을 [평가]라는 부분에 짧게 달아보았다. [평가] 중에서 특히 용성 선사의 사상이 드러나는 곳에는 [*]표를 표기해 두었다. 이 과정에서 필자가 받았던 소감을 몇 가지 서술하여 용성 선사의 단경관(壇經觀)을 정리해보고자 한다.

1. '佛(불)'을 '覺(각)'으로 표기하는 것이며, 또 '佛性(불성)'을 '靈覺性(영각성)'으로 표현하는 것은 용성 선사의 전체 저작을 통해서 공통적으로 나타나는 것으로 『육조단경』을 번역하는 곳에서도 일관한다.

2. 용성 선사는 한문 경전을 번역함에 있어 읽는 이의 이해에 많은 신경을 쓰고 있음을 알 수 있다. 『육조단경』을 요점적으로 번역[要譯]함에 있어서도 역시 그러하다. 내용의 중복이 있으면 삭제하거나 간략하게 요약해서 번역한다. 이런 경향은 용성 선사의 다른 번역서에도 아주 흔하게 나타나는 요소이다. 단락을 내용에 따라 자유자재로 나누는 것도 역시 그런 배려에서 나온 것이라 볼 수 있다.

3. 용성 선사는 반야 지혜가 가지고 있는 본질로 '적(寂)'과 '조(照)'의 역동성에 주목하면서 설명한다. 이런 그의 사상은 '열반(涅槃)'의 본질, 또는 '본성(本性)'의 본질을 해석함에도 일관되게 드러난다. 이런 특징은 본 장의 앞에서

본 【9】【10】【11】【12】【13】【16】에서도 잘 드러난다. 이런 그의 사상은 역시 화두를 통한 '의심 공부'에서 목석과 같이 무기(無記)의 상태에 떨어지는 것을 극도로 경계함에도 잘 드러난다. 용성 선사의 이런 점은 당시는 물론 오늘날 간화수행(看話修行)을 실참하는 경우에 매우 중요한 지침이 되고 있다. 뿐만 아니라 '마음[心體]'의 본성이 영지불매(靈知不昧)하다는 점을 매우 주목하고 있다. 【15】의 예문에서처럼 원문에 없는 내용을 삽입하기도 한다. 물론 이렇게 하면 『육조단경』의 원 취지는 더 잘 드러난다.

4. 용성 선사가 일찍이 재가불자들을 위한 법회를 비롯하여 부인(夫人)들을 대상으로 한 선회(禪會)를 운영한 것은 잘 알려진 바이다. 수행에 있어서 재가와 출가를 구별하지 않는 용성의 생각은 【14】에서처럼 원문(原文)을 고치는 결과까지 낳고 있다.

5. 용성 선사는 【21】에서처럼 '定(정)'-'慧(혜)'를 유기적 내지는 총체적으로 보려고 한다. 선사는 『육조단경』에서 제시되는 '定慧一體(정혜일체)' 사상에 매우 주목하고 있음을 알 수 있다.

6. 용성 선사가 당시에 절 집안에 유통되었던 경전들을 많이 섭렵했음은 위에서도 밝힌 바 있다. 이런 선사의 박람강기(博覽强記)는 『육조단경』 번역에서도 발휘된다. 【7】에서 성(性)-상(相)의 '대(對)'와 '회통(會通)'의 논리를 활용하는 것을 비롯하여, 바람-깃발-마음을 설명하는 것도 그렇고, 또 【21】에서 '정(定)'-'혜(慧)'의 관계를 '물[水]'과 '물에 간직된 적시는 성질[濕性]'로 설명하는 것도 그렇고, 또 【22】에서처럼 3신(身)과 4지(智)를 결합시켜 설명하는 것도 그렇고, 마지막으로 【23】에서 바닷물과 파도를 가지고 『열반경』의 '상(常)-무상(無常)'을 설명하는 것도 그렇다.

7. 끝으로 『육조단경』이 해동(海東)에 유입됨으로 인해서, 그 경전과 인연을

맺은 수행자들이 적지 않았다. 일일이 그들의 경우를 다 조사하는 것은 한계가 있지만, 우선 손쉬운 대로 그 분들이 『육조단경』의 어느 부분에 관심을 쏟았는가를 간단하게 살펴봄으로써, 이상에서 추려본 용성 선사의 단경관(壇經觀)과 대조시켜 본다.

첫째로, 보조 지눌(1158~1210)의 단경관에 대해서 고(故) 이종익 교수는 「육조단경과 보조」에서 그 특징을 4가지로 요약하고 있다.[65] 첫째, 보조는 『육조단경』을 평생의 귀감으로 삼겠다고 술회했다. 둘째, 심신이원설(心身二元說)은 속인들을 위한 것이다. 셋째, 남양 혜충 국사는 남방의 불교도들을 비평하여 육조의 뜻을 선양했다. 넷째, 자성(自性)을 반조(返照)하여 신심이견(身心二見)을 내지 않으면 아승기겁을 지나지 않고 보리를 증득할 것이다.

둘째로, 백파 긍선(1767~1852)의 단경관에 대하여 이평래 교수는 이렇게 요약하고 있다. "백파는 이 『법보단경』에는 言言利刀當陽(언언리도당양)한 묘유(妙有), 구구수쇄불착(句句水洒不着)한 진공(眞空)의 내용을 모두 갖추고 있으므로, 이 경(經)을 정법안장(正法眼藏)으로 삼아, 영원히 선실(禪室) 가운데서 명경(明鏡)으로 일용(日用)하여 불조정맥(佛祖正脈)을 이어야 한다고 말하고 있다."[66] 이와 더불어 이 교수는 백파의 연구방법은 매우 분석적이며 조직적이며 논리를 잃지 않는 체계 속에서 『육조단경』을 분석하고 있다고[67] 그 특징도 밝히고 있다.

셋째로, 석전 박한영(1870~1948) 강백의 경우는 한종만 교수에 따르면, 그는 '佛性常淸淨說(불성상청정설)'을 주장했고, 그는 당시 선가 일부에서 비윤리적인 무애행이 행해지고 있음을 통탄하고 윤리적인 '悟後行(오후행)'의 강조, '悟行合一說(오행합일설)' 등을 주장했다고[68] 한다.

넷째로, 퇴옹 성철(1912~1993) 선사의 경우는 「壇經指針(단경지침)」의 목차가 보여주다시피 '識心見性(식심견성)', '內外明徹(내외명철)', '唯傳頓法(유

65) 이종익, 「육조단경과 보조」 『육조단경의 세계』, 민족사, 1989, pp.348~349.
66) 이평래, 「육조단경과 백파」 『육조단경의 세계』, 민족사, 1989, p.361.
67) 이평래, 「육조단경과 백파」 『육조단경의 세계』, 민족사, 1989, p.364.
68) 한종만, 「육조단경과 박한영」 『육조단경의 세계』, 민족사, 1989, pp.388~406.

전돈법)', '無念爲宗(무념위종)', '定慧一體(정혜일체)', '不汚染修(불오염수)' 등에 주목하고 있다.[69]

이상의 수행자들과 비교해서, 용성 선사의 경우는 '정혜일체(定慧一體)'를 강조하고, 회심멸지(灰心滅智)가 되어 무기공(無記空)에 빠지는 것을 매우 경계하고, 이 한 물건이 무엇인가에 대한 의심이 사무치는 것 등을 강조하고 있다고 필자는 평가한다.

5. 전통의 재확인

용성 선사는 자신의 깨침의 체험을 『수심론』에서 밝혔듯이 '의정(疑情)'을 사무치게 하는 수행을 통해 체험한 간화(看話) 납승(衲僧)이다. 선사는 이런 수행을 통하여 '대원각체성(大圓覺體性)'을 체험하여 그것과 하나된 불제자이며, 그 체험을 '대각(大覺)'이라고 호칭하고, 그 '대각(大覺)'의 가르침을 선양한 분이다. 선사의 '대각교중앙본부' 설립도 이런 배경에서 설명할 수 있다.

용성 선사는 '의정(疑情)'을 오롯하게 드러내어[獨露] '대원각체성(大圓覺體性)'을 체험하고, 그런 다음 당시에 전승되던 강원의 이력과정에서 열람되던 『능엄경』, 『화엄경』, 『기신론』, 『원각경』, 『금강경』, 『경덕전등록』, 『선문촬요』, 『선문염송』을 독서했고, 그런 다음에 거기에서 논의되는 각종 '이론적 체계'를 활용하여 자신의 체험을 저술 활동과 강의 활동을 통하여 타인(他人)에게 설명하였던 것이다.

용성 선사의 독서는 매우 넓어서 심지어는 영명 연수의 『종경록』, 더 나아가서는 기독교의 『신구약 성경』에까지 미치고 있다. 한 마디로 요약하면 간화(看話) 납승(衲僧)으로서 용성 선사는 '대원각체성(大圓覺體性)'을 체험하고, 그 체험을 자신이 독서한 해박한 지식을 통하여 '해석'을 했다.

그리고 필자는 용성 선사의 '해석'에서 드러난 방법을 '법성'의 철학 체계 속에서 해명하였다. 여러 곳에서 밝혔듯이, 필자가 제시하는 '법성'의 철학

69) 퇴옹 성철, 『돈황본단경』, 장경각, 1995.

체계는 논서로는 『대승기신론』의 '일심(一心) 이문(二門)'의 철학 체계에 기초를 두고 있다. 그리고 경전으로는 기본적으로는 『화엄』「십지품」의 〈현전지(現前地)〉에 근거를 두고 있다.

용성 선사에 대한 연구는 이덕진 교수가 자신의 논문에서도 분류했듯이, (1)생애에 관한 연구, (2)불교개혁에 관한 연구, (3)불교사상에 관한 연구로 나눌 수 있다. 그런데 (1)과 (2)의 방면은 상당히 많은 편수의 연구 보고가 있는 반면, (3)불교사상 방면은 불과 2편의 논문 정도밖에 발표되지 않았다. 본 장에서 시도한 필자의 연구로 (3)불교사상 방면이 한 편 더 첨가된 셈이다.

본 장의 연구를 통해 필자는 다음의 결론을 내릴 수 있었다. 용성 선사의 불교 사상은 '대원각체성(大圓覺體性)'을 기반으로 하고 있고, 이것은 간화(看話)를 통해 '의정(疑情)'을 오롯하게 드러내는[獨露] 수행을 해서 체험한 것이고, 다시 이 체험을 '확인'하고 '해석'하는 활동은 불경(佛經)과 법성의 철학 체계를 이용했다.

위의 이런 입장에서 용성 선사의 사상체계와 선사의 일생의 활동을 이렇게 재구성할 수 있을 것이다. 즉, (1)용성 선사는 첫째 '의정(疑情)'을 오롯하게 드러내어[獨露] '대원각체성(大圓覺體性)'을 체험했고, (2)그런 다음에 그 체험을 바탕으로 해서 당시 강원의 '이력'을 열람하여 법성의 철학 체계를 터득했다. (1)과 (2)는 선형적(線型的)으로 그리고 시차적(時差的)으로 이어진다. (3) 다음 이런 것들을 종합하여 변증적(辨證的)으로 용성 고유의 사상인 '대각사상'을 정립하고는 그 실천 운동에 들어간다. 여기서 말하는 실천 운동이 무엇인가는 본 장의 「1. 용성 연구의 현황」에서 소개한 '생애에 관한 연구'와 '불교개혁에 관한 연구' 방면의 논문들을 통해 이미 학계에 보고되어 있다.

끝으로 이 자리를 빌어서 용성 선사의 문도들과 또 용성 선사를 현 조계종 형성의 핵심 인물로 평가하는 재가 및 출가 불자들과 공유하고 싶은 바를 제시해 본다.

첫째는 용성 선사가 남긴 문헌자료를 보전(保全)하고 보급(普及)하자.

다행히도 장수 죽림정사의 도문 선사에 의해 『용성대종사전집』(전18집)이 간행되었다. 이 전집 속에는 일제 때에 간행된 용성 선사의 저술들이 영인복사판으로 수록되어 있다. 이것을 다시 현대어로 번역하고 보급할 필요가 있다. 또 그 전집에 빠진 것들도 발굴해야 할 것이다.

둘째는 위에서 밝혀낸 용성 선사의 '포용적 입장'에 기초한 조계종의 종지종풍을 재정립하자.

용성 선사는 주력 '지송'을 통해 업장 '녹이기'를 했고, 그런 다음에 간화(看話) 수행을 통해 '대원각체성(大圓覺體性)'을 '체험'했고, 그런 다음에 이전부터 전승되던 수많은 법성 계통의 경전 속에서 그 체험을 '확인'했다. 그러면서도 간화 수행을 근본에 두고, 여러 관행과 염불과 정토업과 주력 등 다양한 수행 방법들을 '포용적 입장'에서 수용하여 '대각교 운동'을 펼쳐, 다양한 방법으로 가없는 중생을 구제하여 부처님의 혜명을 이어갔다. 용성 선사에게 드러난 이상과 같은 포용적 입장은 조선시대를 거치면서 또 일제강점기를 거치면서도 면면히 이어져온 우리의 전통이다.

제6장

친절한 간화 선승: 한암 중원

1. 남종선의 출현
2. 반조(返照)와 간화(看話)
3. 반조에서 간화로의 이행
4. 화두가 사라지는 순간

1. 남종선의 출현

남종선(南宗禪)의 역사는 육조 혜능 선사의 출현을 계기로 남악 회양(南嶽懷讓; 677~744)과 청원 행사(青原行思; ?~740) 그리고 그들의 후계자들로 인하여 유장(流長)하고 심원(深遠)한 강하(江河)를 이루었다.

당대(唐代) 당시에 활동하던 선승들은 서로간에 상대 스승의 문정을 넘나들면서 저마다 특색 있는 선풍을 일구어 갔다. 이런 그들에게 있어 '계보의식'이란 끼어들 여지가 없었다. 고작해야 '강남(江南)의 설봉(雪峰)', '하북(河北)의 조주(趙州)' 정도의 의식이었다. 그렇다고 하더라도 그들은 남북을 오가며 자신의 수행을 점검받았다.[1)]

이 과정에서 당시의 선사들이 서로 주고받은 대화는 서로간에 기록되고 전승되어 많은 문헌자료를 생산하게 했고, 그것들은 당나라 말에서 송나라 초에 걸쳐 형성되는 신종의 계보의식과 결합되어 각종 등사(燈史)[2)]에 종합되기에 이르렀다.

이와 동시에 선배들의 대화를 소재로 하여 제자들의 수행을 지도하는 지도법들이 나타나게 되었다. 대화를 소재로 제자들을 지도했던 대표적인 인물과 사례는 운문 문언(雲門文偃; 864~949)의 어록인 『운문광록(雲門廣錄)』에 잘 드러난다.[3)]

이런 양상들은 계속되어, 북송 때 활동하던 설두 중현(雪竇重顯; 980~1052) 선사는 당시에 유행하던 선배 선사들의 화두(話頭) 100종을 선별하여 시중(示

---

1) 설봉 선사가 안휘성 동성현에 있는 투자산에 3회 오르내리고, 강서성 고안현에 있는 동산을 9회나 방문한 것 등도 당시의 이런 정황을 보여주는 좋은 사례이다.

2) 북종(北宗)의 전등사서로는 두비(杜朏)가 지은 『전법보기병서』, 정각(淨覺)이 지은 『능가사자기』 등이 있다. 남종의 전등사서로는 신회(神會)가 지은 『보리달마남종정시비론』, 정중종 계통에서 지은 『역대법보기』, 마조 도일 계통에서 지은 『육조단경』, 지거(智炬)가 지은 『보림전』, 그리고 『조당집』(952), 도원(법안종)의 『경덕전등록』(1004), 준욱(遵勗: 임제종)의 『천성광등록』(1023), 유백(惟白; 운문종)의 『건중정국속등록』(1101), 오명(悟明: 임제종)의 『연등회요』(1183), 정수(正受: 운문종)의 『가태보등록』(1201), 보제 대천(임제종 양기파)의 『오등회원』(1252) 등이 있다.

3) 신규탁, 「선학의 실천행-『운문광록』을 중심으로」『원효학연구』제5집, 경주: 원효학연구원, 2000.

衆)하고 그 각각에 송(頌)을 붙이기도 했다. 그런데 이 책이 만들어지던 당시에 '화두를 간(看)하는 선 수행'이 실재했는지는 확인되어지지 않는다. 물론 『설두송고(雪竇頌古)』에 평창과 착어를 내린 『벽암록(碧巖錄)』의 주인 원오 극근(圜悟克勤; 1063~1125)에게도 '화두를 간(看)하는 선 수행'을 했는지를 확증할 증거는 쉽게 찾아지지 않는다. 그러나 원오의 제자인 대혜 종고(大慧宗杲; 1089~1163) 선사가 분명히 '무자(無字)' 화두를 간(看)하는 선 수행을 했음은 그의 저서에서 발견하기 어렵지 않다.

그러면 당나라 시대의 선사들은 어떻게 선 수행을 했는가? 좌선(坐禪)을 하기는 했다. 좌선하던 마조 도일(馬祖道一)에게 기왓장 갈기로 일깨우던 남악 회양의 일화도 있다. 유명한 일화가 또 있다. 지금의 호남성 예주에 있는 오산진(鰲山鎭)에서 있었던 일로, 당시 눈에 길이 막혀 설봉(雪峰), 암두(巖頭), 덕산(德山) 세 수행자가 함께 오산진에서 며칠 밤낮을 보낸 일이 있었다. 앉아서 좌선하던 설봉 선사가 암두에게 비아냥거림을 당했던 것은 잘 알려진 일이다.

1004년에 편찬된 『경덕전등록(景德傳燈錄)』에 실린 「선문규식(禪門規式)」을 보더라도 선승들이 승당에 모여 앉아 좌선을 했음을 알 수 있다. 당대에 만들어졌고 원대에 칙수(勅修)된 『칙수백장청규(勅修百丈淸規)』「좌선의(坐禪儀)」에서 좌선하는 자세에 대한 소개와 더불어, '온 생각을 일념(一念)에 집중'하라는 이야기는 나오지만,[4] '화두를 간(看)하는 선 수행'을 했다는 이야기는 없다. "만념일념(萬念一念)"을 말하더라도 "화두일념(話頭一念)"을 운운하지는 않는다.

그러나 간화선(看話禪) 내지는 화두선(話頭禪)을 주장한 대혜 종고 선사는 화두에 그것도 '무자(無字)' 화두에 온 의심을 집중할 것을 강조한다. 『대혜보

---

4) 『勅修百丈淸規』(권제5), "一切善惡都莫思量, 念起卽覺, 常覺不昧不昏不散, 萬念一念, 非常非斷. 此坐禪之要術也."(『대정장』48, 1143a). [한글 번역] "좋은 생각이든 나쁜 생각이든 모두 생각하지 마라. 생각이 일어나면 알아차려라. 항상 알아 차려 혼미하거나 산란한 생각에 빠지지 마라. 천년이고 만년이고 일념(一念)에 집중하되 단견(斷見)에도 상견(常見)에도 빠지지 말라. 이것이 좌선의 핵심되는 방술이다."

각선사서(大慧普覺禪師書)』에서 그는 이렇게 말한다. "천 가지 의심이든 만 가지 의심이든 단지 한 가지의 의심일 뿐이다. 화두(여기에서는 '무자' 화두를 지칭)에 관한 의심이 풀리면 천만가지 의심이 한꺼번에 해결된다."[5] 이 문장은 화두 그것도 '무자' 화두 들 것을 강조함이 분명하다.

이렇게 보면 원오 극근 선사와 대혜 종고 선사 사이에는 '표면적'으로 보기에 선 수행의 방법에 '변질'이 생기고 있다. 그 '변질'이란 다시 말하면, 제자인 대혜는 '화두를 들었고', 게다가 여러 화두 중에서 '무자' 화두를 지극히 강조했는데, 스승인 원오 선사에게는 제자의 이런 모습이 보이지 않는 그런 '변질'이다.

그런데 대혜 종고 이후로 '화두를 간(看)하는 선 수행'이 유행한 것은 선종의 역사가 말해주듯이 분명 종문(宗門)의 전통이 되었으니, 간화선이 종문의 대종(大宗)이 된 이 시점에서 과거를 돌이켜보면 원오와 대혜 사이에는 '변질'의 정도를 훌쩍 넘어 '단절'의 느낌마저 든다.

좀 더 단순화시켜서 말해보면 송대의 선사들은 당대에 만들어진 화두를 소재로 '화두를 간(看)하는 선 수행'을 했는데, 정작 화두를 만든 당대의 당사자들은 화두를 안 들었다. 그러니 당-송의 선에는 질적인 변화가 있었다는 것이다.

송대에 '간화(看話)'를 하는 선 수행을 한 것은 분명한데, 당대에는 어떤 선 수행을 했는가? 분명 그들도 선 수행을 하기는 했다. 여기에서 필자는 두 가지 문제를 제기해 본다. 첫째, 당대의 선사들이 행한 선 수행을 어떻게 규정하고 명명할 수 있을까? 그리고 둘째, 당-송 사이의 선 수행의 관계는 어떻게 설명해야 되는가?

이 두 가지 물음에 대한 해답의 실마리를 필자는 강원도 오대산 월정사 한암 중원 선사(漢巖重遠; 1876~1951)에게서 찾을 수 있다. 첫째에 대한 답은 당대는 '반조(返照)하는 선 수행'을 했고, 둘째 반조(返照)와 간화(看話) 사이에

5) 『大慧普覺禪師書』「答呂舍人」, "千疑萬疑只是一疑, 話頭上一破, 則千疑萬疑一時破."(『대정장』 47, 930a).

는 수행방법상 전혀 차별이 있을 수 없다는 것이다. 이 둘 모두 불성사상에 입각한 돈오무심 수행을 하고 있다.

이제부터 필자가 내린 이런 결론을 논증해 보기로 한다. 이 논증의 중요한 재료는 한암 선사의 문집인 『수정증보판 한암일발록』 「선문답 21조」 중에 나오는 〈제10문, 10답〉에 있다.

2. 반조(返照)와 간화(看話)

「선문답 21조」는 잘 알려진 대로 『수정증보판 한암일발록』에 실린 문답으로, 한암 선사의 선 사상이 잘 드러나는 기록 중의 으뜸이다. 이 문답은 제자 이력(李礰)의 진지한 질문으로 촉발되었다. 〈제10문, 10답〉을 보자.

> 간화(看話)와 반조(返照)는 어떠한 차이가 있습니까? 매양 참선인들이 서로 논쟁하니, 바라건대 자상히 논변하여 밝혀 주소서.[6]
>
> 第十問, 看話與返照, 有何差異乎. 每見今之學者, 互相爭論, 幸垂詳細判明.

질문은 매우 분명하다. 이 질문이 말해주듯이 '간화'와 '반조'에 대해서 당시의 사람들도 논란들이 있었음을 알 수 있다. 이런 논쟁을 할 정도이면 적어도 당시 수행자들이 수행의 실제에서 느끼는 마음의 섬세한 움직임을 감지할 정도로 선 수행을 성실히 했고, 여러 사람이 관심을 표명할 정도로 이 문제가 공론화되었음을 알 수 있다.

1) 반조

'반조(返照)'에 대해서 검토하기로 한다. "반조"는 '빛이 되쬐이는 현상'을 말한다. 그 경우의 '되쬐이다'는 동사로 쓰인다. 여기서는 '되돌이켜 생각하다'로 그 의미를 확장한 것이다. 이 문제의 설명으로 들어가기 전에 불교에는

6) 『수정증보판 한암일발록』, 1996, p.48.

인식 활동[7]에 관해 지금 단계에서 좀 더 설명을 해둘 필요가 있다. 이렇게 하는 것이 앞으로의 논의를 전개하기 위해서 좋겠다.

소위 여섯 종류의 대상[6境] 즉, 색(色), 성(聲), 향(香), 미(味), 촉(觸), 법(法)이란 직접 지각되어지는 것이 아니라, 우리들의 '의식 작용'에 '의지해서' 지각된다. 우리의 '의식 작용'이 없으면 '6경(境)' 스스로는 우리에게 어떤 지식 정보도 주지 못한다. 또 '의식 작용'은 6경과 접촉(또는 접근)에 '의지하여' 만들어지는 것이다. 이렇게 만들어진 '의식 작용'은 생·주·이·멸하는 것으로 허망한 '의식 작용'이다. 이 허망한 '의식 작용'을 사용하여 이것을 6경과 접촉(또는 접근)시켜 얻게된 지식 역시 허망한 지식이 되고, 그런 허망한 지식에 의지해서 판단하고 행동하면 그릇된 결과를 초래한다.

그런데 '의식 작용' 중에는 6경과 관계없이 항상 자존적(自存的)으로 활동하며 생·주·이·멸하지 않는 '의식 작용'도 있다. 이것을 법성종(法性宗)에서는 '여래장 자성청정심' 또는 '불성', '본성', '자성'으로 명명하는데, 이것이 발동되어 파악한 지식만이 참된 지식이고, 이런 참된 지식을 따라 행동해야 참 삶이 된다.

이런 '의식 작용'은 허망한 의식이 쉬어야만 드러난다. 무심(無心)해야 드러난다. 필자는 이런 법성종의 형이상학을 수용하고 옹호하는 연구자로서, 화엄교학과 남종의 선사상이 모두 이 법성종에 속한다고 보고 있다.

우리의 의식은 한 순간도 쉬지 않고 움직인다. 그래서 타오르는 불꽃을 의식에 견주어 비유하기도 한다. 이렇게 쉼없이 움직이는 의식은 항상 대상과 마주하고 있다. 즉 대상을 향하고 있다. 이렇게 대상으로 향하는 '의식 활동'을 '되돌이켜 생각하는 것'이 '반조'이다.

더 필요한 설명은 다음에 필요한 때에 다시 이어서 하기로 하고 한암 선사의 답변을 직접 보기로 한다. 한암 선사는 '반조'와 '간화'에 대하여 세 종류의 예화를 들어서 설명하고 있다. 첫째는 위산(潙山)과 앙산(仰山)의 대화, 둘째

---

7) 인식 활동 : 인식의 활동과 그것에 의해서 형성된 '지식', 또는 '앎'이라고 해도 된다. 필자는 이 단락에서 우리의 '지식'이 만들어지는 구조를 설명하려는 것이다.

는 고봉 원묘(高峰原妙; 1238~1295) 선사와 설암(雪巖)[8] 선사의 대화, 셋째는 대혜 종고(大慧宗杲; 1089~1163) 선사와 영 시랑(營侍郎)과의 대화이다. 여기서는 첫째의 예화를 검토하기로 한다.

> 옛날에 앙산 선사가 위산 선사에게 물었다.
> "어떠한 것이 참 부처의 주처(主處)입니까?"
> 위산이 말하였다.
> "생각으로써 생각없는 데 이르게 하는 오묘함으로써 신령한 불꽃의 무궁함을 반조(返照)하여서 생각이 다하여 근원(根源)으로 돌아가면 성상(性相)이 상주하여 일과 이치가 둘이 아니요, 진불이 여여(如如)하다."
> 앙산이 그의 말에 곧바로 대오(大悟)하였다.[9]
>
> 以思無思之妙로 返思靈念之無窮하야 思盡還源하면 性相이 常住하야 事理不二오 眞佛如如니라.

한암 선사는 이렇게 위산과 앙산의 대화를 인용하고는 "신령스런 불꽃의 무궁함을 생각한다; 返思靈念之無窮"는 위산의 말이 바로 "반조"라고 설명을 붙인다. 문제의 핵심은 위산 선사의 말씀에 있다. 이제부터 좀 번쇄하지만 확실한 이해를 위해 문장을 분석해 보기로 한다.

(1)먼저 "以思無思之妙"란 사유활동을 하기는 하는데 어떤 사유 활동인가 하면, 사유 활동이 없는 그런 사유활동을 하라는 주문이다. 그런 사유 활동이기 때문에 그것을 '묘한 사유 활동'이라고 수식어를 붙였다.

(2)다음은 "返思靈念之無窮"의 말뜻을 풀어보자. (1)에서 한 그런 "묘한 사유 활동"을 사용해서 '무궁한 영염(靈念)을 반조(返照)하는 사유 활동'을 하라는 주문이다.

(3)다음은 "思盡還源"의 말뜻을 풀어보자. (2)에서 한 그런 '무궁한 영념(靈念)을 반조(返照)하는 사유 활동'조차도 완전히 사라지면 근원[源]으로 되돌아

8) 설암(雪巖) : 앙산 조흠(仰山祖欽; 1215~1287)을 지칭함.
9) 『수정증보판 한암일발록』, 1996, p.49.

가게 된다는 뜻이다.

(4)다음은 "性相常住하야 事理不二오 眞佛如如니라."의 말뜻을 풀어보자. (3)과 같은 상태가 되고나면, 그 자리는 성(性)과 상(相)이 상주불멸하고 사(事)와 이(理)가 둘이 아니어서, 그 자리야말로 그대 앙산이 질문한 "참 부처님이 계시는 자리"이다.

이상을 좀더 간략하게 설명하면 (1)은 '무심(無心)'을 말하는 것인데, 이러한 '무심'한 사유를 활용하여 (2)에 나오는 "영념(靈念)"을 반조하되 그 반조하는 것조차도 흔적 없이, 무심하게, 티없이, 작위 없이, 그렇게 하게 되면 그 자리는 제8아뢰야식 중 '불각(不覺 ; 3세와 6추)'의 활동도 끊어진 자리로서 그야말로 '진여'의 자리이고, 부처의 자리이고, 본래면목의 자리이고, 본지풍광의 자리이다. 이 자리에는 성(性)과 상(相)이 충만한 곳이다.

불교에서는 어느 학파를 막론하고 삼매(三昧)를[10] 중요시하고 있다. 특히 동북아시아에 퍼져 있는 불교에서는 『십지론(十地論)』의 〈제6현전지(現前地)〉에서 나오는 '일심(一心)'에 입각한 '사마타[止]'와 '비파사나[觀]'를 그 삼매의 내용으로 하고 있다. 『십지론』의 한역은 그 후 지론종(地論宗)을 탄생시켰고, 이 지론종은 당대 이후 화엄교학을 포함한 법성종(法性宗)의 심성론과 수양론에 막대한 영향을 끼쳤다. 당송 시대에 유행한 선종도 이 영향 속에서 형성되었다.

〈현전지〉의 유명한 구절이 있다. 즉, "三界(삼계)가 虛妄(허망)하니 단지 一心(일심)이 짓는 것이다."[11] 그런데 세친에 따르면, 위의 인용문처럼 3계가 허망하다고 관찰하여 제일의제(第一義諦)를 증득하면 해탈을 얻는다고 한다. 그리하여 마침내는 "나도 없고 수명도 없고 중생도 없고 자성이 공하여 짓는 이도 없고 받는 이도 없음을 안다. 이와 같이 관찰할 때 공해탈문(空解脫門)이 앞에 나타난다."[12]고 한다.

---

10) 신규탁, 「선」 『21세기의 동양철학』, 서울: 을유문화사, 2005, pp.119~126.
11) 이미령 번역, 『한글대장경 십지경론』, 서울: 동국역경원, p.192.
12) 이미령 번역, 『한글대장경 십지경론』, 서울: 동국역경원, p.202.

이러한 사상은 『대승기신론』에 와서 보다 구체적으로 정착된다. 이 문제는 불교 수행자들의 절실한 체험에서 나온 수행의 산물들이기 때문에 표현은 서로 약간씩 달라도 그들이 설명하는 내용에는 차이가 없다. 진리의 등불이 이어지는 것이 이런 원리일 것이다. 『대승기신론』 중 반조(返照)와 관련된 부분만 검토해보기로 한다.

> 그러므로 경에서 "만약 중생이 생 · 주 · 이 · 멸하는 마음이 없는 상태[無念]를 관찰할 수 있다면 그는 곧 부처님의 지혜로 향한다."고 하셨다. 그런데, '생 · 주 · 이 · 멸하는 마음이 일어난다.'고 했는데 생 · 주 · 이 · 멸하는 마음이 일어나는 첫 순간은 알아차릴 수 없다. (이것은 모순이 아닌가? 그렇지 않다.) 그래서 (위에서 10地 보살은) 첫 순간을 알아차린다고 말했으니 이것이 바로 생 · 주 · 이 · 멸하는 마음이 전혀 없는 무념(無念)이다. 그러므로 모든 중생을 깨달았다고 할 수가 없다. 왜냐하면 본래부터 순간순간마다 생 · 주 · 이 · 멸하는 마음이 상속하여 생 · 주 · 이 · 멸하는 마음이 없어본 적이 없기 때문이다. 그래서 시원이 없는 원초적인 무명[無始無明]이라 한다.[13)]

『대승기신론』에서는 생·주·이·멸하는 허망한 마음이 움직일 때에 그 최초의 움직임을 "알아차리되, 알아차린다는 생각조차 없이 하라"는 것이고, 위산 선사는 그것을 "以思無思之妙로 返思靈念之無窮하라"고 한 것이다.

그리고 『대승기신론』에서는 '진여'의 성품은 '자성'이 청정하며 그 속에는 불리(不離) · 부단(不斷) · 불이(不異) · 부사의(不思議)한 상태가 있는데 이 자리가 바로 '여래법신(如來法身)' 자리라고 한다.

한편 이런 상태를 위산 선사는 "思盡還源하면 性相이 常住하야 事理不二오 眞佛如如니라"고 표현한 것이다.

---

13) 『大乘起信論義記』卷中本, "是故修多羅說, 若有衆生, 能觀無念者, 則爲向佛智故. 又心起者, 無有初相可知. 而言知初相者, 卽謂無念. 是故一切衆生, 不名爲覺. 以從本來, 念念相續, 未曾離念, 故說無始無明."(『대정장』44, 258c-259a) * 조선시대 이후 우리나라의 강당에서는 현수 법장의 『大乘起信論義記』를 바탕으로 한 『필삭기』를 기준으로 『대승기신론』의 본문을 '해석'했기 때문에, 제방의 강사들의 열람의 편의를 위해서 현수의 『義記』에 나오는 『기신론』 본문을 사용한다.

10지를 마친 보살들은 생·주·이·멸하는 마음이 일어나는 첫 순간을 분명하게 알아차리면서도 알아차렸다는 마음조차 없는 무념(無念), 무심(無心)이 되어 상주불변하는 불성(佛性)을 본다는 것이다. 물론 그 불성에는 '부처님의 공덕'이 모두 간직되어 있다. '의식 활동'에 대한 『대승기신론』의 이런 해석은 현수 법장(賢首法藏)이 그의 교학 체계에 수용함으로써 이후 화엄교학에는 물론 동아시아 불교에 절대적인 영향을 주었다. 여기서 말하는 '부처님의 공덕'이란 『대승기신론』의 내용을 빌어서 소개하면 다음과 같다.

> 또한 '진여의 본바탕과 속성'은 모든 범부 · 성문 · 연각 · 보살 · 부처 어느 경우라도 늘지도 줄지도 않고, 시간의 흐름에 따라 생성되거나 소멸하는 것도 아니어서, 궁극적으로는 항상 변함이 없어서 본래부터 (진여의) 성품 속에 <u>모든 공덕</u>을 다 갖추고 있다. 말하자면 (진여의) 본바탕에 큰 지혜 광명의 기능이 있기 때문이며, 법계를 두루 비치는 기능이 있기 때문이며, 진실하게 아는 기능이 있기 때문이며, 자성청정(自性清淨)한 마음의 기능이 있기 때문이며, 상(常) · 낙(樂) · 아(我) · 정(淨)의 기능이 있기 때문이며, 청량하여 불변하면서도 자유자재한 기능이 있기 때문이다. 이렇게 ('진여의 본바탕과 속성'에는) 항하의 모래보다 많은 불리(不離) · 부단(不斷) · 불이(不異) · 부사의(不思議)한 불법(佛法)을 간직하고 있고 결코 부족한 것이 없는 기능 때문에 여래장(如來藏)이라 하며 또한 여래법신(如來法身)이라고도 이름 한다.[14]

한암 선사는 위산 선사의 위와 같은 대답을 인용하여 '반조'를 설명하고 있다. 또한 한암 선사는 대혜 선사가 영 시랑(營侍郎)에 답하는 편지를 인용하여,[15] 일상의 인연이 있는 곳에서 그것들을 살피고 살피는 것이 "반조"라고

---

14) 『大乘起信論義記』卷下本, "復次眞如自體相者, 一切凡夫聲聞緣覺菩薩諸佛, 無有增減, 非前際生, 非後際滅, 畢竟常恒, 從本已來, 性自滿足, 一切功德. 所謂自體有大智慧光明義故, 遍照法界義故, 眞實識知義故, 自性清淨心義故, 常樂我淨義故, 清涼不變自在義故. 具足如是過於恒沙, 不離不斷不異不思議佛法, 乃至滿足, 無有所少義故, 名爲如來藏, 亦名如來法身."(『대정장』44, 273b).

15) 한암 선사는 『수정증보판 한암일발록』(1996, pp.51~52)에서 『書狀』을 간추려 인용하면서 이렇게 말하고 있다. "대혜 종고 선사가 영시랑에게 보낸 답서에서 이르기를, '다만 일상생활의 인연이 있는 곳에서 무시로 살피되, 내가 타인과 더불어 명쾌히 시비곡직을 끊어버림은 누구의

말하고 있다. 만약에 국가의 공무 집행 중이라면 그러는 속에서 무심하게 무궁한 "영념(靈念)"을 반사(返思)하라는 것이다.

당대에 출현한 남종선의 선 수행자들은 한암 선사가 말하는 '반조'하는 선 수행을 했다. 다만 그들이 처한 일상의 조건들이 달랐기 때문에 각 선사들마다 "반조"의 양상이 달라졌을 뿐이다. 그리고 이렇게 일상에서의 '반조'가 유행한 원인은 당시에 유행하던 화엄의 관행(觀行)과 무관하지 않다. 화엄의 관행(觀行)은 『십지경』의 '일심(一心)'과 『대승기신론』의 '지관(止觀)'에서 절대적인 영향을 받는다. 『십지경』의 '일심'은 '간화'를 설명하는 부분에서 다시 거론하기로 하고, 여기서는 『대승기신론』의 '지관'을 설명하여 본 단락을 맺도록 한다.

> 어떻게 지관문을 수행해야 하는가? 지(止)란 모든 경계상을 중지하는 것이니 사마타관(奢摩他觀)의 내용을 따르기 때문이다. 관(觀)이란 인연에 따라 생성소멸하는 현상들을 알아차리는 것을 말하는데 비파사나관[毘鉢舍那觀]의 내용을 따르기 때문이다. 어떻게 따르는가? 위의 (지와 관의) 두 내용을 점차적으로 닦아 익히되 이 둘을 따로 분리시켜 수행하지 않으면 둘이 다 나타나기 때문이다.[16)]

경계상을 중지하는 '지(止)'의 수행과, 인연에 따라 생성소멸하는 현상들을 알아차리는 '관(觀)'의 수행과, 이 둘을 따로 분리시켜 수행하지 않으면 진여삼매(眞如三昧)에 들어가게 된다. 위의 인용문에서 나온 "점차적으로 닦아 익히되"라는 말은 이 문장의 바로 다음 단락에서 나오는 "일체의 모든 이미지를 생각나는대로 없애고 또한 없앤다는 생각마저도 없애는" 그런 수행을 쉬지

은혜를 입은 것이며 필경 어느 곳에서 유출되었는가를 살펴라……. '라고 했다." 이렇게 내용을 요약 인용하고는 "일용 인연처에서 살피고 살피는 것이 반조가 아니겠는가?" 라고 하면서 "반조"에 대한 해석을 맺고 있다.

16) 『大乘起信論義記』卷下末, "云何修行止觀門. 所言止者, 謂止一切境界相, 隨順奢摩他觀義故. 所言觀者, 謂分別因緣生滅相, 隨順毘鉢舍那觀義故. 云何隨順. 以此二義, 漸漸修習, 不相捨離, 雙現前故."(『대정장』44, pp.282c-283a).

말고 계속해가라는 것이다. 그러면 자연히 '법계가 한 모습[一相]'인 것을 알게 되니 이것이 바로 '일행삼매(一行三昧)'이다.

한암 선사는 바로 이런 수행을 '반조'로 이해했다고 볼 수 있다. '점수'로 오해될 소지가 있는 『대승기신론』의 "점차적으로 닦아 익히되"라는 말 대신, 한암 선사는 지해(知解)가 완전히 떨어지는 '관조(觀照)'라는 용어를 썼다.

다음은 '간화(看話)'에 대해서 보기로 하자.

2) 간화

위에서 인용한 스승 위산과 제자 앙산의 일화는 선문에 유명하다. 이 유명한 일화를 소재로 하여 심문 분(心聞賁) 선사가 거량(擧量)하였다. 그런데 한암 선사는 이렇게 거량한 심문 분 선사의 말을 다시 인용하여 이력(李礰)이 질문한 '간화(看話)'에 대하여 설명한다. 인용문이 길어지지만 매우 중요한 논의이므로 모두 적기로 한다.

> 그 후 심문 분(心聞賁) 선사가 이 화두를 들어서 말씀하셨다.
>
> "'생각으로써 생각없는 데에 이르게 하는 오묘함으로써 신령한 불꽃의 무궁함을 반조(返照)하여서 생각이 다하여 근원(根源)으로 돌아가다.'라고 하니, 여기에서 싹 벗어나면 무슨 정결한 병에 빠질 리 있으리오![17] 이렇게 해서 시끄러운 세상 속에 들어가서 때로는 그것을 물리치기도 때로는 그것에 순응하기도 하면, 그런 경지에 있는 사람을 뉘라서 성나게 하고 기쁘게 할 수 있으리오.[18] 그러한 이후에 밝음과 어둠 두 가지를 철저하게 타파하여 밝지도 어둡지도 않은 상태에서 '대비원(大悲院)에 재(齋)가 있다[大悲院裏齋]'는 話頭를 看해야 바야흐로 유래(由來)를 알 수 있으며 낙처(落處)를 알 수 있을 것이다. 이런 때가 되면 진리를 보는 외쪽 눈을 갖추어 산하대지를 훤하게 비추고,[19] 마치 하늘에 치솟는 장검을

---

17) 원래의 번역문에는 "여기에서 벗어나면 다시 무슨 정결한 병이 있겠는가."인데, 필자가 위와 같이 수정해 보았다.

18) 이 부분의 번역이 『수정증보판 한암일발록』(1996, p.49)에는 "어떤 사람이 시끄러운 티끌 속에 들어가서 거스르고 순응한들 무엇이 물들게 하고 기뻐하게 하고 성나게 하리오."라고 번역되어 있는데, 필자는 이렇게 고쳐서 번역했다. 참고로 원문을 싣는다. "恁麽入闤塵逆順하면 敎誰로 瞋喜染着이리오"(『수정증보판 한암일발록』, 1996, p.57).

손에 든 것 같으니 어느 누가 감히 그 앞에서 바라볼 수 있겠는가. 그대에게 이와 같은 힘이 있어야만 바야흐로 능히 성인의 대열에 들어가 인행(因行)을 부지런히 닦아 자비와 지혜의 원력(願力)을 성취하게 되며, 자신과 타인 모두에게 이로운 법문도 또한 오직 이 길을 따라서 나아갈 뿐이요 별다른 길은 없는 것이다."[20]

위의 인용문에서 핵심이 되는 부분은 "여기에서 싹 벗어나면 무슨 정결한 병에 빠질 리 있으리오!"이다. 이 부분의 원문은 "這裏脫得去[21]하면, 更有什麽[22]淨潔病이리오"이다. "저리(這裏)"는 무심한 반조를 통하여 본원(本源)으로 들어간 자리이다. 그런데 그 자리에서도 철저히 무심해서 한 점의 티없이 싹 벗어나면 무슨 '정결병(淨潔病)'에 걸리니 마니 할 게 있겠는가라고 강하게 단정짓고 있다. '정결병'이란 '휴헐처(休歇處)'에 안주하는 병통이다.

그러면 스승 위산의 말에 의하여 제자 앙산은 확철대오했는데, 심문 분 선사는 왜 다시 사람들에게 "대비원(大悲院)에 재(齋)가 있다[大悲院裏齋]"는 화두를 간(看)하게 했을까? 이것은 본 장의 핵심주제이다. 이미 '반조'를 했는데 왜 다시 '간화'를 하게 했는가? 이 문제에 대하여 심문 분 선사 자신은 아무런 설명도 남기지 않았다. 그런데 한암 선사가 바로 이 부분에 대하여 다음과 같이 설명을 하고 있다.

깨달음을 얻은 자가 모두 앙산과 같다면 다시 말할 것이 없으려니와, 만일 앙산의 깨달은 바에 미치지 못한다면 지견(知見)이 없어지지 않아서 생사의

---

19) 이 부분의 번역문은 "그때에 한 쪽 눈만으로도 산하대지를 조파(照破)하니,"라고 되어 있는데, 필자가 임의로 고쳐보았다. 참고로 원문을 적어둔다. "恁時에 一隻眼으로 照破山下大地하니" 여기에서 원문의 "恁時"는 "恁麽時"가 아닐까? 또 "山下大地"는 "山河大地"가 아닐까? 한암 선사의 원사본과 대조해보았으면 좋겠다. '一隻眼'은 육안이 아닌 진리를 보는 제3의 눈을 뜻함.

20) 『수정증보판 한암일발록』, 1996, p.49.

21) 脫得去: '티 한 점 없이 고스란히 되다', '脫'은 '脫體'의 '脫'이다. 주물을 틀에서 빼어내듯이 조금도 상하게 하지 않고 '쏙 빼는'의 뜻. '去'는 동사나 형용사 뒤에 붙어서 그런 동작이나 상태의 진행을 표시.

22) 更有什麽 : 강한 부정을 나타내는 구문 '어찌 ~이 있을 수 있겠는가!'

마음을 타파하지 못할 것이다. 생사의 마음을 타파하지 못한다면 어떻게 대오(大悟)라고 말할 수 있겠는가. 이는 심문 분(心聞賁) 선사가 반조하는 가운데 철저하지 못한 자를 위하여 이처럼 특별히 말한 것이다.[23)]

더 이상 설명이 필요 없는 분명한 설명이다. '반조'가 철저하지 못해서 아직도 지견(知見)이 남아있는 자를 위하여 '간화'를 시킨 것이다. '반조'가 철저했다면 '간화'가 필요없다는 것이다. 이 경우는 '반조'가 철저하지 못한 사람을 위하여 '간화'를 하게 한 것이라면, 설암(雪巖) 선사가 고봉(高峰) 선사를 지도한 것은 화두를 간하는 데에 철저하지 못해 그를 위해 '반조'를 하게 한 사례이다.

고봉 선사는 "만법귀일(萬法歸一)하나 일귀하처(一歸何處)오."라는 화두를 들다가 '죽은 시체를 끌고 다닌다.'는 언구를 타파하여 (화두를) '쭉 들고[把得定]'[24)] '주인 노릇 해가게[作得主]' 되었다. 그러다가 설암 선사의 '잠 잘 때에 꿈도 없고 생각이 없는 곳에서는 주인이 어느 곳에 있는가?'라는 질문을 받았을 때 바로 대답을 못했다.

그러자 설암 선사가 고봉 선사에게 이 "일각주인공(一覺主人公)이 재심처(在甚處)하여 안신입명(安身立命)하는가"를 간(看)'[25)]하도록 하였는데, 아직 지견(知見)을 완전히 떨쳐버리지는 못하다가 마침내 함께 잠자는 도반 선사가 목침을 떨어뜨리는 소리를 듣고서 알음알이가 모두 떨어져 깨쳤다고 한다. 이러한 일화를 두고 한암 선사는 이렇게 말하고 있다.

여기서 말한 "一歸何處(일귀하처)"는 화두가 아니겠는가? 이 "一覺主人公(일각주인공)"을 看(간)하도록 한 것은 返照(반조)[26)]를 말하는 것이 아니겠는가.

---

23) 『수정증보판 한암일발록』, 1996, p.50.

24) 把得定: '把得定'은 '把定'으로도 쓴다. '~A得~B'의 용법이다. 뒤의 B는 상태를 나타내는 부사어이다. 'B한 상태로 A하다'는 뜻.

25) 看 : 『수정증보판 한암일발록』(1996, p.50)에서는 "관(觀)"으로 한글 번역되어 있으나, 원체 중요한 부분이기 때문에 또 한암 선사 자신이 "看"이라고 썼기 때문에 필자가 정정했다.

26) 返照 : 『수정증보판 한암일발록』(1996, p.56)에는 "一歸何處가 非話頭乎아, 看一覺主人公이

고봉은 이미 "일귀하처"에서 把定(파정)하고 주인이 되었는데, 설암선사는 무엇 때문에 힐책하여 다시 "일각주인공"을 보도록 하였을까? 이는 특별히 화두를 看(간)하는 가운데 철저하지 못한 자를 위하여 이와 같이 가르쳐준 것이니, 과연 무엇이 낫고 무엇이 못하고, 무엇이 원만하고 무엇이 치우쳤다는 차이가 있을 수 있겠는가? 그러므로 알겠도다. 깨달음이 철저한가, 그렇지 못한가, 수행하는 사람이 진실한가 거짓된가, 그가 구경을 얻었는가 얻지 못했는가에 달려 있는 것이지 방편의 우열과 심천에 있는 것이 아니다.[27)]

고봉 원묘 선사의 이 일화에 대한 한암 선사의 위와 같은 평가에서 보여주듯이 한암 선사는 '간화'와 '반조' 자체에 대해서는 전혀 차별을 두지 않았다. 이 경우에는 '화두를 간(看)하는 수행'을 하던 고봉 선사가 그 수행이 철저하지 못하자 설암 선사께서 고봉에게 다시 "일각주인공"을 간(看)하라 했다는 것이다. 그러고 보면, 심문 분 선사의 경우는 '관조'가 철저하지 못한 수행자를 위하여 '간화'를 하게 한 예라면, 이곳 설암 선사의 경우는 '간화'가 철저하지 못한 수행자에게 '관조'를 하게 했던 실례이다.

한암 선사는 이렇게 이해하고 질문자 이력에게 대답하고 있는 것이다. 한암 선사는 '간화'를 하거나 '반조'를 하거나 어느 수행을 하거나를 막론하고 여실하게 참구하여 지해(知解)를 쓸어버리는 것이 중요한 것이지 '간화'와 '관조' 사이에 우열이 있을 수 없다는 입장이다.

참선하는 도인이 반조와 간화를 막론하고 여실히 참구하면 마치 한덩이의 불과 같아서 가까이 하면 얼굴을 태우게 됨과 같으리라. 도무지 불법의 지해(知解)를 붙일 곳이 없으리니 어느 겨를에 화두니, 반조니, 같으니, 다르니 하는 허다한 것들을 논할 수 있겠는가.[28)]

이렇게 분명하게 한암 선사는 말하고 있다. 일체의 사량분별 즉 지해(知解)

非觀照乎아"라고 되어 있는데, 한암 선사의 手稿本이 어떻게 되었는지 확인할 필요가 있다. 필자는 返照일 것이라고 추측해 본다.

27) 『수정증보판 한암일발록』, 1996, pp.50~51.

28) 『수정증보판 한암일발록』, 1996, p.55.

를 제거하는 것을 목표로 '화두를 간(看)하는 선'을 수행하게 하다가 그게 완전하지 못한 수행자에게는 '관조하는 선' 수행을 하게 한 것이고, 반대로 '관조하는 선' 수행을 하다가 그게 제대로 되지 못한 자를 위하여 '화두를 간(看)하는 선' 수행을 하게 한 것이다.

3. 반조에서 간화로의 이행

'관조'와 '간화'를 위와 같이 이해한다면, 송대의 '간화선'이 결코 당대의 '관조선'과 질적으로 다르다고 볼 수는 없다. 그렇다면 굳이 왜 송대의 대혜 선사는 '화두를 간(看)하는 선'을 제시했을까? 그리고 하고 많은 화두 중에서 왜 '무자' 화두를 중시했을까? 이것이 본 단락의 문제이다. 이 문제의 해결 실마리를 필자는 역시 한암 선사에게서 찾을 수 있다고 생각한다.

대혜 종고 선사 이래로 '무자' 화두가 강조되어 온 것은 여러 연구가 밝히고 있는 바이다. 그러면서도 정작 '무자' 화두를 어떻게 드는지에 대해서는 친절하게 설명하는 선사들을 보지는 못했다. 고작해야 의심하라는 이야기의 반복이다.

그런데 한암 선사는 그렇지 않다. 우선 '무자' 화두를 간(看)할 것을 강조하는 대혜 선사의 이야기를 보기로 한다. 논의를 공론화시키기 위해 절 집안에서 널리 읽혀지는 『서장(書狀)』에 인용된 한 부분을 보자.

> "천 번이고 만 번이고 의심하되 그저 한결같이 의심하여 화두에 대하여 해오던 의심이 풀리면, 천 번이고 만 번이고 해오던 의심이 일시에 풀린다. 화두가 풀리지 않으면 마치 서로 마주하는 절벽처럼 화두 앞에 의심을 세워라.
>
> 만약 화두에 대하여 의심하지 않고, 달리 문자에 대하여 의심을 내거나, 경전의 가르침에 대하여 의심을 내거나, 고인의 공안에 대하여 의심을 내거나, 일상생활에서 생기는 번뇌에 대하여 의심을 내는 이가 있다면, 그들은 모두 삿된 마구니의 권속이다.
>
> 무엇보다 중요한 것은 말 자체에서 받아들이려 해서도 안 되고, 사량분별해서도 안 된다. <u>그저 사량분별할 수 없는 곳까지 사량해가면</u> 마음이 더 갈 곳이

없어지는데, 이것은 마치 늙은 쥐가 소뿔에 들어가는 것과 마찬가지로 바로 가로막힌다는 것을 알게 된다."[29)]

여기에서 의심의 대상은 '무자' 화두이다. 한결같이 '무자' 화두를 의심하되 사량분별하지 말라고 한다. 간화선에서 제일 경계하는 것은 언어나 문자로 '사량복탁(思量卜度)'하는 행위이다. 그런데 위의 밑줄 친 부분 즉, "그저 사량분별할 수 없는 곳까지 사량해가면"이라는 말은 서로 모순이 된다. 이런 모순에 대하여 한암 선사는 자세한 설명을 하고 있다. "또한 세간의 속된 일을 사량하는 마음으로 사량이 미치지 못한 곳을 돌이켜서 사량하여 보아라. 어느 곳이 사량이 미치지 못하는 곳인가?"[30)] 이렇게 질문을 던지고 이어서 한암 선사는 개에게 불성이 있느냐고 묻는 조주 선사의 문답을 소개하고는 이렇게 말한다.

> 이 하나의 글자(여기서는 無字)에 어떠한 기량이 있는 것일까? 청컨대 (여러분) 계교상량해보시오. 그러나 계교상량할 수 없다. 뱃속에서 번민하며 마음에서 번뇌하는 것을 바로 '覺得'하는 그 상태가 바로 좋은 시절이니, 이 상태에서는 제8식이 움직이지 않는다. 이런 느낌을 느낄 때에는 그냥 있지 말고 그저 '무자' 화두를 들어라. 쉬지 말고 그렇게 하면 생처는 숙처가 되고 숙처는 저절로 생처가 될 것이다.[31)]

---

29) 『大慧普覺禪師書』「答呂舍人」, "千疑萬疑只是一疑. 話頭上疑破, 則千疑萬疑一時破. 話頭不破, 則且就上面, 與之厮崖. 若棄了話頭, 却去別文字上起疑, 經教上起疑, 古人公案上起疑, 日用塵勞中起疑, 皆是邪魔眷屬. 第一不得擧起處承當, 又不得思量卜度, 但着意就不可思量處思量, 心無所之, 如老鼠入牛角, 便見倒斷也."(『대정장』47, 930a). '厮崖'에서의 '厮'는 '相'의 뜻을 갖는 宋代의 속어. 은산철벽처럼 서로 우뚝 버티고 서 있어 '사유 활동'의 '지향작용(指向作用)'이 더 이상 대상 쪽으로 향해 나아갈 수 없는 것을 형용.

30) "且將這思量世間塵勞心하며 回在思量不及處하야 試思量看하라. 那箇是思量不及處요."(『수정증보판 한암일발록』, 1996, p.56).

31) 이 부분의 한글 번역이 원래는 다음과 같은데 필자가 마음대로 고쳐보았다. "이 하나의 글자에 어떠한 기량이 있는 것일까? 청컨대 안배하여 헤아려 보도록 하라. 계교와 안배를 놓아 둘 곳이 없을 것이니, 다만 뱃속에서 번민하며 마음에서 번뇌할 때가 바로 좋은 시절이어서 제8식이 서로 차례로 행하지 않음을 깨닫게 될 것이다. 이와 같이 깨달은 때에는 놓아 버리지 말고 다만 '무자(無字)'를 들어야 한다. 이를 이끌어 오고 이끌어 가면 생처는 스스로 숙처가 되고 숙처는 스스로 생처가 될 것이다."(『수정증보판 한암일발록』, 1996, p.52).
원문은 다음과 같다. "只這一字는 儘你有什麽計技倆고 請安排計較看하라 計較安排를 無處可

'무자' 화두는 사량으로 미칠 수 없는 곳이다. 그런데 어떻게 '무자' 화두를 들라는 말인가? 바로 이 부분에서 한암 선사는 친절하게 설명한다. '무자' 화두에 대해서 의심이 사무쳐서 '뱃속에서 번민하며 마음에서 번뇌하는 그 심정'을 제 스스로 느끼는 상태가 일어나는데, 그런 느낌을 자신이 스스로 '알아차리[覺得]게' 되면 그것은 '무자' 화두를 잘 들고 있다는 것이다. 이런 상태가 되면 제8아뢰야식도 식으로서의 제 기능이 중지된다.

그런데 바로 이때, 즉 제8아뢰야식이 식으로서의 제 기능을 못하는 경지에 안주하지 말고, 그런 상태에서도 그저 (무심하게) '무자' 화두를 계속 들어야 한다는 이야기이다. 여기에서 핵심이 되는 부분은 "이런 느낌을 느낄 때에는 그냥 있지 말고 그저 '무자' 화두를 들어라."이다. "이런 느낌을 느낄 때"란 "8식이 움직이지 않는 때"이다. 이 부분의 원문은 "覺得如此時, 莫要放却, 只就這無字上提撕."이다. '방각(放却)'하지 말라는 것이다.

만약 이런 상태에서 쉬어 화두를 놓게 되면 "냉담무위(冷淡無爲)의 깊은 구덩이 속에 빠져 꼼짝도 하지 않는 자"가 된다고 나무란다. 쉬는 경계[休歇處]에 빠지는 것을 한암 선사는 매우 경계하고 있다.

여기에서 우리는 윤창화 민족사 대표의 논문인 「漢岩(한암)의 自傳的(자전적) 求道記(구도기) 〈一生敗闕(일생패궐)〉」에서 소개한 다음의 대화에서 해결의 실마리를 찾을 수 있을 것이다.

> (또 질문하였다) "만약 화두도 허망한 것이라는 사실을 알았다면 어떻게 해야 합니까?"
>
> "화두도 허망한 것이라는 사실을 알았다면, 그것은 곧 (화두 참구가) 잘못된 것이네. 그러므로 그 자리에서 즉시 '무자' 화두를 참구하게."[32)]

以頓放이오 只覺得肚裏悶하고 心頭煩惱時에 正是好底時節이니 第八識이 相次不行矣리라 覺得如此時에 莫要放却하고 只就這無字上提撕하야 提撕來提撕去하면 生處自熟하고 熟處自生矣라."(『수정증보판 한암일발록』, 1996, p.56).

32) 윤창화, 「漢岩의 自傳的 求道記 『一生敗闕』」『漢岩思想硏究』제1집, 서울: 한암사상연구원, 2006, p.217.

(又問) 若知是話頭亦妄如何. 答, 若知話頭亦妄, 忽地失脚, 其處卽是, 仍看無字話頭.

이상은 한암 선사가 그의 스승 경허 선사와 주고받은 대답을 한암 선사가 기록해 놓은 것이다. 당시에 윤 대표는 여러 문헌에 쓰인 "실각(失脚)"의 예문을 들어가면서 이 문장에서는 "잘못된 것"으로 번역하는 안을 내놓았다.

여기에서 필자는 위에서 든 "覺得如此時, 莫要放却, 只就這無字上提撕."라는 한암 선사 자신의 말을 근거로 하여 지금 문제가 되고 있는 이 부분의 한글 번역을 이렇게 고쳐보고자 한다.

"화두도 허망한 것임을 알게 되면 갑자기 발을 헛디디는 거다. 이런 경지야말로 '무자' 화두를 들어야 한다." "홀지(忽地)"는 '홀연히'의 뜻이고, "실각(失脚)"은 '발을 헛디디다'의 뜻이다. "화두도 허망한 것임을 안다"는 것은 일체가 모두 공하고 그리고 화두도 공한 것임을 관찰하는 수행이다. 이런 상태가 되면 갑자기 발판이 사라지고 만다. 큰일난다. 이럴 때야말로 '무자 화두'를 들어야 한다. 그렇게 되면 주31)의 인용문에서 언급하듯이 "생처(生處)는 숙처(熟處)가 되고 숙처는 생처가 된다." 이렇게 되어야만 불성(佛性)이 현전(現前)한다.

『십지경』 〈현전지〉에서는 이런 상태를 다음과 같이 설명한다. 여래가 설한 12연기의 각 부분들이 '일심(一心)'에 의지하는 것으로, '일심'을 제외하고는 모두가 무상하고 공함을 관찰하는 것이다. 그러면 '일심'이 현전한다고 한다.

한암 선사와 그의 스승 경허 선사가 주고받은 대화는 바로 이런 심정을 토로한 것이다. 만약 이 과정에서 화두마저도 허망하여 공한 줄을 알게 되면 갑자기 발을 헛디디게 된다. 화두가 사라져서는 안 된다.

이럴 때에는 즉시 '무자' 화두를 들어야 한다. 일체가 공하여 허망한 줄을 알아 생사의 번뇌가 사라지면 이것을 적(寂)이라 하는데, 이 상태에도 화두를 놓쳐서는 안 된다. 이 상태에서도 화두가 뚜렷하게 분명해야만 신령스런 지혜가 그곳에서 드러난다.[33]

바로 이 지점에서 '무자' 화두의 역할이 드러난다. 화두를 간(看) 하는 수행을 하는 과정에서, 물론 어느 화두를 간(看)하는가는 수행자 저마다의 인연에 따르겠지만, 화두가 허망해지는 것을 아는 순간이 오면, 그때에 '무자' 화두를 간(看)해야 한다. 화두가 없어지면 무기공(無記空)에 빠질 위험이 크기 때문이다.

"화두도 허망해지는 상태"는 「영시랑에 보내는 답」에 나오는 대혜 선사의 용어를 빌어 말하면 그것은 "수정(守靜 ; 일체의 사량분별이 끊어진 고요함만 지키는 수행"이고,[34] 한암 선사의 용어를 빌어 말하면 "사량분별이 끊어진 자리[休歇處]"[35]에 만족하여 더이상 수행을 하지 않는 것이다. 이것이야말로 "냉담무위(冷淡無爲)"의 깊은 구덩이에 빠지는 셈이라고 한암 선사는 엄중히 경고한다. 만약 그런 상태에 빠지면 『십지경』 〈현전지〉에서 말하는 "일심(一心)"을 모르게 되고, 『기신론』에서 말하는 "진여체상(眞如體相 ; 진여의 본바탕과 속성)"을 모르게 되고, 한암 선사가 말하는 "무궁한 영념(靈念)"을 모르고 만다.

그러므로 모든 것이 허망하고 공한 것을 아는 그 자리에서, 다시 말하면 사량분별이 끊어진 그 자리에서, 무심하게 "일심(一心)"을 알아차려야 하고, "진여체상(眞如體相)"을 알아차려야 하고, "무궁한 영념(靈念)"을 알아차려야 한다. 어떻게 해야 그럴 수가 있을까? "'무자' 화두를 들어야 한다."는 것이다.

'무자' 화두의 역할에 대해 이상의 분석을 바탕으로, 이제부터는 '반조'에서 '간화'로의 이행을 검토해보기로 한다. 우선 다음에 인용하는 한암 선사의 말에 주목해 보자.

---

33) 제3문답에서 한암 선사는 나옹 선사의 이야기를 인용하여 이렇게 답하고 있다. "나옹 조사께서는 이렇게 말씀하셨다. 생각이 일어나고 한 생각이 멸하는 것을 생사라고 하니, 생사의 즈음에 당하여 힘을 다해 화두를 들면 생사가 곧 다할 것이니, 생사가 곧바로 다한 것을 적(寂)이라 한다. 적(寂)한 가운데 화두가 없는 것을 무기(無記)라 하고 적(寂) 가운데 화두가 어둡지 않은 것을 영(靈)이라 말하니, 공적영지(空寂靈知)가 부서짐이 없고 혼잡이 없으면 곧바로 이루어진다."(『수정증보판 한암일발록』, 1996, p.41).

34) 장순용, 『참선의 길』, 서울: 고려원, 1997, p.235.

35) 『수정증보판 한암일발록』(1996, p.53)에서는 "休歇處"를 '쉬워진 곳'으로 번역했는데, 필자는 달리 번역하였다.

> 대저 일용 인연처에 살피고 살피는 것은 반조가 아니겠는가. 사량진로의 마음을 가지고 '무자'로 돌아가 이를 들어서 놓지 않는 것이 화두가 아니겠는가?[36)]
>
> 大抵日用應緣處하야 覰捕來 覰捕去 非返照乎아 將思量塵勞底心하야 回在無字上하야 提撕來 提撕去 非話頭乎아

위 인용문에서 "대저 일용 인연처에 살피고 살피는 것"을 한암 선사는 '반조'라고 했다. 그러면 이것은 무엇을 뜻하는 것인가? 이 부분에 대해서는 한암 선사 자신의 설명이 없기 때문에 독자들의 몫이다.

독자의 몫을 해내기 위해서는 우선 이 이야기는 『서장』에 나오는 대혜 선사의 편지임을 상기할 필요가 있다. 이 부분은 대혜 선사가 영 시랑에게 보낸 2통의 편지 중 첫 편지인데, 이 예화를 한암 선사가 다시 거론하고 있는 것이다.

대혜 선사가 말하는 "일용 인연처"란 영 시랑이 국사를 돌보는 일상생활을 말한다. 따라서 한암 선사도 이런 뜻에서 한 말로 볼 수 있다. 이런 일상 속에서 세상사의 시비곡직을 가르는 그런 능력이 어디에서 왔는지를 살피라는 것이다. 이렇게 되면 5온 18계 등의 일체법이 생(生)하고,[37)] 그렇게 되면 보리, 열반, 진여, 불성이 현전(現前)한다고 한다. 이렇게 현전하더라도 현전한다는 사량분별이 없어야 한다고 한다. 바로 이것이 한암 선사가 말하는 '반조'이다.

이런 식의 수행은 당대의 선사들이, 한암 선사가 들고 있는 위산-앙산의 예처럼, 이미 하고 있었다. 그런데 위산이나 앙산 같은 수승한 분들이라면 '반조'로서 족하다고 한암 선사는 말했던 것이다. 이런 '반조'의 수행은 지론종과 지론종을 계승한 화엄종에서도 하고 있다.

『십지경』〈현전지〉의 표현대로 색계 욕계 무색계의 모든 존재는 모두 '일심(一心)'에서 나온 것으로 거기에는 어떤 실체성도 없다. '일심'에서 나온 삼계가 허망한 것인 줄을 관찰하는 수행을 하면 〈현전지〉의 지위를 얻게 되는데,

---

36) 『수정증보판 한암일발록』, 1996, p.52.

37) 生-熟 : 번역하기 어려운 곳인데, 장순용 선생은 『참선의 길』(고려원, 1997, p.234)에서 '生'을 '설익다'로, '熟'을 '익숙해지다'로 해석하고 있다. 고현섭 선생은 『대혜보각선사서』(밀알, 1989, p.238)에서 각각 '생소', '익숙'으로 번역하고 있다.

그렇게 되면 (그렇게 된 수행자 자신의) 큰 신통력과 큰 서원력이 원인이 되어 수많은 부처님을 뵙게 되고, 나아가 모든 부처님의 법장(法藏)을 얻는다고 한다. 이런 수행을 세친은 『십지경』의 이 부분의 주석에서 '사마타'와 '비파사나' 수행이라고 해설하였다.

그런데 '반조'의 수행을 철저하게 하지 못한 사람을 위하여, 송대의 선사들은 다시 '화두를 간(看)하는 선을' 하게 했다고, 간화선이 그래서 필요한 것이라고, 한암 선사는 해석했던 것이다. 그러면서도 한암 선사는 '반조'와 '간화'에 대하여 아래와 같이 최종적인 결론을 내린다.

> 참선하는 도인이 반조와 간화를 막론하고 여실히 참구하면 마치 한덩이의 불과 같아서 가까이 하면 얼굴을 태우게 됨과 같으리라. 도무지 불법의 지해(知解)를 붙일 곳이 없으리니 어느 겨를에 화두니, 반조니, 같으니, 다르니 하는 허다한 것들을 논할 수 있겠는가?[38)]

한암 선사는 '반조'와 '간화' 모두를 활용하고 있다. 그리고 '무자' 화두만 들라고 강조하지도 않는다. 이력과의 제3문답에서도 보여주듯이, 한암 선사는 조주의 '무자' 화두와 '뜰 앞의 잣나무' 화두, 동산의 '마 삼 근' 화두, 운문의 '마른 똥 막대기' 화두 등 '맛없는 말'을 의심하고 의심하되 절대로 계교상량하지 말라고 한다.

4. 화두가 사라지는 순간

이상의 논의는 필자의 평소의 관심이었던 '당-송의 변화'에 배경을 두고 있다. '당-송의 변화'는 여러 방면에서 논의될 수 있지만, 그 중에서도 필자는 특히 철학 사상에 관심을 가지고 연구하고 있다. 그 중에서도 당대의 불교에서 송대 신유학(新儒學)이 가장 큰 화두이다. 다시 불교 내부에 들어와서는 당대

---

38) 『수정증보판 한암일발록』, 1996, p.54.

의 화엄에서 송대의 선 또는 정토로의 이행과정이다. 이와 더불어 선불교의 경우는 당대의 선과 송대의 간화선과의 관계이다.

오대(五代) 강남지방에 '교선(敎線)'을 폈던 설봉의 교단과 운문 선사의 문하에서는 과거 선사들의 깨침에 관한 대화, 즉 화두를 소재로 하여 제자들을 지도했던 것이 문헌 속에 분명히 드러난다. 필자는 이 부분에 주목하여 분석을 해본 적이 있다. 그러나 이 당시에도 아직 '화두를 간(看)하는 선' 수행을 했다는 문헌적 증거를 찾기는 어렵다.

시대가 더 내려와 북송시대에 송고집(頌古集)이 출현하는 상황에서도 '화두를 간(看)하는 선' 수행을 당시 선사들이 했다는 확실한 전거를 찾기는 쉽지 않다. 그런데 남송의 대혜 종고는 강력하게 '화두를 간(看)하는 선' 수행을 강조하고 있다. 이런 그의 특색으로 인하여 그 이후의 선종의 역사를 '간화선'으로 명명하는 것 또한 자연스러워졌다. 이것에 반론을 제기하는 연구자는 없다.

그러면 간화선 이전의 당대 내지는 오대, 더 내려가서 북송시대에 이르기까지의 선종 역사를 어떻게 명명할까? 이것을 고민한 사람의 하나인 야나기다 세이잔(柳田聖山) 교수는 "순선(純禪)"이라는 용어를 쓰곤했다. 이렇게 명명하는 심정을 이해못하는 것은 아니다. 그러나 이렇게 되면 뒷날의 선은 "잡선(雜禪)"이란 말인가?

명칭 달기의 문제는 단지 이름상의 문제를 넘어서서 당시 선의 내용을 어떻게 규정하는가와 관련이 되어 있고, 더 나아가 선종 역사를 어떻게 보는가라는 사관(史觀)과도 관련이 있는 문제이다. 이런 관심을 가지고 있던 필자에게 한암 선사의 '반조'와 '간화'에 대한 설명은 큰 가르침이 되었다.

훗날 위앙종의 조사로 추앙받는 위산과 앙산의 대화를 읽고, 한암 선사는 그것이야말로 '반조'라고 설명했던 것이다. 사유 활동을 하되 자신이 그런 사유 활동을 한다는 티조차 없는 마음으로, 사람마다 본래 간직한 무궁무진한 "영념(靈念)"을 되돌이켜 생각하라고 스승 위산은 앙산에게 주문했던 것이다.

이러한 선 수행을 한암 선사는 '반조'라고 했다. 필자는 당대 선사들의 선

수행을 무심하게 본성을 돈오하는 것으로 이해했고 그런 글들을 발표해왔다. 다시 말하면 당대의 선사들은 '돈오무심(頓悟無心)'을 근간으로 했고, 이것이 당대 선의 본 모습이라고 말이다. 그러면서도 이런 당시의 선풍을 명명할 개념을 찾지 못했다. 이 오래된 숙제는 한암 선사로부터 풀 수 있었다. 당과 오대의 선을 이제부터는 한암 선사의 용어를 차용하여 '반조선'이라는 개념어로 포괄할 수 있다고 생각한다. 개념의 발견은 사실의 발견이며, 지성의 창조이다.

다음으로 이력의 질문에 격발되어 드러난 한암 선사의 '반조'와 '간화'에 대한 섬세한 분석은 당대의 '반조선'에서 송대의 '간화선'에로의 이행을 해명할 수 있는 계기를 마련해준다. 효능에 있어서는 '간화'와 '반조'가 전혀 차이가 있을 수 없다. 한암 선사는 분명하게 말하고 있다. "참선하는 도인이 반조와 간화를 막론하고 여실히 참구하면 마치 한 덩이의 불과 같아서 가까이 하면 얼굴을 태우게 됨과 같으리라." 철저하게 지해(知解)를 타파하느냐 못하느냐가 문제이지, 이 둘 사이에는 선후도 우열도 없다. 이렇게 보면 당대의 선과 송대의 선은 내용상에서는 전혀 차이가 없다.

자기 아닌 타자에게로 지향하는 의식의 활동성으로 인해, 그리고 무시이래부터 선행되어온 의식 내부에 들어있는 업의 종자로 인해, 우리의 인식은 항상 주름져지고 굴절된다. 이 두 기능을 한자어로는 '지해'라 하고 우리 방언으로는 '알음알이'라고 하는데, 이것을 중지시키지 않고서는 정견(正見)을 할 수 없다. 중지시키겠다는 의지 또한 지해이다. 철저히 '무심'한 상태에서 불생불멸하고 불구불정한 '영념(靈念)'을 '돈오'해야만 의식의 순환고리가 끊어져 '여실지견(如實知見)'이 눈앞에 드러난다.

그런데, 당대와 다른 송대 선의 특징은 '지해'를 떨쳐버리는 수행법을 개발한 것이다. 그것이 '간화'이다. 그렇다면 아무 화두나 간(看)하면 됐지, 하필이면 '무자' 화두인가?

이 점에 대해서 한암 선사와 그의 스승 경허 선사께서 명쾌하게 답을 내놓는다. 그것이 바로 『일생패궐(一生敗闕)』에서 보여주는 다음의 말씀이다. 한암 선사가 질문하고, 경허 선사가 대답하고 있다.

> 질문: 만약 화두도 역시 허망한 것임을 알 때에는 어떻게 합니까?
> 대답: 화두도 허망한 줄을 알게 되면 갑자기 근거를 잃어버리게 되니 그 순간에 곧바로 '무자' 화두를 들어야 한다.[39)]

어떤 화두를 간(看) 하던지, 그러다가 화두가 사라지는 순간이 오면 조금도 시간적인 간격을 두지 말고 그 순간에 당장 '무자' 화두를 들라는 것이다. "其處卽是, 仍看無字話頭"의 문장을 경허와 한암의 선풍에 따른다면, "其處卽是仍看無字話頭"로 해야 한다. "其處卽是"와 "仍看無字話頭" 사이에는 '의미상'으로 쉼표[,]를 넣어서는 안된다. 다만 문장의 '표기상' 쉼표[,]를 넣는 것은 무방하다고 생각한다.

소문듣던대로 역시 경허 화상이다. 문손임을 자처한다면 덕을 닦아 조상을 잊어서는 안될 것이다. 화두가 뚝 끊어지면 그 순간 갑자기 모든 것을 다 잃어버린다니.

久嚮虛和尙 無念爾祖去
話頭頓忘時 忽地失脚之

39) 『일생패궐(一生敗闕)』. "若知是話頭亦妄如何. 答, 若知話頭亦妄, 忽地失脚, 其處卽是, 仍看無字話頭."(『정본 한암일발록』상권, 한암대종사법어집 편찬위원회, 민족사, 2010, p.268). 이 부분의 번역이 『정본』(p.263)에는 "화두도 망(妄)이라는 사실을 알았다면, <u>그것은 곧 화두 참구가 잘못된 것이네.</u> 그러므로 그 자리에서 즉시 '무(無)' 자 화두를 참구하게."라고 해석되어 있다. 필자와 입장이 다르다. 또 『정본』(p.268)에는 "若知是話頭亦妄이면 如何오 答호대 若知話頭亦妄이면 忽地失脚이니 其處卽是仍看無字話頭하라."

제7장

겸손한 화엄 학승: 운허 용하

1. 장엄한 낙조
2. 생애와 역서 및 저서
3. 운허의 불교사상
4. 남은 과제

1. 장엄한 낙조

> 나라를 위해선 애국인, 후배를 위해선 교육인, 자신을 위해선 수행인, 고금을 통한 지식인, 실로 우러르면 더욱 높고, 두드리면 더욱 깊으신 그 인품의 임종은 분명 우리에게 무엇인가를 뿌듯이 안겨 주는 장엄한 낙조(落照)와 같다 하겠다.

이상은 운허 노화상의 임종을 수발하던 법제자 월운 강백의 추모사[1]이다. 운허의 평생 살림살이를 단적으로 그리고 있다. 다방면으로 거룩한 인물이지만, 이운허(李耘虛; 1892~1980)[2] 강백의 삶이나 사상을 대상화하여 객관적인 방법이나 자료를 통한 연구는 이제 시작 단계이다.[3] 이에 즈음하여 필자 자신에게 다짐해두는 것으로 우선 다음과 같은 시좌(視座)를 제시해본다.

첫째는 자료의 문제이다. 즉 운허 연구를 위한 1차 자료를 정비하는 작업이다. 이 작업의 발판은 무엇보다 『耘虛禪師語文集(운허선사어문집)』(월운 편, 서울: 동국역경원, 1989년)이다. 이하 『어문집』으로 약칭하기로 한다. 다음은 이 『어문집』을 발판으로 운허의 삶이나 사상을 엿볼 수 있는 객관적인 자료를 수집하고 확정하는 일이다. 이 일에는 우선 운허 자신이 저술했거나, 혹은 강연 내지는 강의한 자료를 발굴하고 수집하는 것[4]을 들 수 있다. 그 밖에도 활자화되지 않은 친필 사본들을[5] 발굴하여 자료로 정착시키는 일이 있다. 이와 더불어 운허를 직접 만나본 사람들을 면담하여, 타인의 기억 속에 살아있

1) 월운, 「운허 노화상의 임종 수발기」 『耘虛禪師語文集(운허선사어문집)』, 월운 편, 서울: 동국역경원, 1989, 411.

2) 운허(耘虛)는 그의 법호이고 법명은 용하(龍夏)이며 본명은 이학수(李學洙)이다. 대한민국 국가보훈처의 「공훈록」에 등재된 이름은 이시열(李時說)이다.

3) 첫 연구로 이한정의 「耘虛 선사 『首楞嚴經』 譯案의 硏究」(『월운 스님 고희 기념 불교학 논총』, 월운스님고희기념논총간행위원회, 서울: 동국역경원, 1998)를 꼽을 수 있다.

4) 강의 자료집으로는 예를 들면 운허가 봉은사에서 1974년 『능엄경』을 강의했는데, 이것을 녹음한 테이프가 있었다. 이 테이프를 다시 월운 강백이 풀어서 상재(上梓)한 책으로 『능엄경강화』 전3책(운허 강의, 월운 녹취, 서울: 동국역경원, 1993)이 있다.

5) 예를 들면, 운허 선사가 1959년 1월 1일부터 열반하던 전해인 1979년까지 썼던 '탁상일기'가 있는데, 현재 봉선사에서 10년간의 일기는 번역 정리했다고 한다. 또 『어문집』에 제자들이나 지인들에게 보낸 서간 등이 대개는 채집 수록되었지만, 혹 이후에라도 발견되는 것이 있으면 자료로 확보해야 할 것이다. 사진 자료들도 수집해야 할 것이다.

는 운허의 삶과 사상을 채집하고 정리할 필요도 있다. 그리고 운허의 활동에 대한 당시의 언론 매체들의 기록을 수집하는 일도 필요하다.

둘째는 연구의 방법에 관한 문제이다. 여기에는 매우 복잡한 사안들이 얽혀 있지만 호교적(護教的)인 입장은 가능한 삼가고[6] 객관적이고 과학적인 연구 태도를 견지해야 할 것이다. '우리 스님'이라는 의식보다는, 한국 불교사의 지평, 더 나아가서는 동아시아 화엄교학(華嚴教學)의 안목에서 운허의 사상을 연구 평가해야 할 것이다.

셋째는 객관적인 역사 상황을 고려해야 한다. 구체적으로 말하면, 운허가 활동하던 시대를 고려한 운허 연구이어야지, 지금의 역사 상황이나 지금의 가치만으로 운허를 평가해서는 안된다. 즉, '전(前) 근대적 봉건체제였던 조선 말기-일제강점기-해방-남북 분단기'라는 그가 살았던 역사 현실을 고려해야 한다.

넷째는 운허는 출가 승려로서, 대부분의 승려들이 그렇듯이, 역사적 시간이나 물리적인 공간을 뛰어 넘어 영원한 진리를 추구하는 인물이었다는 것도 잊어서는 안될 것이다.

이상과 같은 시좌(視座)를 바탕으로, 우리는 운허에 대하여 어떤 부문의 연구를 수행할 수 있을까? 이 문제는 운허의 행적과 관련하여, 다음과 같이 생각해 볼 수 있다. (1)일제강점기의 독립운동가로서의 운허, (2)언론 출판인으로서의 운허, (3)학교 설립 운영자 및 민중 교육자로서의 운허[7], (4)불교 경학자로서의 운허, (5)정치 지식인으로서의 운허, (6)문학 작가로서의 운허[8], (7)승

---

6) 신규탁, 「중국불교 연구의 흐름과 그 반성」『다보』통권16호, 서울: 대한불교진흥원, 1995, p.34; 辛奎卓, 「韓國と北朝鮮における韓國佛教研究の現狀」『中國社會と文化』第15号, 東京: 中國社會文化學會, 2000, pp.335~336.

7) 운허는 1946년에 개교한 '광동초급중학교' 설립을 위해 봉선사, 봉영사, 수국사, 흥룡사, 현등사 등 사찰 소유 전답 약 59만평과 임야 약 1,500 정보를 출자했다. 현재는 이것이 모체가 되어 '광동중학교', '광동고등학교', '광동여자고등학교'가 운영되고 있다. 황일면, 『광동60년사』, 남양주시: 학교법인 광동학원, 2007, p.5 참조. 당시의 교육 이념에 대한 운허의 정신은 이 책의 곳곳에 문헌자료로 채록되어 있다.

8) 운허의 한글 사랑은 남달랐다. 이런 정신은 「내생에도 역경사업을」이라는 글에서도 뚜렷이 드러난다. (『어문집』, p.207 참조.) 또, 운허는 불교 경전을 형식상에서는 일종의 '문예작품'으로

려 교육자로서의 운허[9], (8)불경 번역가로서의 운허[10], (9)배달 민족공동체 운동가로서의 운허[11], 그리고 (10)한글 운동가로서의 운허, 등등의 방면을 고려해 볼 수 있을 것이다. 이렇게 운허 연구의 분야를 나눈 데에는 이하에서 간추린 대로 선사 자신의 생애와 직접적인 연관이 있다.

본 장에서는 위의 방면 중 (4)불교 경학자로서의 운허 연구, 그 중에서도 교학사상에 관하여 이제 첫발을 떼어 보려는 것이다. 이를 위해 우선 운허의 일생과 역서 및 저서 목록을 간략하게 소개하기로 한다.

2. 생애와 역서 및 저서

운허의 불교적인 삶에 대해 불교계 내부에는 비교적 많이 알려져 있다. 그런데 그의 독립운동에 대해서는 상대적으로 잘 모르는 사람이 많은 것 같다. 대한민국의 역사는 그를 어떻게 기억하고 있는지를 먼저 살펴보자. '국가보훈처'의 「공훈록」에는 운허를 이렇게 기록하고 있다.

이해하고 있었음을 알 수 있다. "불교의 교리는 엄청나게 광대하여 그 중심을 붙잡기가 어렵다. 그 표현되어 있는 경전의 형식은 하나의 문예작품으로 볼 수 있으나 그 사상 내용은 철학이요, 종교이니 이 철학이며 종교의 내용이 매우 복잡하다." (이운허, 『불교의 깨묵』, 서울: 동국역경원, 1972, p.84.) 경전을 '문예작품'의 측면에서 접근하는 운허의 인식은 한글대장경의 번역 문체에서도 여실하게 반영된다. 운허는 번역에 있어 단어의 배열은 물론 글자 수를 맞추고 음독(音讀)의 운율을 고려한다. 이런 그의 입장은 역경사(譯經士) 양성을 위해 직접 강의한 『능엄경 강화』의 곳곳에도 나타난다.

9) 운허는 6·25 전쟁 이후 제방에 많은 불교강원(佛敎講院)을 설립한다. 이 과정에서 강원의 이력(履歷)을 정비하고, 특히 『능엄경 정맥소』, 『기신론 필삭기』, 『화엄경 인악기』, 『금강경 간정기』, 등등 소초를 활용하는 안목에 주목할 필요가 있다. 더구나 요즈음 강원의 이력에서 『원각경 함허소』나 『기신론 해동소』나 『능엄경 계환소』나 『금강경 3가해』를 보는 변질과 관련하여 연구가 되어야 할 것이다.

10) 이 책의 제3장. 「4. 대한민국시기 : 이운허와 김월운」에 실린 운허의 저서 및 번역서 참조.

11) 운허는 배달민족을 하나의 공동체로 하여 만주일대와 한반도에 사는 민족 공동체에 대한 의식을 가지고 활동하였다. 1909년에 단군을 숭배하는 대종교(大倧敎)에 귀의한 바 있었고, 스스로 호를 단총(檀叢)이라 칭한 적도 있다. 운허의 대종교 활동에 대해서는 다음의 연구보고서가 있다. 조준희, 「이운허 민족교육 운동의 정신적 배경」『운허큰스님의 삶과 교육사상』, 경기: 교종본찰 봉선사 문조현양사업회, 2010.

성명; 이시열(李時說, 李耘虛, 李學洙).
생존기간; 1893.2.25.-1980.11.18.
출생지; 평북 정주.
운동계열; 애국계몽운동.
훈격; 애국장(1991).

평안북도 정주군(定州郡) 고안(高安)면 안흥(安興)리에서 태어났다. 호는 운허(耘虛)이다. 1909년 안희제(安熙濟) 이원식(李元植) 윤세복(尹世復) 남형우(南亨祐) 김동삼(金東三) 배천택(裵天澤) 등 80여명의 동지들과 함께 신민회 계열의 국권회복을 위한 비밀 청년단체인 대동청년당(大東靑年黨)을 조직하여 지하에서 독립운동을 했다. 1910년 8월 일제가 한국을 병탄하여 나라가 망하자, 1911년 5월 윤세복 이원식 등과 함께 만주로 망명하여 봉천성(奉天省) 환인현(桓仁縣)에 동창학교(東昌學校)를 설립하고 교사가 되어 동포들에게 독립사상을 고취하고 교육구국운동에 종사했다. 1919년 3·1 운동 후 서간도에서 부민단(扶民團)을 확대 개편하여 한족회(韓族會)를 창립하는데 중요한 역할을 했으며, 그 기관지인 『한족신보(韓族新報)』의 주필로 활동했다. 한족회와 신흥무관학교(新興武官學校)를 토대로 하여 서간도의 독립군 단체인 서로군정서(西路軍政署)를 창립할 때 이에 참가하여 적극 활동했다. 이듬해인 1920년부터는 독립운동을 위한 교포신문인 『효월신문(曉月新聞)』의 사장으로 활동하기도 하였다. 1920년 2월 현정경(玄正卿) 현익철(玄益哲) 장명환(張明煥) 김관성(金觀聲) 등 40여명의 동지들과 함께 독립군 단체인 광한단(光韓團, 일명 義興團)을 조직하고 그 단장에 선임되었다. 광한단은 국내에 들어와서 군자금을 모집하고 일제 식민지통치기관을 파괴하는 등 무장투쟁을 전개했다. 1929년 3월 만주의 3대 독립군 단체인 정의부(正義府) 참의부(參議府) 신민부(新民府)가 통합하여 국민부(國民府)를 조직할 때 이에 간부로 참가했으며, 국민부의 정치조직으로 1931년에 조선혁명당(朝鮮革命黨)이 조직되자 그 중앙집행위원 겸 교육부장을 맡았고, 또한 조선혁명당의 군사조직인 조선혁명군(朝鮮革命軍)의 간부로서도 활동했다. 일제의 만주침략 후인 1932년 2월에는 조선혁명군이 양세봉(梁世奉)의 지휘 하에 만주인 의용군 이춘윤(李春潤) 등과 합작하여 한중연합군(韓中聯合軍)을 편성하고 작전한 3월의 신빈(新賓) 전투에 참전하였다. 1933년 3월 11일 조선혁명군 사령관이 지휘하는 한 중연합군의 홍경성(興京城) 점령에 참전하고 저항하는 일본군을 대파했다. 1933년 8월에는 조선혁명군이 일본군 대 부대와 조우하여 대 혈전을 벌인 동창대(東昌臺) 전투에 참전하여 싸우다가 전사 순국했다. 정부에서는 고인의 공훈을 기리어 1991년에 건국훈장 애국장(1963년 대통

령표창)을 추서하였다.[12)]

이상의 내용 중에서 밑줄 친 부분은 국가보훈처에 증빙서류를 구비하여 수정토록 해야 할 것이다. 운허 강백은 동창대 전투에서 구사일생으로 살아나 다시 3년간 만주 일대에서 독립운동을 하다가, 1936년 봉선사 '홍법강원'에서 교편을 잡는다.

대한민국의 역사가 기록하는 운허의 모습에 대해서는 이상으로 그치고, 이하에서는 불교계가 기억하는 운허의 모습을 알아보기로 한다. 필자는 앞에서 운허 강백의 생애가 『어문집』에 소개되었다고 말한 적이 있는데, 이 책에 소개된 운허의 생애는 운허 자신이 1967년에 손수 작성한 「자필이력서」에 기초한 것이다.

『어문집』을 보면, 운허가 평생에, 특히 젊은 시절에 매진한 활동 중의 하나는 독립운동이다. 초년기의 활동 무대는 만주 일대의 안동, 봉천, 요양, 환인 등지였으며, 활동 내용은 한편으로는 각종 학교를 통한 젊은이 교육활동이고, 다른 한 편으로는 각종 단체를 통한 독립운동이었다. 21세(1912년) 때에 '동창학교'에서 교편을 잡던 것이나, 같은 해 6월 비밀 결사 단체인 '대동청년당'에 가입 활동하는 것이 그런 일이다.

1919년(운허 28세) 기미독립운동 이후에는 활동 무대를 상해와 서울에까지 넓히는가 하면, 각종 신문을 제작 발행하여 독립 정신을 고취시키고 국내로 침투하여 무장 독립 운동도 겸하여 갔다.[13)]

---

12) 국가보훈처 홈페이지 http://www.mpva.go.kr/ 참조.

13) 「자필이력서」(『耘虛禪師語文集』, p.445)에 의하면, 1914년에서 1917년 사이에는 봉천성 신빈현(新賓縣)에서 '흥동학교(興東學校)'를 설립하여 교포 아동들을 교육했고, 1917년에는 봉천성 통화현(通化縣)에서 '배달학교'를 세워 교포 아동들을 교육했고, 1919년 4월에서 1920년 2월까지는 봉천성 유하현(柳河縣)에서 '서로군정서(西路軍政署)'의 기관지인 '한족신보(韓族新報)' 사장에 취임했고, 1920년 2월에는 봉천성 관전현(寬甸縣)에서 독립운동 기관인 '광한단(光韓團)'을 조직하여 활동하다가, 피신차 금강산에 잠복했다가 1921년 5월 1일 유점사에서 출가한다.

그러다가 압록강을 건너는 길이 막혀 30세(1921년) 때에 금강산에서 응송 은오(應松銀午; 생몰연대 미상) 선사의 제자가 되었고 그해 겨울 봉선사로 가서 월초 거연(月初巨淵; 1858~1934) 화상에 예를 올린다.

이로부터 승려로서의 인생이 시작되었다. 1922년 금강산 유점사 반야암에서 『법화경』을 독송하고 『능엄경』을 필사한다. 속가의 8촌 종형 춘원 이광수를 만난 것도 이 해 가을 금강산이었다. 1924년에는 범어사 해찬 진진응 강백 회상에서 『원각경』과 『능엄경 현담』을 수학했다. 1926년 가을 그의 나이 35세 때는 금강산 유점사 반야암에서 '동국경원(東國經院)'을 세우고 경전을 연찬했다. 1927년에는 '동국경원(東國經院)'을 유점사의 연화사(蓮華社)로 이전하고 그곳에서 원생 20명과 더불어 『대승기신론』과 『능엄경』을 연독하였다. 이것이 아마도 최초의 역경사(譯經士) 양성이라고 볼 수 있을 것이다. 그러고 보면 경전 번역에 대한 운허의 원력은 매우 일찍부터 있었음을 알 수 있다.

그 후 서울로 올라와 1928년에는 지금의 고려대 뒷산에 있는 개운사(開運寺)에서 석전 박한영 강백 문하에서 대교(大敎) 과정을 마친다. 이듬해에는 개운사 칠성각에 '고등연구원' 간판을 달고 강원 졸업생 중 우수한 사람 10명을 선발하여 『선문염송』 등을 교육했다.

1929년부터 1936년 사이에는 다시 만주로 들어가 무장 독립운동을 했다. 특히 1930년 9월에는 '조선혁명당'에 가입하여 각종 무장활동을 하기도 했다. 그 후 세월이 한참 흘러 1936년(강백 45세)에는 봉선사에 '홍법강원(弘法講院)'을 개설하여 1943년까지 학인(學人)을 양성하였다.

6 · 25전쟁 중인 1951년 안성의 청룡사에서 피난할 적에는 다시 '청룡학숙(青龍學塾)'을 세워 야학생을 가르쳤다. 돌이켜 보면 30세 때의 출가 이후 회갑이 되던 해(6 · 25 전쟁 중)까지의 약 30년간 그의 일생은 민중교육운동–독립운동–승려교육운동이 어우러지던 시기였다. 해방을 전후하여 독립운동의 연장선에서 각종 정당 운동을 하였으나, 자신이 가입했던 '조선혁명당'이 여러 정당과 연합하여 '신진당'으로 개편되고서는 정당 활동에서 손을 뗀다. 저간의 사정과 활동 그리고 그의 이념 등이 어떠했는지에 대해서는 현재 남 · 북이

분단되어 있는 상황이라 훗날을 기약할 수밖에 없다.

1952년 피난길에서 음력 2월 25일 회갑상을 받는다.[14] 당시 안성 청룡사 주지였던 진성 스님이 마련하셨는데 그 때의 심정을 운허는 이렇게 적는다. 7언 8구로 된 부(賦)인데 그의 제자 월운 강백이 우리말로 번역하여 봉선사 어구 운허의 추모비에 새겨 넣었다.

> 흐르는 세월 무심히 보냈으니
> 환갑을 맞은들 장할 것 없어라
> 바다에 뜬 좁쌀 신세 소동파가 개탄했고
> 단명도 장수도 없단 말 왕우군이 의심했네
> 동녘엔 먼동이 트려는데 봄은 이미 깊었으니
> 가슴에 큰 뜻 품었건만 귀밑머리 희어졌네
> 떠돌이 나그네 길 외롭다 슬퍼 말자
> 아직은 건강하니 여생을 가꾸리라.

마지막 구절 “아직은 건강하니 여생을 가꾸리라”의 원문은 “尙餘益壯後年期(상여익장후년기)”이다. 한글 번역어 “여생을 가꾸리라”는 아무래도 소극적인 뉘앙스가 감도는데, 원문의 “後年期(후년기)”는 말 그대로 뒷날을 기약한다는 적극적인 의지가 엿보인다. 월운 강백이 이렇게 번역한 데에는 당시의 국내 ‘정치 상황’을 고려한 것으로 보인다.

그러면 그 적극적인 의지가 무엇이었는가? 그것은 다음에 보는 환갑 이후의 운허의 경력이 말해준다. 1953년 6 · 25 전쟁이 끝나면서 그는 부산에 있는 ‘애국동지회 원호회’의 사업으로 김학승 씨와 함께 『한국독립운동사』를 편찬 간행한다. 이 편찬 사업에서 운허는 자신의 독립운동에 관한 경험과 심정의 일단을 정리하고 있다. 그의 일생에 전환기가 된다. 6 · 25 전쟁을 거치면서

---

14) 6 · 25 이전에 운허를 시봉한 제자는 혜원 지복(慧圓智福) 스님으로 이때의 운허의 행적에 대해서는 지복 스님이 비교적 잘 알고 있다. 지복 스님은 운허 강백과 이런 인연으로 광동고등학교(학교 재임; 1973~1986)에서 교편을 잡고 나중에는 교장에 이르기까지 운허 강백을 도와 교육 불사를 했다. 퇴임 후에는 천태종 구인사에서 강사로 활동도 했다. 6 · 25 이후에는 봉선사 조실 월운 강백이 함께했기 때문에 그 이후의 행적은 월운 강백이 소상하게 알고 있다.

운허는 불교운동에 전념한다.

여기에서 우리는 당시의 정치적인 상황 몇 가지를 상기할 필요가 있다. 우선 꼽을 수 있는 것으로는 오래된 남-북의 이념적 갈등이다. 운허의 독립 노선은 기본적으로는 사회주의 계열이었지만 소련 공산주의 운동 계열의 김일성의 항일 운동과는 이념적 입장을 달리했다. 이런 입장은 봉선사의 태허 김성숙(1898~1969)과도 상통한다. 태허에 대해서는 이 책의 제8장에서 따로 논하기로 한다. 일제 당시 봉선사 월초 화상 문하에는 독립운동가들이 많았다. 예를들면 강완순 스님, 이순재 스님 등이 있는데, 이 분들의 사적은 봉선사 어구에 비석으로 새겨져 있다.

해방 후에는 이승만 정권과 거리를 두었으며, 5·16 이후 당시 '대통령권한대행 국가재건최고회의 박정희 의장'으로부터 문화훈장(1962년, 이때의 이름은 '이학수(李學洙)'임)을, 그 이듬해인 1963년에는 '대통령권한대행 국가재건최고회의 박정희 의장'으로부터 독립유공 표창장(이 때의 이름은 '이시열(李時說)'임)을 받는다.

그러나 그 후 박정희 군사독재의 실상이 드러나면서부터는 거리를 두었다. 이런 그의 행적은 항상 감시의 대상이 되었다. 운허가 입적하던 1980년은 '전두환 계엄사령관'이 역시 반공을 국시로 하면서 군사적 정치를 하던 때였다.

운허는 전쟁통에 객지에서 환갑상을 받고, 그 다음달 범어사 금어선원으로 가서 『능엄경』 번역을 시작하여 열흘만에 초역을 마치는데, 그 원고는 3년 뒤 진주에 있는 연화사에서 프린트 판으로 세상에 나온다. 그 후 동학사 강원으로(1953년), 통도사 강원으로(1954년), 진주 연화사로(1955년), 해인사 강원으로(1955년), 다시 통도사 강원으로(1957년) 강석을 옮긴다. 통도사 강원을 1959년 월운 강백에게 전강(傳講)하고, 서울 선학원으로(1960년), 다시 해인사(1961년)로, 다시 선학원으로(1962년) 자리를 옮겨 학인들을 가르친다.

마침내 1964년 3월 25일 역경원장과 역경위원장 직을 맡으니 세수는 어느덧 73세가 되었다. 35세 때 금강산 유점사 반야암에서 '동국경원(東國經院)'을 세운 지 40년이 지나 '동국역경원(東國譯經院)'으로 거듭난 것이다. 1965년

수원 용주사에 '번역장'을 차리고 『한글대장경』1집을 출간했다. 1971년 겨울 '번역장'을 강남 봉은사로 옮겨 역경사업을 계속하다 전체의 1/3 가량의 출간을 보고 1980년 89세로 봉선사에서 금세의 인연을 마쳤다. 그 나머지는 그의 제자 월운 강백의 주도로 2001년에 완간되었다.

출가 이후 운허 강백의 활동은 교육 – 불경 번역으로 집약된다. 그러면 강백은 왜 이런 일을 했을까? 운허는 『어문집』(p.207)에서 이렇게 말한다. "지금 역경원에서 하는 역경사업은 우리 민족이 가진 대장경이 있어야 하겠기에 하는 것이다." 세상에는 무수한 민족이 있지만 자기 글을 가진 민족은 많지 않다. 한글은 인간이 만든 위대한 문화이다. 그러니 이 한글을 아는 사람들이 읽을 수 있도록 "부처님의 생각"을 옮겨보자는 것이다. 「역경발원문」에서 이렇게 발원한다.

> 부처님의 本意대로　글과뜻이 옮겨지고
> 읽는이가 감격토록　아름다운 문장이뤄
> 한글로된 대장경이　집집마다 모셔지고
> 누구든지 읽게되어　지혜로운 가르침이
> 온　누리 곳곳마다　두루펼쳐 지이다–.[15)]

이것이 운허가 한글대장경을 만드는 뜻이다. 운허의 불교 사상에 대해서는 이하에서 정리하겠지만, 그의 사상 근저에 깔려있는 정신은 위 인용문에서 운허 스스로 말하듯이 "부처님의 本意(본의)"를 고스란히 전하려는 것이다. 자기 말과 부처님 말씀을 섞지 않는다. 이것은 이 집안 다경실(茶經室) 주인들 즉 운허, 월운 두 대를 내려오는 가풍이 되었다.

운허의 저서와 번역서에 대해서는 이 책 제3장에서 이미 살펴보았다. 자세한 것은 그 쪽으로 미루기로 한다. 다만 여기서는 운허에게는 수택본(手擇本)과 현토본(懸吐本)들이 적지 않으니, 향후 이에 대한 조사 연구도 필요하다는

---

15) 이운허, 「譯經發願文」『어문집』, p.203.

정도만 밝혀둔다. 예를 들면 고(故) 김지견 교수는 화엄학자 설잠(1435~1495)의 『화엄일승법계도기총수록(華嚴一乘法界圖記叢髓錄)』을 현토 출간한 적이 있는데, 그 서문에 보면 이 현토는 운허의 것임을 밝히고 있다. 그 밖에도 이런 종류의 현토본들이 있는데, 이 부분은 계속해서 찾아내어야 할 것이다. 수택본들은 현재 봉선사 다경실 유품함에 보존되어 있다.

3. 운허의 불교사상

운허는 그 스스로 자신의 60세까지의 삶을 크게 둘로 나누어 회고하고 있다. 다음의 부(賦)는 회갑 날 지은 것으로 위에 소개한 다음 수(首)의 일부이다.

> 충성을 다하자던 처음의 뜻, 꿈결로 돌아갔는데
> 부처를 섬기려던 반평생도 헛이름만 빚졌네.
>
> 效忠初志便成夢
> 學佛半生空負名[16)]

위의 자부(自賦)에 따르면, 운허는 자신의 60평생을 돌아보며 전반기는 '효충(效忠; 나라의 충성 본받기)' 즉 '나라 사랑'으로, 그리고 후반기는 '학불(學佛; 부처의 가르침 배우기)' 즉 '불도 수행'으로 회고하고 있음을 알 수 있다. 표현은 이렇게 했지만, 불문에 출가한 이후에도 운허의 삶을 보면 '나라 사랑'과 '불도 수행'이라는 두 축으로 이루어졌다.

그런데 여기에서는 그의 '불도 수행'에 관한 부분에 한정하여 그 일부를 살펴보고자 한다. 자료로는 기본적으로 『어문집』, 『불교의 깨묵』, 『능엄경 강화』, 『수능엄경 주해』를 사용하였다. 이 중에서도 특히 『불교의 깨묵』(이운허 저, 서울: 동국역경원, 1972년 초판)을 중심으로 했고, 불성사상(佛性思想)에 대해서는 『능엄경 강화』전3책(이운허 강화, 김월운 녹취, 서울: 동국역경원,

---

16) 월운편, 『운허선사어문집』, 서울: 동국역경원, 1989, p.98.

1993년)을 주로 참고했다.

1) 경전의 말이나 글에 대한 입장

동서양을 막론하고 특히 한자문화권에서는 언어나 문자는 진리를 제대로 드러내지 못한다는 입장을 고집하여, 말이나 문자로 진리를 표현하는 것을 그리 달갑게 생각하지 않는 경향이 있다.

그런데 운허의 경우는 이런 경향이 생기는 근본적인 취지를 충분히 이해하는 바탕 위에서, 그럼에도 불구하고 말이나 문자로 정확하게 표현하려고 남달리 노력을 한다. 이런 점은 근자에 보기 드문 가풍[17]이다. 다음의 문장을 보자.

> 우리 인생은 짐승과 달라서 사상과 문자를 가지고 있으며, 자기의 이상을 남에게 전달하려는 욕망을 가지고 있는 것이 특징이다. 사람이 어질면 어질수록 이 욕망이 크다. 그러므로 예로부터 성인들은 반드시 후생들에게 끼치신 말씀이 있으니, 공자의 論語(논어), 예수의 4복음, 마호메트의 코오란 등이 그것이다.
>
> 세존께서도 부처가 되신 후 끝없는 말씀을 남겨놓았으니 이것이 불교의 성전이다. [18]

불교 집안에서 특히 제대로 된 선사(禪師)들의 경우는 말이나 문자들을 무시하는 듯한 말을 하지만 그것은 말이나 문자가 필요하지 않다는 것이 아니고, 말이나 문자만으로는 부족하다는 것을 지적하는 것일 뿐이다. 그런데 이런 속뜻을 모르고 그저 흉내만 내는 무리들은 아예 말과 사상과 문자를 무시하는 경우가 종종 있다. 그러나 운허의 경우는 언어나 문구나 생각의 한계를 인정하

---

17) 이런 가풍은 운허 강백의 제자 월운 강백에게도 나타난다. 즉, "그러나 우리들같은 凡夫(범부)에게는 먼저 부처님의 뜻을 바로 알고, 그 뒤에야 무엇을 버리고 무엇을 取(취)할 것인가가 가려진다. 結局(결국) 言語文字(언어문자), 그 自體(자체)가 眞理(진리)는 아니라도 言語文字(언어문자)를 떠나서 따로 眞理(진리)에 接近(접근)할 길이 없는 우리들에게 言語文字(언어문자)의 올바른 理解(이해)는 入道(입도)의 첫 關門(관문)이 아닐까 한다." 김월운, 「머리말」(이운허 강화, 김월운 녹취, 『능엄경강화 I』, 서울: 동국역경원, 1993, p.5).

18) 이운허, 『불교의 깨묵』, 서울: 동국역경원, 1972년 초판, p.24.

면서도, 친절한 설명을 아끼지 않는다. 다음의 인용을 보자.

> 특히 대학생들 사이에는 경을 알려는 의욕이 많이 있는 것을 보게 된다. 대학생들은 신심으로 불교를 알려 하는 것이 아니라 상식으로 알려는 경향이 많은데, 그 사람들의 욕망에 차도록 공급해 줄 것이 없는 것이 걱정이다. 젊은이들이 그렇게 하다 보면 신심으로 바뀌는 경우가 많다. 사실 모르고 하는 것은 맹신이다. 자기 소견이 생기게끔 해줄 자료가 절실히 요청된다.[19]
>
> * 밑줄은 필자 임의 첨가.

이렇듯이 운허는 부처님의 말씀이나 진리를 전하는 '매체'에 대하여 개방적인 생각을 가지고 있다. 그리하여 어떻게 하든지 '매체'를 잘 다듬어서 "부처님의 本意대로 / 글과 뜻이 옮겨지고 / 읽는이가 감격토록 / 아름다운 문장이뤄 / 한글로된 대장경이 / 집집마다 모셔지고 / 누구든지 읽게되어 / 지혜로운 가르침이 / 온누리 곳곳마다 / 두루펼쳐지이다 /"[20] 이런 인식에 기초한 한글 번역 사업이었기에 그 뜻이 더욱 깊다할 수 있다. 운허의 이런 인식은 과거 우리 민족의 번역 사업에 대하여 주목하게 했다. 운허는 한반도에서의 번역 사업을 이렇게 정리하고 있다.

> 세종대왕이 한글을 만들어 반포하면서 1457년에 간경도감이라는 '관청'을 설치하고 『수릉엄경』, 『묘법연화경』, 『원각경』, 『금강경』, 『아미타경』 등을 번역한 것이 불경 번역의 시초이다. 그 후에는 백용성, 안진호 선사가 '개인'의 사업으로 『화엄경』, 『유마경』, 『법화경』 등을 번역하였고, 최근에는 조계종의 사업으로 동국대학교에 역경원을 부설하고 1965년부터 한글대장경을 번역 간행하고 있다.[21]
>
> * ' '는 필자 임의 첨가.

운허의 『능엄경 강화』를 보면 곳곳에 당시 간경도감의 번역을 언급하는

19) 이운허, 「내생에도 역경사업을」『어문집』, p.207.

20) 이운허, 「譯經發願文」『어문집』, p.203.

21) 이운허, 『불교의 깨묵』, p.36.

부분이 적잖게 나온다. 예를 들면 『능엄경』에 나오는 '개합(開合)'이라는 용어를 "펴락 쥐락"이라고 번역하면서 이렇게 말한다. "그래서 이 부분을 세조 때 번역한 것을 보면 손바닥을 '펴락 쥐락' 이렇게 했습니다."[22)]

뿐만 아니라 안진호 강백 등 당시에 한문을 한글로 번역한 각종 토(吐)에 대해 언급하면서 적절한 번역을 위해 궁리하는 모습을 역력히 볼 수 있다. 이와 더불어 번역의 원칙에 대한 '공동의 원칙'을 모색하려는 모습은 남다르다. 「역경예규」[23)] 등도 이런 발상에서 나온 것이다. 다음의 말을 보자.

> 그래서 우리는 역경원에서는 아라한들까지는 '너'라고 하고 보살은 '그대'라고 하며, 아라한에 대해서는 '해라'를 쓰고 보살에 대해서는 '하게'라는 말을 쓰기로 결정했는데, 역경원에서 하는 것이 꼭 옳은 건 아니지만, 規定(규정)은 있어야 되겠다 해서 이렇게 決定(결정)했습니다.[24)]

운허는 번역에 있어 '개인'을 넘어서서 '공동체' 속에서 수행되기를 바라고 있었다. 위의 인용문에서도 그런 운허의 생각을 엿볼 수 있다.

2) 한국불교 법맥과 자신의 계보에 대한 입장

운허 역시 당대의 최고의 학승답게 여러 사람들의 행장 내지는 비문 묘지명 등을 썼다. 필자가 이 부분에 주목하는 이유는, 운허가 상대의 호칭을 어떻게 붙이는가에 관심이 있기 때문이다. 매우 다양하다. 그 예를 보면 다음과 같다. "東山(동산) 선사", "도원 비구니", "曹溪宗宗正靑潭大宗師(조계종 종정 청담 대종사)", "華嚴座主弘經堂大禪師(화엄 좌주 홍경당 대선사)", "聽雨堂大和尙(청우당 대화상)", "奉先寺前住持月初大和尙(봉선사 전 주지 월초 대화상)", "우바이 金法蓮華(김법련화)", "前理事長德山居士(전 이사장 덕산 거사)", "慧

---

22) 이운허 강화, 김월운 녹취, 『능엄경강화 I』, 서울: 동국역경원, 1993, p.166.

23) 「역경예규」에 관한 내용에 관해서는 沈三鎭, 「東國譯經院의 「譯經例規」에 대한 小考」『월운스님 고희기념 불교학논총』, 서울: 동국역경원, 1998, pp.745~789) 참조.

24) 이운허 강화, 김월운 녹취, 『능엄경강화 I』, 동국역경원, 1993, p.182.

陀比丘尼(혜타 비구니)", "龍城大宗師(용성 대종사)", "卍海龍雲堂大禪師(만해 용운당 대선사)"[25] 등등이다.

상대방의 전문 분야에 걸맞게 칭호를 붙였다고 볼 수 있겠다. 선승의 경우는 거의 '禪師(선사)' 내지는 '大宗師(대종사)'로 쓴다. 반면에 포교나 불사 및 교학에 힘쓴 이들에 대해서는 '和尙(화상)' 또는 '長老(장로)'[26]라는 호칭을 붙인다. 그런데 여기서 묘한 것은 "華嚴座主弘經堂大禪師(화엄 좌주 홍경당 대선사)"이다. 겉으로 보기에 "華嚴座主(화엄좌주)"와 "大禪師(대선사)"는 서로 어울리지 않는 듯하니, 앞은 교종(敎宗)에서의 칭호이고 뒤는 선종(禪宗)에서의 칭호이기 때문이다.

그러면 운허는 당시 한국 승려들의 법통 내지는 계보에 대하여 어떤 인식을 가지고 있었는가? 필자의 이런 궁금증은 운허가 자신의 명정(銘旌)을 "차 마시고 경전 읽고 번역하던 중 운허 법사의 관"이라고 쓰라고 유언했듯이, 자신의 아이덴티티를 교종(敎宗)에 두지 않았을까 생각했다. 그런데 전혀 그렇지 않았다. 우선 운허의 비문 자체가 "耘虛堂大宗師(운허당 대종사)"[27]로 되어 있다. 그리고 한국불교의 법통에 대한 운허의 생각을 엿볼 수 있는 다음의 문장이 있다.

> 이렇게 禪法(선법)이 홍왕하여 전국을 교화하던 것이 최근에는 선맥이 끊어지다시피 되었고, 요사이 새로이 선풍이 일어나는 모양이나 九(9)산 문중에서 八(8) 문중은 모두 후손이 없어지고 지금에는 오직 도의 국사의 후손만이 있는 셈이다.[28]

이 문장은 『불교의 깨묵』에서 「六. 교의 5종과 선의 9산문」이라는 장(章)을 시설하여 한국불교사를 간략하게 소개하는 부분의 말미에 나온 것이다. 이

---

25) 「2. 行狀」 『어문집』, pp.323~347.

26) 예를 들면 운허에게 전강(傳講)한 박한영(1870~1948) 강백에 대해서는 "映湖鼎鎬長老(영호 정호 장로)"라는 칭호를 붙인다.

27) 물론 이 비문은 월운 선사가 지으셨으니, 운허를 "大宗師"라고 호칭한 것은 산 사람들의 몫이었다. 그러나 행장을 쓰는 격식으로 보나 어느 면으로 보나 당사자를 고려했을 것이다.

28) 이운허, 『불교의 깨묵』, p.44.

문장 상으로만 볼 때에 운허가 보기에 당시가[29] 그렇다는 것이다. 한국의 법맥을 기본적으로 선종의 맥으로 보고 있음은 분명한데, 운허의 이런 인식은 역사적인 사실과도 부합한다. 예를 들면 추사가 쓴 백파 선사의 비문도 "華嚴宗主 白坡大律師 大機大用之碑"(화엄종주 백파 대율사 대기대용지비; 고창 선운사 박물관 내로 이전 보관 중)라고 되어 있다. 비문의 전액(篆額)만 보면 화엄종주요, 율사요, 선사이다. 그럼에도 불구하고 백파 긍선(1769~1852) 스님은[30] 선사이다. 해당 선사가 전공한 것이 무엇이건 상관없이 선(禪)이건 교(敎)이건 소위 승려들의 '족보'에서는 모두 가지산문(迦智山門)계의 선사(禪師) 후예이다. 이런 법맥 의식이 서산(西山) 사명(四溟) 양대 화상을 거쳐 조선 중기 이후 지금에 이르기까지 일반화되었고, 운허도 그 전통을 따르고 있다.[31] 운허가 1977년에[32] 쓴 「海東佛祖源流序(해동불조원류서)」에 보면 이렇게 적혀 있다.

> 이와 같은 佛事(불사)는 國初(국초)에 無學祖師(무학조사)가 傳鉢(전발)한 源流次第(원류차제)를 出刊(출간)하여 簇子(족자)를 만들어 傳(전)하니, 佛祖(불조)로부터 指空(지공) 懶翁(나옹)에 이르고, 그 후에 月渚道安禪師(월저 도안 선사)가 그 簇子(족자)를 重刊(중간)하니 本朝(본조)의 玩虛(완허) 松雲(송운)에

---

29) 이 책의 초고는 이 서문에 해당하는 「책을 내면서」에서 밝혔듯이, 동국대학교가 부산에 가 있을 적에 『불교독본』 두 책으로 낸 것이다. 그러니 6·25 당시 즉, 해방 후 1950년대 초반의 한국의 불교 상황을 짐작할 수 있다.

30) 운허와 월운 두 강백을 비롯한 봉선사의 '월초 문도(月初 門徒)'에게는 '백파 문손'이라는 법맥 의식이 현재도 살아있다. 월운 강백은 『대승기신론필삭기회편』(충남: 동학사승가대학, 2005)에 「추천사」를 쓰면서, 그 끝에 "白坡六世法孫(백파육세법손) 東國譯經院長(동국역경원장) 月雲(월운) 沙門(사문) 謹記(근기)"라 했다. 또 운경 선사가 1985년경에 해남 대흥사 주지로 부임한 적이 있는데, 이것도 같은 문도여서 그랬다고 보인다.

31) 봉선사에서는 입실 건당(入室建幢)할 때에 내리는 「조파(祖派)」에 의하면, 서건사칠(西乾四七)의 조사로서 초조(初祖) 가섭(迦葉)에서 제27조 반야다라(般若多羅) 존자를 적고, 당토(唐土)의 조사로서 제28조 달마에서 제56조 석옥 청공(石玉淸珙)을 적고, 해동 초조 태고 보우(太古普愚) 선사를 제57조로 계대하고, 쭉 내려와서는 백파 긍선(白坡亘旋)을 제72조로 하고, 운허 용하(耘虛龍夏)를 제77조로 한다.

32) 현재 유통되는 耕雲炯埈 編, 『增補佛祖源流』(서울: 불서보급사, 1983)는 간기(刊記)가 1983년으로 되어 있다. 그런데 『어문집』에는 운허의 서문이 1977년 丁巳 7월 10일 쓴 것으로 되어 있다. 어느 쪽이 맞는가?

至(지)하였다.

西紀(서기) 1764년(조선 영조40년)에 獅巖采永禪師(사암 채영 선사)가 『西域中華海東佛祖源流(서역 중화 해동 불조원류)』를 著錄刊行(저록 간행)하면서 千餘部(천 여 부)를 印出(인출)하여 諸宗(제종)에 傳播(전파)하고, 그 板木(판목)을 全州(전주) 松廣寺(송광사)에 留藏(유장)하였더니, 曹溪山(조계산) 松廣寺(송광사)의 碧潭幸仁講伯(벽담 행인 강백)이 어떤 불만을[33] 품고 불태워버린 일도 있었다.[34]

법통에 대해 기본적으로 운허는 '태고법통설'을 수용하고 있다. 그러면서도 위의 「서(序)」에서 살짝 당신의 생각을 노출했듯이, 지공(指空)-나옹(懶翁)-무학(無學)으로 이어지는 소위 '삼화상(三和尙)' 계보도 간접적으로 언급하고 있음을 알 수 있다. 봉선사 25교구 관내에 있는 회암사에서는 매년 음력 3월 보름을 기해서 삼화상 다례를 봉행하고 있다. 운허의 주선으로 시작된 것인데, 여기에서도 그의 역사 인식이 드러난다.

사실 현재의 학계에도 환암 혼수(幻庵混修; 1320~1392)가 나옹 혜근(懶翁惠勤; 1320~1376)의 법을 이었느냐 아니면 태고 보우(太古普愚; 1301~1382)의 법을 이었느냐에 대한 논의가 있다. 환암 혼수 이하 법계는 대개는 정연하여 큰 변동이나 논란이 없다.

운허의 경우는 법맥으로는 태고 그리고 더 내려와서 백파의 문손이다. 그러면서도 학문상으로는 교학, 그 중에서도 화엄교학의 전통에[35] 서 있다고 할 수 있다.

중국 불교 형성을 운허는 3단계로 설명한다. 첫째는 경전 번역 단계, 둘째는 경전의 교의(敎義) 내용 연구단계, 셋째는 교판과 교리에 입각한 입교개종(立

---

33) "어떤 불만"이라고 간접적으로 언급하셨지만, 사실은 휴정파(休靜派)가 많이 들어가고 선수파(善修派)가 적게 들어갔다고 하여 불지른 것이다. 『불교사전』(이운허, 동국역경원, 1916년 초판, 1987, p.337)의 〈불조원류〉항에 그렇게 기록하고 있다.

34) 「海東佛祖源流序」 『어문집』, 138쪽.

35) 진응 강백과, 석전 강백 문하에서, 그리고 월초 선사의 보살핌으로 경학(經學)에 뜻을 두었다. "佛敎(불교)의 가장 최고의 진리를 얘기하는 法性宗(법성종)에서 볼 때"(『능엄경강화 Ⅰ』, p.195)라는 표현도 그 증거이다.

敎開宗) 단계이다. 한 외래 사상이 자국에 정립되는 데에 걸치는 과정을 분석한 것인데 주의 깊게 경청할 필요가 있다. '한국' 불교는 어디까지 와 있는가? 운허의 한글 번역도 이런 3단계의 과정을 염두에 둔 것은 아닌가? 특히 주35)의 밑줄친 부분과 연관하여 생각해 볼 수 있다.

중국 불교가 형성되는 과정을 이상과 같이 설명하면서 천태 대사와 현수 대사를 소개하는데, 천태 대사를 소개함에는 첫 머리에 "(천태) 대사의 의견에 따르면"이라는 조건문을 달아 약간의 거리를 두면서 소개를 하고 있다.

반면에 화엄종을 설명함에는 주저 없이 이렇게 말한다. "화엄경에 근거를 둔 사상이란 것은 과연 무엇인가? 그것은 십현연기(十玄緣起) 사상이다."라고 단호하고도 직접적으로 설명하고 있다.

이로 볼 때에 운허는 교학적으로는 "華嚴宗主 賢首(화엄종주 현수)"[36] 대사를 종(宗)을 삼는 화엄학승(華嚴學僧)이라고 할 수 있다. 이 점은 운허가 그 많은 불교 사상 중에서 어느 사상을 종(宗)으로 삼고 있는지를 알게 한다. 십현연기(十玄緣起)에 대한 운허의 설명을 보자.

> 모든 법은 이와 같이 상즉(相卽)하고 상입(相入)하여 주(主)와 반(伴)이 중중(重重)한 연기가 되어, 삼라만상이 일체(一體)인 동시에 또 이체(異體)라는 것이니 이런 원리를 구체적으로 표현한 것이 곧 십현연기설(十玄緣起說)이다. 이런 십현연기의 원리를 강설할 때에 측천무후가 잘 이해를 못하니 장생전(長生殿)에 장식품으로 놓아둔 금사자를 가리키면서 설명을 하였더니 그때야 그 깊은 뜻의 이치를 이해했다 한다. 그때에 설법한 것을 문장화한 것이 유명한 『금사자장(金獅子章)』이다.[37]

10현 사상은 전통적으로 고십현(古十玄)과 신십현(新十玄)이 있는데, 운허의 경우는 현수 대사 『탐현기(探玄記)』[38]의 신십현(新十玄)을 더 선호한다.

---

36) "華嚴宗主 賢首"라는 표현은 운허 자신이 쓰는 용어이다. (이운허, 『불교의 깨묵』, p.74.) 현수 선사 이전에 두순(杜順)이나 지엄(智儼) 스님이 있지만, 운허 강백이 보기에는 화엄종은 역시 현수 스님에서 확립되었다는 간접적인 당신의 의사 표시로 볼 수 있다.

37) 이운허, 『불교의 깨묵』, p.75.

이 부분은 좀 더 섬세한 고찰을 요하는 부분이다. 필자는 운허가 '주반(主伴)'이니 '광협(廣狹)'이니 하는 용어를 사용하는 것을 보고 이런 인상을 받았던 것이다. 이런 용어는 신십현(新十玄)에서 주로 사용되기 때문이다.

3) 불타관과 보살관

운허는 너무도 당연하지만 대승불교도이다. 그러면서도 소승의 경전인 아함부 경전을 통해서 "인간으로서의 세존을 알 수 있다."[39] 고 평하는 것으로 보아, 소승이라고 폄하하지 않았음을 알 수 있다. 대승의 불교도들이 다 그렇듯이 운허도 법신(法身)의 상주(常住)를 믿었다. 그러면서 보살의 역할에 대해서 매우 적극적인 해석을 보이고 있다. 우선 보살과 부처님의 교화하는 차이에 대한 운허의 입장을 보자.

> 한번 부처님이 되면 오래오래 중생을 교화할 수가 없다. 중생을 교화하자면 사람의 몸을 받아야 하는데 부처님은 온갖 번뇌를 모두 끊었으므로 다시 사람의 몸을 받지 아니한다. 그러므로 부처님은 최후신(最後身)으로 법을 말씀한 유교(遺敎)에 의지하여 중생을 교화할 뿐이다. 그러나 보살은 얼마든지 사람의 몸을 받으면서 영원하게 중생을 교화할 수 있으니 영원히 중생을 교화하는 것이 보살의 서원이요 자비이다.
>
> 부처님은 중생의 몸을 받을 업력이 없으므로 중생의 몸을 받지 않지마는 보살은 중생을 교화하기 위하여 일부러 중생의 몸을 받을 세력이 되는 번뇌를 끊지 않는 것이다. 그렇다고 해서 부처님의 자비심이 박약하거나 중생교화를 잊으신 것은 아니다. 부처님의 마음은 대자비심이라 하였으니 어찌 중생을 교화하려는 자비심이 없겠는가? 『법화경』「수량품」에는
>
> 내가 성불한 때부터
> 지내온 겁의 수효

38) 필자는 1980년 운허의 서재에서 그가 평소 열람하던 『탐현기(探玄記)』와 『수현기(搜玄記)』를 본 적이 있다. 이 책들의 원문에 어떻게 현토를 했고, 혹 그 행간에 메모한 것이 혹 있는지 자세하게 검토할 필요가 있다.

39) 이운허, 『불교의 깨묵』, p.26.

한량없는 백천만
억조 아승지이니라

항상 법을 말하여
무수억 중생을 교화
불도에 들게 한 지가
지금까지 한량없는 겁

중생을 제도하기 위하여
방편으로 열반을 나타내지만
참으로 열반하는 것 아니고
항상 있어서 법을 말했나니

하셨으니 이것으로 본다면 부처님은 항상 우리 주위에 계시어서 우리를 교화하시는 것이다. 그러면 어떻게 나타나시는가? 그것은 여러 가지의 보살로, 또는 여러 가지의 사물로 나타나서 우리를 교화하시는 것이다.

중생이 도를 행하고 행하지 않음
내가 언제나 알고 있으며
제도할 방편을 따라서
가지가지 법을 말하며

매양 스스로 생각하기를
어찌하면 중생들로 하여금
위없는 지혜에 들어가
부처의 몸을 빨리 이루게 하나

하였으니, 이 세상의 어느 누구가 때도 곳도 가리지 않고 우리를 돌보아주시는 이가 있겠는가? 감정이 있는 인간이면 이와 같이 자비에 넘치는 부처님의 말씀을 듣고 어찌 감격한 눈물을 흘리지 않겠는가?[40)]

또 보살에는 '출가한 보살'도 있고 '재가한 보살'도 있으니 사문의 형상을 나타

40) 이운허, 『불교의 깨묵』, pp.80~83.

> 내어 수행하는 이는 출가한 보살이요, 겉으로는 세상 모양을 하고 있으면서 보살행을 닦는 이는 재가 보살이다. 그리고 부처님은 한 세계에 한 부처님뿐이요 다른 세계에는 또 다른 부처님이 있다. 서방 극락세계에는 아미타불이 있고, 동방 아촉 세계에는 아촉불이 있는 것같이 무수한 세계에 무수한 부처님이 있지만은, 보살은 한 세계에 무수한 보살이 있어 그 세계 중생들의 신앙의 대상이 된다.[41)]
>
> * 밑줄 및 ‘ ’표는 필자가 임의 첨가.

더 이상 설명이 필요 없이 완벽하게 자신의 생각을 투명하게 드러낸다. 이상에서 우리는 ‘수원소생(隨願所生)’하는 보살을 ‘출가’와 ‘재가’로 나누고 그리고 중생 교화에 주목하시는 운허의 불-보살관을 엿볼 수 있다. 특히 한 세계에는 한 분의 부처만 계시지만, 무수한 보살들은 한 세계에 다양하게 출현하여 각 중생을 제도한다는 이야기는 운허의 불-보살관을 단적으로 보여준다. 이런 그의 보살관에는 보살불교 운동을 엿보게 한다. 그는 이렇게 말한다.

> 불교 공부하는 것을 장사하는 사람같이 주판으로 따져서는 안됩니다. 시간으로 십년이고 백년이고 얼른 하겠다는 생각은 大乘心(대승심)이 못됩니다. 얼마든지 成佛(성불)할 때까지 이 길밖엔 없으니까 시간에 관계없이 가는 것이 大乘心(대승심)입니다.[42)]

여기서도 알 수 있듯이, 운허는 법성종(法性宗) 내지는 화엄교학의 보살사상을 가지고 있었다. 최근 한국 불교계에서 ‘돈오’니, ‘일초직입여래지(一超直入如來地)’이니, ‘견성성불(見性成佛)’이니, ‘오후 보임(悟後保任)’이니 하는 등등을 운운하며 현대사회의 일상적인 삶 속에서의 실천을 경시하는 풍조와는 사뭇 다르다. 불교의 근본은 한 마디로 요약하면 “世世常行菩薩道(세세상행보살도), 究竟願成薩婆若(구경원성살바야)”[43)]이다. 보살의 실천에 관한 내용은

---

41) 이운허, 『불교의 깨묵』, pp.83~84.

42) 이운허 강화, 김월운 녹취, 『능엄경강화 I 』, p.64.

불경에 쓰여 있다. 운허는, 불경을 읽고, 부처님의 "本意(본의)"를 알고, 그 말씀대로 실행하는 것을 불교라고 생각했던 것이다. 그리고 그 핵심은 생을 거듭하는 꾸준한 보살행의 실천에 있다고 본 것이다.

4) 이론적 방면의 교상문(教相門)

다음은 운허의 진리관에 대해서 보기로 한다. 그는 이렇게 말하고 있다.

> 우주 전체는 그대로 '한 덩어리의 진리'의 세계요, 그 가운데 나타나는 삼라만상은 그대로 '진리의 파동'이라고 본다. 진리는 세계(世界), 진여(眞如), 법계(法界) 등이라고 하고, 그 외 파동인 삼라만상은 1색 1향이 모두 중도(中道)이다. 이렇게 보는 것은 진리의 세계를 객관적으로 보는 것이니, 이것을 理(리)의 세계라고 한다. 이런 理(리)의 세계는 주관의 어떠함을 막론하고 객관적으로 고원하고 초연하게 존재하는 것이다.[44)]
>
> * ' '표는 필자 임의 첨가.

화엄교학에서는 '법계', '진여' 등을 진리로 보고 있다. 이 점에 있어서는 여타 화엄 종사들과 운허의 다른 점을 발견하기는 쉽지 않다. 운허의 설명에 따르면 이것은 진리의 세계를 '네 방면'에서 관찰한 것으로, (1)一理齊平(일리제평)한 '理法界(이법계)', (2)차별 현상계인 '事法界(사법계)', (3)理事不離(이사불리)이며 理事相卽(이사상즉)한 '理事無碍法界(이사무애법계)', (4)大小(대소)가 相攝(상섭)하고, 廣狹(광협)이 自在(자재)하고, 一(일)과 多(다)가 相容(상용)하고, 찰나[念]와 영원[劫]이 원융하는 화엄법계의 중중무진한 연기를 나타내는 '事事無碍法界(사사무애법계)', 이렇게 4종의 법계를 관찰하게 한다.

---

43) 이 말을 번역하면 "저는 태어나는 생마다 보살도를 실천하고, 그렇게 하기를 계속하여 마침내는 부처님이 되기를 서원합니다."이다. 상단 '축원'에서 이렇게 하는 것도 한국 불교의 전통이 반영된 것이다. '薩婆若'는 범어 sarva-jña를 소리 나는 대로 적어 표기한 것이다. 이런 축원은 지금도 불공(佛供) 때에 특히 삼보통청에서 사용되고 있다. 대한불교조계종 포교원 엮음, 『스님용 통일법요집』, 서울: 대한불교조계종, 1998, pp.89~90.

44) 이운허, 『불교의 깨묵』, p.110.

운허가 이렇게 4법계를 거론하는 것은 두순(杜順; 557~640) 법사 이래 화엄 종사들의 전통이다.

여기서 우리는 운허가 이런 진리의 세계를 유식 사상의 사지(四智)와[45] 관련하여 설명하는 것을 주목할 필요가 있다. 운허의 설명에 따르면, 위의 이런 진리의 세계는 객관적으로 실재하는 것임에도 불구하고 즉, 우리가 진리 가운데에 살면서도 진리를 모르는 것은 지혜가 없기 때문이라고 한다. 그런데 이 지혜는 부처님의 교리에 따라 수행하여 어리석음이 없어지면 생기는 것이라고 한다. 운허는 4종의 지혜를 들고 있다. 첫째는 成所作智(성소작지; 前5식을 轉(전)하여 얻는 지혜)이고, 둘째는 妙觀察智(묘관찰지; 제6식을 轉(전)하여 얻는 지혜)이고, 셋째는 平等性智(평등성지; 제7말나식을 轉(전)하여 얻는 지혜)이고, 넷째는 大圓鏡智(대원경지; 제8아뢰야식을 轉(전)하여 얻는 지혜)이다. 이렇게 4지(智)를 들면서 법계와의 관계를 다음과 같이 설명하고 있다.

> 진리의 세계는 지혜에 의하여 비로소 그 존재가 나타나고, 따라서 그 가치가 인증되는 것이니, 4법계의 진리는 대원경지에 비칠 때에 비로소 진리로 되는 것이다. 이때에는 나와 남이 둘이 아니고 하나가 되는 것이니 이것을 이지명합(理智冥合)이라 하여 이 경지에 이른 이를 부처라 한다. 다시 말하면 진리의 세계와 지혜의 세계가 일치되는 것이 구경각(究竟覺)이며 묘각(妙覺)이다.[46]

이상이 '교상(教相)'에 관한 설명이라면, 이하에서는 그에 따른 '관심(觀心)'에 관한 설명을 보기로 한다. 운허는 일찍이 "불교는 어떤 종파를 막론하고 반드시 教相門(교상문)인 이론적인 방면과 觀心門(관심문)인 실천적인 방면이 있는 것이다."[47]라고 말한 적이 있다.

---

45) 운허는 법성종(法性宗)의 가르침을 '최고의 진리'라고 하면서도 법상종(法相宗)의 교학에 주목하여 선별적으로 수용하고 있다. 예를 들면, 『능엄경강화 I』(p.63)에서 성불하는 기간이 '3아승기겁'이라는 긴 세월이 걸린다든지, 『능엄경강화 I』(p.106)에서 '식설(識說)'에 주목한다든지, 『능엄경강화 I』(p.160)에서 '오팔동체(五八同體)'설을 수용하는 것 등이다.

46) 이운허, 『불교의 깨묵』, pp.115~116.

47) 이운허, 『불교의 깨묵』, p.125.

5) 실천적 방면의 관심법(觀心法)

이제는 운허가 실천 수행에 대하여 어떤 방법을 제시하는지에 대하여 다음의 인용문을 보도록 하자.

> 지금 우리나라는 禪宗(선종)이라고 해서 多聞(다문)은 經(경) 가지고 하는 게고, 無漏(무루)는 參禪(참선)을 해야 하는 게다 하지만, 參禪(참선)이란 게 부처님 當時(당시)에는 없었고 四禪八定(사선팔정)이 있었습니다. 지금같이 '一超直入如來地(일초직입여래지)'하는 이 參禪(참선)은 없었고 달마선사 때부터 생긴 것인데, 참선을 해야 되지 經(경)만 보아 가지고는 成佛(성불)치 못한다고 한다면 부처님이 經(경)을 說(설)하지 않았어야 합니다. 成佛(성불)하라고 經(경)을 說(설)했는데 왜 經(경) 가지고는 안 된다 하느냐, 그 말입니다. 그러니까 經(경)을 보면 본 대로 行(행)해야지, 외우기만 한다든지 해서는 안 된다는 것입니다.[48)]

더 이상의 설명이 필요 없을 정도로 운허의 입장이 분명하게 드러난다. 경(經)을 보고 그것을 실천하면 누구나 부처된다는 것이다. 위의 인용문에서 운허는 달마 선사가 전한 소위 '남종선(南宗禪)'을 부정 배척하려는 것은 아니다. 중요한 것은 "경(經)만 보아 가지고는 성불(成佛)치 못한다."는 당시 사람들의 잘못된 견해를 비판하는 것이다. 성불이 안되는 이유는 경을 보기 때문이 아니고, 경에 쓰인대로 행하지 않았기 때문이다. 행이 없음을 반성해야지, 경(經) 보는 것을 부정해서는 안된다는 내용이다.

한편, 운허는 역시 학승답게 '관찰하는 공부' 즉 '관법(觀法)'을 제시하고 있다. 다음의 문장을 보자.

> '나'가 무엇인가?
>
> '나'의 몸은 무엇이고 '나'의 마음은 무엇인가. 이것이 불도(佛道)를 수행하는 최고의 목적이다.
>
> (1)처음에는 '나'의 몸과 마음에 대하여 이론적으로 따져보고, (2)도리에 맞게

---

48) 이운허, 『능엄경 강화 I』, p.125.

관찰하다가, (3)그 관찰하는 공부가 성숙하여 최후의 일념에 투철하게 되면, (4) 그 때에는 '나'의 몸과 마음이 철두철미하게 목전에 전개될 때만 '나'를 본다.
(5)삼라만상의 일체 사리(事理)가 활연(豁然)하게 관통되어 끝이 없는 시간과 가이 없는 공간이 소소영영(昭昭靈靈)하게 앞에 나타나게 된다. 이것이 피안이며, 견성(見性)이며, 열반의 경지이다. 석존이 보리수 아래서 대각하신 내용이며, 우리의 진면목이다.[49)]

* 밑줄과 숫자 표시는 필자 임의 첨가.

여기서 필자는 『어문집』 편제에 대하여 간단히 언급해두기로 한다. 이 책은 운허 자신이 서술한 「自抄年譜(자초연보)」를 맨 앞 부분에 별도 싣고, 다음에는 「Ⅰ. 語類(어류)」, 「Ⅱ. 文類(문류)」, 「Ⅲ. 史類(사류)」, 「Ⅳ. 囑類(촉류)」를 배열하고, 끝으로 「附錄(부록)」을 배열하는 식으로 편차(編次)했다.

이 중에서도 운허의 철학 사상을 단적으로 드러내는 부분은 「Ⅰ. 어류」 부분이다. 이 책은 제자 월운 강백이 편집한 것인데, 편차하는 원칙은 짐작컨대 경(經), 사(史), 자(子), 집(集)의 4부(部) 분류법을 유취(類取)한 듯하다. 설혹 그렇지 않더라도 운허의 사상 중에서 중요한 것을 맨 앞에 놓은 것은 분명하다. 「자초연보」는 운허의 생애를 객관적으로 보이기 위해 처음에 편차한 것 같고, 제일 핵심은 「어류」인데 그 중에서도 「나」[50)]를 맨 앞에 놓은 것은 이것이 운허의 수행 살림살이 중 가장 값진 것이라는 편집자의 생각이 반영된 듯하다.

아무튼, 위 인용문을 통해 우리는 운허가 어떤 수행을 했는지를 구체적으로 알 수 있다. 인용문의 번호 순서를 따라가면서 단계별로 검토해 보자. 우선 (1)과 (2)는 나의 몸과 마음에 대하여 이론적으로 따져보는 단계이다. 이것은 다른 말로 하면 운허도 밝히고 있듯이 오온(五蘊)의 공성(空性)과 그것에 상즉(相卽)해 있는 '일심(一心)'을 관하는 것이다. 이것은 화엄종 즉 법성종의 관법(觀法) 수행이다. 그런데 그런 '관하는 수행'이라고 하더라도 교학자마다 관하는 내용은 다를 수 있다.

---

49) 「나」 『어문집』, p.50.
50) 「나」 『어문집』, pp.45~51.

대표적으로 『화엄법계관문』이 있다. 이 책은 화엄종의 두순, 징관, 종밀 등의 손을 거치면서 화엄종의 수행법으로 자리 잡게 되었다. 그 외에도 『화엄망진환원관』을 비롯하여, 청량 징관의 『오온관』 등 다양한 관법이 개발되었다.

그렇다면 운허가 수행한 '관하는 수행'이란 구체적으로 무엇을 관하는 수행이었는가? 그것을 한마디로 요약하기는 쉽지 않다. 그래서 운허 강백을 가까이서 모셨던 월운 강백에게 다음과 같이 여쭌 적이 있다. 잘 알려진대로 운허 강백은 『화엄경』 『능엄경』을 비롯한 『원각경』 등 전통 강원의 강주(講主)로서 깊은 독서가 있었으니, 운허 강백도 그 경들에서 나오는 4종의 화엄법계관(華嚴法界觀) 내지는 3관 수행 즉 사마타(奢摩他), 삼마(三摩), 선나(禪那) 등의 수행을 했다고 보아도 되느냐고 필자가 당돌하게 여쭌 것이다. 이에 월운 강백의 대답은 이러했다. "딱히, 그렇게 찍어서 말할 수는 없지요. 간화선을 하신 것은 아니지만, 평소에 항상 마음을 조용하게 하시고 마음을 관하셨지요."

필자가 이렇게 여쭌 이유는 운허 강백을 포함하여 경학(經學)을 업으로 하는 학승들에게는 어떤 수행 전통이 내려오는지가 알고 싶어서였다. 이 문제는 별도의 기회에 더 깊이 논의하기로 하고, 다만 여기서는 운허는 자신의 말대로 '나'를 관찰했다는 점을 분명하게 해두는 정도로 그치고자 한다. 그러면 그 운허가 말하는 '나'는 무엇인가? 기본적으로는 화엄교학의 '일심(一心)'이론과 무관하지 않다. 이 문제에 관해서는 본 장의 뒤쪽에서 다시 거론하기로 한다.

다음으로 (3)과 (4)는 그런 관찰이 성숙되어가는 과정이다. 이런 성숙 과정을 통하여 '나'의 본래면목이 목전에 현전하게 된다. 그러면 '나'의 본래면목이 목전에 드러난 상태를 그는 어떻게 기술하고 있는가? 그 답을 우리는 (5)에서 엿볼 수 있다.

이하에서는 위 문단에서 제기한 문제, 즉 운허는 무슨 관(觀)을 닦았는가? 이 문제에 대하여 해명을 해보기로 하자. 위의 인용문에서 보았듯이 운허는 '觀(관)하는 수행'을 통하여 '나'를 발견하라고 한다. 그러면 그 '나'란 무엇인가? 그것은 결국은 '참 마음' 즉 '진심(眞心)'을 말한다고 볼 수 있다.

‘진심’에 관한 설명이 불경의 곳곳에 나오는데, ‘동교(同教)’에 속하는 경전인 『능엄경』에서도 ‘진심’을 말하고 있으니, ‘묘명진심(妙明眞心)’이 바로 그것이다. 뿐만 아니라 ‘돈교(頓教)’에서도 ‘진심’을 말하고 있으니, 『화엄경』에서 말하는 ‘공적(空寂)한 법성(法性)’이 그것이다. 또 『대승기신론』에서 말하는 ‘진여(眞如)’라든가, 남종선의 달마 대사가 말하는 ‘이심전심(以心傳心)’에서의 ‘심(心)’이라든가, 육조 혜능 선사의 게송 즉, “명경본청정, 하가불진애(明鏡本淸淨, 何假拂塵埃; 깨끗한 거울이 본래 청정한데, 그곳에 무슨 오염이 있다고 지우려하는가?)”에서 전하려고 하는 ‘본래 청정한 마음’이라든가, 이런 것들이 모두 다 ‘진심’이다. 운허는 ‘관찰’하는 공부가 익어지면, ‘진심’ 즉 운허의 표현대로, ‘나’를 볼 수 있다는 것이다.

그러면 인간들이 왜 ‘나’를 보지 못하는 것인가? 이에 대하여 운허는 이렇게 말하고 있다.

> 『화엄경』의 말씀과 같이 망상과 집착 때문이다. 망상이란 무엇일까? 우리가 환경의 사물을 오관으로 접촉하고 감수하여 이것은 밝다, 이것은 어둡다, 차다, 덥다, 달다, 쓰다, 이렇게 분별하고 사량하는 것이다. 이것을 망상이라고 하는 이유는 그 환경들이 영구불변하는 진실한 존재가 아니고, 일시적으로 인(因)과 연(緣)이 화합하여 나타나는 가상인 것이거늘 그것을 모르고 진정한 존재로 잘못 생각하는 탓이다.[51]

여기에서 망상과 집착 중 망상에 대해서 설명해 놓았는데, ‘참 나’인 ‘일심(一心)’ 위에 일어나는 이런 망상에 대하여 『화엄경』「십지품」〈제6현전지〉에서는 이렇게 말하고 있다.

> 삼계에 있는 것이 오직 한 마음뿐인데, 여래가 이것을 분별하여 12가지[有支]라 말하였으니, 다 한 마음을 의지하여 이렇게 세운 것이로다.”[52]

---

51) 「나」 『어문집』, p.50.

52) 이운허 역, 『한글대장경 42 화엄부 三』, 서울: 동국역경원, 1966, p.733. 이 부분은 많은 논의가 있는 곳으로 원문을 소개하면 다음과 같다. 『大方廣佛華嚴經』卷第37, “三界所有, 唯是一心.

이 구절은 운허의 번역을 따른 것이다. 이 부분은 많은 화엄주석가들이 자신들의 입장을 밝혀 주석을 하고 있는데, 위의 인용은 실차난타의 한역을 따른 것이고, 구마라습은 "三界虛妄(삼계허망), 但是心作(단시심작)"으로 한역(漢譯)한다. 여기에서 진리인 '심(心)' 즉 '나'는 생멸하는 게 아니다. 운허는 '나'를 이렇게 정리한다.

> 영원한 마음이 무상한 몸과 부즉불리(不卽不離)한 것을 우리는 '나'라고 한다. 이 '나'가 마음인 면으로는 생기지도 없어지지도 않는 영원한 것인데, 몸인 면으로는 나고 죽는 무상(無常)한 것이다.[53)]

이렇게 그는 화엄의 '일심(一心)' 사상에 입각하여 '나'의 상주불멸을 말하고, 또 화엄의 관법(觀法)에 입각하여 '관찰하는 공부' 하기를 제창하고 있다. 그러니 결국 '일심'은 '인연(因緣)'에 의하여 생성하거나 소멸하는 것도 아니요, 그렇다고 도교나 인도의 외도들이 말하는 '자연(自然)'도 아니다.[54)] 위의 『화엄경』 인용문에서 나왔듯이, 일심을 바탕으로 그 위에서 12지(支) 연기가 펼쳐지는 것이다. 이것은 '진여(眞如)'가 '무명(無明)'을 만나 연기하는 것과 같은 이치이다.[55)]

『능엄경』에서는 『대승기신론』의 '진여'나 『화엄경』의 '일심'이라는 용어 대신, '묘명(妙明)하고 진정(眞精)한 묘심(妙心)'이니, '원묘(圓妙)한 명심(明心)'이니, '보명(寶明)한 묘성(妙性)'이니, '묘명(妙明)한 원심(元心)'이니 하는

如來於此, 分別十二有支. 皆依一心, 如是而立."(『대정장』10, 194a).

53) 이운허, 「나」 『어문집』, p.48.

54) 도교와 유교에서 주장하는 '자연설' 비판은, 저 멀리 길장의 『삼론현의』에서, 징관의 『화엄경수소연의초 』「玄談」(洪卷)의 〈第六宗趣通局〉에서, 그리고 규봉의 『화엄원인론』에서 상세하게 논파하고 있다. 이에 대한 연구로 신규탁, 「중국불교의 도가비판-길장, 징관, 규봉을 중심으로-」(『동양철학』28집, 서울: 한국동양철학회, 2007)이 있다.

55) 「나」 『어문집』, pp.47~50에서 운허는 이렇게 말한다. "「대승기신론」에서는 '생기지도 않고 없어지지도 않는 것(眞如: 우주의 진리)이 생기고 없어지는 것(無明: 망상)과 화합하여 아뢰야식(藏識: 인식의 본체)이 된다고' 하였다. … 이 '나'가 마음인 면에서는 생기지도 없어지지도 않는 영원한 것인데, 몸인 면으로는 나고 죽는 무상(無常)한 것이다. … '나'의 몸은 무엇이고 '나'의 마음은 무엇인가. 이것이 불도(佛道)를 수행(修行)하는 최고의 목적이다."

등등의 용어로 표현을 달리 하고 있을 뿐이다. 운허는 『능엄경 강화』에서도 이런 사상을 반복적으로 누차에 걸쳐서 설명하고 있다.

뿐만 아니라, 중국 당나라 시대의 찬술로 의심되는 『능엄경』에서도 아난이 부처님께서 능가산에서 들려준 이야기 즉, "彼外道等, 常說自然, 我說因緣 非彼境界"(『능엄경 강화 I』, p.285)라는 이야기를 반복하여 세존께서 말씀하신 자연설 비판을 환기시키고 있다. 그러면 운허는 '인연설'을 주장하는가? 그것도 아니다. '인연'을 부정하는 이야기를 운허는 『능엄경 강화 I』(pp.285~295)에서 경의 본문을 따라가면서 또 『정맥소』를 인용하면서 상세하게 분석하고 있다.

때문에 운허가 무엇을 관했는가라는 질문에 대하여, 운허는 '일심'의 이치를 관찰하는 수행을 했다고 할 수 있다.

운허가 명나라 시대의 진감(眞鑑) 선사가 지은 『능엄경 정맥소』를 특히 애용하는 것도 이와 관련이 있다. '일심'은 수행을 통해 만들어지는 것이 아니다. 그것은 '자연'도 아니고 '인연'도 아니다. 그런데도 불구하고 『계환해(戒還解)』는 '일심'에 대하여 수증(修證)의 개념을 도입하기 때문에 경의 본의에 멀다는 것이 운허의 생각이다. 다음을 보자.

> 이 正脈疏(정맥소)가 좀 다른 것이, 다른 이들은 修行(수행)해서 얻는 걸 얘기했는데 그러니까 奢摩他(사마타), 三摩(삼마), 禪那(선나)를 의지해서 修行(수행)해 얻는 걸 얘기했는데, 正脈疏(정맥소)에서는 그것이 본래 우리에게 具足(구족)해 있다, 이겁니다.
>
> 다른 이들은 識(식)을 가지고, 우리가 지금 禪(선)한다고 하면, 分別(분별)하는 識(식)을 가지고 해야 되는데, 正脈疏(정맥소)에서는 識(식)은 生滅(생멸)하는 것이니, 生滅(생멸)하는 걸 가져서 공부하면 生滅(생멸)하는 결과밖엔 못된다고 했습니다. 그것은 능엄경에서 부처님도 말씀하셨습니다.
>
> … 〈필자 임의 생략〉 …
>
> 그래서 지금 내가 正脈疏(정맥소)에 반한 터이지요.[56]

여기에서도 보다시피, 우리의 본래성인 '일심(一心)'은 수행이라는 인연으로 인해서 만들어지는 것이 아니다. '일심' 위에서 펼쳐지는 온갖 현상들은 인연의 법칙에 따라 생·주·이·멸하지만 '일심' 자체는 '인연'의 법칙에 관계하지 않는다. 그렇다고 물론 외도들이 말하는 '자연'도 아니다. 분별하기 전에 있는 것 즉, 성(性)은 본연청정(本然淸淨)한 것이다. 운허는 이렇게 정리하고 있다.

> 그래서 自然(자연)은 물론 아니지만 因緣(인연)이라고 해도 안 맞는 말입니다. 因緣(인연)이라고 하면 없던 게 생기고 없어지는 生滅法(생멸법)을 얘기하는 것이요, 우리의 見(견) 自體(자체)는 宇宙(우주)의 眞理(진리)입니다.
>
> 宇宙(우주)의 眞理(진리)는 없던 게 생기고 있던 게 없어지는 것이 아니기 때문에, 生滅法(생멸법)을 가지고 말하는 因緣(인연)이나 自然(자연)은 워낙에 안 맞는 말입니다.[57)]

이상은 화엄종 즉 법성종 학승의 모습을 여실히 드러내주는 부분이다. 법성종의 진리관은 기본적으로 『화엄경』「십지품」〈제6 현전지〉에서 말하는 '일심'의 상주불멸성(常住不滅性)과, 그 '일심' 위에서 펼쳐지는 12지(支) 등 각종 연기 현상의 무상성(無常性)을 근본으로 한다.

그리하여 연기하는 무수한 각각의 사태 하나하나는 생성 소멸하는 공(空)한 존재이지만, 그 생멸이 펼쳐지는 기반인 '일심'은 '본연청정(本然淸淨)'하다. 이것을 더 확장하면, 생·주·이·멸하는 세계의 무수한 '사(事; 사태)'는 공하지만, 이렇게 생·주·이·멸이 일어나는 기반인 '이(理; 바탕)'는 변함이 없다.

그러면서도 '사'와 '리'는 원융무애하고, 더 나아가 '사'와 '사' 끼리도 원융무애하다. 운허의 말로 바꾸어 표현하면, '이(理)'는 '한 덩어리의 진리'이며, '사(事)'는 '진리의 파동'인 것이다. 이렇게 '파동'으로 설명하는 그의 내심은 '이'와 '사'가 분리되지 않음을 표현하려는 것이다. 그리하여 그러한 '나'를 관찰하

56) 이운허, 『능엄경강화Ⅰ』, pp.61~62.
57) 이운허, 『능엄경강화Ⅱ』, p.294.

는 공부가 깊어지면, "삼라만상의 일체 사리(事理)가 활연하게 관통되어 끝이 없는 시간과 끝없는 공간이 분명하고 뚜렷하게 앞에 나타나게 된다."는 것이다. 이것이 운허가 바라본 불교의 실천론이자 수증관(修證觀)이다.

4. 남은 과제

운허에 대한 학문적 연구는 시작 단계이다. 때문에 한편으로는 어렵고 다른 한편으로는 쉬울 수도 있다. 쉽다함은 선행 연구가 없으니 대론자가 없는 점 등이고, 한편 어렵다함은 선행 연구가 없기 때문에 연구의 방법이나 범위를 정함에 새롭게 해야 한다는 뜻이다. 게다가 또 필자에게는 불가의 인연으로 '노스님'에 해당하기 때문에 여러 모로 어렵다.

그런데 사실 더 큰 어려움은, 운허는 그의 「역경 발원문」에도 드러나다시피 "부처님의 本意(본의)"를 충실하게 드러내는 것을 자신의 임무로 생각했기 때문에, '사적인 자기 주장'을 뒤로 하는 데에 있다. 그러나 경학에 대한 안목이 깊은 학승이기 때문에, 운허의 번역문을 면밀하게 검토하면 여타의 주석가와는 다른 운허만의 안목을 찾아 낼 수 있을 것이다. 그리고 다행스럽게도 월운 강백에 의하여 『운허선사어문집』과 『능엄경 강화』(전3책)가 공간되어 있고, 그의 수학제자들이 제방에서 강경 활동을 하고 있으니 이런 경험 자료를 바탕으로 이 분야 연구를 개척해야 할 것이다.

이상의 시론적 분석을 통해 필자는 운허의 불교사상을 다섯 가지 측면에서 분석하고 재구성해 보았다.

첫째, 불경의 언어나 문자에 대한 그의 입장이다. 운허는 인간이 금수와 다른 점으로 인간에게는 사상과 문자가 있고, 또 인간은 자기의 생각을 남에게 전달하려는 욕망이 있다는 점을 들고 있다. 성인일수록 그 욕망이 크다고 한다. 운허는 불교의 경전도 그런 인간의 욕망에서 표출된 것으로 보고 있다. 그러므로 석가모니와 수많은 불교 수행자의 생각을 알기 위해서는 그 언어와 문자를 해독해야만 한다. 그것도 "부처님의 本意(본의)"대로, 더 나아가 아름다운 문장으로, 우리말로 번역해야 한다는 것이다. 여기에는 운허의 나라 말과 글에 대한 남다른 사랑이 깔려 있다. 그리고 "최후신(最後身)으로 법을 말씀한 유교(遺敎)"를 기준으로 해야 한다는 철학이 들어 있다.

둘째, 운허는 최근의 한국불교의 법맥은 오직 도의 국사 후손인 선종만이 남았다고 이해하고 있다. 그래서 자신도 태고 보우의 법손임을 분명하게 하고 있다. 그러나 비록 이렇게 승려가 되는 과정에서 사승관계로 맺어지는 생리적(生理的) 계보는 선종(禪宗)이지만, 이념적(理念的) 계보는 경학을 업(業)으로 하는 전통도 있고, 염불이나 정토를 업으로 하는 전통도 있고, 간화선을 업으로 하는 전통도 생겼다. 운허는 그 중에서도 화엄의 교학을 전통적인 강사들로부터 전수받았고, 또 그것을 후학들에게 전수하였다. 뿐만 아니라 운허는 교판적으로는 법성종(法性宗)이야말로 불교의 최고의 진리를 설하고 있다고 인식하고, 또 그렇게 가르쳤다.

셋째, 운허는 부처님의 법신(法身)은 상주(常住)하시고 항상 중생들을 교화하신다는 불신관(佛身觀)을 가지고 있다. 운허는 이런 법신은 보살 내지는 여러 가지의 사물로 항상 나타나시어 중생을 교화한다는 불-보살관을 가지고 있다. 운허는 사바세계에는 '가르침의 주인이신[敎主]' 부처는 석가모니불 한 분 뿐이지만, 보살은 무수하게 많다는 대승의 보살사상을 가지고 있다. 그리고 그는 이런 보살 중에는 '재가'도 있고 '출가'도 있다는 입장에 의해 승속 일체의 보살도 사상을 가지고 있다. 그리하여 성불할 때까지 쉼없이 보살도 실천할 것을 제안하고, 그 자신도 그렇게 살았다.

운허는 유언으로 다음 세상에 다시 봉선사에 출가하여 그것도 30세가 되어서가 아닌 이제는 동진으로 출가하여 못다한 팔만대장경의 한글 번역을 완수하겠다고 했다. 성불을 향해 세세생생을 통해 부지런히 보살도를 실천하는 대승보살의 서원(誓願)을 몸소 보여주고 있다. 많은 사람들은 운허의 동국역경원 개원 기념 휘호 "弘誓深如海(홍서심여해), 歷劫不思議(역겁부사의)"를 기억할 것이다. 이 말은 『법화경』「관세음보살보문품」에 나오는 말씀인데, 운허는 이 언구를 빌어 한글대장경 번역에 임하는 본인의 서원(誓願)을 비춘 것이리라.

넷째, 운허는 유식에서 말하는 지혜를 통하여 시방에 상주하는 진여법계(眞如法界)와 하나가 되는 형이상학적 진리관을 가지고 있다. 이것을 그는 '이지명합(理智冥合)'이라는 용어로 표현하고 있다. 여기서의 '이(理)'는 진여법계를 말하고, '지(智)'는 대원경지(大圓境智)를 말한다. 이렇게 대원경지로 '4방면의 법계'를 관찰하는 공부를 해야만 비로소 진리가 된다고 한다. 이런 경지가 바로 부처의 경지이고 이를 두고 구경각이라고 한다. 중생들이 충만한 법계 속에 살면서도 그것을 활용하지 못하는 것은 바로 이런 '지(智)'가 없기 때문이라고 한다.

다섯째, 수행에 관해서 운허는 어느 화엄종사와 마찬가지로 관심법(觀心法)을 제시한다. 그는 '마음을 관(觀)하는 수행 방법'을 통해서 '진심(眞心)'을 체험할 수 있다고 한다. 여기서 말하는 '진심'이란 '동교(同敎)'나 '돈교(頓敎)'에서 말하는 의미의 '진심'인데, 운허는 이를 '나'라는 말로 표현했다.

'나'란 무엇인가? 운허의 말에 따르면 "영원한 마음이 무상한 몸과 부즉불리(不卽不離)한 것을 우리는 '나'라고 한다." 그에 의하면 이런 '나'의 체험은 "관찰하는 공부가 성숙하여 최후의 일념에 투철하게 되면" 그것이 가능해진다고 한다. 그러나 이것은 '인연'의 범주에도 '자연'의 범주에도 속하지 않는다. 운허는 이것을 『화엄경』「십지품」의 '일심(一心)' 사상으로 설명하고, 특히 『능엄경 정맥소』에 입각하여 '본연청정(本然淸淨)'설로 귀결시킨다.

이 점은 화엄사상을 노장사상 내지는 『주역』을 포함한 삼현(三玄) 사상과 뒤섞어서 회통(會通)을 운운하는 이통현 장자나 월정사의 탄허(1913~1983) 강백과는 확실하게 입장을 달리하는 부분이다. 운허의 이런 입장은, 법장-징관-종밀 등 당나라 시대의 화엄교가를 거쳐 송나라 시대 절강(浙江)의 장수 자선(長水子璇; 965~1038)과 진수 정원(晉水淨源; 1011~1088)의 이수(二水) 등의 화엄교가에게 전수되고, 그 전통은 서해의 임자도를 통해 다시 조선의 인악 의첨(仁岳義沾; 1746~1796)과 연담 유일(蓮潭有一; 1720~1799)에 미치고, 그것은 다시 백파 긍선(白坡亘旋; 1767~1852)을 거쳐 석전(石顚) 박한영(1870~1948)과 혜찬(慧燦) 진진응(1873~1941)으로 이어지는 교학의 전통으로 내려오고 있다. 운허는 이런 전통을 몸소 승계하고, 후진들에게 전한 학승이다.

끝으로 운허에 대한 연구는 본 장의 첫머리에서도 밝혔듯이 이제 시작 단계이다. 필자는 이 시작의 발판을 운허의 『능엄경 강화』(전3책)에서 찾았다. 이 책에 대해서는 앞으로 보다 면밀한 연구가 요하는 부분이 많이 있다. 본 장의 주3)에서 인용한 이한정의 논문은 매우 좋은 본을 보여주고 있다.

한편, 전통강원에서 이력을 지도하면서 운허가 보여준 각 경론에 대한 경학사상은 수학제자들의 기억과 경안(經眼)을 통해서 재구축하는 작업이 필요하다. 운허의 전강(傳講) 제자들의 구술 자료를 정리하는 것도 필요하다. 봉선사의 월운, 해인사의 지관, 운문사의 명성, 봉녕사의 묘엄 등등 여러 강백들이 있다. 이미 두 분은 고인이 되었으니 늦은 감이 없지 않다.

제8장

민주사회주의 애국자: 운암 성숙

1. 봉선사의 6허(虛)
2. 운암의 항일 구국 운동
3. 근대의 좌표; 중국 땅과 한국 땅
4. 자유가 있고 행복한 국가 건설

1. 봉선사의 6허(虛)

필자는 중국 당나라 시대의 선과 화엄을 연구하는 불교 연구자이다. 그런데 본 장에서는 운암(雲巖) 김성숙(金星淑; 1898~1969, 법호; 太虛)의 이념과 사상을 한국 근현대 불교의 지평에서 다루려 하니, 여간 '불편한 게' 아니다. 이 '불편함'은 크게 두 가지 이유가 있다. 첫째는 이 분야의 비전문가이면서 이런 주제를 다루는 것이다. 필자의 불교 연구는 주로 관념적이며 철학적인 방면에 쏠려있고, 사회적 내지 사상사적 방면에는 소홀하다. 그런데 김성숙 연구는 아무래도 후자 방면의 방법론이 필요하기 때문이다. 둘째는 김성숙이 봉선사(奉先寺) 출신 승려인데도, 관심을 갖지 못한데서 오는 죄송스러움 때문이다. 필자에게 봉선사는 인생의 특별한 곳이다.

필자가 불교학에 뜻을 두게 된 직접적 계기는 봉선사에서의 1박 2일 수련회인데, 그 때가 1978년도 1학기 중간고사가 끝난 다음날이었다. 아침 예불을 마친 뒤였는데, 스님들이 운하당(雲霞堂)이라는 현판이 걸려있는 큰방으로 들어가서는 소리내어 불경을 읽는 것이었다. 가만히 문틈으로 들여다보니, 넓은 방에 낮은 책상 몇 개가 놓여 있고, 그 앞에는 훈장님인 듯 보이는 스님이 앉아 계셨다. 마음이 황홀했다. 이곳에서 나도 저것을 배워야겠다고 마음을 먹고, 여름 방학을 기해 봉선사로 갔던 것이다. 이것이 봉선사와의 인연이다.

약 2년이 흘렀다. 1980년 음력 10월 10일 운허(耘虛; 1892~1980) 대강백(大講伯)께서 열반에 드셨다. 5일장으로 모셔졌는데, 영결식장에서 문중(門中)의 원로이셨던 만허(滿虛; 1907~1993) 선사께서 "우리 봉선사에 6허(虛)가 계셨는데, 이제 다 떨어지고 나 홀로 남았다."는 말씀을 하셨다.

뒷날 알게 된 일이지만, '6허'란 용문사 운경 선사의 사부이신 대허(大虛), 봉선사 월운 강백의 사부이신 운허(耘虛), 그리고 현재 총화종 총무원장하시는 남정 스님의 사부이신 만허(滿虛), 상해임시정부의 국무위원을 지내신 태허(太虛), 태허의 속가 동생인 능허(凌虛), 불암사 일면 스님의 사부이신 명허(明虛)이시다. 6허는 모두 월초 거연(月初巨淵; 1858~1934) 화상의 손자 상좌들로, 화상께서 각별히 아끼셨던 제자들이다.

월초 화상은 한국 근대 불교계의 매우 중요한 인물인데[1], 이런 인물 밑에서 약 8년간 김성숙이 승려 생활을 했다는 것은 가벼이 넘길 문제가 아니다. 본 장에서는 김성숙의 승려 시절에 주목을 하면서, 이 시절에 체험한 불교사상이 그의 일생에 걸친 항일 민족 운동과 해방 후의 사상운동 노선에 깊은 영향을 주었으리라는 '가설(假說)'을 세워 본다.

외형적으로 보면 중국에서 활동하던 김성숙의 항일 운동은 참으로 복잡하고 심지어 모순적인 면도 없지 않다. 그러나 그가 승려 시절 봉선사에서 체험한 불교 사상을 고려한다면, 그런 복잡하고 모순적인 사상을 연결할 수 있는 고리가 보인다.

같은 좌파 노선을 걸으면서도 약산(藥山) 김원봉(金元鳳; 1898~사망연대 미상)이 운암을 '단결청담가(團結淸談家)'로 비난한 것도, 주의·주장이 다른 우파 대표인 '민정(民政)'과 연합을 하는 것도, 이 모두가 세인들의 눈에는 언뜻 모순적으로 보일 수 있다. 게다가 계급 혁명을 우선시하는 자들에게는 '비정통'으로 분류되기도 한다. 또 한때나마 구추백(瞿秋白; 취치우빠이) 식의 '좌익 모험주의자'로 행동했다는 평가도 받을 수 있다.

그러나 이제 이 강산이 분단된 지 67여년을 지나면서, 김성숙이 걸어온 길을 되돌아볼 때에 그의 평가를 둘러싼 모순적이고 복합적인 요소들은, 재평가되어야 할 것이다. 왜냐하면 김성숙의 사상을 모순적 복합적인 것만으로 평가하기에는, 그가 살아온 삶이 불굴의 신념으로 가득차 있었기 때문이다. 그래서 필자는 「4. 자유가 있고 행복한 국가 건설」 부분에서 다시 언급하겠지만, 김성숙 사상의 현대적 의의를 김성숙의 유묵 "위건설자유행복지신국가이분투(爲建設自由幸福之新國家而奮鬪) ; 자유롭고 행복한 새 국가 건설을 위하여 열심히 투쟁하자."에서 찾고자 한다. 이 유묵에 내포된 사상으로 김성숙이 추구했던 일생의 운동을 총체적으로 재해석해야 한다는 것이다. 이것이 본 장의 핵심 주장이다.

1) 한동민, 「근대 불교계의 변화와 奉先寺 주지 洪月初」『中央史論』18집, 서울: 한국중앙사학회, 2003.

김성숙의 현실 참여는 구체적인 상황 속에서 다양한 방식으로 드러났다. 이 말은 단순한 이념 사상가로만 평가해서는 안 된다는 뜻이다. 비록 겉보기에는 모순적이기도 했지만, 그러면서도 그 내면에 흐르는 본질은 위의 유묵으로 표현되는 사상으로 일관되고 응축되어 있다. 바로 이 부분을 주목하여, 필자는 운암 사상의 현대적 의미를 찾고자 한다. 그리고 그의 이런 사상은 승려 생활 시절 (19세-26세) 경험한 불교로부터 영향받았을 것이라는 것이 필자의 '가설(假說)'이다. 이하에서는 이런 '가설'을 바탕으로 우선 김성숙의 중요한 활동을 시기별로 살펴보도록 한다. 그의 항일 구국 운동은 크게 다섯 시기로 나눌 수 있다.

2. 운암의 항일 구국 운동

1) 봉선사 시절(1916~1923년)

어린날 중국 땅으로 가서 독립운동을 하려던 김성숙은 봉선사 말사인 경기도 양평의 용문사로 출가한다. 얼마 후 1916년 (당시 19세) 11월 10일, 김성숙은 경기도 광주군 언주면 수도산 봉은사(당시 주지 羅晴湖)에서 정식 승려가 된다. [부록에 실린 〈도첩〉 참조] 은사는 용문사의 풍곡 신원(楓谷信源) 선사였다. 당시의 법명은 성암(星巖)이었다. 풍곡 신원 선사와 처음 만난 것은 금강산 유점사였는데, 당시 김성숙은 중국 봉천으로 가서 신흥무관학교에 입학을 하려다 뜻을 이루지 못하고, 공문(空門)에 들게 되었다.

그 후 봉선사 '전문창화강원(專門彰華講院)'에서 사미과를 수료하니 때는 1917년 7월 15일이다. [부록에 실린 〈졸업증서〉 참조] 1919년 3·1 독립운동을 당하여서는, 봉선사에서 같이 수행하던 이순재 스님, 김석로 스님, 강완수 스님 등과 함께 '조선독립군 임시 사무소' 명의로 독립선언문서를 만들어 경기도 양주군 관내 진접면과 부평리 일대의 주민들에게 배포하고 만세 운동을 주도했다. 이 일로 그해 9월 11일 고등법원에서 형이 확정되어 1년 2개월 옥고를 치른다. 그후 다시 '조선무산자동맹(朝鮮無産者同盟)'과 '노동공제회(勞動共

濟會)'에도 승려의 신분으로 참여한다. 그 후 1922년 4월 8일(당시 25세) 경기도 양주군 소요산 자재암 금강계단에서 전계 아사리 성월 일전(惺月一全) 화상으로부터 비구계와 보살계를 받는다. [부록에 실린 〈금강계단 도첩〉 참조] 이때의 법호는 성숙(星淑)이다. 그 다음 해인 1923년(당시 26세) 어느날[2] 풍곡 신원 선사에게 입실 건당(建幢)하니 당호가 태허(太虛)이다. 이로써 세존 77세손이요, 태고 20세손이요, 백파 5세손이 된다. [부록에 실린 〈게문〉 참조] 건당(建幢)을 하던 그 해부터 고국 산천을 떠나 이역만리 중국으로 민족의 해방을 위해 먼 길을 떠난다.

이런 김성숙의 젊은 청년시절을 이해하기 위해서는, 당시 봉선사의 사상적 분위기를 알아둘 필요가 있다. 당시 봉선사에는 월초 거연(月初巨淵) 화상이 주석했었는데, 화상은 대한제국 말기와 일제강점기를 살다가신 분으로, 한국 근대불교사의 여러 방면에서 중요한 인물이다.[3]

월초 화상 주변에는 당시 사회적으로 중요한 인물들이 많이 모였고, 화상의 손자 상좌들 중에는 출중한 승려들이 많았다. 그 중 대표적인 인물로 뒷날 불교계의 큰 인물이 된 운허 대강백[4]이 있었고, 또 본 장의 중심 인물인 운암 김성숙, 즉 태허 스님이 있었다. 또 해인사 등지에서 참선 수행으로 이름을 높인 명허 선사가 있었다. 월초 화상 회상의 법계도 일부를 도표화하면 다음과 같다.[5]

---

2) 어느날 : 1923년 봄 북경 YMCA회관에서 열린 한인 토론회에 김성숙이 참가하였다는 기록(김산, 님 웨일즈 지음, 조우화 옮김, 『아리랑』, 서울: 동녘, 1993, p.122)이 있으니, 이때보다 이전이었음은 짐작할 수 있다.

3) 한동민, 「한국근대 불교사와 홍월초 스님」『월초큰스님과 근대 교육사업』, 경기: 봉선사, 2008, pp.20~54 ; 한동민, 「한국 불교계의 변화와 奉先寺 주지 洪月初」『중앙사론』제18집, 서울: 한국중앙사학회, 2003, pp.29~68 ; 김광식, 「홍월초의 꿈 ; 그의 교육관에 나타난 민족 불교」『월초큰스님과 근대 교육사업』, 봉선사, 2008, pp.55~80.

4) 이 책 「제7장. 친절한 학승 : 운허 용하」 참조.

5) 석형준(釋炯埈) 編, 『증보 해동불조원류』, 서울: 불서보급사, 1978.

〈표5. 운암 김성숙의 법계도〉

- 월초거연
  - 동호계현 — 大虛태오 — 운경기홍
  - 동화석봉 — 경파 — 회경회준
  - 경송은오
    - 경하용주 — 우만
    - 耘虛용하
      - 성월혜관
      - 월운해룡
      - 성파도형
      - 밀운부림
  - 풍곡신원
    - 滿虛상균
      - 혜경계민
      - 현옹영호
    - 太虛성숙 ◀ 본 장의 주인공
    - 凌虛성호 — 하정계륜
    - 明虛동근
      - 두산일면
      - 포운태공

운허와 태허 두 손자 상좌에 대한 월초 화상의 배려는 각별했다. 월초 화상은 입적을 앞두고 1934년 2월 5일 14조로 된 「유촉서」를 남겼는데,[6] 우선 운허에 관한 유촉 부분을 보겠다.

> 헌납 토지 고성(高城) 답 1필(1,722평)은 연전에 법손 이용하(운허의 법명)에게 법물(法物)로 전부(傳付)한 것인바 지금(今)에 그 원에 의하여 병(幷)히 사중(寺中)에 헌납하는 것이니 당사에서는 해(該) 번지 상 수입을 매년 이용하(李龍夏) 또(又) 그 도제에게 부여하야 법맥을 영속(永續)케 할 것.

다음은 본 장의 주인공인 운암 김성숙에게 내린 유촉 부분을 보겠다.

> 법손(法孫) 김성숙은 나의 주지 재직시에 나를 협찬하야 본 말사에 공로가 불소하고 또(且) 문계(門契)의 창립자로서 특수한 훈노(勳勞)가 유(有)한 자인데, 금에 그 생사가 미지(未知)이니 계금(契金)을 잘 늘려(善爲增殖) 수 백 원을

6) 이재복, 『弘法友』, 경기: 봉선사 홍법강우회, 昭和13(1938), 3월 12일.

변출(辨出)하고 헌납 토지 수입 중에서 일금 1백원을 사중에 청구하야 이(此)로 써 약간의 토지를 매수하야 김성숙(金星淑) 도제(徒弟) 1인을 립(立)하야 차를 영속(永續)케 할 것.

위의 인용문에서 우리는 이용하(운허)와 김성숙(태허)에 대한 월초 화상의 배려를 알 수 있다. 여기서 잠깐 한국불교 근대사의 중요 인물인 월초 화상의 간략한 이력을 알아보도록 하겠다.

월초 화상은 35세이던 고종 29년(1892년)에 남한 총섭이 되고, 1893년에는 북한 총섭을 역임하고, 1902년에는 원흥사 내산섭리가 되어 서울 부근 사찰을 지휘 감독하고, 1904년에는 봉선사의 교종판사로 취임하고, 1905년에는 불교 연구회를 설립하고, 1906년에는 명진학교(혜화전문 전신)를 설립하는 등, 당시 불교계의 최고 인물이다. 독립운동을 하던 이학수(李學洙 : 운허 용하 강백의 본명)를 포용하여 그를 불교계의 큰 인물로 길러낸 장본인도 역시 월초 화상인 것을[7] 생각해보면, 당시 봉선사의 분위기를 가히 짐작할 수 있다.

「유촉서」를 작성한 것이 1934년 2월 5일이었으니, 김성숙이 중국으로 간 지도 12년이 지난 때였다. 김성숙에 대한 월초 화상의 각별한 배려는 가히 짐작할 수 있다. 12년이 넘도록 생사도 모르는 손자 상좌 태허(太虛) 김성숙을 위한 배려의 내면에는, 월초 화상의 마음을 움직이는 그 무엇이 있었을 것이다. 월초 화상이 김성숙에 대해 이토록 속깊은 신뢰를 했다는 것은, 역으로 김성숙 또한 월초 화상의 회상(會上)에서 받은 감화가 분명히 있었을 것이다. 이런 월초 화상에 대하여 김성숙은 다음과 같이 회고한다.

봉선사에 홍 월초라는 노스님이 계셨어, 공부를 많이 하신 분이고 마음이 탁 트였어, '내 스승 격'이지, 이분이 손병희 영감하고 굉장히 친해, 너니 나니 하고 욕도 막하는 처지야.[8]

7) 월초 노화상은 구암사(龜巖寺) 사문 석전(石顚) 박한영(1870~1948) 대강백을 개운사로 초빙하여 '개운강원'을 개설하고 그 비용을 전담하였다. 이때의 정황은 현재도 개운사에 세워져 있는 공덕비에 기록되어 있다. 노화상의 이 일은 손자 상좌 운허에게 불경을 배우게하기 위함이었다고 봉선사의 월운 강백은 전하고 있다.

위에서 '스승 격'이란 말은 불교의 법계상으로는 할아버지이지만 실제로는 그분의 훈도를 받았다는 말이다. 이때의 '배움'은 김성숙 일생의 독립운동의 기체(基體)로 작용했을 것이다. 김성숙은 중국에서 길고도 어려운 생활을 하면서 그것도 이리 저리 장소를 옮겨다니면서도 '도첩', '사미졸업장', '조파', '게문' 등을 평생 간직했다. 그것이 유품으로 오늘까지도 온전하게 남은 것을 보면, 김성숙에게 있어 봉선사에서의 '배움'은 단지 젊은 시절 한 때의 스쳐가는 과정만은 아니었다. [본 장의 뒤에 사진으로 첨부한 자료 참조.] 이런 정황으로 볼 때에 김성숙은 평생 자신이 '부처님 제자'라는 생각을 버리지 않았다고 볼 수 있다. 그러면 과연 그 '배움'이란 무엇일까?

이에 대한 해답을 찾기 위해서는 김성숙이 '사미과'를 졸업했고, '긴당'(당시 26세)을 했다는 사실에 주목해야 할 것이다. 당시 봉선사에는 '전문강원'이 있었는데, 이 강원에서 '사집과'를 마쳤고 또 '대교과' 과정 일부를 수학했다. '강원의 이력 과정'은 기본적으로 성종(性宗) 내의 교학 사상이다. 이 사상을 어떻게 정리하는가는 불교학자들마다 약간의 차이는 있겠지만, 기본적으로 (1)모든 사람은 누구나 부처될 수 있다는 사상, (2)수행을 해서 번뇌를 녹여 없애야 한다는 사상, (3)모든 생명체는 평등하다는 사상, (4)세속의 영예보다는 보편적 진리추구의 삶을 실천하는 사상 등으로 요약할 수 있다. 바로 이런 사상을 김성숙이 봉선사 시절에 배웠던 것이다. 그리고 이런 사상은 그의 일생의 기체(基體)가 되었을 것이다.

2) 열혈 활동 시기(1923~1929년)

김성숙의 중국 생활은 1923년(당시 26세) 불교 유학생 신분으로 민국대학(民國大學; 훗날 북경대학으로 재편)에 입학하면서 시작된다. 2007년 '한국근현대사학회'와 '운암김성숙선생기념사업회'가 공동 주최한 '제1회 운암 김성숙 선생 기념 학술대회'에 3편의 연구 논문이 발표되었는데,[9] 이하에서는 당시

---

8) 신용철, 「한국불교의 근대화와 교종본찰 봉선사의 공헌」『월초큰스님과 근대 교육사업』, 경기: 대한불교조계종 제25교구본사 봉선사, 2008, p.12. 재인용.

발표된 내용을 요약하고, 몇 개의 자료를[10] 더 보충하여 김성숙의 항일 운동에 나타난 경향성을 탐색해 보기로 한다.

먼저 민국대학 시절 김성숙은 1923년 10월 '북경불교유학생회'를 조직하여 활동한다. 이 조직의 격월간 기관지로 『황야(荒野)』가 있었는데, 김성숙은 중요 집필자 중의 한 사람이었다. 이 당시 김성숙의 사상적 성격에 대해서 손염홍 교수는 "이 무렵 민족운동계는 사실 무정부주의와 사회주의가 혼재된 경우가 적지 않았는데, 그런 가운데 김성숙은 1923년 말에 이르러서는 사회주의적 성향을 띠어 갔던 것으로 판단된다."(손염홍, pp.15~16)고 한다.

1924년 2월 김성숙은 '북경불교유학생회'에 속한 사회주의 계열 학생들과 함께 '학생구락부'를 조직하고 기관지 『학생구락부(學生俱樂部)』를 매월 발간하여 사회주의 사상의 선전에 힘을 기울이다가, 1925년 1월에는 '고려유학생회(高麗留學生會)'로 명칭을 바꾸어 사회주의 사상을 고취해갔다. 그리고 1924년 김성숙은 '북경조선고학생회'의 비밀결사인 '반역사(反逆社)'를 조직하여 운영하였다.

김성숙은 장건상[11]과의 만남을 통해 본격적인 공산주의 운동을 벌였다. 1924년 김성숙은 장건상, 장지락, 양명, 김용찬, 김봉환, 김락구 등과 함께 공산주의자들을 결속시키기 위한 '창일당(創一黨 ; 대표 장건상)'을 조직하였다. 김성숙은 '창일당'의 기관지인 『혁명(革命)』의 주필로 있으면서 각종 논설을 썼다. 이 당시 김성숙은 중국공산당 창립자인 이대쇠(李大釗; 리따짜오)[12]

9) 손염홍, 「1920년대 중국지역에서 전개한 김성숙의 민족혁명과 사회주의 운동」; 김광재, 「1930년대 중국 관내지역의 독립운동과 김성숙」; 한상도, 「중경 임정 시기 김성숙의 활동과 정치사상」.

10) 김재명, 『한국 현대사의 비극』; 임혜봉, 『세상은 그를 잊으라 했다』; 님 웨일즈, 『선재동자』; 불교와 문화 편집부, 『세속에 핀 연꽃』; 임혜봉, 『한권으로 보는 불교사 100 장면』; 면담 이정식/편집 해설 김학준/수정증보 김용호, 『혁명가들의 항일사상』; 임혜봉, 『일제하 불교계 항일운동』; 김현우, 『한국정당통합운동사』.

11) 장건상 : 장건상은 1921년 봄 북경 지역의 대표자 자격으로 '재러 한인 공산자대회'에 참가했으며, 1922년 북경으로 돌아와 이르쿠츠파 고려공산당 당원으로 활약하였다. 장건상은 자파의 세력 확장을 위하여 유학생들을 주목하였다. 그 중에서도 양명과 김성숙은 괄목할 대상이었다. (손염홍, p.19)

12) 1917년 러시아 10월 혁명(양력 11월)으로 '러시아 공화국' 건립. 1922년 12월 17일(양력 12월

와 코민테른 극동 책임자 보이틴스키를 만났고, 파벌을 넘어선 조선공산당 통합을 강력하게 주장했다. "식민지 혁명으로서 조선 혁명은 먼저 외적의 침략을 구축해가기 위해 협동 전선의 필요성을 강조했다."(손염홍, p.21) "당시 『혁명』은 공산주의를 달성하기 위해서는, 현 단계에서 계급혁명보다는 민족혁명을 우선해야 된다는 노선을 추구하고 있었다."(손염홍, p.21) "이는 곧 공산주의 운동과 의열단을 병행해 갔던 김성숙의 민족혁명적 방략이기도 했다."(손염홍, p.21)

1925년 6월 만주를 지배하던 군벌 세력가 장작림(張作霖 ; 짱쭈어린)이 일제와 야합하여 '한인(韓人) 민족운동가'들을 체포하기 시작했다. 이 해 가을 김성숙은 당시 '국민혁명'의 중심지 광주(廣州)로 내려온다. 광주로 내려온 김성숙은 '국민당'의 도움으로 1926년에는 '중산대학' 법학과 2학년, 1927년에는 법학과 4학년을 다녔고, 1928년 6월에 졸업한다. 당시 '황포군관학교' 교장 장개석(蔣介石; 지앙제스)을 만난 것도 이 시절이다. 이 시절에 김성숙은 김원봉, 장지락 등과 함께 '유월한국혁명청년회(留粤韓國革命青年會)'를 조직하였고 '국민당'의 원조를 받았다. 다시 조직 확대 차원에서 '유월한국혁명동지회(留粤韓國革命同志會)'로 개편하면서 기관지 『혁명운동』을 발행하였고, 김성숙은 편집 주간으로 일했다. 그런데 이 단체에는 다양한 파벌이 있었기 때문에, 이 파벌을 통합하기 위하여 김성숙은 KK(Koreaner Kommunismus)를 결성하고 공산주의자 결집에 노력하였다. 김성숙의 '통합주의 노선'은 여기서도 드러난다. 당시 '의열단'은 체제를 개편하여 "민족주의를 지주로 하면서 사회주의를 수용하고 있었다."(손염홍, p.26) 이렇게 볼 때에 김성숙에게 있어 "사회주의운동과 민족혁명운동은 1927년의 주된 혁명목표였다."(손염홍, p.26)

30일) '소비에트연방공화국'이 성립. 러시아 10월 혁명과 코민테른 등의 영향으로 중국에 사회주의사상이 확산되었다. 코민테른의 극동부장인 보이틴스키가 중국에 파견되었고, 그는 1920년 초에 북경에서 이대쇠를 만났으며, 이대쇠의 소개로 상해에 있는 진독수(陳獨秀; 천뚜시우)와 접촉하였다. 5월에 이대쇠와 진독수는 보이틴스키의 의견을 받아들여 중국공산당을 창당하기로 결정하였다. 이들은 1920년 8월 진독수를 서기로 추대하여, 최초의 '共産主義小組'가 결성. 1921년 7월에 중국공산당 제1차 전국대표대회가 개최되었고, 여기서 창당선언이 발표되고 진독수가 당서기로 선출되었다.

이렇게 김성숙이 광주에서 활동하던 시절, 당시 중국의 국민정부는 군벌을 토벌하기 위한 북벌 전쟁을 1926년 7월부터 시작하였다. 그해 말 국민정부가 '무한(武漢)'으로 옮겨가자 혁명의 중심이 그 쪽으로 이동되었다. 이러던 중 1927년 4월12일 장개석이 반공(反共)을 구호로 쿠테타를 일으키고 남경(南京)에 별도의 국민정부를 세워 무한의 국민정부와 대립했다. 그 후 다시 장규발의 무한 정부와 장개석의 남경정부가 합류하자 '국공합작'이 분열되었다. 장규발은 '황포군관학교 무한 분교'를 '국민혁명군 제2방면군 교도단'으로 개편했다. 당시 '중국공산당' '비밀 당원'이었던 엽검영(葉劍英 ; 예지안잉)이 교도단의 단장을 맡게 되니, 결과적으로 교도단은 국민혁명군 내에 잠복한 '중국공산당' 세력이 되었다. 1927년 4월12일 장개석의 '반공쿠테타'를 피해 김성숙은 광주에서 무한으로 옮겨, 교도단 제2영 5련의 '중국공산당' 책임자가 되었다. 이로 미루어 손염홍 교수는 김성숙의 '중국공산당' 가입을 이 시기 이전으로 추측하고 있다.

김성숙은 1927년 10월에는 무한에서 다시 광주로 돌아왔고, 이곳의 중산대학에서 학업을 계속하면서 애인 두군혜(杜君惠 ; 뚜쥔훼이)를 만난다. 1927년(당시 30세) 12월 11일 공산당이 '광주봉기'를 일으킬 때에, 김성숙은 5련의 전사(戰士)들을 인솔하여 사하(沙河)를 점령한다. 그해 12월 12일 소비에트 정부가 세워지자 김성숙은 장지략과 함께 '광주 소비에트 정부' 건립 대회에 참석한다. '광주봉기'가 3일 천하로 중국의 군벌과 영국·미국·일본·프랑스 등 제국주의 열강의 탄압으로 실패로 돌아가자, 김성숙은 애인 두군혜 여사와 홍콩을 거처 상해로 탈출한다.

이후 김성숙은 '중국공산당'과는 일정한 거리를 둔다. 그리고 김성숙은 공개적이고 대중적인 항일 구국 운동으로 활동 방향을 돌린다.

3) 저작 활동 시기(1929~1935년)

1929년(당시 32세) 두군혜 여사와 결혼을 하고, 문필 활동에 집중한다. 김성숙의 이런 활동은 계속된다. 1930년 8월경 '중국좌익작가연맹(中國左翼作家聯

盟)'에 가입하여 노신(魯迅; 루쉰), 모순(矛盾; 마오뚼), 정령(丁玲; 띵링) 등과 함께 문예창작 및 이론비평 활동을 전개한다. 그러면서 각종 항일 구국 운동에 참여한다. 이 당시 김성숙은 1934년까지 교수 생활과 문필 활동을 통해 수많은 저작과 번역과 논설을 남긴다. 이 당시 김성숙이 번역하고 저술하고 또 논술했던 각종 문헌 자료에 대해서는 향후 많은 연구가 필요한 부분이다.

4) 민족 운동 시기(1935~1941년)

김광재 교수는 김성숙이 1935년에 중국공산당을 탈퇴했다고 추정한다.(김광재, p.41) 이어서 1936년에 김성숙은 상해에서 김산(金山) 등 공산주의자 약 20명과 '조선공산주의자동맹'을 개편하여 '朝鮮民族解放同盟'(약칭 '해맹')을 결성한다. '해맹'을 결성하게 된 김성숙은 이렇게 회상한다. "'해맹'을 만들 때에 이런 생각을 했어요. '우리 공산주의자들이 전부 중국공산당원이 되어버렸다. … 그런데 나 말고도 중국공산당에 들어가지 않은 채 조선의 공산운동이나 조선의 혁명에 몸 바치려는 동지들이 있지 않느냐? 이들이 일할 곳을 만들자.' 이래서 '해맹'을 만들었지요. 이 이름 안에 공산주의라는 말을 넣지 않았습니다. 나는 공산주의보다 조국의 해방이 더욱 중요하다고 보았기 때문입니다."(김광재, p.41) 당시 '해맹' 활동 시기 김성숙의 이념을 다음과 같이 정리할 수 있다. (1)프롤레타리아 국제주의 원칙을 버리고 계급혁명보다는 민족해방을 우선시 하자. (2)민족해방이 우선이고, 이념은 그 다음이다. (3)독립을 위해서는 전 민족이 단결해야 한다. (4)전 민족이 단합하여 제국주의의 독점 기업과 자본 침략을 막아야 한다. (5)독립 후에는 진정한 민주공화국을 건설하자.

1937년 7월 중・일 전쟁이 발발했다. 상해가 위협을 받자 '해맹'은 남경으로 근거지를 옮겼다. 이와 더불어 중국 땅에서는 '제2차 국공합작'의 바람이 불었고, 이것은 한인 사회에도 영향을 미쳤다. 항일투쟁을 위하여 민족주의 우파 세력은 '한국광복운동단체연합회'(이하 '한광단'으로 약칭)를, 민족주의 좌파 세력은 '조선민족전선연맹'(이하 '조민련'으로 약칭)을, 각각 결성했다. 당시 '조민련'은 김원봉의 '민족혁명당', 김성숙의 '해맹', 류자명의 '조선혁명자연맹'의 세 단체가 조직한 민족주의 좌파 세력의 연맹이었다. 기관지로 『조선민족전선』을 운영했고 김성숙은 편집인으로 참여하여 많은 논설을 남겼다.(김광재, p.45) 김성숙은 이 과정에서 "우선 당은 함께 못하더라도 연합전선을 펴자."는 이념을 가졌다.(김광재, p.44) 이 당시 김성숙의 노선에 대해 김광재 교수는 (1)전민족통일전선의 건립, (2)한중민족연합전선의 결성 등으로 정리했다.(김광재, p.45)

중・일 전쟁이 장기화되면서 1938년 10월 '조민련'의 무장 조직으로 한구(漢口)에서 '조선의용대'[13]가 창설되자 김성숙은 '정치조장'에 선임되었다. 당시 '정치조장'은 대원들의 사상 교육을 담당하는 일을 했다. '조선의용대'에서는 기관지 『조선의용대 通訊(통신)』을 간행하였는데, 이곳에 김성숙은 5편의 논설을 게재한다.(김광재, p.48) 이때의 논지도 위의 (1)과 (2)의 연장선에 서 있다.

1939년 이후 한인 독립운동 진영의 통일에 대한 요구가 내외적으로 확산되었다. 단일당 결성을 촉구하는 김구의 '한광단'과, 김원봉의 '조민련'이 선언문을 발표하면서, 단일당 결성을 촉구하였다. 그러나 현실은 쉽지 않았다. 1939년 기강(綦江)에서 '한광단'과 '조민련'을 포함한 7개 단체가 단일당 결성을 논의했지만 무산되었다.

1940년 12월에는 '조민련'과 '해맹'이 낙양(洛陽)에 모이고, 또 '민족혁명당'의 일부 인사들과 함께 '조선민족해방투쟁동맹'을 결성하였는데, 김성숙은 이 동맹의 외무주석을 맡는다. '조선민족해방투쟁동맹'은 첫째 단계로 (1)해외의 전체 공산주의자의 통일, 다음 단계로 (2)전민족통일전선결성이라는 목표를 달성하기 위한 것이었다. 이 또한 조선혁명의 성격을 둘러싸고 의견 대립을 보이다 결렬된다.

13) '조선의용대'는 1942년 '한국광복군'에 편입됨.

5) 임정 참여 시기(1941~1945년)

1941년(당시 44세) 김성숙은 중일 전쟁 이후 조직했던 '조민련' 조직을 복원하고 중경(重慶)으로 돌아간다. 1941년 12월에 태평양전쟁이 발발한다. 김성숙이 이끄는 '조민련'은 임시정부 참여 방침을 정하는데, 그 때의 심정을 "당을 같이 하는 것이라면 모르겠지만, 정부를 같이 하자는 것이니까 쉽다."고 술회한다. 그러면서 구체적인 정책으로 (1)전민족통일전선의 건립, (2)조선공산당의 건립, (3)조선사회주의자들의 조직과 행동의 통일, (4)중국국민당의 건국강령 및 정책의 적극 옹호 지지를 제출하였다.

1942년 4월 '대한민국임시정부' 제28차 국무회의에서 '조선의용대'와 '광복군' 통합을 결의한다. 이로부터 좌파 세력들의 '대한민국임시정부' 참여의 길이 열려갔다. 1944년 4월 제36회 임시의정원 회의에서 김성숙은 국무위원으로 피선된다. 일제가 패망하자 1945년 12월 1일 상해를 출발하여 군산 비행장에 23명의 임정 요원과 함께 고국으로 돌아온다. 그리고 이듬해인 1946년(당시 49세) 1월에 서울로 온다.

3. 근대의 좌표 ; 중국 땅과 한국 땅

이상에서는 김성숙의 구국 항일 활동을 편의상 다섯 시기로 나누어서 살펴보았다. 이하에서는 그런 김성숙의 행적을 지난 '과거'의 역사 무대 위에서 의의를 찾아보고, 더 나아가 그의 사상을 '미래' 한국 현대사의 지평에서 의미를 찾아보려고 한다. 그러기 위해서는 먼저 김성숙이 활동하던 당시 중국의 시대상과 한민족의 역사를 바라보는 필자 자신의 '시좌(視座)'를 분명하게 제시할 필요가 있다. 어떤 '시좌'에 입각하는가에 따라, 역사의 '해석'이 달라질 수 있기 때문이다. 이 두 지역의 근현대를 바라보는 '시좌'에 대해 필자는 일찍이 제시한 적이 있으니,[14] 그것을 아래에 요약하기로 한다.

지난 1900년대 중국 땅과 한국 땅에서 벌어졌던 일들을 돌아보면, 소위

---

14) 신규탁, 『때묻은 옷을 걸치며』, 서울: 정우서적, 2009, pp.501~511.

'유럽적 의미의 근대화'에 성공한 '국가'들은 '그렇지 못한 지역'에 비해 특히 군사적, 경제적, 정치적 분야에서 막강한 힘을 발휘했던 반면, '그렇지 못한 지역'에 속해 있던 청말-민국 초기 중국 땅에 살던 민중이나 조선 말기-일제강점기 한국 땅에 살던 민중들은 저들의 '막강한 힘'에 의해 엄청난 고통을 감수하지 않을 수 없었다.

그리하여 그들은 그 고통에서 벗어나기 위하여 앞을 다투어 '유럽의 근대화'를 향한 '바쁜 발걸음'을 재촉했는데, 물론 이들이 이해한 '유럽'이 실제의 유럽과 같은지는 엄밀하게 따져 보아야 하겠지만, 실은 그럴 여유도 없었지만, 그런 바쁜 발걸음을 방해하는 요소들이 있었다. 그것은 대내적으로는 전(前)근대의 봉건적 요소이고, 다른 한편 대외적으로는 제국주의 (영국, 프랑스, 미국, 일본, 소련 등) 침략이었다. 한국 지역과 중국 지역의 '근대화'는 이 두 가지의 타파와 극복에 밀접하게 연관되어 있다. 이제 이하에서는 지역을 달리하여 간단하게 필자의 시좌를 드러내 보이기로 한다.

1) 중국 땅에서의 경우

중국 땅에서의 경우 저들은 대내적으로 전(前) 근대적 봉건성의 타파에 대해서는 역사 속에서 이 지역 인민(人民)들의 내적 발전이 계속되어왔다. 비록 그것이 속도가 느리든, 아니면 '굴절(屈折)이든' 말이다. 간단하게 말해서 중국의 역사에서는 봉건에서 근대로의 이행 과정이 있었고, 이것을 증명하는 여러 연구가 학계에 보고되고 있다.

아편전쟁 이후 중국 대륙에서는 '양무운동' - '변법운동' - '5·4 동서문화논쟁' - '공산혁명' 등을 거치면서 자신들의 과거를 대상화하는 비판적 검토와 연구가 계속되었다. 그리하여 그들은 자신들의 전통을 크게 둘로 나누어 보는 작업을 했는데, 하나는 비판되고 극복되어야 할 전(前) 근대성 (혹은 봉건주의)이고, 또 하나는 계승 발전해야 할 근대성 (혹은 인민주의)이었다. 이 과정에서 1949년에 건국된 '중화인민공화국'은 봉건의 비판과 극복이라는 연장선 위에서, 자신들의 발전을 공산혁명과 연결짓는 '정치적 연구'도 동시에 진행하였다.

그런가 하면, 대외적으로 중국 땅에서는 제국주의의 침략을 물리치기 위한 각종 노력 끝에 1949년 '중화인민공화국'의 출범으로, 1840년의 아편전쟁 이후 근 100년간의 해방 전쟁과 혁명을 스스로의 힘에 의해 완수하였다. 유럽이 긴 역사 속에서 이루어왔던 근대를 짧은 시간에 완수하려는 중국의 최근 100년은 마냥 바쁘기만 했다.

비록 지난 과거의 전통에 대해서 그들 자신이 선별적으로 '수용' 또는 '기부'를 했지만, 사실 어디까지나 그 기준은 '중국인이 자신들의 필요에 의해서 구성하고 이해한 그런 유럽의 근대'였지만, 유럽의 근대가 가지고 있는 장단점을 점검할 여유도 없이, 또 자신들이 이해한 유럽이 진정한 유럽인지를 살펴볼 틈도 없이, 그저 그들을 추격해야 했다. 이 과정에서 봉건사회를 지탱해 온 유교는 비판되고 극복해야 할 과제였다. 설사 과거의 전통에 대해 연구를 하더라도 그 목적은 계승에 있는 것이 아니라 극복에 있었다.

이런 중국 땅에서의 반(反) 제국주의 운동에 김성숙은 직간접적으로 때로는 연합하기도 하고 때로는 적당한 거리를 두면서 관계를 맺었던 인물이다. 봉건적 군벌세력을 토벌하는 역사적 현장에도 저들과 함께 참가했다. 물론 김성숙이 '민족운동시기'에는 방향을 선회하기도 했지만 말이다. 그러고보면 김성숙은 중국 근대화의 현장에서 투쟁했던 공로자인 셈이다. 중국의 중산대학(中山大學)이 그 대학의 교내 '운암기념관'의 설립에 각종 배려를 하는 것도 그의 공헌이 평가되었기 때문이다. 바로 이런 점에서 김성숙을 동북아시아의 근대화 속에서 다시 평가하는 시좌를 확보할 필요가 있다.

2) 한국 땅에서의 경우

한국 땅에서의 역사 변동의 기본 좌표에 대하여 필자는 역시 청말 민국 초기와 마찬가지로 대내적으로 봉건의 극복이었고, 대외적으로는 제국주의 침략으로부터의 독립이었다고 생각한다.

먼저 봉건의 타파 부분을 보면, 단적으로 말해서 그것은 일본제국주의가 그 일에 앞장섰다. 물론 목적은 조선의 식민지를 이용한 자국의 이익을 위해서였다. 그러나 결과적으로 누군가에 의해 반드시 극복했어야 할 유교(儒教)의 봉건제와, 유교를 국시로 하는 조선을 일제가 무너트렸다. 그렇다고 봉건 척결에 대한 일본제국주의 침략이 정당화 될 수 있는 것은 아니다. 오히려 일제의 개입으로 한국 땅에서의 근대화는 '일그러졌음'을 우리는 분명하게 짚고 넘어가야할 것이다. 조선 말기 인민들을 괴롭혔던 유교적 지배층과 기득권층은 일제의 조선 침략과 결탁하여 오히려 이 지역의 근대화를 일그러뜨렸다.

물론 표면상으로는 반상(班常)의 신분적 차별이 사라지고, 불교 승려들의 서울 사대문안 출입이 자유로워졌다. 토지에 대한 새로운 제도들이 만들어졌고, 각종 근대적인 제도 및 문물들이 도입되었다. 그러나 이것도 각 방면에서 일그러지기는 마찬가지였다. 불교의 경우만 보더라도, 승려의 계율이 문란해졌고, 이것은 결국 해방 후 남한 불교계의 파행적인 질곡을 남기고 있다. 재산권의 문제도 그렇고, 사원의 운영도 그렇고, 신도와 승려와의 관계도 봉건적 요소를 여전히 남겨놓고 있다. 일제가 자국의 이익을 위한 수단의 연장선에서 강행한 한국 땅의 근대화는 현재도 각종 방면에서 우리의 발목을 잡고 있다.

아무튼 이 과정에서 조선을 지탱했던 유교적 질서는 이제 더 이상 지도 이념이 될 수 없었다. 조선 말기의 유교적 질서와 이념이 당시 자신들에게 가져다준 좋은 점이 무엇이고 나쁜 점이 무엇이었는가를 따져볼 겨를도 없이, 남의 손에 의해 해체되고 만 것이다. 봉건 군주제를 찬양하고 그것에 의해 보호를 받던 사대부들과 그 찬양에 세뇌당한 백성들에게 있어서 조선 왕조의 해체는 그야말로 망국(亡國)이었다. 그들에게는 '조정(朝廷)=민족(民族)', 또는 '조정(朝廷)=나라' 라는 등치(等値) 의식이 있었으니, '조정'을 무너트린 일본은 민족을 괴롭히고 나라를 망가트린 '나쁜 놈'이었고 타도의 대상이었다. 여기에서 정말 웃지 못할 아이러니가 생긴다. 즉, 근대화에서 실패하여 '나라' 사람들이 고통에 시달리는데도, 근대성에 상대되는 봉건성을 양산했던 당시 체제 교학인 유교에 대해 온정주의적 발상이 여전히 판을 친다. 일본에 대한

미움은 더욱 그 아이러니를 크게 하였다. 조선 말기의 봉건성에 대한 비판적 안목은 거의 없었으니, 이 점은 청말-민초 당시의 중국과 비교하면 매우 대조적이다.

한편, 한국 땅 내에서의 제국주의와 항쟁은 어떠했던가? 일제의 철저한 점령과 악랄한 탄압으로 국내에서의 독립운동 조직은 힘을 발휘할 수 없었다. 오히려 해외에서, 그 중에도 지역적으로 인접하고 또 현실적 처지가 같은 중국 땅에서, 줄기차게 독립의 거점을 확보해 나아갔다. 그러나 중국 땅에서 진행된 항일 구국 운동 단체들과 인맥은, 그것이 좌파이던 우파이던, 열강들이 한반도를 분할 점령하면서 새 국가 건설에서는 주변으로 밀려나고 말았다.

그들이 비록 독립을 위해 많은 노력을 했지만, 열강들의 '세계 경영 구도'에 의해, 또 그 '세계 경영 구도에 편승한 이 땅 지식인들의 이익 구도'에 의해, 38선 이북은 소련 공산당에서 활동하던 김일성을 중심으로 하는 세력이 뿌리를 내렸고, 38선 이남은 미국에서 활동하던 이승만을 중심으로 하는 세력이 뿌리를 내렸다. 그 후 세월을 거듭해가면서 결과적으로 민족과 국토의 분단은 고착화되어 오늘에 이르고 있다.

이상에서 필자는 19세기와 20세기 중국 땅과 한국땅을 둘러싼 역사 변동을 바라보는 '시좌(視座)'를 드러내었다. 필자의 이런 '시좌'가 가지는 정당성 내지 적합성에 대해서는 찬반의 논란이 있을 수 있다. 물론 필자 또한 그런 논란에 대해 해명하거나 반론할 준비가 되어 있다. 여기에서 그런 사례들을 일일이 거론할 수도, 또 그럴 필요도 없기 때문에 이 정도로 그쳐두고, 김성숙의 이념 사상을 이상에서 필자가 제시한 좌표를 통해 그 의미를 평가해보고자 한다.

4. 자유가 있고 행복한 국가 건설

「1. 봉선사의 6허(虛)」에서 '가설'로 제시했듯이, 필자는 김성숙이 보여주었던 항일 구국 운동의 성격을 평가함에 있어, 그가 젊은 날 (19세~26세) 몸담았던 봉선사에서의 불교 학습이 그의 일생 항일 구국운 동의 기체(基體)가 되었다고 생각한다. 극우파들은 김성숙을 기회주의적 친공산주의자로 몰아붙였고, 극좌파들은 회색적 기회주의자로 비판했다. 그러나 이것은 김성숙의 사상을 표면적으로 본 것이다.

이하에서는 항일 구국 운동의 다섯 시기에 따라, 김성숙의 이념적 특징을 짚어보기로 한다. 기본적으로 항일이라는 주제는 김성숙의 일생을 통해 일관된 운동방향이었기 때문에, 이 점에 대해서는 이론(異論)의 여지가 없다. 단지 그것을 실현시키는 방법이 시기적으로 달리 드러날 뿐이다.

첫째, 봉선사 시기(19세-26세)를 보자. 이 시기 김성숙의 행적 중 주목할 것은 '조선무산자동맹', '노동공제회'이다. 이 당시의 운동은 기본적으로 '소작쟁의운동'이다. 당시 김성숙이 이념적이거나 또는 세계사적인 운동의 '이론(理論)'을 과연 갖추었는지 확정하기는 쉽지 않다. 그런데 필자의 주목을 끄는 것은 '문계(門契)'의 성격이다. 월초 화상의 「유축문」에 보이듯이, 이 모임은 김성숙이 창립한 것이고, 거기에는 계금(契金)이 상당히 있었던 것은 분명하다. 이 당시는 젊은 시절이었고, 또 아직 조직 운영을 고민할 정도의 운동단위가 있었던 시절은 아니었기 때문에, 김성숙이 이념적으로 갈등하거나 선택을 해야 하는 사건 등은 없었다.

둘째, 열혈 활동 시기(26세~30세)를 보자. 이 시기에 김성숙은 무정부주의와 사회주의를 왕복하지만, 본질적으로 김성숙의 시선은 사회주의로 향한다. 이 시기에 김성숙은 '계급 혁명'보다는 '민족 혁명'을 우선시 한다. 물론 이 때의 '민족 혁명'의 이념적 노선은 사회주의였다. 이 혁명 과업을 완수하기 위해 김성숙은 끊임없이 공산주의자들의 '단결'을 촉구한다. 김원봉은 김성숙을 '단결청담가(團結淸談家)'라고 비난했지만, 김성숙의 이런 점은 필자가 보기에 비난할 부분이 아니라, 역으로 높이 평가해야 할 부분이다. 김성숙은 '爲建設自由幸福之新國家而奮鬪"라는 유묵[부록에 실린 유묵(遺墨) 참조]에서 노정되듯이,[15] '새 국가' 건설을 위해서는 주의·주장에 얽매이지 말고 '단결'할 것을

15) 이 유묵(遺墨)을 남긴 때와 장소는 현재 알려지지 않는다. 원 자료는 현재 중국 중산대학에

강조했고, 몸소 그렇게 행동했다. 이런 의미에서의 '단결'은 항일 운동기에는 물론 해방 공간에서도 일관된 김성숙의 철학이었다. 김성숙이 중국 공산당에 가입하여 군벌 타도에 직접 가담했던 것도 이런 그의 철학에 입각한 행동으로, 지역주의를 넘어선 큰 단위의 '단결'로 해석할 수 있다.

셋째, 저작 활동 시기(32세~37세)를 보자. 이 시기에 김성숙은 비밀 결사 조직 활동보다는 대중적이고 또 문필을 통한 항일 의식 고취에 매진한다. 당시에는 각종 잡지의 논설을 통해, 소위 김원봉이 말하듯이, 김성숙은 '청담가(淸談家)'의 면모를 여실히 보여준다. 실제의 저작물들이 확인되지는 않지만, 약 20여종에 달하는 번역서와 저서들이 이 시기에 발간되었다고 『아리랑』의 중심 인물 김산은 회고한다. 대학에서 일본어 교수를 지낸 것을 보면, 그는 중국어는 물론 일본어에도 능숙했음을 알 수 있다. 당시의 저작물들은 일본어와 중국어로 소개된 서구의 각종 사회 사상들이 소개되었을 것으로 추측된다. 앞에서도 언급했지만, 이 시기의 연구는 많은 공을 들여야 할 부분이다.

넷째, 민족 운동 시기(38세~44세)를 보자. 이 시기의 활동은 역시 '조선민족해방동맹(해맹)'을 꼽을 수 있다. 이 시기 김성숙은 중국 공산당과는 거리를 두면서 민족 해방 운동에 매진한다. 이 당시 김성숙의 생각은 김광재 교수도 지적했듯이 "해방이 우선이고 이념은 다음이다."는 말로 요약된다. 김성숙이 중·일 전쟁 도중에 김원봉, 류자명 등과 연합하여 '조선민족전선연맹'을 같이 한 것도 이런 맥락에서 이해할 수 있다. 김성숙의 이런 사상은 민족 우선주의 그리고 독립 우선주의로 평가할 수 있다. 외세와 봉건을 타도하고 '새 국가' 건설의 대열에는 온 민족이 통일전선을 구축하자는 것이다. 여기에서 필자는 김성숙의 유명한 이야기, "당을 같이 하는 것이라면 모르겠지만, 정부를 같이 하자는 것은 쉽다."는 말에 주목하고자 한다. 이 말은 김성숙 일생의 변함없는 운동 강령이었다. '광복군' 계열의 김구와 연맹을 가능하게 했던 것도 김성숙의 바로 이런 철학 때문이었다.

다섯째, 임정 참여 시기(44세~48세)를 보자. 이 시기의 통일 전선 구축도

소장되어있다 하니, 향후 좀 더 조사해서 보고할 예정이다.

그렇다. 좌파 쪽을 설득하여 '조선의용대'를 우파 쪽의 '광복군'과 통합을 이루어낸 것도 김성숙의 선국가(先國家), 후이념(後理念)의 철학이 작용했다고 볼 수 있다.

이상에서 필자는 김성숙의 사상을 적극적인 의미에서의 단결주의자요, 한편으로는 이론가라는 측면에서 요약해 보았다. 그러면 김성숙은 정말 김원봉의 비난대로 '단결청담가'이기만 한가? 그렇지 않다. 외면적으로는 그런 양상으로 드러나지만, 김성숙의 운동 철학은 원천적으로 이념 투쟁을 넘어선 '새 국가' 건설로 향해있다. 일제를 물리치고 유교적 봉건 잔재를 타파하여 '새 국가' 건설을 우선적으로 했다. 물론 김성숙이 도모하는 '새 국가'는 서구 열강식의 자본주의는 아니었다. 김성숙은 사회주의자였다. 그 중에서도 일반적인 사회주의자 또는 공산주의자와 다르다. 계급 혁명을 우선시하는 이념 우선주의자는 아니다. 계급 혁명 보다는 '반(反) 봉건'과 '반(反) 제국'을 통한 민족국가 건설이 김성숙에게 있어서는 더 높은 가치로 작용한다.[16] 그리고 김성숙의 이런 철학은 「3. 근대의 좌표」에서 소개했듯이, 당시 중국 땅과 한국 땅에서 벌어진 역사 현장의 도도한 흐름이었다.

그러면 '반(反) 봉건'과 '반(反) 제국'의 기반이 조성된 단계에서, 사회주의적인 국가 건설이 김성숙의 궁극적인 목표였을까? 만약 김성숙의 목표가 그것이었다면, 북한 김일성의 노선과 차별이 없었을 것이다. 물론 김원봉과도 의견을 달리하지도 않았을 것이다. 또 해방 공간에서 김성숙의 운신 폭은 더 넓었을 것이다. 그러나 결과적으로 김성숙은 북한 공산당과도 또 김원봉과도 남로당과도 다른 삶을 살았다. 물론 김성숙은 이승만 계열과는 전혀 어울릴 생각도

---

16) (사)운암김성숙선생기념사업회 복사 간행, 『운암 김성숙 선생 일기장』, 2011년, 1964년 1월 27일. "…나의 이러한 명분은 民族國家(민족국가)의 獨立(독립)과 民主體制(민주체제)의 確立(확립)과 幸福(행복)된 社會(사회)의 建設(건설)이었다. 나는 이러한 大義名分(대의명분)에서 一生(일생)을 바쳐왔고 아직도 이런 목적을 達成(달성)하기 위해서 奮鬪(분투)하고 있다." 이 구절에서도 볼 수 있듯이, 김성숙의 일생은 궁극적으로는 "행복한 사회 건설"이었고, 그것을 이루기 위한 수단으로 그는 민족 단위의 독립 국가 건설과 민주체제의 확립이었다. 물론 이 때의 민주는 "민주사회주의"임은 두말할 것도 없다. 부록에 실린 〈1964년 1월 31일. 일기장〉 참조.

하지 않았다.

그럼 과연 김성숙의 이념적 정체는 무엇인가? 이 점에 대해서 필자는 그의 친필 유묵 "위건설자유행복지신국가이분투(爲建設自由幸福之新國家而奮鬪)"의 내용에 다시 주목하고자 한다. 김성숙은 분명 사회주의 운동가요, 반 봉건주의 운동가요, 반 제국주의 운동가요, 민족 단위의 새 국가 건설을 추구하는 정치가이다. 거기에다 다양한 이론을 겸비한 사회사상 이론가이며, 현장 투쟁가이다. 그런데 이런 다양한 운동은 김성숙의 근본 철학에서 나온 다양한 표층(表層) 현상이다. 이런 표층 현상의 근원(根源) 또는 원천(源泉)에는 김성숙의 중요한 철학 이념이 있었다. 그 철학이 바로 '자유'와 '행복'이다. 김성숙은 '자유'가 있고 '행복'하게 사는 '새 국가' 건설을 위하여 분발하고 투쟁했던 것이다. 그 투쟁의 방법은, 위에서 본대로 다양한 현상으로 표출되었다.[17)]

필자는 여기서 결론을 맺고자 한다. 김성숙의 철학은 '자유'와 '행복'의 두 축으로 이루어졌다고 말이다. 조선 말기 탐관오리와 지주들의 착취로 대다수 인민들의 '행복'이 유린되었다. 게다가 제국주의 침략으로 이런 상황은 더욱 가중되었다. 또 토지와 신분을 매개로 한 '유교적 봉건질서'는 우리의 '자유'를 극도로 제한했다. 설상가상 제국주의 침략은 더욱 민족의 '자유'와 '행복'을 유린했다. 김성숙의 일생은 이렇게 '자유'와 '행복'을 방해하는 것들에 대한 투쟁이었다.

그런데 과연 해방을 맞이하고, 한국 땅이 남쪽과 북쪽으로 갈라진 지금, 양 지역의 주민들은 과연 이런 '자유'와 '행복'을 얼마나 누리는가? 북쪽 땅에 '자유'와 '행복'이 과연 얼마나 보장되는가? 또 '유교적 봉건의 해체'와 '일제의 청산' 과정에서 '뒤틀린' 근대와 현대를 살고 있는 남쪽 땅은 또 어떠한가? 또 이런 외적인 조건 말고도, 우리의 각자 내면 속에서 타인에 대해서는 물론

17) 운암 김성숙의 이런 생각은 그의 일생을 관통하는 변함없는 신념이었다. 그래서 김성숙은 '민주사회주의(民主社會主義)'를 대원칙으로 삼고, 다양한 계보와 이념과 주의와 주장을 하나로 모으고자 했다. 이런 입장에서 김성숙은 "민주사회주의라는 대원칙에 합의만 된다면 과거의 계열을 가지고 시비를 한다는 것은 부당하다"(일기장, 1964년 1월 31일)고 했으며, 과거의 계열에 얽매이는 것을 "痼疾的(고질적)인 섹트主義(주의)"라고 물리쳤다.

우리 자신에 대해서조차 과연 우리는 '자유'와 '행복'을 누리게 하고 있는가? 우리는 스스로에게 자신을 얽어매고 들볶는 '반(反) 자유'와 '반(反) 행복'을 자행하고 있지는 않는가? 현 정부의 천박한 실용주의 노선은 더욱 역사의 흐름을 기만하고 있다.

오늘도 빗줄기는 마구 쏟아진다. 어린 시절 한번쯤은 누구나 학교 길에 소낙비를 만나 남의 집 처마 밑에서 비를 피하던 경험이 있었을 것이다. 1964년 3월 14일 운암 김성숙은 피우정(避雨亭)에서 첫날을 보낸다.[18] 지인들이 그를 위해 작은 집 한 채를 마련한 것이었다. 조국의 해방 공간에서 하염없는 비를 맞았다. 그것도 동포에게 말이다. 그런 비를 조금이나 임시로 피하시라고 마련해드린 집인데, 그 집에 사신 지 5년 뒤, 1969년 김성숙은 72세로 서거한다. 세월이 다시 흘러 1982년 대한민국 정부로부터 '건국훈장 국민장'이 추서되고, 2004년 동작동 국립묘지 임정요원들이 묻힌 곳으로 유해가 이장된다.

하지만 김성숙을 평생 움직이게 했던 '자유'와 '행복'은 여전히 지금 이 순간에도 우리에게 손짓을 한다. 이리로 오라고……, "계속혁명!(繼續革命)" "지수꺼밍!(繼續革命)" '자유'와 '행복'을 방해하는 세상을 바꾸고, 자기 자신 속의 반(反) 역사를 바로 세우라고 말이다. 그리하여 '신국가(新國家)' 건설에 다함께 노력하자고 말이다.

이제 봉선사의 '6허(虛)'는 만허(滿虛; 1907~1993) 선사를 마지막으로 다 떨어졌다. 세상은 이제 '6허'를 잊으려 하고 있다. 1980년 운허(耘虛) 대강백의 열반 후, 월운 강백께서 피우정(避雨亭)이라는 간판을 봉선사의 '방적당(放跡堂)' 남쪽 마루에 내걸었다. 『봉선본말사지』(안진호, 경기도: 봉선사, 昭和2년, 서기1927년, p.17) 어디를 보아도 '피우정'이란 당우(堂宇)는 없으니, 이는 분명 선사(先師)를 아쉬워하는 문손(門孫) 월운 강백의 추원지정(追遠之情)이리라.

---

18) (사)운암김성숙선생기념사업회 복사 간행, 『운암 김성숙 선생 일기장』, 2011년, 1964년 3월 14일자.

〈휘호〉

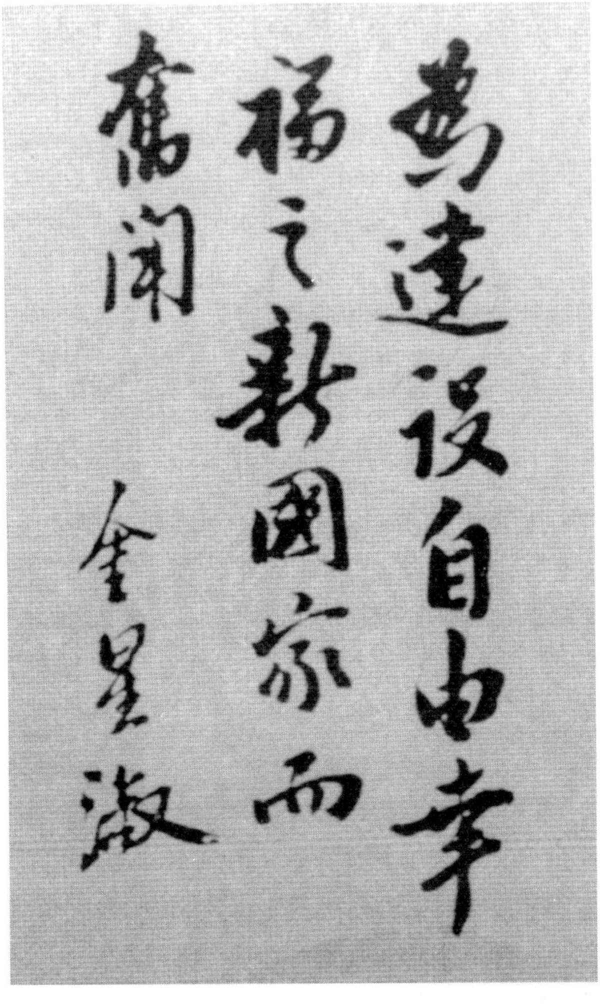

자유롭고 행복한 새 국가 건설을 위하여 열심히 투쟁하자.

-김성숙-

〈1964년 1월 31. 일기장〉

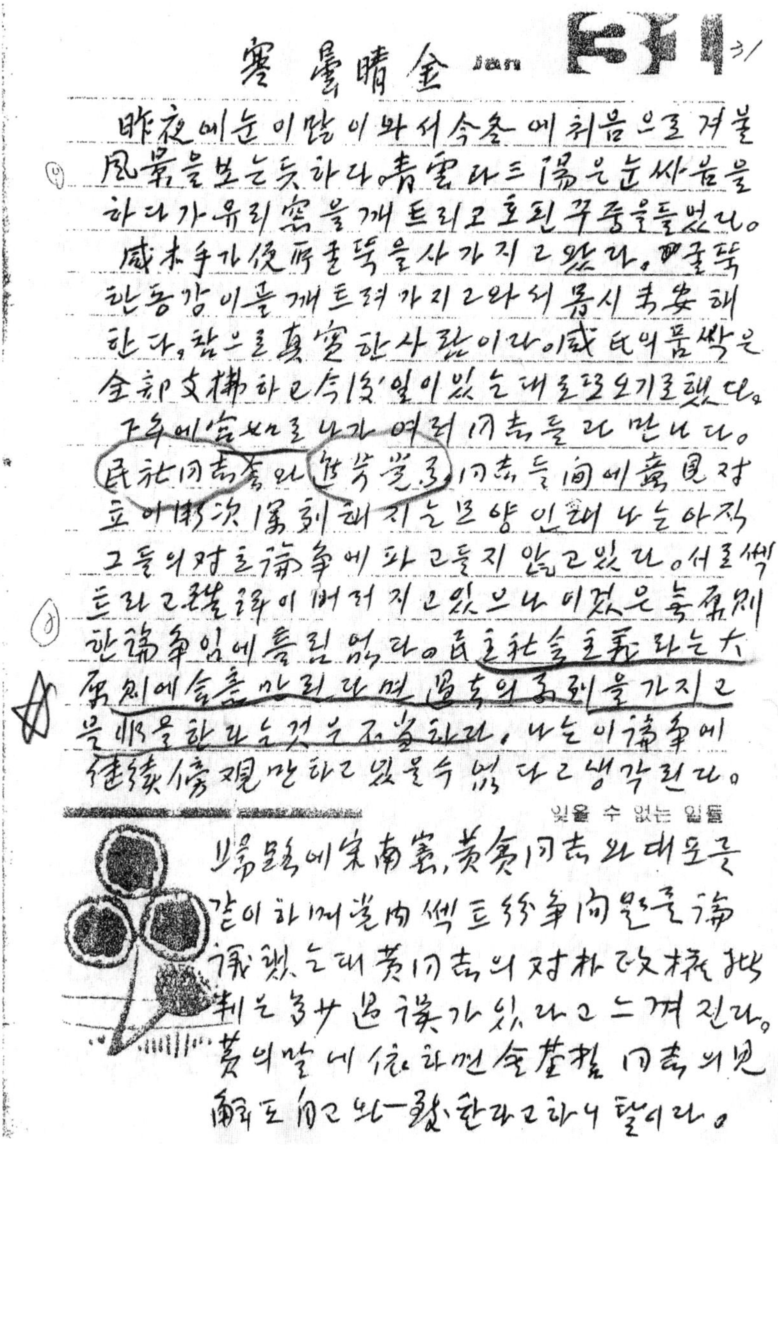

寒 曇晴 金 Jan 31

昨夜에 눈이 많이 와서 今冬에 처음으로 겨울 風景을 보는듯하다. 靑雲 [illegible]들은 눈싸움을 하다가 유리窓을 깨트리고 호된 꾸중을 들었다.

咸木手가 [illegible] 굴뚝을 사가지고 왔다. 굴뚝 한동강이를 깨트려가지고 와서 몹시 未安해 한다. 참으로 眞實한 사람이다. 咸氏의 품싹은 全部 支拂하고 [illegible] 일이 있는대로 또 오기로 했다.

下午에 [illegible]으로 나가 여러 同志들을 만나다. 民社同志들과 統社黨系 同志들 間에 意見 対立이 漸次 深刻해지는 모양인데 나는 아직 그들의 対立論争에 파고들지 않고 있다. 서로 섹트라고 [illegible]이 벌어지고 있으나 이것은 無原則한 論争임에 틀림없다. 民主社会主義라는 大原則에 合意만 된다면 同志의 義理를 가지고 [illegible]을 한다는것은 不當하다. 나는 이 論争에 継續傍観만 하고 있을수 없다고 생각된다.

잊을 수 없는 일들

歸路에 宋南憲, 黄[illegible]同志와 대포를 같이 하며 黨內 섹트 紛争問題를 論議했는데 黄同志의 対朴政権 批判은 多少 過誤가 있다고 느껴진다. 黄의 말에 依하면 金[illegible]同志의 見解도 自己와 一致한다고 하니 탈이다.

〈도첩〉

경기도 광주 봉은사에서 1916년 12월 3일 발급된 도첩

〈강원 졸업증서〉

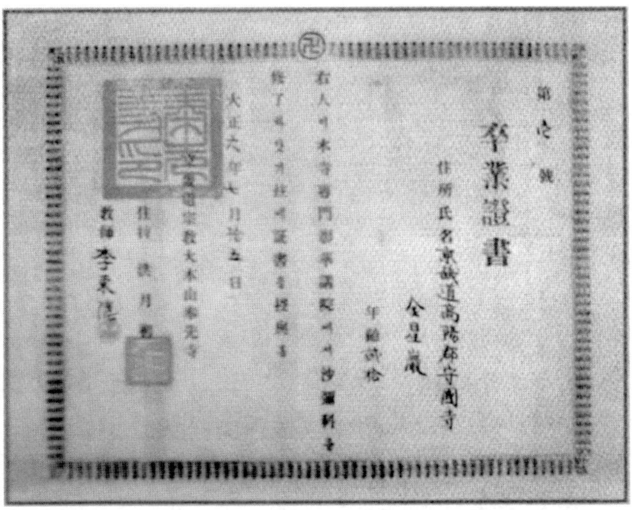

경기도 봉선사에서 1917년 7월 15일 발급된 사미과정 수료증
(당시 태허스님은 경기도 고양 수국사에 적을 두고 있었음)

<금강계단 계첩>

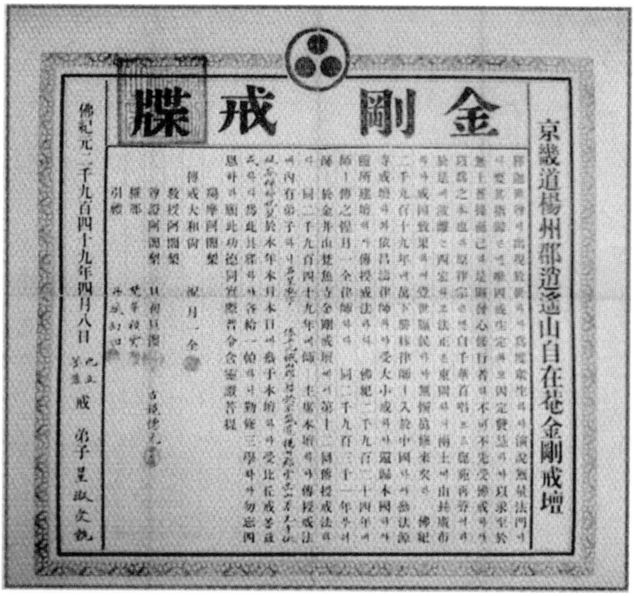

金剛戒牒

京畿道楊州郡道峯山自在菴金剛戒壇

경기도 양주 자재암 금강계단에서 1922년 4월 8일 발급된 비구계첩

<게문과 조파>

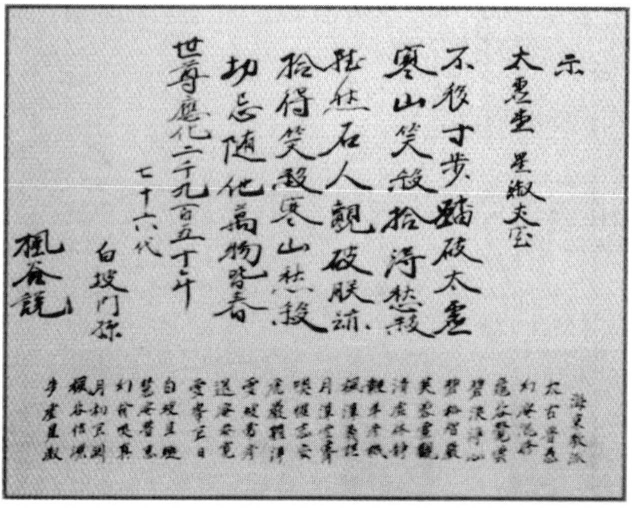

경기도 용문사 시절(1916~1918) 풍곡신원(楓谷信元) 선사께서 태허스님께 내리신 글

제9장

승속 일체의 종단 설립자: 태허 홍선

1. 법화 계열 불교 종단
2. 종단의 설립에 나타난 태허의 불교관
3. 불교 의례 제정에 나타난 태허의 불교관
4. 불입종에서 관음종으로

1. 법화 계열 불교 종단

1948년 8월 15일, 한반도의 38도선 이남에는 '대한민국'이라는 나라 이름을 가진 국가가 건설된다. 이로부터 국가의 통치권은 이 땅에 사는 '국민'에게서 나온다는 정치적 가치가 대두되었다. 이 점은 이전과는 판이하게 달랐다. 한마디로 말해서 천지개벽이 일어난 것이다.

왕이 있던 시대만 하더라도 왕의 통치권은 백성에서 나온 것이 아니고, 그것은 '천명(天命)'을 받은 '천자(天子)'가 위임해 준 것이었다. 유교(儒教)의 이념 속에서는 그렇게 믿고 그렇게 교육했다. 이런 시대를 '제국주의 일본'이 막을 내리게 했다. 이로 말미암아 조선 땅의 통치권은 일본의 '덴노(天皇)'에게서 나왔다. 2차 세계대전의 종말과 일본의 패망으로 인해 일본의 '덴노(天皇)'는 더 이상 조선 땅에 영향력을 발휘할 수 없게 되었다. 그 대신 1945년 8월 15일부터 38선 이남은 '미군(美軍) 군정청(軍政廳)'의 지휘를 받게 되었다. 그 후 3년이 지나 '대한민국'이 건국된다.

봉건 왕권시대에서 일본 제국주의 식민시대로, 다시 일본 제국주의 식민시대에서 미군정 시대로, 또 다시 미군정 시대에서 대한민국 시대로, 이렇게 변하는 세월 속에서 불교도 역시 이루 말할 수 없는 우여곡절을 겪었다. 이런 우여곡절 속에서 역사와 함께한 인물이 바로 불입종(佛入宗)의 창종주(創宗主) 태허(太虛) 스님이다.

태허(太虛)는 스님의 법호이고, 성명은 이홍선(李泓宣; 1904~1979)이다.[1] 창종주 태허는 고종이 임금이 된지 41년이 되던 해인 갑진년(甲辰年), 그러니까 강제적으로 '을사늑약'이 맺어지기 한 해 전인 1904년 8월 25일 서울에서

---

1) 그의 출생 연대를 알 수 있는 자료로 이홍선, 『인생탈출』(한진출판사, 1978)을 들 수 있다. 한편 『태허 대법사 유문집 成佛圖(성불도)』(태허문도회 편, 대한불교불입종 총무원, 1981, pp.311~312)에 실린 「太虛 泓宣 大法師 年譜」를 들 수 있다. 그런데 태허 스님의 제자인 경암(鏡岩) 스님이 쓴 「太虛 泓宣 大法師 年譜」에는 태허 스님의 출생을 1905년 9월 25일로 표기하고 있다. 『인생탈출』은 태허 스님의 생전에 자신이 출간한 것이므로, 필자는 『인생탈출』의 연보를 따라 본문과 같이 한다. 한편 〈묘각사 홈페이지〉에는 태허 스님의 출생에 대해 "1905.08.25 : 서울특별시 종로구 견지동 44번지 탄생"으로 적고 있다.

태어난다. 7세가 되던 1910년에 한일 강제합병을 맞이한다. 32세가 되던 해인 1945년에 해방을 맞이하고, 35세에 대한민국 정부 수립을 본다. 대한민국 정부 수립 이후에도 6・25(1950년, 태허 47세)를 겪고, 4・19(1960년, 태허 57세)를 겪고, 5・16(1961년, 태허 58세)을 겪고, 10월 유신(1972년, 태허 69세)을 겪는다.

불교와의 관계를 보면, 스님 나이 29세인 1932년에 출가한다.[2] 그리고 37세 되는 1940년에 서울 종로구 숭인동에 묘각사(妙覺寺)를 창건한다. 그리고 47세가 되는 1950년부터 6년간은 경상북도 상주에서 수행 정진한다.

이렇게 서울을 떠나 있는 사이에, 전국의 불교계를 소용돌이 속으로 몰아넣는 초(超)법적인 사태가 발생한다. 그것은 1954년 5월 20일에 시달된 이승만 대통령의 제1차 '유시'였다. 당시 태허 나이 51세였다. 경북 상주에서의 수행 정진을 마친 태허는 54세가 되었고, 그해 1957년에 법화 계열(法華系列) 사찰들을 규합하여 '일승불교 현정회(一乘佛教顯正會)'를 창립하고 그 대표에 취임한다.

당시 불교계는 '비구-대처'의 문제로 한시도 조용할 날이 없었다. 박정희 장군에 의한 군사정변 체제가 계속되던 가운데, 마침내 '비구-대처' 문제를 타협한 불교계는 1962년 4월 11일 '대한불교조계종'이라는 종명으로 문교부에 등록을 마친다. 바로 그해, 즉 1962년 5월 31에 박정희 국가재건회의 최고의장은 「불교재산관리법」[3]을 발표한다. 물론 이 시절에도 '비구-대처'의 분규는 여전하였다.

이런 소용돌이 속에서 1965년 되던 해, 태허의 나이 62세에 '대한불교불입종(大韓佛教佛入宗)'을 문교부에 등록하고 종정에 취임한다. 역시 '비구-대처'의

2) 태허 스님의 출가에 대해 두 시기가 제시된다. 하나는 『인생탈춤』(p.7)에서 말하는 "1932년 불교에 귀의 수도"이고, 또 하나는 『태허 대법사 유문집 成佛圖』에 실린 「太虛 泓宣 大法師 年譜」에는 "…선교 양종 교정 선암사 3대 강주 경운(擎雲 : 1852~1936) 장로 문하에 귀의하게 되었다. 이 때 스님의 나이는 25세 한 번 불이 붙기 시작한 스님의 구도행각은 참으로 무서운 용맹정진의 나날을 보냈다."

3) 이 책의 부록에 실린 법령 조문 참조.

분규는 계속되었다. 그러다가 대처측에서 '한국불교태고종'이라는 종명(종정은 박대륜 스님)으로 1970년 2월 18일 문화공보부에 접수하면서, '비구-대처'의 분규가 '외형적'으로는 종식된다. 나라의 역사로 보나, 또는 불교의 역사로 보나, 말 그대로 격변하는 세월 속에서, 태허는 '대한불교불입종'을 창종(創宗)한 것이다.

돌이켜보면, 불교계는 조선시대에는 제도권 밖으로 밀려났고, 일제 때에는 총독의 압박을 받았고, 미 군정 3년간은 미군들의 종교인 기독교적 종교 정책 속에서 지냈고, 건국이 되었지만 '비구-대처'의 문제로 하루도 조용할 날이 없었다.

본 장에는 바로 이런 일련의 역사 변동을 염두에 두면서, 새로운 법화 계열 종단을 창종(創宗)한 창종주(創宗主)[4] 태허의 불교관을 밝혀보려 한다. 태허는 과연 무슨 꿈을 꾸었고, 태허가 설계한 불교는 어떤 모습이었는가?

그런데 이 책의 제1장과 제2장에서 보았다시피, '대한민국' 정부 하에서의 불교 종단은 많은 우여곡절을 겪었음을 알 수 있다. 종교 단체를 관리하는 법령만 보더라도, 조선 초에는 『경국대전』에 의거했고, 그 후 중종 이후(1516년)에는 아예 관련 법령이 사라졌다. 약 400년이 지난 1911년 일제 치하에서 「사찰령」이 공포되면서 조선총독부가 불교 사찰을 비롯한 재산 및 승려들의 인사권을 관리한다.

해방 이후에는 '종교의 자유'가 보장되었으니, 즉 정치와 종교를 형식상 독립시켰기 때문에 승려의 자격이나 인사권 등에는 국가가 관여하지 않았다. 그것은 각 종교의 자율에 맡겼다. 그러면 조선을 거쳐 일제를 거쳐 전통적으로 내려오는 불교의 재산은 누가 관리했는가? 그 소유권은 누구에게 있었는가? 이 문제는 매우 복잡하고도 중요한 문제인만큼 향후 구체적인 연구와 그에 따르는 대책이 필요한 분야이다. 관계 법령이 없다는 것은, 불교 재산에 관한 해석에 있어, "귀에 걸면 귀걸이, 코에 걸면 코걸이" 식이 될 가능성이

4) 대한불교불입종으로 문교부에 등록하기 이전부터 태허는 이 종단의 최고 책임자를 종주(宗主)라 칭했고, 최고 중앙 행정기구를 교정원(教政院)이라 칭했다.

농후했다.

5·16 군사정변 이후, 1962년 5월 31일 「불교재산관리법」이 공포되고 시행되면서 불교재산에 관한 국가 차원의 법규가 마련된다. 그리고 이 법규는 약 25년간 개정을 거듭해가다가, 전두환 대통령 시절 「전통사찰보존법」이 1987년 11월 28일자로 공포되면서 폐기된다. 이로 인하여 그 시대마다 변화가 생긴다.

「사찰령」이 시행되던 당시에는 불교의 재산권과 인사권 둘 다를 조선총독이 관할했다. 다음 「불교재산권리법」이 시행되던 당시에는 불교의 인사권은 종단 자치로 되었지만, 재산권의 행사에 있어서 많은 부분이 주무 장관(예를 들면 보건복지부 장관, 또는 문화체육부 장관)의 허가 내지 보고 사안이었다.

그러다가 1987년 「전통사찰보존법」이 시행되면서, 소위 '전통사찰'에 한해서만 이 법령의 관리를 받는다. 물론 승려의 인사권은 이전과 마찬가지로 불교 종단 자치이다. 이 때를 계기로 소위 '전통사찰'의 범주에 들지 않는, 또는 들지 못하는 사찰의 재산에 대해서는 민법(民法)의 적용을 받게 된다.

그리하여 1987년 이후에 각 종단은 '재단법인'을 설립하여 종단의 재산을 관리하게 되었다. '대한불교불입종'이 '(재)대한불교관음종'으로 종명(宗名)을 바꾸면서 '재단법인'으로 등록한 것도 당시의 불교 관계 법령의 개폐와도 밀접한 관계가 있다. 종단의 재산을 '개인'이 아닌 '삼보의 정재'로 온전하게 보존하려는 현실적 결단이다.

이런 점을 염두에 두면서 다시 창종주 태허의 불교관 문제로 돌아가자. 태허의 불교관을 알아보기 위해 본 장에서는 다음의 두 항목으로 나누어 검토하려고 한다. (1)첫째는 조직의 측면에서 '종단의 설립'이고, (2)둘째는 실천의 측면에서 '불교의례의 제정'이다. 이 두 측면 말고도 태허의 불교관을 이해하는 데에 '교판 이론'이 매우 중요한 데 본 장에서는 다루지 못했다.

2. 종단의 설립에 나타난 태허의 불교관

이하에서는 창종주 태허는 무슨 생각에서 교단을 만들려했는지를 살펴보기로 한다. 여기에는 한국불교의 역사와 당시의 현실을 직시하는 창종주 태허의 역사 인식이 깔려 있다. 먼저 『대한불교 불입종 교전 – 불종대의(大韓佛教佛入宗 教典 – 佛宗大意)』의 다음 구절을 보자. 이하 『불종대의』로 약칭하기로 함. 이 책은 당시 프린트본으로 출간되었는데, 창종주 태허의 종단 창종에 관한 생각을 엿볼 수 있는 매우 중요한 자료이다.

> 그중 이조 5백년에 생생이 남을 기억들이 있다면 4백여년 동안이나 승려를 장안에 입성시키지 않고 정치적으로 배불숭유(排佛崇儒)의 일변도로 나감으로서 사실상 불교의 법맥이 흩어지고 말았다는 점이다.
>
> 요컨대 지도자 없는 법통에서 개인 신앙으로 전락되고 산발적인 수행자들에 의해서 겨우 오늘의 한국불교를 가지게 된 것이다. 또한 오랜 기간을 과거에 파묻혀 새 시대의 감각과 민중의 요청을 도외시하여 증상만인들의 재산분규로 크나큰 시련의 와중에 휩쓸린 것이다.[5)]

창종주 태허는 당시의 불교계를 이상과 같이 진단하고 있는 것이다. 이것을 요약해보면 세 가지로 귀결된다. (1)첫째, 법통이 사라진채로 지도자 없이 개인적인 신앙으로 전락했다. (2)둘째, 새 시대의 감각과 현재 민중들의 요청을 수용하지 못했다. (3)셋째, 재산 분규의 시련 속에 휩싸여 있다. 압축적이면서 당시의 상황을 적절하게 파악하고 있다.

이상의 세 가지 문제점을 극복하기 위해 태허는 일찍부터 '불교 운동'을 펼쳤다. 그러면 태허가 펼친 '불교 운동'은 어떤 특색을 갖는가? 그 대답은 한마디로 말하면 『법화경』 신앙을 골격으로 하는 종단 설립 운동이라고 할 수 있다.

그러면 창종주 태허는 어떤 이념으로 종단을 만드는가? 이 점은 『불종대의』

---

5) 태허 이홍선 저, 『대한불교불입종 교전 – 불종대의(大韓佛教佛入宗 教典 – 佛宗大意)』, 대한불교불입종 호법원, 1975년 12월 20일 재판, p.3.

「머리말」 부분에 분명하게 제시된다.

> 따라서 고식적인 전통불교에서의 탈피와 진취적이고 한국적인 새로운 불교 이념의 발아를 기원하는 본 대한불교 불입종(佛入宗)은 (1)승려 중심의 종단이 아니라 승속 혼연일체가 되는 종도 대중의 종단으로, (2)불(佛)의 지견(知見)을 계발하고 실천 수행함으로서 극락천당을 찾기보다는 자아완성(自我完成)을 추구하는데 더 큰 서원을 세우고 있는 것입니다. 이의 성취는 복을 빌자는 마음에 앞서 복될 일을 하려는 자세와 (3)개인적인 포교활동을 넘어서 유기적인 새 생활운동을 전개함으로서 자오(自悟) 자증(自證)의 신앙불교를 구현하는데 있는 것입니다.[6)]

종단 건립에 대한 분명한 이유를 가지고 있다. 그러나 이런 이유만으로, 태허의 입장에서 보면, 종단을 만들 수 있는 것은 아니었다. 태허는 종단을 건립하기 위해서는 3대 요소를 갖추어야 한다고 생각하여, 이런 생각을 일찍이 『해동천태법화종법맥소고(海東天台法華宗法脈小考)』(1955년 7월 25일 탈고)에[7)] 밝히고 있다. 이 원고는, 200자 원고지에 잉크로 썼고, 본문 50쪽과 서문 4쪽을 합해 총 54쪽으로 되었다. 이 원고는 활자로 출간하지는 않았지만, 창종에 대한 태허의 생각이 곳곳에 스며들어 있는, 귀중한 자료이다.[8)]

이 원고에서 태허는 종단 성립 조건에 대해 말한다. 제1 조건은 종조(宗祖)가 될만한 인물이 있어야 하고, 제2 조건은 종(宗)으로서 근거가 될만한 사찰이 있어야 하고, 제3 조건은 종지(宗旨)와 종맥(宗脈)을 능히 전승할 법손(法孫)이 있어야 한다는 것이다.

종조 문제를 어떻게 할까에 대하여 태허는 많은 고증과 연구를 한다. 그런 그의 흔적은 『해동천태법화종법맥소고』에 잘 담겨져 오늘에 전한다. 이 원고

6) 태허 이홍선 저, 『불종대의』, 대한불교불입종 호법원, 1975년 12월 20일 재판, pp.1~2. (1), (2), (3)의 번호는 필자가 임의로 넣은 것임.

7) 태허 홍선, 『海東天台法華宗法脈小考』, 1955년 7월 25일 탈고, pp.41~50.

8) 이 자료는 다음 책에 영인 출판되었다. 이홍파 편저, 『태허조사 一大事因緣을 말하다』, 서울: 범성, 2010, pp.672~732.

에서 창종주 태허는 이렇게 말하고 있다.

〈해동천태법화종(海東天台法華宗)〉의 법맥을 전지상속(轉持相續)함을 최대 이념인 동시에 근본 정신임에 결사적으로 이러한 이념에 총궐기하야 이체동심(異體同心)으로 단일체계(單一體系)인 확고부동체를 건종(建宗)하자는 바이다.[9)]

여기에서 태허는 "건종(建宗)"이라는 용어를 사용하고 있다. "해동천태법화종(海東天台法華宗)"을 건립하려는 창종주 태허의 생각은 1955년 당시 분명했음을 알 수 있다. 그런데 왜 태허가 종명을 "불입종(佛入宗)"으로 하게 되었는지, 그 과정에 대해서는 좀 더 연구가 필요하다.

그리고 창종주 태허가 구상한 법맥에 대해서는 달리 연구를 해야할 문제들이 산적해 있지만, 자세한 것은 다른 기회로 미루고, 여기에서는 법통의 시작을 "영산정토(靈山淨土) 구원실성(久遠實成) 다보탑중(多寶塔中) 석가모니세존(釋迦牟尼世尊)"으로 하고, 중국을 거쳐, 해동 천태종 시조(始祖)로서 대각 국사(大覺國師)를 하고 있다는 점만을 밝혀둔다. 이 원고를 보면 법맥의 유적을 찾기 위해 태허가 얼마나 고심을 했는지 한 눈에 알 수 있다.

마침내 창종주 태허는 1965년 '대한불교불입종'을 설립한다. 그리고 이듬해 1966년 10월 21일, 당시 불교 종단 관계 주무 부서인 문공부에 단체등록을 마친다.[10)] 그런데 1955년에 '해동천태법화종'의 법맥에 대한 고찰을 마친 뒤에, 1965년 '대한불교불입종'을 창종하기까지 약 10년 동안, 태허는 무엇을 했는가?

여기에서 우리가 주목할 것이 바로 1957년에 결성된 '일승불교 현정회'의

9) 태허 홍선, 『海東天台法華宗法脈小考』, 1955년 7월 25일 탈고, pp.3~4.

10) 『月刊 梵聲』 1월호(창간호), (대한불교불입종, 1973년 1월 15일), p.37. 이곳에 실린 〈社告〉에 의하면, 불교단체 명칭 변경에 대하여 이렇게 고시하고 있다. 대한불교불입종 포교원(종주 이용이(泓宣), 등록년월일 1966년 10월 21일, 등록번호 제9호)에서, 대한불교불입종(종정 이용이(泓宣) 승인년월일 1972년 10월 21일 등록번호 83호)으로 명칭 변경을 하여 문공부 장관의 승인을 받다.

창립이다.[11] 창종주 태허는 법화계열의 모든 신행 단체를 하나로 아울러 조직적으로 그리고 공동체 속에서 법화 신앙을 펼치려 했다. 그 결실이 '일승불교 현정회'의 창립이었다. 그러나 "개인 신앙의 습성을 버리지 못한 일부 인사들의 오류로 인하여 결렬되고 말았다. 이렇게 10여년을 두고 순수한 법화교단(法華敎團)의 통합을 위한 창종주 태허의 노력은 계속되었지만,[12]" 결국은 수포로 돌아갔고, 이제는 아쉽지만 '대한불교불입종'을 통해서 이상을 실현할 수밖에 없었다.

이하에서는 태허 창종주가 어떤 이념으로 '대한불교불입종'을 건종(建宗)했지를 보기로 한다. 건종(建宗)에 대한 태허 창종주의 정신은 『불종대의』 속에 분명하게 드러난다. 『불종대의』는 그 부제가 '대한불교(大韓佛敎) 불입종(佛入宗) 교전(敎典)'이라 붙어 있을 정도로, 불입종(佛入宗)의 근간이다. 또 이 책은 1973년 1월 10일에 『월간 범성』을 정기 간행물로 등록하면서, 「불입종 안내」와 「이것이 참불교다」라는 제목으로 활자화되어 재차 상재된다. 「이것이 참불교다」는 1973년 1월호(창간호)부터 1974년 4월호까지 총 10회로 연재를 마친다.[13] 그리고 「불입종 안내」는 『월간 범성』(제1호-제5호)에 총 5회에 걸쳐 활자화된다.

〈표6. 『불종대의』 - 『월간 범성』 대조표〉

	불종대의	월간 범성	비고
1	창종의 뜻	창종의 뜻	
2	종명	종명	

11) 물론 이 이전에도 태허 스님은 이미 '천태법화종'의 설립에 대한 구도를 가지고 있다고 볼 수 있다. 1955년 7월 25일 작성한 그의 육필 원고가 그것을 말해준다. 200자 원고지 본문 50쪽과 서문 4쪽 총 54쪽으로 된 태허의 유고에는 『海東天台法華宗法脈小考』라고 모필로 제목을 달고 있다. 당시에 태허는 경상북도 상주 법화도량을 설립하여, 그곳에서 이 원고를 쓴 것이다.

12) 『月刊 梵聲』 1월호(창간호), (대한불교 불입종, 1973년 1월 15일), pp.36~37.

13) 이 책은 이홍파 편저, 『현대사회의 보살정신』, 서울: 대한불교 관음종, 1994, pp.11~73에 「불교의 정수」라는 제목으로 다시 소개되기도 한다.

3	연혁	연혁	
4	종지	종기	
5	소의경전	종지	
6	본존	소의경전	
7	종기	종도의 의무	
8	법화삼매대비주	법계와 제도	
9		믿음의 생활 신조	불교의 본질/신앙의 대상/삿된 신앙과 바른 신앙
10		행의 이론적 기초	종도의 신원(信願)/정행(淨行)의 묘(妙)

똑같이 「불입종 안내」라고 표제를 달았으면서도, 『불종대의』와 『월간 범성』이 차이가 나는 이유는, 전자는 교전(敎典)이고, 후자는 잡지에 본 종단을 소개하는 소위 '용도'가 달랐기 때문으로 이해할 수 있다. 내용에서는 전혀 차이가 없다. 여기에서 우리는 태허 창종주는 철저하게 이론적으로 또 신앙적으로 준비를 끝내고 종단을 세웠음을 알 수 있다. 이 점은 현대 한국불교의 분파적 종단 세우기와는 분명하게 구별된다.

첫째, 〈창종의 뜻〉은 주 6)에서 인용하고 분석했고, 〈연혁〉은 위에서 간략히 서술했으니, 그것으로 대신하고 여기서는 생략한다.

둘째, 〈종명〉과 〈종지〉와 〈소의경전〉을 보자. 불입종의 종지는 "불지지견개시오입(佛之知見開示悟入)"이다. 이런 종지를 드러내기 위해서 그 약자를 따서 불입종(佛入宗)이라 한 것이다. 물론 소의경전은 『법화경』(구마라습 역)이다. 불입종의 특징에 대해 태허 창종주는 이렇게 말하고 있다. "그러기 때문에 '불입종'은 법화이상(法華理想)의 신앙관을 「믿음의 생활 신조」로 삼는데 정통성이 있는 것이다. 또한 '법화경상'의 수행법을 새로운 차원에서 계발하는 데에 불입종의 특징이 있는 것이다."[14] 태허 창종주의 창종 기반에는 철저한

14) 태허 이홍선 저, 『대한불교(大韓佛敎) 불입종(佛入宗) 교전(敎典) 불종대의(佛宗大意)』, 대한불교불입종 호법원, 1975년 12월 20일 재판, p.11.

『법화경』 그 자체에로 귀의하려는 결연한 의지가 서려 있다.

셋째, 〈본존〉과 〈종기(宗旗)〉를 보자. 본존은 석가모니불(구원실성을 상징하는 합장불)이다. 역사상의 화신 석가가 아니라는 뜻이다. 태허의 불신관(佛身觀)에는 법(法)·보(報)·화(化)의 3신(身) 일체(一體)의 사상이 뚜렷하다. 그의 이런 사상은 『법화경』「여래수량품」의 경문에 기초한 것이다. 협시(挾侍)보살은 본화 응신(本化應身)인 4대 보살(상행보살, 무변행보살, 정행보살, 안립행보살)이다. 그리고 〈종기〉에도 철저한 신앙과 불교적 이론을 바탕으로 하여 구성했다.

넷째, 〈법화삼매대비주〉는 "나모삳달마 푼다리카 수드라"이다. 이 주문은 불입종과 태허 창종주의 사상을 이해하는 데에 매우 중요한 부분이다.[15] 태허 창종주는 이렇게 말하고 있다. "이는 불입종의 종지-불지지견개시오입(佛之知見開示悟入)이며, 불입종의 종풍(宗風) '나모삳달마 푼다리카 수드라'의 법화삼매관법인 대비신주인 것이다.[16]" 이 부분에 관해서는 교관겸수(教觀兼修)의 천태종 수행법과 교즉관(教卽觀)의 화엄종 수행법을 대비해서 연구할 필요가 있다.

다섯째, 〈종도의 의무〉에 대해서 보자. 필자는 이 부분에 대해서 주목하고자 한다. '새 불교' 운동을 제창하는 태허 창종주의 절실함이 드러나기 때문이다. 태허 창종주는 이렇게 말하고 있다.

> 불입종(佛入宗)은 (1)첫째, 승려 중심의 종단이 아니라 승속이 혼연일체가 되는 종도대중의 종단이다. (2)둘째, 불타 이상을 실현할 수 있는 새로운 불자의 지견을 일상생활의 원리로 지향하고, (3)셋째, 극락천당을 찾는 신앙이 아니라 자아완성의 불타정신을 받든다. (4)넷째, 복을 비는 불교가 아니라 복된 일을 하자는 불교이고, (5)다섯째, 개인 신앙의 형태가 아니라 유기적 새 생활 신앙운동을 전개하자는 신앙이며, (6)여섯째, 재래 인습적인 염불이던 의타적 종교가

---

15) 이 부분에 관해서는 다음의 논문이 있다. 한보광, 「칭명 염불과 창제 신앙에 관한 연구」『태허조사 一大事因緣을 말하다』, 이홍파 편저, 서울: 범성, 2010, pp.409~458.

16) 태허 이홍선 저, 『불종대의』, 대한불교불입종 호법원, 1975년 12월 20일 재판, p.16.

아니라 스스로 자율의 도념(道念)으로 자오(自悟) 자각(自覺) 자증(自證)의 신앙 목표를 추구시키는 종단이다.[17]

* 밑줄은 필자가 설명의 편의를 위해 임의로 붙인 것임.

이것만 보아도 태허 창종주가 어떤 종단을 만들려고 했는지가 분명하다. 더 설명을 붙일 것이 없다. 확연하다.

여섯째, 〈법계와 제도〉를 보자. 태허 창종주는 '수도승(修道僧)'과 '교화승(敎化僧)'으로 나누고, 수도승은 수행에 따라 7급 선덕, 6급 훈덕, 5급 대덕, 4급 법사, 3급 종법사, 2급 종사, 1급 대종사, 별급 도대종사(이는 종정에만 한함)로 나눈다. 단, 승속 일체의 이념에서 유발(有髮)한 교화승 제도를 운영하지만, 법계는 3급 종법사 까지만 오를 수 있게 했다. 수도승은 장삼, 가사, 낙자를 수하고 법요식을 할 수 있는 반면, 교화승은 장삼과 낙자만을 수하고 설법과 포교는 할 수 있지만 법요식은 올리지 못하게 했다.

태허 창종주는 일반 종도들의 법계도 정했다. 10명을 교화하면 '교화반장', 30명 이상을 교화하면 '교화과장'이다. 그리고 90명 이상을 교화하면 '교화부장'의 직책을 부여하여 6급의 훈덕 법계를 받게 해서, 그들로 하여금 '포교원'이나 '교화원'을 시설·운영할 수 있게 했다.

사설 사암에 대해서는 창건주와 그 문도들이 계승하도록 명문화해 놓았다. 여기서 중요한 점은, 타 종단에서 전종(轉宗)해온 승려에 대해서 반드시 수련회에 참가시켰고 또 재득도를 하게 했다는 것이다. 그리고 본존(本尊)도 합장불인 구원실성 석가모니불과 4대 보살을 시립하게 했다.

일곱째, 「믿음의 생활 신조」와 「행(行)의 이론적 기초」를 보자. 이 부분에는 태허 창종주의 철저한 생활불교 운동 철학이 깃들어 있다. 사이비 신앙을 배척하고 참 신앙 생활을 할 것을 강조한다. 그리고 '겨레 사랑'을 강조하고 있다. 태허 창종주의 이런 정신은 의식 예문집인 『의식법요집(儀式法要集)』(태허 저, 프린트본, 대한불교불입종 호법원, 1968년 12월 1일)에 이렇게 실릴

17) 『월간 범성』, 1973년 4월호, p.25.

정도이다. 이하에서는 『의식법요집』으로 약칭.

- 우리들은 겨레를 위하여 눈이 되겠다.
- 우리들은 겨레를 위하여 등불이 되겠다.
- 우리들은 겨레를 위하여 길잡이가 되겠다.[18)]

이상은 「종도들의 맹서(盟誓)」인데, 조석으로 예불 때마다 법당에서 제창하게 했다.

3. 불교 의례 제정에 나타난 태허의 불교관

종단의 설립에 있어서 의식(儀式)의 중요성은 새삼 말할 필요가 없다. 현재 한국불교의 종단 난립 상황을 볼 때에 이 점은 더욱 주목할 필요가 있다. 종단의 이념은 여러 방식으로 실현되지만, 그중에 가장 현상적으로 피부에 닿게 드러나는 것은 의식(儀式)이다.

태허 창종주에 의해서 창종된 불입종은 기존 종단의 의식과는 구별되는 고유의 의식을 가지고 있다. 그리고 그 의식은 불입종의 이념과 밀접하게 연결되어 있다. 필자는 이 점을 『의식법요집』을 중심으로 살펴보고자 한다. 이 의식집을 분석해보면, 태허 창종주의 불입종 창종이 얼마나 철저했는지를 알 수 있을 것이다. 교리적인 면에서 그치는 것이 아니라, 교리를 구체적인 행법(行法) 속에서 어떻게, 그것도 일상적으로 실천할 수 있는지에 대한 태허 창종주의 깊은 종교적 통찰이 배어있음을 알 수 있다. 특히 당시에 유행하던 한국불교의 의식과 비교하면, 불입종 창종의 의의가 분명하게 드러날 것이다. 『의식법요집』의 내용을 일목요연하게 보여주는 것이 「의식 순서」이다. 먼저 이것을 소개하기로 한다.

---

18) 李泓宣 著, 『儀式法要集(의식법요집)』, 서울: 대한불교불입종 호법원, 1968, p.12.

① 아침예불

1. 행도게(새벽 목탁석)
2. 아침 명종게
3. 종치는 법
4. 도량게
5. 종도의 맹서
6. 삼귀의례
7. 개경게
8. 독경 순서

② 저녁 예불

1. 저녁 명종게
2. 도량게
3. 종도의 맹서
4. 삼귀의례
5. 천수경
6. 칠불거량
7. 독경

③ 권청문

1. 권청문(1)-보통
2. 권청문(2)-광식
3. 권청문(3)-약식
4. 축원문
5. 기도
6. 회향문
7. 봉례공양문(생일, 백일, 회갑, 약혼 등)
8. 병고평유 기도문
9. 병기도(특별 기도)
10. 임종시에 정념법식
11. 천도문
12. 영전 훈시문
13. 제파달다게
14. 시식게(주문)
15. 다비인도문
16. 입춘축, 산신 및 칠석법요(별도 규정함)

④ 4대 경찬 법회

1. 열반재식(음 2월 15일)
   1) 봉청문
   2) 고유문
   3) 산화게
   4) 찬불 고유문(1)(2)
   5) 찬불게

2. 성탄재식(음 4월 8일)
   1) 산화게
   2) 강탄 예찬문
   3) 관욕게

3. 우란분(백종)법식(음 7월 15일)

1) 우란봉청문 2) 우란회향문

4. 성도재 법요식(음 12월 8일; 철야 정진 기도)

1) 성청게 2) 예찬게

⑤ 위의 작법(예의 작법)

1. 합장하는 법
2. 예배하는 법
3. 앉는 자세
4. 몸가짐
5. 문의 출입법
6. 행보법
7. 언행법
8. 공양받을 때

이상의 목차 내용만 보아도 『의식법요집』의 규모와 내용을 짐작할 수 있을 것이다. 이 책에 대해서는 훗날 한국불교 의례 연구의 역사에서 집중적으로 조명할 필요가 있다.

의례 관계 간행물의 역사를 보면 다음과 같다. 조선 경종 3년(1723년)에 나온 전남 곡성 도림사 지환(智還) 스님이 집성한 『범음집(梵音集)』, 순조 2년(1826년) 전북 순창 구암사 백파(白坡) 강백이 집성한 『작법귀감(作法龜鑑)』, 소화 2년(1927년) 대각사 백용성 선사가 편집한 『대각교의식집』, 1935년 문경 용문사 안진호 강백이 편집한 『석문의범』, 1980년 봉선사 김월운 강백이 편집한 『삼화행도집(三化行道集)』, 또 1998년 김월운 강백이 책임 편찬한 대한불교조계종의 『통일법요집』. 이런 일련의 작업 속에서 태허 창종주의 『의식법요집』을 조명할 필요가 있다는 것이다. 그러나 여기에서는 위의 그런 작업은 다음으로 기약하고, 『의식법요집』에 나타난 특징과 태허 창종주의 불입종 창종 이념에 초점을 맞추어 검토하기로 한다.

여기에서 우리는 태허 창종주가 활동하던 당시의 상황을 염두에 두어야 한다. 태허 창종주가 창종을 생각하고 실행하던 1950년대와 1960년대는 안진호 강백이 편집한 『석문의범』이 유통되고 있었다. 당시의 대소 사찰들은 기본적으로 『석문의범』을 준용하였다. 이런 현실 속에서 태허 창종주가 『의식법요집』을 만든 것이다. 이 점을 염두에 두면서, 의식 제정에 드러난 태허 창종주의 사상을 살펴보기로 한다. 우선 이 책의 「서문」을 소개하기로 한다. 법요집을 제정하는 태허 창종주의 생각이 집약적으로 드러난 문장이다.

> 이 요집은 불입종의 불전(佛前) 의식문 및 기도 요의(要儀)로써 재래 『석문의범』이나 기타 의식문을 초월한 불입종의 독특한 종요(宗要)로서 제일차적으로 엄선한 것이다.
>
> 불입종 승니(僧尼)는 이 요집을 귀중한 보배처럼 여겨 비밀히 잘 간직할 것은 물론 베끼거나 하여 타인에 보여 가르치는 것을 엄금한다. 불입종의 승니는 이에 준수하고 수시로 의식 절차를 암송하여 불전 의식을 속달하여 도사(導師)로서 의식의 집행이 우수한 자는 도사(導師) 자격을 인가받는 동시에 '종사(宗師)'로써 극비밀의 비법인 『감응기도법(感應祈禱法)』을 전수(傳授)한다.[19]

이 「서문」에서 드러나듯이 태허 창종주는 당시에 유행하던 『석문의범』을 '초월하는' 불입종 고유한 의식집을 만들려고 한 것이다. 그리고 이 의식을 불입종의 승려들은 철두철미하게 익혀서, 그리고 그런 자에게 '종사(宗師)'의 법계(法階)까지 품수하게 한다. 그리하여 '종사'에게는 『감응기도법(感應祈禱法)』[20]을 전수해준다는 것이다.

먼저 아침 예불이 어떻게 진행되는지를 보도록 하자. '새벽 목탁석'을 한다. 이 경우 태허 창종주가 활동하던 당시의 대다수의 절들은 모두 천수경, 해탈주, 사대주, 약찬게, 법성게 등을 염송했다. 이런 상황은 지금도 대동소이하다. 그런데 태허 창종주의 경우는 달랐다. 『법화경』의 「여래수량품」의 게송으로 '목탁석'을 한다. 이렇게 『법화경』의 경문(經文)을 의식에 활용하는 방식은 『의식법요집』 전편에 나타나는 특징이다. 한마디로 말하면, 태허 창종주는 의식문에서조차 철저하게 법화행자로서의 면모를 보여주고, 이것이 그의 불입종의 창종의 근본이 된다. 그 내용을 소개하면 이하와 같다.

19) 李泓宣 著, 『儀式法要集』, 대한불교불입종 호법원, 1968, p.2.

20) 『감응기도법(感應祈禱法)』이 지금 어디에, 그리고 누가 보관하고 있는지 궁금하다. 또 이것이 책자로 나온 것인지? 아니면 면전에서 스승 제자 사이에 구전되는 것인지? 이 부분은 좀 더 연구 조사가 필요하다. 분명한 것은 이 기도법은 극비밀리에 전수되었던 것 같다.

아차도량 여제주 시방삼보 영현중
我此道場 如帝珠 十方三寶 影現中

아신영현 삼보전 두면접족 귀명례
我身影現 三寶前 頭面接足 歸命禮

도량청정 무하예 삼보천룡 강차지
道場淸淨 無瑕穢 三寶天龍 降此地

아금지송 법화경 원사자비 밀가호
我今持誦 法華經 願賜慈悲 密加護

아차토안온 천인상충만 원림제당각
我此土安穩 天人常充滿 園林諸堂閣

〈중간은 필자 임의 생략〉

이하령중생 득입무상도 속성취불신
以何令衆生 得入無上道 速成就佛身[21]

이렇게 '목탁석'을 마칠 무렵 법당에서는 '아침 종송'이 시작된다. 전통적으로는 "원차종성변법계, 철위유암실개명, 삼도이고파도산, 일체중생성정각"하고 난 다음, 이렇게 시작한다. "나무 비로교주 화장자존 연보게지금문 포낭함지옥축 진진혼입 찰찰원융 십조구만오천사십팔자 일승원교 대방광불화엄경 대방광불화엄경 대방광불화엄경" 그런 다음에 『화엄경』 '제일게'를 염송하고 다음에 '파지옥진언', 다음에 아미타불 정근, 그리고 형편에 따라 장엄염불을 한다.

그런데 태허 창종주의 『의식법요집』의 경우는 다르다. "부처님의 지견을 중생들에게 열어[開] 보여[示], 그 경지를 깨쳐[悟] 들어가게[入] 하시려고, 이

21) 李泓宣 著, 『의식법요집』, 대한불교불입종 호법원, 1968, pp.5~8.

사바에 출현하신 석가모니 부처님이 우리들의 본사(本師)이심"을 널리 알리는 종송을 한다. 그리고는 "나모 산달마 푼다리카 수-드라"을 외운다. 즉 "『법화경』의 가르침을 공경한다."고 창제(唱題)를 한다. 전통적인 종성에서는 『화엄경』과 미타정토 찬송이 근간이라면, 태허 창종주의 경우는 『법화경』이 중심이다. 이 점이 확연하게 다르다. 창종주 태허가 당시에 정착되었던 아침 종성에서의 『화엄경』의 창제나 화엄신중 예경을 과감하게 빼고, 『법화경』을 창제한 정신이 무엇을 의미하는지 그 종도들은 명심해야 할 것이다.

다음은 예불 순서이다. 전통적으로는 본당에서는 「향수해례」나 「오분향례」나 「사성례」를 했다. 화엄의 법보화 3신불을 중심으로, 또는 정토의 3존이신 아미타불과 관음 세지 양대 보살을 중심으로 하는 예경이다. 그런데 태허 창종주의 경우는 '도량게'를 하고 이어서 위의 주18)에서 소개된 「종도들의 맹서」를 하고 다음에 「삼귀의례」를 이렇게 했다.

나무일심경례 시방삼세 제망찰해 상주일체 불타야중
나무일심경례 시방삼세 제망찰해 상주일체 달마야중
나무일심경례 시방삼세 제망찰해 상주일체 승가야중[22)]

'예불 자체'는 매우 간략하게 되었음을 알 수 있다. 이렇게 한 저간의 사정을 요즈음 사람들은 잘 모를 것이다. 예전에는 '상단'만 해도 '사성례' 까지 하고, 그런 다음 '신중단' 예경 마치고, 또 '아침 송주'까지 하면 새벽 4시부터 시작해서 거의 6시가 되어야 끝난다. 본당에서 예불 마치고 가사 장삼 수한 채로 곧바로 대방으로 가서 「소심경」 하면서 공양 들기 일쑤였다. 아침밥은 으레다 식어서 먹었다. 참 길었다.

물론 태허 창종주의 경우도 시간적으로 길기는 마찬가지였는데, 그 내용이 다르다. 크게 다른 것은 우선 '신중단' 예경을 안 한다. 다음은 '아침 송주'의 내용이 전통적으로는 「능엄주」 등 4대주를 했는데, 태허 창종주의 경우는

22) 李泓宣 著, 『의식법요집』, 대한불교불입종 호법원, 1968, pp.12~13.

『법화경』의 중요한 품(品)을 독경했다. 물론 시간에 따라 편수는 가감했으나, 「방편품」, 「권지품」, 「여래수량품」, 「여래신력품」 등의 요품은 절대로 생략하지 못하게 했다.[23)]

한편 또 여기에서 우리의 주목을 끄는 것은 '독경' 시작 전에 하는 소위 '정대게(頂戴偈)'이다. 시작은 '개경게'로 한다. 다음을 보자.

개경게
무상심심미묘법 백천만겁난조우
아금문견득수지 원해여래진실의

지극대승 불가사의 견문촉지 개근보리
至極大乘 不可思議 見聞觸知 皆近菩提

능전보신 소전법신 색상문자 즉시응신
能詮報身 所詮法身 色相文字 卽是應身

무량공덕 개집시경 시고자재 명훈밀익
無量功德 皆集是經 是故自在 冥薰密益

유지무지 멸죄생선 약신약방 공성불도
有智無智 滅罪生善 若信若謗 共成佛道

삼세제불 심심묘법 생생세세 치우정대
三世諸佛 甚深妙法 生生世世 値遇頂戴[24)]

위에 인용된 "지극대승~치우정대"는 일본 일련종(日蓮宗) 계통의 법요식에 활용하는 것으로 중국의 천태 지자 대사가 지은 것이라고 하는데[25)], 이

23) 李泓宣 著, 『의식법요집』, 대한불교불입종 호법원, 1968, pp.12~13.
24) 李泓宣 著, 『의식법요집』, 대한불교불입종 호법원, 1968, pp.13~14.
25) 이법화, 『법화경 요문과 예규』, 불교재단영산법화사출판부, 1961, 초판, 1986 8판, p.8.

출전에 대해서는 좀 더 조사를 해보아야 할 것이다.

이상에서 요점적으로 살펴보았지만, 태허 창종주의 『의식법요집』에는 '아침 예불'의 경우만 보더라도 '독송' 부분은 모두 『법화경』으로 소위 '도배'를 하고 있음을 알 수 있다. 그리고 이런 의식(儀式)은 조선시대부터 내려오는 우리나라 고유의 방식이 아님은 분명하다. 이런 방식은 누가 보아도 일본 일련종 계통의 의식에 영향을 받은 것임을 알 수 있다.

그러면 '저녁 예불'의 경우는 어떠한가? 대개는 '아침 예불'과 비슷한데, '천수경'과 '칠불거량'이 더 들어간다. '천수경'은 현재 유통되는 거와 동일하니, 본 장에서는 '칠불거량'만 소개하기로 한다. '칠불'이란, (1)청정법신 비로자나불, (2)원만보신 노사나불, (3)천백억 화신 석가모니불, (4)당래하생 미륵불, (5)극락도사 아미타불, (6)유명교주 지장보살, (7)도량교주 관세음보살이다.

그러고 보면 태허 창종주는 '저녁 예불'의 경우에 있어서는 전통적인 예경의 대상을 거의 수용하고 있는 셈이다. 다만 전통적인 의식의 10념(念)과[26] 비교하면, 문수보살과 보현보살이 빠지는 정도이다. 이것은 아마도 문수·보현은 『화엄경』의 양대 보살이므로, 그것을 따르지 않고 태허 창종주는 『법화경』의 「종지용출품」에 나오는 상행·무변행·정행·안립행 보살 등 '본화(本化)보살'을 더 중시했기 때문이다. 태허의 이런 입장에서 우리는 그가 철저한 법화행자였음을 알 수 있다.

게다가 더욱 분명한 것은 어느 경우를 보더라도, 태허 창종주의 『의식법요집』에 나타난 '아침 예불'과 '저녁 예불' 의식에는 『법화경』 독송이 두드러지게 나타난다는 것이다. 그러면서도 '저녁 예불'에서는 전통적인 의식을 수용하고 있다. 이 점을 우리는 이렇게 이해할 수 있을 것이다. 즉, 태허 창종주는 『법화경』 그 자체를 매우 중시했고,[27] 태허 창종주의 이런 생각은 예불 의식에도

---

26) 10념(念) : 나무 청정법신 비로자나불, 원만보신 노사나불, 천백억화신 석가모니불, 구품도사 아미타불, 당래하생 미륵존불, 시방삼세 일체제불, 시방삼세 일체존법, 대성 문수사리보살, 대행 보현보살, 대비 관세음보살, 대원본존 지장보살, 제존 보살마하살, 마하반야바라밀.

27) 『법화경』 경 그 자체를 중시 : 일본의 일련종 계통의 각종 교단들은 『법화경』도 중시하지만,

반영되었다. 이와 더불어 재래의 전통적인 '10념'에 등장하는 불보살에 대한 예경도 겸했음을 알 수 있다. 이렇게 볼 때에 '불입종'의 전통을 계승한 '관음종'에서 소의경전(所依經典)으로 『법화경』과 『화엄경』을 양대 축으로 채택한 것은, 그 연원이 깊다할 수 있다. 다만 관음종에서 『법화경』과 『화엄경』의 관계를 어떻게 설정해야 할지는 향후의 큰 과제라고 할 수 있다.

『법화경』을 중심으로 하는 태허 창종주의 입장은 '권청문(勸請文)'에 잘 드러난다. '권청문'의 내용을 살펴보니, 이는 전통적으로 한국불교에서 행해오던 「삼보통청(혹은 제불통청)」의 '청사(請詞)'와 같은 기능을 담당하고 있다. 말 그대로 '제불 보살을 청하는 말씀'이다. 전통적인 '청사'의 일부를 보자.

> 나무 일심 봉청 〈필자 임의 생략〉 청정법신 비로자나불 원만보신 노사나불 천백억화신 석가모니불 서방교주 아미타불 당래교주 미륵존불 시방상주 진여불보 일승원교 대화엄경 대승실교 묘법화경 삼처전심 격외선전 시방상주 심심법보 대지문수보살 대행보현보살 대비관세음보살 대원지장보살 전불심등 가섭존자 유통교해 아난존자 시방상주 청정승보 〈필자 임의 생략〉 강림도량 수차공양.[28)]

이상의 전통적인 '청사'에는 불보(佛寶)는 화엄에서 말하는 법보화 3신불과 정토에서 말하는 미륵과 아미타불이 중심이 된다. 그리고 법보(法寶)는 『화엄경』을 중심으로 해서 조사어록까지 아우른다. 끝으로 승보(僧寶)는 화엄에서 나오는 문수와 보현 등 보살승을 비롯하여 가섭과 아난을 비롯한 성문승까지 모두 아우르고 있다.

어떤 면에서는 '일련(日蓮) 대사가 이해한 『법화경』' 또는 일련 대사 신앙에 더 치중하는 감이 든다. 그런데 태허 스님의 경우는 물론 일련 대사를 존중하지 않는 것은 아니지만, 『법화경』 자체의 신앙을 중심으로 한다. 태허 스님의 이런 입장은 중국 천태 대사에 대해서도 마찬가지이다. 즉 태허 스님은 『법화경』 자체를 중심에 놓고 신앙하고, 또 그렇게 종도들을 지도했다고 할 수 있다.

28) 전통적인 '청사' : 대한불교조계종 포교원 편, 『통일법요집』, 조계종출판사, 1998, pp.85~86.; 안진호 편, 『석문의범』하권, 경성부: 前卍商會, 1935초판, 1983년 판, p.3.; 이 책의 제4장 주21) 참조.

그러면 태허 창종주가 저술한 『의식법요집』의 '권청문'은 어떠한가? 그 책의 「권청문(1)」을 보기로 한다.

> 나무(南無) 개적현본(開迹顯本) 삼대비법(三大秘法) 사일념삼천(事一念三千) 본문팔품(本門八品) 상행소전(上行所傳) 본인하종지(本因下種之) / 나모(南無) 산달마 푼다리카 수드라 / 나무(南無) 구원실성(久遠實成) 대자대비(大慈大悲) 대은교주(大恩教主) 사생지자부(四生之慈父) 시아본사(是我本師) 석가모니불(釋迦牟尼佛) / 나무(南無) 보정세계(寶淨世界) 증명법화(證明法華) 다보여래불(多寶如來佛) / 나무(南無) 본화(本化) 상행보살(上行菩薩) 무변행보살(無邊行菩薩) 정행보살(淨行菩薩) 안립행보살(安立行菩薩) 등(等) 지용천계(地涌天界) 육만항하사(六萬恒河沙) 등(等) 보살마하살(菩薩摩訶薩). … .[29)]

여기에서 보다시피 『의식법요집』의 '권청문'은 전통적인 '청사'와는 판이하게 다르다. 우선 "나모 산달마 푼다리카 수드라"라고 하여, 『법화경』에 대한 귀의가 맨 먼저이다. 먼저 한다는 것은 그만큼 중요하게 여긴다는 의미인데, 이는 곧 '법보'를 우선시하는 것으로, 태허 창종주의 불교관이 의식에도 반영된 것이다. 그런 다음에 '불보'를, 그 다음에 '승보' 순으로 되어 있다.

이 점은 전통적으로 '불보', '법보', '승보'의 순으로 하는 것과는 다름을 알 수 있다. 또 '불보'에 있어서도 역시 『법화경』의 주불인 '구원실성 석가모니불'이 으뜸이다. 이 경우 '석가모니불'이라 해도, 특별한 수식어가 붙는다. 즉 '오랜 이전부터 본래 부처였던' '석가모니불'이다. 소위 6년 고행해서 인도 땅에서 성불한 역사상의 석가모니가 아니다. 승보의 경우도 역시 그렇다. 『법화경』의 소위 '본화(本化)' 보살을 우선적으로 권청한다.

4. 불입종에서 관음종으로

이상에서 필자는 '대한불교불입종'을 창종한 태허 창종주의 사상을 두 가지

---

29) 李泓宣 著, 『의식법요집』, 대한불교불입종 호법원, 1968, pp.21~24.

측면에서 검토하였다. 하나는 창종의 이념에 관련해서, 또 하나는 의식에 관련해서 말이다. 태허 창종주의 일생은, '일제강점기'–'미 군정청 시기'–'대한민국 시기', 이렇게 큰 변화를 무대로 한다. 조선시대의 극심한 불교 탄압을 거치면서, 또 일제의 간섭을 거치면서, 이 땅의 불교는 많은 어려움을 겪고 있었다. 게다가 6 · 25라는 내전으로 인해 온 국민이 그랬듯이 불교의 제반 환경도 참으로 어려웠다. 이런 시기에 태허 창종주는 '불입종'을 만든 것이다. 이하에서는 창종주 태허의 불교관에 나타난 특징을 추려보고, 그 의의에 대해서 살펴보기로 한다.

첫째, 종단을 창종하는 과정에서, 태허 창종주가 공을 들였던 부분은 누가 뭐래도 『법화경』 '자체'에 대한 신앙과, 그것에 따르는 실천이었다. 여기에서 필자가 '자체'라고 한정어를 붙이는 이유는, 일제 강점기에 일본 불교의 조선 침투로 인하여 퍼진 '일련종 계열'에서 일련(日蓮) 대사(大師)의 해석을 중심으로 하는 『법화경』 신행과 구별하기 위해서이다. 의식(儀式) 부분에서 보면 불입종과, 일본의 일련종 계열 종단과는 유사한 점이 많다. 그런데 『법화경』 '자체'를 중시하는 점이야말로 태허 창종주가 저들과 다른 점이다.

둘째, 승속 혼연 일체의 종단을 만들었다. 삭발 염의한 승려 중심이 아니라, 재가 법사 제도와 그 역할 및 위상을 종헌과 종법에 구체적으로 명시하고 있다는 점이다. 그러면서도 재가 법사가 오를 수 있는 법계의 상한선을 정함으로써, 전통적인 승려의 위상을 지켜가면서 새 시대에 맞는 성직자를 양성했다.

셋째, 예불 의식 속에 「종도들의 맹서」라는 부분을 넣어 겨레 사랑 사상을 고취시켰다. 이 점은 태허 창종주가 종교인이면서도, 투철한 국가관과 민족관을 가지고 있음을 잘 대변해 주는 부분이다. 이런 속에서 태허 스님은 극락 천당을 찾기보다는 자아 완성이라는 종교 본래의 사명을 다 하게 하려고 했다.

넷째, 조선조 이래, 또 일제 강점기 이래로 끊어진 한국불교의 법맥을 계승하려 했다. 태허 창종주의 이런 노력은 『해동천태법화종법맥소고』에 잘 나타난다. 체관(諦觀) 법사에 대한 남다른 관심을 보였던 것도 이런 일련의 사상에서 나온 것으로 볼 수 있다. 또한 체관의 『천태사교의』에 대한 강설을 했던 것도 역시 그렇다. 이 책의 약 1/3 정도는 『월간 범성』에 소개되었지만, 나머지는 원고의 상태로 '관음종 총무원'에 보관되어 있다. 이 강설이 세상에 알려지면 당시 한국불교계의 법화 사상 연구에 많은 도움이 될 것이다.

다섯째, 개인 차원의 포교를 넘어서서, 이념을 같이하는 불교도가 공동체를 이루어 함께하려는 노력을 하였다. 이런 자세가 결국 태허 창종주로 하여금 종단을 만들게 한 원동력이 되었다.

여섯째, 불교 의식(儀式)을 철저하게 『법화경』 '자체'에 입각하여, 새롭게 제정 시행함으로써, 신앙적으로 지향하는 이념과 그것의 실천 방법을 통일적으로 수행하게 하였다. 또한 의식문 속에 들어있는 밀교적 주문(呪文) 일체를 없애고, 그 자리에 『법화경』의 중요한 게송을 대치하였다.

일곱째, 승속을 막론하고 정례화된 '수련회'를 열어, 교육과 수행을 항상 겸하도록 했다. 또 타 종단에서 이적해오는 경우도 마찬가지였다.

해방 이후 한국의 불교계를 돌아보면, 수많은 종단이 출몰했고 지금도 진행되고 있지만, 종지와 종풍을 비롯하여 이념을 분명하게 하고, 또 그 조직과 교육 체계를 갖춘 경우는 매우 드물다. 대한불교조계종의 경우는 그 연원이 전(全) 시대의 전통을 계승한 것이기 때문에, 해방 후 1962년에 주무 관청에 등록을 했어도 '창종'이라고 하기에는 그 의미가 많이 다르다. '창종'이라는 이름에 부합하는 종단은 '대한불교불입종'과 '대한불교진각종' 정도일 것이다. '대한불교천태종'이 교세적으로 현재 일정한 위치에 있다고는 하지만, 초창기의 종지 종풍이란 미미했다. 최근 들어 『법화경』의 정신에 입각하여 종단을 재정비하는 것은 참으로 바람직한 일이다.

창종주 태허의 '대한불교불입종' 창종은 그 의미하는 바가 참으로 크다 하겠다. '대한불교불입종'을 승계하여 현재 '대한불교관음종'이 있는데, 과연 '관음종'은 '불입종' 창종주 태허의 정신을 얼마나 승계하고 있으며, 또 이 시대에 걸맞게 발전시키고 있는가? 이 점은 훗날의 역사 속에서 평가될 것이다.

제3부

하늘을 치솟는 선승들의 세상

제10장

금오 태전 선사의 선사상

1. 연구 자료의 문제
2. 마음 관찰 공부 : 시심마(是甚麽)
3. 중층적(重層的) 대화법
4. 문도들의 사명

1. 연구 자료의 문제

본 장에서는 금오 태전(金烏太田; 1896~1968) 선사(禪師)의 선사상을 알아보려고 한다. 연구에 사용하는 문헌 자료로는 금오 선사의 사상을 담고 있다고 말해지는 『금오집(2010년 본)』(금오대선사 지음, 재단법인 금오선수행 연구원 편찬, 서울: 마음달, 2010년)[1] 이다.

이 자료의 출현 연기(緣起)는 다음과 같다.

> "1974년 출간한 『금오집(1974년 본)』은 사형(師兄)인 성림 월산(月山) 큰스님께서 발행한 것으로 당시의 열악한 출판환경과 상대적으로 부족한 자료로 인해 법문 중 상당 부분을 미(未) 번역한 채로 사중(寺中)에서 출간되었다. 이번에는 『금오집(1974년 본)』에 수록되었으나 번역하지 못한 게송들을 모두 다시 번역하고 큰스님께서 남기신 서신과 사진들을 보강 수록하게 되어 그 의미가 매우 크다고 하겠다."[2]

이상의 인용문을 보면 이 자료가 어떤 과정으로 출간되었는지를 알 수 있다. 즉, 금오 선사 사후 약 6년 뒤에 제자 월산(月山) 스님이 선사(先師)의 법문을 수집하여 『금오집(1974년 본)』이라는 서명(書名)으로 발간했고, 그로부터 약 36년이 지나 월서(月棲) 스님이 자료를 보강하고 번역도 하여 『금오집(2010년 본)』을 다시 출판했다.

이 책은 모두 4장(章)으로 이루어졌다. 「제1장. 法門 ; 마음, 마음이여」, 「제2장. 偈頌 ; 산도 도요 물도 도이네」, 「제3장. 心祝 ; 무상의 불과」, 「제4장. 逸話 ; 구름같이 바람같이 사신 선사」. 그리고 이 책의 뒷부분에 「금오대선사

---

1) 금오 선사의 문집으로 현재 출간된 것은 2종류가 있다. 첫째는 『金烏集』(釋金烏 太田 著, 서울: 東國譯經院, 1974), 둘째는 『꽃이 지니 바람이 부네』(금오대선사 지음, 재단법인 금오선수행 연구원 편찬, 서울: 마음달, 2010년)이다. 두 종류를 구별하기 위하여 본 이 책에서는 『금오집(1974년 본)』과 『금오집(2010년 본)』으로 각각 구별하기로 한다. 이상의 두 책을 비교해 보면 그 내용과 편제는 근본적으로 동일하고, 『금오집(1974년 본)』에는 한자 원문만 실었는데, 『금오집(2010년 본)』에는 한자와 함께 그것을 한글로 번역한 점이 다를 뿐이다.

2) 월서, 「금오집 36년 만의 재출간」『금오집(2010년 본)』, 금오대선사법문집편찬위원회, 서울: 마음달, 2010, pp.52~54.

행장」과 월산 선사의 「발문」이 실려 있다.

이 중 제2장과 3장에 실린 한문(漢文)으로 된 게(偈)·송(頌)·문(文)들 중 상당 부분은 금오 선사 자신의 창작이 아니고, 금오 선사가 평소 좋아하시던 불조(佛祖)의 글귀들이다. 이 부분의 자료적 평가 문제를 어떻게 하면 좋을지에 대한 필자의 입장은 본 장의 「3. 중층적 대화법」 부분에서 밝힐 것이다.

그리고 제4장은 말 그대로 일화를 채록한 것으로 금오 선사의 행적과 채록자의 안목이 조화를 이룬 것이다. 좀 더 많은 일화를 수집했으면 좋았을 것이라는 아쉬움이 있다.

끝으로 「금오대선사 행장」은 그 내용에서 "이제 금오 선사께서 입멸(入滅)한 지 40년이 흘렀다."[3]고 하는 것으로 보아, 최근 누군가가 쓴 것이다. 그런데 선사(禪師)의 '행장(行狀)'이란, 남겨진 사람들이 고인의 가풍을 요점적으로 정리하는 일종의 문학 장르로서, 고인의 가풍을 엿보는 데에 매우 중요한 자료이다.[4] 아무리 회문부진(廻文不盡)이라 하지만 문장의 간격이 넓어 금오 선사의 가풍을 섬세하게 거두어들이기에는 아쉬운 점이 없지 않다.

제자 월산(月山) 스님이 『금오집(1974년 본)』 발간에 즈음하여 1974년 8월 17자로 「발문」을 써 그 책 뒤에 붙였고, 이것을 다시 『금오집(2010년 본)』에 전재(轉梓)하여, 금오 선사의 유풍(遺風)을 오늘에 전하고 있으니 다행스런 일이라 생각한다. 현재 한국 불교계에 배출된 금오 선사의 제자들은 많은데 비해, 금오 선사의 사상이나 행적에 관한 연구는 적은 편이다. 이런 연구 현실이지만, 제자 월산 스님이 금오 선사의 행적을 위 책의 「발문」[5]에 일목요연하게 정리해 놓았으니, 이것은 금오 선사상 연구에 중요한 시좌(視座)를 열어준다 하겠다.

---

3) 『금오집(2010년 본)』, p.394.

4) 그 사례로 보조 국사 지눌(1158~1210) 선사의 비문을 꼽을 수 있는데, 이 비문은 김부식의 손자인 당대의 문장가 김군수가 국사 사후 이듬해에 지은 것으로, 국사의 생애와 사상 연구에 귀중한 자료로 오늘날도 쓰이고 있다. 중국의 경우 『임제록』의 마방(馬防)의 찬(撰)이나, 보수연소(保壽延沼) 선사가 서(書)하고 홍화 존장 선사가 교감한 「임제혜조선사탑기(臨濟慧照禪師塔記)」 등을 들 수 있다.

5) 『금오집(2010년 본)』, pp.399~401.

여기에 다시 그것을 옮겨보면 다음과 같다. (1)첫째, 금오 선사는 언제나 화두를 벗 삼아 정진했는데, 특히 '시심마(是甚麽)' 화두를 주로 들었다. (2)둘째, 성격은 엄격하시면서도 인자했다. (3)셋째, 종통(宗統)을 바루고 정재(淨財)를 가꾸는 호지삼보(護持三寶)에 노력하면서도 사재(私財)를 축재하지 않았다. (4)넷째, 종단의 행정직을 맡았지만 이는 어디까지나 중생교화의 원력이었다. (5)다섯째, 선배 수행자들의 수행처를 탐방하였다. (6)여섯째, 산중(山中) 생활을 좋아했고 또 걸식 만행도 마다 않았다. (7)일곱째, 격외법문(格外法門)을 비롯하여 노파법문(老婆法門)도 했다.

이상이 제자 월산 스님의 눈에 비친 사부 금오 선사의 일생 살림살이였다. 『금오집(2010년 본)』을 읽어본 사람이면, 월산 스님의 「발문」이 가감없이 진솔하게 선사(先師)의 유풍을 그려내고 있음을 알 수 있다. 잡화포(雜貨鋪)라기보다는 진금포(眞金鋪)에 가깝다.

월산 스님의 「발문」에서 정리 요약한 금오 선사에 대한 '일곱 방면'에서의 평가는, 향후 금오 선사 연구의 방향타가 될 것이다. 금오 선사에 대하여, 누가 어떤 방법으로 연구를 하더라도 위에서 제시한 '일곱 방면'을 '출발 기준선'으로 삼게 될 것이다. 필자도 바로 이 '출발 기준선'에서 시작하려 한다. 필자는 특히 본 장에서는 위의 (1)과 (2)를 중심으로 하여 금오 선사의 선사상을 분석・정리하려고 한다.

그런데, 금오 선사의 선사상에 대한 분석에 들어가기에 앞서, 『금오집(2010년 본)』의 자료적 문제를 포함해서, 선사상 연구에 사용되는 선사들의 문헌자료에 대한 필자의 입장을 간단하게 표명하고자 한다. 본 연구가 문헌 자료를 대상으로 하는 연구이기 때문에, 이 부분을 분명하게 하지 않을 수가 없다.

청대(淸代)의 고증학(考證學)에서도 강조했고, 또 근대적 의미의 불교 문헌 연구도 경계했듯이, 문헌 자료를 잘못 활용함으로 인해 사실(史實)이나 사실(事實)을 왜곡하거나 오인(誤認)해서는 안된다. 게다가 필자는 '선 수행자'가 아니고, 그분들이 남긴 '껍질' 또는 '자취'에 해당하는 문헌을 자료로 사상을 탐구하는 '연구자'이기 때문에, 자료 문제에 있어서는 좀 민감할 수밖에 없다.

일반적으로 출가 수행자의 사상을 연구하기 위해서는 많은 방법이 있겠지만, 가장 손쉽고 또 일반화되어 있는 방법의 하나가 문헌 자료 연구이다. 이때에 사용되는 문헌 자료는 일반적으로 두 경우로 나누어진다. 첫째는 당사자 본인(本人)이 직접 저술한 경우이고, 둘째는 해당 인물 사후에 문인(門人)이 스승의 언행을 편집 간행한 경우이다. 물론 둘째의 경우는 첫째의 경우에 비해 문헌과 해당 인물 사이의 사상적 필연성이 느슨해질 수밖에 없다.

첫째의 경우는 중국에도 적잖이 있지만, 한국의 경우는 퇴옹 성철(退翁性徹; 1912~1993년) 선사의 『性徹禪師法語集 -本地風光- ; 山이 물 위로 간다』(서울: 불광출판사, 1982, 초판)를 대표로 꼽을 수 있다. 이 책은 퇴옹 선사가 직접 집필했고, 또 책으로 출판된 실물을 선사께서 생전에 보았기 때문에, 그 어느 문집보다도 자료의 신뢰도가 높다. 이 책은 퇴옹 선사의 가풍을 고스란히 드러낸 것으로 제삼자 개입의 여지가 없다.

한편 둘째의 경우라도 문인들이 채록한 문헌을 생전에 본인이 확인하는 경우는 신뢰도가 매우 높다. 이 경우의 대표적 사례로 중국 당나라의 황벽 희운(黃蘗希運) 선사의 『전심법요(傳心法要)』를 들 수 있다. 이 책은 당대 최고의 문인 관료이자 뒷날 상공이 된 배휴(裵休)가 채록한 뒤 이것을 다시 황벽 선사에게 보내어 세상에 나오게 되었다. 이런 편집 과정으로 인해 선어록 중에는 '선사상' 자체는 물론 '문체(文體)'의 측면에서도 그 완결성이 최고(最高)이다.[6)]

그러면 『금오집(2010년 본)』의 자료적 문제는 어떠한가? 이 문제를 말하려면, 약간의 설명이 필요하다. 매우 중요한 문제이므로 간략하게라도 저간의 사정을 밝히기로 한다.

『금오집(2010년 본)』을 이리저리 살펴보면서 처음에는 만감이 교차했다. 왜냐하면 『금오집(2010년 본)』의 제2장과 제3장에 수록된 적잖은 부분이 금오 선사 자신의 작품이 아니었기 때문이다. 그래서 이런 자료적 문제에 대하여, 필자가 파악한 대로 관계자들에게 전했다. 대답은 이랬다. 금오 선사는 평소

---

6) 신규탁, 『선사들이 가려는 세상』, 서울: 장경각, 1989, pp.201~209 참조.

좋아하는 글귀를 많이 적어두었다는 것이다. 때로는 이것을 제자들에게 주기도 했다는 것이다. 이 소리를 듣는 순간, 금오 선사의 문집이 안고 있는 자료적 문제를 이 책의 편집 당시부터 문도들이 인지하고 있었음을 알 수 있게 되었다.

사실, 남의 글을 필사한 자료라고 하더라도, 연구자들은 그 자료를 통해 필사자가 귀하게 여겼던 사상이 무엇이었는지를 간접적으로 파악할 수 있기 때문이다. 즉, 제2장과 제3장 속에 섞여있는 타인의 글도 금오 선사의 선사상을 이해하는 데에 도움이 된다. 또 그런 줄을 알고 출판할 정도의 안목이 있고 그것을 지적하는 연구자의 의견을 포용하는 문도라면, 만약 여기에다가 필자가 금오 선사 자신의 글과 남의 것을 필사한 글을 '구별' 해준다면, 훗날 문집을 다시 편집할 때에 참고할 수 있겠다고 생각했다.

선종의 역사를 보면, 일생 훌륭한 수행 정진을 했던 선사라도 문헌자료를 전혀 남기지 않는 경우가 흔하다. 사실 자료의 존재 유무(有無)로 수행자의 도를 평가할 수는 없다. 그러나 사람도 가고 역사도 흐르는데 자료마저 없으면 그 수행자의 사상을 알 방법도 없다.

그런 점에서 보면 『금오집(2010년 본)』의 경우는 금오 선사와 관련된 자료라면 실 한오라기라도 수집해 놓은 셈이다. 현명한 편집이었다고 생각한다. 게다가 『금오집(2010년 본)』의 월서 스님 「발간사」에서도 밝혔듯이, "큰스님께서 남기신 서신과 사진들을 보강 수록"한 것은 이 책의 자료적 가치를 더욱 높여주고 있으며, 문헌 연구자인 필자와 같은 이들에게는 더더욱 귀한 자료가 되었다. 금오 선사의 '진솔한 선풍'이 그 유묵 속에 전해지고 있기 때문이고, 또 이 유묵이야말로 금오 선사의 선사상 연구에 있어, 자료 진위 판정의 시금석이라고 필자는 생각하기 때문이다.

5편의 유묵이란 즉, (1)「월덕에게 내린 친필 게송」(1958년 8월), (2)「팔달산에서 석대오 거사에게 내린 법문」(1960년 6월), (3)「금오 태전 대선사의 친필 게송」(집필 연대 미상), (4)「소요 수좌에게 내리신 친필 법문」(1957년 9월), (5)「화엄사에서 김진종 수좌에게 보내신 서한」(집필연대 미상)이다. 이상의 5편 유묵은 금오 선사의 선사상을 알아보는데 가장 핵심이 되고 신뢰할만한 자료이다. 본 장에서는 이상의 5편을 '기준'으로 하고, 『금오집(2010년 본)』에 실린 나머지 내용을 '참고'로 하여 금오 선사의 선사상을 '천착'해보려고 한다.

자료의 문제에 대한 필자의 입장을 결론적으로 말하면, 금오 선사의 선사상 탐구에 가장 핵심이 되는 자료는 위에서 말한 5편의 유묵이고, 다음이 「제1장. 法門 ; 마음, 마음이여」이다. 그렇다고 나머지 자료가 의미가 없다는 것은 아니다. 연구자의 섬세한 공이 보태지면 이들 자료 속에서도 금오 선사의 수행 가풍을 알려주는 금가루를 찾아낼 수 있을 것이다. 물론 그렇게 하기 위해서는 선사상에 대한 연구자의 깊은 안목이 전제되어야 한다.

2. 마음 관찰 공부 : 시심마(是甚麽)

제자 월산 스님의 회고대로, 금오 선사는 언제나 화두를 벗삼아 정진했는데, 특히 '시심마(是甚麽)' 화두를 주로 들었다. 금오 선사는 고려시대 이래 이 지역의 전통이 된 간화선 수행법을 실천한 선승(禪僧)인 셈이다. 이런 금오 선사의 간화선 수행 가풍을 잘 전하는 유묵이[7] 있다. 우선 그 원문을 보자.

○ 看看

萬法只此中

看取通萬法

庚子 中夏

爲 石大領 鍾燮

劫外行脚山人 金烏

---

7) 『금오집(2010년 본)』의 PP.36~37에 이 유묵과 그것의 활자정서(活字正書)와 한글 번역이 실렸는데, 본 이 책에서 사용한 필자의 번역본은 약간 다른 점이 있다. 그 책의 내용을 아래와 같이 실어, 독자들이 대조하여 참조할 수 있도록 한다. 看看萬法 / 只此中看取 通萬法 / 庚子 中夏 爲 石大領 鍾燮 / 劫外行脚山人 金烏 // 온갖 법들을 살피고 또 살펴라! / 이것들 속에서 살핀다면 온갖 법들과 통하리라. // 경자년 중하 석대령 종섭을 위하여 / 겁외행각산인 금오 // (/ 행 바뀜 표시, // 단 바뀜 표시.)

금오 선사는 원상(圓相 ; 동그란 원) 하나를 그렸다. (이 원상을 가리키면서) 보시오! 보시오!

'만법(萬法)'이 이 속에 있습니다.

'만법(萬法)'을 관통하는 것을 (또는 그놈을) 살피시오.

경자년(1960) 중하(中夏)
석 대령(石大領) 종섭(鍾燮)을 위하여
겁 밖을 행각하는 촌사람[劫外行脚山人] 금오(金烏)

여기에서 간간(看看)의 목적어는 '원상[○]'[8]이다. 이 '원상[○]'이 무엇을 상징한 것인가는 독자들이 '해석'해야 할 몫인데, 선사들 사이에는 일반적으로 '심월(心月)'을 상징할 때에 '원상(圓相)[○]'을 그린다. 시대적으로 가까이는 경허 선사가 그랬고,[9] 저 멀리는 중국 항주의 경산 도흠(徑山道欽) 선사가 그랬고,[10] 그밖에도 이루다 들 수 없을 정도로 많다.[11] '심월(心月)'이란 마음[心]을 달[月]에 비유한 것인데, 이것은 어둠 속에서도 달이 밝은 것처럼 번뇌 속에서도 불성(佛性), 또는 자성(自性), 또는 부모님이 낳아주시기 이전의 본모습[父母未生前本來面目], 이것은 어둠 속에서도 항상 밝게 빛나고 있음을 비유한 것이다.

여기에서 독자들은 궁금함이 생길 것이다. 즉, 그렇다면 알기 쉽게 "마음을 보시오!"라고 하지, 왜 동그라미 기호를 사용했을까? 여기에도 역시 읽는 이의 '해석'이 필요한 곳이다. '마음'을 보시오라고 하면, 사람들은 '마음'이라는 말

8) '원상[○] : 금오 선사의 유묵에는 이 '원상[○]'이 많이 사용된다. 『금오집(2010년 본)』 p.38과 p.40의 유묵 참조. 정서하고 번역하면서 이 부분을 뺀 것은 금오 선사의 수행 가풍의 핵심을 뺀 꼴이다. 특히 『금오집(2010년 본)』 p.38의 경우, '원상[○]'과 '구독점[。]'과는 확연히 구별됨을 알 수 있다.

9) 釋明正 譯註, 『鏡虛集』, 경남: 通度寺 極樂禪院, 1990, pp.46~48. "心月孤輪, 光呑萬像, 光境俱亡, 復是何物. ○ "

10) 『경덕전등록』(『대정장』51, 230a).

11) 『선문염송 · 선문염송설화』, "盤山이 示衆云하되 心月이 孤圓하니 光呑萬象이로다. 光非照境이요 境亦非存이라. 光境이 俱亡에 復是何物고하니 洞山이 云하되 光境이 未亡에 復是何物고하다."(김월운 역, 『선문염송 · 염송설화』제3책, 서울: 동국역경원, 2005, p.142.)

이나 문자에 상응하는 명상(名相)이 있다고 집착한다. 이것을 염려하는 선승들은 노파심 때문에, 가운데가 빈 동그라미를 그려 마음을 형상화한다. 금오 선사가 '원상'으로 마음을 상징화한 것도 그렇게 '해석'할 수 있다. 금오 선사의 말을 들어보자.

> 이 마음은 명상(名相)을 떠난 마음이다. 명상을 가지고는 말을 할 수 없기 때문에 거짓 이름으로 마음이라 말한다.[12)]

> 마음아, 마음아, 너의 이름은 본래가 마음이 아닐 것이다. 그럼 무엇이냐? 이름이 없는 까닭에 부득이 무엇인가 하노라. 또한 알 수 없기에 무슨 물건인가 하노라. 또한 알아볼 수 없는 고로 무슨 도리인가 하노라.
>
> 이름도 없고 모습도 없고 알아볼 수도 없으나 소소영영하여 보지 못함으로써 볼 수 있고, 알지 못함으로 알 수 있다.[13)]

위의 두 인용문에서 드러나듯이, 금오 선사는 마음이란 '명상'이 없으면서도 '소소영령'하다고 이해했고, 또 그렇게 법문하고 있다. 속은 텅 비었으면서 그 속에는 신통(神通)하고, 소소(昭昭)하고, 영령(靈靈)하고, 항상(恒常)하는 작용이 있다. 참고로 교학에서는 이 작용을 '허령불매지심(虛靈不昧之心)', 또는 '영각진심(靈覺眞心)' 등으로 명명한다.

유묵으로 다시 돌아가자. 이 유묵은 금오 선사가 석종섭 대령에게 준 법문의 일종이다.[14)] 무슨 법문이냐 하면, 마음을 간(看)하라는 법문이다. 이어서 금오

---

12) 『금오집(2010년 본)』, p.112.

13) 『금오집(2010년 본)』, p.111.

14) 이 유묵은 석종섭 거사의 자제 석준 교수(홍익대)께서 선친이 소장했던 것을 홍익대 박물관에 기증한 것으로 크기는 32.4cm×44.4cm이다. 자세한 것은 『참을 찾아서 ; 大悟 石鐘燮 先生 所藏 석준 교수 기증 서화집』(홍익대학교 박물관, 2009년 7월) 참조. 평소 불심이 깊었고 당시 육군 대령이었던 석종섭 거사는 임지에서 우연한 기회에 대처-비구의 무력 충돌을 막았던 일화가 있었다. 당시의 증언이 위의 책에 실려 있다. 또 석 거사는 당시 유명한 스님들로부터 받은 유묵을 아주 많이 소장했었고, 그의 아드님 석준 교수가 이 귀한 유묵 수십 편을 홍익대 박물관에 기증했고, 또 그 화보 자료집을 발간했다. 현대 불교 인물 연구 방면에도 귀한 자료를 제공하고 있다. 이 자리를 빌어서 감사드리며, 이 자료가 널리 활용되기를 바란다. 또 이 화보

선사는 이렇게 말한다. "일체의 만법이 그저(단지) 이 마음속에 있을 뿐이다." 모든 현상이 모두 이 마음에서 일어난다는 법문이다. 이것은 교학에서도 선학에서도 다들 그렇게 말한다.

중요한 법문은 "看取通萬法"이다. 이 부분에서 선(禪)·강(講)이 갈라진다. 강(講)에서는 법수(法數)와 행상(行相)으로 분석하고 설명한다. 그러나 선(禪)에서는 격외(格外) 도리를 사용한다. "看取通萬法"하라고 말이다.

'간취(看取)'에서의 '취(取)'의 용법은 중국 당송시대 선어록에 특별하게 많이 나오는 'V+取' 형식의 구어(口語) 용례의 하나이다. '취(取)'를 조동사로 보아 앞에 나오는 동사의 동작을 나의 것으로 취(取)하는 것으로 '강하게' 해석할 수도 있고, 이것을 조자(助字)로 보아 앞에 나오는 동사의 진행을 나타내는 뜻으로 '약하게' 해석할 수도 있다.

필자는 금오 선사의 이 유묵의 경우는 후자의 용례로 해석하고자 한다. 그럼 '간취(看取)'의 목적어는 무엇인가? 그것은 "通萬法"이다. '通萬法'이란 '만법을 관통하다.' 정도로 해석할 수 있다. 중문(重文)인 셈이다. 이상을 종합해서 보면, "만법을 (관)통하고[15] 있는 것을 보시오."가 된다.

마음속에 일체의 만법이 들었다고 말해놓고, 그런 다음에 다시 또 말한다. 일체 만법을 (관)통하고 있는 그 놈이 무엇인가를 간(看)하라는 것이다. 그러면 '일체 만법을 (관)통하고 있는 그 놈'이란 무엇인가? 그것은 두말할 것도 없이 '마음'이다. 자, 이렇게 되면 결국은, 마음을 가지고 (또는 사용하여) 마음을 보라는 것이다. 그러면 보는 마음은 무엇이고, 보여지는 마음은 무엇인가?

자료집에서는 이 유묵을 탈초하고 한글 번역을 실어 가독성을 높이고 있다. 이 책에 관계된 번역만을 소개하면 다음과 같다. "○을 보시오. / 만법이 모두 이 가운데 있으니 / 이것을 보면 만법을 통달한다네." 이 중 "이것을 보면 만법을 통달한다네."는 필자의 번역과는 다르지만, 이 또한 일리가 있다. 구독점을 다음과 같이 찍을 수 있기 때문이다. 즉 "看取, 通萬法"이라고 말이다. 어쩌면 이렇게 해석하는 것이 '금오 선사의 문체'에는 더 부합한다고 생각된다. 그런데 필자의 이 책에서는 '중세 한어 어법'에 입각하여, 중문(重文)으로 처리했다. 어느 쪽도 좋으니, 독자들께서 살펴 읽으시기 바란다.

15) (관)통하고 있는 : 원문은 '通'이다. 이 글자를 '통하다', 또는 '관통하다', 또는 '꿰뚫다' 등으로 해석할 수 있다.

우리의 마음에는 수많은 유위(有爲) 다르마(dharma)들이 간직되어 있는데, 그것들은 고정된 것이 아니라 찰나 생멸하면서 시간적으로 다음에 오는 다르마에 자신의 업력을 훈습시킨다. 이런 다르마의 연속을 비유적으로 폭포수의 물 알갱이 같다고 표현하기도 한다. 즉 다르마들은 찰나마다 생(生)·주(住)·이(異)·멸(滅)을 계속해 간다. 그런데 이런 유위(有爲) 다르마와 '함께'하면서, 또는 '호응'하면서 불생불멸(不生不滅)하는 무위(無爲) 다르마가 있다. 즉, '유위 다르마를 선택하여 소멸시킴으로 드러나는 다르마[擇滅法]'가 있다.

법성(法性)을 인정하는 불교의 학파에서는 이것을 '참되고 여여한 법[眞如法]'이라고 부른다. 이런 '진여법'과 '생멸법'을 통틀어 '마음[心]'이라고 한다. 물론 이런 마음 철학은 『대승기신론』(진제 역)에서 유래한 것이다.

결국 우리가 무엇을 본다고 말할 경우, 그것은 한 찰나 이전의 마음을 바로 다음 찰나의 마음이 보는 것이다. 교학의 강사들은 이런 문제를 능취(能取)-소취(所取) 또는 제8식과 제6식의 관계로 해석하지만, 선사들은 강사들처럼 행상(行相)을 분석하고 배열하는 방법보다는, '회심(回心)'하는 방법을 권한다.

선사들이 사용하는 이런 '회심(回心)' 방법은 물론 금오 선사만의 고유한 방법은 아니다. 사용하는 용어는 '관조(觀照)' 또는 '반조(返照)', '간(看)' 또는 '관(觀)' 등으로 다를지라도, 의미하는 내용은 동일하다. 이 문제에 대해서는 이미 이 책의 「제6장. 친절한 간화 선승 : 한암 중원」에서 살펴보았다. 아무튼 마음을 살피는 이런 수행은 선종 내에서는 어느 시대, 어느 선사에게나 또 어느 지방에서나 공통으로 드러나는 경향이다. 금오 선사의 다음 예문을 보자.

> (1) 선지식은 사람의 마음을 가르쳐 도를 얻게하며 해탈하게 한다. 그리고 마음은 온갖 것의 근본이기 때문에 능히 일체의 모든 법을 내고 들이는 주체인 것이다. 누구나 마음만 관(觀)하면 끝내 해탈할 것이요, 반대로 관하지 않으면 죽고 사는 물결에 빠져 들고 말 것이다.
>
> …〈필자 임의 생략〉…
>
> (2) <u>바깥 경계[외경; 外境]를 놓고 안으로 마음에 합치면</u> 만사(萬事)의 만리(萬

理)를 통달하게 될 것이다. 부처님께서 가르친 도는 결코 먼 데 있는 것이 아니다. 마음만 돌이키면 그것이 바로 부처님의 가르치신 도에 부합되는 것이다.[16)]

이상의 인용문을 담고 있는 대목의 제목을 『금오집(2010년 본)』에서는 「마음이 곧 부처다」라고 달아놓았다. 원래는 「回心作佛法門」이다. 한글로 번역하는 과정에서 '회심(回心)'이라는 용어를 잘 살렸으면 더 좋았을 것이다.

이 법문은 금오 선사가 '회심'이라는 방법을 통해 '부처가 되는 법'을 가르친 것이다. 그러면 어떻게 '회심(回心)'하란 말인가? 그 답은 위 인용문의 밑줄친 부분에서 찾을 수 있다.

바깥 경계로 향하는 마음을 쉬고, 그 방향을 안으로 돌리라는 것이다. 대상과 관계하고 있는 그 마음을 관찰하라는 것이다. 본 장의 주 32)의 첫 구절도 금오 선사의 이런 사상을 잘 대변한다. 그리하여 결과적으로 '보는 주체가 되는 마음'과 '보여지는 대상이 되는 마음'을 하나로 합치라는 것이다. 그런데 앞 문단에서 필자는 이런 방식의 마음 수행 방법은 선사들의 공통적인 경향이라고 했다.

금오 선사의 선사상은 이상과 같은 선사 일반의 공통적 경향을 견지하면서, 석종섭 대령에게 내린 유묵에는 금오 선사 특유의 '친절함'이 드러나있다. 어떻게 드러나는가? 그냥, '마음'을 간(看)하시오. 이렇게 말하면, '마음'이라는 명상(名相)에 상응하는 실체화된 '마음; Mind'이 실재한다고 집착할 염려가 있다.

그런데 '마음'이란 위에서도 간단하게 언급했듯이, 일상생활에 쉼없이 대상과 관계하면서 작용하는 마음이다. '실체화된 마음'이 아니다. 마음에 대한 잘못된 견해에 빠지지 않게 하려고, 금오 선사는 일부러 '원상'을 그렸고, 그것을 당시 대령이었던 석종섭 거사에게 '살피시오.[看]' 라고 법문했던 것이다. 즉, 나 금오가 석 거사 당신에게 '살피시오.[看]'라고 했을 때에, 살펴야 할 대상인 '마음'은, 일체의 법 속에 작용하고 있는 '마음[mind]', 즉 '모든 법에

---

16) 『금오집(2010년 본)』, p.92~93.

관통하는[通萬法] 마음'이지, 결코 구체적 일상성을 떠나 독립적으로 실재하는 절대 '마음[Mind]'이 아니다. 금오 선사의 용어를 빌면 "일용처(日用處)"에서 작용하는 평상심(平常心)을 말하는 것이다. 어묵동정 속에 관통하면서 작용하는 이 마음을 '살피시오.[看]'라고 법문하는 것이다.

이렇게 '평상심'을 강조하는 것은 마조-황벽-임제 이래로 이어지는 이 집안 계통의 가풍인데, 석 대령에게 내린 금오 선사의 유묵에 바로 그런 가풍이 전해 온다. 외물에 대하여 가지가지로 분별을 일으키는 그런 일상성 속에서 근원을 돌이키라고 한다. 이런 저간의 소식을 금오 선사는 다음과 같이 말하고 있다.

> 마음을 마음이라 한 마음이여, 천만 가지 분별이 마음에 일어날 때에 마음을 좇아 근원을 돌이키면 마음 고향에 돌아가 안온자적(安穩自寂) 하리라. 이것은 사람이라는 이름이나 얼굴 모양도 찾을 수 없는 것이다. 능히 일체의 현상이 비었으며 일체의 몸을 떠나서 당체(當體)가 허현(虛玄)해 있을 뿐이다. 하지만 현전(現前)하는데 어찌 보지 못하고 알지 못하랴.[17)]

위의 인용문 중에서 "천만 가지 분별이 마음에 일어날 때에 마음을 좇아 근원을 돌이키면 고향에 돌아가 안온자적 하리라."에 주목할 필요가 있다. 대상과 관계를 맺는 일상성을 떠나, 별도의 다른 마음이 있는 것이 아니다. 울고 웃는 평상의 마음에서, 바로 그 마음이 일어나는 당체(當體)를 알아차리라는 것이다. 물론 그 당체는 공한데, 금오 선사는 이것을 '허현(虛玄)'하다고 표현했다. 그것은 실체가 아니다. 그러면서도 거기에는 오묘한 작용이 있다.[18)] 바로 이런 불가사의한 작용은 한 순간이라도 우리들 각자 자신으로부터 떠나 있지 않다. 다만 우리가 모르고 지낼 뿐이다. 당체가 당사자 본인과 항상 함께 하는 것을 금오 선사는 "목전에 있다."느니 또는 "현전한다."는 등으로 표현하

---

17) 『금오집(2010년 본)』, p.66.

18) "이 마음속에는 온갖 신비한 도덕과 비밀된 부사의법(不思議法)이 감추어져 있다." 『금오집(2010년 본)』, p.114.

고 있다.

이제, 이 유묵의 의미를 정리해보기로 하자. 만법은 마음을 떠나서 존재하지 않는다. 또는 마음에 일체의 만법이 있다. 이런 주장은 대승불교 일반의 논리이다. 그리고 선가(禪家)에서는 '심(心)'을 '원상[○]'으로 기호화 하여 표현하는 전통도 있다. 그러니 "○ 看看"을 "마음을 보시오"라고 해석함에는 별 무리가 없다. 그 다음에 "萬法只此中"에서 '此'는 마음을 지시하는 지시대명사이니, 이 문장을 "만법은 다만 마음속에 있을 뿐이다."라고 해석하는 것도 역시 별 무리가 없다.

그러데 여기에 돌연히, 금오 선사는 다시 방향을 돌려 '만법을 (관)통하는 것'을 살피라고 한다. 즉 "看取通萬法."이라고 말이다. '만법을 (관)통하는 것'이란 두말할 나위도 없이 '마음'이다. 그렇다면 처음에는 '마음'을 형태적으로 이미지화시켜 '원상[○]'을 그려놓고는 그것을 보라고 하고, 이제 와서는 다시 '만법을 (관)통하는 것' 즉 '마음'을 살피라고 하니, 이것은 대체 무슨 의도인가? 바로 이 의도 속에 금오 선사의 선사상이 들어있다고 필자는 생각한다.

마음이란, 일체 삼라만상의 만법과 '관계'하면서도, 그 삼라만상과는 '구별'되는 '그 무엇'이다. 마음이 이렇게 삼라만상과 관계하는 양상을 필자는 '불리불잡(不離不雜)'[19]이라는 용어로 설명하고자 한다. 다시 필자의 말로 바꾸어 설명하면, 금오 선사는 이 유묵을 통하여 석 대령에게 그대는 일상의 현상과 '불리불잡'의 관계 양상을 가진 '그 무엇'으로서의 '마음'을 살피라[看]고 법문을 내리신 것이다. 그러면 다시 위에서 금방 말한 '마음'이란 대체 어떤 것인가? 이에 대한 대답을 필자는 『금오집(2010년 본)』 다음의 인용문에서 찾을 수 있다고 생각한다.

법계의 이치를 깨닫고 우주(宇宙)를 보면 세 갈래로 나눌 수 있다. 첫째는

19) 불리불잡(不離不雜) : 이 용어는 한 '마음'과 일체의 '만법'과의 관계를 설명한다. '마음'과 '만법'은 고유한 자기 영역을 가지고 있기 때문에 서로 섞일 수 없다는 측면에서 '不雜'이고, 그러면서도 이 둘은 현실적으로 서로 분리되어 존재할 수 없기 때문에 '不離'이다.

각성(覺性)이요, 둘째는 삼라만상(森羅萬象)의 유상(有相)이요, 셋째는 무형(無形)의 허공이다. 그러한 물체가 있어 오직 마음만이 주(主)가 되나니 만일 사람이 마음의 주를 알기만 한다면 만 가지 이치를 한꺼번에 통달할 것이다.

각성(覺性)은 상주불변(常住不變)하여 겁외(劫外)에 초연하여 자유롭지만 삼라만상의 유상(有相)은 생(生)하기도 하고 멸(滅)하기도 해서 고통스러울 뿐이며, 또 무형한 허공은 물체가 아닌 듯 해 보이지만 그것도 심리(心理)작용으로 변천된 허공인 것이다.[20]

결국 금오 선사가 살피라고[看] 한 '마음'은 위의 인용문에 나오는 '각성(覺性)'이다. 살펴야 할 대상은 유형의 삼라만상도 아니고, 무형의 허공도 아니다. 이런 점에서 대승의 관법(觀法)은 초기불교의 4념처관(念處觀)과는 근본적인 차이가 있다. 물론 이 '각성(覺性)'은 항상 생(生)·주(住)·이(異)·멸(滅)을 계속하는 유위(有爲) 다르마와 '불리불잡'의 관계에 있다. 그렇다면 유위법이 사라지 않은 즉 번뇌가 떨어지지 않은 중생의 마음으로 어찌 '각성(覺性)'을 간(看)할 수 있겠는가? 문제는 이것이다. 금오 선사의 말을 들어보자.

눈앞에 형단이 없는 놈을 보면 있을 때에 있는 것이 아니라 거짓 있는 것이며, 없을 때에 없는 것이 아니라 거짓 없는 것이다. 있는 것을 볼 때나 없는 것을 볼 때나 있다는 말이나 없다는 말이나 "<u>그 말과 그 경계에 끌리지 말고 자세히 살펴보면</u>" 그 속에 여여(如如)히 부동(不動)한 내 마음을 찾아낼 것이다. 마음을 비춰서 살펴보라. 보는 마음이 미치지 못한 곳에 우주 삼라만상이 나의 눈에 가득하였으니, 이곳에서 살펴보고 살펴보라.[21]

위의 인용문 중에서 필자가 밑줄 치고 겹 따옴표[" "]로 강조한 부분에 주목하자. 그렇게 하면 마음을 찾아낼 수 있다고 금오 선사는 말한다. 금오 선사가 평생 참구했던 '이 무엇인고[是甚麽; 시심마]'도 '마음 찾는 공부'의 연장선에서 이해해야 할 것이다. 금오 선사는 경전의 교설[22]과는 달리, '이 무엇인고[是甚

20) 『금오집(2010년 본)』, p.101.

21) 『금오집(2010년 본)』, p.121.

22) 이 문제를 해결하기 위하여, 『원각경』의 경우는 「미륵장」에서 "탐욕과 갈애를 없애라."(신규탁

麽; 시심마]'를 일심(一心)으로 참구(參究)할 것을[23] 강조한다. 이런 수행 방법을 필자는 '의심 수행법'[24]이라고 잠정적으로 명명하여 이하에서 좀 더 설명해 보기로 한다.

'이 무엇인고?[是甚麽?]'는 분명, 어떤 사안이나 사물을 지칭하면서, 이것이 무엇인가? 라고 묻는 질문이다. 그런데 금오 선사가 말하고자 하는 '이 무엇인고?[是甚麽?]'는 어떤 사안이나 사물에 '대한' 질문은 아니다. 사안에 '대한' 질문이어서는 안 된다. 위의 인용문에서 "그 말과 그 경계에 끌리지 말고 자세히 살펴보면"이라고 한 것도 그렇기 때문이다. 이미 우리의 마음은 현재로는 진(眞)과 망(妄)이 화합(和合)하여 오염된 마음이기 때문에, 이런 마음으로 진여나 열반이니 불성을 변별하는 것은 불가능하다. 『원각경』「금강장」에서도 밝히듯이 '사유심(思惟心)'으로는 도저히 여래의 원각 경계는 알 수 없다고[25] 한다. 선가(禪家)에서도 마찬가지이다. 『원각경』에서는 윤회의 근본인 '탐욕'과 '갈애' 끊기를 권했고, 그 구체적인 방법으로 「위덕장」에서 3관(觀) 수행법을 제시했다.

그런데 금오 선사는 이런 방법 대신, '이것이 무엇인가?'라는 화두 하나에 온 생각을 집중하는 수행법을 제시한다. 이런 '의심 수행법'에는 절대로 (사유에 의한) '사량'이나 (언어에 의한) '분별'이 개입되어서는 안된다. 오직 '이것이 무엇인가?'라는 의심만이 뚜렷하고 오롯해야 한다. 지시대명사 '이것'에로 의식이 향해도 안 된다. 그래서 필자는 이것을 '의심 수행법'이라고 명칭을 붙였던 것이다.

번역, 『원각경』, 도서출판 깃발, 2009, p.65)고 한다.

23) 『금오집(2010년 본)』, p.99.

24) '의심 수행법' : '이것이 무엇인고?[是甚麽?]'라는 물음에 대하여, 첫째 지시대명사 '이것'에 주목하는 참선도 있을 수 있고, 둘째 '이것이 무엇인고?'라고 의심하는 의심 자체에 주목하는 참선도 있을 수 있다. 의심 수행법이란 둘째의 경우를 말한다. '이것이 무엇인고?[是甚麽?]'에 대한 필자의 이상과 같은 분석은 『禪文手鏡』(『한불전』10, 524c)의 「無字看病論科解」에서 제시한 백파 노사의 설을 수용한 것이다.

25) 신규탁 번역, 『원각경』, 도서출판 깃발, 2009, p.56.

3. 중층적(重層的) 대화법

이상에서는 금오 선사가 몸소 실천했고, 또 제자들에게 가르쳤던 가르침의 '내용'에 초점을 맞추어 검토하였다. 이하에는 그런 '내용'이 아니라, 그런 '내용'을 가지고 제자를 지도하는 과정에 나타난 금오 선사의 납자(衲子) 지도 '방법'에 대해서 살펴보기로 한다.

친견한 제자들의 회고에 따르면, 금오 선사의 성격은 엄격하면서도 인자했다고 했다. 금오 선사의 이런 모습은 수행납자들을 지도하는 방법에서도 엿볼 수 있다. 『금오집(2010년 본)』에는 현재 5편의 유묵을 영인하여 소개하고 있는데, 상대를 지도하는 스승의 친절하고 고준한 모습이 잘 드러나 있다. 그 어느 것을 보더라도 자상하다. 또 일방적으로 자기의 말만 하는 것이 아니고, 상대의 질문이나 또는 행동에 '대하여' 쌍방향으로 진행하고 있음을 알 수 있다. 그리고 재가 제자와 출가 제자를 가리지 않고 상대방을 수행자로 존중하는 모습도 두드러진다.[26)]

이하에서는 다섯 종류의 유묵 중에서도 대화가 중층적(重層的)이면서도 금오 선사의 제자 지도 '방법'을 잘 드러내는 유묵 한 점을 골라, 그것을 집중적으로 분석하기로 한다. 필자가 보기에, (4)「소요 수좌에게 내리신 친필 법문」(1957년 9월)이야말로 친절하고도 또 선문답의 묘미를 잘 드러낸 백미(白眉)라고 생각된다. 이하에서는 이 유묵을 중심으로 금오 선사의 대화법과 그 속에 담긴 선사상을 조명하기로 한다.

『금오집(2010년 본)』(p.40)에 소개된 이 유묵은, 탈초(脫草)와 한글 번역 등에 있어 필자와 입장을 달리하는 부분이 있다. 그래서 필자의 방식대로 탈초·표점·번역했다. 먼저 유묵과 그 번역을 소개한다. 이 유묵을 직접 볼 수 없는 독자들도 공평하게 판정할 수 있도록 『금오집(2010년 본)』에 소개된 한글 번역을 각주[27)]로 소개한다.

---

26) 이것 외에도, 『금오집(2010년 본)』「서장 書狀」(pp.316~317)에 실린 두 편의 편지도 중요한 근거가 될 것이다. 승속을 가리지 않고 지도하던 금오 선사의 가풍은 여러 유묵과 서간문에도 역력하게 드러난다.

○

沙彌請法曰, 如何是佛. 佛不問, 但不會. 更從頭問, 如何是佛. 答曰, 何不是釋迦牟尼佛. 沙彌不隨聲, 自返照. 門處何物, 無頭無尾. 昭昭靈靈, 卽下現前, 何不會得. 太爲分明. 如何是向上一路. 何不問, 向下一路. 不會. 吾亦不會. 明日來, 如何本面目. 山也空, 水也空, 森羅萬象皆空, 空空無一物, 有何物, 空而已. 然因本來面目, 成空.

丁酉 九月 十日

智異山人 金烏[28]

(1)

○

사미가 법을 청하여 말했다.

"부처란 무엇입니까?"

(선사가 대답했다.)

"부처에 대해서는 묻지 말게. (나는) 모를 뿐이다."

(2)

(그 사미가) 처음부터 다시 물었다.

"부처란 무엇입니까?"

(선사가) 대답했다.

"모두가 다 석가모니 부처님이시다. 사미는 소리나 (모습으로) 부처를 알려

27) 사미승이 법을 청하며 말하길, 어떤 것이 부처입니까? / 부처에 대해서 묻지 말고 다만 분별하려 들지 마라. / 다시 처음을 따라 묻기를, 어떤 것이 부처입니까? / 답하기를, 어떤 것이 석가모니 부처님이 아니겠는가? / 사미는 소리를 따르지 말고 스스로 반조하라. / 문 앞에 있는 어떤 물건이 머리도 없고 꼬리도 없던가? / 소소영영하여 그 자리에서 드러나니, 어찌 그것을 모르는가? / 너무도 분명하도다. / 향상일로(向上一路)가 무엇인지를 물으니, 어찌 향하일로(向下一路)는 묻지 않는가? / 모르겠도다. 나 역시 모르겠도다. / 내일은 다시 찾아오거늘, 본래면목이란 무엇인가? / 산도 공(空)하고, 물도 공(空)하니, 삼라만상이 모두 공(空)하도다. / 공하고 공하여 한 물건도 남음이 없으니, 어떤 물건이 남아있겠는가? / 오로지 공(空)일 뿐이로다. / 그러므로 본래의 면목으로 인하여 공하게 되는 것이다. // 정유년 9월 10일 지리산인 금석// (/는 행 바뀜을 표시, //는 단 바뀜을 표시.)

28) 金烏 : 『금오집(2010년 본)』(p.40)의 탈초·정서 부분에는 '金石'으로 표기됨.

고 하지 말고, 스스로 반조(返照)하라."

(3)
(이번에는 역으로 선사가 사미에게 물었다.)
"(선사는 출입구를 가리키면서) 문(門)에 뭐가 있느냐?"
(사미가 대답했다.)
"(몸통은커녕) 머리도 없고 꼬리도 없는데요.[無頭無尾]"
(선사가 말했다.)
"밝고도 신령하여[昭昭靈靈] 바로 그 자리에 드러나 있건만 왜 모르는가? 너무나도 분명하구나!"

(4)
(이번에는 사미가 화제를 돌려 다른 질문을 했다.)
"(일체를) 끝없이 초월하는 외길이란 무엇입니까?"
선사가 되물었다.
"끝없이 집착으로 빠지는 외길에 대해서는 왜 묻지 않는가?"
(사미가 대답했다.)
"저는 모르겠습니다."
(선사가 말했다.)
"나도 모르겠다."

(5)
다음날 (그 사미가) 왔다.
"무엇이 저의 본래면목입니까?"
(선사가 대답했다.)
"산도 공하고, 물도 공하고, 삼라만상도 모두 공하다. 공하다는 것도 공하여 한 물건도 없다. 어떤 물건이 있다고 하더라도 (그것은) 공할 뿐이다. '본래면목'이 그렇기 때문에 공해진다."

정유년(1957년) 9월 10일
지리산인 금오

이상은 필자가 금오 선사의 유묵을 탈초·표점·번역한 것이다. 『금오집(2010년 본)』에 영인된 유묵 하단 제목에는 "소요 수좌에게 내리신 친필 법문. 현양매구점(縣羊賣狗店)이라 전제(全提)하였다."라고 적혀있다. 이것으로 보건대 이 유묵은 '소요'라는 법명을 가진 수좌에게 내린 것인데, 소요 수좌를[29] 필자는 아직 만나 보지 못했다. 『금오집(2010년 본)』(pp.407~429)의 「금오 태전 법보(金烏 太田 法譜)」에 그런 제자는 보이지 않는다. 또 "현양매구점(縣羊賣狗店)이라 전제하였다."라는 구절이 편집자가 삽입한 것인지, 아니면 금오 선사 자신의 말인지도 밝혀져야 할 것이다. 만약 금오 선사 자신의 말이라면, 이 유묵은 고칙(古則) 화두(話頭)에 대하여 금오 선사가 '현양매구점(縣羊賣狗店)'이라는 제하(題下)에 고칙(古則)의 공안(公案)을 '전제(全提)' 즉 '제창(提唱)'한 법문으로 보아야 할 것이다. 그런데 현재 필자의 독서력과 자료 조사 방법으로는, 선 문헌에 소개되는 고칙(古則) 화두(話頭) 중에서 이런 내용을 아직 발견하지는 못했다.

또 이 유묵에 담긴 내용이 순수하게 그리고 전적으로 금오 선사가 창작한 것이라면, '전제(全提)'라는 말은 어떻게 해명해야 할까? '전제(全提)'라는 용어는 기존에 있었던 불조의 화두를 거량하여 자신의 입장에서 코멘트를 붙이는 염송(拈頌)의 한 형식이다. 또 이 유묵은 질문을 하는 '사미'와 그 질문에 답을 하는 '스승'이 서로 주고받는 형식으로 구성되어 있는데, 여기에 등장하는 '사미'는 '소요 수좌'가 아님은 분명한데, 그렇다면 금오 선사는 왜 '사미'와

29) 소요 수좌 : 근현대 불교사 연구의 일가를 이루신 동국대 전자불전연구소 김광식 교수의 증언에 따르면 다음과 같다. 소요 선사는 현재 생존해 계시며 금년으로 세수는 약75세 전후이다. 오대산 월정사 수도원에서 탄허 강백께 1년 남짓 수학한 바 있고, 후에 금오 선사의 제자가 되었다. 한학에 능하고 종단의 현실에 대해서도 몸소 행동으로 참여하시기도 했다.

'스승'의 대화 형식을 빌어서 '소요 수좌'에게 이 친필을 내리는가? 또 여기에 나오는 '스승'은 누구인가? 이런 등등의 문제가 석연하지는 않다. 이 문제는 더 조사되어야 할 것이다.

이런 궁금함을 전제로 하면서도, 필자는 이 유묵은 소요 수좌를 지도하기 위해 금오 선사가 '사미'와 '스승'을 등장시켜 창작한 '이야기[話頭; 화두]'라고 잠정적으로 간주하기로 했다. 즉, 가상의 인물로 '사미'를 등장시키고, 그 '사미'와 주고받는 형식을 빌려서 '소요 수좌'를 지도한 것이라는 가설(假說)을 세워본 것이다.

아무튼 위에서 언급한 여러 궁금함은 향후의 과제로 남겨두고, 위의 가설에 입각하여 이 내용을 분석해 보기로 한다. 필자는 한글로 번역하는 과정에서 독자의 이해를 위해 보충한 부분은 반달 괄호로 묶어서 표기했고, 내용의 설명과 분석의 편의를 위해 임의로 (1)~(5)까지 번호를 붙였다. 자, 그럼 본격적으로 위의 유묵을 필자의 입장에서 '해석'해 보기로 한다.

(1)의 첫 부분에 나오는 '원상[○]'이 유묵의 사진판에는 분명하게 나왔는데, 『금오집(2010년 본)』의 탈초와 번역 부분에는 누락되었다. 금오의 선사상 이해에 누락해서는 안 될 중요한 부분이다. 그런데, 문제는 '원상[○]'에 대한 설명이 뒷부분의 문장에서 전혀 언급되지 않는 점이다. 아마도 '원상[○]' 이전에 무언가의 문장이 있었던 듯하다. 유묵의 원본을 조사해 볼 수 없는 필자로서는, 이런 자료적인 문제는 보류할 수밖에 없다. 만약 문도들이 이 원 자료를 소장하고 있다면 이번 기회에 열람할 수 있었으면 좋겠다.

부처가 무엇이냐는 질문에 대해서 스승은 "但不會 ; 모를 뿐이다."고 한다. 이때에 '但'은 단호한 어조를 나타낸다. 진리의 체험은 당사자의 몫이기 때문에 제 삼자가 관여할 수도 알 수도 없는 일이다. 이런 소식을 금오 선사는 「마음 고향 찾아가는 길 ; 覓尋心地」[30]에서도 자세하게 설명하고 있다.

이런 이치를 '사미'는 알지 못하고, 그는 처음부터 다시 질문을 한다. 그것이

30) "참으로 보았느냐? 또한 볼 수 있다고 말을 말아라. 원래 알지 못함이로다. 참으로 알지 못하였느냐? 다만 알지 못한 줄을 알면 이것이 견성이다."(『금오집(2010년 본)』, pp.129~130).

(2)의 대화이다. 이에 스승은 좀 더 자세하게 설명한다. 두두물물이 다 부처이고 깨달음이 드러난 것이라고 말이다. 그러니 부처를 음성[聲]이나 형상[色]을 통해 알려하지 말고, 그대 자신을 스스로 반조(返照)하라고 지도한다. 본인의 가까이에 있다는 것이다. 금오 선사는 이렇게 말하고 있다.

> 내가 가지고 있는 마음은 가장 가까운 데 있다. 멀리 찾지 말고 마음에서 찾아야 한다. 시시때때로 밥 먹고 옷 입고 하는 행주좌와(行住坐臥)에 있는 것이다. 마음의 도술은 비밀한 법을 감추어 놓은 비밀장(秘密藏)과 같아서 연구하는 대로 비밀한 법이 발견된다.[31)]

그러니 멀리서 찾지 말고 자신을 반조(返照)하라고 한다. 그렇다면 대체 무엇을 반조(返照)하라는 말인가? 그 대답을 우리는 위의 인용문에서 찾을 수 있다. 즉 '마음'을 관조하라는 것이다. 이 '마음'은 어느 특정한 곳에만 있는 것은 아니다. 금오 선사의 표현을 빌면, "시시때때로 밥 먹고 옷 입고 하는 행주좌와(行住座臥)에 있는 것이다." 이 도리를 친절하게 알려주기 위해 '스승'은 '사미'를 유도 질문한다. 문(門) 쪽을 가기키면서 거기에 무엇이 있느냐고 말이다.

'사미'는 이 유도 심문에 걸려들었다. 급기야는 "無頭無尾 ; (몸통은커녕) 머리도 없고 꼬리도 없는데요."라고 답한다. 이에 '스승'이 한 수 일러준다. "밝고도 신령하여[昭昭靈靈] '바로 그 자리'에 드러나 있건만 왜 모르는가? 너무나도 분명하구나!" 참으로 친절하고 자상한 설명이다. '바로 그 자리', 이 말은 참으로 중요한 법문이다. 이런 자상함과 친절함은 금오 선사의 다른 법문(法門)에서도 드러난다.

> 마음이 향하는 곳을 향해서 마음을 붙들어내라. 어떤 곳이 마음 향하는 곳이냐? 밥 먹고 옷 입는 곳이 마음 향하는 곳이니 밥 먹고 옷 입는 곳에서 마음을 붙들어내라. 가고 오는 곳이 마음 향하는 곳이니 가고 오는 곳에서 마음을 잡아

---

31) 『금오집(2010년 본)』, pp.122~123.

내라. 보고 듣는 곳이 마음 향하는 곳이니 보고 듣는 곳에서 마음을 발견하라. 시비하는 곳이 마음 향하는 곳이니 시비하는 곳에서 마음을 만나 보라. 악한 생각이 일어날 때나 선한 생각이 일어날 때 이것이 마음 향하는 곳이며, 슬픈 생각과 즐거운 생각이 모두가 마음 향하는 곳이며, 있다는 마음이나 없다는 마음이 또한 마음 향하는 곳이니 이와 같이 마음 향하는 곳에서 마음을 깨쳐라.

일용처(日用處)에 있으며 행주좌와(行住坐臥)에 있다. 밖으로 구하지 말라. 생각 생각과 일체 행동이 마음으로 비롯하여 향하는 것이니 마음 향하는 바를 따라서 굽이굽이 샅샅이 찾아보라. 멀리 있지 않고 직하(直下)에 있다.[32)]

마음이 향하는 일체 모든 곳에 이런 '소소영령' 한 마음이 있건만 중생들은 미혹하여 외물(外物)만을 쫓는다. 이것은 사라질 수도, 한 순간도 나와 떨어질 수도 없다. 금오 선사는 이런 이야기를 곳곳의 법문에서[33)] 설하고 있다.

이런데도 '사미'는 정신을 차리지 못하고, (4)와 같은 질문을 한다. 즉, '도', '진리', '불법', '열반', '깨달음'이라는 '그윽한 병'에 걸려, 그것들을 동경하면서 잘난 체를 한다. 이런 이들이 단골로 던지는 질문이 바로 '향상(向上)' 운운하는 질문이다. "如何是向上一路 ; (일체를) 끝없이 초월하는 외길이란 무엇입니까?" 금오 선사는 가공의 인물 '사미'를 등장시켜, 잘못된 선승들이 범하기 쉬운 '큰소리 뻥 뻥 치는 병'을 치료하려 했던 것이다. 짚신이나 소비하고 이리저리 유랑하던 선객(禪客)들의 상투적인 말이 '향상(向上)' 질문이다. 이런 자들의 기세를 '스승'은 정면에서 꺾어버린다. '향하(向下)'는 왜 묻지 않느냐고 말이다.

이쯤 되자 '사미'도 제법 영리해졌다. 즉 알음알이가 늘었다. "불법에는 남북(南北)이 없다."느니, "그대의 알지 못함을 귀히 여긴다."느니, 남들이 지껄여 댄 '멋진 말들'을 기억해 두었다가 내뱉는다. "모르겠습니다."라고 말이다. '불

---

32) 『금오집(2010년 본)』, pp.125~126.

33) "밝고 밝은 견문각지(見聞覺知)의 소소영영(昭昭靈靈)한 마음은 불생불멸(不生不滅)하여 옛도 없고 이제도 없으며 간 것도 없고 온 것도 없다. 설사 천지는 무너져 없어질지라도 이 신령스러운 묘한 마음은 항상 머물러 없어지지 아니한다. 모든 부처와 보살이 이러한 법과 마음을 깨쳐서 수용(受用)하므로 생사에 자재하시고, 중생은 나의 신령스런 마음을 미(迷)한 까닭으로 생사에 윤회한다." 『금오집(2010년 본)』, pp.124~125.

식(不識)'이니 '불회(不會)'이니 하는 말들에 대한 준엄한 비판은 『벽암록』제1칙에 전하는 양 무제와 지공 화상과의 대화에서도[34] 거론된다. 선가의 유명한 화두(話頭)이다. 오죽했으면 '종문제일서(宗門第一書)' 『벽암록』의 제1칙에 실렸을까!

그러나 이런 허튼 수작을 그냥 봐줄 '스승'이 아니다. 여기에 나오는 '스승'은 '풀어줬다[放行]' '잡아들였다[把定]'를 자유자재로 한다. 그리하여 "나도 모르겠다."고 '사미'를 더욱 궁지로 몰아간다. 그러자 더 갈 곳이 없는 '사미'는 '스승'을 향해 정면으로 달려든다.

그리하여 (5)의 대화가 이어진다. 이제 '사미'는 정면 돌파한다.

'사미'가 여쭈었다.

"무엇이 저의 본래면목입니까?"

'스승'은 대답한다.

"산도 공하고, 물도 공하고, 삼라만상도 모두 공하다. 공하다는 것도 공하여 한 물건도 없다. 어떤 물건이 있다고 하더라도 (그것은 그저) 공할 뿐이다. '본래면목'이 그렇기 때문에 공해지는 것이다."

이 대화는 '사미'가 '본래면목'에 집착하는 것을 부숴주기 위해서 '스승'이 덫을 놓아 이런 저런 말을 한 것이다. 아손(兒孫)을 위하는 자애로운 '스승'의 타니대수(拖泥帶水)이다. 제자를 지도하기 위해서 자신에게 흙탕물 튀는 것을 감수한 것이다. 말 없는 자리에 말을 붙인 격이니 말이다.

이 대화에서 마지막 문장인 "'본래면목'이 그렇기 때문에 공해진다."의 원문은 "然因本來面目, 成空."인데, 아무래도 한어(漢語) 어법(語法)이 자연스럽지 못하다. 글자대로라면, "그런데 (또는 그러나) 본래면목 때문에 공해진다." 정도가 될 것이다. 그러나 이렇게 번역하면 '본래면목'이 원인이 되어서 일체

---

34) 선림고경총서간행위원회, 『벽암록』상권, 장경각, 1993, p.28. ; 신규탁, 「중국 선종 역사 속에 드러난 화두의 생성, 강의, 참구에 관한 검토-『벽암록』제1칙 '달마불식(達磨不識)' 번역을 사례로 삼아-」『한국선학』제30집, 서울: 한국선학회, 2011.

삼라만상이 공하게 된다고 오해될 수 있다. 금오 선사가 전하려는 의도는 '스승'이 위에서 말한 대로 즉, "어떤 물건이 있다고 하더라도 (그것은 그저) 공할 뿐이다."는 것이다. '사미'가 이리 저리 질문하다가 꽉 막히니까, 이제는 '본래면목'이라는 '굴속[窠臼]'으로 기어들어가 스스로 제 몸을 거기에 구속시키고 말았다. 이런 꼴을 보는 '스승'은 "한 물건도 없다."고, '사미'를 다시 허허벌판으로 내쫓는다.

이상은 「소요 수좌에게 내리신 친필 법문」에 대한 필자의 '해석'이다. 이 유묵에 대한 궁금함은 위에서 거론한대로 남겨두지만, 이것이 만약 '고칙(古則) 화두(話頭)를 그대로 옮겨놓는 형식의 거량(擧揚)'이 아니라면, 선 문헌학자인 필자가 보기에는 매우 밀도있게 구성된 선문답이라 할 수 있겠다. 필자가 보기에는, 이 유묵은 금오 선사가 '소요 수좌'를 지도하기 위해 가상으로 '스승'과 '사미'를 등장시켜 법 거량을 한 법문일 가능성이 높다.

이 유묵에 대하여 이상과 같이 한편으로는 '신뢰'를 표하면서도, 한편으로는 '의심'을 갖기도 하는 필자의 심정은, 역시 『금오집(2010년 본)』의 자료적 평가와 관련되어 있다.

먼저 '의심'을 표하는 이유는, 『금오집(2010년 본)』 제2장과 제3장에서 드러나듯이, 금오 선사께서는 평소에 선사가 좋아하는 경전이나 선서의 문구를 적어두었다고 한다. 그런데 『금오집(1974년 본, 2010년 본)』의 편제를 보면, 금오 선사가 몸소 지은 글로 오해될 수도 있도록 편찬된 부분이[35] 적잖이

35) 일일이 다 들 수는 없고, 대표적인 것 몇 가지만 들겠다. 먼저 제2장을 보자. p.191의 탐진치 이야기는 규봉 종밀의 『원인론』의 내용이고, p.193의 윗 문장은 『육조단경』의 내용이고, 그 아래 부분은 『능엄경』의 내용이고, p.194 전체는 『육조단경』의 내용이고, p.200의 내용은 『수계의례』의 내용이고, p.204의 아래 부분은 『진심직설』의 내용이고, p.213의 중간 부분은 『치문경훈』의 내용이고, p.214은 『대혜어록』의 내용이고, p.215의 하단은 『법원주림』의 내용이고, p.216은 상단은 『42장경』의 내용이며 하단은 『법원주림』의 내용이고, p.218 하단도 『법원주림』의 내용이고, p.219의 하단은 『치문경훈』의 내용이고, p.221의 상단은 『수습지관좌선법요』의 내용이고, p.228의 하단은 『영가집』의 내용이고, p.231의 중간 부분은 『중편조동오위』의 내용이고, p.234의 하단은 『원각경 배휴서』이고, p.237의 하단은 『금강경주』의 내용이고, p.241 중단과 하단은 『천동각화상염고청익록』과 『천동각선림류취』의 내용이고, p.248의 중단은 『선관책진』의 내용이고, p.253의 상단은 『대혜어록』의 내용이고, p.258의 중-하단은

들어 있기 때문이다. 물론 이것은 금오 선사의 몫이 아니라 편찬자의 몫이다.

한편, 또 '신뢰'를 표하는 이유는, 『금오집(2010년 본)』에 실린 「8. 마음이 곧 부처다 ; 回心作佛法門」, 「9. 마음이 짓는 이치 ; 唯心造法門」, 「10. 마음 고향 찾아가는 길 ; 覓尋心地」 등의 내용이, 5편의 유묵에서 전하려는 내용과 일관성있게 상응하기 때문이다. 현 단계에서, 필자는 이 유묵의 내용은 금오 선사의 창작으로 보고, 이 유묵 속에 금오 선사의 제자 지도법이 잘 응축되었다고 결론을 내리고자 한다.

4. 문도들의 사명

금오 선사는 참으로 험난한 시기에 살았던 수행자이다. 1896년 전남 강진에서 출생하셨으니, 이때는 이미 조선 왕조도 앞날을 기약할 수 없었던 때이다. 일찍이 뜻한 바 있어 보월 화상 문하에 출가하니 경허 선사의 증손이요, 만공 선사의 적손이 된다. 16세부터 50세 까지는 일제 치하였지만, 곳곳으로 옮겨 다니면서 선 수행을 했고, 6.25 직후인 1954년에는 당시 59세의 나이로 '전국비구승대회 정화 추진위원회 추진위원장'에 선출되었고, 그 후 입적하던 1968년까지 많은 족적을 남겼다.

제자들의 회고에서도 드러나듯이, 금오 선사는 원래 문장 쓰고 글을 가르치는 수행승은 아니었다. '이 뭣고' 화두 일념으로 일생의 수행 가풍을 삼은 운수납자이다. 때문에 대개의 선승들이 그렇듯이 세월이 가고 선사의 지도를

『천동굉지록』의 내용이고, pp.260~261은 『종경록』의 내용이고, p.262 하단의 내용은 『오등전서』의 내용이고, p.266의 상단은 『치문』의 내용이고, p.278의 상단은 『천동각화상염고청익록』의 내용이고, p.282의 하단은 『경덕전등록』의 내용이고, p.283의 중단은 『대열반경』의 내용이며 하단은 『경덕전등록』의 내용이고, p.288의 하단은 이통현의 『화엄경수행차제결의론』의 내용이고, p.294의 하단은 『원오불과어록』, 『인천안목』 등에 나오는 내용이고, p.29의 하단은 『종경록』의 내용이고, p.297의 하단은 『금강경주』의 내용이고, p.300은 차례대로 『금강경주』, 『십지경』, 『범망경』등의 내용이다. 다음은 제3장을 보자. pp.307~313은 모두 『치문경훈』에 나오는 「영가진각선발원문」이고, 축원문도 국사(國師) 운운하는 것으로 보아 문세(文勢)가 타인의 글일 가능성이 매우 높다.

받은 제자들도 떠나고나니, 금오 선사의 선사상을 알아볼 수 있는 자료가 턱없이 부족하다. 그나마도 다행스럽게 『금오집』(1974년 본)이 발간되고, 이 책이 그 후 36년 만에 다시 『금오집(2010년 본)』으로 거듭나게 되었다.

자료적인 문제를 엄밀하게 따질 수밖에 없는 연구자의 입장이다 보니, 의심에 의심을 거듭하면서 금오 선사의 선사상 중에서 핵심이 될 것이라고 생각하는 것을 본 장에서 정리해 보았다.

이 과정에서 필자는 5편의 유묵에 매료되었다. 거침없는 필체에서도 드러나고, 또 '후학 향곡 근식' 선사의 말대로, 금오 선사는 "앉아야 할 때면 앉고 가야 할 때는 가고[36]", 이렇게 초연하게 산 선승임을 짐작할 수 있었다. 본 장에서는 유묵 2편을 집중적으로 분석했지만, 물론 이 분석은 위에서 밝힌 대로 다음 세 편의 글을 근거로 한 것이다. 「8. 마음이 곧 부처다 ; 回心作佛法門」, 「9. 마음이 짓는 이치 ; 唯心造法門」, 「10. 마음 고향 찾아가는 길 ; 覓尋心地」. 이 세 편은 금오 선사의 선사상을 투명하게 드러내는 문장으로 구성되었다.

다행스럽게 금오 선사의 문도들이 오늘날 조계종에 널리 퍼져 있으니, 금오 문도들은 중국의 다른 선사들의 어록을 거량할 것이 아니라, 사부의 어록을 잘 이어갔으면 하는 바람이다. 사실 중국의 선사들은 우리와는 시간적으로 멀리 떨어져 있고, 또 그들이 처한 시대적 환경도 달랐고, 또 언어도 달랐기 때문에, 아무리 우리말로 잘 번역을 한다고 해도 한계가 있다. 그러나 금오 선사의 위의 세 편의 법문은 경우가 다르다. 문도들이 주지하는 사찰에서는 이것을 의무적으로 독송하여, 향후 금오 선사의 선 세계를 계승하는 눈 밝은 자손들이 많이 배출되었으면 한다.

이와 더불어 금오 선사의 솔직함도 문도들이 널리 계승해야 할 것이다. 동산(東山) 대종사의 49재에 당하여 1965년 6월 20일자 「대한불교신문」에 게재한 「回頭尋三峰」 법문은 참으로 대단한 법문이다.

알아듣기 쉬우면서 선문(禪門)의 종지를 잘 드러내고 있다. 그것도 폼 잡는

36) 『금오집(2010년 본)』, pp.50~51.

식이 아니고, 진솔하게 말이다. 해탈을 해야만 한다는 간절한 법문이며, 본래 면목을 찾아야만 한다는 조계의 맑은 바람소리며, 게다가 의례(儀禮)를 바라보는 선승다운 안목들은[37], 금오 선사가 열반한지 반 세기가 되어가지만 여전히 불교계의 과제로 남아 있다. 더구나 작금의 선승들이, 물론 입으로는 내가 깨쳤노라고 말은 안 하지만, 법문의 내용을 보면 이미 그런 티가 없다 할 수 없다. 혹시라도 그런 수행자가 있다면, 「回頭尋三峰」이라는 제하(題下)에 내린 금오 선사의 진솔한 소리를 함께 들어보기를 희망하면서, 글을 마친다.

> "죽고 나는 것에 자유롭지 못한 우리로서는 사람이면서 그 본래면목을 갖지 못한 허망(虛妄)에 머물러 있습니다. 허망한 물거품같이 허우적거리는 인생이지만 그 가운데는 무너지지 않는 세계가 있습니다."[38]

"죽고 나는 것에 자유롭지 못한 우리"라니, 이 얼마나 진솔한 고백인가! 그러면서도 자신은 몸소 "무너지지 않는 세계"를 추구하는 수도자의 삶을 살았다.

[첨부]

「소요 수좌에게 내리신 친필 법문」(1957년 작)

이 유묵에 등장하는 '사미'와 '스승'의 대화를 어떻게 읽어야 할까에 대한 필자의 입장은 위에서 제시했다. 그런데 필자의 '읽기'와는 다른 '읽기'도 가능할 수 있어 여기에 첨부한다.

필자의 '읽기'는 기본적으로 '스승'이 어린 '사미'에게 한 수 일러주는 일방향식의 대화로 방향을 잡았다. 그런데 '스승'과 '사미'의 대화를 대등한 관계로

---

37) 『금오집(2010년 본)』, p.158. "산승(山僧)이 이 자리에서 말하는 것은 동산 선사가 계신 곳을 바로 보고 각자의 자성(自性)을 찾자는 것이지 재를 지내서 천도하자는 것은 아닙니다." 이 구절이야말로 금오 선사께서 '49재'를 어떤 의미로 바라보고 있는지를 알 수 있게 한다.
38) 『금오집(2010년 본)』, p.158.

보아, 서로가 법 거량을 한 것으로 '읽기'를 할 수도 있다. 특히 이 유묵을 받은 장본인이 소요 수좌임을 생각하면 더욱 그렇다.

소요 수좌는 당시 스무 살을 조금 넘겼고 오대산에서 선 수행을 했었다. 참선도 맹렬하게 했을 뿐만 아니라 한학에도 매우 조예가 깊었다고 한다. 이런 정황을 고려할 때에, 여기에 등장하는 '사미'는 소요 수좌이고, '스승'은 금오 선사 자신일 가능성도 있다. 그리하여 소요 수좌와 금오 선사가 대등한 관계에서 법 거량한 것으로, 이 유묵에 대한 '읽기'를 다시 해 볼 필요가 있다. 그렇게 '읽기'를 하면, 전혀 새로운 맛이 난다.

필자의 '읽기'에 대해 생각을 돌아보게 해 주신 분은 봉선사 회주이시자 조계종 원로이신 밀운 부림 선사이시다. 간단하게나마 그 내용을 적어 가르침에 감사를 드린다.

제11장

청담 순호 선사의 선사상

1. 스승의 문집을 발간하는 자세
2. 『신심명』이 전하는 의미
3. 청담 선사가 이해한 『신심명』
4. 번역에 드러난 문제

1. 스승의 문집을 발간하는 자세

한국 근현대 불교 교단을 논함에 있어서, 청담 순호(青潭淳浩; 1902~1971) 선사는 빼놓을 수 없는 중요한 인물이다. 세칭 '불교정화'에 관한 한 더욱 그렇다.

그런데 필자는 '불교정화'에 대하여 독신 비구가 고대 한국(삼국, 고려, 조선) 불교의 주류였고, 현대에도 그래야 된다는 입장은 원칙적으로 수용하지만, 1950년대 이후 그 원칙을 실현하는 과정에서 드러낸 부조리에 대해서는 회의적이다. 더구나 결과적으로 '급조승'이 배출되어 청빈(淸貧)한 수행자들과 뒤섞여 용상(龍象)의 방(榜)이 더럽혀진 역사는 참으로 안타깝게 생각한다. 더구나 선(禪)도 아니고 교(敎)도 아니고 염불(念佛)도 아닌 무종산승(無宗山僧)들이 음지에서 양지로 양성화(陽性化)된 것은 한국 현대 불교의 숙제라고 생각한다.

필자는 불교의 역사 방면보다는 사상 내지는 철학 방면에 주목하는 불교 연구자이다. 청담 선사는 위에서도 언급했지만, 한국 근현대 불교 교단 역사에 있어서 특히 '비구 대처 분규'의 역사 현장에서 많은 활동을 했던 중요한 인물로 알려져 있다. 때문에 청담 선사의 사상을 균형있고 사실에 맞도록 밝혀내기 위해서는 역사학적 내지는 사회학적인 분석이 필요하다. 이 방면의 연구는 이 분야의 연구자들에 의해 속속 진행되고 있다. 이와 함께 선사의 불교 사상에 대해서도 밝혀내야 한다고 생각한다. 그래서 본 장에서는 청담 선사가 젊은 시절 수덕사 만공(滿空; 1871~1946) 선사의 회상에서 수행한 경력 등을 감안하여, 또 청담 선사 자신의 '마음'에 관한 법문 등을 고려하여, 청담 선사의 선사상 부분을 밝혀 보려고 한다.

청담 선사의 선사상을 탐구하기 위하여 문헌 연구자인 필자는 우선 『청담대종사전서』(전11권, 1999년)를 탐독했다. 그런데 매우 유감스럽게도 전집이 안고 있는 자료적 문제가 우선적으로 대두되었다. 그 문제란, 단도직입적으로 말해보면, 어디까지는 청담 선사 자신이 생산한 문서이고, 어디부터는 편집자 내지는 문인(門人)들이 생산한 문서인지를 구별하기가 쉽지 않다는 것이다.

물론 판이하게 드러나는 부분도 있고, 문장의 품격으로 보아 심증이 가는 부분도 있어 주의 깊게 살펴보면 옥석을 가릴 수는 있었다. 그 전집은 불교 교단의 역사에 관련된 부분은 상대적으로 자료 정비가 잘 되었지만, 불교 사상 특히 선사상 부분은 선불교 전문가의 교감이 필요하다.

근자에 발간된 백용성 선사의 문집 『용성대종사전집』을 보더라도 용성의 원 저서를 영인(影印)해서 출판했기 때문에, 후인(後人)들이 다른 자료를 이 전집 속에 섞어 넣었어도 독자들이 쉽게 가려볼 수 있다. 이런 점은 한암 선사의 문집인 『한암 一鉢錄(일발록)』도 그렇고, 운허 강백의 문집인 『운허선사어문집』도 그렇고, 태허 대법사의 문집인 『태허 대법사 유문집 成佛圖(성불도)』도 그렇고, 구산 선사의 문집인 『九山禪門(구산선문)』도 그렇고, 퇴옹 선사의 문집인 『本地風光(본지풍광)』도 그렇다. 이런 점에서 청담 선사의 문집은 교감을 좀 더 잘 했으면 좋았을 것이라는 아쉬움이 남는다. 한국 현대 불교 교단사의 중요한 인물인만큼 그 명성에 걸맞게 정본(定本)[1]이 나오기를 희망한다.

『청담대종사전서』 중에서 전통적인 의미의 선(禪)과 관련된 문헌으로 필자가 보기에는 제2권에 실린 『신심명·선입문』을 꼽을 수 있다. 이 책은 1971년에 출간된 『마음의 法門(법문) -信心銘(신심명) 講義(강의)』와 청담 선사 사후 7년이 지난 1978년에 간행된 『禪入門(선입문)』을 합본한 것이다. 그것은 전집의 편집상 한 책의 분량으로 묶다보니 그럴 수 있다.

그런데 『신심명·선입문』의 제2장과 제4장은 청담 선사의 작품이 아니고, 문제자(門弟子)가 보완 삽입한 것으로, 사실은 그 전집에 들어갈 성격의 자료는 아니다. 이런 자료적인 문제도 있고 해서, 본 장에서는 『신심명 · 선입문』(『청담대종사전서』제2권) 중에서 문제자가 보완한 부분은 제외하고, 청담 선사 본인의 사상을 담고 있다고 사료되는 나머지 부분을 연구의 자료로 삼을

1) 한암문도회가 제대로 된 선사(先師)의 문집을 내기 위해서 여러 차례 재판을 거듭하여 정본을 만든 것은 고인의 문집 발간에 좋은 사례가 될 수 있어 여기에 소개한다. 처음에는 『한암 일발록』이라는 서명으로 여러 차례 교정판을 거듭하다가, 1996년에는 『수정증보판 한암일발록』을 냈고, 다시 2010년에는 『정본 한암일발록』(전2책)을 세상에 내놓았다.

수밖에 없었다.

『청담대종사전서』를 읽어본 사람이면 공통적으로 느낄 수 있는 사안의 하나는, 그야말로 청담 선사는 문자 그대로 '정화(淨化)'에 대한 신념이 투철했다는 것이다. 비록 당시에 동탁 조지훈으로부터 「독선심(獨善心)의 장벽」[2]이라는 제하(題下)로 일간지에서 혹독한 비평을 받기는 했어도, 불교를 바로 잡겠다는 일종의 사명감으로 일생을 보낸 한국 현대 불교의 지도자였음은 충분히 알 수 있다. 필자도 그렇게 생각한다.

그렇다고 하더라도 '청담사상연구소'에서 발행하는 학술 잡지 『마음』에 실린 몇몇 필자들이 보여준 찬양과 칭송식의 글쓰기에 대해, 필자는 비교적 '냉담한 입장'을 가질 수밖에 없다. 그 이유는 객관적 사료나 문헌적 근거를 남보하지 못했기 때문이다. 그렇다고 사실적 근거나 논리적 근거가 박약한 채로 '덕담'을 하자니 필자는 아직 그런 나이가 되지는 못했다. 그렇다고 청담 선사에 대한 세간의 부정적 '소문'만으로, 당대 불교계를 대표했던 최고 지도자의 공덕을 평가절하하는 것도 역시 필자의 '스타일'은 아니다. 그 반대도 마찬가지이다.

분명한 것은, 청담 선사에 대한 학문적 평가를 함에 있어 근거없는 추켜세움은 오히려 청담 선사의 공덕을 절감시킨다는 것이다. 청담 선사의 선사상에 대한 좀 더 섬세하고 근거 있는 학술적 논의가 나오기를 기대하면서, 본 장에서는 우선적으로 『신심명』을 중심으로 청담 선사의 선사상 연구를 시작해 본다.

연구의 방법은 『신심명』의 한자 원문에 대해 청담 선사가 어떻게 '번역'했고 '해석'했는지에 초점을 맞추어, 그 속에 드러난 청담 선사의 선사상을 찾아내는 방법을 사용했다. 이 과정에서 필자는 퇴옹(1912~1993) 선사의 『신심명·증도가 강설』(장경각, 1986년)과 서로 비교하기도 했다. 이렇게 비교하는 방법을 사용한 이유는 그렇게 하면 청담 선사의 선사상이 대조적으로 잘 드러날 것이라고 생각했기 때문이다. 또 『신심명』을 자료로 강의를 한 두 선사의 강의록이

2) 조지훈, 「독선심의 장벽-이청담師의 所論을 읽고」『잡언록』(청담문도회 간, 『청담대종사전서』 제4권, 1999, p.211.

모두 책으로 출판되어 입수가 용이하기 때문이다.

『信心銘(신심명)』이라는 명문(銘文)은 중국 남종선의 제3조인 승찬(僧璨; ?-606) 선사의 작품으로 알려져 왔고, 청담 선사도 그렇게 믿고 있었다. 비록 이 책이 정말 승찬 선사의 작품인가에 대한 서지적 진위 문제가 남아 있기는 하지만, 『신심명』은 백장-황벽-임제 등의 선승을 거치면서 형성된 '남종선의 사상적 전통'에서 중요한 문헌으로 공인되어 오늘에 이르고 있다. 물론 승찬의 진찬(眞撰)으로 말이다. 때문에 이 문헌을 인용하거나 내지는 이용하여 '남종의 선사상'을 언급하더라도 문헌적 근거 대기에는 전혀 문제될 것이 없다.

그러면 '남종선의 사상적 전통'에서 이 책에 담긴 내용을 어떻게 이해할 것인가? 이 물음의 논의에 들어가기 전에 『신심명』의 '텍스트'를 확정할 필요가 있는데, 본 장에서는 편의상 한국(조선시대)에서 많이 읽혀온 『경덕전등록』에 속에 수록된 『신심명』[3)]을 대본으로 하기로 한다. 분량이 많지 않으니 행론(行論)을 위해서 전문을 소개한다. 번호는 편의상 필자가 임의로 붙였다.

信心銘

三祖僧璨大師

01. 至道無難唯嫌揀擇. 02. 但莫憎愛洞然明白.
03. 豪釐有差天地懸隔. 04. 欲得現前莫存順逆.
05. 違順相爭是爲心病. 06. 不識玄旨徒勞念靜.
07. 圓同太虛無欠無餘. 08. 良由取捨所以不如.
09. 莫逐有緣勿住空忍. 10. 一種平懷泯然自盡.
11. 止動歸止止更彌動. 12. 唯滯兩邊寧知一種.
13. 一種不通兩處失功. 14. 遣有沒有從空背空.
15. 多言多慮轉不相應. 16. 絶言絶慮無處不通.

3) 「信心銘」『景德傳燈錄』권제30, (『대정장』51, pp.457a-457b).

17. 歸根得旨隨照失宗. 18. 須臾返照勝卻前空.
19. 前空轉變皆由妄見. 20. 不用求眞唯須息見.
21. 二見不住愼莫追尋. 22. 才有是非紛然失心.
23. 二由一有一亦莫守. 24. 一心不生萬法無咎.
25. 無咎無法不生不心. 26. 能隨境滅境逐能沈.
27. 境由能境能由境能. 28. 欲知兩段元是一空.
29. 一空同兩齊含萬象. 30. 不見精麤寧有偏黨.
31. 大道體寬無易無難. 32. 小見狐疑轉急轉遲.
33. 執之失度必入邪路. 34. 放之自然體無去住.
35. 任性合道逍遙絶惱. 36. 繫念乖眞昏沈不好.
37. 不好勞神何用疏親. 38. 欲取一乘勿惡六塵.
39. 六塵不惡還同正覺. 40. 智者無爲愚人自縛.
41. 法無異法妄自愛著. 42. 將心用心豈非大錯.
43. 迷生寂亂悟無好惡. 44. 一切二邊良由斟酌.
45. 夢幻虛華何勞把捉. 46. 得失是非一時放卻.
47. 眼若不睡諸夢自除. 48. 心若不異萬法一如.
49. 一如體玄兀爾忘緣. 50. 萬法齊觀歸復自然.
51. 泯其所以不可方比. 52. 止動無動動止無止.
53. 兩旣不成一何有爾. 54. 究竟窮極不存軌則.
55. 契心平等所作俱息. 56. 狐疑盡淨正信調直.
57. 一切不留無可記憶. 58. 虛明自照不勞心力.
59. 非思量處識情難測. 60. 眞如法界無他無自.
61. 要急相應唯言不二. 62. 不二皆同無不包容.
63. 十方智者皆入此宗. 64. 宗非促延一念萬年.
65. 無在不在十方目前. 66. 極小同大忘絶境界.
67. 極大同小不見邊表. 68. 有卽是無無卽是有.
69. 若不如此必不須守. 70. 一卽一切一切卽一.

71. 但能如是何慮不畢. 72. 信心不二不二信心.
73. 言語道斷非去來今.

청담 선사의 『신심명·선입문』에 인용된 『신심명』 원문과, 『경덕전등록』에 인용된 『신심명』의 원문을 대조하면, 차이점은 약 네 군데 있다. 첫째는 〈41〉의 "法無異法(법무이법), 妄自愛著(망자애착)."의 '異(이)' 자가 청담 선사의 저서에는 '二(이)' 자로 되어 있다. 그런데 두 글자가 지시하는 의미 내용은 동일하기 때문에 문제될 것은 없다.

둘째는 위의 〈65〉와 〈66〉 사이에 청담 선사의 저서에는 "非古之今(비고지금), 三世一念(삼세일념)."의 두 게송이 더 들어있다. 이 부분도 역시 의미상에는 영향을 주지 않는다. 삽입된 두 구절의 의미는 〈64〉의 "宗非促延(종비촉연), 一念萬年(일념만년)"과 같은 의미이기 때문이다.

셋째는 〈44〉의 "一切二邊(일체이변), 良由斟酌(양유짐작)."에서 청담 선사의 저서에는 '良由(양유)' 대신 '妄自(망자)'로 되어 있는데, 둘 다 모두 '고연히 스스로' 또는 '참으로'라는 의미의 부사어이기 때문에 의미상에는 큰 차이가 없다.

넷째는 〈69〉의 "若不如此(약불여차), 必不須守(필불수수)."에서 '如此(여차)'가 청담 선사의 책에는 '如是(여시)'로 되어 있다. 이것도 역시 의미상에는 영향을 미치지 않는다.

결론적으로 청담 선사의 『신심명·선입문』은 '『신심명』 텍스트 자체'와 문자적으로, 위에서 제시한 등의 자구(字句)의 출입은 있지만, 문제가 없다고 할 수 있겠다.

2. 『신심명』이 전하는 의미

이상에서 보았듯이, 청담 선사의 원문 활용에는 결정적인 문제점은 발견되지 않는다. 결국 논의의 초점은 '『신심명』 텍스트 자체'가 전하는 의미를 청담 선사는 어떻게 이해하여 강의했는가이다. 이 점을 분명하게 해두어야만, 『신심명』 강의에 드러난 청담 선사의 선사상을 찾아낼 수 있기 때문이다.

이 문제는 당나라 시대에 부상한 남종선(南宗禪)의 근본 이념과 연관해서 분석함이 타당할 것이다. 사상이란 시대의 사조를 반영하기 때문이다.

먼저 우리는 대통 신수(大通神秀; 606~706)를 '북종'이라고 배격하고, 6조 혜능(慧能; 638~713)을 등장시켜 '남종'을 현양(顯揚)했던 대표적 선승이 하택사(荷澤寺)의 신회(神會; 684~758)[4] 였음을 상기해야 할 것이다. 신회의 선사상은 무념(無念), 무주(無住)를 근본으로 한다. 그리고 견성(見性)이다. 이 점은 규봉(圭峰; 780~841)의 증언이나 『神會和尙禪話錄(신회화상선화록)』(楊曾文 編校, 中華書局, 1996)에 곳곳에 드러난다.[5]

'무념', '무주', '무심' 등은 (1)일체의 언어나 사유를 매개로 하는 분별(分別)을 하지 말라는 것이다. 그리고 '견성'은 (2)저마다 간직한 자신의 본성을 체험하라는 것이다. (1)과 (2)는 『신심명』 전편(全篇)에 깔려있는 논조이다.

(1)에 관한 사례로는, 〈1〉에서 간택을 하지 말라는 것, 〈2〉에서 미워함도 사랑도 하지 말라는 것, 〈4〉에서 순역(順逆)도 생각하지 말라는 것, 〈8〉에서 취사선택으로 인해서 한결같아지지 못한다는 것, 〈15〉에서 말이나 생각이 많을수록 깨달음에서 멀어진다는 것, 〈20〉에서 견해를 쉬라는 것, 〈21〉에서 찾아 헤매지 말라는 것, 〈22〉에서 시시비비하는 마음이 있으면 본마음을 잃어버린다는 것, 〈24〉에서 한 마음도 일어나지 않으면 어디에도 허물이 없다는 것 등등이 대표적 사례인데, 이밖에도 이런 사례는 『신심명』 전편에 깔려있다.

한편, (2)에 관한 사례로는 〈6〉의 '현지(玄旨)' 또는, 〈49〉의 '일여체현(一如體玄)'[6]의 '현(玄)' 자(字) 또는, 〈60〉의 '진여법계' 등등을 들 수 있다.

결국은 (1)의 용례처럼 일체의 사량분별을 끊어 '무심(無心)'하면, 결과적으로 (2)의 용례처럼 '진여법계(眞如法界)' 또는 '자성(自性)'을 체험할 수 있다는

---

4) 신회(神會; 684~758) : 신회의 생몰 연대를 『선학사전』(이철교·일지·신규탁, 불지사, 1995)에서는 670~762로 했는데, 새로 발굴된 신회의 문서들에 의해서 바로 잡는다.

5) 신규탁 편역, 『화엄과 선』, 서울: 정우서적, 2010, p.126, 또는 pp.160~161 등 참조.

6) 일여체현(一如體玄) : 한결같이 현묘한 이치, 즉 자성을 체험하기.

것이다. 이것이 『신심명』을 지은 저자가 전하려는 '메시지'다. 그리고 이 '메시지'는 마조-백장-황벽-임제로 이어지는 '남종선의 사상적 전통'에 서 있는 선승들의 입장과도 일치한다. 물론 하택사 신회의 선사상과도 일치한다.

3. 청담 선사가 이해한 『신심명』

그러면 청담 선사는 『신심명』이 전하려는 의미를 어떻게 '파악' 또는 '해석' 하고 있는가? 한 마디로 대답하면, '마음 법문'으로 이해했다고 있다고 대답할 수 있다.

> 승찬 선사께서 이 '마음 법'을 얻어서 법문을 지으신 것이 바로 『신심명』입니다. 내가 서론에서 말한 '마음' '나'가 다 이 '마음 법'의 해설입니다. 『신심명』 37 게송[7]이 다 이렇게 저렇게 이 '마음'을 요약한 법문입니다. 우주가 다 이 속에 있고, 온갖 진리가 다 이 가운데 있습니다.[8]

청담 선사가 '마음'이라는 단어를 각별하게 많이 사용하고 있음은 선사의 저서를 읽어본 사람이나, 또는 선사의 법문을 들은 사람들이면 누구나 공감할 것이다. 청담 선사 하면 '마음', '마음' 하면 청담 선사 할 정도로 선사 생전에도 유명했었다. 그러데 궁금한 것은 청담 선사는 '마음'을 어떻게 이해하고 있었는가? 당나라의 규봉 종밀은 『원각경대소』의 「현담」에서 '심(心)'을 4종류로 분류하기도 하는데, 청담 선사가 말하는 '마음'이란 어떤 것인가? 청담 선사의 이야기를 직접 들어 보자.

---

7) 『신심명』 37 게송 : 청담 선사는 4字로 된 4句를 1게송으로 묶어 모두 '37게송'이라 계산했다. 한편, 『전등록』의 경우는 4字로된 게송이 모두 146게송이다. 결국 청담 선사가 대본으로 한 것은 4자로 된 2게송이 더 많은 데, 그것은 위 본문의 〈65〉와 〈66〉 사이에 있는 "非古之今, 三世一念."의 두 게송이 더 들어있기 때문이다.

8) 청담문도회 편, 『신심명·선입문』, (『청담대종사전서』제2권), 47쪽.

> 내가 '마음'이란 말을 자주 하는데, 이 마음은 심성(心性)·불성(佛性)이란 뜻으로 하는 말입니다. 이 마음자리는 억만겁 이전부터 있었고, 억만겁 뒤에 가서도 옛 것은 아닙니다.
>
> …〈중간 필자 임의 생략〉…
>
> 이 '마음'은 서론에서 말한 생명이고, '참나'이고 절대자입니다. 생명이 있는 중생이면 누구나 다 갖추어 있는 것이므로, 본래부터 성불(成佛)입니다. 없는 마음을 따로 창조해내는 것이 아닙니다.[9]

더 이상 따로 설명할 필요 없이, 청담 선사의 마음에 대한 이해는 전통적인 해석을 계승하고 있음을 알 수 있다. 소위 법성교학(法性敎學)에서 말하는 자성청정심(自性淸淨心), 원각묘심(圓覺妙心), 원묘명심(圓妙明心), 진여자성(眞如自性), 본각진심(本覺眞心), 부모가 낳아주기 이전의 본래 자기, 등등으로 이름은 달리 붙여지지만, 그 지시하는 내용은 동일하다.

물론 청담 선사는 교상(敎相)에 따른 분석적 설명은 거의 하지 않는다. 청담 선사는 석전 영호 장로(長老)의 제자였고 또 그 문하에서 이력을 보았다고 하지만 학승의 가풍을 따르지는 않았다. 그보다는 오히려 수덕사 만공 선사와의 만남이 향후 청담 선사의 불교 사상 형성에 더 많은 영향을 준 것으로 보인다. 이하에서 보이는 교학에 대한 청담 선사의 견해가 더욱 그렇게 생각하게끔 한다.

> 교종(敎宗)에서는 흔히 경(經)만 보고 철학적으로 이론만 따지는데, 이런 방법으로는 마음을 깨쳐서 생사를 해탈할 수 없습니다.[10]

'경 보는 것'에 대한 이런 입장도 있지만, 그렇지 않은 입장도 있다. 이 책의 「제7장. 겸손한 화엄 학승 : 운허 용하」 주47)의 운허 강백과 같은 입장도

9) 청담문도회 편, 『신심명·선입문』, (『청담대종사전서』제2권, p.53).
10) 청담문도회 편, 『신심명·선입문』, (『청담대종사전서』제2권, p.59).

있다.

위의 인용에서처럼 청담 선사의 '마음 법문'에는 '법성(法性)'에 대한 전통적인 맥을 계승하고 있지만, 교(教)보다는 선(禪) 쪽 경향이 있음을 알 수 있다. 그런데 전문적인 간화(看話) 납승을 대상으로 하는 상당법어는 별로 없다. 오대산의 한암 선사처럼 섬세하고 준엄한 선문답을 주고받은 흔적도 없고, 또 송광사의 구산 선사나 해인사의 퇴옹 선사처럼 『경덕전등록』이나 『선문염송』을 비롯한 선어록을 염롱(拈弄)한 상당법어는 보이지 않는다.

그러나 청담 선사는 선에 대해 일반 재가 불자들에게 알아듣기 쉽게 대중적으로 강의를 했다. 당시에 어렵게만 느꼈던 선(禪)에 대하여, 일반인들이 친근감을 가지고 접근할 수 있게 한 점은 청담 선사의 큰 공이라 할 수 있겠다. 이런 연장선에 청담 선사는 『신심명』을 '마음 법문'으로 해석하고 있다.

그리고 청담 선사는 『신심명』 전체를 〈1〉의 "至道無難(지도무난), 唯嫌揀擇(유혐간택)"의 여덟 글자가 핵심이며, 뒤로 가면서 표현이 달라지지만 결국은 뜻은 되풀이된다고 보았다.

> 『신심명』은 처음부터 지도무난(至道無難) 유혐간택(唯嫌揀擇)하는 데부터 시작해서 문자만 다르게 표현했을 뿐 거의 같은 뜻을 되풀이하여, 우리가 깨칠 수 있도록 힌트를 드러내 보이고 있습니다.[11)]

『신심명』을 해설함에 있어서 〈1〉의 "至道無難, 唯嫌揀擇."과 〈2〉의 "但莫憎愛, 洞然明白." 등 4 구절을 가지고 전체를 설명하는 입장은 선문의 오랜 유래가 있다. 퇴옹 선사는 이런 사례를 낭야 혜각(瑯琊慧覺) 선사가[12)] 당시 재상과 문답했던 전고를 들고 있다.[13)]

이렇게 청담 선사는 『신심명』이 가르침은 '마음자리'를 깨치는 법문이며, 또 그러기 위해서는 간택이나 시비 분별을 쉬어야 하며, 또 첫 네 귀가 중요하

11) 청담문도회 편, 『신심명·선입문』, (『청담대종사전서』제2권, p.116.)

12) 중국 송대의 선사 생몰연대 미상. 분양 선소(947~1024)의 제자.

13) 퇴옹성철, 『신심명·증도가 강설』(『성철선사 법어집』 1집 5권), 장경각, 1986, p.24.

다고 해석하는 입장은 전통적인 선승과 입장을 같이하고 있다.

한편 성철 선사는 『신심명』을 '양변을 여읜 중도(中道)에 입각'하여[14] 해석하는데 비해, 청담 선사는 '격외선(格外禪)'으로 이해하고 있다. 이 점은 청담 선사의 독창적인 관점이라고 할 수 있다. '격외선(格外禪)'이라는 용어는 필자가 붙인 것이 아니고, 청담 선사 스스로 그렇게 한 것이다. 청담 선사가 '격외선(格外禪)'이라는 용어를 어떤 의미로 사용하고 있는지를 알기 위해서는 먼저 선사의 말을 들어볼 필요가 있다.

> 『금강경(金剛經)』은 오히려 의리선(義理禪)입니다. 망상을 자꾸 떼고 떼고 하는 것이 『금강경』의 내용이지만, 그래도 그것은 논리를 가지고 있기 때문에 『신심명』하고는 좀 다른 데가 있습니다. 경의 내용으로 봐서는 『금강경』하고 『신심명』하고 똑같은데, 설명하는 방법이 『금강경』은 한 개의 논리이고, 『신심명』은 논리를 초월한 글입니다. 『신심명』을 공부하다 보면, "아! 여기가 그 자리였구나" 이렇게 깨칠 수 있는 말이 많이 있습니다. 그러므로 『신심명』은 격외선(格外禪) 도리라 할 수 있습니다.[15]

청담 선사는 위의 문맥에서 보는 한 '논리를 초월하는 선'을 '격외선(格外禪)'으로 명명하고 있음을 알 수 있다. 청담 선사가 말하는 '논리'란, 청담 선사의 다른 표현을 빌리면, "따지고 생각하는 것"이다. 결국은 청담 선사가 말하는 격외선(格外禪)이란 '따지고 생각해서는 알 수 있는 경계 너머에 있는 선', 또는 '따지고 생각해서 알 수 있는 경계를 넘어서게 하는 선'으로 풀이할 수 있을 것이다. 다음의 인용문은 필자의 이런 해석을 뒷받침 한다.

> 이와 같이 따지고 생각해서 알 수 없는 콱 막히는 경계에서, 한 가지 의심을 풀기 위해 골똘하고 일여(一如)하게 생명을 걸고 의심해 나가는 수행이 참선법(參禪法)입니다. 『신심명』은 우리들을 이 경지에 바싹 이끌어다주는 법입니다.[16]

14) 퇴옹성철, 『신심명·증도가 강설』(『성철선사 법어집』 1집 5권), 장경각, 1986, p.12.
15) 청담문도회 편, 『신심명·선입문』, (『청담대종사전서』제2권), p.59.

『신심명』에 대한 청담 선사의 이상과 같은 이해 내지 해석에 대하여, 필자 같은 선학 연구자들은 어떻게 이해하고 평가해야 할까? 이 문제는 연구자 쪽의 몫이다. 결국은 이에 대한 대답이 청담 선사의 '선사상'이 무엇이냐는 문제 제기에 대한 답변이 될 것이고, 또 그에 대한 필자의 평가이기 때문이다.

우리는 우선 그 답변을 청담 선사 자신이 내놓은 문서(文書)에서 찾아야 할 것이다. 그 문서란 무엇인가? 그것은 『선입문』(『청담대종사전서』, 제2권)이다. 이 책은 원래는 미완성 유고였는데, 선사의 제자 혜성(慧性) 스님이 '청담 큰스님 3주기'를 맞이하여 1974년에 편집한 것이다. 모두 4장(章)으로 구성되어지만, 「제1장. 선(禪)의 사상」, 「제3장. 선(禪)으로의 회귀」, 이 두 장만이 청담 선사의 유고라 한다. 그 밖의 「제2장. 선(禪)과 인격형성」, 「제4장. 선사(禪史)와 그 배경」, 이 두 장은 제자 혜성(慧性) 선사가 '보완 작업'한 것이라고 그 「서문」에 밝히고 있다. 청담 선사의 생각이 담긴 제1장 중에서 「선(禪)이라 무엇인가」라는 글을 활용하여, 필자는 위에서 제기한 답변의 실마리를 찾고자 한다. 먼저 청담 선사의 글을 읽어보자.

> 선(禪)은 선이 아니다. 그러므로 '선'하면 벌써 '선'과는 거리가 먼 것이다. 왜냐하면 '선'은 우주 인생의 본연면목(本然面目)이기 때문에 '선'이 따로 있는 것이 아니고 내외·유무·시비·생사·열반·홍망·고락·허무·영원 그것들 전체가 모두 '禪'이다.
>
> 봄도 '선'이요, 가을도 '선'이다. 산도 '선'이요, 물도 '선'이다. 늙고 병들고 죽음도 '선'이다. 선(善)도 '선'이요, 악(惡)도 '선'이다. 중생도 부처도 '선'이다.
>
> 그러기 때문에 '선'을 따로 찾으면 그것은 곧 '선'과는 영원히 이별하고 마는 것이다. 그렇다고 해서 또한 그러한 줄로만 알면 그것 역시 '선'이 아니다. 왜냐하면 '선'은 우주 인생의 본연 면목이기 때문에 '선'은 따로 없다. 시간 공간할 것 없이 일체 만물은 하나도 '선'이 아니다.
>
> 유정 무정이 다 '선'이 아니다. 생사도 열반도 '선'이 아니다. 중생도 부처도 '선'이 아니다.

16) 청담문도회 편, 『신심명·선입문』, (『청담대종사전서』제2권), p.60.

이러하니 '선'은 쉬울 수도 있고 어려울 수도 있는 것이다. 쉽다면 코로 숨쉬는 것보다 더 쉬운 일이고, 어렵다면 손으로 별 따기보다도 더 어려운 일이다.

그러면 과연 어떤 것이 '선'일까?

'해가 막 서산으로 넘어가자 달은 미리 동쪽 숲 위에 떠 있도다.'

정말로 이러한 사실 이상의 사실인 실상(實相) 소식이 사람 사람마다 뚜렷이 드러나서 영원히 죽지 아니하고 또한 오만가지 복덕과 지혜를 다 갖추어 있는 것이기 때문에 인생은 항상 영원을 동경하며 동시에 죽음에 대해서는 끝까지 원한을 품게 되는 것이다.

아! 이 거룩한 소식! 고맙도다.[17)]

이 인용문을 읽은 독자들은 '논리를 초월하는'이라는 말이 무슨 뜻인 줄 짐작이 갈 것이다. 물론 그 속에서 전하려고 하는 '메시지'는 없지 않다. 그것을 알아보자. 청담 선사는 (1)모든 게 다 선(禪)이라고 말 하고 있고, 그렇다고 또 (2)그러한 줄로만 알아도 안 된다고 한다. 그러면 무엇인가? (3)선은 실상(實相)의 소식이란다. 그렇다면 그런 실상의 소식이란 대체 어떠한가? 청담 선사는 은유적인 게송으로 대신하고 있다. (4)해가 막 서산으로 넘어가자 달은 미리 동쪽 숲 위에 떠 있도다.

자, 이제는 그렇다면 청담 선사의 선사상이 무엇인가에 대해서, 필자가 답변을 해야 할 차례이다. 위의 분석으로 답변 할 수 있다. 청담 선사는 선(禪)이란 무엇이라고 일단 주장한 다음에는, 얼른 그 말에서 발을 빼고는 이어서 그것만도 아니라고 한다. 이런 대화법은 청담 선사의 글에 기본을 이루고 있다.

그렇게 하는 이유는, 듣는 이가 언어나 말에 매이는 것을 방지하기 위해서라고 '순기능' 쪽으로 평가할 수도 있을 것이다. 그런 부분도 없지는 않다. 그러나 그렇게만 한다면 '제대로 된 선사'와 '말만 잘하는 선사' 사이의 구별이 사라진다. 이런 어설픈 방식으로 어떻게 '따지고 생각해서는 알 수 있는 경계 저 너머에 있는', 또는 '따지고 생각해서 알 수 있는 경계 너머로 진입하게 하는' 것이 가능하단 말인가?

---

17) 청담문도회 편, 『신심명·선입문』, (『청담대종사전서』 제2권), pp.228~229.

더구나 위의 (3)에서 실상(實相)을 표현하겠다면서 제시한 게송 (4)를 보자. 이 게송은 〈관음시식〉 중 소대(燒臺)에서 일상적으로 염불하는 "욕식불조회광처(欲識佛祖廻光處 : 부처님이나 조사님의 회광하는 자리를 알려는가?), 일낙서산월출동(日落西山月出東; 해가 서녘으로 지면 달은 동쪽에서 뜨는 법이라네.)"을 연상하게 한다.

이 게송이 틀린 것은 아니다. 필자가 말하려는 것은 청담 선사는 전통적인 선승인 한암, 구산, 퇴옹 등의 선사들과는 법문의 형식이 다르다는 것이다. 전통적인 선사들은 시절 인연에 따라 타인의 화두나 게송을 염거(拈擧)하더라도 자신만의 체험을, 대어(代語)또는 별어(別語) 평(評), 송(頌) 등 다양한 방식으로 제창한다. 선 법문의 형식에 있어서, 청담 선사는 전통적인 선승이기보다는 현대적 선 법문의 새로운 장을 열어간 선사라고 할 수 있겠다.

4. 번역에 드러난 문제

이하에서는 『신심명』의 한글 번역과 관련해서 청담 선사의 선사상을 살펴보기로 한다. 전체를 모두 검토해야겠지만, 『신심명』이 현재 한국 독서계에 널리 읽히고 있기 때문에 부득이 꼭 짚고 넘어가야 할 부분 두 곳만 살펴보기로 한다.

첫째, 〈10〉"一種平懷(일종평회), 泯然自盡(민연자진)."에 나오는 "일종평회"를 어떻게 해석하고 이해하면 좋을까? 청담 선사는 "한 가지 그대로만 지니면 헛(된) 것은 스스로 다하리라"라고 번역한다. 그리고는 이 구절을 이렇게 강의한다.

> 불교는 확실히 말 밖에 있고, 글자 밖에 있고, 생각 밖에 있습니다. 이 밖에 있는 것을 알아들었으면 이것을 일종(一種)이라고 합니다. 생사도 열반도 초월한 어떤 것을 가지고 모든 생각을 쉬어간다는 말입니다. '평회(平懷)'라는 것은 생각을 쉬고 경계에 다시 끌려가지 않아서 자기의 마음을 어떤 경지에서 평평히 하면, 그 때가 자기를 알아차리는 순간이요, 불법의 견해가 바로 들어서는

때입니다.[18)]

이 인용문에서 보면, 청담 선사는 '일종(一種)'을 "생사도 열반도 초월한 어떤 것"으로 해석하고 있음을 알 수 있다. 선사의 이런 입장은 〈13〉게송을 설명하는 곳에서 더욱 분명하게 드러난다. 선사는 "그러니까 일종(一種)은 공(空)입니다.[19)]"라고 명사적으로 해석하고 있다. 명사적으로 해석하는 점은 성철 선사의 경우도 마찬가지이다. 성철 선사는 '일종(一種)'을 자성청정심(自性淸淨心) 또는 진여자성(眞如自性) 또는 중도(中道)로 해석하고 있다.[20)]

그런데 필자는 좀 달리 해석한다. '일종(一種)'을 '한결같이' 또는 '한결같은'의 부사적 용법으로 보아 〈09〉에서 나오듯이 '유연(有緣)'의 경우나 혹은 '공인(空忍)'의 경우나, 즉 세간법이나 출세간법이나 그 어느 쪽에도 매이거나 집착하지 말고 한결같이 평등하게 마음이 유지되면, (일체 모두가) 완전하게 모두 사라진다는 의미이다. 이렇게 '일종(一種)'이 부사적 용례로 사용되는 것은 〈12〉와 〈13〉의 경우도 마찬가지이다. 〈12〉의 "唯滯兩邊(유체양변), 寧知一種(영지일종)." 이 원문은 "그저 양 변에 매여서야, 어찌 한결같은 상태를 알 수 있으리요?"로 해석할 수 있겠고, 〈13〉"一種不通(일종불통), 兩處失功(양처실공)." 이 원문은 "한결같지 못하면, 양 쪽 모두 공덕을 잃어버린다."로 해석할 수 있겠다.

그러면 전문 강사들은 어떻게 번역하는가를 보자. 그 한 예로 월운(月雲) 강백의 번역을 보자. 『한글대장경 182, 경덕전등록』에서는 "한가지로 평탄한 생각을 가지면 홀연히 저절로 다하리라."[21)]라고 번역하고 있다. 역시 여기에서도 '일종(一種)'을 '한가지로'라고 번역하여 부사적으로 처리하고 있음을 알 수 있다. 필자도 이런 번역과 맥을 같이하고 있다. 월운 강백의 「신심명』 한글 번역은 문장의 어법도 정확하고 우리말의 맛도 살렸다.

---

18) 청담문도회 편, 『신심명·선입문』, (『청담대종사전서』제2권), p.88.
19) 청담문도회 편, 『신심명·선입문』, (『청담대종사전서』제2권), p.93.
20) 퇴옹성철, 『신심명·증도가 강설』(『성철선사 법어집』 1집 5권), 장경각, 1986, pp.29~31.
21) 김월운 역, 『한글대장경 182, 경덕전등록Ⅱ』, 동국역경원, 1971, p.605.

둘째, 〈36〉"繫念乖眞(계념괴진), 昏沈不好(혼침불호)."와 〈37〉"不好勞神(불호노신), 何用疏親(하용소친)."을 보자. 청담 선사는 〈36〉의 원문을 "마음 두고 분별 내어 참뜻과 어긋나면 흐리멍텅 가라앉아 좋지 않느니라."라고 번역하고, 〈37〉의 원문을 "좋지 않으면 정신이 번뇌로우니, 무어라 성기고 친함을 따지리오."라고 번역한다. 그리고는 〈36〉에 대해서 다음과 같이 강의한다.

> 어떤 한 생각을 일으키면 그것이 '계념(繫念)'이요, 벌써 '괴진(乖真)'입니다. 마음에 파도가 일어서 마음자리가 요동하기 시작하였습니다. 그렇게 되면 마음은 혼혼침침(昏昏沈沈)하여 파도가 칩니다. 물에다 조그만 모래알 하나라도 던지면 그만큼 물결이 일어납니다.
>
> 무엇을 본다고 생각하고 분별 망상을 일으키면 정신상태가 흐려져서 제대로 보지 못하게 됩니다. 이리하여 우리에게 생사(生死)의 고(苦)가 따르게 됩니다.[22)]

그런데 필자는 좀 다르게 읽는다. 〈36〉"繫念乖真(계념괴진) 昏沈不好(계념괴진)."에서, '繫念(계념)'과 '昏沈(혼침)'이 서로 대(對)가 된다. '繫念(계념)' 즉 마음을 움직이면 참과 멀어지고, 그렇다고 (마음을 움직이지 않는답시고) '昏沈(혼침)'에 떨어져서도 좋지 않다. '不好(불호)'는 '좋지 않다.', 또는 '잘못된다.'는 의미이다. 즉 사량분별을 해도 안 되고, 그렇다고 혼침에 떨어져도 안 된다. 이것이 『신심명』의 저자가 진정 전하려는 '메시지'이다.

이렇게 해석하고 나면 다음의 〈37〉"不好勞神(불호로신), 何用疏親(하용소친)."도 자연스럽게 해석된다. 즉 "마음[神]을 수고롭게 하는 것은 좋지 못하니, 어찌 친소를 나눌 필요가 있겠는가?" 친(親)-소(疏)를 나누어 마음이 쏠려서는 안 된다는 것이다. 친절하게 한답시고 '繫念(계념)'을 해도 안 되고, 그렇다고 반대로 소홀하게 (혹은 무심하게) 한답시고 '昏沈(혼침)'해도 못 쓴다.

필자의 자신의 이런 해석을 확인하기 위하여 퇴옹 선사는 이 문장을 어떻게 이해하고 강의하는지를 살펴보기로 했다.

---

22) 청담문도회 편, 『신심명·선입문』, (『청담대종사전서』제2권), p.122.

퇴옹 선사는 〈36〉의 원문에 이렇게 토를 단다. 즉 "繫念(계념)하면 乖眞(괴진)하야 昏沈(혼침)이 不好(불호)니라." 그리고는 이렇게 번역한다. 즉, "생각에 얽매이면 참됨에 어긋나서 혼침함이 좋지 않느니라." 좀 어색한 부분이 없지는 않지만, 성철 선사의 해설을 보면 이 어색함이 모두 해소된다. 성철 선사의 해설을 보자.

> 우리가 모든 집착심을 놓아 버리면 대도가 현전하지 않을래야 않을 수 없습니다. 그러나 일반적인 번뇌 망상은 그만두고, 대도·중도·부처라는 등의 생각에 조금이라도 생각이 얽매이면 바로 진리와는 어긋나므로, 〈… 필자 임의 생략 …〉
>
> 이처럼 생각에 얽매이지 말라 했다 해서 아무 것도 모르는 멍텅구리처럼 앉아만 있으면 되느냐 하면, 그것도 아니라는 말입니다. 생각에 얽매어도 병이고, 혼침해도 병이므로, 이 모두를 버려야 한다는 것입니다.[23)]

"생각에 얽매여도 병이고, 혼침해도 병이라"로 성철 선사는 이 문장을 이해하고 있음을 알 수 있다. 사실 한문을 우리말 문장으로 매끄럽게 번역하는 일이야 일종의 '테크닉'이므로, 이런 일은 이 분야를 '업'으로 삼는 사람이 할 일이다. 선사들에게 있어서 중요한 것은 『신심명』에서 지향하는 경지의 체험 여부이다. 또 그것을 이해하는 안목이다. 문장의 윤문은 시비할 일이 아니라고 생각한다.

그러면 한 선승이 그런 경지를 체험했는지를 어떻게 확인 내지는 검증할 수 있을까? 이 점에서 선문(禪門)에서는 명안종사(明眼宗師)의 인가를 중요하게 여긴다. 그리고 역대 명안종사들의 어록에서 제시하는 내용과 자신의 체험이 일치하는지를 비교 점검하는 것도 방법이다. 명안종사들의 '말씀'은 자신의 체험을 확인하는 거울이다. 이런 점에서 예로부터 그것을 '고경(古鏡)'에 비유했던 것이다. 우리나라의 경우는 전통적으로 『경덕전등록』과 『선문염송』이 그런 '고경(古鏡)' 역할을 했다.[24)]

23) 퇴옹성철, 『신심명·증도가 강설』(성철선사 법어집 1집 5권), 장경각, 1986, p.44.

그럼 다시 강사들은 위의 문장을 어떻게 번역하는 지에 대해, 그 한 예로 월운 강백의 번역을 보자. 한글대장경 『경덕전등록』에서 강백은 이렇게 번역한다.

> 생각에 얽매이면 참됨이 어긋나고
> 혼침(昏沈)하면 좋지 않으니
> 정신을 괴롭힘은 좋지 않거늘
> 무엇하러 친하고 성글게 굴리요."[25]

똑 떨어지는 번역이다. 월운 강백의 번역에도 그렇듯이, '繫念(계념)'하면 결과적으로 '乖眞(괴진)'하게 되고, 한편 '昏沈(혼침)'하면 그것도 '不好(불호)'이다. 그리고 〈36〉의 두 구절과, 다음에 오는 〈37〉의 두 구절이 서로 호응(呼應)하도록 번역하고 있다.

반면에서 청담 선사는 『신심명 · 선입문』의 제18게송에 "35. 任性合道逍遙絕惱. 36. 繫念乖真昏沈不好."를 배당하고, 또 그 책의 제19게송에 "37. 不好勞神何用疏親. 38. 欲取一乘勿惡六塵."를 각각 배당한다. 결과적으로 『신심명』 〈36〉과 〈37〉을 서로 다른 맥락으로 갈라놓은 셈이 되었다. 그러면서 〈35〉와 〈36〉을 같은 짝으로 하고, 또 〈37〉과 〈38〉를 같은 짝으로 이해했다.

구절의 짝 짓기를 다르게 한 채로 그것들 사이를 무리하게 연결하여 강의를 한 결과, 『신신명』의 원래의 메시지와 적잖은 거리가 생긴다. 선문(禪門)의 '장착취착(將錯就錯)'격이 되고 말았다. 선지(禪旨)가 열렸다면, 정말 문자에 구애되지 않고 문장의 낙처(落處)를 알아차려야 한다.

이상에서는 『신심명』 번역에 드러난 두 가지의 사례를 가지고 청담 선사가 이 책을 어떻게 이해하고 있는지를 살펴보았다.

---

24) 이런 전통은 이 책의 부록에 실린 『경국대전』의 「도승」조를 보아도 확인할 수 있고, 또 이 책의 「제6장. 친절한 간화 선승 : 한암 중원」과 「제12장. 구산 수련 선사의 선사상」과 「제13장. 퇴옹 성철 선사의 선사상」에서도 분석했다. 여기에 나오는 선사들은 『경덕전등록』과 『선문염송』을 종횡무진하게 염롱(拈弄)하면서 저마다의 가풍을 구사하고 있다.

25) 김월운 역, 『한글대장경 182, 경덕전등록Ⅱ』, 동국역경원, 1971, p.606.

『신심명』이 승찬의 작품이 아닌 훗날 누군가가 승찬의 이름을 빌렸다는 주장이 일본 학계에서 제기된 바 있다. 필자도 그렇게 생각한다. 그런데 문제는 이 책이 어느 시대에 생산되었고, 또 어떤 사상을 가진 사람(들)이 만들었냐는 것이다. 많은 연구가 더 필요한 부분이지만, 분명한 것은 중국 낙양의 하택사(荷澤寺) 신회(神會; 684~758)의 남종 현창 운동 이후에 만들어진 것은 분명하다. 화엄 종사 청량 징관(738~839)도 『신심명』을 『화엄경수소연의초』(권37)에[26] 인용하고 있는 것으로 보아, 대개 8세기 중엽 이후에서 9세기 초에 생산된 것으로 추정된다. 이 책은 돈오견성(頓悟見性)과 무심수행(無心修行) 사상이 퍼지던 당시에 생산된 서적임을 알 수 있다. 물론 승찬(?-606)이 활동하던 6세기 말에서 7세기 초 시이에는 이런 사상은 아직 대두되지 않았다.

'돈오'와 '무심'을 강조하는 남종선의 전통에 서 있는 선사들에게 『신심명』은 자신들의 사상적 근거를 제시하는 데에 있어 매우 중요하다. 그래서 역대의 많은 선승들이 『신심명』을 가까이 두고 읽었다. 그 전통은 오늘날 한국에도 계속된다.

필자가 검토해 본 이상의 두 가지 사례에 한정해서 말해본다면, 청담 선사의 이름으로 출간한 『신심명·선입문』의 일부 내용은 습선(習禪)을 업으로 하는 사람들도, 역경(譯經)을 업으로 하는 사람들도 동조하기 어려운 부분이 있었다. 이런 부분은 혹시, 『신심명 · 선입문』을 훗날 출판하는 과정에서 타인의 손을 탄 것이 아닌가 하는 생각도 든다.

청담 선사(1902~1971)의 일생을 보면 참으로 역동적으로 열심히 살았음을 알 수 있다. 일제 강점기였던 1928년(27세, 출가 후 2년)에는 운허 강백(1892~1980)과 함께 '조선불교학인대회'에 참가하는가 하면, 해방 후 1948년(47세, 출가 후 22년)에는 퇴옹 선사를 중심으로 한 '봉암결사'에 참여하기도

26) 『화엄경수소연의초』권37, "疏. 初一擧分別過者. 分別即遍計所執也. 古謂爲分別性. 今疏從簡, 亦欲辨起心動念, 皆成分別, 故並成過, 故云以心分別, 一切法邪, 不以心分別, 一切法正. 故信心銘云, 至道無難, 唯嫌揀擇. 但不憎愛, 洞然明白."(『대정장』36, 282c).

했고, 그러다가 1954년(53세)는 '전국비구승대표자대회'를 결성하는 데에 큰 역할을 하기도 했다. 마침내는 '한국불교조계종', 후에는 '대한불교조계종'의 총무원장 및 종정 등 불교 교단의 중심적인 직책을 맡아 임무를 수행했다. 교단의 각종 중책은 열반에 드는 그날까지 계속되었다. 참으로 역동적인 삶을 살다가셨다.

그에 따르는 칭송도 대단했고, 이름도 널리 알려졌다. 호칭도 '청담 선사', '청담 대종사', '청담 큰스님' 등, 그저 문자 상으로만 볼 수 있었던 그런 칭호를 생전에 받는 영광을 한 몸에 받았다. 그런데 막상 청담 선사와 직접 관계된 『청담대종사전서』에 실린 선 관계의 자료는 청담 선사의 명성과는 다른 면이 있다.

돌이켜보면 근자의 선승들은, 예컨대 오대산의 한암 선사만 하더라도, 화두 수행을 하는 참선 납자들과 주고받은 「선문답 21조」를 비롯하여, 화두를 수행을 하는 과정에서 생기는 수행 분상의 체험에 대하여 구체적인 기록들이 오늘에 전한다. 송광사의 구산 선사나 해인사의 퇴옹 선사나 통도사의 경봉 선사나 백양사의 서옹 선사의 경우는 더 말할 것도 없다. 모두들 『전등록』, 『선문염송』, 『벽암록』, 『임제록』, 『태고어록』 등 남종선의 기본 텍스트들을 종횡무진 활용하여 상당법어(上堂法語)를 내렸고, 그 어록들이 문인들에 의해서 세상에 소개되었다. 또 이런 선승들은 참선 수행하는 납승들을 지도하고 그들과 함께 선방 공동체 속에서 일생을 마친다.

그런데 '마음 법문'에서 활용되는 선 관계의 서적을 조사해보면, 청담 선사는 『선문촬요』에 실린 「달마의 이입사행론」,[27] 「전심법요」, 「완릉록」,[28] 「진심직설」[29] 등을 인용하고 있다. 그 중에서도 짧은 게송으로 이루어진 『신심명』에 대해서는 남다른 관심을 보여, 청담 특유의 달필로 휘호(揮毫)를 쓰기도

27) 「달마 대사의 선법(禪法)」(청담문도회 편, 『신심명·선입문』, 『청담대종사전서』 제2권), pp.287~309.
28) 「마음이 곧 부처」(청담문도회 편, 『신심명·선입문』, 『청담대종사전서』 제2권), pp.316~341.
29) 「활구(活句)의 세계」(청담문도회 편, 『신심명·선입문』, 『청담대종사전서』 제2권), pp.357~374.

했고, 번안(飜案)하기도[30] 했다. 이런 점은 전통적인 선승들의 저술과는 다른 청담 선사 특유의 가풍이 있다.

청담 선사의 경우는 같은 선승이면서도 가풍이 상당히 다르다. 청담 선사는 일반 재가 대중들을 대상으로 하는 선 법문을 잘 했다. '마음'을 소재로 일상생활 속에서 자신의 삶을 되돌아보게 하는 데에 탁월한 기량을 발휘했다. 소위 '마음 법문'이라는 새로운 법문 형식이 선사에 의해서 개발되었다고 할 수 있다. 이런 점은 불교를 어렵게만 여겼던 당시의 대중들을 불교로 귀의하게 하는 계기가 되었을 것이다. 다만 아쉬운 점은 조파(祖派)의 은법(恩法) 관계로 보아서는 석전(石顚)의 법을 이었지만, 구암사 사문의 가풍이 보이지 않는다는 것이다.

30) 「신심(信心)의 여로(旅路)」(청담문도회 편, 『신심명·선입문』, 『청담대종사전서』 제2권), pp.310~ 315.

제12장

구산 수련 선사의 선사상

1. 송광사에서 울려 퍼진 상당법어
2. 상당법어의 형식
3. 상당법어의 내용
4. 꾸준히 이어가야 할 전통

1. 송광사에서 울려 퍼진 상당법어

『구산선문』[1]은 구산 수련(九山秀蓮; 1909~1983) 선사의 '상당법어(上堂法語)' 내용을 모아놓은 책이다. '상당법어'란 선종 특유의 강의방식인데, 선종 사원의 주지(현재는 방장)가 그곳 대중들을 위하여 법당에서 자신의 체험을 설하는 것이다. 이것은 중국 당나라 시대에 선종이 정착하면서 시작되었고, 그 후 송대(宋代)를 거치면서 정착되어 주변 국가에 전파되었다. 주로 안거(安居) 기간에 행해지는 경우가 많았다.

『구산선문』은 구산 선사가 송광사가 '조계총림'으로 승격되던 1969년 봄부터, 입적하던 1983년 겨울 안거 까지 15년간 행한 상당법어 모음집이다. 이 기간 동안 매년 11~16회 정도의 상당법어를 했는데, 총 208회에 달한다. 상당법어의 '형식'은 정형적(定型的)이고, '내용'은 중국 선승들의 화두(話頭)와 게(偈)와 송(頌)을 많이 인용하고 있다. '형식'과 '내용'에서 중국 선사들의 전통을 많이 수용하고 있기 때문에, 구산 선사 특유의 사상을 찾아내기는 쉽지 않지만, 문장을 섬세하게 분석하면 그 속에 녹아 있는 구산 선사의 선사상을 가려낼 수도 있다. 그러나 중국 선어록을 많이 읽어본 연구자가 아니면 쉽지 않은 작업이다.

구산 선사의 상당법어는 기본적으로 고려 진각(眞覺) 국사 혜심(慧諶; 1178~1234) 선사의 『선문염송(禪門拈頌)』(30권)에서 법어의 자료를 재(再) 인용해왔다. 그렇기 때문에 구산 선사의 선사상을 발굴해내기 위해서는 『구산선문』을 『선문염송』과 일일이 대조를 하면서 양자의 같고 다름을 분석적으로 조사해야 한다. 그런데 '염송(拈頌)'은 그 형식이 선문학(禪文學)의 일종이기 때문에 율(律)을 알아야 그 의미를 제대로 알 수 있다. 또 비록 알았다 해도 문학적으로 표현했기 때문에, 이것을 분석적 또는 논리적인 문장으로 다시 해명해야 하니, 이 일은 좀처럼 쉽지 않다. 게다가 한국 학계에서는 아직 『선문

---

1) 이 책의 갖춘 명칭은 『九山禪師 上堂法語 九山禪門』(구산문도회 엮음, 전남: 불일출판사, 1994년 초판, 1995년 재판)이다. 편의상 이하에서는 『구산선문』으로 약칭하기로 함.

염송』 자체의 선사상에 대한 연구도 온전하게 이루어지지 않았다. 다행히도 운악산 봉선사 월운(月雲) 강백에 의해 『선문염송』전5책(서울: 동국역경원, 1972년)이 번역되고, 다시 『선문염송·염송설화』전10책(서울: 동국역경원, 2005년)가 목판 원문 영인본과 함께 한글로 출판되어, 이 분야 연구자들에게 큰 도움이 된다.

이런 근본 자료들을 토대로 해서, 『구산선문』의 구절구절을 모두 분석하고, 그 분석의 결과를 귀납하고 종합해야만 비로소 구산 선사의 선사상이 드러날 것이다. 그러나 비록 『구산선문』의 형식이 반복적이고 정형적이기는 하지만, 이 짧은 글에서 이 작업을 모두 한다는 것은 불가능하다. 선 문헌을 만져온 연륜이 짧고 율문(律文)을 어린 시절부터 몸에 익히지 않았던 교수들로서는, 저 방대한 양을 분석한다는 것은 무리이다. 필생의 업으로 삼지 않는 한 여간 어려운 일이 아니다. 그렇다고 구산 선사의 선사상을 이해하기 위해서 반드시 타고 넘어가야 할 과제인 『구산선문』의 문헌적 분석을, 이 분야 연구자의 한 사람으로서, 방치할 수도 없는 노릇이다.

필자 자신의 이런 처지를 감안하여, 우선 본 장에서는 시론적(試論的) 작업을 하려고 한다. 그 동안 이 분야를 맴돌며 체험했던 감각에 따라, 또 이 글을 쓰려고 『구산선문』을 탐독하면서 순간순간 마음에 떠올랐던 느낌대로, 또 『구산선문』에 실린 문자를 '천착(穿鑿)'해보려고 한다. 이런 시론이 계기가 되어, 향후 구산 선사의 선사상 연구에 일조가 되었으면 좋겠다.

역사 속에 이미 고인이 된 인물의 사상을 연구하려고 할 경우, 무엇보다 당사자가 남긴 문헌 자료를 우선적으로 활용해야 한다. 당사자가 남긴 문헌 자료는 상태에 따라 크게 둘로 나눌 수 있다. 첫째는 당사자 생전에 출판된 '서적' 상태이고, 둘째는 당사자 생전에 출판되지 않은 '유고' 상태이다. 첫째 경우는 자료적 신빙성은 둘째에 비해 상대적으로 높다. 물론 둘째 경우라 해서 신빙성이 없는 것은 아니지만, 이 경우는 훗날 누군가가 편집 출판하면서 '유고'에 '손을 대는' 사례가 종종 있기 때문에, 자료 활용에 각별한 주의가 필요하다. 소위 '큰스님'들의 문집에도 이런 경우가 있다. '큰스님'이라고 추모하고 공경하는 효성이 지나쳐, 또는 제3의 의도로, 고인의 '유고'와는 다른 내용으로 '서적'을 출판한다면, 누구보다도 고인에게 죄송한 일이다.

그러면, 오늘 우리 앞에 놓여있는 『구산선문』은 어떠한가? 이 책 끝에 붙어 있는 간기(刊記)를 보건대, 구산 수련(九山秀蓮; 1909~1983) 선사의 입멸 후 약 11년 만에 출간된 것임을 알 수 있다. 그리고 이 책의 「발문(跋文)」에[2] 따르면, 1969년(己酉)부터 송광사가 조계총림(曹溪叢林)으로 승격되자 구산 선사는 이 곳의 방장(方丈)으로 취임했고, 취임 하던 해부터 입멸하던 1983년(癸亥) 까지 총 15년 간, 구산 선사는 조계총림의 안거(安居) 기간 중 대중에게 상당법어를 했는데, 이 과정에서 선사는 친히 그 내용을 초록(抄錄)해 두었다고 한다. 바로 이 초록을 훗날 문도들이 활자화하여 인쇄한 것이 『구산선문』이다.

이 책의 앞부분에는 '친필 초고' 일부를 칼라 사진으로 소개하고 있다. 칼라 사진을 살펴보면, 이 '친필 초고'는 구산 선사가 손수 한문으로 작성했고 이와 함께 손수 현토(懸吐)했음도 알 수 있다. 그 사진 가운데 한 장을 자세하게 살펴보니, 「佛紀 二九九七年[3] 庚戌 正月 十五日 解制 法門」이라고 쓰여 있고, 또 다른 하나의 칼라 사진에는 「己未 冬安居 結制 法語」라고 쓰여 있다. 이 두 '친필 초고'는 『구산선문』의 각각 pp.63~64와 pp.461~462의 내용과 완전히 일치한다. 또 이 책 표지 내지(內紙)에 실린 「임술년하안거결제법어(壬戌年夏安居結制法語)」 일부는 『구산선문』(p.547)의 내용과 일치한다.

비록 위의 검토가 제한적이기는 했지만, 필자는 다음의 사실을 확인할 수 있었다. (1)『구산선문』은 구산 선사가 친필로 '초고'를 만들어 상당법어의 자료로 사용했고, (2)구산 선사 사후 25년 후인 1994년에 제자들(善成, 元明,

---

2) 『구산선문』, pp.617~618.

3) 불기(佛紀)의 기산(起算) 방법은 이 책의 「제5장. 선교를 겸비한 선구자 : 용성 진종」의 주)28 참조. 구산 선사 당시, 한국 불교계는 북방 불교의 전통에 따라 불기를 기산했음을 알 수 있다. 즉, 구산 선사 당시만 해도, 진리의 부처이신 법신(法身) 비로교주께서 중생을 구제하시려고 천백억 화신(化身)으로 변화하여 나타나시는데, 그 화신 중의 한 분이 바로 사바세계의 교주이신 석가모니라는 의식이 실재했다.

玄虎, 玄鋒 등)이 한문으로 된 구산 선사의 친필 초고를 활자로 '인쇄' 하고, 동시에 그것을 한글로 '번역'하여 출판했다. (3)끝으로 상당법어집에 실린 법어들이 생성된 연기(緣起)도 알 수 있었다.

상당법어가 행해졌던 절기와 연도를 표로 만들어보면 다음과 같다. 표에 사용한 [*]는 '영가 천도' 또는 '탱화 또는 불상 점안' 등의 특별 법회와 겸해서 실시한 상당법어이고, [△]는 외국에서 서찰로 대신한 상당법어이고, [○]는 상례적인 상당법어이다.

〈표7. 구산 선사 상당법어 일람표〉 기간 : 1969~1983년

	69	70	71	72	73	74	75	76	77	78	79[4]	80	81	82	83
1월 1일 설날		○													
1월 보름 (동안거 해제)		○	○	○		○	○	○	*[5]	○	○	○	○	○	○
4월 8일 (불탄절)			○	*[6]											*[7]
4월 보름 (하안거 결제)	○	○	○	○	○	○	○	○	○	○[8]	○	○	○	○	○
4월 말일 (또는 5월 1일)	○	○	○	○	○	○ ○[10] ○[11]	○	○	○	○	○	○	○	△[9]	○
5월 보름	○	○	○	○	○	○[12]	○	○	*[13]	○	○	○	○		○
5월 말일 (반살림)	○	○	○ ○[14] ○[15]	○	○		○	○	○	○	○	○	○		○
6월 보름	○	○	○	○	○	○	○	○	○	○	○	○	○		○

6월 말일 (또는 7월 1일)	○	○		○	*[16]	○	○	○	○	*[17]	○	○	○		○
7월 보름 (하안거 해제)	○	○		○	○	○	○	○	○	○	○[18]	○	○	△[19]	○
10월 보름 (동안거 결제)	○	○	○	○	○	*[20]	○	○	○	○	○	△[21]	○	○	○
10월 말일 (11월 1일)	*[22]	○	○	○	○	○	○	○	○	○	○		○	○	
11월 보름	○	○	○	○	○	○	○	○	○	*[23]	○		○	○	
11월 말일 (반살림)	○	○	○	△[24]	○	*[25]	○	○	○	○	○		○	○	
12월 8일 (성도절)			○		○	○	*[26]	○	○	○	○		*[27]	○	
12월 보름	○	○	○		○	○	○	○	○	○	○	○[28]	○	○	☆[29]
납월 말일		○	○		○	○	○	○	○	○	○	○	*[30]	○	

4) 이 해부터는 상당법어의 형식이 바뀐다. 1968~1978년까지는 『선문염송』을 소재로 '염(拈)' 또는 '거(擧)'하고, 그런 다음에 '별어(別語)' 또는 '대어(代語)' 형식으로 송(頌)하기도 했고, 평창(評唱)하기도 했다. 그런데 1979년부터는 『선문염송』에 관계없이 자유롭게 상당법문을 한다. 구산 선사의 선사상을 이해하는 데에 매우 중요한 변화의 시기이다.

5) 이 해는 음 2월 26일 일본 오키나와에서 한국인 위령탑을 세우고 위령재를 봉행했는데 증명법사로 참석했기 때문에 부득이 동안거 해제 법어를 서면으로 대신한다. 『구산선문』(p.367 참조.)

6) 이 해는 4월 8일 법어는 없고. 3월 6일 대웅전 불상 봉안식 법어가 있었다.

7) 이 시기에는 산철에도 세 차례(2월 1일은 산철 결제 법어 / 2월 29일은 산철 반살림 법어 / 3월 30일은 산철 해제 법어)에 걸쳐 상당법어를 했다. 산철에 살림하는 당시의 전통을 알 수 있는 귀중한 자료이다.

8) 하안거 '3년 결제' 법어이다. '3년 결제'의 내용은 알 수 없음.

9) 이 해 4월에 미주 및 유럽 지역을 순방. 여름에는 스위스 제네바의 '불승사' 개원에 참석하고, 그해 가을에는 미국 카멜의 '대각사' 개원에 참석했기 때문에, 해마다 진행되었던 상당법어가 없었던 것으로 추정됨.

10) 윤4월 15일.

위의 상당법어에 대해 이하에서는 표본적으로 한 두 편의 법어를 선별하여 그 내용 분석을 시도할 것이지만, 여기에는 우선 〈표7〉을 만들면서 느꼈던 필자의 '감회'를 총괄적으로 서술하여 이하의 분석에 기초로 삼고자 한다.

(1)구산 선사는 매년 여름과 겨울 안거마다 결제와 해제 법어를 했고, 중간에는 '반살림' 법어를 했으며, 또 결제 기간에는 매달 그믐과 (경우에 따라서는

---

11) 윤4월 말(29)일.
12) 이 해는 4월에 윤달이 들었다. 그래서 이 날이 반살림이 되는 날이어서 반살림 법어를 한다.
13) 이 날은 천도법어를 한다.
14) 이 해는 5월에 윤달이 들었다. 이 당시는 윤5월 15일이다. 윤달이 드는 달에는 이어서 살림을 하지만 총 3개월 기간은 동일하다. 따라서 하안거 해제 기간이 1개월 더 늘어 4개월이 된다. 한국의 선원 전통을 확인할 수 있는 귀중한 자료이므로 여기에 적어둔다.
15) 이 해는 5월에 윤달이 들었다. 이 당시는 윤5월 말일(29)일이다.
16) 이 날은 천도법어를 겸했다. 천도에 대한 선승의 입장을 알 수 있는 좋은 자료이다.
17) 이 날도 천도법어를 겸했다.
18) 이 해는 6월에 윤달이 들었다. 이 날은 윤6월 15일에 해당한다.
19) 이 상당법어는 덴마크에서 우송한 것임. 『구산선문』(p.548) 참조.
20) 이 날은 후불탱화 점안도 함께했다. 점안에 대한 선사들의 입장을 알 수 있는 귀중한 법문이다.
21) 이 상당법어는 미국 LA '고려사'에 머물면서 보낸 서찰이다.
22) 수선사(修禪社)를 재건하고 행한 상당법어.
23) 이 날은 천도법어를 했다. 천도에 대한 선승의 입장을 알 수 있는 좋은 자료이다.
24) 구산 선사는 1972년 양력 12월부터 출국하여 미국 카멜 '삼보사' 개원식에 참석하고 1993년 3월 13일 미국인 제자 현조와 함께 귀국. 이로 인해 상당법어가 없었음. 이것을 계기로 송광사에 '불일국제선원'이 생김. 이운허, 「카멜 몬트레이 체류기」(『운허선사어문집』, 월운 편, 서울: 동국역경원, 1989년 초판, 1992년 재판, p.109)에 당시의 기록이 있음. 운허와 구산 두 스님이 한 방을 썼다.
25) 이 날은 〈53불 개분 점안〉과 반살림 법어를 함께 했다. 점안에 대한 선사들의 입장을 알 수 있는 귀중한 법어이다.
26) 화봉 · 계봉 화상 칠재 법어. 재일에 관한 선사의 입장을 볼 수 있는 좋은 자료이다.
27) 이 날은 천도재 법어도 함께 했다. 영가 천도에 관한 선승의 입장을 알 수 있는 귀중한 법어이다.
28) 이 날은 12월 20일에 상당법어를 했다. 5일이나 늦은 이유는 이즈음 미국의 '고려사'에서 귀국했기 때문이다.
29) ☆ : 이 해(1983년, 구산 선사 75세) 음력 11월 13일 오후 6시 25분 송광사 삼일암에서 좌탈입망(坐脫入亡).
30) 이 날은 이장업 불자의 영가 천도법어를 했다. 영혼에 대한 선사의 입장을 알 수 있는 귀중한 자료이다.

초하루) 보름에 상당법어를 했다. 구산 선사가 이때에 사용한 자료는 고려의 혜심 선사의 『선문염송』이 근간을 이루고, 간혹 보조 지눌 국사의 『수심결(修心訣)』, 『원각경(圓覺經)』, 『금강경(金剛經)』, 『육조단경(六祖壇經)』 등이 더러 활용되고 있다.[31]

한국 현대사에서 이처럼 한 장소에서 해마다 꾸준하게 간화(看話) 납승(衲僧)을 대상으로 상당하여 법어를 하고, 또 그 자료를 이렇게 온전하게 남겼던 경우는 많지 않다. 필자가 아는 한, 최초는 가야산 '해인총림'의 성철(1912~1993) 선사의 『本地風光(본지풍광)』(1982년 간행)[32]이고, 다음은 구산 선사의 『구산선문』(1994년 간행)이다. 성철 선사의 법어집 발간은 현대 한국 선종의 역사를 한 층 진보시킨 대단한 '사건'이다.

(2)구산 선사는 보조 지눌 선사의 정혜결사를 계승하고자 하는 의식이 있었다. 1969년 11월 1일 행한 상당법어에 이런 의식이 잘 나타난다. 보조 국사의 침실이었던 공간이 당시 '삼삼조사전'으로 사용되고 있었는데, 이것을 다시 수선사(修禪社)로 재건(再建)하고, 그 감회를 토로한 것이다.

(3)안거는 상례에 따라 여름과 겨울 두 철을 지냈는데, 안거 철에 윤달이 들면 이어서 계속했지만 기한은 3개월을 넘기지는 않았다.

(4)〈표7〉에서 보다시피, 조계총림에서 구산 선사는 결제와 해제 법어를 했고, 그 사이 매월 초하루와 말일에 각각 법어를 했다. 4대 경찬일 중 불탄절(4월

31) 이 점은 성철 선사가 중국 당 · 송 · 원 · 명대 선사들의 어록을 종횡 무진하게, 그리고 고려의 몽산 · 태고 · 나옹, 그리고 조선의 서산 · 사명 선사의 어록을 정치하게 인용하여 상당법어를 내린 것과는 상당한 대조를 이룬다. 이렇게 대조적인 양상이 의미하는 것은 무엇인가? 필자가 생각하기에, 구산 선사는 보조와 혜심의 선사상을 이어가려는 '계승' 정신이 철저했던 것으로 보이며, 성철 선사는 평소에 주장하던 '돈오' 사상에 철저했던 것으로 보인다. 문중간의 민감한 문제가 있기 때문에, 현실적으로 이 두 선사의 상당법어를 비교하기란 결코 쉽지 않지만, 한국의 선사상을 해명하기 위해서는 반드시 해결해야 할 과제이다. 그러기 위해서는 두 선사 각각의 상당법어에 대한 연구가 축적되어야 할 것이다.

32) 연배는 구산 선사가 성철 선사보다 위였지만, 상당법어집이 나온 것은 성철 선사가 먼저이다. 『本地風光(본지풍광)』(불광출판사, 1982년)이 그것이다. 제자들이 성철 선사의 상당법어를 생전에 출판하도록 주선하였기 때문에, 이 책은 한 자(字) 한 획(劃)의 가감도 없이 성철 선의 가풍을 담고 있다. 이 책의 발간으로 인해, 한국의 간화 선풍의 웅대한 모습이 여실히 드러났다. 소위 선사들의 '상당법어'가 무엇인지 본 모습을 제대로 보여주었다.

8일)과 성도절(납월 8일)에도 법어를 하였다. 그런데 성도절은 거의 빠짐없이 법어를 했고, 반면 불탄절에는 법어를 하지 않는 해가 더 많았다.

(5)구산 선사는 이 기간 동안 3차례에 걸쳐 해외를 순방했는데, 이때에도 서찰을 통해 법어를 내리는 열정을 보인다.

(6)불사(佛事)를 봉행하면서 그 회향에 즈음하여 법어를 했다. 즉, 불상봉안, 후불탱화 점안, 선재동자 구법 53선지식 개분점안(改粉點眼) 등에는, 그 기연(機緣)에 맞추어 법어를 내렸다.

(7)사중(寺中)에 재가 불자의 천도재가 있거나 출가 불자의 종사영반이 있을 경우, 이 상황에 맞추어 법어를 하기도 했다.

(8)입적하던 해(1983년)에도 '산철' 살림을 열었고, 상당법어를 내렸다. 죽음의 순간까지 용맹정진하는 선승의 가풍을 전해준다.

(9)구산 선사의 상당법어는 '형식'에 있어 1978년과 1979년을 사이에 두고 변화가 생긴다. 1969~1978까지 10년간에 행한 법어의 '소재'는 『선문염송』에 근거했고 또 '형식'도 그것을 따랐지만, 1979~말년(1983)까지 5년간은 그 나름 정형성은 있었지만 '소재'나 '형식'이 이전에 비해 상대적으로 자유로웠다.

이상은 필자가 『구산선문』을 읽어가면서, 그 법어들의 연도 및 시기와 내용들을 고려하면서, 〈표7〉을 만드는 과정에서 느꼈던 '감회'를 총괄적 견지에서 적은 것이다. 이것을 바탕으로 아래에서는 좀 더 구체적으로 분석하기로 한다. 첫째는 '형식'에 대해서 검토하고, 다음에는 '내용' (또는 사상)면에서 검토하기로 한다.

2. 상당법어의 형식

경전을 연구하고 강의하는 강사(講師)들이 법수(法數)와 경률론 삼장(三藏)의 행상(行相)을 이용하여 불교의 핵심을 밝히려 노력한다면, 선사(禪師)들은 실제 수행에서 생기는 문제를 일상(日常)의 대화(對話)를 통해 자신의 체험을 드러낸다.

선사들도 초기에는, 비록 강사들처럼 정형화된 틀을 지키지는 않았지만, 경전을 상당히 많이 인용하기는 했다. 이 점은 후대의 선서(禪書)들이 경전과는 무관하게 진행된 것과 비교하여, 생각해 봐야 할 점이 많다 하겠다. 그러나 당나라 말기를 전후로 경전의 인용 빈도가 줄어든다. 선이 문학 쪽으로 치우치게 되었다. 그리하여 분석적이고 논리적인 설명보다는 문학적 상상력과 은유가 무성하게 되었다. 필자는 일찍이 선어록 또는 선서(禪書)가 어떤 상황 속에서 만들어지게 되었는가를 연구 보고한 적이 있는데,[33] 이하에서 그 결과를 간단하게 소개하여 『구산선문』에 실린 상당법어의 '형식'에 대한 이해를 돕고자 한다.

선사들은 자신이 부처님처럼 높은 법상(法床)에 올라 '상당법어(上堂法語)'를 한다. 이와 함께 수행자들의 조참(朝參)이나 만참(晩參)에 '시중(示衆)'을 하거나, 문답을 통해 상대의 견지를 탐사하는 '감변(勘辨)' 등을 하기도 한다. 이런 것들을 본인 내지는 제자들이 기록한 것이 바로 선서(禪書)이다. 여기에 행장(行狀)이나, 비명(碑銘)을 덧붙이기도 한다.

이렇게 선서(禪書)가 편집되고 나면, 그 내용을 소재로 게(偈)나 송(頌)을 붙이기도 한다. 이것이 이른바 '송고(頌古)'이다. 그 대표적인 것이 바로 설두(雪竇; 980~1052) 선사의 『설두송고(雪竇頌古)』이다. 송고(頌古)란, 말 그대로 옛 선사들의 깨달음에 대한 기연(機緣)들을 '제시하고[擧]' 그에 대하여 운문체로 '송(頌)' 한 것이다. 송대(宋代)에 이르러서는 송고를 '해설'하면서 선 수행자를 지도하는 강의가 유행한다. 그 대표적인 사례로 원오(圜悟; 1063~1135) 선사의 『벽암록(碧巖錄)』이라든가[34] 만송(萬松; 1166~1246) 선사의 『종용록(從容錄)』 등을 들 수 있다.

---

33) 辛奎卓, 「中國 禪書의 飜譯을 위한 文獻學的 接近(Ⅰ)」, 『백련불교논집』제1집, 경남: 백련불교문화재단, 1992, pp.186~187 참조.

34) 필자는 다음의 논문에서 선 문헌학의 역사 위에서 『벽암록』의 역할을 분석 한 적이 있다. 신규탁, 「중국 선종 역사 속에 드러난 화두의 생성, 강의, 참구에 관한 검토 – 『벽암록』 제1칙 「달마불식(達磨不識)」 번역을 사례로 삼아 –」『한국선학』제30호, 서울: 한국선학회, 2011, pp.31~74.

한편, 개별적인 선서의 출현과 더불어 승보(僧譜: 선종의 역사서)도 등장한다. 이것이 바로 '등사(燈史)'인데, 『조당집(祖堂集)』이나 『경덕전등록(景德傳燈錄)』 등이 여기에 해당한다. 여기에서 다시 중대한 문제가 생기게 된다. 그것은 각 선사들의 이야기를 어떠한 순서로 편집하고 정리하느냐이다. 『조당집』이나 『경덕전등록』만 하더라도, 내용은 대동소이하나, 그 배열에는 상당한 특색이 있다. 즉, 혜능 이하의 배열에 있어서 『조당집』은 청원 행사 계열을 먼저 기술하고, 『경덕전등록』은 남악 회양 계열을 먼저 기술하는 점이다. 이 점은 결국 찬술자의 법통 의식(法統意識)과 결부되는 것으로, 선종사 연구의 중요한 자료가 된다. 이런 현상은 『오등회원(五燈會元)』이나 『고존숙어록(古尊宿語錄)』 등에 가서는 더욱 뚜렷하게 나타난다.

위에서 말한 '송고' 형식은 시대를 거치면서 누적되어 고려에 와서 '염송집(拈頌集)'으로 편찬되게 된다. 이것이 바로 고려 혜심 선사의 『선문염송』이다.[35] 이 책은 형식적인 면에서 보면, 하나의 사안(또는 공안)에 대하여 서로 시대를 달리하는 여러 선사들이 붙인 평가적인 게송을 나열하는 방식을 취한다. 『선문염송』의 경우는 뒷날 각운(覺雲) 선사에 의해 '설화(說話)'라는 이름으로 해설이 붙기도 한다.

그런데 매우 흥미롭게도 구산 선사는 혜심의 『선문염송』을 많이 인용한다. 그 내심에는 「1969년 11월 1일 법어 수선사를 재건하고」[36]의 내용에서도 볼

35) 이 책은 화두를 다양한 형식으로 염롱(拈弄)했던 중국 선사들의 사례들을 고려 혜심(慧諶; 1178~1234) 선사가 수집 정리하여 1226년 총30권으로 편찬한 책이다. 『한국불교전서』(제5책)는 『선문염송』의 '古則'을 1,463개로 정리하고, 각 칙 뒤에 각운(覺雲) 선사의 『염송설화(拈頌說話)』를 회편(會編)하여 총 60권, 총925 쪽으로 활자화 하여 1983년 간행했다. 이 책을 대본으로 한 『선문염송·염송설화』(전10책)(김월운 역, 서울: 동국역경원, 2005년)가 번역되었는데, 본 장에서는 이 번역을 대본으로 했다. 참고로 『懸吐 禪門拈頌』(진각 혜심 편집, 장설봉 현토, 서울: 불서보급사, 1979년)도 병기(倂記)했다. 그렇게 한 이유는 장설봉의 현토본이 1961년 초판 출간된 이후 제방에 널리 보급되어 열람이 용이하기 때문이다. 장설봉의 현토본은 모두 1,454 화(話)인데, 이렇게 화두의 개수에 차이가 생긴 점은 향후 다른 지면에 연구 보고할 것이다. 이와 함께 『설화』의 설주인 각운(覺雲)이 과연 태고 보우의 제자인지, 아니면 혜심의 제자인지도 재론 할 예정이다.

36) "지금까지 보조 국사의 침실이었던 것을 '삽삼조사전'으로 사용했는데, 이번에 그 자리에 수선사(修禪社)를 다시 지어 본분납자들이 운집하니 이 어찌 경사스러운 일이 아니겠는가? …… 조계

수 있듯이 아마도 수선사(修禪社) 전통의 계승이라는 구산 선사 자신의 역사 의식이 작용한 듯하다. 구산 선사의 상당법어에는 중국 선사들의 화두와 게송들을 많이 인용되고, 형식으로는 '염(拈)', '거(擧)', '별어(別語)', '대어(代語)', '송(頌)', '평(評)' 등이 사용된다. 이하에서는 간단하게 그 용어의 의미를 설명하고, 자세한 용례와 그 역사에 관해서는 필자의 다른 논문으로[37] 미룬다.

'염거'라는 말에는 '들추어내다' '거론하다'의 뜻이 들어있는데, 이것은 과거 선배 선사들이 남긴 이야기나 일화를 거론하여 상대에게 설법하는 방식이다.

다음으로 '별어'는 다르게 말한다는 뜻이다. 즉, 여타 선사들의 일화나 이야기를 먼저 거론하고, 더불어 그 일화나 이야기에 대한 제 삼자의 견해를 소개한다. 그런 다음에 제 삼자의 견해와는 다른 입장에서 자신의 견해를 붙이는 형식이다.

또 '대어'는 상대에게 질문을 하고 상대가 대답을 못할 경우 대신 대답하는 것을 말한다. '대어'가 '별어'와 다른 점은, '별어'의 경우는 상대방이 비록 틀린 대답을 하더라도 대답을 하기는 한다. 이에 비해 '대어'의 경우는 상대방이 전혀 대답을 못하는 경우이다. 그런데 다른 선사들의 이야기를 전제로 진행되는 점에서 볼 때, '대어'와 '별어'도 넓은 범위의 '염거'에 포함된다.

한편 이상이 내용상의 형식이라면, 문체의 형식으로는 자신이 이제 설법할 내용을 거론하는 '거(擧)' 또는 '염(拈)'이 있고, 이렇게 '염'하거나 '거'한 것을 운문체로 노래하는 '송(頌)'이 있고, 그것들을 설명하는 '평창(評唱)'도 있고, 간단하게 한 두 마디로 촌평하는 하어(下語)도 있다.

이상이 구산 선사의 『구산선문』에 나타난 형식상의 특징이다. 이하에서는 「1970년 하안거 반살림 법어」를 소재로 구산 선사의 상당법어 '형식'을 좀

총림은 우리의 종조이신 보조 국사의 대도량이니 「정혜결사문(定慧結社文)」을 잘 살펴보고 여기 모인 대중들도 함께 결사하여 본분사를 요달하여 국사의 혜명을 이어서, 인천의 스승이 되기를 지극히 부탁하는 마음을 금치 못하노라." 『구산선문』, pp.46~48.

37) 신규탁, 「선학의 실천행 - 『雲門廣錄』에 나타난 실천행- 」『원효학연구』제5집, 경주: 원효학연구원, 2000, pp.167~201.

더 세밀하게 분석해 보기로 한다. 분석과 설명의 편의를 위해 필자 임의로 전문(全文)에 (1)~(10)의 번호를 붙였다.

그런데 여기에서 한 가지 짚고 넘어갈 것이 있다. 그것은 선문헌을 읽는 독자의 태도이다. 이 점에 대해서 필자는 수행의 체험과 문헌의 고증을 겸한 독자 자신의 주체적인 '책읽기'[38]를 귀하게 여긴다. 필자는 이런 입장에서 구산 선사의 상당법어집인 『구산선문』 '책읽기'를 소개한 것이니, 독자들은 한번 보고 잊어버리기 바란다. 아울러 『염송설화』에 실린 각운(覺雲) 선사의 설화의 출전을 병기(倂記)하니 참조하기 바란다. 그러면서 스스로 주체적으로 읽어 보기를 권한다.

(1)
법상에 올라 말씀하셨다.
"이 한 물건[一物]은 세우면 3세에 걸쳐지고 눕히면 시방에 두루 하며, 진묵겁 이전부터 미래제가 다하도록 변함없이 언제나 여여 하니, 일러 보아라. 여기에 모인 대중들은 이것을 알겠는가?"

(2)
잠시 있다가 '할'을 한 번 하신 다음에 이르셨다.

"정수리[頂門]를 열어젖히고 허공의 뼈다귀[虛空骨]를 후벼내어야만 비로소 알게 되리라. 만약 분명하게 깨달으면 그대로 왕궁(王宮)에 도달하여 법계(法界)를 평정하고 사해(四海)의 물결이 잔잔하여 태평스런 세상이 되면 육국(六國)을 다스려 마음대로 자재하게 되니 집집마다 '나라리 니라리- ' 태평가를 부르리라.

---

38) 남의 해석이나 해설을 무조건적으로 수용하기 보다는, 각자가 저마다의 수행 체험으로 읽어가야 한다는 뜻이다. 『선문염송 · 염송설화』를 현토 번역하면서 '우려'를 표했던 월운 스님의 전언(傳言)을 깊이 새겨 볼 필요가 있어 여기에 인용 소개한다. "이번에 번역한 『선문염송』과 『염송설화』를 회편해 낸다면 이 땅의 선학도들에게 큰 도움이 되리라 믿어지기에 착수하였지만, 옛 어른들께서는 '사기(私記)가 생긴 뒤로 경학(經學)이 주저앉았고 설화(說話)가 나온 뒤로는 선객(禪客)의 눈이 어두워졌다.' 하신 일이 마음에 걸린다. 그러나 이 어찌 우리들같이 걸음마도 못하는 축에 해당되는 말씀이겠는가?"(김월운, 「간행사」『선문염송 · 염송설화』제1책, 동국역경원, 2005, pp.5~6.)

그러므로 『원각경』에 이르기를 '일신(一身)이 청정하니 다신(多身)이 청하하고, 다신이 청정하니 법계 중생이 청정하다'고 하였느니라."

(3)
게송을 읊으셨다.

하늘 땅을 버티어도 길거나 짧지 않고
만법을 내더라도 한량이 없도다.
장부의 큰 뜻을 그 얼마나 알았던가
푸른 바다 돛단배는 포구로 돌아오네. 돌(咄)!

(4)
방 거사(龐居士)가 마조(馬祖) 대사에게 묻기를 '만법(萬法)과 짝이 되지 않는 자가 누구입니까?' 하니, 마조 스님이 답하되 '그대가 한 입에 서강(西江)의 물을 다 마시게 되면 말해 주리라' 하므로, 방거사가 당장에 깨달았다.

(5)
투자 청(投子 青)이 이에 송(頌)하였다.

부모와 오랫동안 헤어져 있었으나
모시게 될 때에는 모든 정성 다 하여라
나무로 된 허수아비 한밤중에 하는 말을
바깥의 다른 사람 모르게 할지어다.

(6)
석문 이(石門 易)가 이에 송하였다.

천지간에 홀로 가는 사람을 물었더니
모든 것을 내어주며 친하라고 외치는구나
서강 물을 다 마시어 한 방울도 없으니
목구멍이 길목인 줄 뉘라서 알았으랴.

(7)
그러나 내[九山]는 그렇지 않다.

한 입에 서강 물을 모두 마셔 버렸더니
천지간에 모든 것이 한 빛깔로 새롭구나
두견새는 한밤중에 무슨 일로 자주 우나
홀로 오른 누각에는 달빛만이 가득하네.

(8)

백장(百丈) 선사가 마조(馬祖) 스님을 따라 길을 가다가 들오리가 날아가는 것을 보고 있었다. 이때 마조 대사가 묻기를 '저게 무엇인고?' 하니, 선사가 답하되 '들오리입니다' 하였다. 마조 스님이 '어디로 갔는가?' 하니, 선사가 답하기를 '날아가 버렸습니다' 하였다. 마조 스님이 얼른 선사의 코를 비트니 선사가 비명 소리를 지르므로 마조 스님이 '그게 어찌 날아가 버린 것이냐?' 말하니 선사가 이 말에 깨달았다.

(9)

불인 청(佛印 淸)이 이에 송하였다.

사자(師資) 간에 한가로이 풀밭 길을 가는데
들오리가 날며 우니 갑자기 생각났네
코를 잡아 비틀어 무슨 일이 일어났나
신라(新羅)에서 한낮에 삼경 종을 치는구나.

(10)

대중들은 이를 알겠는가? 내가 대신해서 말하리라.

풀밭에서 들오리가 날아감을 서로 보고
코를 잡아 비트니 그 아픔이 사무치네
흰 소를 채찍 때려 맨땅 위에 세웠더니
바다 밑 산호(珊瑚) 가지 모두 먹어치웠구나.

주장자를 세 번 울리고 법상에서 내려오시다.

이상은 「1970년 하안거 반살림 법어」인데, 이 법어는 크게 세 단락으로 나눌 수 있다. 첫째 단락은 (1)~(3)이고, 둘째 단락은 (4)~(7)이고, 셋째 단락은

(8)~(10)이다.

첫째 단락의 (1)은 염거(拈擧)로서, 앞으로 할 법문의 주제를 거론하여 문제를 제기하는 것이다. '한 물건[一物]'을 구산 선사는 때로는 '이 일[此事]'[39] 이라는 용어로도 표기하는데, 모든 중생이면 다 갖추고 있는 '신령하고 밝고 깨어 있는 성품[靈明覺性]'[40] 이다. 구산 선사는 대중들에게 이것이 무엇인지를 알겠냐고 질문을 한 것이다. 대중이 말이 없자, 이어서 (2)에서는 대중을 대신해서 답을 한다. 이것이 '대어(代語)'이다. '이 일'을 깨치기 위해서는 일체의 알음알이를 쉬어야 한다고 법문한다. 즉 "정수리[頂門]를 열어젖히고 허공의 뼈다귀[虛空骨髓]를 후벼내어야만 비로소 알게 되리라."고 한다. 다음에는 이상의 내용을 게송으로 다시 정리한다. 이렇게 해서 첫째 단락의 법문은 끝난다.

둘째 단락에서는 방 거사와 마조 선사와의 일화와, 그에 따르는 역대 선사들의 송(頌)을 소개한다. 이 소개는 뒤에 구산 선사 자신의 '송(頌)'이 나오는 것을 고려한다면, 일종의 '염거(拈擧)'라고도 할 수 있다. 물론 이 내용은 『선문염송』[41] 에 나오는 내용을 재인용한 것이다. 『선문염송』에는 투자와 석문 선사 이외에도 천동의 게송 등 약 20 종의 게송이 소개된다. 구산 선사는 이 게송 대부분을 생략하고 오직 투자와 석문의 송(頌)만 소개한다. 그리고는 자신의 입장은 이와 같지 않기 때문에 달리 송(頌)을 읊는다. 이것이 바로 '별어(別語)' 이다.

서강의 물[水] 운운은 유명한 공안인데, 이 공안의 의미가 무엇인지를 확정짓는 일은 쉬운 일은 아니다. 여러 정황으로 보아, 이 이야기에 나오는 '만법과 짝이 되지 않는 자'란 높은 수행의 경지를 체험한 사람임에는 분명하다. "이런 사람은 누구냐? 또는 어떻게 하면 이런 사람이 되는가?" 라는 질문에 대하여, 마조의 대답은 "그것은 말로 설명할 수 있는 것이 아니다."는 것이다. 스스로

---

39) 『구산선문』, p.54.

40) 『구산선문』, p.350.

41) 김월운, 『선문염송 · 염송설화』제2책, 서울: 동국역경원, 2005, pp.226~227 ; 장설봉 현토, 『현토 선문염송』, 서울: 불서보급사, 1979, p.98.

체험해야 할 경지라는 뜻으로 '해석'할 수 있다. 이상은 어디 까지나 필자의 '책읽기'이니, 독자는 각운 선사의 『설화』도[42] 참조할 필요가 있다.

이상과 같은 '해석'이 가능하다면, 구산 선사가 첫째 단락의 법어에 뒤이어 둘째 단락에서 이런 말을 하는 이유는 무엇인가? 이것은 첫째 단락에서 거론한 '한 물건[一物]'도 역시 스스로 직접 몸소 체험해야 한다는 주장이다. 이 화두를 소재로 한 송(頌)들도 이런 의미에서 이해된다. 그런데 구산 선사는 입장을 달리하여 송(頌)을 단 것이다. "직접 마셔보라!"고 '타인'에게 권하는 것이 아니고, 구산 선사는 '자신'이 그 물을 "직접 마셔 보았다!"고 선언하는 셈이다. 그리하여 자신이 직접 마셔본 느낌을 이렇게 노래한다. "한 입에 서강 물을 모두 마셔 버렸더니 천지간에 모든 것이 한 빛깔로 새롭구나." 그렇다. 구산 선사는 몸소 마신 것이다.

셋째 단락, (8)~(10)을 보자. 이 부분 역시 위에서 인용한 『선문염송』[43]에 나온다. 구산 선사는 불인(佛印) 선사의 게송만 '염거'했지만, 저 책에는 5명의 게송이 더 나온다. 마조 선사와 백장 선사에게 있었던 화두와, 그에 '대(對)'한 불인 선사의 게송만 소개한 후, 구산 선사는 대중에게 묻는다. '이 뜻을 알겠느냐?' 대중이 말을 못하자, 구산 선사 자신이 대신해서 송(頌)하여 답한다. 이것은 '대어(代語)'이다.

그렇다면 셋째 단락에서 인용한 이 화두가 전하려는 의도는 무엇인가? 이에 대한 대답 역시 독자의 '해석'에 속한다.[44] 필자는 이 '해석'의 실마리를 불인 선사의 "들오리가 날며 우니 갑자기 생각났네."라는 송에서 찾을 수 있다고 생각한다. 이 구절의 원문은 "野鴨飛鳴意忽生"이다. '들오리[野鴨]'가 '날아가며 우는 소리[飛鳴]'를 듣고서, 비로소 그 소리를 듣는 '마음[意]'이 갑자기 생긴 것이다. 이렇게 외연(外緣)에 의지해서 생긴 '마음[意]'은 생성소멸하지만, '본성' 또는 '진여자성', 구산 선사의 말로 하면 '한 물건[一物]' 또는 '참되고 밝은

42) 김월운 역, 『선문염송 · 염송설화』제2책, 서울: 동국역경원, 2005, pp.234~235.
43) 김월운 역, 『선문염송 · 염송설화』제2책, 서울: 동국역경원, 2005, p.294 ; 장설봉 현토, 『현토 선문염송』, 서울: 불서보급사, 1979, p.107.
44) 이 부분에 대한 각운 선사의 『설화』는 『선문염송 · 염송설화』제2책(김월운, pp.297~298.) 참조.

이 한 점[一點精眞妙明]'은 절대로 외연(外緣)에 상관없이 항상 작용한다.

그래서 구산 선사는 위의 (1)과 같이 「1970년 하안거 반살림 법어」의 첫 대목에서, "이 한 물건[一物]은 세우면 3 세(世)에 걸쳐지고 눕히면 시방에 두루 하며, 진묵겁 이전부터 미래제가 다하도록 변함없이 언제나 여여하다."고 했던 것이다.

그런데 제자 백장은 스승 마조 선사의 뜻을 알아차리지 못하고, "날아가 버렸습니다."라고 대답 했다. 그래서 마조는 '이 한 물건'은 변함없음을 체험시켜주려고 제자 백장의 코를 비틀었던 것이다. 아픔을 통해서 '이 한 물건'의 '작용'은 '항상(恒常)'하고 있다는 사실을 직접 체험하게 해 준 것이다. 이런 상태를 구산 선사는 "捏鼻忽然痛徹懷"라고 송(頌)했다. 번역하면, "코를 잡아 비트니 문득 그 아픔이 가슴속 깊이 사무치네."이다.

이상은 구산 선사가 상당(上堂)하여 행한 한 자락의 법문을, 필자가 그 법어의 '형식'에 주목하면서 분석한 것이다. 이 한 자락 법문의 '형식'을 분석한 결과를 미루어, 나머지 200 여개에 달하는 법문도 그럴 것이라고 확장 해석할 수는 없다. 비록 1969~1978년 사이 약 10년간의 상당법어가 대동소이한 '형식'으로 이루어졌다고 하더라도 말이다. 게다가 선사의 말년에(1979~1983년) 행한 상당법문은 이전과는 '형식'이 달라졌기 때문에 더욱 그렇다.

3. 상당법어의 내용

이상에서 필자는 '형식'의 측면에 주목하면서 구산 선사의 상당법어를 분석했다. 그 특징은 『선문염송』에 기초하여, 중국 선사들의 화두나 게송을 '염거'하고, 그런 다음에는 '별어' 또는 '대어'의 방식으로 구산 선사 자신의 입장을 드러내되, 그 문장 형식은 게(偈)·송(頌)·평창(評唱)의 방식이었다. 이하에서는 '내용' 별로 분류하여, 그 속에 담긴 사상을 검토해 보기로 한다. 법어가 행해지던 당시의 기연(機緣)에 따라, (1)천도 법어, (2)불사에 임한 법어, (3)입재 법어, (4)결제 법어, (5)반살림 법어, (6)그믐 법어, (7)보름 법어로 분류할 수 있다.

이 중 (1)과 (2)의 경우도 물론 상당법어이기는 하지만, 당시의 '기연' 속에서 행한 '특별 법어'이기 때문에, '기연'과 관련된 구선 선사의 입장을 이해하는 데에 좋은 자료이다. 그래서 이 부분은 '(1)천도 법어', '(2)불사 법어'라고 각각 소제목을 붙여 별도로 분석할 것이다. 그리고 (3)~(7)은 결제 기간 중에 행한 '상례 법어'이다. 물론 이 중에도 해제・결제・반살림・초하루・그믐이라는 시절의 '기연'이 다르기는 하지만, 이 때의 상당법어는 '형식'이나 '내용' 면에서 일관되기 때문에, 따로 항(項)을 나누어 분석하기보다는 총괄하여 '(3)상례 법어'라고 소제목을 붙여 분석하기로 한다.

1) 천도 법어

천도에 즈음한 법어는 일본 오키나와에서 한 법어를 포함하여 총8회에 달한다. 이 중에는 재가 불자를 위한 관음시식(觀音施食) 법어도 있고, 출가 불자를 위한 종사영반(宗師靈飯) 법어도 있다. 이 법어들 간에는 약간의 차이는 있으나, 정형적인 '틀'이 있다. 법어의 진행은 크게 세 단계로 이루어지는데, 첫 단계에서는 영가(靈駕)의 업장(業障)을 타파해준다. 둘째 단계에서는 수행을 통해서 '본래면목(本來面目)'을 새롭게 획득해야 한다는 '신훈설(新薰說)'의 굴속에 빠지는 잘못을 타파하여, '본래면목(本來面目)'이란 자신에게 본래부터 있었다는 '본유설(本有說)'을 일러준다. 셋째 단계에서는 영가의 본래면목(本來面目)을 드러내 보인다. 이런 전형적 단계의 '틀'은 「1983년 7월 초하루 천혼법어」, 「1978년 11월 보름 천도법어」, 「1981년 납월 말일 천도법어」에서도 잘 드러난다. 아래의 법어[45]를 보자.

> 법상에 올라 영가를 부르며,
> "모(某) 영가여!"

---

45) 『구산선문』, pp.450~541.

주장자를 들어 법상을 한 번 치시고,
"이와 같이 중생의 미혹한 업장(業障)을 타파하고,"

두 번째 법상을 치시며,
"이와 같이 불조(佛祖)가 '새로 지은 둥지[新薰窠臼]'를 타파하고,"

세 번째 법상을 치시며,
"이와 같이 영가의 본래면목(本來面目)을 드러내니 오늘 영가와 여기 모인 대중들은 이 도리를 알겠는가?"

"이와 같이 역력하게 듣고, 이와 같이 성성하게 보았으니, 이것이 무엇인가?"

게송으로 읊으시되,

한 물건이 신령하여 묘용이 많으니
본래부터 생사가 없는 줄을 알겠는가
근진(根塵)을 벗어나서 전체가 드러나니
산하 대지가 이대로 내 집일세.

"이 한 점의 공적영지(空寂靈知)는 고금에 걸쳐 뚜렷하고 범부와 성인을 초월하여 밝았으나 칼날 끝이 비로자나의 정수리를 드러내고 사상(四相)이 청천(青天) 밖에 멀리 떨어졌도다. 십불(十佛)이 이 가운데 언제나 자재하니 이것이 일을 마친 장부가 아니겠는가?"

게송을 읊으시되,

어디에나 금색세계 아닌 곳이 없으며
사물마다 그대로가 비로자나 법신(法身)일세
토끼 뿔 지팡이에 밝은 달이 걸려 있고
처마밑의 제비들은 진리를 노래하네.

법상에서 내려오시다.

이상의 법어에서 나온 '새로 지은 둥지[新薰窠臼]'에 대해서는 설명을 해야 일반인들이 알 수 있을 것이다. 중요한 용어는 '신훈(新薰)'이다. 이 말은 '본유(本有)'와 짝을 이룬다. '본래면목'은 새롭게 훈습시켜 후천적 체험을 통해서 형성되는 것이 아니고, 이것은 본래 모든 중생에게 원천적으로 간직되어 있다. 그런데 이런 이치를 모르고 '본래면목'을 '신훈(新薰)'하여 획득한다고 '생각' 한다면, 그런 '생각'이야말로 우리의 자유를 감금하는 '감옥[窠臼]'이다.[46)]

구산 선사는 첫 번째 내려 친 주장자로는 영가의 업장을 부숴버리고, 두 번째로 주장자를 내리쳐서 '본래면목'을 '신훈(新薰)'하려는 어리석음을 범해 스스로 그 '감옥[窠臼]'에 자진해서 들어가는 영가를 위해, 그 '감옥[窠臼]'을 깨부숴준다. 그리고는 다시 세 번째로 주장자를 내려쳐서 마침내 영가 '본유(本有)'의 본래면목을 드러내 준다.

그리고는 이렇게 하는 소식을 아느냐고 구산 선사는 대중들에게 다그쳐 묻는다. 대중들이 대답이 없자. 대중을 대신하여 몸소 게송으로 답한다. 그런 다음에 다시 평창(評唱)하여 친절하게 노파 법문을 하고 또 다시 게송으로 마무리 법문을 한다. 위의 인용문에서 '공적영지(空寂靈知)'도 주목해야 할 용어이다. 이것은 위 게송의 "한 물건이 신령하여 묘용이 많으니"를 노래한 것이다.

2) 불사 법어

불사 법어는 1972년에는 송광사 대웅전 비로자나 불상 봉안에 즈음하여, 1974년에는 후불탱화 점안에 즈음하여, 또 같은 해 1974년에는 『화엄경』 53선지식 개분점안에 즈음하여, 등등에서 여러 차례 실시된다. 이 경우의 법문은 '점안(點眼)' 즉 '눈[眼]을 그리는[點] 행위'에 유비(類比)하여 '한 점'을 가지고 염롱(拈弄) 한다. 아래에 후불탱화 점안 법어를[47)] 인용한다.

---

46) 『구산선문』에서는 '신훈과구(新薰窠臼)'를 '새로 지은 둥지'라고 번역했다. 그런데 이상에서 풀이한 필자의 설명이 맞는다면, 이 용어를 '신훈이라는 감옥'으로 번역하는 것이 좋은 것이다. 지업석(持業釋)으로 말이다. '신훈' 자체가 '과구'이다.

법상에 올라 주장자를 들어 허공에 점을 찍으며 말씀하셨다.

"이것 봐라! 이것 봐라! 허공이 다 없어질지언정 '이 한 점'은 정밀하고 진실하며, '미묘하고 밝아서[一點精眞妙明]' 영원히 없어지지 않으며, 생사에도 머물지 않고 법계를 널리 비추니, 여기 모인 대중은 이 도리를 알겠는가? 사부대중이 도량에 운집하여 부처님 탱화를 봉안하고 뼈를 갈며 정진하는 것은 다만 이 일을 위함이니, 영리한 사람은 한마디 일러 보아라."

잠시 있다가 '할'을 한 번 하고 이르시되,

"천지를 밟아서 뒤집고 손으로 해와 달을 어루만져야만 비로소 알게 되리라."

게송으로 읊으시되,

이 세상에 제일가는 보배를 알겠는가
세간과 출세간을 한 노끈을 꿰어서
낮에도 밝지 않고 밤에도 안 어두워
머리 위에 비친 해가 차별 없듯 하는구나.

사족(蛇足)을 말하리라.

홍화(興化) 선사가 극빈(克賓) 유나에게 말하되, '그대는 머지않아 도를 가르치는 스승[唱導師]이 될 것이다' 하니, 극빈이 답하되 '그 보사(保社)에는 들지 않겠습니다.' 하였다. 선사가 다시 묻되 '알고서 들지 않는가? 모르고서 들지 않는가?' 하니, 극빈이 답하되 '모두 아닙니다.' 하였다. 선사가 방망이를 잡으니, 극빈이 '무언가 말을 하려고 하자'[48] 선사가 때리고는 말하기를 '그대가 법(法) 싸움에서 이기지 못했으니 벌전(罰錢)으로 오관(五貫)을 내어 큰방 공양에 보태도록 하라' 하였다. 이튿날 공양 때가 되자 스스로 건추를 치면서 대중에게 알리기를 '극빈 유나는 법 싸움에서 이기지 못하였으니 밥을 먹지 말고 자리를 걷고서 나가도록 하라'고 하였다.

해인(海印) 신(信) 선사가 이에 송(頌)하였다.

47) 『구산선문』, pp.255~257.

48) 『구산선문』(p.255)의 번역문에는 "망설이므로"로 되어 있으나, 문맥상 필자가 임의로 이렇게 고쳐보았다.

〈… 필자 임의 생략 …〉

동림 총이 이에 송하였다.

〈… 필자 임의 생략 …〉

그러나 산승(山僧)은 그렇지 않다.

뼛속 깊이 사무치게 닥달하는 흥화선(興化禪)은
법 싸움에 못 이기면 절집에서 쫓아내니
벌전(罰錢)의 많고 적음 따지지 말아라
송장과 함께 살기 바라지 않는다네.

비록 그렇지만 오늘 산승(山僧)이 그 굴욕을 씻으리라.

흥화는 '그대에게 도를 가르치는 스승[唱導師]이 될 것이라고 허락한다.' 고 하였으니 주장자 끝에 눈이 있어 해와 달처럼 밝고, 극빈 유나는 감히 법을 이었으니 뿔이 돋힌 사자는 이빨이나 발톱을 쓰지 않으며 여의주를 희롱하는 교룡은 풍운(風雲)에 자유자재함이로다. 알겠는가?

'할'을 한 번 하시고 법상에서 내려오시다.

위의 법어 벽두에서 거량(擧揚)한 '이 한 점'이 무엇을 말하는지는 굳이 말로 할 필요가 없다. 사람마다 모두 갖추고 있는 '본래면목'이다. 구산 선사는 이것이야말로 "이 세상에 제일가는 보배"라고 송(頌)한다. 그러면서 '이것'을 노파심절 하게 설명하기 위하여 사족(蛇足)을 단다. 이 또한 일종의 염거(拈擧)이다. 흥화 존장과 극빈 유나의 화두는 『선문염송』[49]에 나온다.

이 화두를 이해하기 위해서는 당시 여러 대중들과 함께 점안 법회를 하는 상황을 염두에 두어야 한다. 범패와 작법에 의하여 점안 의례가 한창이다. 부처님의 탄강하심을 비는 강생게(降生偈)가[50] 한창이다. 점안 법회를 참석해

49) 김월운 역, 『선문염송 · 염송설화』제7책, 서울: 동국역경원, 2005, pp.11~12. ; 장설봉 현토, 『현토 선문염송』, 서울: 불서보급사, 1979, p.413.

본 경험이 있는 독자들은 상상이 갈 것이다. 필자가 보기에 이 법문에는 앵무새처럼 남의 말이나 따라서 하는 염불승에 대한 '비판의식'이 내재해있다고 생각된다. 『구산선문』(p.255)에는 "唱導師(창도사)"를 "도를 가르치는 스승"이라고 번역했는데, "唱導師"란 여러 대중들 앞에서 불교 의례 집전하는 염불승이다. '唱導之師(창도지사)'를 '도를 가르치는 스승'이라고 번역해서는 이 화두의 의미가 제대로 드러나지 않는다.[51)]

이것을 염두에 두고 본다면, 홍화 존장이 극빈 유나(維那)를 '한 번 떠 본 것'임을 알 수 있다. 유나는 이 수에 넘어가지 않았다. 그런 단체에는 절대로 가입하지 않겠다는 것이다. 홍화 존장은 추궁한다. 즉, "그대는 (납승의 본분사가 무엇인지를) 알아서 안 들어가는 것이냐? 아니면 모르고서 안 들어간다는 것이냐?" '납승의 본분사'를 귀하게 여기는 스승과 제자 사이의 대화이다.

이런 일화를 거량하여 구산 선사는 오늘의 이 점안(點眼) 불사의 본질을 여기 모인 대중들이 아느냐고 추궁한다. 이 명 장면을 구산 선사는 『선문염송』에 나오는 동림 총 선사의 게송으로 대신하여 자신의 심정을 간접적으로 드러낸다. 즉 "극빈법전좌영웅(克賓法戰挫英雄), 홍화엄행진조풍(興化嚴行振祖風)"이라고 말이다. 이 게송을 인용한 것은 구산 선사가 동림 선사와 입장을 같이 했기 때문이다. 이 점은 위에 인용한 구산 선사의 '별어'와 또 그 뒤에 이어지는 '평창(評唱)'을 보아도 반증된다. 위의 인용에 나오는 '산승(山僧)'은 두말할 나위 없이 구산 선사이다. 이 역시 '별어'의 형식이다. 사족(蛇足) 운운은 '염거(拈擧)'의 형식을 빌려 평창(評唱)을 한 것이다.

---

50) "아불석사자(我佛釋獅子), 종도솔천궁(從忉率天宮), 입마야태중(入摩耶胎中), 원금역여시(願今亦如是), 심심적연정(甚尋寂然定), 구주어세간(久住於世間), 복자제중생(福資諸衆生), 발무상도심(發無上道心), 시작대불사(施作大佛事), 자타공성불(自他共成佛)." 이렇게 운운하면서 말이다. 자세한 것은 『삼화일용도집』(월운 편저, 서울: 비백, 1986, p.72) 참조.

51) 참고로 각운은 『설화』(김월운 역, 『선문염송 · 염송설화』제7책, 서울: 동국역경원, 2005, p.19.)에서, "창도(唱導)란 법리를 펴고 외쳐서 중생들을 열어 인도하는 소임이다."고 설명했고, 또 "다섯 집이 보(保)이며 다섯 보(保)가 사(社)이다."고 설명했다. 아무튼 '창도사' 직책에 대한 시시비비의 판정은 독자들에게 맡긴다.

3) 상례 법어

안거 기간 중에 행한 상례 법어로는, 단연 '결제 법어'와 '해제 법어'를 들 수 있다. 구산 선사는 '하안거 결제 법어'를 15회, '동안거 결제 법어'를 15회 한다. 이 중, 1980년도에 행한 '동안거 결제 법어'는 미국 LA 고려사 출타 중인데도 서면으로 법어를 내렸으니, 그 열정을 짐작할 수 있다.

상례 법어의 '내용'은 상황에 따라 달라지는데, '결제 법어'에서는 안거 동안 수행정진 잘 할 것을 당부하고, '해제 법어'에서는 그동안 수행을 잘 했는지를 따져 묻고, '반살림 법어'에서는 남은 기간을 격려하는 말을 내리고, 또 15일 간격으로 하는 법문은 또 그 때의 기연에 맞게 내용을 달리한다. 그렇지만 '형식'에 있어서는 대동소이하다. 그 '형식'이란 3단락으로 구성된다. 이하에서는 먼저 그 '형식'에 대해서 살펴보기로 한다.

첫째 단락에서는 그날의 기연에 걸맞게 주제를 '거량(擧揚)' 하고, 이어서 그 내용을 송(頌)으로 다시 제창(提唱)한다. 둘째 단락에서는 『선문염송』의 고칙(古則) 화두를 인용하여 첫째 단계에서 거량한 내용을 보충 설명한다. 구산 선사가 상당 법어에 이런 '형식'으로 『선문염송』을 활용함은 이미 앞에서도 검토한 것이다. 셋째 단락에서는 '별어(別語)' 또는 '대어(代語)'의 형식을 빌어서, 『선문염송』의 고칙(古則)과는 다르게[別語] 구산 선사 자신의 경지에서 송(頌)한다. 그러면 아래에서 그 한 사례를[52] 들어 보기로 한다. 설명의 편의상 필자 임의로 (1), (2), (3)으로 단락을 나누고 번호를 붙인다.

> (1)
> 법상에 올라 주장자를 들어 허공에 점을 찍으며 말씀하셨다.
> "이것 봐라! 이것 봐라! 이 허공이 없어지더라도 이 한 점의 신령하고 밝은 것[一點靈明]은 영겁(永劫)에 없어지지 않으니 여기 모인 대중들은 이 도리(道理)를 알겠는가?"

---

52) 『구산선문』, pp.207~209.

잠시 있다가 '할'을 한 번 하고 이르시되,
"천지를 밟아 엎어 버리고, 손으로 해와 달을 어루만져야만 알게 되리라."

게송을 읊으시되,

허공에 찍는 점이 번개보다 빠르니
하나의 주장자가 시방세계 두루한다
청정한 법안(法眼)은 한계가 없으니
범부와 성인이 본래 같음 드러내네.

(2)
다시 사족(蛇足)을 말하리라.
동산(洞山) 선사에게 어떤 스님이 묻기를 "삼신(三身) 가운데 어느 몸이 숫자에 떨어지지 않습니까?" 하니, 선사가 대답하되 ①"내가 언제나 여기에 친절했느니라."하였다. 그 스님이 후에 조산(曺山)에게 가서 "동산이 말하기를, '내가 언제나 여기에 친절했느니라.'고 했는데, 그 뜻이 무엇입니까?"하니, 조산이 답하되 ②"머리를 쪼개 가라는 것이니라."하였다. 그 스님이 다시 설봉(雪峰)에게 물었더니, ③설봉이 주장자로 입을 후려치면서 말하기를 "나도 일찍이 동산에 다녀왔느니라."하였다.

천동 각(天童 覺)이 이에 송(頌)하였다.

세간(世間)에도 들지 않고 인연에도 안 따르니
천지가 빈 곳에 집안의 비결이 있네
흰 갈대에 여린 바람 가을 강이 저무는데
옛 언덕에 배 닿으니 저녁 연기 오르구나.

보령 용(保寧 勇)이 이에 송(頌)하였다.

애닯다 친절함을 바깥에서 찾으니
친절함이 어찌하여 원수같이 되었는가
끝까지 얼굴에는 부끄러움이 없으니
조산(曺山)은 또 다시 그의 머리 달라 하네.

(3)

그러나 내[九山]는 그렇지 않다.

주장자를 들어 법상을 한 번 울린 후 다시 보이며 사방을 둘러보고 말씀하시기를, "알겠는가? 제각기 진중(珍重)하라!"

게송을 읊으시되,

세간이나 출세간이 친절함이 아니던가!
서리 속의 국화꽃은 도리어 봄이로다
털을 쓰고 뿔이 달린 이류(異類) 속에 가더라도
단련된 진금(眞金)은 그 빛깔이 변치않네.

법상에서 내려오시다.

이상의 상당법어는 1973년 10월 15일에 내린 동안거 결제 법어이다. 이날 법어의 중심 주제는 '신령하고 밝은 것[一點靈明]은 영겁(永劫)에 상주불변한다.'는 내용이다. '신령하고 밝은 것[一點靈明]'이란 구산 선사 자신이 그 아래의 송(頌)으로 거량했듯이, '청정법안(淸淨法眼)'이다. 그리고 이것은 원래부터 범부와 성인이 다 함께 간직하고 있는 것이다. 오늘부터 3개월간 동안 안거에 임하는 대중들에게, 구산 선사는 바로 이러한 도리를 체험하고 있느냐고 질문하고 있는 것이다. 대중들이 아무 대답이 없자. 대신 대답 한다. 공간의 제한을 뛰어넘고 시간의 제약을 벗어나야만, 이 도리를 체험 할 수 있다고 말이다. 이렇게 해서 첫째 단락의 법어가 끝난다.

다음은 둘째 단락의 법어를 보자. 구산 선사의 입장에서 본다면, 이상의 (1)에서 결제 법어를 다 해 마쳤지만, 노파심이 간절하여 이하에서는 『선문염송』[53)]을 인용하여 '사족'이라고 '빌미'를 달면서 법어를 계속한다. 『선문염송』의 이 화두는 수행자의 '본래면목'은 당사자가 직접 체험해야지, 결코 어떤

53) 김월운 역, 『선문염송 · 염송설화』제6책, 서울: 동국역경원, 2005, pp.230~231. ; 장설봉 현토, 『현토 선문염송』, 서울: 불서보급사, 1979, pp.377~378.

'법수(法數)'로도 설명할 수 없음을 설하는 대목이다.

교학(敎學)에서는 부처님의 불격(佛格)을 법(法)·보(報)·화(化) 3신불(身佛)로 나누어 설명하고 있다. 각 경전에는 이런 부처님들이 제각기 다양한 법을 설하고 계신다. 그런데 이 부처님들 중에 '법수(法數)'에 의존하지 않고 법을 설하시는 분은 어느 분이신가? 사실 경전의 경우 '법수'를 떠나서 설법을 하시는 부처님은 안 계신다. 다시 말하면 교학에서는 '법수'를 떠나서는 한 마디도 안 한다. 그러나 선승들은 이런 '법수(法數)'를 넘어선 '본래면목'의 체험을 추궁한다. 바로 이런 점을 염두에 두고, 객승(客僧)이 동산 화상에게 법 거량을 하고 있는 것이다.

이상의 선(先) 이해를 바탕으로, 동산 양개(洞山良介) 화상과 객승(客僧)의 대화가 이루어진다. 필자의 입장에서 본칙의 내용을 설명하기 위하여 이하에 필자 나름의 번역을 다시 한다. 독자들은 어떻게 읽으실까?

> 동산 양개 화상에게 객승이 물었다.
> "법신·보신·화신 세 부처님 중, '법수(法數)'를 사용하지 않고 가르침을 설명하는 부처님은 어느 분이십니까?"
> 화상이 말했다.
> <u>①"나도 항상 이 점에 대해서 (의심하는) 마음이 간절했다."</u>
>
> 이렇게 질문을 했던 객승이 뒷날 조산 본적(曺山本寂) 선사에게 물었다.
> "'나도 항상 이 점에 대해서 (의심하는) 마음이 간절했다.'고 하신 (동산 화상의) 의도가 무엇입니까?"
> 조산 본적 선사가 말했다.
> <u>②"간절하게 집중해서 살펴야만 한다."</u>
>
> 이렇게 질문을 했던 객승이 (이번에는) 설봉산(雪峰山)으로 가서 그곳의 의존(義存) 선사에게 (조산 선사에게 묻었던 내용과 똑 같이) 물었더니, <u>③설봉 의존 선사는 (들고 있던) 주장자로 (그 객승을) 다짜고짜 내려치면서 말했다.</u>
> <u>"나도 일찍이 동산 양개 화상 처소에 다녀온 적이 있다."</u>

洞山이 因僧問호대 三身中那個身不墮諸數닛고 師云호대 ①吾常於此切이로다. 僧이 後問曺山호대 洞山道吾常於此切意旨如何오. 曺云호대 ②要頭斫將去하라. 僧이 又問雪峰한대 ③峰이 以拄杖劈口打云호대 我也曾到洞山來로다.

이상의 인용문은 필자가 번역해본 것이다. 『구산선문』에 실린 한글 번역 중 ①은 오역(誤譯)인 듯하다. ③의 경우는 '벽구(劈口)'라는 선어록의 구어를 몰라서 생긴 오역(誤譯)이나 내용의 이해에는 별 영향을 미치지 않는다. 문제는 ③의 문장이 의미하는 내용이다. 『九山禪門』에 실린 한글 번역에서는 ③의 문장이 의미하는 내용에 대해서는 언급이 없다. 여기에는 '독자의 책읽기'가[54] 요구된다.

심각한 오역은 ②에 있다. 원문②에 나오는 '要~將去'는 '반듯이 ~해야만 한다.'는 뜻이다. '頭斫(두작)'이 논란의 핵심이다. 결론부터 말하면, 이 말뜻은, "먼 곳에 있는 물체를 잘 보려고 손바닥을 펴서 이마(눈썹 위)에 가로로 대고 온 정신을 집중하여 주목하는 행동"을 형용(形容)한다. '頭斫(두작)' 대신 '작액(斫額)'으로 쓰기도 한다. 대수 법진(大隨法眞; 834~914)과 위산 영우(潙山靈祐; 771~853)의 대화를[55] 이해함에도 이 용어가 결정적인 역할을 한다. 이렇게 해서 둘째 단락의 법어가 끝난다.

다음은 셋째 단락의 법어를 보자. 이 단락에서 구산 선사는 '별어(別語)'의 방식으로 고칙 공안에 대하여 '송(頌)'을 붙인다. 그 중, 첫째 게송 즉 "세출세간하불절(世出世間何不切)"만 고쳐 번역하면 좋겠다. 즉, "세간이나 출세간이나

---

54) 독자의 책읽기 : 이 부분에 대하여 필자도 한 독자의 입장에서 자신의 '읽기'를 소개하면 이렇다. 여러분들은 어떠한 '읽기'를 할까? 또 당시에 구산 선사에게 법어를 들었던 청중들은 이 화두를 어떻게 '이해' 했을까? 필자의 해석은 이렇다. 동산에서 조산으로, 또 조산에서 설봉산으로 이리저리 다니면서 고승들을 '떠보는' 객승이 있었다. 이 객승에 대하여 동산과 조산에 계시던 선승은 제각기 다른 방식으로 '그대 자신 속에 있는 청정법안(淸淨法眼)을 간절하게 참구할 것을' 지도한다. 그런데 설봉산의 의존 선사는 ③과 같이 한다. 만행(萬行)이랍시고 부질없이 짚신이나 소비하면서 유랑하는 객승에게 몽둥이질을 해대면서 말한다. "(이놈아!) 나도 동산화상께 직접 지도를 받은 바 있다. (이 자리가 어떤 곳이라고 남의 말이나 옮기고 다니면서 천하의 수행자들을 시험하려고 하는가!)" 각운 선사의 『설화』(김월운 역, 『선문염송 · 염송설화』제6책, p.233)도 참조하면 좋다.

55) 신규탁, 『선사들이 가려는 세상』, 서울: 장경각, 1998년, pp.258~264 참조.

어디에 있은들 간절하게 (화두 참구를)하지 않으리오." 행주좌와 어묵동정 어디에서나 간절하게 한다는 말이다. 제철 만난 국화가 송이마다 천지 '어느 곳에서나' 활짝 피었듯이 말이다.

종합적으로 말해 보면, 1973년 10월 15일에 내린 동안거 결제 법어의 핵심은 "이 한 점의 신령하고 밝은 것[一點靈明]은 영겁(永劫)토록 없어지지 않으니, 여기 모인 대중들은 이 한 철 동안, 간절하게 '이것'을 참구하시오."이다. 설명하는 방식은 다르지만, 이런 내용에는 변함이 없다. '1972년 7월 보름 하안거 해제법어'에서는 "제각기 본참공안(本參公案)을 더욱 성성하게 살피시오"[56]라고 했고, 1977년 7월 보름에 내리신 하안거 해제 법어에서는, 3개월간 수행 정진한 납자들에게 "천하의 총림이 오늘 해제를 한다 하니, 그렇다면 '본분의 일[本分底事]'을 마쳤을 것이니 그것을 내보시오."[57]라고 다그치며, 그리고서는 이어서 이렇게 '송(頌)'한다.

> "한 생각에 빛을 돌려 자성을 보게 되면,
> 한량없이 묘한 지혜 걸림없이 쓰게 되네
> 원래부터 번뇌 없고 애욕 강물 맑았으니
> 달빛 아래 태연하게 젓대를 희롱하네."[58]

이상과 같이 구산 선사는, 반살림 법어이던, 보름마다 하는 법어이던, 모두 그 때 그 때의 시절인연에 부응하여 법어를 한다.

4. 꾸준히 이어가야 할 전통

이상에서 필자는 『구산선문』을 중심으로 해서, 상당법어의 '형식'과 '내용'을 시론적(試論的)으로 분석해 보았다. 15년간에 걸친 상당법어를 통해, 우리

56) 『구산선문』, p.172.
57) 『구산선문』, p.384.
58) 『구산선문』, p.384.

는 당시 송광사에서 행해진 선원 살림의 정황을 알 수 있었다. 또 해제, 결제, 반살림, 매달 15일만큼 씩, 그리고 성도절에, 어떤 식으로 상당법어가 진행되는지도 알 수 있었다. 또한 '산철'에도 살림을 할 정도로 용맹정진 하는 선승들의 수행 전통도 볼 수 있었다. 아울러 윤달에는 안거 기간을 어떻게 정하는지도 알 수 있었다. 이렇게 볼 때에 『구산선문』(불일출판사, 1994년 간행)은 성철 선사의 『본지풍광』(불광출판사, 1982년 간행)과 더불어, 현대 한국 선원에서 시행되던 상당법어의 풍격을 잘 보여주는 귀중한 자료임이 분명하다.

게다가, 고려 혜심 선사에 의해 편집된 『선문염송』이, 현대의 선승들에게 어떻게 '활용되고' 또 '읽혀지는지'에 대해서도 알 수 있었다. 구산 선사가 『선문염송』을 어떻게 '읽었는지'는, 『구산선문』에 나타나는 '염거'의 방식이나, '대어', '별어' 등을 통해서 좀 면밀한 분석이 있어야만 전체적인 모습이 드러날 것이다. 그렇지만 '활용' 부분에 있어서, 『선문염송』은 구산 선사의 상당법어에 절대적인 영향을 주고 있음은 분명하다.

다음으로는, 상당법어의 '형식'에 나타난 구산 선사의 방식이 대개 3단락으로 구성되어 있음을 알 수 있었다. 첫째 단락에서는 그날의 상황에 걸맞는 소재를 '염거'하고, 이어서 그 내용을 게송으로 정리한다. 둘째 단락에서는 『선문염송』에 실린 중국 선사들의 게송을 재인용하고, 그 다음에는 구산 선사 자신이 '별어' 또는 '대어'의 방식으로 이 화두에 대한 입장을 밝힌다. 셋째 단락에서는 노파심절하여 첫 단계에 거론한 화두를 다시 다른 측면에서 거론하면서 상당법어를 마무리 짓는다.

이와 함께, '내용' 부분을 정리하면 다음과 같다. 「1970년 하안거 반살림 법어」에서 단적으로 볼 수 있듯이, 구산 선사는 '이 한 물건[一物]'을 거량하는 법문을 핵심적으로 한다. '이 한 물건[一物]'의 표현이, 때로는 '이 일[此事]', 때로는 '신령하고 밝고 (항상) 깨어 있는 성품[靈明覺性]', 때로는 '본래면목(本來面目)', 때로는 '공적영지(空寂靈知)', 때로는 '정밀하고 참되고 오묘하고 밝은 한 점[一點精眞妙明]', 때로는 '이 한 점[者個一點]', 때로는 '조계의 한 방울 감로[曹溪一滴甘露]', 때로는 '영묘(靈妙)', 때로는 '금강보좌(金剛寶座)', 때로는 '매우 밝은 거울[大圓鏡]', 때로는 '온전하게 잘 비치는 거울[圓鏡]' 등등으로 표현은 달라진다. 그런데 이런 용어들은 문맥 속에서 표현은 달라졌지만, 지시하는 내용은 동일하다. 이것을 화엄 교학에서는 '법성(法性)'이라 한다.

화엄교학에서는 관법(觀法)과 보살행을 통해 '법성'의 구조와 그것의 체험 방법을 '논술 방식'으로 해명하는 반면, 선가(禪家)에서는 '법성'을 당사자가 직접 체험할 것을 '대화 방식'으로 전달한다. 당연하겠지만 구산 선사는 선가의 전통에 따라 후자의 방식으로 법어를 한다.

그런데, 본 장의 「1. 송광사에서 울려 퍼진 상당법어」 부분에서 필자는 구산 선사의 상당법어가 1978년 동안거와 1979년 하안거 사이를 기점으로 '형식'에서 변화가 있었다고 말한 적이 있다. 이제 1979년에서 선사가 입멸하던 1983년까지 선사의 말년 5년간의 특징에 대해서 정리하면서 본 장을 정리하고자 한다.

첫째로 이 시기에 구산 선사는 보조 지눌의 사상에 주목한다. 그 대표적인 사례가 「1979년 동안거 해제법어」[59]이다. 이 날 구산 선사는 보조 지눌이 정·혜(定慧) 닦기를 권면하면서 열 가지 선병(禪病)에 대해 간별(揀別)하셨던 내용을 하나하나 소개한다. 그런가 하면 『수심결』을 인용하기도 하고, 『원각경』과 『육조단경』을 인용하기도 한다.

이 중에서 필자의 주목을 끄는 부분은 『원각경』에 나오는 '원각묘심'(1983년 4월 말일), '금광유(金鑛喩)(1979년 6월 보름)' 등의 인용과, 규봉 종밀이 사용하는 '공적영지'(1983년 5월 보름)[60] 용어의 사용이다. 이 점에 대해서는 좀 더 조사를 해 봐야겠지만, 보조 지눌, 또 보조 지눌이 관심을 두었던 규봉 종밀, 또 규봉 종밀이 일생 주목했던 『원각경』, 이런 등등에 깃든 일관된 '정취'가 구산 선사의 말년 법어에 짙게 드리운다. 1982년 11월 보름의 상당법어에 '정혜쌍수(定慧雙修)'를 운운하는 것도 또한 그렇다.

둘째로 이 시기에 구산 선사는 만공 월면(滿空月面; 1871~1946) 선사와

59) 『구산선문』, pp.442~446.

60) 『구산선문』, p.588.

그 제자 보월 화상과의 대화를 인용하기도 하며, 효봉 원명(曉峰元明; 1888~1966) 선사의 일화도 소개한다. 1969~1978년 사이의 상당법어는 원천적으로 중국 선사들의 게송 모음집인 『선문염송』에 근거를 두었지만, 말년인 1979~1983년으로 가면서 한국 선사들의 일화에도 주목하는 모습이 보인다.

셋째로 이 시기에 구산 선사는 조사관(祖師關) 타파를 자주 거량한다. 1979년 11월 보름 상당법어가 그렇고, 1980년 4월 보름 상당법어가 그렇고, 1981년 10월 보름 결제 법어가 그렇고, 1982년 정월 보름 동안거 해제 법어가 그렇다. 게다가 이 시기에는 '의심 수행'[61]을 강조하는 경향이 두드러진다. 구산 선사의 마지막 상당법어인 1983년 10월 보름의 동안거 결제 법어에서 조주의 '무자(無字)' 화두(話頭) 참구(參究)에 대한 강조는[62] 평소와 사뭇 다른 모습이 보인다. 크게 의심할 것을 매우 강조한다.

여기에서 우리가 면밀하게 논의해 봐야 할 과제가 있다. 『구산선문』에 실린 상당법어에 한정해서 말해보면, 구산 선사는 자신의 말년(1979~1983년) 법어에는 위에서 말한 첫째・둘째・셋째의 요소가 '공존'한다. 그런데 이 세 사상은 서로 '모순'되는 요소도 있다. 따라서 구산 선사의 말년 사상에는 '모순의 공존' 현상이 있다. 필자가 이 공존을 '모순'이라고 표현한 이유는 규봉 종밀에 대한 상반된 평가 때문이다. 이런 '모순'의 '공존'을 우리는 어떻게 이해하고 평(評)해야 할까?

선종의 역사를 돌이켜 보면, 남송대(南宋代) 이후 선종계가 간화선으로 중심을 잡아갔다는 것은 이 분야의 많은 연구가 증명하고 있다. 그 영향을 받은 고려 말의 선풍도 화두선 일변도로 집중하는 경향이 뚜렷해진다. 그러나 보조 지눌은 달랐다. 보조 지눌은 철학적 기반이 달랐던 이통현 장자의 화엄적

61) '의심 수행' : '이것이 무엇인고?[是甚麽?]'라는 물음에 대하여, 첫째 지시대명사 '이것'에 주목하는 참선도 있을 수 있고, 둘째 '이것이 무엇인고?' 라고 의심하는 그 의심 자체에 주목한 참선도 있을 수 있다. 의심 수행법이란 둘째의 경우를 말한다. '이것이 무엇인고?[是甚麽?]'에 대한 필자의 이상과 같은 분석은 『禪文手鏡』(『한불전』10, 524c)의 「無字看病論科解」에서 제시한 백파 노스님의 설을 수용한 것이다.

62) 『구산선문』, p.599.

일심(一心) 사상을, 또 규봉 종밀의 본각진심(本覺眞心) 사상을, 또 대혜 종고의 돈오무심(頓悟無心)적 간화선(看話禪) 사상을, 이런 다양한 사상을 '한 품'에 안고 있다. 필자는 이런 지눌의 태도를 '통시적 현재성(通時的 現在性)'이라는 측면에서 그 철학적 가치를 평가한 논문을[63] 낸 적이 있다. 그 논문에서 필자는 후학들이 이런 전통을 계승하여 한 차원 높여 체계적인 대안을 내지 못한 아쉬움을 다음과 같이 토로했다.

> 왜 그(=보조 지눌)의 제자를 비롯한 수선사의 후학들은 스승(=보조 지눌)이 남긴 문제를 이어받아, 발전적으로 승계하지 않고, 교학의 문제 자체를 거론하지 않거나, 혹은 거론하더라도 비판으로 시종일관하여 간화선 일변도에만 몰두했을까? 이 궁금함에 대해 우선 생각해 볼 수 있는 것은, 당시 고려와 함께 있었던 중국의 원대(元代)에서는 더 이상 선-교의 통일적 이해라는 '사상적 긴장'이 사라진 점이다. 그로 인해 보조 국사의 후배들은 더 이상 선-교의 긴장을 자신의 문제로 삼을 필요를 못 느꼈던 것일까? 원나라에서 밀려드는, 석옥 청공이나 평산 처림이나 나옹 혜근과 같은, 임제 선풍에 밀려 (보조의 고민은) 해묵은 문제라고, 아예 거세하는 방식으로 문제를 해결하려는 안이한 태도를 취했는가? 아니면 정말 깨달음이란, 간화(看話)만을, 그것도 '무자(無字)' 화두 하나만을 집중적으로 참구해야만 제대로 성취할 수 있었기 때문인가?[64]

보조 지눌은 당시 고려 사상계에 엄연하게 실존했던 다양한 사상을, 비록 그것들끼리 모순적이라도 '한 품'에 안으려는 시도를 했는데 말이다. 그런데도 보조 지눌의 후학들은 스승의 이러한 '큰 품'을 수용하여, 그 속에 내재된 '모순'을 발전시켜 무모순적으로 체계화시키기는커녕, 오히려 간화선 일변도로 돌아서고 말았다. 그것도 원나라에서 '수입하는' 그런 간화선을 말이다. 다양성을 다 잃어버린 것이다.

그런데 필자는 구산 선사의 상당법어집 『구산선문』을 분석하면서, 특히

63) 신규탁, 「보조 지눌 사상의 통시적(通時的) 현재성(現在性)」『보조사상』36집, 2011, pp.261~286.

64) 위의 논문, p.283.

구산 선사 말년(1979~1983)에 첫째 · 둘째 · 셋째가 공존하는 모습을 보면서 참으로 반가웠다. 왜냐하면, 다양한 수행의 전통을 '한 품'에 안으려 했던 보조국사의 '꿈'이, 700 여년이 지나 구산 선사에게 '현실'로 살아나는 모습을 발견했기 때문이다. 그러니 지금이라도 늦지 않았으니 구산 선사의 아손(雅孫)이라면, 선사의 이런 정신을 오늘날 우리시대의 종교 철학으로 되살리는 일을 해야 할 것이다.

'남종선'의 전통에서 보면 '직지인심(直指人心) · 돈오무심(頓悟無心)'이 본령이겠지만, '불교'의 전통에서 보면 '오비로법계(悟毘盧法界: 법성 체험하기) · 수보현행(修普賢行: 보살행 실천하기)'이 본령이 아니던가? 그런 점에서 구산 선사의 말년은 보조 지눌이 그랬듯이 비록 '남종선의 돈오 정신'에는 불철저했지만, 오히려 '대승불교의 보살 정신'에는 좀 더 충실했던 것이 아닌가?

제13장

퇴옹 성철 선사의 선사상

1. 철저한 본분주의(本分主義)
2. 선사상에 나타난 본분주의
3. 아리야식 개념 이해에 나타난 본분주의
4. 불교계 현실 대응에 나타난 본분주의

1. 철저한 본분주의(本分主義)

본 장에서는 철저하게 본분(本分)의 간화선 수행자로 일생을 살았던 퇴옹 성철(退翁性徹; 1912~1993년) 선사의 선사상의 일면을 살펴보고자 한다. 퇴옹 선사의 선사상을 밝혀내기 위해서는 다양한 측면에서 또 많은 지면을 할애해서 접근해야 할 것이지만, 여기에서는 '본분주의(本分主義)'라는 측면에서 이 작업을 하려고 한다.

필자가 여기에서 사용하는 '본분주의(本分主義)'에서의 '본분(本分)'이란, '신훈(新薰)'과 짝이 되는 개념이다. 이 두 대립 개념에 대해서는 이 책의 여러 곳에서 언급했기 때문에, 이곳에서는 행론(行論)에 필요한 정도에서 간략하게 설명한다.

거두절미하고 말하면, '본분(本分)'이란 사람이면 누구나에게 본래적으로 간직되어 있는 바른 '능력'이다. 이 '능력'에는 가치적 요소도 들어 있고, 또 이성적 요소도 들어 있고, 또 미적 요소도 들어 있다. 선(禪)에서 말하는 '본래면목(本來面目)' 속에 이런 '능력'이 들어 있고, 교(敎)에서 말하는 자성청정심(自性淸淨心) 속에 이런 '능력'이 들어 있다.

이런 능력은 '본분(本分)'으로서 불생불멸하고 본래적인 것이다. 수행이 원인이 되어서 새롭게 만들어지는 것도 아니고, 인연에 따라 연기하는 하는 것도 아니다. 이것은 누구나 무심하기만 하면 언제 어디서나 당사자에게 당장 체험된다. 본래면목이나 자성청정심은 '본분(本分)'이지 '신훈(新熏)'이 아니다. 법성 철학에 기반을 둔 간화선이나 화엄교학에서 이것은 철칙이다.

퇴옹 선사는 모든 사람들이 저마다 간직한 본분의 능력을 몸소 '철저하게' 체험하고, 그렇게 체험한대로 살 것을 권하고 있다. 뿐만 아니라 본인 자신도 그런 길을 가고자 했다. 여기에서 '철저하게'라고 필자가 단서를 단 이유는, '부분' 체험 또는 그런 부분의 '집합'과 구별하기 위해서이다.

철두철미(徹頭徹尾)라는 용어에서처럼 머리부터 꼬리까지 항상 사무친다는 뜻이다. 시간의 흐름에 따라 시작 순간에서부터 끝 순간까지 차곡차곡 쌓는 축적(蓄積)을 말하려는 것이 아니라, 매 순간이 온 시간 전체에 뻗친다는 뜻에서의 '사무침'을 말하려는 것이다. 퇴옹 선사는 이런 '철두철미한 본분'의 체험에 주목한 수행자였다.

이런 '철두철미한 본분' 그 자체의 체험에 주목한 퇴옹 선사는 그의 선사상에서는 물론, 아뢰야식의 이해에서도 '특별한' 견해를 보이고 있다. 물론 이런 '특별함'이 제3자의 눈에는 때로는 '극단적'으로 때로는 '절속주의'로, 때로는 '객관적인 시각을 갖기 위해 가져야 할 최소한의 거리를 유지하지 못함' 등으로 비춰지기도 했다. 그러나 그렇게 퇴옹의 사상을 해석하는 것은 '밖으로 부터'의 퇴옹 읽기이다.

필자는 이런 '밖으로부터' 읽는 방식보다는, 퇴옹 선사의 선사상 내부로 들어가서, 선사가 체험하고 제시하려 했던 문제를 읽어보려고 한다. 필자가 선사들의 선사상을 연구함에 있어 이렇게 '안에서부터 읽기'를 시도하는 태도는 유독 퇴옹 선사에게만 적용한 분석 방식은 아니다. 이 책 전체가 그런 방식에서 선사들의 사상을 분석하고 있다. 즉 해당 선사의 어록(또는 문집) 자체의 문헌적 분석에서 시작한다는 말이다. 물론 필자도 '밖으로부터 읽기'를 안 하는 것은 아니다. 필자도 한다. 다만 그 시작을 '안에서부터' 하는 점이 다를 뿐이다.

이하에서는 퇴옹 선사의 상당법어집인 『본지풍광』을 자료로 삼아 그의 선사상과 아뢰야식 사상 이해에 나타난 '본분주의적' 특성을 찾아보려고 한다. 그리고 뒤 쪽에 가서는 퇴옹 선사의 그런 '본분주의적' 태도가 당시 불교계의 정황들 속에서 어떤 양상으로 드러나는지를 '해석'해 보기로 한다.

2. 선사상에 나타난 본분주의

『본지풍광(本地風光)』(1982년)은 퇴옹 선사의 상당법어집이다. 이 책은 그 「후기」에서도 밝혔듯이, 퇴옹 선사가 해인총림 방장으로 주석한 1967년부터 이 책이 출판되던 1982년 까지 주로 총림의 정진 대중을 위해 실시한 법어 중 상당법어만을 정리하여 세상에 내 놓은 것이다.[1] 「후기」에 따르면, 퇴옹 선사는 이 법어를 한문으로 짓고 또 토를 달았다. 이 책에 실린 한글 번역은 시자들이 기록해둔 것을 정리한 것이다.

내용면에서 보면 당송시대 조사들의 화두(話頭)나 공안(公案)이 중심을 이루고 있으며, 그 출전은 『선문염송』이 근간이 된다. 그리고 형식적인 면에서 보면 『설두송고』나 『벽암록』의 체제와 닮았지만, 그렇다고 이 송고 형식을 그대로 들여오지는 않았다. 예컨대 『벽암록』의 「평창」은 공안을 설명하는 강의 형식을 취했지만, 『본지풍광』의 경우는 화두 참구를 권하여 학인들이 자신의 본분(本分)을 스스로 체험하게 했다.

한편, 퇴옹 선사는 선에 대한 자신의 입장을 『단경지침』에서도 선명하게 드러냈듯이, 육조 혜능 선사의 돈오무심(頓悟無心)의 전통을 계승하려 하고 있다.

1) 『본지풍광』의 구성

『본지풍광』의 서지적인 내용을 먼저 말해두고자 한다. 이 책은 1982년 12월 불광출판부에서 간행했는데, 당시의 제목은 『性徹禪師法語集 - 山이 물 위로 간다 (本地風光)』이다. 이 책은 다시 백련선서간행회에서 『성철선사 법어집』 2집3권에 편입시켜 『본지풍광』 (성철, 장경각, 1990년)으로 재간된다. 출판사는 달라도 판형 및 페이지수는 똑같다. 필자의 이 책에서는 『장경각본』을 대본으로 했다.

서지적인 측면에서 볼 때 『본지풍광』은 다른 선사들의 상당법어집과 비교하여 독특한 점이 있다. 그것은 설법을 한 당사자가 직접 자신의 법어집을 볼 수 있었던 점이다.[2] 즉 퇴옹 선사의 경우는 그 문도들이 선사(先師)의 생전

1) 성철, 『본지풍광』, 서울: 장경각, 1982년초판, 1984년 2쇄, 1990년 3쇄, p.512. 연도별로 보면, 〈상당법어〉는 1967년-7칙, 1968년-17칙, 1969년-18칙, 1970년-10칙, 1971년-5칙, 1972년-13칙, 1973년-2칙, 1974년-2칙, 1975년-2칙, 1976년-3칙, 1977년-2칙, 1978년-2칙, 1979년-2칙, 1980년-2칙, 1981년-3칙, 1982년-1칙. 그리고 〈낙혜법어〉는 1967년-1칙, 1968년-1칙, 1970년-1칙, 1974년-3칙, 1975년-1칙, 1980년-1칙, 1981년-1칙.

2) 예를 들면, 이 책에서 다룬 『금오집』, 『한암 일발록』, 『구산선문』, 『운허선사어문집』 등의 제목은

에 문집을 발간했다. 당사자의 생전에 문집을 낸 점은 대주 혜해(大珠慧海)의 『돈오입도요문』이나 황벽 희운(黃蘗希運)의 『전심법요』와 같다.

따라서 『본지풍광』은 그 어떤 선어록보다도 당사자의 생각과 어투를 있는 그대로 문자로 보존했다고 할 수 있다. 타인의 손을 타지 않았다. 따라서 이 방면의 학자들은 『본지풍광』을 자료로 퇴옹 선사의 선사상을 운운하더라도 자료적인 측면에서는 전혀 문제가 없다.

이 책의 구성 분석에 들어가기에 앞서, 서명으로 쓰인 '본지풍광(本地風光)'의 뜻을 간단히 살펴보기로 한다. 이 서명은 책의 성격은 물론, 퇴옹의 선사상을 단적으로 드러내고 있다. '본지풍광'이라는 용어는 '본래의 모습'이라는 뜻으로 '본래면목(本來面目)'과 더불어 송대 이후의 선 문헌에 많이 나타난다. 그 예로 우리는 『벽암록』의 다음 대화를 들 수 있다.

> 어떤 선사가 황룡 회당 선사에게 물었다.
> "무엇이 『금강경』 4구게입니까?"
> "(4구게가 별도로 존재한다고 인정하는 네 자신의) 질문이 벌써 잘못되었는데도 모르는군."
> 설두 선사는 이 경전의 핵심을 들어 말하기를 "만일 어떤 사람이 이 경전을 간직하려 한다면 (그 간직할 것은) 바로 여러분의 본지풍광(本地風光)이며 본래면목(本來面目)이다."
> 조사의 법령에 따라서 시행한다면 본지풍광(本地風光)과 본래면목(本來面目)도 세 동강이 내야하며 삼세의 모든 부처님과 12분교가 어떻다는 둥 꾸며댈 필요가 없다. '이 자리'는 설령 만 가지로 헤아린다 해도 관계가 없다.[3)]

이곳 말고도 『벽암록』에는 '본지풍광'이라는 말이 많이 보인다. 이 용어가 선의 용어로 정착된 것은 송대이지만, 누구나 간직한 본래의 모습을 강조하는 선 정신은 『육조단경』에서도 보이고, 특히 『임제록』의 '자기(自己)'라는 용어를 통해서도 표출된다.

해당 선사가 직접 붙인 것은 아니다. 물론 당사자는 출판물을 보지 못했다.

3) 백련선서간행회, 『벽암록』, 경남: 장경각, 1994, pp.201~202.

뿐만 아니라 이 '본지(本地)'라는 말은 선(禪)에서만이 아니라 교(教)에서도 쓰고 있다. 즉, 천태 지자 대사의 '본적설(本迹說)'이 그것이다. 천태 대사는 『법화경』 28품을 반으로 나누어 전반부를 '적문(迹門)', 후반부를 '본문(本門)'에 각각 배당시켜 석가모니의 일대사인연(一大事因緣)의 본래의 취지는 '본문(本門)'에서 실상이 드러난다고 한다. 구체적으로 말하면 '구원실성(久遠實成) 석가모니불(釋迦牟尼佛)'이 본불(本佛)이라는 것이다.

우리는 『본지풍광』이라는 서명을 통하여 이 책의 전반에 '본래의 모습'을 중요하게 여기는 사상이 깔려 있음을 알 수 있다. 깨침은 '본분'으로 모두에게 간직된 것이니 '신훈'으로 만들어가는 것은 아니다. 이 서명에서는 '본래면목(本來面目)'을 중요하게 여기는 퇴옹 선사의 가풍이 단적으로 드러나 있다.

다음은 이 책의 구성을 보기로 한다.

이 책은 '상당법어(上堂法語) 총 91칙과 '낙혜법어(落憓法語) 총 9칙, 합해서 모두 100칙으로 엮었다. 여기에서의 '100'이라는 숫자는, 『설두송고(雪竇頌古)』, 『벽암록』, 『종용록(從容錄)』 등이 100칙으로 구성된 것과 연관이 있다. 이렇게 볼 수 있는 이유는 상당법어는 총 91칙이다. 그런데 다시 '낙혜법어'라는 이름으로 총 9칙을 첨가하여 총 100칙을 맞추었기 때문이다. '낙혜(落憓)'라는 말은 '떨어진 이삭'이라는 뜻이다.

다음은 이 책 각 칙의 편제를 알아보기로 한다. 대표적으로 『본지풍광』 제5칙에 실린 「보화적적(普化賊賊)」[4]이란 제목의 상당법어를 분석해 보기로 한다.

[첫 단락]

(1) 옛 조사들의 화두를 거량하기에 앞서 퇴옹 선사 자신이 한 서언(緖言) 부분 : "三世諸佛～攪亂門庭."

[둘째 단락]

(2) 옛 조사들의 화두와 송을 거량하는 부분. 이곳에서는 보화의 화두를 거량

4) 성철, 『본지풍광』, pp.34~39.

했다. : "一日, 在園中喫生菜～西舍暗坐"

(3) 위의 (2)에 거량한 화두와 송에 대해 짧게 평가하는 부분 : 이 부분은 "師云"이라고 표기하여 편집자가 구별하였다.

(4) 또 다른 옛 조사들의 화두와 송을 거량하는 부분. 이곳에서는 향엄 지한의 화두를 다시 거량했다. : "香嚴示重～那箇是正敵."

(5) 위의 (4)에 거량한 화두와 송에 대해 짧게 평가하는 부분 : 이 부분은 "師云"이라고 표기하여 편집자가 구별하였다.

[셋째 단락]

(6) 이상의 전체에 대한 퇴옹 선사의 결론 부분 : "大衆～戴角出荒草."

(7) 퇴옹 선사가 법문을 마치고 법좌에서 내려오는 모양을 이 법문을 엮은이가 기록한 부분 : "喝一喝, 逐下座."

이상에서 보았듯이, 각 칙은 일반적으로 3단락으로 구성되어 있다. 즉 (1)은 주제를 거론하여 법어를 처음 시작하는 단락이고, (2)~(5)는 첫 단락에서 거론하는 주제에 관련된 역대 선사들의 평가적인 게송을 소개하고, 사이사이 퇴옹 선사가 하어(下語)를 내리는 단락이고, (6)~(7)은 법어를 마무리하는 단락이다. 이 세 단락을 필자는 편의상 「기(起)」, 「본문(本文)」, 「결(結)」로 이름 붙여 이하의 설명에 사용하기로 한다.

그런데 「본문(本文)」에 해당하는 부분은 경우에 따라서는 두 개의 화두가 소개되기로 한다. 「5. 보화적적(普化賊賊)」의 경우, (2)와 (3)은 보화(普化) 선사의 화두와 역대 선사들의 송을 거량하면서 사이사이 퇴옹 선사가 촌평을 하는 부분이고, (4)와 (5)는 다시 향엄 지한 선사의 화두와 역대 선사들의 송을 거량하면서 사이사이 퇴옹 선사가 촌평을 하는 부분이다. 이렇게 두 개 이상의 서로 다른 화두를 거량하는 이유는, 강조 내지는 자세함을 더하기 위한 배려이다. 논지는 달라지는 것이 없다.

이런 구성과 더불어 각 칙에는 해당 칙에서 거론하는 화두의 내유(來由)가 있다. 위의 제5칙 「보화적적(普化賊賊)」에서는 두 개의 화두를 거량했는데,

보화의 화두는 『선문염송』 제515칙에서,[5)] 그리고 다음의 향엄의 화두는 『선문염송』 제600칙에서[6)] 인용해 온 것이다. 필자는 본 장에서는 제5칙만을 실례로 보았지만, 다른 측의 그 구성도 대개 이렇게 정형적이다.

2) 『본지풍광』의 사상

퇴옹 선사는 상당법어를 할 때에 중국의 많은 선 문헌에 등장하는 화두를 거론하거나 그 화두에 대한 역대 유명한 선사들의 송(頌)을 많이 인용하고 있다. 여기에서 이렇게 질문하는 사람이 있을 수 있다. 즉, 남들의 화두나 송을 인용하는 내용이 근간을 이루는 『본지풍광』 속에 과연 퇴옹 선사 고유의 선사상이 있을 수 있겠는가? 또 있더라도 어떤 방법으로 그것을 구별해 낼 수 있겠는가?

이런 질문에 대한 필자의 대답은 매우 간단하다. 퇴옹 선사가 『선문염송』에 소개된 화두나 송 등을 인용하는 데에는 그 나름의 선별 기준이 있다는 것이다. 누군가가 하고 많은 남들의 이야기 중에서 어떤 특정한 이야기를 선별했다면, 거기에는 그 사람의 '선별 기준'이 있게 마련이다. 이런 '선별 기준'이야말로, 그 사람의 사상이라고 할 수 있다. 또 "사운(師云)"으로 시작되는 하어(下語)는 퇴옹 특유의 견해를 살짝 드러낸다. 물론 '일선도(一線道)'로 하는데, 이렇게 하는 이유는 뒤에 다시 설명할 것이다.

그렇기 때문에 필자는 『본지풍광』 속에 선별된 화두와 송을 분석하면, 퇴옹 선사의 '선별 기준'을 찾아낼 수 있고, 그리하여 이 '선별 기준'을 통해서 퇴옹 선사의 선사상을 밝혀 낼 수 있다고 생각한다.

그러면 퇴옹 선사는 어떤 기준을 가지고 『선문염송』의 화두나 송을 필삭(筆削)했는가? 즉 『본지풍광』에 드러난 화두 '선별 기준'이란 무엇인가? 이에

---

5) 김월운 역, 『선문염송 · 염송설화』 제5책, 서울: 동국역경원, 2005, p.106. ; 장설봉 현토, 『현토 선문염송』, 서울: 불서보급사, 1979, 제512칙.

6) 김월운 역, 『선문염송 · 염송설화』 제5책, 서울: 동국역경원, 2005, p.388. ; 장설봉 현토, 『현토 선문염송』, 서울: 불서보급사, 1979, 제596칙.

대한 대답으로, 필자는 다음의 세 가지 '선별 기준'이 퇴옹 선사에게 있었다고 생각한다.

(1) 첫째 기준; 화두 의심을 통한 철저한 체험

이런 기준에 부합하는 『선문염송』의 화두나 송이 『본지풍광』에 주로 인용된다. 이것은 퇴옹 자신이 추구하는 선의 세계와 일치하기 때문이다.

『본지풍광』 제57칙의 「조주대사(趙州大死)」도[7] 그런 예 중의 하나이다. 각 칙이 크게 「기(起)」, 「본문(本文)」, 「결(結)」 세 단락으로 나눌 수 있음은 위에서 이미 말했다. 제57칙도 역시 그렇다.

첫째는 「기(起)」에 해당하는 부분으로 퇴옹 자신의 말이고, 다음 「본문」은 투자(投子)와 조주(趙州)의 문답이다. 그리고 여기에는 설두 선사를 비롯한 여러 선사들의 송(頌)이 소개된다. 역시 이 「본문」도 내유(來由)가 있으니, 『선문염송』 제726칙이[8] 그것이다. 끝으로 세 번째 단락은 「결」에 해당하는 부분으로 퇴옹 자신의 말이다.

『본지풍광』 제57칙에서 퇴옹 선사의 생각이 서술적으로 잘 드러나는 곳은 「기」와 「결」 부분이다. 이 점은 다른 칙도 마찬가지이다. 물론 「본문」의 하어(下語)에도 퇴옹의 입장이 드러나기는 하지만, 글의 분량이 원체 짧아서 독자들의 '읽기'가 들어가야 한다. 그러나 「기」와 「결」은 상대적으로 설명조로 되어 있기 때문에 독자의 '읽기'가 별로 필요 없다. 독자의 '읽기'가 개입되면, 잘못 '읽기'로 인해 당사자의 생각을 왜곡시킬 수 있기 때문에, 필자는 가급적 「기」와 「결」에서 퇴옹의 선사상을 탐색해 보고자 한다. 그래야 설득력을 담보할 수 있다. 먼저 「기」 부분을 보자.

> 한 생각도 일어나지 아니하고 앞과 뒤가 끊어지니, 움직일 때나 가만히 있을 때나 틈이 없고, 자나 깨나 한결같으니 깨끗하고 또 깨끗하여 잡을 수 없다.

---

7) 성철, 『본지풍광』, pp.332~337.

8) 김월운 역, 『선문염송 · 염송설화』제6책, 서울: 동국역경원, 2005, p.365. ; 장설봉 현토, 『현토 선문염송』, 서울: 불서보급사, 1979, 제722칙.

애석하다, 죽어 살아나지 못하니 言句(언구)를 의심하지 않는 것이 큰 병이니라. 문득 절벽에 매달려서 손을 놓아 죽었다가 다시 살아나면, 萬古(만고)에 걸쳐 어둡지 않는 한줄기 광명이 하늘에 빛나고 땅을 덮으며 옛을 비추고 지금에 뻗쳐나니, 알겠는가.[9)]

위의 인용에서 강조하는 것은 "불의언구(不疑言句) 시위대병(是爲大病)"이다. 여기에서 퇴옹이 말하는 '언구'는 화두를 말하는 것인데, 퇴옹 선사는 화두 참구하지 않는 것을 가장 금기시했다. 다음의 「결」 단락을 보자.

대중들이여, 참구하려면 모름지기 실답게 참구할 것이요 깨달음은 모름지기 실답게 깨달을 것이니, 염라대왕은 말 많은 것을 겁내지 않는다. 곧 바로 이 마음을 뚫고 바닥을 뚫으며 뼈에 사무치고 골수에 사무치면 고요하여 항상 비치고, 비치어 항상 고요하며 고요함도 아니고 비침도 아니로다. 한번 얻으면 영원히 얻어서 未來際(미래세)를 다하도록 劫劫生生(겁겁생생)에 자기기 어둡지 아니하여 수용이 자재하고 응화가 무구하니, 어찌 이것이 불가사의 대해탈(大解脫)이 아니겠는가?[10)]

이 대목에서 강조되는 것은 "참수실참(參須實參)"과 "오수실오(悟須實悟)"이다. 퇴옹 선사는 옛 조사들의 화두를 참구하되 사무치도록 철저하게 화두를 들 것과, 또 철저한 깨달음을 강조하고 있다.

이런 사상은 『본지풍광』 제1칙 「덕산탁발(德山托鉢)」에서도 잘 드러난다. 이곳에서는 덕산의 화두를 거량하고 있는데, 역시 『선문염송』 제668칙에서[11)] 인용해 온 것이다. 이 화두의 「결(結)」 부분에서 퇴옹 선사는 평한다.

이 공안은 짐독이나 비상과 같아서 이렇거나 저렇거나 상신실명할 것이니, 부질없는 알음알이로 조사의 뜻을 묻어버리지 말라. 사량분별인 유심경계(有心

9) 성철, 『본지풍광』, pp.333~334.
10) 성철, 『본지풍광』, pp.337.
11) 김월운 역, 『선문염송 · 염송설화』제6책, 서울: 동국역경원, 2005, p.181. ; 장설봉 현토, 『현토 선문염송』, 서울: 불서보급사, 1979, 제664칙.

境界)는 고사하고 허통공적(虛通空寂)한 무심(無心)의 깊은 곳에서도 그 참뜻은 절대로 모르는 것이요, 오직 최후의 굳센 관문을 부수어 확철히 크게 깨쳐야만 비로소 옛 사람의 입각처를 알게 될 것이다.[12)]

이렇게 화두 참구를 통한 '확철대오'를 강조하는 사상은 『본지풍광』 제7칙 「동산공진(洞山供眞)」에서도 나온다. 제7칙에는 두 개의 화두가 소개되는데, 동산의 화두는 『선문염송』 제681칙에서[13)], 그리고 임제 화두는 『선문염송』 제607칙에서[14)] 인용한 것이다. 제7칙의 「서(序)」에서 퇴옹 선사는 이렇게 이야기를 시작한다. "여기에서 확철히 깨쳐 남음이 없으면 오늘 영산의 본래면목을 밝게 알 뿐만 아니라 삼세의 모든 부처님과 역대의 모든 조사의 本來面目(본래면목)도 모두 알게 될 것이나, 그렇지 못하면 다시 둘째의 가시덤불이 있다."[15)]

화두를 실참(實參)하지 않고 그냥 부처나 조사의 말을 무반성적으로 옮기는 것에 대한 비판은 역대 조사들의 공통된 입장이고, 퇴옹 선사도 그렇다. 그래서 그들은 자기 속에서 반조(返照)되지 않는 일체의 언구를 배척한다. 즉, "말을 따르는 자는 죽고 글귀에 머무는 자는 迷(미)하다."[16)]고 단호하게 거부한다.

철저한 자기 체험을 강조하는 전통은 이미 당나라 시대에 확립된 것이다. 그것이 설사 부처님의 말씀이라고 하더라도, 무반성적으로 그 말을 수용하지 말고, 그것을 초월하여 자기 자신의 본 면목을 드러낼 것을 요구하고 있다. 다음의 『조주록』의 한 부분을 보기로 하자.

> 조주 선사께서 대중에 말씀하셨다.
> "납자라면 보신불과 화신불(이 있다는 생각) 따위도 부숴버려야 한다."
> 한 선사가 물었다.

12) 성철, 『본지풍광』, pp.13~14.
13) 김월운 역, 『선문염송 · 염송설화』제6책, 서울: 동국역경원, 2005, p.291. ; 장설봉 현토, 『현토 선문염송』, 서울: 불서보급사, 1979, 제677칙.
14) 김월운 역, 『선문염송 · 염송설화』제5책, 서울: 동국역경원, 2005, p.416. ; 장설봉 현토, 『현토 선문염송』, 서울: 불서보급사, 1979, 제603칙.
15) 성철, 『본지풍광』, p.45.
16) 성철, 『본지풍광』, p.89.

"보신불과 화신불(이 있다는 생각) 따위도 부숴버리는 사람이란 대체 누구입니까?"

조주 선사가 말했다.

"그대가 어리댈 수 있는 경지는 아니다."[17)]

師示衆云, 衲僧家直須坐斷報化佛頭始得. 問, 坐斷報化佛頭, 是什麽人. 師云, 非你境界.

이 대목의 번역에는 몇 군데 조심해야 할 곳이 있다.

첫째, 본문에 나오는 '좌단(坐斷)'을 '눌러앉다'라고 번역하는 경우가 종종 있는데, 그래서는 안 된다. 그러면 '좌단(坐斷)'이란 무슨 뜻인가? 이 용례는 당나라의 선사들의 어록에 많이 나타나는 용어로 '단(斷)'은 강조를 나타내는 조어이다. '새단(塞斷)'의 '단(斷)'과 같은 용법이다. 그러니 결국 의미는 '좌(坐)'에 있다. 그러면 '좌(坐)'란 무슨 뜻인가? 『경적찬힐(經籍纂詁)』에서는 『석명(釋名)』에서 용례를 인용하여 '좌(挫)' 즉 '깨트리다' '꺾다'는 의미로 풀고 있다. 한편 당나라 시대에 쓰인 문헌에서는 '좌단(挫斷)'이 많이 쓰이는 것으로 보아 '좌(坐)'와 '좌(挫)'는 통용되었음을 알 수 있다. 그러므로 '좌단(坐斷)'은 '깨트리다', '꺾다', '부수다'는 뜻이다.

다음, '보화불두(報化佛頭)'도 번역에 문제가 많다. 이 경우의 '두(頭)'는 그 용법이 오늘날의 백화에도 이어진다. 『중한사전』(고려대학민족문화연구소편, 1989, p.2350)에서도 설명하듯이 '두(頭)'는 명사가 아니라 접미사로써 명사의 뒤에 쓰이거나, 존경의 뜻을 품고 있는 호칭이다. 그러므로 '보화불두(報化佛頭)'는 '보신이나 화신 부처님' 정도의 의미이다.

또 다음 "직수(直須)~시득(始得)"은 "~하지 않으면 안 된다."는 숙어이다. 즉 보신과 화신 부처에 안주해서는 안 된다는 이야기다. 툭하면 부처가 이러니 저러니, 깨달음이 이러니저러니 하는 당시의 풍조를 조주 선사는 그 좋은 말솜씨로 해 붙여대는 것이다.

17) 백련선서간행회, 『조주록』, 경남: 장경각, 1991, p.63

이상과 같이 선문(禪門)에서는 부처나 조사에 얽매이는 것조차도 비판한다. 퇴옹 선사가 『본지풍광』 제33칙의 「조주양화(趙州揚花)」에서 "부처는 중생의 원수요, 조사는 보살의 원수라."(p.197)고 한 말도 저간의 소식과 일치한다.

이쯤 되면 퇴옹 선사가 열반 즈음하여 남긴 게송의[18] 소식도 짐작은 갈 것이다. 남의 말 믿지 말고 실참(實參) 실수(實修)하라는 것이다. 「본문(本文)」 부분에서 "사운(師云)"하면서 간단하게 촌평[下語]을 내리는 것도, 상당법어를 듣는 당시 대중들이 말에 들러붙는 것을 염려하여, 그렇게 짧게 한 것이다. '일선도(一線道)'란 '실오라기처럼 아주 가느다란 길'을 뜻한다. 제자들을 지도한답시고 '큰 길[大道]'를 열어줬다가는, 아손(兒孫)들이 그 '대도'에 들어붙어 다 죽어버린다.

이렇듯 퇴옹 선사는 당사자의 실참 실수를 통한 철두철미한 체험을 중시한다. 퇴옹 선사는 중국의 많은 선사들의 화두 중에서 위에서 본 것처럼 당사자 본인이 직접적으로 철저하게 체험하도록 지도하는 화두를 집중적으로 인용하여, 상당법어를 내리고 있다.

(2) 둘째 기준; 남의 말에 얽매이지 않는 자신의 본분(本分) 체험

『선문염송』에 나오는 옛 조사의 화두나 송을 인용함에 있어, 위의 (2)같은 기준을 중요하게 여기는 정신은 송대 간화선자들의 각종 송고집(頌古集)에도 드러나고, 퇴옹 선사도 그런 전통에 서 있다.

이런 점은 『본지풍광』의 제29칙 「조주끽미(趙州喫粥)」에 잘 드러난다. 제29칙의 「결(結)」에서 퇴옹 선사는 이렇게 말하고 있다.

---

18) "生平欺誑男女群, 彌天罪業過須彌, 活陷阿鼻恨萬端, 一輪吐紅掛碧山." 「퇴옹당 성철 대종사 행장」『古鏡』, 경남: 장경각, 1993, p.746. 이 구절에서 "生平欺誑男女群"를 주목해야 한다. '남녀'는 '어린아이'라는 뜻의 당송 구어를 사용한 것이다. 퇴옹 선사 자신이 평생 한 말이란 결국 여러 어린 사람(또는 물정 모르는 사람)을 속인 셈이라는 것이다. 그러니 내 말 믿지 말고 당사자 스스로 불성을 체험하라는 간절한 당부의 말씀이다. 죽음의 순간까지 아손(兒孫)을 위하는 자비의 말씀이다.

대중들이여, 말을 찾는 자는 죽고 글귀를 좇는 자는 잃어버린다. 나아가면 銀山鐵壁(은산철벽)이요, 물러서면 만 길의 깊은 구덩이다. 나아가지도 않고 물러서지도 않는다면 큰 불이 훨훨 타니, 투탈(透脫)한 한마디를 어떻게 말하려는가?[19)]

위의 「결」은 "바리때를 씻어라"는 화두에 대해 당시 세간에서 상투적으로 해석하는 것에 대한 퇴옹 선사의 비판이다. 자신의 직접적인 체험을 소중히 여길 줄 모르고, 설사 그것이 부처나 조사의 말이더라도, 남의 말이나 옮기는 사람들을 퇴옹 선사는 여지없이 나무라고 있다.

제29칙의 「본문」은 두 개의 화두를 거량하고 있다. 앞부분은 『선문염송』 제429칙[20)] 조주 종심 선사의 화두이고, 뒷부분은 『선문염송』 제323칙[21)] 단하 천연 선사의 화두이다. 이 두 화두는 모두 바루 공양이 기연이 되었다.

퇴옹 선사는 이상이 두 화두를 거량한 다음, 대혜 종고 선사의 '평(評)'을 '염(拈)'한다. 이 화두에 대한 대혜의 '평'은 이렇다. "지금 諸方(제방)에 한 무리의 눈 먼 사람들이, 흔히 다 바리때를 씻는 법문(法門)으로 안다."(p.176) 이렇게 염거(拈擧)한 후 퇴옹 선사는 이렇게 착어(着語)를 붙인다. "장착취착(將錯就錯), 고빙구화(叩氷求火)."[22)] 여기서 우리는 옛 조사들의 기연을 상투적으로 이해하는 것에 대해 퇴옹 선사의 비판을 읽을 수 있다. 이런 비판은 『본지풍광』에 일관되는 사상으로, 이렇게 자신을 놓치고 밖을 좇는 것에 대한 경계는 남종선의 철칙이다.

우리는 이런 남종선의 이런 특징을 좀 더 분명하게 알아둘 필요가 있다. 특히 퇴옹의 선사상 이해에도 이 점은 꼭 필요한 부분이다. 남 따라하지 말고 제 자신의 직접적인 체험을 강조하는 사상은 조주(趙州; 778~897) 선사에서

---

19) 성철, 『본지풍광』, p.180.
20) 김월운 역, 『선문염송 · 염송설화』제4책, 서울: 동국역경원, 2005, p.301. ; 장설봉 현토, 『현토 선문염송』, 서울: 불서보급사, 1979, 제427칙.
21) 김월운 역, 『선문염송 · 염송설화』제3책, 서울: 동국역경원, 2005, p.358. ; 장설봉 현토, 『현토 선문염송』, 서울: 불서보급사, 1979, 제322칙.
22) 이를 한글로 번역하면, "점점 더 잘못을 더해가는군. 얼음을 마찰시켜 불을 얻으려는군."

특히 많이 나타난다. 조주 선사는 이런 자신의 입장을 간곡한 말로 잘 표현하여 상대를 지도하곤 했다. '몽둥이질'을 하는 덕산 선사나 '소리 지르기'를 잘하는 임제 선사와는 그 풍격이 다르다. '구순피선(口脣皮禪)' 또는 '구두선(口頭禪)' 이라는 별명이 있을 정도로 조주는 상황에 딱 들어맞는 말로 상대를 지도한다.

조주 선사는 남의 말에 들러붙는 것을 아주 싫어한다. 『조주록』의 다음 구절이 이것을 대변해준다.

> 조주 선사가 대중에서 설법을 했다.
> "부처님[佛]이란 한 글자를 나는 듣기 좋아하지 않는다."
> 어떤 스님이 물었다.
> "선사께서는 수행자들을 지도하십니까?"
> 그러자 조주 선자는 말했다.
> "부처-, 부처-."[23)]

툭 하면 '부처'가 어떠니 '도'가 어떠니 하는 고정된 틀을 조주 선사는 용납하지 않는다. 『조주록』의 여러 곳에 남방의 선풍을 비판하는 부분이 나오는데 이것은 설봉 교단에서 친절하고 자세하게 학인들을 지도한답시고 '불법' 내지는 '도'를 운운하는 것을 비판하는 것이다.

당나라 시대, 그러니까 8세기 후반에서 9세기 초에 걸쳐 중국선은 크게 둘로 나누어진다. "남쪽에는 설봉 선사(822~908)가 있고 북쪽에는 조주 선사가 있다"는 『운문광록』[24)]의 표현에서도 알 수 있다. 이들은 서로를 의식해가면서 개성 있는 선풍을 일구어간다. 남방의 선풍에 대해 『조주록』은 다음과 같이 비꼰다.

> 어떤 스님이 설봉 스님 처소에서 왔다.
> 조주 선사께서 말씀하였다.

23) 백련선서간행회, 『조주록』, 경남: 장경각, 1991, p.136.

24) 『雲門匡真禪師廣錄』卷上, "問如何是釋迦身. 師云, 乾屎橛. 問請師提綱宗門, 師云, 南有雪峯, 北有趙州. "(『대정장』47, 550a)

"상좌시여, 여기에 머물지 마십시오. 제가 있는 여기는 그저 피난하는 곳일 정도입니다. 불법은 모두 남방에 있습니다."

그 스님이 말했다.

"불법에 어찌 남북이 있겠습니까?"

조주 선사가 말했다.

"네가 아무리 설봉에서 왔다고 하더라도 외골수일 뿐이다."

그 스님이 물었다.

"저쪽은 어떻습니까?"

조주 선사가 말했다.

"너는 어젯밤 왜 자리에 오줌을 쌌느냐?"

그 스님이 물었다.

"깨치고 난 뒤에는 어떻습니까?"

조주 선사가 말했다.

"어! 똥까지 쌌군."[25)]

남방에 있는 선승들이 '선 냄새'를 풀풀 풍기는 것을 비판하는 것이다. 남의 언구에 매이지 말고 자신의 본분을 체험하라는 것이다. 남이 뱉어놓은 '불법'이나 '깨달음'에 얽매여 목숨을 잃는 것을 경계하는 말이다. 그래서 『조주록』에서 조주 선사는 "형제여! 남쪽에서 오는 사람은 짐을 내려주고, 북쪽에서 오는 사람은 짐을 더 실어주라"[26)]고까지 말하고 있다. 철저하게 '자기 체험'을 강조하고 있는 조주 선사의 선풍에 대하여 퇴옹 선사는 이렇게 평창(評唱)한다.

"대중들이여! 趙州(조주) 古佛(고불)이 사람을 위하다가 온 몸이 가시덤불 속에 묻혀 지금까지 일어나지 못하니 누가 구할 사람 있겠는가?[27)]

선사들의 평창은 잘 읽어야 한다. 퇴옹 선사의 이 평창에는 분명 조주 선사를 비난하고 있음을 알 수 있다. 위의 인용문에 나오는 "가시덤불"이란 번뇌를

25) 백련선서간행회, 『조주록』, 경남: 장경각, 1991, pp.150~151.
26) 백련선서간행회, 『조주록』, 경남: 장경각, 1991, pp.47~48.
27) 성철, 『본지풍광』, p.200.

비유적으로 표현한 것이다. 그토록 빼어난 작가선지식인 조주 선사가 번뇌의 가시덤불에 빠졌다는 것은 무슨 뜻인가?

이 부분은 독자의 '읽기'가 필요한 곳이다. 필자는 퇴옹의 이 말을 이렇게 읽는다. 저렇게 대단한 조주 선사도 번뇌 속에서 허우적거리고 있으니, 그의 말도 믿지 말고, 그대 자신만의 체험을 철두철미하게 하라. 이렇게 말이다.

『본지풍광』에서 조주 선사와 운문 선사의 화두가 특별히 많이 나오는 것도 퇴옹 선사의 선사상 이해에 관건이 된다. 즉, 말끝마다 '불(佛)'이나 '불법(佛法)' '도(道)'를 운운하여 도리어 거기에 얽매이는 모범생들을 꾸짖는 말이다.

이런 사상은 운문 역시 마찬가지이다. 어떤 선승이 부처와 조사를 초월하는 한마디를 말해달라고 하자 운문 선사는 "호떡"이라고 대답한다. 이 대답의 행간에 가려진 부분을 걷어내고 '읽기'를 한다면, 다음과 같을 것이다. 즉 "자기 자신은 내던져 두고 남에게 설명을 들어 부처나 조사를 찾는 그런 헛소리를 하는구나. 입 닥쳐라. 옛다. 호떡이다." 이런 뜻으로 상대의 입을 막는 것이다. 필자의 이런 '읽기'는 『본지풍광』 제49칙 「운문호병(雲門餬餠)」에 나타난 성철 선사의 「결」 부분이[28] 뒷받침 해줄 것이다.

(3) 셋째 기준; 철저한 무심

퇴옹 선사는 『선문염송』에 나오는 옛 조사들의 공안이나 염송 중에서 무심(無心) 사상을 잘 드러낼 수 있는 부분을 활용하여, 자신의 상당법어를 하고 있다. 『본지풍광』 제32칙 「운문시궐(雲門屎橛)」의 「기(起)」부분을 보자. 물론 이 화두도 『선문염송』 제1078칙에서[29] 유래한다.

---

28) "대중들이여, 둥글고 둥근 운문스님의 호떡이 비상과 짐조의 깃보다 독하여, 부처와 조사를 초월할 뿐만 아니라 또한 부처를 죽이고 조사를 해친다. 向上의 근본 뜻을 바로 알면 바야흐로 한번 씹어 백번 배부르니, 곳곳에서 이름을 떠나고 모양을 끊으며 낱낱이 못을 끊고 쇠를 자른다. 불법과 세간법을 없애 버리고 배를 두드리고 높이 노래 부르며 함께 즐기니, 알겠느냐?" 성철, 『본지풍광』, p.296.

29) 김월운 역, 『선문염송 · 염송설화』제9책, 서울: 동국역경원, 2005, p.24. ; 장설봉 현토, 『현토 선문염송』, 서울: 불서보급사, 1979, 제1074칙.

마음 그대로가 부처이고, 無心(무심)이 道(도)이다. 다리 셋인 나귀가 발굽을 놀리며 나아가니, 호남의 여러 선사들도 이렇게 간다.[30)]

여기에서 '다리 셋인 나귀가 발굽을 놀리며 나아가니'는 마조(馬祖) 선사를 두고 하는 말이다. 이런 '무심(無心)' 사상은 마조 선사에게 단적으로 드러나는데, 그 후 마조의 이런 '무심' 사상은 남종선의 핵심으로 그 연원은 깊고 그 전통은 면면하게 전승된다.

중국 땅에서는 말 할 것도 없고, 고려 백운(白雲; 1298~1365) 선사의 『백운화상초록불조직지심체요절(白雲和尙抄錄佛祖直指心體要節)』을 보아도 그렇고, 조선의 혜심 선사의 『선문염송』의 경우도 그렇다. 위의 두 책은 모두 중국 선사들의 어록 중에서 편집자 자신이 중요하다고 생각하는 것들을 추리고 뽑아서 엮은 책이다. 이렇게 해서 편찬된 선 문헌을 잘 살펴보면, 그 속에는 '무심' 사상에 대한 관심이 유독 두드러진다. 『백운화상초록불조직지심체요절』에서는 마조 선사의 '무심' 이야기를 다음과 같이 소개하고 있다.

마조 선사에게 어떤 스님이 물었다.
"부처란 무엇입니까?"
마조 선사가 대답했다.
"네 마음이 바로 부처이다."
그 스님이 다시 질문했다.
"그러면 도(道)란 무엇입니까?"
마조 선사가 대답했다.
"무심(無心)이 바로 도이다."
그 스님이 다시 질문했다.
"그러면 도와 부처와는 어떤 관계에 있습니까?"
마조 선사가 대답했다.
"손을 펴는 것이 도라면 손을 오므리는 것이 부처입니다."[31)]

---

30) 성철, 『본지풍광』, p.192.

31) 『白雲和尙抄錄佛祖直指心體要節』卷上, "馬祖因僧問, 如何是佛. 答曰, 即心是佛. 又問, 如何是道. 答曰, 無心是道. 又問, 佛與道相去多少. 答曰, 道如展手, 佛似握拳,"(『한불전』6, 614a).

이 이야기의 요점은 이렇다. '무심'이 '도'이고, 그런 '도'가 바로 '부처'라는 것이다.

여기에서 알 수 있는 것은 고려 백운 선사는 중국의 마조 선사의 사상을 단적으로 드러내는 것이 위에서 인용한 '무심(無心)' 이야기라고 생각했던 것이다. 그 많은 마조 선사의 기연(機緣) 중에서 이것을 인용한 바탕에는 백운 선사의 적극적인 선택이 들어있다. 곧, 마조선의 핵심은 '무심'이라는 백운 선사 자신의 관점 말이다.

이어서 백운 선사는 '수(修; 수행)'와 '도(道; 궁극의 진리)'의 관계를 논하는 마조 선사의 대화를 인용하고 있다. 도란 '수(修)'를 통해서 얻는 것이 아니라 다만 무심(無心)하기만 하면 된다고[32] 한다. 이것이 바로 남종선의 전통이요 정통이다.

그런데 본 책의 제1부에서도 보았듯이 한국불교의 전통 속에는 간화선-화엄교학-염불정토가 혼재해 있다. 이런 상황에서 선교일치(禪教一致)를 주장하는 규봉 종밀의 서적은 한국불교 승단의 중요한 교과서로 지금도 읽히고 있다. 화엄교학의 전통에 서 있는 규봉은 '돈오점수'를 기본 철학으로 하는데, 이런 철학은 대소승 모든 교학의 전통이다.

그러나 중국의 남종선은 이런 교학의 전통과는 달리 새로운 전통을 만들었고, 또 그 전통 속에서 제자들을 지도해왔다. 퇴옹 선사도 이런 전통에 서 있는 수행승이다. 이렇게 서로 다른 전통을 보조 지눌 선사는 '통시적 현재성'에 입각하여 '한 품'에 안으려고 했던 것이다. 이 과정에서 보조 선사는 규봉 종밀의 '돈오점수' 사상을 자신의 철학적 방식으로 '해석' 했다. 보조 선사는 역사적 관점 보다는 통시적(通時的) 관점에 주목했던 것이다.[33] 그러나 퇴옹 선사로서는 이 점을 수용할 수 없었다. 그는 남종선의 전통을 분명히 하려는 본분납자(本分衲子)였다.

---

32) 『白雲和尙抄錄佛祖直指心體要節』卷上, "祖云, 道不用修, 但莫染汚. 何爲染汚, 但有生死心, 造作趣向, 皆是染汚. 若欲直會其道, 平常心是道. 何謂平常心. 無造作, 無是非, 無取捨, 無斷常, 無凡聖. 故經云, 非凡夫行, 非聖賢行, 是菩薩行."(『한불전』6, 614a).

33) 신규탁, 「보조 지눌 사상의 통시적(通時的) 현재성(現在性)」『보조사상』 36집, 2011.

이 문제는 선과 교의 이해, 불교 수행의 정립, 한국불교의 정체성 확인 등, 매우 중요한 문제가 결부되어 있기 때문에 분명하게 해 둘 필요가 있다. 또 보조 선사의 선사상 이해를 위해서도 그렇고, 퇴옹 선사의 선사상을 이해하기 위해서도 그렇다. 이 문제를 좀 더 이야기해 보자.

규봉 종밀은 『선원제전집도서』, 『원각경대소초』, 『중화선문사자승습도』 등에서 '돈오점수'를 주장한다.[34] 그런데 지눌 선사는 규봉 종밀이 말하는 '돈오점수'에서의 '돈오'를 당시 임제 계통의 선에서 말하는 '돈오'와 혼용(混用)한다. 물론 이런 '혼용'은 보조의 의도된 철학적 성찰의 결과이다. 그런데 성철 선사의 비판의 표적은 이 점에 집중된다. 즉, 규봉 종밀이 말한 '돈오'를 당시 임제 계통의 선사들이 말하는 '돈오'로 혼용하는 보조 지눌을 비판하는 것이다.

이 지점에서 당나라 당시의 선종 현실에 주목할 필요가 있다. 훗날의 평가가 아닌, 그 '당시의 현실' 말이다. 당나라 당시의 남종선을 규봉 종밀은 '홍주종'과 '하택종'으로 구분하여 평가적인 설명을 하고 있다. 이 과정에서 규봉은 '돈오'를 언급하고 있는데, 이때 그가 말하는 '철저하게 깨달아야[頓悟]할' 대상은 '본각진심(本覺眞心)'이다. 이 '본각진심'을 화엄교학에서는 '자성청정심'이라고 표기하고, 퇴옹 선사를 포함한 선문(禪門)에서는 '본래면목'으로 표기한다. 물론 지시하는 내용은 모두 같다. 또 이것은 '본분'이지 '신훈'이 아니라는 점도 역시 똑같다.

그런데 규봉의 평가적 분석에 따르면, '본각진심'의 본바탕[體] 속에는 두 종류의 '작용[用]'이 있다고 한다. 하나는 '자성 본래의 작용'이고, 또 하나는 '인연에 따라 반응하는 작용'이다. 그런데 규봉이 보기에 홍주종은 '인연에 따라 반응하는 작용'만 말할 뿐, '자성 본래의 작용'에 대해서는 알지 못하고 있다는 것이다.[35]

당시 홍주종 사람들은 일체가 '그대로 도(道)'이고, 행주좌와 어묵동정 '그

34) 신규탁, 『화엄과 선』, 서울: 정우서적, 2010, pp.297~302.

35) 신규탁 편역, 『화엄과 선』, 정우서적, 2010, pp.186~187. 이 책은 『화엄원인론』과 『중화전심지선문사자승도』 등 규봉의 단편 저술들을 모아서 역주한 것임.

대로가 깨달음[頓悟]'이라고 했다. 규봉의 비판은 바로 이 지점에 향해 있다. 규봉이 말하고 싶은 것은 '수행'을 해야만 '자성 본래의 작용'을 체험할 수 있다는 것이다. '인연에 따라 반응하는 작용'을 '그대로 도'라고 할 수 없다는 것이다.[36] 보조 선사도 이 점을 수용한 것이다.

그러나 퇴옹의 입장은 다르다. 유심(有心)으로도 안 되고 무심(無心)으로도 안 된다는 것이다. 그저 철두철미하게 '확철대오(廓徹大悟)'해야 한다는 것이다. 그럼 어떻게 해야 그것을 실현할 수 있을까? 공안을 타파해야 한다.[37] 이것이 퇴옹 선사의 일관된 주장이다. '유심'이던 '무심'이던 어떤 상태에도 안주하지 말고, 화두 그 자체만을 오롯이 드러내라는 것이다. 그래서 필자는 이 대목의 소제목을 「(3) 셋째 기준; 철저한 무심」이라고 했던 것이다.

이런 '철저한 무심'을 필자는 '끝없이 초월해가는 길'이라고 이해한다. 철저하게 무심해야만 사태를 온전하게 있는 그대로 체험할 수 있기 때문이다. '무심'에 대한 필자의 철학적 해명은 본 장의 뒤쪽에 나오는 「4) 무심(無心)의 형이상학」에서 제시할 것이다.

'철저한 무심'에 대한 퇴옹 선사의 입장은 『본지풍광』 제58칙, 「향상일로(向上一路)」를[38] 제창하는 곳에서 더욱 명백하게 드러난다. 이 화두의 내유(來由)는 『선문염송』 제249칙인데,[39] '향상일로(向上一路)'의 말뜻을 흔히들 '한 단계 위에 있는 길'이라고 잘못 이해하기도 한다. 이 말은 '끝없이 초월해가는 길'이라고 이해해야 한다. 어디에도 매이지 않는 '무심'을 유지하라는 것이다. 이런

---

36) 막행막식이 도는 아니다. 당나라 당시에도 우리나라 근자의 일부 선사들이 그랬듯이 '인연에 따라 반응하는 작용'이 그대로 도라고 했었는가보다.

37) "이 공안은 짐독이나 비상과 같아서 이렇거나 저렇거나 상신실명할 것이니, 부질없는 알음알이로 조사의 뜻을 묻어버리지 말라. 사량분별인 유심경계(有心境界)는 고사하고 허통공적(虛通空寂)한 무심(無心)의 깊은 곳에서도 그 참뜻은 절대로 모르는 것이요, 오직 최후의 굳센 관문을 부수어 확철히 크게 깨쳐야만 비로소 옛 사람의 입각처를 알게 될 것이다. 만약 이 公案을 바로 알면 모든 부처님과 조사의 일체 公案을 일시에 다 알게 된다."(성철, 『본지풍광』, p.14).

38) 성철, 『본지풍광』, pp.338~339.

39) 김월운 역, 『선문염송 · 염송설화』제3책, 서울: 동국역경원, 2005, p.139. ; 장설봉 현토, 『현토 선문염송』, 서울: 불서보급사, 1979, 제249칙.

퇴옹 선사의 선사상은 다음의 말에서도 잘 드러난다.

> 대중들이여, 운문은 덕산 조사의 門庭(문정)을 선양하고 풍혈은 임제 대사의 가업을 이어받았다. 비록 일언일구가 부처를 초월하고 조사를 초월하여, 一機一境(일기일경)이 하늘을 흔들고 움직이나, 먼 뒷날 사람들의 웃음거리가 되었으니 어떻게 할 것인가?[40)]

일체를 초월한다는 그것 자체에 안주해서는 안 되고 그것마저도 뛰어넘어 끝없이 '철저하게 무심'해야 한다는 것이다. 그렇지 못하고 마음의 씀씀이가 있었다가는 그것이 도리어 하나의 말뚝이 되어 수행인을 얽어맨다고 경고한다. 이렇게 철저히 무심히, 끝없이 초월하는 것이 '퇴옹선'의 본래면목 즉 본지풍광(本地風光)이라 할 수 있다.

『본지풍광』 82칙, 「진조감승(陳操勘僧)」[41)]에서 "끊임없이 초월하도록 하는 한 수단은 수천 명의 부처님이라도 전하기 어려울 정도이다.[向上一機 千佛不傳]"고 한 말도 위와 같은 맥락에서 이해해야 할 것이다. 이 화두는 원래 『선문염송』 제845칙에[42)] 나온다.

이상에서 필자는 퇴옹 선사의 선사상이 남종선의 전통에 맞닿아 있음을 살펴보았다. 그 전통이란 구체적으로 말하면 마조·황벽·임제 선사로 이어지는 '무심' 사상과, 또 하나는 육조 혜능을 스승으로 받드는 남종선의 '돈오' 사상이다. 이 둘이 하나로 어우러져 소위 '돈오무심'이 종문(宗門)의 긴 전통이 되었다.

남종선의 이런 '돈오무심' 사상은 남종 5가(家) 중 유독 임제종 계통만 있는 것은 아니다. 조주 선사는 물론 운문 선사 등에도 공통으로 나타나는 전통이다. 퇴옹 선사는 소위 임제종, 조동종, 법안종, 위앙종, 운문종의 5종(宗) 가풍을

40) 성철, 『본지풍광』, p.194.

41) 성철, 『본지풍광』, pp.455~456

42) 김월운 역, 『선문염송 · 염송설화』제7책, 서울: 동국역경원, 2005, p.266. ; 장설봉 현토, 『현토 선문염송』, 서울: 불서보급사, 1979, 제840칙.

차별하지 않고 『본지풍광』에서 다양하게 저 선사들의 화두와 송을 염롱(拈弄) 했던 것이다.

퇴옹 선사에게 나타나는 이런 선사상은 송대 이후 파벌적 종파의식에 의해 당나라 시대의 선사상을 해석하던 선종사 이해에 대해 새로운 반성의 빛을 던진다. 송나라 시대에 형성된 파벌적 종파의식으로 당나라 시대의 선사상을 보려했던 기존의 선종사관을 보류하고, 당나라 시대의 선을 당나라의 실제 상황에 입각해서 재구성해야 할 것이다.

이와 더불어 규봉 종밀이 이해한 불교사상, 그 중에서도 '본각진심(本覺眞心)' 사상을 매개로 하여 교와 선을 하나에 엮은 것은 어디까지나 '종밀의 철학'임도 상기해야 할 것이다. 교학과 선학은 동일한 범주에서 논할 수 있는 문제는 아니다. 남종선은 수행의 범주에 속하는 문제이다. 나아가 규봉 종밀의 '본각진심' 사상에 입각한 '돈오점수'설과, 그리고 또 대혜 종고의 간화선 둘다를 '한 품'에 안으려 했던 지눌의 선사상은 남종선의 전통인 '돈오무심'과는 '거리'가 있다는 점도 분명히 알아야 할 것이다. 또 이 '거리'를 알아차리고, 돈오무심의 전통을 '대한불교조계종' 속에서 더욱 선명하게 하려고 했던 인물이 퇴옹 선사라는 점도 분명하게 기억해야 할 것이다.

3. 아뢰야식 개념 이해에 나타난 본분주의

이상에서는 선사상에 나타난 퇴옹 선사의 철두철미한 본분주의를 살펴보았는데, 이하에서는 교학 사상의 중요한 개념 중의 하나인 '아뢰야식(阿賴耶識)' 개념 이해에 드러난 퇴옹 선사의 본분주의적 특징을 살펴보기로 한다. 이하의 분석에서도 드러나겠지만, 퇴옹 선사의 아뢰야식 이해는 화엄교학의 전통과는 '거리'가 있다. 퇴옹 선사가 전통적인 아뢰야식 이해 방식을 버리고 자신만의 독자적인 해석을 내리는 데에는, '본분(本分)'에 철두철미한 그의 선사상이 작용하고 있다.

1) 문제의 핵심

퇴옹 선사는, 세간에 이미 알려져 있듯이, 남종선의 본질은 '돈오돈수'라고 주장하면서 '돈오점수'를 잘못된 것이라고 비판하는 인물로[43] 알려져 있다. 퇴옹 선사의 이런 주장은 『선문정로(禪門正路)』(1987년)가 세상에 나오면서 공론화되기 시작했다. 이 책의 「서언(緖言)」에서 퇴옹 선사는 이렇게 말하고 있다.

> ① 禪門(선문)은 見性(견성)이 근본이니 見性(견성)은 眞如自性(진여자성)을 徹見(철견)함이다. 自性(자성)은 그를 엄폐한 根本無明(근본 무명) 즉 第八阿賴耶識(제팔 아뢰야식)의 微細妄念(미세 망념)이 永絶(영절)하지 않으면 徹見(철견)하지 못한다. 그러므로 禪門正傳(선문정전)의 見性(견성)은 阿賴耶(아뢰야)의 微細(미세)가 滅盡(멸진)한 究竟妙覺(구경묘각) 圓證佛果(원증불과)이며 無餘涅槃(무여열반) 大圓鏡智(대원경지)이다. … 〈필자 임의 생략〉 …
>
> ② 見性(견성)이 즉 頓悟(돈오)이니, 寤寐一如(오매일여), 內外明徹(내외명철), 無心無念(무심무념), 常寂常照(상적상조)를 내용으로 하여 十地等覺(십지등각)도 禪門(선문)의 見性(견성)과 頓悟(돈오)가 아니다. … 〈필자 임의 생략〉 …
>
> ③ 見性(견성) 방법은 佛祖(불조) 公案(공안)을 參究(참구)함이 가장 첩경이다. … 〈필자 임의 생략〉 …
>
> ④ 무릇 異說(이설) 中(중)의 一例(일례)는 頓悟漸修(돈오점수)이다 禪門(선문)의 頓悟漸修(돈오점수)의 元祖(원조)는 荷澤(하택)이며 圭峰(규봉)이 계승하고 普照(보조)가 역설한 바이다.[44]
>
> * 번호는 필자의 설명의 편의상 붙인 것임.

이상의 인용문에 퇴옹 선사의 사상 전모가 들어 있다고 해도 과언이 아닐

---

43) 金在成, 「性徹의 禪思想 硏究」, 한국정신문화연구원 한국학대학원, 석사학위 청구논문, 2002, pp.6~20.

44) 퇴옹성철, 『禪門正路』, 경남: 장경각, 1987.

것이다. ①, ②, ③, ④에 나타난 퇴옹 선사의 주장을 다음과 같이 정리할 수 있을 것이다.

> 아뢰야식의 미세한 망념이 완전히 사라져야 견성이 되는 것이고, 그것이 바로 '돈오'이며, 돈오하기 위해서는 '간화선'을 해야 한다. 그렇지 못한 화엄의 십지 등각도 아직 견성이 아니고, '점수'를 주장하는 하택, 규봉, 보조도 이단의 설이다.

이렇게 정리해 놓고 보면 퇴옹 선사가 당시의 불교 수행에 대하여 어느 점을 비판하고 있는지 분명해진다.

퇴옹 선사의 주장에 따르면 견성이 되어야 성불하는 것인데, 견성을 하기 위해서는 아뢰야식이 '떨어져야 한다[永絶]'는 것이다. 그것을 퇴옹 선사는 ①에서처럼 "제팔 아뢰야식의 미세 망념이 영절하지 않으면 철견하지 못한다."고 했다. 다시 말하면 아뢰야식 자체가 완전히 사라져야 대열반을 획득한다는 주장이다. 이 말은 아뢰야식은 있되 아뢰야식 속에 있는 미세한 번뇌만 사라지면 깨침을 얻는다는 말과는 구별해야 한다.

여기에 중대한 문제가 있다. 퇴옹 선사의 이런 주장은 『대승기신론』(진제역)의 아뢰야식 사상을 수용한 화엄종의 주장과는 다르다. 『대승기신론』에 의하면 아뢰야식에는 '진여를 자각하는 속성[覺義]'과 '진여를 자각하지 못하는 속성[不覺義]'이 있다고 한다.[45]

이 중에서 '자각하는 속성[覺義]'으로 인하여 수행의 단계를 다 마친 10지(地)에 오른 보살은 생·주·이·멸하는 마음이 일어나는 첫 순간을 분명하게 알아차리되, 알아차린다는 마음조차 없다. 왜 그렇게 되는가 하면 아주 미세한 망념조

45) 아뢰야식에는 '진여를 자각하는 속성[覺義]'과 '진여를 자각하지 못하는 속성[不覺義]'이 있다. 그러면 『기신론』에서는 아뢰야식을 어떻게 정의하는가? 불생불멸하는 진여(眞如)가 있다. 그리고 여래장에 의지하여 생주이멸하는 마음이 있다. 이 두 마음이 화합하여 된 마음을 아뢰야식이라고 이름하는데, 그러나 표현은 이렇게 하지만 이 둘은 분리되어 존재하지 않는다는 측면에서 볼 때에는 '非異' 즉 다르지 않고, 생주이멸의 4相이 있는가 없는가를 기준으로 본다면 '非一' 즉 동일하지는 않다. 바로 이런 한 아뢰야식에 '覺義'와 '不覺義'가 있다.

차 전혀 없기 때문에 심성을 보게 된다. '심(心)'은 상주불변한다. 이것을 두고 '구경각'이라고 한다.[46] 간략하게 말하면 아뢰야식 속에 갖추어진 '진여를 자각하는 속성[覺義]'으로 인하여 '구경각'을 성취한다. 이것이 『대승기신론』의 논리이다.

그런데 퇴옹 선사는 아뢰야식 자체가 완전히 사라져야 대열반을 획득한다고 주장한다. 아뢰야식에 관한 퇴옹 선사와 『대승기신론』(진제 역)의 저자 마명 사이에는 서로 양보할 수 없는 입장 차이가 있다. 이러한 차이는 결국에는 『대승기신론』에 기초한 화엄교학의 견성 이론과, 퇴옹 선사의 견성 이론의 차이로도 드러난다. 그런데 이러한 차이는 퇴옹 선사의 실수가 아니라 '의도'된 것이다. 그럼 그 '의도'란 무엇인가?

2) 퇴옹 선사가 이해한 아뢰야식

퇴옹 선사는 『백일법문』상 「제4장. 유식사상」에서 각종 경전에[47] 나타난 아뢰야식에 관한 논의들을 인용 설명하고, 마지막으로 선가(禪家)의 설을 인용 설명하고 있다. 여기에는 각 경전의 주장을 모아놓은 것인데, 퇴옹 선사도 이런 이론들에 동의를 하고 있는 것으로 볼 수 있다. 다만 퇴옹 '선사'는 호칭 그대로 선사이므로, 퇴옹 선사가 소개한 선문(禪文)에 나타나는 아뢰야식 설을 실례로 들어 퇴옹 선사의 입장을 정리하는 것이 더 온당할 것 같다.

선가에서 주장하는 아뢰야식 설을 소개하는 부분에서 퇴옹 선사는 아뢰야식이야말로 극복해야 할 관문임을 이렇게 말하고 있다.

> 불법을 성취하는 데 있어서 제일 큰 방해물은 심, 의, 의식입니다. 선문에서 공부하여 자성을 깨치는데 제일 방해되는 것이 제8 아뢰야식이니 이 아뢰야부터

46) 『大乘起信論義記』卷中本, "如菩薩地盡, 滿足方便, 一念相應. 覺心初起, 心無初相. 以遠離微細念故, 得見心性, 心卽常住, 名究竟覺."(『대정장』44, 258b).

47) 『해심밀경』(p.222), 『능가경』(p.226), 『구사론』(p.228), 『유가사지론』(p.228), 『섭대승론』(p.230), 『성유식론』(p.230), 『유식술기』(p.233), 『대승기신론』(p.234). 이상에서 괄호 안의 쪽 수는 『백일법문』상의 쪽수를 표시한다.

> 제거해야 된다고 합니다. 선종에서는 지극히 미세한 제8 아뢰야를 제8 마계(第八魔界)라 규정합니다. 누구든지 공부를 아무리 잘하여 완전히 오매일여(寤寐一如)가 되었다 해도 거기서 살아나지 못하면 제8 마계에 떨어져 있는 사람입니다. 오매일여가 되고 완전한 무심경계에 들어갔다고 해도 선문에는 이것을 제8 마경계라 부르며 견성이라 하지 않습니다.[48]
>
> * 밑줄은 이해의 편의를 위해 필자가 붙였음.

이 말에 이어서 퇴옹 선사는 '오매일여(寤寐一如)'가 된 뒤에도 거기에서 정지하지 말고 계속하여 조사들의 언구를 의심하야 한다고 한다. 이런 퇴옹 선사의 입장은, 제8 아뢰야식은 행상(行相)이 비록 미세하기는 하지만 '진망화합식(眞妄和合識)'이므로 이것이 '근본진연(根本眞如)'가 될 수 없다는 것이다. 오직 '무념법(無念法)'을 깨쳐야만 제8 아뢰야식의 망념까지도 싹 사라진 구경의 '진여무명(眞如無念)'이라는 주장이다.[49]

연각이나 성문인 보살들이 공(空)에 빠지고 고요함에 머물러 있으니, 이는 곧 '아뢰야 무기식(無記識)'에 머물러 있는 것으로 결코 견성이 아니라고 한다.[50] 그리하여 '무념' '무심'이 되어야만 구경각을 성취한다고 곳곳에서 주장한다. 그러면 이렇게 '무념', '무심' 또는 '무심진여'를 얻으려면 어떻게 수행해야 하는가?

첫째, '오매일여(寤寐一如)'의 경지가 되어야 한다고 한다. 잠 잘 때에도 '소소영령(昭昭靈靈)함'이 있어야 한다고 한다. 퇴옹 선사는 이 부분에서는 주로 『화엄경』 「십지품」을 인용하여 제8 부동지가 되어야만 공용(功用)이 없는 멸진정(滅盡定)을 얻어 불퇴전의 지위에 오른다고 한다.

제8 부동지가 되어야만 잠이 꽉 들었서도 한결같은 참다운 '오매일여'가 성취된다고 한다.[51] 여기까지는 『화엄경』 등의 심식설(心識說)에서도 설명하고 있는 부분이다.[52] 그런데 이하 둘째부터의 경지는 오직 남종선에서만 주장

---

48) 퇴옹성철, 『백일법문』상, p.237.
49) 퇴옹성철, 『백일법문』상, p.244.
50) 퇴옹성철, 『백일법문』상, p.245.
51) 퇴옹성철, 『백일법문』상, p.273.

하는 것으로 주목할 필요가 있다.

둘째, '사중득활(死中得活)'해야 한다고 한다. '대무심지(大無心地)', 다시 말하면 '완전한 무심의 경지'가 되었다고 해도 구경각은 아니라고 한다. 이 경지가 되면 "一念不生(일념불생)하고 前後際斷(전후제단)한 無心地(무심지)가 障壁(장벽)과 같다."[53] 고 한다. 그런데 여기에서 멈추지 말고 살아나 깨쳐야 한다. 이것을 두고 선종에서는 '죽은 데서 다시 살아난다'고 한다.[54]

'오매일여'가 되어도 구경에 가지 못하는 경우가 있으니 반드시 본분종사를 찾아서 인가를 받아야 한다고 한다. "動靜(동정)에 一如(일여)하고 寤寐(오매)에 항상 一如(일여)하여 話頭(화두)가 現前(현전)함이 마치 물속의 달이 비춰 여울 속에 있는 것과 같아서, … 〈필자 생략〉 … 홀연히 안팎으로 맞부딪쳐 자기를 깊이 밝히면 마땅히 大宗師(대종사)를 찾아 시험을 구하여 법의 그릇을 이룰 것이요 적은 것에 만족하여서는 안 된다."라는 몽산 덕이 선사의 말을 인용하고 있다.[55]

퇴옹 선사는 '오매일여'와 '대무심지(大無心地)'을 설명하고 나서, 이어서 '대원경지(大圓鏡智)'와 '상적상조(常寂常照)'에 대한 설명을 하고 있다. '오매일여'와 '사중득활'은 수행이 더 깊어진다는 측면이 있는데, 뒤에 나오는 '대원경지'와 '상적상조'는 꼭 그렇지는 않다. '대원경지'야말로 '사중득활'해서 구경각을 성취하는 견성의 내용이라고 설명하고 있다.[56] 그러니까 '사중득활'하면 얻게 되는 경지가 '대원경지'이다.

'대원경지'를 설명하는 부분에서 퇴옹 선사는 『인천안목(人天眼目)』에 나오는 위산 선사와 제자 앙산 선사와의 대화를 인용하고 있는데, 여기에서 퇴옹 선사는 위산이 말한 '미세류주(微細流注)'를 아뢰야식으로 해석하여, 주관과

52) 장원규, 「菩薩十地의 展開에 對한 考察」『불교학보』제2집, 서울: 동국대학교 불교문화연구소, 1964, p.128 ; 권탄준, 「華嚴과 解深密經의 十地說 比較」『한국불교학』제9집, 서울; 한국불교학회, 1984, p.122.

53) 퇴옹성철, 『백일법문』상, p.278.

54) 퇴옹성철, 『백일법문』상, p.279.

55) 퇴옹성철, 『백일법문』상, pp.287~288.

56) 퇴옹성철, 『백일법문』상, pp.287~296.

객관과 아뢰야식 이 셋이 완전히 사라진 상태를 '대원경지(大圓鏡智)'라고 이해하고 있다.

그러나 위에서도 보았듯이 '오매일여'의 상태가 되면 능(能)-소(所)의 대립은 물론 아뢰야식의 움직임도 모두 사라진다고 한다. 이렇게 볼 때에 '오매일여'와 '대원경지'는 엄밀하게 구별되지는 않는다. 이 점은 '상적상조'도 마찬가지이다. 이것은 완전 무심하여 끝내는 무심하다는 흔적조차 없는 상태로서 분별망상이 완전히 사라져 철저한 무심경지에 들어가고, 그러는 속에서도 의식의 '조출(照出)하는 바탕[照體]'이 남아 있어서는 안 된다고 한다. 물론 이것은 '조(照)'와 '적(寂)'을 강조하는 수사적인 설명이지 수행의 다른 단계라고 보아서는 안 된다. 완전히 '적(寂)'하고 '조(照)'하는 가운데서 백억 화신을 나타내어 중생을 제도하는 것이야말로 부처님의 경계라고 한다.[57)]

3) 『대승기신론』에서 말하는 아뢰야식

위의 「1) 문제의 핵심」 부분에서 보았다시피, 아뢰야식에 대한 퇴옹 선사의 입장과 『대승기신론』에서 말하는 아뢰야식의 사이에는 서로 거리가 있다. 퇴옹 선사의 말대로 견성을 하려면 '아뢰야식이 식으로서의 기능'이 사라져야 한다는 말인가? 아니면 『대승기신론』의 말대로 '아뢰야식 속에 있는 미세한 망념(妄念)'만 사라지면 된다는 말인가? 우선 『대승기신론』의 문맥을 따라가면서 이 문제를 풀어보기로 한다.

『대승기신론』에서, 아뢰야식에는 '진여를 자각하는 속성[覺義]'과 '진여를 자각하지 못하는 속성[不覺義]'이 있다고 했음은 위에서 본 대로이다. 또 다시 '진여를 자각하는 속성[覺義]' 속에는 '시각(始覺)'과 '본각(本覺)'이 있다고 하면서, '시각'을 설명하는 부분에서 수행의 단계를 모두 마친 10지(地) 보살은 생·주·이·멸하는 마음이 일어나는 첫 순간을 분명하게 알아차리되 그런 의식조차 알아차린다는 것도 위에서 본 대로이다.

---

57) 퇴옹성철, 『백일법문』상, pp.304.

이렇게 설명을 해 놓고는, 다시 "시각과 본각, 이 둘 사이에는 차별이 없다. 왜냐하면 생·주·이·멸의 4상(相)은 동시적으로 있는 것이지 그 어느 순간도 독립적으로 있는 것은 아니기 때문이다. 본래 분리됨이 없는 평등의 상태이며 동일한 깨달음이기 때문이다.[58)]"고 한다.

『대승기신론』에서는 '시각'과 '본각'을 이렇게 정리하고서는 아뢰야식의 한 속성인 '본각'에는 '수염본각(隨染本覺)'도 있고 '성정본각(性淨本覺)'도 있다고 한다.

먼저, '수염본각'을 보자. 『대승기신론』에서는 이렇게 말한다.

> '본각(本覺)'은 번뇌[染]에 따라서 분별하여 두 가지 기능이 생성된다. 그렇지만 이렇게 생성된 두 가지 기능은 '본각'과 서로 독립되어 있지 않다. 두 가지 기능이란 하나는 '지혜롭고 청정한 기능[智淨相]'이고 다른 하나는 '불가사의한 업의 기능[不可思議業相]'이다.
>
> '지혜롭고 청정한 기능[智淨相]'이란 이를테면 법력의 훈습에 의하여 참되게 수행하고 방편을 구족하였기 때문에 '생멸 화합식인 아뢰야식의 기능'을 깨뜨리고 무명업식(無明業識), 전식(轉識), 현식(現識) 등의 '상속하는 마음의 기능'을 소멸시켜, 법신에 본래 간직되어 있는 순수하고 청정한 지혜를 드러내기 때문이다. ……〈필자 임의 생략〉……
>
> '불가사의한 업의 기능[不可思議業相]'이란 앞에서 말한 '지혜롭고 청정한 기능'에 의지하여, (그것을 대하는 자가 누구든지 능히) 모든 뛰어난 경계를 만든다. 이른바 무량한 공덕의 모습이 항상 끊어짐이 없어서 중생들의 근기에 따라 자연스럽게 반응하여 갖가지로 나타나서 (중생들에게) 이익을 얻게 하기 때문이다.[59)]

---

58) 『大乘起信論義記』卷中本, "而實無有始覺之異. 以四相俱時而有. 皆無自立, 本來平等, 同一覺故."(『대정장』44, 259b).

59) 『大乘起信論義記』卷中末, "復次本覺, 隨染分別, 生二種相. 與彼本覺, 不相捨離. 云何爲二. 一者智淨相, 二者不思議業相. 智淨相者, 謂依法力熏習, 如實修行, 滿足方便故, 破和合識相, 滅相續心相, 顯現法身智淳淨故. ……〈필자 임의 생략〉…… 不思議業相者, 以依智淨, 能作一切勝妙境界. 所謂無量功德之相, 常無斷絶, 隨衆生根, 自然相應, 種種而現, 得利益故."(『대정장』44, 259c-260c).

더 이상 『대승기신론』의 본문을 인용할 것도 없다. 아뢰야식 속에는 '진여를 자각하는 속성[覺義]'도 있고, 이 속성 속에는 다시 '始覺'과 '本覺'의 기능이 있고, 물론 '시각'과 '본각' 사이에는 본질적 차이가 없다. 그런데 이 '본각'이 번뇌[染]와 상응하여 두 가지 기능을 생성하는데 하나는 '지혜롭고 청정한 기능[智淨相]'이고 다른 하나는 '불가사의한 업의 기능[不可思議業相]'이라는 것이다.

중간 과정을 모두 생략하고 말해보면, 아뢰야식 속에는 '지혜롭고 청정한 기능[智淨相]'과 '불가사의한 업의 기능[不可思議業相]'이 들어있다. 이런데도 퇴옹 선사의 주장대로 아뢰야식을 끊어야 견성을 한단 말인가?

게다가 '깨달음의 본바탕에 갖추어진 기능[覺體相]'에는 네 가지의 무한한 큰 기능이 들어있다고 한다. 첫째는 텅 빈 거울과 같은 기능인데, 여기에는 '마음의 기능'과 대상 노릇하는 '경계의 기능'이 전혀 없고 또 '지각하고 조출(照出)하는 기능[覺照義]'조차도 전혀 없는 그런 기능이 있다. 둘째는 '인(因)' 노릇을 하여 훈습(薰習)하는 기능인데, 이 기능은 자신은 움직이지 않으면서도 또한 오염되지 않고 중생을 훈습시키는 기능이 있다. 셋째는 번뇌를 떨쳐버리는 기능인데, 번뇌인 장애물[煩惱障]과 지혜를 가로막는 장애인 무명[智障]을 떨쳐버리고 화합상(和合相)이 완전히 떨어져서 순수하고 청정하고 밝게 작용하는 기능이 있다. 넷째는 '연(緣)' 노릇 하여 훈습하는 기능인데, 중생의 마음을 두루 비추어 선근(善根)을 닦게 해서 저마다의 생각에 따라 현시(現示)하게 하는 기능이 있다.

이런 기능이 아뢰야식 속에 들어있다고 『대승기신론』에서는 말하고 있다. 이상은 '일심(一心)'의 기능 속에 들어있는 '생멸문(生滅門)'에 속하는 아뢰야식을 살펴본 것이다.

그렇다면 퇴옹 선사도 같은 『대승기신론』을 인용하면서도, 왜 이렇게 다를까? 이 문제를 해결하기 위해서는 '일심(一心)'에 대한 『대승기신론』의 분석을 보다 주의 깊게 살펴보아야 한다. 이 책의 「입의분(立義分)」 벽두에서 이렇게 말한다. 중요한 부분이니 원문을 여기에 인용한다.

所言法者(소언법자)는 謂衆生心(위중생심)이니 是心(시심)이 則攝一切世間法(즉섭일체세간법)과 出世間法(출세간법)하니라. 依於此心(의어차심)하여 顯示摩訶衍義(현시마하연의)하니라. 何以故(하이고)오? 是心(시심)의 眞如相(진여상)이 卽示摩訶衍體故(즉시마하연체고)이며, 是心(시심)의 生滅因緣相(생멸인연상)이 能示摩訶衍(능시마하연)의 自體相用故(자체상용고)일새니라.

여기에서 밑줄 친 부분에 주목해 보기로 하자. '是心(시심)'은 '중생심(衆生心)'을 지칭한다. 이 마음속에 들어있는 '진여(眞如)의 기능[相]'에는 대승의 '바탕[體]'이 작위 없이 드러나며[卽示], 반면에 이 마음속에 들어있는 '생·주·이·멸하는 기능[相]'은 대승의 '自體(자체)'와 '상(相)'과 '용(用)'을 능동적으로 드러낸다[能示].

이상은 현수 법장(賢首法藏; 643~712)의 해석을 따른 것이다. 우선 '진여문'은 '불기문(不起門)'이기 때문에 '작위 없이 드러난다[卽示]'고 했고, '생멸문'은 '기동문(起動門)'이기 때문에 '능동적으로 드러낸다[能示]'고 했다.[60)]

다음에 '체(體)'와 '자체(自體)'는 왜 서로 달리 표기했는가? '생멸문' 속에도 3대(大) 즉 체(體), 상(相), 용(用)이 있기 때문이다. 그런데 '생멸문'에 들어있는 '체(體)'는 별개의 다른 것이 아니고 바로 '진여문'에 있는 '그 체(體)'이다. 그래서 '자체(自體)'라고 한 것이다. 현수 법장이 이렇게 해석한다. 원효(元曉; 617~686)도 이렇게 해석했다.[61)] 필자도 마찬가지이다. 이렇게 해석해야만 다음의 문제를 풀 수 있다. 먼저 본문을 인용한다. 역시 중요하니 각주가 아닌 본문에 인용한다.

依一心法(의일심법)하여 有二種門(유이종문)하니라. 云何爲二(운하위이)요? 一者(일자)는 心眞如門(심진여문)이고 二者(이자)는 心生滅門(심생멸문)이다. 是二種門(시이종문)이 皆各總攝一切法(개각총섭일체법)한다. 此義云何(차의운

60) 『大乘起信論義記』卷中本 (『대정장』44, 251a).

61) 은정희 역주, 『대승기신론소 별기』, 서울: 일지사, 1997, 7쇄, p.78에서 은정희는 원효의 소를 대본으로 번역하면서 『기신론』의 본문 번역에서는 원효의 입장을 안 따르고, "생멸인연상(生滅因緣相)이 대승 자체의 상(相), 용(用)을 잘 보이기 때문이다."라고 번역했다.

하)이오? 以是二門(이시이문)은 不相離故(불상리고)일새니라.

이 문장의 핵심은 "각섭(各攝)"에 있다. '진여문'은 일체법을 무분별적으로 모두 갈무리[融攝]하고, 한편 '생멸문'은 일체법 하나하나를 모두 갈무리[該攝]한다.[62] '모두' 섭(攝)하는 점은 같지만, '어떤 형태'의 모두인가는 다르다. 이 부분에 대해서 법장과 원효는 입장을 함께하며 자세하게 설명을 한다. 왜 '각섭(各攝)'하는가? '진여문'과 '생멸문'이 서로 독립되어 있는 개체가 아니고 상호 대대(待對)하기 때문이다. 봉선사 월운 강백의 표현을 빌면 "진여는 전체가 생멸인 진여요, 생멸은 전체가 진여인 생멸[63]"이기 때문이다. 그렇다면 '공섭(共攝)'이라고 해야 하지 않는가? 그러나 그렇지 않다. 그렇게 말해서는 안 된다. 왜냐하면 '진여문'과 '생멸문'은 병립(竝立)하는 것도 아니기 때문이다. 역시 월운 강백은 위의 설명에 이어서 이렇게 비유를 들고 있다.

> 二門(진여문과 생멸문)은 서로 여의지 않았으나 二門(이문)이 竝立(병립)하지도 않기 때문이니, 마치 한 덩어리 金(금)으로 衆像(중상)을 만들거나 衆像(중상)을 녹여 金(금)으로 만들었을 때, 衆像(중상)이 나타나면 金(금)이 숨고 金(금)이 이루어지면 衆像(중상)이 滅(멸)하는 것과 같으니 竝立(병립)하지 않기 때문에 門戶(문호)가 같지 않으므로 法(법)을 攝(섭)함도 각기 다르다. 그러므로 各攝(각섭)이라 한다는 것이다.

이상의 『대승기신론』의 인용문에서 보여주듯이, '생멸심'이 일체의 법을 각각 포섭하고, 또 '생멸심' 속에 체(體), 상(相), 용(用)의 3대가 들어있다. 그러므로 아뢰야식의 '생멸심' 속에 있는 '근본불각'과 '지말불각'인 3세와 6추만 없애면 구경각이 성취되는 것이지 아뢰야식까지 없앨 필요는 없다. 그저 논리적으로는 그렇다. '심진여'와 '심생멸'의 관계는 '나타남'과 '숨음'의 관계

62) '攝'에 대하여 장수 자선(長水子璇; 964~1038) 선사의 『大乘起信論筆削記』에 의하면 '融攝'과 '該攝'으로 나누어 설명한다. 열람의 편의를 위하여 전통강원 교재의 위치를 표기해 둔다. 栢庵性聰 編, 『大乘起信論疏筆削記會編』卷第2, 15張.

63) 김월운, 『大乘起信論講話』, 경기 : 佛泉, 1993, p.35.

이다. 이렇게 하나가 나타나면 하나가 숨고 그러면서 각각(各各) 일체 법을 포섭한다.

그렇다면 퇴옹 선사가 잘못 말하고 있는 것인가? 이 문제는 그리 간단하지가 않다. 퇴옹 선사는 『대승기신론』의 '진여문'에 주목했기 때문에 '생멸문'이 숨었다. 그 결과 '생멸문'에 속하는 아뢰야식을 제거해야 할 대상으로 이해한 것은 아닌가 한다. 반면에 『대승기신론』에서는 번뇌 속에서 살아가는 중생들의 눈높이에 맞추어 설명을 하기 때문에 상대적으로 '생멸문'을 드러내다보니 '진여문'이 숨겨지는 듯 한 인상을 주는 것일 뿐이다.

그러나 퇴옹 선사는 '자신의 선사상'에 입각하여 '진여문'만을 드러냈던 것이고, 그리고는 진여(眞如)를 보아야만 견성(見性)한다고 했던 것이다. 이 점에 대하여 우리는 어떤 평가를 내릴 수 있을까? 필자는 위에서 성철 선사 '자신의 선사상'이라는 표현을 썼다. 이것은 무엇을 의미하는 말인가?

이에 대하여 필자는 서강대학교 종교학과 서명원 교수의 설명을 빌려와 대신하고자 한다. 즉 "성철은 이렇게 見性(견성)의 궁극적인 체험에 극단적이자 무조건적으로 焦點(초점)을 맞추는"[64] 그런 '자신의 선사상'이 있다. 이런 선사상 때문에 "퇴옹은 객관적인 시각을 갖기 위해 가져야 할 최소한의 거리를 유지하지 못하고 있다는 것이다."[65]라는 서 교수의 비평도 피할 수 없었다. 다만 여기서 우리는 서명원 교수의 위와 같은 비평은 퇴옹 선사가 보조 지눌을 비판하면서 흑백 논리를 편 것을 평가하는 맥락에서 나왔다는 것도 함께 생각해야 한다.

그런데 필자가 보기에 서 교수의 이런 비평은 역시 『대승기신론』의 아뢰야식을 해석하는 퇴옹 선사의 견해에 대해서 여전히 적용할 수 있다고 생각된다. 퇴옹 선사는 견성을 궁극적인 곳까지 철두철미하게 체험할 것을 강조한다. 즉 그는 '철두철미한 본분주의자'였다.

그러면 어떻게 해야 진여에 '수순(隨順)'할 수 있을까? 즉 어떻게 해야만

---

64) 서명원, 「性徹선사 理解를 위한 考察」 『불교학 연구』제17집, 서울: 불교학연구회, 2007, p.45.
65) 서명원, 위의 논문, p.48.

진여와 하나가 되는가? 여기에 대한 대답은 『대승기신론』의 저자인 마명 대사도 퇴옹 선사도 일치한다. 둘 다 모두 무심(無心)하라고 한다. 『대승기신론』을 보도록 하자.

> 만약 일체법에 대하여 비록 설명하기는 하지만 설명하는 행위도 없고, 생각하지만 생각되어지는 내용도 없는 줄을 안다면, 이것을 '진여와 어울려 하나된다.'고 한다. 그리고 만약 생·주·이·멸하는 마음이 쉬면 이를 두고 '진여의 세계에 들어간다'고 한다.[66)]

이렇듯이 『대승기신론』에서는 '진여문'에 수순('隨順') 또는 '득입(得入)'하려면 '무심'해야 하고 '무념'해야 한다고 한다. 이런 진여는 설할 수도 염(念)할 수도 없고, 언설로도 형상화 할 수 없고, 명칭이나 문자로도 형상화할 수 없으며, 나아가 '마음의 작용[心緣]'으로도 알 수 없다고 한다. 이런 '이념(離念)'의 경계는 오직 깨쳐야만 알 수 있다고 한다. "유불여불, 내능구진(唯佛與佛, 乃能究盡)"이다. 바로 『대승기신론』의 이 점에 퇴옹 선사가 주목한 것이라고 생각된다. 그리고 퇴옹 선사의 '진여무념(眞如無念)'[67)]이라는 표현도 이런 맥락에서 나온 말이라고 생각된다.

철저한 '무념' 또는 '무념수(無念修)'를 강조했던 퇴옹 선사로서는 『대승기신론』 후반부의 '생멸문' 보다는 전반부의 '진여문'에 더 주목하였다. 필자는 이것이 결국 퇴옹 선사로 하여금 아뢰야식을 떨쳐버려야만 하는 것으로 이해하게 하는 결과를 가져왔다고 생각한다. '진여문'과 '심생멸문'이 '각각(各各)' 일체법을 포섭함에도 불구하고, 퇴옹 선사는 '진여문'이 일체법을 포섭하는 부분만을 '드러내어', '진여문'에서 거론되었던 '무심' 수행을 수용했다. '진여무심(眞如無心)'이라는 단어를 쓴 것도 역시 '생멸문'의 '무심'을 배제하기 위해서 그렇게 한 것이라고 생각된다.

---

66) 『大乘起信論義記』卷中本, "若知一切法雖說, 無有能說可說, 雖念, 亦無能念可念, 是名隨順. 若離於念, 名爲得入."(『대정장』44, 252b).

67) 퇴옹성철, 『백일법문』하, 경남: 장경각, 1992, p.244.

『대승기신론』의 후반부 즉 「수행신심분」에서는 수행의 다섯 부문으로 보시, 지계, 인욕, 정진, 지관이 제시된다. 그리고 다시 마음이 약한 이들을 위해서는 염불을 권하여 아미타불 세계에 왕생할 것을 발원하게 한다. 같은 『대승기신론』을 인용하면서도 퇴옹 선사는 이 부분에는 별 관심을 보이지 않는다. 그 결과 선, 그것도 간화선 지상주의적인 결과를 낳았다.

적어도 퇴옹 선사 당시의 불교계에 교학, 염불, 주력, 각종 포교 활동, 그리고 간화선 등이 있었음에도 불구하고, 그는 오직 간화선 일변도의 불교를 주장함으로써 기성의 불교와 차별화의 길을 걸었다. 이런 차별화의 길을 필자는 '본분주의(本分主義)'라는 개념으로 이해한 것이다. 그것도 철두철미한 본분주의 말이다. 이것이 퇴옹 선사의 선사상이라고 생각한다.

4) 무심(無心)의 형이상학

그러면 퇴옹 선사와 마명 보살은 '무념'과 '무심'을 왜 그토록 강조했는가? 이 문제에 대해서는 분명한 설명이 있어야만 퇴옹 선사가 제시하는 '철두철미한 본분주의' 사상이 더욱 분명해질 것이다. 이하에서는 퇴옹의 본분주의를 필자 자신의 철학으로 수용하는 입장에서 이 문제에 대한 필자의 '해석'을 드러내 보기로 한다.

세상살이에서는 될 수록 더 많은 지식을 요구한다. 배우고 또 배운다. 우리들의 사유를 제대로 활용할 것을 강조하고 있다. 정신 바짝 차리라고 한다. 그런데 마명 보살과 퇴옹 선사는 왜 '무념'을 그토록 강조하는가? 그것은 한마디로 말하면 '바른 인식'을 위해서라고 생각한다. '바른 인식'만이 우리를 '바르게 행동'하도록 하기 때문이다. 원초적 사태를 왜곡시키지 말고 있는 그대로 보아야 한다.

역사상의 석가모니는 제자들에게 진리에 도달하기 위한 바른 방법 8가지를 제시한다. 그 중에서 제일 먼저 제시되는 것이 정견(正見; samyak－darśana)이다. 이것은 원초적 사태를 있는 그대로 보는 행위 인데, 그렇게 하기 위해서는 확실한 인식방법(pramāṇa)에 의존해야 한다. 불교에서 확실한 인식방법은 두 가지만 인정한다. 하나는 '지각(知覺; pratyakṣa)'이고 다른 하나는 '추리(推理; aunmaāna)'이다. 불교가 바른 인식에 도달하는 방법으로 이 둘만을 사용하는 것은 인간이 인식대상으로 삼는 것은 사물의 '독자상(獨自相; svalakṣaṇa)'과 '일반상(一般相; sāmānya－lakṣaṇa)' 두 가지뿐이기 때문이다.[68)]

'독자상'은 모든 개념적 규정을 떠나 있는 무규정적인 것이다. 이것은 언어와 결합하지 않는다. '지각'은 바로 이런 '독자상'을 인식대상으로 한다. 반면 언어와 결합할 수 있는 것들(개념들)은 개체들 사이에 공동하는 '일반상'일 뿐이며, 이것을 대상으로 하는 인식은 '개념지(概念知)'를 매개하는 것으로 일종의 '추리'이다.

그렇다고 '개념지'가 불확실한 지식은 아니다. 어떤 한 사태에 대하여 '개념지'가 생길 때에 그것이 그 사태와 관계없다고 할지라도 그 '개념지'가 다른 인식에 의해서 부정되지 않는 한 당사자에게 있어 그 '개념지'는 역시 '확실한' 것이다. 인식의 확실성은 사태와 모순되지 않는 '일치성'과 '효과적 작용성'을 갖기만 하면, 설혹 '개념지'가 사태와 간접적 관계에서 생성된 것일지라도 그것은 확실한 인식 (또는 지식)이다.

그러면 인식은 어떻게 이루어지는가? 불교에서는 '식(識; 인식)'은 그 근거가 되는 '경(境; 감각소여)'과 '근(根; 감각기관)'의 '접촉'에서 생긴다고 하여, 여섯 종류의 인식[안식, 이식, 비식, 설식, 신식, 의식]을 들고 있다. '의식(意識)'은 '의(意)'라는 감각기관이 '법(法)'이라는 감각소여와 접촉해서 생긴다. 한 찰나 이전의 마음을 '의'라고 하고, 현 찰나의 마음을 '식'이라 명명한다.

그런데 이런 '의식'은 찰나찰나 생·주·이·멸하면서 다음 순간 마음에 무언가의 영향을 남기고 소멸한다고 한다. 여기에서 한 찰나 이전의 마음이 집적(集積)되는, 다시 말하면, 잠재적인 형성력을 저장하는 장소와 그 장소에 모여 있는 의식의 일종인 제8 아뢰야식을 '상정'한다. 또는 '요청'한다. 이 아뢰야식을 상정하지 않고서는 업(業)의 상속(相續)을 설명하기가 매우 어렵다.[69)] 이렇

68) 카지야마 유이치 著 , 권오민 譯, 『인도불교철학』, 서울: 민족사, 1994, p.142.

게 상정된 '제8 아뢰야식'과, 이 식을 대상으로 하여 그것이야말로 불변의 자아라고 오인하는 마음 작용인 '제7 마나스식'과, 그리고 '전(前) 5식'과, 그리고 여섯 번째의 '의식(意識)', 이 모두를 합쳐서 우리는 '마음'이라고 한다.

그러나 '마음'은 단일하며 무형의 그 무엇이기 때문에 '마음' 속에 위의 요소들이 개별적으로 있는 것은 아니다. 접촉이 생기면, 그 접촉이 마음 밖에서 일어나건 마음 안에서 일어나건 모두의 경우에, 총체적으로 반응하다. 다만 이렇게 요소로 나눈 것은 어디까지나 논리적 설명을 위한 방법적 시설에 불과하다.

'마음'을 구성하는 요소인 제8 아뢰야식은 어떤 총체적 사태(마음 안의 사태와 마음 밖의 사태 모두 포함)와 접촉하면 그 사태에 대한 인상(印象)을 자기 속에 그려두는 작용을 일으킨다. 그러는 순간 이 작용은 '파악하는 것[能取; grāhaka]'과 '파악되어진 것[所取; grāhya]'으로 쪼개진다.

그런데 바로 이 지점에 주목할 필요가 있다. '능취'-'소취'[70]의 작용이 일어나는 마음의 현상에는 마음이 사태와 직면하면서 그것에 '호응하는 성질'이 있다. 이 성질을 순수조출성(純粹照出性; prakāśamātra)'이라고도 부르는데, 이것은 순수한 아는 작용으로서의 '자기인식(自己認識; svasaṁvedana)'이라고도 할 수 있다. 물론 '자기인식'은 '능취작용'-'소취작용'을 떠나서 별도로 있는 것은 아니다.

이렇게 하여 구성된 주관과 객관에 대하여 집착하는 마음의 작용이 일어나는데, 마음의 이런 성질을 '변계소집성(遍計所集性)' 이라 한다. 그런데 현재에 작용하는 현(現) 찰나의 '마음'은 다음 찰나에 소멸되는 동시에 자신의 인상을 남긴다. 이 인상의 일부는 다음 찰나의 '마음'에 작용하고 일부는 잠재력으로 저장된다.

이런 관계를 계속하면서 '마음'이 상속해간다. 다시 말하면 현(現) 찰나의

---

69) 필자의 이런 입장은 기본적으로 『大乘成業論』에 의존한 것이다. 좀 더 자세한 것은 佐藤密雄 譯註, 『佛教講座41 / 大乘成業論』, 東京: 大藏出版, 1990年, 再版, pp.206~245의 '異熟果識說' 참조.

70) '능취'와 '소취'는 서로 분리될 수 없는 유기적 작용이므로, 가운데 '-'를 넣어서 표기한 것이다.

'마음'은 전(前) 찰나의 마음이 남겨준 인상에 의존하여 만들어진다. 그런데 전(前) 찰나의 마음은 '과거로부터 축적되어 온 무한한 인상의 집합체로서의 마음' 즉 아뢰야식이다. 이렇게 볼 때에 현(現) 찰나의 마음은 아뢰야식에 의존해서 생성되는 셈인데, 이런 마음의 성질을 '의타기성(依他起性)'이라고 한다.

아뢰야식이 '능취'-'소취'로 쪼개지는 분별(分別)이 사라지고 '자기인식'만이 오롯이 드러난 그런 '무분별의 지혜' 즉, '순수조출성'으로서의 '자기인식'이 발동 될 때에 비로소 우리에게 주어지는 원초적 사태를 있는 그대로 여실하게 알 수 있게 된다고 한다. 그래서 '무심(無心)'이 필요한 것이다.

그런데 앞에서 언급했지만, 아뢰야식은 불교가 업(業)의 상속(相續)을 설명하기 위해서 '상정'한 것이며 '요청'한 것이라고 필자는 생각한다. 그렇기 때문에 필자는 아뢰야식은 '경험'의 대상으로 존재하는 것이 아니라 인간이 만든 일종의 형이상학적 개념이라는 것이다.

무아(無我)를 주장하는 불교로서는 자기 동일성의 최소한 근거가 필요했던 것이다. 바로 이런 형이상학적 배경에 서 있는 것이 '무념(無念)'이다. 그래서 무념은 '경험'하는 것이 아니고 '체험'해야 하는 것이고, 이것은 언어적 설명을 떠난 것으로 "유불여불, 내능구진(唯佛與佛, 乃能究盡)"이며 깨친 자들의 몫이다.

4. 불교계 현실 대응에 나타난 본분주의

'생멸문(生滅門)'이나 '신훈(新熏)'보다는 '진여문(眞如門)'이나 '본분(本分)'에 주목하는, 그것도 철두철미하게 주목하는 퇴옹 선사의 사상은 불교계 현실의 대응 방식에서도 드러난다. 여러 방면에서 이런 점을 조사할 수 있겠지만, 본 장에서는 크게 네 가지 측면에서 퇴옹 선사의 현실 대응 방법을 찾아보기로 한다.

첫째는 법통(宗統)의 원천에 대한 퇴옹 선사의 입장이고, 둘째는 출가자의 역할에 대한 퇴옹 선사의 입장이고, 셋째는 사찰의 재정 관리에 대한 퇴옹 선사의 입장이고, 넷째는 정치와 종교에 대한 퇴옹 선사의 입장이다.

1) 법통의 원천

필자가 이 문제를 제기한 것은 유교적 봉건체제 속에서 왕권의 원천을 염두에 두고서 하는 말이다. 한나라 시대 동중서(董仲舒)는 『춘추(春秋)』 및 당시의 경전들을 근거로, '천인상관(天人相關)'에 관한 설을 제기했다. 그는 수차례의 「대책(對策)」에서 군주가 군주로서 권력을 행사할 수 있는 근거는 '천(天)'에서 유래함을 각종 고전들을 근거 삼아 제시하고 있다.[71] 그의 이런 주장은 송·명·청을 내려오면서 군주권 강화에 지대한 역할을 했다. 자연적인 혈연에 의해서 왕통(王統)이 전수되고 설사 새로운 왕조가 건설되더라고, 그것은 '천명(天命)'에 의해 보증되었다.[72]

이렇게 해서 성립된 군주의 권력에 기반을 두어 제후나 사대부의 권력도 그 권한을 쪼개 받을 수 있게 되었다. 뿐만 아니라, 권력에 대한 이런 입장은 주변 국가에 대해서는 '중화주의적(中華主義的)' 국제질서를 형성하게 하기도 했다. '가(家)'의 성립도 그랬고, '가' 속에서의 '가장'의 권한도 그랬다. 이런 제도는 '대종(大宗)'과 '소종(小宗)'의 제도도 낳았다.

이런 속에서 당나라 시대의 불교 공동체 내에서는 법통 의식으로 확산되어 이른바 선종의 '조통설(祖統說)'이 정착되어갔다. 한 선승의 선지(禪旨)에 대한 옳고 그름 내지 깨달음에 대한 안목보다도 사자상승(師資相承)의 계통이 신뢰의 근거로 제시되었다. 누구의 법통을 이었는가가, 그의 안목이 어떠한지 보다 더 중요한 논증의 근거가 되었다. 이런 모습은 유교적 봉건 종법제도가 없던 사회인 인도에서는 볼 수 없는 양상으로, 중국적 봉건의 산물이라고밖에 생각할 수 없다.

---

71) 『漢書』「董仲舒傳」, 北京: 中華書局, 1990, 6刷, pp.2495~2526.

72) 池田知久, 「中國古代の天人相關論」(溝口雄三 外三人編, 『世界像の形成』, 東京: 東京大學出版會, 1994).

퇴옹 선사가 법통(法統) 문제를 제기하고 있는 것은 다 알려진 일이다.[73] 단도직입적으로 문제를 제기해 보자. 이 과정에서 퇴옹 선사가 사자상승(師資相承)에 의한, 다시 말하면 태어나면서 (승려의 경우는 출가하면) 부터 맺어지는 자연적인 인간관계를 근거로 하여 법통설을 주장했는가? 그렇지 않았다. 한국 선불교의 초조로 퇴옹 선사 당시에도 전통적으로 받아들여지던 그래서 「대예참예(大禮懺禮)」[74]에도 나오는 전지조인(傳旨祖印)했다는 도의(道義) 국사도 부정하고 보조(普照) 국사의 법통도 부정하면서 '태고법통설'에 동참했다.

박해당 박사도 말하고 있듯이 퇴옹 선사는 "깨달음의 계보"[75]를 중요한 원칙으로 제시했다. 이 과정에서 결과적으로는 사실(史實)과는 다른, 박해당 박사의 표현대로 "치명적인 오류"가 나온 것일 수도 있다. 그럼 이것은 무엇을 의미하가?

여기에는 '해석'의 문제가 개입된다. 필자는 이런 "치명적인 오류"가 옳은 지적이라면, 이것이야말로 퇴옹 선사는 종교적인 권위를 "깨달음의 계보"에서 증거하려는 선승이며, 이 점은 인간적인 연결에 의한 권위를 부정하는 이른바 종법제(宗法制)로부터의 탈피라고 '해석'할 수 있다. 그리고 "그의 이러한 의도는 임제 선풍을 통하여 한국 선 불교의 수행 전통을 다시 세우고자 한 간절한 서원이었던 것으로 이해할 수 있다."

결국 퇴옹 선사는 본분종사(本分宗師)들로 점철되는 계보를 법통으로 삼았다고 할 수 있다. 그것도 철두철미하게 말이다. 본분 종사가 아닌 선승들은 계보에서 제외했던 것이다. 역사적인 계보와는 관계없이 말이다.

2) 출가자의 역할

이하에서는 출가자의 역할에 대해서 보기로 한다. 퇴옹 선사가 활동하던

73) 퇴옹성철, 『韓國佛敎의 法脈』, 경남: 장경각, 1990.
74) 安震湖 편역, 『釋門儀範』, 서울: 前卍商會, 1935, 초판, 1983년, 15쇄, p.37.
75) 박해당, 「성철 법맥론에 대한 비판적 검토」『퇴옹성철의 깨달음과 수행』, 서울: 예문서원, 2006, p.160.

시기 한국의 불교 공동체는 '승려'와 '신도'라는 두 부류로 구성되었다. 그러면 이 둘의 관계는 어떠했는가? 다음에 인용하는 「퇴옹 선사의 법문을 통해서 본 1947년 봉암결사」라는 대담 문서가 대답을 줄 수 있을 것이다.

> 칠성 탱화, 산신 탱화, 신장(神將) 탱화 할 것 없이 전부 싹싹 밀어내 버리고 부처님과 부처님 제자만 모셨습니다. 자세히 이야기 하려면 여러 날 해야 되니 자세히 다는 이야기 못하겠고, 그 다음에는 불공(佛供)인데, 불공이란 자기가 뭐든지 성심껏 하는 것이지 중간에서 스님네가 축원해 주고 목탁치고 하는 것은 본시 없는 것입니다.
>
> 꼭 부처님께 정성드리고 싶은 신심 있는 사람이 있으면 자기가 물자를 갖다놓고 자기가 절하란 말입니다. 우리가 중간에 삯꾼 노릇은 안 한다 이것입니다.[76]

위의 인용문에서 우리는 당시의 정황으로 보나 현재 한국불교의 정황으로 보니, 신도들이 공양물을 가지고 오면 스님들은 그 공양물을 법당의 부처님 전에 올려놓고 이른바 불공을 드렸음을 알 수 있다. 〈거불〉을 하고 〈유치〉와 〈청사〉를 하고, 또는 바로 〈정법계진언〉 해서 마지를 올리며 신도들을 대신해서 불보살님께 축원을 한다. 퇴옹 선사는 이렇게 대리 불공하고 축원하는 것을 '삯꾼 노릇'이라고 표현하고 있다. 그런데 그런 일 안 하겠다는 것이다.

부처님과 신도들의 직접적 관계를 가지라는 것이다. 중간에 승려들이 끼어서 '삯꾼 노릇'은 안 한다는 것이다. 이러한 퇴옹 선사의 태도는 망자의 영혼 천도에서 더더욱 분명하게 제시된다. 망자를 위해서 불경을 읽어주는 일은 하지만, 바라춤을 추고 작법하는 그런 재(齋) 의식은 안 하겠다는 것이다. 자신이 직접 부처님께 불공도 올리고 참회도 하고 서원도 세우라는 것이다. 대신이란 없다는 것이다.

유교적 봉건체제 속에서는 '천(天)'과 관계를 맺는 것은 '천자(天子)' 밖에 없다. 천자가 아니면 천명(天命)을 받을 수 없다. 이런 관계에 물들어 있던 사회 속에서 불교의 승려들은 '천자'를 보좌하여 '불은(佛恩)'을 빌어주고, '신

76) 수다라 편집실, 「1947년 봉암사 결사」『修多羅』제10호, 경남: 해인사 강원, 1995, p.116.

도'의 소망을 '부처님'에게 빌어주었다. 이런 대신하는 일을 해왔다. 심지어는 승려가 기우제를 지내기도 하였다. 이런 정황은 『불조통기』의 곳곳에도 나타난다.[77)]

그런데 퇴옹 선사의 경우에는 이런 대리적인 역할을 거부한다. 그의 말대로 '삯꾼 노릇'을 거부한다. 고려조에서는 귀족의 반열에, 조선조에서는 천민 축에, 그렇게 승려의 신분을 소속시켜 대접하거나 또는 대접받는 그런 봉건적 사고가 퇴옹 선사에서는 보이지 않는다.

오직 수행자로서 자신의 본분(本分)을 다할 것을 천명하고 몸소 실천하고 있다. 신도들에게 절을 받는 것도 어떤 주술적인 요소가 있는 것이 아니다. 승려 측에서는 3보의 하나로서 대접 받는 것이고, 재가 입장에서는 재가의 도리를 다하는 것 일뿐이었다.

승려가 신도들의 복을 빌어주는 기도사로 전락되던가, 혹은 불보살의 계시를 전달하는 중간자 역할을 하던가, 또는 예견자로 등장하던가, 이런 현상은 동서를 막론하고 봉건사회에서 일반적으로 나타난다. 승려들의 전기 모음집의 일종인 각종 '고승전'에 나타는 '창도사(唱導師)'의 행적들에서 이런 모습을 잘 보여주고 있다. 이런 모습은 양나라 때의 혜교(慧皎)가 지은 『고승전』 (권제30) 「창도(唱導)」편 곳곳에서 볼 수 있고, 또 『송고승전』「독송(讀誦)」편에도 쉽게 볼 수 있다.

이 부류에 속한 승려들은 신도들에게 신통한 주문을 읽어주어, 때로는 권능을 발휘해 병을 치료해주기도 하고, 때로는 앞날을 예견해주기도 했다. 조선조에도 이런 전통은 여전했는데, 퇴옹 선사는 그의 일생을 통해 이것을 철두철미하게 혁파하려 했다. 본분사(本分事)의 입장에서 말이다. 이 책의 「제12장. 구산 수련 선사의 선사상」에 나오는 「2) 불사법어」 부분에서 홍화 존장이 극빈 유나를 떠보는 이야기도 이런 맥락에서 나온 것이다. 당나라 시대의 선승들은 다 그랬다. 이런 전통을 구산 선사는 거량 형식으로 저기에서 드러낸

77) 『佛祖統紀』「中宗四年條」, "五月大旱, 勅菩提流志, 於崇福寺, 結壇祈雨. 三日大澍."(『대정장』 49, 372c).

것이고, 여기에서 퇴옹 선사는 일상어로 드러낸 것이다.

3) 사찰의 재정 관리

유교적 봉건체제에서는 토지를 매개로 한 신분 질서가 엄격하다. '천하(天下)'의 모든 땅은 모두가 '왕토(王土)'이다. '천명(天命)'으로 군주가 된 자는 천(天)의 장자(長子)로서 토지에 관한 절대적인 권력을 행사한다. 군주는 인민에게 토지를 주고, 인민은 군주에게 각종 세금과 병역과 부역의 의무를 다한다. 천하에 모든 인민은 조정으로부터 토지를 하사 받고 그에 따르는 대가를 치르는 데, 당시의 이런 원론적인 상황은 『당육전』「상서호부」의 다음 기록이 잘 보여주고 있다.

> "무릇 천하의 땅을 재는 단위는 5척(尺)을 1보(步)로 하고, 240보를 1무(畝)로 하고 100무를 1경(頃)으로 한다. 땅의 좋고 나쁨과 넓고 좁음을 측량하여 거기에 알맞게 인민들을 거주하도록 한다. 그리고 땅을 백성들에게 지급하는 제도에는 차별이 있다. 정남(丁男)의 경우는 1경(頃)을 지급하고, 노남(老男)의 경우거나 질병에 걸린 사람은 40무(畝)를 지급하고, 과부나 처첩의 경우는 30무(畝)를 주되 그 중에서도 만약 호주인 사람의 경우는 정남의 반인 50무(畝)를 지급한다.
>
> 한편 지급하는 땅의 등급에는 두 종류가 있다. 하나는 영업전(永業田)이고 하나는 구분전(口分田)이다. 정남에게 지급된 땅 중 2할은 영업전이고, 8할은 구분전이다. 한편 도교의 남자 성직자인 도사(道士)에게는 30무의 땅을 지급하고, 여자 성직자에게는 20무의 땅을 지급한다. 불교의 비구승이나 비구니의 경우는 도교의 그것에 준한다."[78)]

이와 같이 천하의 땅을 천자의 명을 받아 백성에 지급한다. 당시 당나라의 경우는 위에서 보여주듯이 비구에게는 정남의 3 / 10에 해당하는 30무를 주었는데 이는 과부나 처첩에게 주는 분량과 같았다. 승려나 도사는 '방외(方外)의

---

78) 李林甫, 『唐六典』, "凡天下之田, 五尺爲步, 二百有四十步爲畝, 畝百爲頃. 度其肥瘠寬狹, 以居其人. 凡給田之制有差, 丁男中男以一頃, 老男篤疾癈疾以四十畝, 寡妻妾以三十畝, 若爲戶者則減丁之半. 凡田分爲二等, 一曰永業, 一曰口分. 丁之田二爲永業, 八爲口分. 凡道士給田三十畝, 女冠二十畝, 僧尼亦如之."(『唐六典』, 北京: 中華書局, 1992, p.74).

선비'로서 산업에 종사하는 사람이 아니기 때문 급전의 규모가 작은 반면 조세, 부역, 군역의 의무는 없었다.

이렇게 해서 받은 토지는 해당 속관(俗官)인 지방의 수령 또는 경우에 따라서는 삼강(三綱)에 의해 관리되었다.[79] 3강이란 상좌(上座) 1인, 사주(寺主) 1인, 도유나(都維那) 1인을 말한다.

한편, 봉건체제 속에서는 토지의 합병 등으로 인해 백성이 사원의 소작인이 되기도 했다. 이 과정에서 토지를 매개로 거대한 자본이 형성되고 그와 관련한 권력 구조들이 형성되었는데, 이런 점은 서양 중세 봉건의 가톨릭교회와도 비슷하였다. 물론 이런 제도는 프로테스탄트의 혁파의 대상이 되어 장로교에서는 모든 재산의 관리는 성직자의 손을 떠나 장로들에게 들어갔다.

조선의 경우는 유생들에 의해 사원 경제 문제가 강력하게 제기되어 국가의 관리로 편제되기도 했다. 그러면서도 관행적으로 조선시대는 물론 일제강점기에도 권력과 결합되어 사원의 경제는 여전히 봉건적 방식으로 운영되었다. 이 점은 이 책의 「제2장. 불교 관계 법령을 통해 본 한국불교의 정체성」에서 자세하게 다루었다.

그러면 퇴옹 선사의 경우는 재산에 대해서 어떤 입장을 가지고 있었는가? 김광식 교수는 이렇게 정리하고 있다.

> 다음으로 재정의 통일 및 중앙통제기관에 대해서는 그 구체적인 내용을 더욱 자세히 개진하였다. 이는 교육, 종단 사업에 절대적인 기반으로 재정이 필요하기 때문이라고 보이고, 나아가서는 승려의 비행, 종단의 부정 및 부패도 재정 문제에서 비롯되었던 사정과도 연결되어 있었다.
>
> 이에 그는 모든 사찰의 수입은 중앙(종단)에 집중되고 적절한 원칙하에 지출, 재투자되어야 한다고 보았다. 이런 주장은 가히 혁명적인 조치로서 그 지출에는 일반 사찰의 운영비, 인건비도 포함되었다. 그러기 위해서는 중앙재정을 통제, 관리하는 특별 기구를 만들어야 한다고 주장하면서, 나아가선 총무원과 종회에서도 개입할 수 없도록 하는 법제화 작업이 수반되어야 함을 강조하였다.[80]

79) 諸戸立雄, 「唐初における佛教教團の統制」『中國佛教制度史の研究』, 東京: 平河出版社, 1990, pp.108~126.

비록 이런 퇴옹 선사의 제안이 현실화되지는 않았어도, 불교재산관리에 내재한 전 근대적 요소를 그는 직시했다. 출가자가 본분(本分)에 철저할 수 있도록, 재정의 문제는 별도로 관리할 것을 꿈꾸었다. 선사가 입적한지도 이제 거의 20년이 되어 가는데도, 아직 조계종의 현실로 볼 때에 그것은 분명 '꿈'이었다.

4) 세상사와 선 긋기

유교적 봉건군주체제 속에서도 군주의 통제권 밖에서, 소위 '방외(方外)의 선비'로 살아가려는 수행승의 노력이 없지는 않았다. 그러나 중국이나 조선을 막론하고 군주권으로부터 승단이 자유로울 수는 없었다. 이점은 이 책의 제2장에서 살펴본 대로이다.

군주에게 올리는 가종 문서에서 "신(臣) 이무개"라는 표기는 당나라 말기를 거치면서 송대에는 더더욱 확산되었다. 통치 권력으로부터 승단이 통제를 받는 사례는, 유교적 지배 질서가 엄연했던 조선조의 경우는 말할 것도 없고, 일제 강점기에도 있었고, 해방 후의 각종 법규 속에서도 있었다.

퇴옹 선사의 경우는 이 부분에 대해서는 매우 엄격하였다. 경희대의 허우성 교수가 표제어를 달듯이 「절속주의－정치와 역사에 대한 무관심」[81] 그 자체였다. 허 교수도 예로 들듯이 퇴옹 선사는 서산(西山) 대사를 참다운 도인이 아니라 명리승이라고 부정적인 평가를 내고 있다. 바로 여기에 정치에 대한 퇴옹 선사의 입장이 잘 드러난다. 출가자의 본본(本分) 지키기이다. '마을의 질서'를 뒤로 하고 '숲속의 질서'를 추구했던 '석가모니 정신 되살리기'였다고 '해석'할 수 있다.

봉건적 유습이 많이 남아있던 시기에 살던 수행자로서, 또는 일제강점기 권력의 힘을 경험했던 수행자로서, 그리고 해방 이후 출몰했던 각종 독재 권력

---

80) 김광식, 「이성철의 불교개혁론」『퇴옹성철의 깨달음과 수행』, 서울: 예문서원, 2006, pp.244~245.

81) 허우성, 「간디와 성철」『퇴옹성철의 깨달음과 수행』, 서울: 예문서원, 2006.

을 경험한 수행자로서, 정치 권력에 대해 허 교수의 용어대로 '절속(絶俗)'으로 일관했던 퇴옹 선사의 태도는, 허우성 교수처럼 퇴옹 선사를 은둔이라고 비판을 하던, 아니면 김성철 교수처럼 '은둔적 참여'라고 평가하던,[82] 분명한 것은 '세속의 일'과는 철저하게 거리를 두고 있다. 오직 출가의 '본분'에 전념하는 것을 자신의 임무로 삼았다.

82) 김성철, 「간디와 성철을 읽고」『퇴옹성철의 깨달음과 수행』, 서울: 예문서원, 2006, p.407.

제4부

오늘을 사는 한국불교

1. 미래를 위한 대안 모색

이상의 긴 이야기가 지나온 우리의 과거라면, 향후 우리는 어떻게 해야 하는가?

이 물음에 대해서 직접적으로 필자의 의견을 낼 수도 있다. 그러나 필자는 이런 방법을 취하지는 않기로 했다. 왜냐하면 한국불교 전체를 조망하기에 아직 필자의 연구 범위와 깊이가 모자라기 때문이다. 또 이 책에서는 현재를 조망하는 철학적 '방법'에 대한 논의를 하지 않았기 때문이다.

이 책은 기본적으로 탐구의 방법에 대한 반성적 검토는 하지 않았다. 연구의 '방법'에 대해서는 필자 자신 속에만 내재시켜 놓고, 오직 연구의 '대상'에만 주목했다. 그런데 이제 결론 부분에 와서 그런 태도를 일변하여 '방법'을 운운한다는 것은 적어도 이 책의 체제와는 걸맞지 않는다. 또 직접적인 의견 표명은 이미 『때 묻은 옷을 걸치며』(정우서적, 2009)에서 했기 때문이다.

그렇다고 방법적인 논의 없이 미래에 대한 예측을 한다는 것은 연구자로서는 할 일은 아니다. 그래서 이하에서는 오늘의 한국불교, 내지는 미래의 한국불교를 개척하기 위한 '타산지석(他山之石)'의 지혜를 활용하고자 한다. 필자는 중국불교 연구자이기 때문에 사례를 그 쪽에서 제시해보고자 한다. 한국 쪽보다는 중국 쪽의 경우가 필자에게는 더 익숙하기 때문이다.

역사적으로 알려졌다시피 중국의 불교는 인도의 불교와는 여러 면에서 그 특징을 가지고 있다. 다른 어떤 문화권에서도 없는 그들만의 독특한 불교를 이 세상에 내놓았다. 그래서 필자는 중국 불교의 경우를 하나의 사례로 하여 외국에서 들어온 종교 사상인 불교가 어떤 방법으로 제 나라 사람들의 삶 속으로 녹아 들어갔는지를 검토하려고 한다. 여기에서 우리가 배울 바가 있다고 생각한다.

필자 개인의 제한된 경험으로 한국불교의 현재와 미래를 운운하기보다는, 실제의 역사 속에서 실재했던, 그리고 많은 사람들이 다양하게 겪었던 경험을 통해 우리 불교에 대한 대안을 제시해 보려고 한다. 그렇게 하는 것이 더 공감할 수 있고 실질적이라고 생각한다.

인도라는 전혀 이질적이고 문화와 역사 전통이 다른 곳에서 생긴 불교(佛教)가 중국 지역에 전래되었다. 그렇지만, 결과적으로는 어느 시기를 지나면서 불교는 더 이상의 중국의 그것에서 볼 때에 '이(異)' 또는 '타(他)'로서 남아있지만은 않았다. 불교는 중국인들의 사상, 역사, 예술, 문학 등 각 방면의 안으로 들어와 고유의 것들과 하나가 되어 역동적으로 살아 움직이면서도, 기존의 여타 지역의 불교와 구별되는 '중국의' 불교를 만들어내었다. 이런 점에서 중국인들은 '중국적인 그 무엇'을 만들어내었다고 할 수 있다. 물론 '중국적인 그 무엇'이 불교의 변질인지 아니면 새로운 사상의 창출인지는 평자에 따라 다를 수 있지만, 불교가 중국인들의 삶과 밀접하게 관계하면서 움직인 것만은 분명하다.

그렇게 할 수 있었던 저들의 노하우가 밝혀진다면, 또는 거기에 주목하면서 저들의 문화 수용을 검토한다면, 미래의 한국불교를 어떻게 만들어 갈지에 대한 해결책도 나오리라고 생각한다. 그리고 또 현재 한국불교가 처한 문제도 진단해 볼 수 있을 것이다. 우리에게는 지난 전통만 있는 것이 아니고, 미래에의 새로운 길이 열려있기 때문이다.

필자는 중국의 불교를 연구하면서, 중국인들은 어떻게 저들만의 독특한 '중국'의 불교 사상을 만들 수 있었는지에 대해서 고민해왔다. 그 결과 현 단계에서는 다음과 같은 점에 주목하고 있다. 첫째는 '제 나라 말로 번역하기'였고, 둘째는 '기체(基體)로 돌아가서 다시 묻기'였고, 셋째는 '일상어로 토론하기'였다. 여기서 필자가 말하는 '기체'는 '전통'이라는 용어와도 바꿔 쓸 수도 있는 개념이다. 필자가 이 책에서 한국 불교의 정체성을 운운하면서 그 속에서 전통을 찾으려 했고, 또 한글 번역에 나타난 경향성을 찾으려 했던 것도 이런 구도가 있었다.

2. 제 나라 말로 번역하기

인도의 불교가 중국에 전래되는 과정에서 빼놓을 수 없는 일 중의 하나가 번역이다. 범어(梵語)로 쓰인 불교 경전을 고대 한어(漢語)로 번역하는 일이다. 이 경우, 한어를 모국어로 하는 이가 범어를 배워서 그렇게 하는 경우도 있고, 한편으로는 범어를 모국어로 하는 이가 한어를 배워서 한역하는 경우도 있다. 전자의 대표로 구마라습(鳩摩羅什)을, 후자의 대표로 당나라 현장(玄奘)을 꼽을 수 있다. 이 중에서도 구마라습이 번역하는 과정은 우리에게 시사하는 바가 크다. 그가 불경을 번역하던 모습을 이렇게 전한다.

> 구마라습은 세상을 뛰어넘는 지식을 갖추고 마음은 참된 경지에 올라서 자유자재하였고 게다가 중국말을 잘하였다. 불경을 번역할 때에는 범어 불경을 손에 들고 입으로 몸소 알맞게 번역했다. 그러면 승과 속이 모두 경건히 한 마음으로 세 번씩 따라했다.[1)]

위 인용문은 스승의 『유마경』 번역 현장에 몸소 참석했던 승조가 당시의 광경을 적은 것이다. 구마라습은 손에 범본 텍스트를 들고 그것을 직접 중국어로 번역해가면서, 중요하거나 어려운 부분에 대해서는 부연 설명을 붙였다. 그의 번역 장소에는 승려들은 물론 일반인도 참석했음을 알 수 있다. 참석자들이 세 번씩 반복하여 소리 내어 읽는 과정을 통하여 문체와 성률을 가다듬고 마지막으로 받아쓰는 이가 어법에 맞게 필수(筆受)한다.

이 번역 현장에 참석했던 승조는 원래 『장자(莊子)』를 탐독하던 청년이었다. 그러던 그가 구마라습의 역장(譯場)에 참석하는 것이 계기가 되어 불교로 전향했고, 그 때에 들은 것을 기록한 것이 바로 『주유마경(註維摩經)』이다. 물론 모든 번역이 이렇게 공동 번역을 했던 것만은 아니다. 단독으로 번역되는 경우도 있기는 하다. 아무튼 이렇게 해서 번역된 경전의 분량은 『개원석교록(開元釋敎錄)』(『대정장』55권)이 만들어지던 개원(開元) 18년(730)에는 총 1,076부 5,048권에 달했다.[2)]

---

1) 『註維摩經』, "什以高世之量, 冥心眞境, 旣盡環中, 又善方言. 時手執梵文, 口自宣譯. 道俗虔虔, 一言三復" (『대정장』38, 327b).

2) 大藏會 編輯, 『大藏經』, 京都: 百華苑, 昭和39, p.25.

그런데 여기에서 한 가지 주목해야 할 점이 있다. 그것은 번역자에 대한 사회적 평가가 매우 높았다는 점이다. 한국에서는 역경승을 그리 높이 대접하지 않았지만, 중국에서는 불교 경전의 번역자에 대한 평가는 달랐다. 한국의 경우는 근자에도 깨침이 없이 글만 보았다고 폄하하는 말들을 한다. 그러나 그렇지 않다. 사색과 체험의 깊이만큼 문장이 보이는 법이다. 역으로 문장이 안 되면 그 속에 담긴 체험이나 사색도 어설픈 것이다.

중국에서는 일찍이 승려들의 전기 모음집의 일종인 '고승전(高僧傳)'이 편집 간행되었는데, 대표적인 것으로 『양고승전』(519년), 『당고승전』(645년), 『송고승전』(988년)이 있다. 『양고승전』(대정50권)에서는 승려들의 전공을 ①역경(譯經), ②의해(義解), ③신이(神異), ④습선(習禪), ⑤명률(明律), ⑥망신(亡身), ⑦흥복(興福), ⑧경사(經師), ⑨창도(唱導) 등 아홉 부류로 나누고 있다. 가장 높이 대접받는 전공을 순서대로 늘어놓았다.

한자 불교권에서 최고의 학승으로 대접받는 도안(道安) 법사는 ②'의해'에 분류된다. '의해'란 글자 그대로 경전에 담긴 철학적인 의미를 캐고 논의하는 것을 뜻한다. 천태학의 창시자 천태 지자나 화엄학의 대성자 현수 법장 및 청량 징관 등은 물론 의해승으로 분류된다.

물론 각 고승전마다 승려들의 전공 분류 항은 약간의 증감이 있기는 하지만 역경승의 자리는 언제나 저술 활동을 했던 학승보다 앞자리에 편집된다.[3] 번역자의 권위는 그만큼 높았고 또한 대접받았음을 알 수 있다. 부처님의 유교(遺敎)를 다루는 것은 무엇보다 중요하기 때문이다.

한편 고대한어로 번역된 경전은 처음에는 필사본으로 보급되다가 송대 이후에는 목판으로 인쇄되고, 번역된 경전을 재료로 하여 중국인들의 불교 연구가 진행된다. 범어를 전혀 모르는 사람들조차 번역된 경전만 가지고도 나름대로의 연구를 진행하게 되었다. 당송대의 불교철학을 꽃피웠던 기라성 같은 학승들은 모두 번역된 이른바 2차 문헌 자료를 가지고 자신들의 사상을 펼쳤다.

3) 『송고승전』(『대정장』50, 710a-b)의 분류는 다음과 같다. 역경(譯經), 의해(義解), 습선(習禪), 명율(明律), 호법(護法), 감통(感通), 유신(遺身), 독송(讀誦), 흥복(興福), 성덕(聲德).

물론 개중에는 번역 자료의 불충분성에 불만하여 인도에 가서 직접 원본을 연구하고 또 그 자료를 중국에 가져와 번역한 자도 있다. 현장 법사가 그 경우이지만, 극히 예외적인 일이다.

그러면 중국 불교도들은 왜 번역물에 의존하여 자신들의 저술 활동을 했는가? 거기에는 우선 원본을 입수하기 어려웠던 당시의 상황이 크게 작용했겠고, 이와 함께 번역자와 그들의 번역물에 대한 깊은 신뢰감이 작용했음을 생각해 볼 수 있다. 번역물이 보급됨에 따라 당시 식자층은 외국어의 장벽에 구애되지 않고 제 나라 말로 불교 사상을 접할 수 있었다. 바로 이러한 점이 당시 한어(漢語)를 해독할 수 있는 이들의 삶 속으로 불교가 녹아들어 갈 수 있는 여건을 만들어주었다.

게다가 중국에서는 고전을 해석하는 '경학(經學)'의 전통이 뿌리 깊다. 이런 전통으로 인해 번역된 불교 경전들은 수많은 주석가들과 해설가들에 의해 분석되고 또 다양한 철학적 해석이 보태지게 되었다.[4] 이런 주석서와 해설서의 보급은 더더욱 불교에로의 접근을 쉽게 해주었다.

한편, 제 나라말로 번역된 불교 문헌은 다양한 형태로 민중들에게 다가갈 수 있도록 재구성되었다. 대표적인 것으로 경전의 내용을 그림으로 그려서 그 옆에 간단하고 쉬운 말로 해설을 붙이는 변상도(變相圖)의 출현을 들 수 있다. 음악을 통해 접근하는 범패(梵貝)도 상당한 역할을 했다. 그 외에도 속강(俗講)의 대본으로 사용되던 변문(變文)이나 속문(俗文)도 한몫했다. 당시에 변문이 얼마 번성했는지는 20세기 초 돈황에서 발견된 문서의 분량만 보아도 알 수 있다.

이렇게 '제 나라 말로 번역하기'는 외국 사상을 수입하여 자신들의 삶 속에 육화시키는 데에 큰 역할을 한다. 우리는 이런 사례를 중국불교도들의 번역 활동에서 찾을 수 있다.

---

4) 신규탁, 「大藏經의 飜譯 · 解釋 · 分類」『書誌學硏究』제15집, 서울: 한국서지학회, 1998, pp.337~358.

3. 기체(基體)로 돌아가서 다시 묻기

중국에는 불교가 수입되기 이전에 이미 이 지역 사람들의 고유한 사상이 일찍이 형성되었고, 그것들은 이미 문헌으로 정리되어 연구되고 보급되었다. 한(漢) 제국이 건국되고부터는 유교(儒教)가 국교로 자리 잡고 진시황의 분서로 흩어졌던 고적들도 재정리되었으며 이 과정에서 새로운 학풍이 진작되었다.

양한(兩漢)의 금(今)·고(古) 논쟁도 그 과정에서 나온 산물이다. 그런데 이 논쟁은 사회적인 공감대 속에서 진행되던 것으로, 단순한 개인의 학문적 호오를 넘어선 현실적인 '힘'으로 작동하였다. 경전의 어느 구절이나 내용에 대한 새로운 해석이 나오면, 그것의 시시비비를 가리고 논평할만한 지식 기반이 구축되었고, 그리고 그것을 담당하고 이어가는 인물들이 형성되어 있었다.

청말(淸末)의 고증학자 피석서(皮錫瑞) 선생의 말대로, "한대인들은 사법(師法)을 중시하였다. 스승이 전하는 것을 제자가 이어받는 것으로 한 글자라도 증감할 수 없었으며 스승의 설을 어기면 쓰지 못하였다."[5] 그리고 이들의 학문 활동은 당시의 정치 세력과도 직결되어 있어서 현실적인 '힘'으로 드러난다.

이러한 기존의 토대, 즉 어떤 특정한 사상을 공유하는 사람들의 집단이 있고, 또 그 사상들은 사회 속에서 이미 공론화 되고, 그리고 그것들이 현실적인 '힘'으로 작용하는데, 이것을 필자는 '기체(基體; substratum)'이라는 단어로 대신하고자 한다. 이것은 어떤 현상이나 사물의 성질·상태·변화의 토대가 되는 그 무엇을 두고 하는 말이다. 위에서 말한 '힘'이란 개개인의 행동이나 생각에 영향을 미치는 것은 물론 한 사회의 운영에도 영향을 미친다.

이상과 같은 의미에서의 '기체'가 형성되고 작용하던 중국인들의 문화 속으로 인도로부터 불교가 들어온 것이다. 그러자 저들은 자신들의 기체를 바탕으로 다양한 담론을 통하여 '다름'과 '같음'을 분별하기도 하고, 때로는 그 '다름'에 대하여 비판을 가하기도 한다. 물론 이때의 비판은 개인의 차원을 넘어

5) 皮錫瑞 著 이홍준 譯, 『中國經學史』 대구: 동화출판사, 1984, p.53.

사회적 공감대를 바탕으로 진행되며, 나아가서는 하나의 '힘'으로 작동했다.

이런 '힘'은 중국에 불교가 수입되던 당시부터 있었음을 확인할 수 있다. 중국인들의 '제사(祭祀) 지내기'도 그런 '기체' 중의 하나이다. 중국에는 다양한 제사가 있었는데 이런 제사의 양상들은 『상서(尙書)』, 『모시(毛詩)』 등에서 볼 수 있다. 제사의 대상으로는 무엇보다 돌아가신 자기 조상을 들 수 있다. 그런가 하면 이들은 자기 조상 말고도 덕 있는 사람을 제사 지내기도 했으니 황제나 노자를 제사 지내는 것이 바로 그것이다. 이와 함께 일월성신이나 산천에 제사를 지내기도 하였으니 북두(北斗) 신앙이나 5악(嶽) 신앙이 여기에 해당한다. 또한 최고의 신(神)으로 상제(上帝)나 천(天)에 대한 제사도 빼놓을 수 없다.[6] 이렇게 고대 중국인들에게 있어서는 조상이나 덕이 있는 자를 제사 지내는 행위가 널리 퍼져있었다.

그래서 불교를 처음 접한 중국인들은 여러 신들 중의 하나로 부처를 이해하여 그에게 제사를 지냈다. 불교가 전래되던 초창기의 정황을 『후한서(後漢書)』 「초왕영전(楚王英傳)」은 잘 보여주고 있다.

> 초나라의 임금은 황노(黃老)의 미언(微言)을 외우고, 부도(浮屠)의 인사(仁祀)를 숭상하고 정결하게 재 지내기를 3개월 동안 하면서 신에게 빌었다. 어찌 꺼리고 의심하여 회한이 있으리오. 남자 신도와 승려들에게 좋은 음식을 대접하여 용서를 빌었다.[7]

'부도(浮屠)'는 'Buddha'의 음사어이다. 나중에는 '佛陀(불타)'로 표기했다. 여기에서 보듯이 후한 시대의 통치자들은 불교 사상과 황노(黃老) 사상을 같은 맥락에서 이해하고 있다. 그들은 불교를 자기네 문화 속에 이미 있던 각종의 신선이나 방술 사상의 하나로 보고 부처와 황노를 노자에 결부 지어 제사를

6) 고대 중국인들의 신앙에 대해서는 다음의 연구서들에 자세하다. 가노나오키 저, 오이환 역, 『中國哲學史』, 서울: 을유문화사, 1991, pp.45~71). ; J.J.M.de Groot 著, 牧尾良海 譯, 『タオ·宇宙の秩序』, 東京: 平河出版社, 昭和62年.

7) 『後漢書』「楚王英傳」, "楚王誦黃老之微言, 尙浮屠之仁祀, 潔齋三月, 與神爲誓. 何嫌何疑, 當有悔吝. 其還贖, 以助伊蒲塞, 桑門之盛饌."

올리고 행복을 기원했던 것이다.

불교와의 접촉은 이렇게 매우 현실적이고 일상적인 측면에서 시작되었다. 그들의 눈에는 불교야말로 현실의 행복을 가져다주는 종교였고, 주술의 종교였고, 장수와 안락을 가져다주는 신선의 종교였다. 그러나 점차 불교 경전이 고대 한어로 번역되고 그 사상의 전모가 밝혀짐에 따라 기존의 사상과 이질적인 요소도 드러났고 그것은 기존의 종교 사상과 충돌하기도 했다.

이상이 일상생활 속에서 작용한 '기체'라면, 다음과 같은 이념적 사례도 있다. 지성의 역사에서 중국인들이 공유했던 '기체'와 불교와의 충돌 양상의 초기적 흔적은 「모자이혹론(牟子理惑論)」에 조목별로 드러난다.[8] 아주 혹독한 비판이 있었는데, 그 비판의 토대에는 유교의 경서(經書)를 중심으로 형성된 그들의 '기체'가 놓여있다. 그들은 모든 현실에서 발생하는 문제를 경서를 토대로 평가하고 해결의 실마리를 찾으려 했다. 기체로 되돌아가서 현안 문제를 풀어보려는 중국인들의 사유에는, 자신들의 고대 성인들이 경서를 만들 때에 그 속에 세상의 모든 문제를 설명할 수 있는 오묘한 이치를 적어두었다는 믿음이 깔려있다.

유교의 경서를 매개로 한 중국인들의 사상 또는 문화의 '기체'는 새로운 사회 현상이 발생하거나, 타 문화권으로부터 새로운 사상이나 문화가 유입될 경우 반성의 토대로 작용한다. 물론 경서(經書)가 담고 있는 의미는 당시의 구성원들에 의해서 규정되고 재해석된다. 중국철학사는 이런 유교적 경서를 매개로 형성된 '기체' 위에서 철학과 삶은 언제나 긴장감 있고 역동적인 만남이 계속된다. 이런 과정을 거치면서 '타(他)' 내지는 '이(異)'는 더 이상 그 자체로 독립되지 않고, 기체 안으로 흡수되기도 하고, 다른 한편으로는 기체를 변화시키고 거기에 현실성을 불어넣기도 한다. 그리하여 불교가 세속화되기도 하고 세속이 불교화되기도 한다. 중국의 불교를 이해하기 위해서는 저들의 '기체'에 대한 이해가 필수적인 것도, 이런 이유 때문이다.

---

8) 신규탁, 「중국불교의 효 사상 연구」 『동양고전연구』제8집, 서울: 동양고전학회, 1997.

4. 일상어로 토론하기

중국 문화의 발전 과정을 연구하는 이들은 당(唐) · 송(宋)의 변혁기를 거치면서 사대부(士大夫)들의 의식이 변하는 것에 주목한다. 즉 당·송을 거치면서 당시 문화의 핵심을 담당하던 사대부들이 심리적으로는 개체화 되어가고, 성격상으로는 더욱 내향적이 되며, 사유 방식도 갈수록 내적 성찰의 직각적(直覺的)인 체험에 치우치게 되고, 또 외부의 교조적 권위성에 회의를 품기 시작한다.

게다가 사대부들의 손에 의해 주도되던 시화예술(詩畵藝術)에도 그런 변화가 일어나는데, 그것에는 '거듭된 자아의 표현', '연상(聯想)에 바탕을 둔 표현', '담박하면서도 고아함을 함축한 표현' 등이 두드러지게 보인다. 또 사대부들은 내심(內心)의 정신적 해탈을 추구하기도 하고 사변적이며 철학적으로 변해가기도 한다. 이런 기풍은 당송 이전에는 볼 수 없던 양상이다.[9)]

중국 문화를 연구하는 이들은 이러한 변화에 주목하면서, 그 변화가 일어나게 된 중요한 원인 중의 하나로 남종선(南宗禪)의 출현을 꼽는다. 당송 이래로 남선종이 일시를 풍미하여, 사대부들은 거의 '인인담선(人人談禪; 사람마다 선을 말하는)'의 지경에 이르게 되었다. 그것은 거의 노장(老莊) 사상의 지위를 대신하게 되었고, 게다가 유교의 기반마저도 흔들게 되었다. 송대의 성리학을 당대의 화엄이나 선의 지평에서 평가할 수 있는 것도 이런 사조(思潮)를 두고 하는 말이다.

단적으로 말해 남종선의 출현은 당시 사대부들의 삶의 양상을 변화시켰다. 그러면 대체 남종선의 어떤 점이 당시 사대부들의 삶에 맞닿아 그러한 변화를 가능하게 했단 말인가?

사대부들을 이렇게 변화시켰던 선불교의 핵심 사상으로써, 커자오꽝(葛兆光) 박사는 "개인의 청정한 본심을 추구하면서 단지 자신의 내재된 이성을 존중하는 점", "크게 의심해야 크게 깨닫는다고 강조하는 점", "내 마음이 바로

---

9) 葛兆光 著, 정상홍·임병권 옮김, 『禪宗과 中國文化』, 서울: 동문선, 1991, pp.308~309.

일체라는 점", "직각적인 관조로 깊이 생각하고 명상하는 점", "활참묘해(活參妙解)로 순간적인 돈오(頓悟)를 강조하는 점" 등을 위의 책에서 꼽고 있다.

남종선에 나타나는 이런 요소는 부분적으로는 당나라 시대의 화엄 교학의 전통에도 들어 있기는 들어있다. 그러나 화엄의 전통에 없는 것이 있으니, 그것은 바로 일상 언어로 철학적인 담론을 하고, 또 그것을 그대로 문헌으로 정착시켰던 점이다.

당나라 시대 남종선의 출현은 무엇보다 담론의 형식면에서 획기적인 변화를 일으켰다. 그것은 한 마디로 말하면 '일상어로 토론하기'이다. 여기서 필자가 말하는 '일상어'란 '구어(口語)'를 지칭하는 말인데, 남종선의 승려들은 그 당시에 통용되는 '구어'를 사용하여 '마음', '본성', '관찰', '깨침', '수행' 등의 불교 철학의 많은 문제들을 담론한다. 그리고 그 담론을 문어(文語)가 아닌 구어로 생동감을 살려 그대로 문자로 기록한다.

화엄의 교학적 글쓰기는 전문가들만이 알 수 있는 개념이나 어휘를 통해, 주석적(註釋的) 글쓰기로 추상화되고 현학적으로 변해갔다. 그런데 선승들은 교학의 틀을 과감하게 부수고 일상어로 철학하기 시작했다. 일상어가 가지고 있는 생동감 있고 현장감 있는 언어를 사용하여 불교의 중심 사상들을 풀어갔다. 그것도 일방적인 제시가 아닌 구체적인 상대와 상호 대화를 통해서 말이다.

천태나 화엄에서의 글쓰기는 필자와 독자가 시간적으로 공간적으로 따로 떨어진 상태에서 진행된다. 그러나 선종에서는 '명(銘)'이나 '잠(箴)'과 같은 극히 일부의 문체만을 빼고서는 그런 글쓰기는 없다. 이른바 '어록'이라는 독특한 형태의 문헌이 대두된다.

더구나 선불교에서는 장소에 따라 다양한 방식의 담론을 개발하였으니 '상당법어(上堂法語)', '대기설법(對機說法)', '수시(垂示)', '감변(勘辨)' 등이 그것이다. 이와 함께 담론의 방식도 여러 형태로 정착되었다. '하어(下語)', '평창(評唱)', 염(拈), 송(頌), 거(擧), 평(評) 등으로 말이다.

찾아온 상대방에게 제삼자의 이야기나 행동을 대화의 소재로 삼는 염거(拈擧), 찾아온 상대방에게 제삼자의 이야기나 행동을 거론하고 이와 더불어 거기에 대한 다른 제삼자의 평가를 다시 소개한 뒤에 그와 다른 입장에서 대화를 풀어 가는 별어(別語), 상대방에게 질문을 던졌는데 그가 대답을 못할 경우 대신해서 대답하는 대어(代語) 등등의 담론 방식이 그것이다.

일상어를 사용하여, 그리고 대화를 통한 철학하기는 구체적인 삶과 철학이 만나는 계기를 낳았고, 이로 인해 불교는 더 이상 불교적 개념을 숙지한 사람만이 알 수 있는 직업적인 '꾼'들만의 전유물이 되지는 않았다.

남종선의 출현으로 인한 획기적인 글쓰기와 담론 방식은 기존의 중국 문화의 전 영역으로 확산되었다. 그 결과 '선시(禪詩)', '선화(善畵)', '선어(禪語)', '선필(禪筆)', '선기(禪氣)', '선풍(禪風)' 등의 새로운 용어들을 만들어 내기에 이르렀다. 이런 뒤로 불교는 더 이상 어느 특정한 소재에 얽매이지 않고 사대부들의 문화비평, 문학비평, 내지는 '다선일미(茶禪一味)'를 비롯 '소림사 무술'이 나올 정도로 중국인들의 일상 삶 속에 깊숙하게 침투되었다.

5. 맺음말

삼국시대, 고려시대, 조선시대, 일제강점기를 거쳐 온 한국불교는 중국과 밀접한 관계를 맺으면서 오늘에 이르고 있다. 중국인들의 문자로 '번역된' 경전을, 그리고 중국인들에 의해 '해석된' 불교 사상을, '한문'을 매개로 해서 활용하였다. 간화선이 그랬고, 화엄 교학이 그랬고, 예경 의례가 그랬고, 그밖에 승단의 생활 규범도 그랬다.

그런데 이제는 세상이 달라졌다. '한문'은 일상 언어로서의 기능을 상실했다. 또 각종 측면에서 '천하(天下)'의 중심이었던 '중국(中國)'도 이제는 '세계(世界)' 속의 수많은 '외국(外國)' 중의 하나가 되었다. 우리의 역사는 이미 세계사적 지평선 위에 서 있다. 이 시점에서 과연 지난 세월의 불교는 우리에게 무슨 의미로 다가올 수 있을까?

우리의 지평선 위에는 하나의 '외국'으로서의 중국불교 전통은 물론, 남방불교의 전통도, 그리고 지난 우리의 전통도, 동시에 가치를 발휘하고 있다. 그런데 그 어느 것이건 모두 '한글'로 그 사상을 전하고 있지는 않다. 이런 점에서 생소하기는 마찬가지이다. 우리의 전통조차도 말이다.

여기에서 필자는 오늘의 한국불교를 다시 생각해 보지 않을 수 없었다. 그리하여 필자는 중국인들의 지혜를 하나의 타산지석으로 검토해 보았다. 이 검토를 통해 우리의 현재와 미래를 준비할 수 있는 방책을 찾아보았다. 그 방책이란, 우리에게 접촉되는 각종 불교 문헌들을 '한글'로 번역해야 한다는 것이다. 그런 다음 그 속에 담긴 이론이나 경험들을 중심으로, 지금 현재의 일상 언어로, 대중들이 알아들을 수 있는 방식으로, 소통해야 한다는 것이다. 그리고 이런 일들을 우리의 '기체' 속에서 되물어가면서 진행해야 할 것이다.

그리하여 지난 것이 새 것 속에서 새로운 생명력을 받게 되고, 새로운 것이 지난 것과 어울려 역사가 되도록 해야 할 것이다.

부록

1. 경국대전(經國大典) ; 세조6년(1460) 시작-예종 원년(1469) 완성

[度僧][1]

○爲僧者, 三朔內, 告禪宗或敎宗, 試誦經, 〈心經, 金剛經, 薩怛陁〉 報本曹, 〈私賤則從本主情願.〉 啓聞. 收丁錢, 〈正布二十匹〉 給度牒. 〈過三朔者, 族親親近告官, 還俗當差. 知而不告者, 幷罪. ○度牒借者與者, 依懸帶關防牌面律論.〉 ○禪敎兩宗, 每三年選試. 禪宗則, 傳燈拈頌, 敎宗則, 華嚴經十地論. 各取三十人. ○諸寺住持, 兩宗擬數人薦望, 報本曹, 移文吏曹, 磨勘差遣, 三十朔而遞. 如有所犯, 兩宗報本曹, 覈實治罪. 犯奸者幷坐薦僧. ○住持遞代時, 傳掌. 有破失物, 徵納.

[寺社][2]

凡寺社, 勿新創. 唯重修古基者, 告兩宗, 報本曹啓聞.

[度牒式][3]

禮曹牒.

學生某 年某甲 本某官.

父某職 某.

外祖某職 某 本某官.

---

1) 崔恒 · 金國光 共編, 「禮典」『經國大典』三, (『朝鮮王朝法典集』1, 부산: 도서출판 민족문화사, 1983, p.296.)

2) 위의 책, pp.296~297.

3) 위의 책, pp.325~326.

本曹 啓過. 准禪宗〈敎宗同〉呈該, 某處住 某職 某狀告內, 男某願納丁錢, 出家爲僧, 名某, 伏乞出給度牒. 據此照遵舊例, 具文, 於某年月日, 某承旨臣某, 奉敎依允. 敬此移關該司, 收訖丁錢. 合給度牒者.

年〈印〉月 日 牒.

判書押 參判押 參議押 正郎押 佐郞押

[囚禁][4]

杖以上, 囚禁. 文武官及內侍府, 士族婦女, 僧人, 啓聞囚禁.〈如司饔院 掖庭署之類, 一應入番者同.〉犯私罪者, 先囚後啓.〈僧人犯殺盜淫傷人者同. ○或搜索寺刹事, 啓聞.〉

[禁制][5]

○私出入官府者, 儒生婦女上寺者,〈尼同.〉朝官娵放出侍女 水賜者, 毁文書重造紙者, 都城內行野祭者, 士族婦女遊宴山間水谷, 及親行野祭 山川 城隍 祠廟祭者, 科場吏典 僕隷漏洩交通者, 故不檢覈者, 幷杖一百.〈 … 필자 생략 … 〉

○京城內巫覡居住者, 閭閻內僧尼留宿者,〈乞糧, 見父母同生, 輸齋物僧尼勿禁.〉, 論罪.

[公賤][6]

公賤每三年成績案. ○公賤有流亡者, 本官卽報上司, 移文諸道, 根尋發還. 不能檢擧官吏及知而不告者所管人切隣, 幷以制書有違律論. 若避役爲僧尼者, 決杖一百, 極邊殘邑官奴婢永屬. 知情師僧尼, 以制書有違律論, 還俗當差.〈私賤論

4) 위의 책, p.470.
5) 위의 책, pp.481~484.
6) 위의 책, pp.487~488.

罪給主.〉

2. 국내사찰현행세칙[7] ; 1902년 공포

국내사찰현행세칙(國內寺刹現行細則)

제1조　돈(頓)·점(漸)·비밀(秘密)·부정(不定)·장(藏)·통(通)·별(別)·원(圓) 팔교(八敎)의 수기문(隨機門)을 선양하여 견성성불(見性成佛)의 진리를 개시(開示)할 사(事).

제2조　진속(眞俗) 제일의제(第一義諦) 중에 효양부모(孝養父母)하며 경승사표(敬承師表)하여 충사제왕(忠事帝王)하며 성신붕우(誠信朋友)하여 중외친속(中外親屬)에 막상위려(莫上違戾)하며 수순정법(隨順正法)하여 불조오역(不造五逆)이란 불어(佛語)를 종칙(宗則) 삼아 일반 소화(所化)를 제접(提接)할 사(事).

제3조　매월 3재일(齋日)에 무차법회(無遮法會)를 개(開)하고 사부중(四部衆)을 취집(聚集)하여 지성봉축 후에 명교상진리(明教上眞理)를 광장연설(廣長演說)하여 포교전도의 종지(宗旨)를 확장할 사(事). 단 연설(演說)은 시불경(是佛經) 중(中) 문자즉연설시(文字則演說時) 종교의 법무사무(法務事務)만 연전(演銓)하고 정계득실(政界得失)은 절물개구(切勿開口)할 사(事).

제4조　승려의 법계(法階)를 여좌(如左) 3급(級)으로 인정하니, 1급은 내법계승(內法階僧)이니 법사(法師)·강사(講師)·발심수행자. 2급은 외법계승(外法階僧)이니 종명(宗名) 및 법랍 20세 이상자와 수호가람(守護伽藍) 자(者). 3급은 평승지(平僧地)니 무종명(無宗名) 범승(凡僧)과 법랍 20세 이하자. (무종명 범승이란 선종 교종이라 칭할 수 없는 수행 없는 탁발업자 염불업자를 말함.)

제5조　승려의 대의(大衣) 색은 여좌(如左) 3등으로 개정하니,
1급승은 정홍색(正紅色) 유문(有文) 금란(金襴).
2급승은 정홍색(正紅色) 무문(無文) 금란(金襴).
3급승은 정자주(正紫朱) 무문(無文) 자(者).

제6조　대법산(大法山)과 중법산(中法山)을 설치하고 국내 일반사원의 반차(班次)

---

7) 三寶學會 編, 『韓國近世佛教百年史』(제4권), 서울: 민족사, 1985, pp.2~9. 이 법령은 국한문 혼용으로 반포되었는데, 필자가 한글 음가를 병기했다.

를 구정(區定)하되 단 대법산은 국내 수사찰(首寺刹)이니 원흥사(元興寺)로 정하고 중법산은 도내 수사찰이니 그 위치를 여좌(如左) 별정(別定)할 사(事).

경기좌도	봉은사	광주	경기우도	봉선사	양주
경기남도	용주사	수원	충청남도	마곡사	공주
충청북도	대법주사	보은	전라남도	송광사	순천
전라북도	금산사	금구	경상우도	해인사	합천
경삼남도	통도사	양산	경삼좌도	동화사	대구
강원남도	월정사	강릉	강원북도	유점사	고성
함경남도	석왕사	안변	함경북도	귀주사	함흥
평안도	보현사	영변	황해도	신광사	해주

제7조 종래 총섭(總攝) 승통(僧統) 화상(和尙) 주지(住持)의 명호(名號)는 개정 여좌(如左)하는 사(事).

국내 수사찰 좌교정(左教正) 1인
우교정(右教正) 1인
대선의(大禪議) 1인
상강의(上講義) 1인
이무(理務) 5인
도섭리(都攝理) 1인
감원(監院) 1인
서기(書記) 1인
지빈(知賓) 1인

제8조 좌교정은 석품(釋品) 제1급 제1등이니 도덕 학술 외(外) 품행 법랍을 겸유(兼有)한 자를 추망공선(推望公選)하여 이하 임원과 일반 사원(寺院)의 사무를 지휘 감독할 사(事).

제9조 우교정은 1급 2등이니 여우(如右) 공선(公選)하여 좌교정을 보좌하며 좌교정이 유고한 시에는 그 사무를 대변(代辨)할 사(事).

제10조 대선의는 1급 3등이니 좌우교정의 지휘를 승(承)하여 법계(法階) 훈척(勳陟)과 포상(褒賞) 징계(懲戒)와 정진(精進) 근만(勤慢)에 종사할 사(事).

제11조 상강의는 1급 3등이니 좌우교정의 지휘를 승(承)하여 승려 교육과 도첩(度牒) 및 이력서와 일체 임원의 공선기(公選記)와 저술(著述) 서류(書類)에 종사할 사(事).

제12조 이무(理務)는 1급 4등이니 이상 임원의 지휘를 승(承)하여 전국 사원의 일반

공무를 회의결정(會議決定)하고 기타 사무를 찬리(贊理)할 사(事).

제13조 도섭리(都攝理)는 2급 1등 혹은 1급 4등이니 전국 사원의 일체 사무를 이상 임원과 협의지변(協議指辨)하여 전국 각 사찰을 신건(新建) 중수(重修)와 홍폐(興廢) 분합(分合)과 소관(所關) 산림(山林)과 승려 규찰(糾察)에 관한 대소 사무를 장리(掌理)할 사(事).

제14조 감원(監院)은 2급 2등이니 도섭리를 보좌하여 사원 내 일체 곡물품(穀物品)에 관한 사(事)를 장리(掌理)하되, 단 소용(所用) 회계를 상세 주록(註錄)하여 이편고람(利便考覽)하며 분전량미(分錢糧米)를 절물대여타인(切勿貸與他人)할 사(事).

제15조 서기(書記)는 1급 5등이니 이상 임원의 명령을 승(承)하여 일반 사원(寺院) 급(及) 내외(內外) 법계(法界)의 왕복포달서류(往復布達書類)의 편찬에 관한 사(事)와 제반 사실을 축일기록(逐一記錄)하여 무차법회(無遮法會)에 제열(提閱)하되 섭리가 망보차출(望報差出)할 사(事).

제16조 지빈(知賓)은 2급 3등이니 섭리의 지휘를 승(承)하여 사원 내 제반 동작(動作) 사위(事爲)와 빈객(賓客) 접대(接待) 등 사(事)에 종사하되 섭리가 망보차출(望報差出)할 사(事).

제17조 도내 수사찰(首寺刹) 임원은 여좌(如左)하니

도교정(都敎正) 1인
부교정(副敎正) 1인
선 의(禪 議) 1인
강 의(講 議) 1인
섭 리(攝 理) 1인
서 기(書 記) 1인
지 빈(知 賓) 1인 단 임원의 등급과 직책 분장(分掌)은 대법산 임원과 상동(上同)하되 단 대법산의 포달(布達) 명령을 승(承)하여 도내(道內) 각 사(寺)에 지휘하며 단행(斷行)키 난편(難便)한 법무(法務) 사무(寺務)는 대법산에 질품(質稟)하여 대지령실천(待指令實踐)하고 일체 문장부(文帳簿)를 대법산에 수보(修報)하며 이무(理務)의 책임은 선의와 강의가 겸장(兼掌) 할 사(事).

제18조 도내(道內) 각해(各該) 사찰 임원은 여좌(如左)하니,

주 직(住 職) 1인
감 원(監 院) 1인
서 기(書 記) 1인

지 빈(知 賓) 1인 단 임원 액수(額數)는 사찰의 대소 정형을 수(隨)하여 증멸(增滅)함을 득(得)하되 중법산에서 대법산에 질품(質稟)하여 대지령시행(待指令施行)하며 각해(各該) 사(寺) 일체 사무는 중법산의 지휘를 승준시행(承遵施行)할 사(事).

第19조 좌교정 이하 지어(至於) 각 해 사 임원의 첩지(牒紙)는 관리서(管理署)에서 성급(成給)하되, 단 도내 수사찰에 감원 이하의 각 해 사에 감원 이하는 각기 소관주사(所管主寺)에서 택차(擇差)할 사(事).

第20조 일체 임원의 임기(任期)는 12개월로 정할 사(事). 단 임원 중 죄과(罪過)에 범한 자는 차한(此限)에 부재하고 혹 사무에 복근(服勤)하여 효적(效績)이 유(有)한 자는 일기(一期)를 특잉(特仍)함도 득(得)할 사(事).

第21조 좌우교정 이하 도교정은 사원 급(及) 승려에 관한 범위 내 사무만 종제(綜提)하고 기타 행정 상 사위(事爲)는 관리서(管理署) 지휘감독을 청행(聽行)할 사(事).

第22조 승려 중에 차 규칙을 위배하고 임직을 사자도촉(私自圖囑)하는 자는 보서(報署) 엄징(嚴懲) 후에 승지(僧地)에 영출(永黜)할 사(事).

第23조 승려의 도첩을 이행(履行)하여 출가(出家)하는 자는 도첩(度牒)을 득한 후에 체발(剃髮)할 사(事). 단 도첩은 관리서(管理署)에서 성급(成給)하되 규비금(規費金)은 2량 씩(二兩式) 수납본사(收納本寺)할 사(事).

第24조 승적(僧籍)이 무계(無稽)하니 승려의 명적(名籍)을 수보(修報)하여 가승(假僧)의 종적(蹤迹)을 엄금하고 도첩(度牒)과 명적(名籍)을 상대(常帶)하여 여권(旅券)의 빙준(憑準)을 작(作)하고 이거이래(移去移來)를 일일수보(一一修報)하되 단 도첩과 명적이 무(無)한 자는 수현착득(隨現捉得)하여 일반비류(匪類)로 중징(重懲) 환속(還俗)할 사(事). 단 명적과 도첩 지본(紙本)은 관리서 인날(印捺)을 필용(必用)하되 지가(地價) 4푼(四分) 씩 수납우서(收納于署)하고 승니(僧尼) 매명(每名) 매년(每年) 명전(名錢) 2양(兩) 씩 춘추(春秋) 2차로 배납(排納)하되 3전(錢)은 제급(除給) 본사(本寺) 경비(經費)하고 3전(錢)은 제급(除給) 본도(本道) 수사(首寺) 경비(經費)하고 1량(兩)은 보용(補用) 우(于) 국내(國內) 수사(首寺) 경비(經費)하고 4전(錢)은 납우본서(納于本署)할 사(事).

第25조 일반 사원 내 소관(所管) 좌개(左開) 사항을 종실(從實) 수성책(修成册)하되 3건(件)으로 수성(修成)하여 1치(置) 본사(本寺)하고, 1보(報) 우(于) 본도(本道) 수사(首寺)하고 1보(報) 우(于) 관리서(管理署)하여 간승배(奸僧配)의 농간(弄奸) 투매(偸賣) 등 사(事)를 방알(防遏) 할 사(事).

1. 불미륵(佛彌勒) 위수(位數) 병(幷) 사리탑 부도 수(數).
2. 사우(寺宇) 간수(間數) 급(及) 개와(蓋瓦) 개초(蓋草) 석개(石盖) 철용(鐵茸).
3. 동경(銅磬) 불기(佛器) 병(幷) 사내 상주(常住) 즙물(汁物) 등 수.
4. 유래(流來) 금옥(金玉) 기물(器物).
5. 어필(御筆) 급(及) 명화(名畵).
6. 전(田) 여(與) 답(畓) 경수(耕數) 두락수(斗落數) 급(及) 소출(所出) 곡수(穀數) 병(幷) 소재지명(所在地名).
7. 사원구역(寺院區域) 사표(四標) 병(幷) 소유(所有) 산림(山林).
8. 부근 폐사(廢寺) 유허(遺墟) 급(及) 소유(所有) 산림(山林).

제26조 우항(右項) 제 건을 진심수호(盡心守護)하되 임원 전장(傳掌) 시(時)에 유파실사(有破失者)는 징납(徵納)할 사(事).

제27조 사원 소속 공토(公土)는 계시공용(係是公用)이요 절비일개승려(切非一個僧侶)의 소가충사(所可充私)니 혹약(或若) 우(于) 전토(田土)가 유(有)하고도 승려가 영성(零星)하여 기지폐사지경(幾至廢寺之境)에 간승배(奸僧輩)가 도차(圖差) 주장(主掌)하고 독자거산자(獨自居産者)는 일체 금단(禁斷)할 사(事).

제28조 일반 승려의 포상징계규칙(褒賞懲戒規則)은 관리서(管理署)에서 용장마련시행(容將磨鍊施行)하려니와 승려 중 현행(現行) 죄과(罪過)를 범한 자는 전일(前日) 총섭행정례(總攝行政例)를 의하며 기소범경중(其所犯輕重)을 수(隨)하여 소즉(小則) 자단(自斷)하고 대즉(大則) 관리서(管理署)에 논보(論報)하여 대지령(待指令) 처반(處辨)하되 경외(京外) 각도(各道) 수사(首寺)에서도 의차(依此) 시행(施行)할 사.

제29조 사찰의 형편을 수(隨)하여 전진(前進)이 대유(大有)한 시(時)에는 학교를 설립하고 승려 중 총준자(聰俊者)를 교수하되 기설교방략(其設敎方略) 급(及) 교규(校規)는 행장마련시행(行將磨鍊施行) 할 사(事).

제30조 일반 사원의 제반 잡역(雜役)과 내왕인(來往人)의 공수(供需)를 혁파(革罷)하고 관예(官隷) 급(及) 간잡배(間雜輩)의 토색(討索) 주식(酒食)과 각항(各項) 주구(誅求) 등속(等屬)을 절물응시(切勿應施)할 사(事).

제31조 승니의 소착(所着) 립자(笠子)는 행장 별제이착(行狀 別製以着)할 사(事).

제32조 각사(各寺) 권모(勸募)는 기원유(其原由)를 참량(參量)하여 부득이한 경우에는 허시(許施)하되 관리서(管理署) 인허(認許)가 무(無)하면 절물시행(切勿施行)할 사(事).

제33조 행정 상 소관 제반 사무와 각사(各寺) 인장(印章) 신조(新造) 등(等) 절목(節目)과 구일(舊日) 인장(印章) 수납(收納) 등(等) 사(事)는 일준(一遵) 관리서(管理署) 포달규칙(布達規則) 후 시행할 사(事).

제34조 본 세칙은 국내 일반 사찰에 각 1건(件) 씩을 분급(分給) 시행할 사(事).

제35조 본 세칙은 관리서에서 인쇄하여 국내 대소 사암에 일일(一一) 경급(傾給)하여 사지무위실천(使之無違實踐)하되, 단 규비금(規費金) 매책(每册)에 엽전(葉錢) 2량(兩) 씩을 수납본서(收納本署) 할 사(事).

제36조 미진(未盡) 조건(條件)은 관리서(管理署) 규정(規定)을 대(待)하여 시행할 사(事).

광무(光武) 6년 7월.

〈예천 용문사 소장〉

3. 사찰령[8]; 1911년 공포

사찰령 명치 44년 법률 제30호 제1조 및 제2조에 의해 칙재(勅裁)를 득하여 이에 이것을 공포함.

명치 44 년 6월 3일.

조선총독 백작 데라우치 마사타케 (寺內正毅).

제령(制令) 제7호.

사찰령(寺刹令)

제1조 사찰(寺刹)을 병합·이전 또는 폐지하고자 할 때는 조선총독(朝鮮總督)의 허가를 받아야 한다. 그 기지(基址)나 또는 명칭을 변경코자 하는 때도 같다.

제2조 사찰의 기지(基址)와 가람은 지방장관(地方長官)의 허가를 받지 않고는 전법(傳法)·포교(布敎)·법요집행(法要執行) 및 승니(僧尼) 지주(止住)의 목적 이외에 이것을 사용하거나 또는 사용하게 할 수 없다.

제3조 사찰의 본말(本末) 관계·승규(僧規)·법식(法式) 그 밖의 필요한 사법(寺法)

8) 朝鮮總督府官報(日刊) 第227號. 원문은 일본어로 되어 있는 것을 필자가 번역했음.

은 각 본사(本寺)에서 그것을 정하여 조선총독의 허가를 받아야 한다.

제4조 사찰에는 주지(住持)를 두어야 한다. 주지는 그 사찰에 속하는 일체의 재산을 관리하고 사무(寺務) 및 법요집행(法要執行)의 책무에 임하고 사찰을 대표한다.

제5조 사찰에 속하는 토지·삼림·건물·불상·석물·고문서·고서화 그 밖의 귀중품은 조선총독의 허가를 받지 아니하면 이를 처분할 수 없다.

제6조 전조(前條)의 규정을 위반하는 자는 2년 이하의 징역 또는 500원(圓) 이하의 벌금에 처한다.

제7조 본령(本令)에 규정하는 것 외의 사찰에 관해 필요한 사항은 조선총독이 이를 정한다.

부칙(附則) 본령(本令) 시행의 기일은 조선총독이 이를 정한다.

조선초독부령 제83호 : 朝鮮總督府官報(日刊) 第257號
사찰령은 명치 44년 9월 1일부터 이것을 시행한다.
명치 44년 7월 8일.
조선총독 백작 데라우치 마사타케(寺內正毅).

4. 사찰령시행규칙[9)]; 1911년 공포

조선총독부령 제84호
사찰시행령규칙을 아래[左]와 같이 정함.
명치 44년 7월 8일.
조선총독 백작 데라우치 마사타케 (寺內正毅).

조선사찰령시행규칙(朝鮮寺刹令施行規則)

제1조 주지를 정하는 방법·주지의 교체(交替) 절차 및 그 임기 중 사망 그밖의 사고로 인하여 결원이 생길 경우 사무취급방법(寺務取扱方法)은 사법(寺法) 중에 이를 규정한다.

제2조 이하[左]에 게재한 사찰의 주지의 취직(就職)에 대해서는 조선총독에게 신청하여 허가를 받아야한다.

9) 朝鮮總督府官報(日刊) 第257號. 원문은 일본어로 되어 있는 것을 필자가 번역했음.

경기도 광주군 봉은사. 경기도 수원군 용주사.
경기도 강화군 전등사. 충청북도 보은군 법주사.
충청남도 공주군 마곡사. 전라북도 전주군 위봉사.
전라북도 금산군 보석사. 전라남도 해남군 대흥사.
전라남도 장성군 백양사. 전라남도 순천군 송광사.
전라남도 순천군 선암사. 경상북도 대구부 동화사.
경상북도 영천군 은해사. 경상북도 의성군 고운사.
경상북도 문경군 김룡사. 경상북도 장기군 기림사.
경상남도 합천군 해인사. 경상남도 양산군 통도사.
경상남도 부산부 범어사. 황해도 신천군 패엽사.
황해도 황주군 성불사. 평안남도 평양부 영명사.
평안남도 순안군 법흥사. 평안북도 영변군 보현사.
강원도 간성군 건봉사. 강원도 고성군 유점사.
강원도 평창군 월정사. 함경남도 안변군 석왕사.
함경남도 함흥군 귀주사.

전항(前項) 이외의 사찰의 주지의 취직(就職)에 대해서는 지방장관에게 신청하여 허가를 얻어야 한다.

제3조 전조(前條) 허가의 신청서에는 주지가 될 자의 신분·연령 및 수행이력서를 첨부해야 한다.

제4조 주지의 임기는 3년으로 한다. 단 임기가 만료 후 재임하는 것을 막지 않는다.

제5조 주지가 범죄 그 밖의 부정한 행위가 있을 때 또는 직무를 태만 때는 그 취직(就職)의 허가를 취소할 수 있다.

제6조 전조에 의하여 허가가 취소된 자는 사법(寺法)이 정한 바에 의해 일체 사무(事務)를 인계하고 1주간(週間) 이내에 그 사찰을 퇴거해야 한다.

제7조 주지는 사찰에 속하는 토지·임야·건물·불상·석물·고문서·고서화·범종·경권(經卷)·불기·불구 그 밖의 귀중품 목록을 만들어 주지 취임 후 5개월 이내에 이를 조선총독에게 제출해야 한다. 전항의 재산에 증멸이동(增滅移動)이 있을 때에는 5일 이내에 이를 조선총독에게 신고해야 한다.

제8조 제7조의 신고를 아니한 자는 50원(圓) 이하의 벌금이나 또는 구류에 처한다. 제6조의 규정에 위반한 자도 역시 같음.

[부칙]

본 령은 사찰령 시행일부터 이것을 시행한다.

각 본사(本寺)에서는 본 령 시행 후 5개월 이내에 사법(寺法)의 인가를 신청해야 한다.

본 령의 시행에 즈음하여 주지가 없는 사찰은 관례에 따라 본 령 시행 후 3개월 이내에 이것을 정하고 그 허가를 신청해야 한다.

5. 사원규칙[10] ; 1936년 공포

조선총독부령 제80호
사원규칙을 아래[左]와 같이 정함.
소화 11년 8월 11일.
조선총독 미나미 지로(南 次郎).

사원규칙(寺院規則)

제1조 사원을 창립하려는 경우는 아래[左]의 사항을 갖추어 창립지(創立地)의 단신도(檀信徒)가 될 자 50인 이상이 연서하여 소속 종파(宗派) 관장(管長)의 승인서를 첨부하여 조선총독의 허가를 받아야 한다.

1. 창립의 사유.
2. 사원의 칭호.
3. 창립지.
4. 본존 및 소속 종파의 명칭.
5. 건물의 평수·도면·배치도 및 설계와 아울러 경내지의 평수 및 경내지 주위의 상황.
6. 창립비 예산 및 그 지변(支辨)의 방법.
7. 유지의 방법.
8. 단신도의 호수(戶數).

제2조 사원에 본당 및 고리(庫裏)를 갖추어야 한다.

제3조 ① 사원 창립의 허가를 받은 자는 허가일 부터 2년 이내에 본당과 고리의

10) 朝鮮總督府官報(日刊) 第2874號. 원문은 일본어로 되어 있는 것을 필자가 번역했음.

건설을 준공하지 못한 때 허가는 그 효력을 상실한다. 단 특별한 사유가 있을 때에는 사전에 조선총독부의 허가를 얻어 그 기간을 연장을 할 수 있다.

② 본당 및 고리의 건설을 준공했을 때에는 지체 없이 조선총독에게 신고서를 내야한다.

제4조 ① 본당 또는 고리를 멸실하거나, 또는 현저하게 훼손된 때는 즉시 조선총독에 신고해야 한다.

② 전항의 경우 본당 또는 고리를 멸실 또는 훼손한 때로부터 6년 이내에 그 재건 또는 복구 완료하지 않았을 때에는 창립허가는 그 효력을 잃는다.

제5조 사원을 이전하고자 할 때에는 아래[左]의 사항을 갖추어 조선총독의 허가를 받아야 한다.

1. 이전의 사유.
2. 이전지.
3. 제1조 제5호의 사항.
4. 이전비 예산 및 그 지변(支辨) 방법.

제6조 제3조의 규정은 사원 이전의 경우에 이것을 준용한다.

제7조 사원을 폐지 또는 합병하려고 할 때에는 그 사유 및 재산의 처분 방법을 갖추어 조선총독의 허가를 받아야 한다.

제8조 ① 아래[左]에 든 사안은 조선통독의 허가를 받아야 한다.

1. 사원의 칭호를 변하거나 또는 본존을 증멸변경하고자 할 때.
2. 소속 종파를 변하고자 할 때.
3. 유지의 방법을 변경하고자 할 때.
4. 경내지에 있는 건물의 신축·개축, 혹은 증축하거나 또는 경내지의 평수를 증멸하고자 할 때.

② 전항의 제4호의 경우에는 그 공사설계서·도면·소요경비예산 및 그 지변(支辨) 방법에 관한 조서(調書)를 허가신청서에 첨부해야 한다.

③ 전 2항의 규정은 제4조 1항의 경우에 해당하는 본당 및 고리의 재건 또는 복구에 부쳐 그것을 준용한다.

제9조 ① 사원에는 주직(住職)을 두고 사원에 관한 사무(事務)를 관리하게 해야 한다.

② 주직을 명받았을 때에 본인으로부터 사망 그 밖의 사유로 인하여 주직에 이동(異動)이 있을 때에는 단신도총대(檀信徒總代)가 소속 종파 관장의 증명서를 첨부하여 지체없이 이를 조선총독에게 신고해야 한다.

제10조 ① 사원에는 단신도총대(檀信徒總代) 3인 이상을 두고 그 주소 및 씨명을 그 사원 소재지를 관할하는 도지사에게 신고하고, 그 이동(異動)이 있을 때도 역시 같다.

② 도지사가 전항의 총대를 부적임자라고 인정할 때에 이것을 변경할 수 있다.

③ 단신도총대는 사원의 유지경영에 관해 주직(住職)을 보좌하여 사원에 관한 원계(願屆)에 연서해야 한다.

제11조 사원은 그의 소유에 속하는 부동산 및 보물에 관한 아래의[左] 사항을 갖추어 조선총독에게 신고를 내야하며, 그 이동(異動) 있을 때에도 역시 같다.

1. 토지는 소재지·지번·지목·지적 및 경내지 또는 경외지의 구별.
2. 건물은 소재지·명칭·구조의 종류·건평수 및 경내지에 있는 것과 경외지에 있는 것의 구별.
3. 보물은 그 명칭·원수(員數)·품질·형상·촌척(寸尺)·작자(作者) 및 전래(傳來).

제12조 사원은 재산대장(財産臺帳)을 갖추고 사원에 소유에 속하는 부동산 및 보물에 관한 전조(前條)의 각 호의 사항을 등재해야 한다.

제13조 아래에[左]에 해당하는 경우에는 조선총독의 허가를 받아야 한다.

1. 부동산 또는 보물을 처분하려고 할 경우.
2. 립죽목(立竹木)을 처분하려고 할 경우.
3. 부채를 얻으려 할 경우.

제14조 경내지 및 경내지에 있는 건물은 도지사의 허가를 얻지 아니하고는 전법(傳法)·포교(布敎)·법요집행(法要執行) 및 승니 지주(止住)의 목적 이외에 사용 또는 사용하게 할 수 없다.

제15조 제3조 제1항 단서·제4조 제2항 단서·제5조·제7조·제8조 제1항 또는 제13조의 규정에 의해 제출하는 허가신청서에는 그 소속 종파 관장의 의견서(意見書)를 첨부해야 한다.

제16조 본 령은 내지(內地)의 불교 각 종파에 속하지 않는 것에 대해서는 이것을 적용하지 않는다.

제17조 허가를 받지 않고 사원을 시설하거나 또는 이것에 유사한 시설을 하는 자는 1년 이하의 금고 또는 200원 이하의 벌금에 처한다.

부칙

① 본 령은 발포의 날로부터 시행한다.

② 본 령 시행 전 신사사원규칙(神社寺院規則)에 의한 창립을 허가한 사원은 본

령에 의해 허가를 받은 것으로 간주한다.

③ 본 령 시행에 즈음하여 현재 구령(舊令)에 의한 사원의 창립 출원(出願) 중에 있는 것은 본 령에 의해 출원한 것으로 간주한다.

조선총독부령 제81호
신사사원규칙(神社寺院規則)은 소화 11년(1936) 8월 10일부터 폐지한다.
소화 11년 8월 11일.
조선총독 미나미 지로(南 次郎).

6. 불교재산관리법[11]; 1962년 5월 31 공포

[시행 1962. 5. 31] [법률 제1087호, 1962. 5. 31, 제정]

제1장 총 칙

제1조 (목적) 본법은 불교단체의 재산 및 시설의 관리운영에 관하여 필요한 사항을 규정하여 사회문화 향상에 기여하게 함을 목적으로 한다.

제2조 (정의) 본법에서 불교단체라 함은 불교의 전법, 포교, 법요 집행 및 신자의 교화육성을 목적으로 하는 승려 또는 신도의 단체나 사찰을 말한다.

제3조 (종별) 본법에서 불교단체는 다음 각 호의 종별로 구분한다.

1. 중앙회(종파별 전국단체)
2. 본산 또는 이에 준하는 단체
3. 본산에 소속하는 각 사찰
4. 불교목적을 위한 재단법인과 사단법인
5. 승려 또는 신도로 조직되는 전 각호 이외의 단체

제4조 (경내건물 및 경내지의 정의)

① 본 법에서 경내건물이라 함은 제2조에 규정하는 목적 실현과 승니지주(僧尼止住)를 위한 건물 및 공작물 (부속건물 및 공작물을 포함한다. 이하 같다.)을 말한다.

② 본 법에서 경내지라 함은 제2조에 규정하는 목적 실현과 승니지주(僧尼止住)를 위하여 필요한 다음 각 호에 게기(揭記)하는 토지를 말한다.

11) 법제처 국가법령정보센터 홈페이지 http://www.law.go.kr.

1. 경내 건물이 지상물(地上物)로 되어 있는 일획(一劃)의 토지 (立木竹 기타 건물 이외의 定着物을 포함한다. 이하 같다.)
2. 참배로로서 사용되는 토지.
3. 불교의 의식 행사를 위하여 사용되는 토지. (불공용 및 修道用 耕牧地 등을 포함한다.)
4. 정원, 산림, 기타 존엄 또는 풍치의 보존을 위하여 사용되는 사찰 또는 불교단체 소유의 토지.
5. 역사, 고기(古記) 등에 의거하여 밀접한 연고가 있는 토지로서 당해 사찰 또는 단체의 관리에 속한 토지.
6. 경내건물과 전 각호에 게기(揭記)한 토지의 재해 방지를 위하여 사용되는 토지.

③ 경내지의 한계와 경내에 관하여 필요한 사항은 각령(閣令)으로 정한다.

제5조 (경내지의 정화) 경내에서는 누구든지 요식업 기타 당해 종교의 목적을 해하는 영업행위를 할 수 없다. (벌칙 18)

제6조 (등록) 불교단체는 각령(閣令)의 정하는 바에 따라 문화공보부에 등록하여야 한다. (벌칙17)

제7조 (관할청)

① 불교단체의 관할청은 문화공보부장관으로 한다.

② 문화공보부장관은 각령의 정하는 바에 의하여 그 권한의 일부를 서울특별시장 또는 각 도지사에게 위임할 수 있다.

제8조 (불교단체의 사업) 불교단체가 사업을 하고자 할 경우에는 불교목적의 범위 내에서 공익사업 및 부대사업을 할 수 있다. (벌칙17)

제2장 관 리

제9조 (대표자)

① 주지 또는 대표임원은 당해 사찰 또는 불교단체를 대표하며 사찰 또는 불교단체에 속하는 일체의 재산을 관리한다.

② 불교단체의 주지와 대표임원이 취임하였을 경우에는 지체 없이 문화공보부장관에게 등록하여야 한다.(벌칙19~1)

제10조 (주지 등의 재산 취득금지) 불교단체의 주지 또는 대표임원은 당해사찰 또는 불교단체의 재산을 처분하는 경우에 그 재산을 취득할 수 없다. (벌칙 17)

제11조 (허가사항)

① 불교단체가 다음 각 호의 1에 해당하는 행위를 하고자 할 때에는 각령(閣令)의 정하는 바에 따라 관할청의 허가를 받아야 한다. (벌칙17)

1. 사찰의 경내건물 또는 경내지의 사용을 폐지하고자 할 때.

2. 사찰 또는 불교단체의 동산이나 부동산을 대여 양도 또는 담보에 공(供)하고자 할 때.

3. 사찰의 운영상 그 예산의 범위 내에서 차입(해당 회계연도 내의 수입으로 상환하는 일시 차입은 제외한다) 또는 제3자를 위하여 채무를 보증하고자 할 때.

4. 경내 건물 또는 경내지의 용도 변경과 그 용도를 제2조에 규정하는 사찰 또는 불교단체의 목적 이외의 목적에 제공하고자 할 때.

② 전항의 규정에 의하여 허가를 받은 자가 그 허가에 위배되는 행위를 하였거나 허가에 관한 조건이나 지시 사항에 위반하였을 때에는 관할청은 그 허가를 취소할 수 있다.

제3장 재산 및 회계

제12조 (동산) 사찰 내에 있는 불상, 화상, 석물, 고문서, 고서화, 종(鐘) 류, 경전 기타 재산으로서 다음 각 호의 1에 해당하는 것은 당해 사찰의 동산으로 한다.

1. 당해 사찰에 유서(由緖) 있는 것.
2. 학예, 기예 또는 고고의 자료로 인정되는 것.
3. 제7조에 의한 관할청이 지정하는 것.

제13조 (부동산) 불교단체가 소유하는 대지, 전, 답, 임야와 건축물은 당해 불교단체의 부동산으로 한다.

제14조 (재산목록의 작성) 불교단체는 창립할 때와 매 회계 년도 종료 후 1월 이내에 각령(閣令)의 정하는 바에 따라 재산목록을 작성하여 관할청에 제출하여야 한다. (벌칙19~2)

제15조 (신고)

① 주지는 각령의 정하는 바에 따라 사찰재산에 중대한 증감이동이 있을 때에는 7일 이내에 이를 관할청에 신고하여야 한다,

② 불교단체는 매회계년도 수입 지출 예산을 정하여 연도 개시의 1월전에 각령의 정하는 바에 따라 관할청에 이를 신고하여야 한다.

③ 불교단체는 매회계년도의 수입지출결산서를 작성하여 연도 종료 후 2월 이내에 각령의 정하는 바에 따라 관할청에 이를 제출하여야 한다.

④ 불교단체는 각령의 정하는 바에 따라 장부를 비치하고 당해 사찰 또는 불교단체의 수입 지출을 기입하여야 한다.

제16조 (전법용 건물 등의 압류 금지) 불교단체의 소유에 속하여 전법에 공(供)하는 경내건물 및 토지는 저당권 기타 물권(物權)의 실행을 위한 경우 및 파산의 경우를 제외하고는 그 등록 후에 생(生)한 사법상(私法上)의 금전채권으로서 이를 압류할 수 없다.

제4장 벌 칙

제17조 (벌칙)

① 제6조, 제8조, 제10조의 규정에 위반한 자는 2년 이하의 징역 또는 2백만원 이하의 벌금에 처한다.

② 부실(不實)의 기재를 한 서류를 첨부하여 제11조 제1항의 허가를 받은 자도 전항의 형으로 처벌한다.

제18조 (同前) 제5조의 규정에 위반한 자는 6월 이하의 징역이나 200만원 이하의 벌금에 처한다.

제19조 (同前) 다음 각 호의 1에 해당하는 자는 5만원 이하의 벌금에 처한다.

1. 제9조제2항의 취임등록을 태만한 자
2. 제14조 규정에 위반한 자

부칙

제1조 본 법은 공포한 날로부터 시행한다.

제2조 ① 사찰 또는 불교단체는 본 법 시행 후 3월 이내에 본 법 시행일 현재의 재산목록을 관할청에 보고하여야 한다.

② 법 시행 당시 제5조의 규정에 위반되는 시설은 본 법 시행 후 3월 이내에 폐쇄 또는 철거하여야 한다.

③ 본 법 시행 당시의 불교단체의 주지와 대표임원은 본 법 시행일로부터 4월 이내에 본 법에 의하여 등록되지 아니하면 해임된 것으로 간주한다.

제3조 ① 문화공보부장관은 불교단체가 법령에 위반하거나 분규로 인하여 본 법의 목적을 달성할 수 없다고 인정할 때에는 본 법 제9조제1항의 규정에 불구하고 당해 불교단체의 재산관리인을 임명할 수 있다.

② 불교단체가 전항의 본 법의 목적을 달성할 수 있는 상태를 회복하였을 때에는 문화공보부장관은 전항의 재산관리인을 지체 없이 해임하여야

한다.

7. 전통사찰보존법[12]; 1987년 11월 28일 공포

[시행 1988. 5. 29] [법률 제3974호, 1987. 11. 28, 제정]

제1조 (목적) 이 법은 민족문화의 유산으로서 역사적 의의를 가진 전통사찰을 보존함으로써 민족문화의 향상에 이바지하게 함을 목적으로 한다.

제2조 (정의) 이 법에서 사용하는 용어의 정의는 다음 각호와 같다.

1. "전통사찰"이라 함은 불상 등 불교신앙의 대상으로서의 형상을 봉안하고 승려가 수행하며 신도를 교화하기 위하여 건립·축조된 건조물(경내지·동산 및 부동산을 포함한다. 이하 "사찰"이라 한다)로서 제3조의 규정에 의하여 등록된 것을 말한다.
2. "주지"라 함은 사찰의 대표자로서 사찰을 운영하고 그 재산을 관리하는 승려를 말한다.
3. "경내지"라 함은 불교의 의식, 승려의 수행 및 생활과 신도의 교화를 위하여 사찰에 속하는 토지로서 대통령령이 정하는 것을 말한다.
4. "동산"이라 함은 사찰 내에 있는 불상·화상·석물·고문서·고서화·종류·경전 기타 사찰에 속하는 재산으로서 유서가 있거나 학예, 기예 또는 고고의 자료로 인정되는 것을 말한다.
5. "부동산"이라 함은 사찰에 속하는 대지·전답·임야 및 건조물을 말한다.

제3조 (전통사찰의 등록) ① 역사적 의의를 가진 사찰로서 대통령령이 정하는 사찰은 문화공보부에 등록하여야 한다.

② 제1항의 등록에 관하여 필요한 사항은 대통령령으로 정한다.

제4조 (주지의 신고 등) 전통사찰의 주지는 그 취임한 날로부터 15일 이내에 문화공보부장관에게 신고하여야 한다.

제5조 (주지의 선관의무) 전통사찰의 주지는 선량한 관리자의 주의로서 사찰을 보존·관리하여야 한다.

제6조 (허가사항) ① 전통사찰의 주지가 다음 각 호의 1에 해당하는 행위를 하고자 할 때에는 대통령령이 정하는 바에 따라 문화공보부장관의 허가를 받아

12) 법제처 국가법령정보센터 홈페이지 http://www.law.go.kr.

야 한다.

1. 경내지의 건조물 또는 경내지 사용의 폐지

2. 동산 또는 대통령령이 정하는 부동산의 대여 · 양도 또는 담보의 제공

② 문화공보부장관은 제1항의 규정에 의하여 허가를 받은 자가 그 허가내용에 위배되는 행위를 하거나 그 허가에 관한 조건에 위반한 때에는 그 허가를 취소할 수 있다.

③ 제1항의 규정에 의한 허가를 받지 아니하고 제1항 제2호의 행위를 한 때에는 이를 무효로 한다.

제7조 (재산목록의 작성 · 비치) 전통사찰은 대통령령이 정하는 바에 따라 재산목록을 작성 · 비치하여야 한다.

제8조 (사업) 전통사찰의 주지는 불교목적의 범위 안에서 포교사업 · 사회복지사업 기타 공익사업과 그 부대사업을 할 수 있다.

제9조 (경내지의 보호) 전통사찰의 경내지로서 대통령령이 정하는 구역 안에서는 영업행위를 할 수 없다. 다만, 불교목적을 해하지 아니하는 범위 안에서 대통령령이 정하는 영업행위는 그러하지 아니하다.

제10조 (전법용 건물 등의 압류금지) 전통사찰의 소유에 속하여 전법에 제공되는 경내지의 건조물 및 토지는 저당권 기타 물권의 실행을 위한 경우 또는 파산의 경우를 제외하고는 제3조의 규정에 의한 등록 후에 발생한 사법상의 금전채권으로서 이를 압류할 수 없다.

제11조 (주지의 재산취득 금지) 전통사찰의 주지는 당해 사찰의 재산을 처분하는 경우에 그 재산을 취득할 수 없다.

제12조 (재산관리인의 임명) ① 문화공보부장관은 전통사찰의 주지가 이 법에 위반하거나 분규로 인하여 이 법의 목적을 달성할 수 없다고 인정할 때에는 당해 사찰의 재산관리인을 임명할 수 있다.

② 문화공보부장관은 제1항의 규정에 의한 전통사찰이 이 법의 목적을 달성할 수 있는 상태로 회복하였다고 인정할 때에는 지체 없이 재산관리인을 해임하여야 한다.

제13조 (권한의 위임) 문화공보부장관은 그 권한의 일부를 대통령령이 정하는 바에 따라 서울특별시장 · 직할시장 또는 도지사에게 위임할 수 있다.

제14조 (보조금) 국가 또는 지방자치단체는 전통사찰의 보존 · 관리를 위하여 필요한 경비의 일부를 보조할 수 있다.

제15조 (벌칙) 다음 각 호의 1에 해당하는 자는 500만원 이하의 벌금에 처한다.

1. 제6조제1항의 규정에 의한 허가를 받지 아니하고 동항 각호의 1에 해당

하는 행위를 한 자
2. 제9조의 규정에 위반한 자
3. 제11조의 규정에 위반한 자

부칙 <법률 제3974호, 1987. 11. 28>

제1조 (시행일) 이 법은 공포 후 6월이 경과한 날로부터 시행한다.

제2조 (법률의 폐지) 불교재산관리법은 이를 폐지한다. 다만, 동법 폐지전의 행위에 대한 벌칙의 적용에 있어서는 종전의 규정에 의한다.

제3조 (전통사찰등록에 관한 경과조치) 이 법 시행 전에 종전의 불교재산관리법 제6조의 규정에 의하여 등록한 사찰로서 본칙 제3조의 규정에 해당하는 사찰인 경우에는 이 법에 의하여 등록한 것으로 본다. 이 경우 등록증은 이 법 시행일로부터 2월 이내에 다시 발급받아야 한다.

제4조 (주지 신고에 관한 경과조치) 이 법 시행 전에 종전의 불교재산관리법 제9조제2항의 규정에 의하여 등록한 자로서 본칙 제4조의 규정에 해당하는 경우에는 이 법에 의하여 신고한 것으로 본다.

제5조 (허가에 관한 경과조치) 이 법 시행 전에 종전의 불교재산관리법 제11조제1항의 규정에 의하여 허가를 받은 자로서 본칙 제6조제1항의 규정에 해당하는 자는 이 법에 의하여 허가를 받은 것으로 본다.

제6조 (영업행위에 관한 경과조치) 이 법 시행 전에 다른 법률에 의하여 허가를 받아 전통사찰의 경 내지에서 영업행위를 하는 자는 본칙 제9조의 규정에 불구하고 계속 그 영업행위를 할 수 있다. 다만, 그 업을 폐지하거나 허가가 취소된 경우에는 같은 경 내지에서 다시 그 영업행위를 할 수 없다.

제7조 (재산관리인에 관한 경과조치) 이 법 시행 전에 종전의 불교재산관리법 부칙 제3조제1항의 규정에 의하여 임명된 재산관리인은 본칙 제12조의 규정에 의하여 임명된 것으로 본다.

8. 전통사찰의 보존 및 지원에 관한 법률[13]; 2010년 12월 1일 현재

[시행 2010. 12. 1] [법률 제10331호, 2010. 5. 31, 타법개정]

제1조 (목적) 이 법은 민족문화의 유산으로서 역사적 의의를 가진 전통사찰과

13) 법제처 국가법령정보센터 홈페이지 http://www.law.go.kr.

전통사찰에 속하는 불교전통문화유산을 보존 및 지원함으로써 민족문화 향상에 이바지함을 목적으로 한다. 〈개정 2009.3.5〉

제2조 (정의) 이 법에서 사용하는 용어의 뜻은 다음과 같다.

1. "전통사찰"이란 불상 등 불교 신앙의 대상으로서의 형상(形象)을 봉안(奉安)하고 승려가 수행(修行)하며 신도를 교화하기 위하여 건립·축조된 건조물(경내지·동산 및 부동산을 포함한다. 이하 "사찰"이라 한다)로서 제4조에 따라 등록된 것을 말한다.

2. "주지"란 사찰의 대표자로서 사찰을 운영하고 그 재산을 관리하는 승려를 말한다.

3. "경내지(境內地)"란 불교의 의식(儀式), 승려의 수행 및 생활과 신도의 교화를 위하여 사찰에 속하는 토지로서 대통령령으로 정한 것을 말한다.

4. "동산"이란 사찰에 있는 불상·화상(畵像)·석물(石物)·고문서·고서화·종류(鐘類)·경전, 그 밖에 사찰에 속하는 재산으로서 유서(由緖)가 있거나 학예, 기예(技藝) 또는 고고(考古) 자료로 인정되는 것을 말한다.

5. "부동산"이란 사찰에 속하는 대지·전납·임야 및 선소물을 말한다.

제3조 (전통사찰의 존엄 및 수행 환경 보호) 누구든지 전통사찰의 존엄 및 수행환경을 존중하고 이를 훼손하거나 방해하지 말아야 하며, 각종 공사나 개발사업을 시행하는 자는 전통사찰의 역사적·문화적 가치 등을 훼손하지 아니하도록 노력하여야 한다.

제4조 (전통사찰의 지정 및 등록) ① 사찰의 주지는 운영·관리 중인 사찰을 전통사찰로 지정받으려면 대통령령으로 정하는 바에 따라 특별시장·광역시장 또는 도지사(이하 "시·도지사"라 한다)를 거쳐 문화체육관광부장관에게 전통사찰의 지정을 신청할 수 있다. 〈개정 2008.2.29〉

② 문화체육관광부장관은 제1항의 신청에 의하거나 직권으로 역사적 의의와 문화적 가치가 있는 사찰을 대통령령으로 정하는 바에 따라 전통사찰로 지정할 수 있다. 〈개정 2008.2.29〉

③ 문화체육관광부장관은 제2항에 따라 전통사찰을 지정하면 이를 고시하고 그 사찰의 주지에게도 알려야 한다. 〈개정 2008.2.29〉

④ 제3항에 따라 통지를 받은 전통사찰의 주지는 시·도지사에게 전통사찰의 등록을 하여야 한다. 등록 사항을 변경하는 경우에도 같다.

⑤ 제2항부터 제4항까지의 규정에 따른 전통사찰의 지정과 통지 및 등록에 필요한 사항은 대통령령으로 정한다.

제5조 (지정해제와 등록말소) ① 시·도지사 또는 전통사찰의 주지는 제4조에

따라 지정된 전통사찰이 화재로 소실되거나 그 밖의 사유로 그 역사적 의의나 문화적 가치를 상실하였다고 인정되면 문화체육관광부장관에게 전통사찰의 지정을 해제하여 줄 것을 신청할 수 있다. 이 경우 전통사찰의 주지는 시 · 도지사를 거쳐 신청하여야 한다. 〈개정 2008.2.29〉

② 문화체육관광부장관은 직권이나 제1항의 신청에 따라 전통사찰이 전통사찰로서 보존할 필요성이 없다고 인정되면 대통령령으로 정하는 바에 따라 전통사찰의 지정을 해제할 수 있다. 〈개정 2008.2.29〉

③ 문화체육관광부장관은 제2항에 따라 전통사찰의 지정을 해제하면 그 사실을 고시하고, 관할 시 · 도지사 및 해당 전통사찰 주지에게 통보하여야 한다. 〈개정 2008.2.29〉

④ 시 · 도지사는 제3항에 따라 지정해제 사실을 통보받으면 해당 전통사찰의 등록을 말소(抹消)하여야 한다.

⑤ 제1항부터 제4항까지의 규정에 따른 전통사찰의 지정해제 및 등록말소에 필요한 사항은 대통령령으로 정한다.

제6조 (전통사찰보존구역의 지정 및 행위 제한) ① 시 · 도지사는 제4조제4항 전단에 따라 전통사찰을 등록하면 그 전통사찰의 경내지 중 전통사찰 및 수행 환경의 보호와 풍치 보존에 필요한 지역을 전통사찰보존구역으로 지정하고 그 사실을 고시하여야 한다.

② 누구든지 제1항에 따라 지정된 전통사찰보존구역에서는 다음 각 호의 행위를 하여서는 아니 된다. 다만, 전통사찰의 보존 · 유지 및 발전과 수행환경을 해치지 아니하는 범위에서 대통령령으로 정하는 행위는 그러하지 아니하다.

1. 다음 각 목에 규정된 목적 외의 목적을 위한 건조물의 설치 및 변경 행위
   가. 불교의 포교(布敎)와 수행
   나. 전통사찰의 유지와 발전
   다. 공익 활동
2. 영업 행위

③ 전통사찰보존구역의 지정 절차에 필요한 사항은 대통령령으로 정한다.

제7조 (전통사찰보존위원회) ① 전통사찰 보존에 대한 다음 각 호의 사항을 심의하기 위하여 시 · 도지사 소속으로 전통사찰보존위원회를 둔다.

1. 제5조제1항에 따른 전통사찰 지정의 해제 신청
2. 제6조에 따른 전통사찰보존구역의 지정

3. 제10조에 따른 전통사찰 역사문화보존구역의 지정 및 사업계획

4. 그 밖에 전통사찰의 보존에 관한 사항으로서 위원장이 회의에 부치는 사항

② 전통사찰보존위원회는 위원장 1명을 포함한 9명 이내의 위원으로 구성한다. 위원장은 위원 중에서 호선하며, 위원은 역사 · 전통문화 · 전통사찰 · 문화재 등에 관한 학식과 경험이 풍부한 전문가 중에서 시 · 도지사가 위촉한다.

③ 전통사찰보존위원회 구성과 운영에 필요한 사항은 대통령령으로 정한다.

제7조의2 (전통사찰문화연구원 설립) ① 전통사찰과 전통사찰에 속하는 불교전통문화유산의 보호 및 보존방안에 대한 연구와 종합적인 대책을 수립하기 위하여 전통사찰문화연구원(이하 "연구원"이라 한다)을 설립한다.

② 연구원은 법인으로 하고, 정관으로 정하는 바에 따라 임원과 필요한 직원을 둔다.

③ 국가는 예산 및 「관광진흥개발기금법」에 따른 관광진흥개발기금의 범위에서 연구원의 운영에 필요한 경비의 일부를 보조할 수 있다.

④ 연구원에 대하여 이 법에서 규정하는 것 외에는 「민법」 중 재단법인에 관한 규정을 준용한다.

⑤ 연구원의 설립, 조사연구대상, 그 밖의 목적사업 및 운영 등에 관한 사항은 대통령령으로 정한다. [본조신설 2009.3.5]

제8조 (주지의 관리의무) 전통사찰의 주지(住持)는 선량한 관리자로서 주의를 다하여 사찰을 보존 · 관리하여야 한다.

제9조 (허가 사항) ① 전통사찰의 주지는 동산이나 부동산(해당 전통사찰의 경내지에 있는 그 사찰 소유 또는 사찰 소속 대표단체 소유의 부동산을 말한다. 이하 이 조에서 같다)을 양도하려면 소속 대표단체 대표자의 승인서를 첨부하여 문화체육관광부장관의 허가를 받아야 한다. 〈개정 2008.2.29〉

② 전통사찰의 주지는 다음 각 호의 어느 하나에 해당하는 행위를 하려면 시 · 도지사의 허가를 받아야 한다. 허가 받은 사항을 변경하려는 경우에도 같다. 다만, 제1호의 행위를 하려는 경우에는 소속 대표단체 대표자의 승인서를 첨부하여야 한다. 〈개정 2008.12.31, 2009.3.5〉

1. 동산 또는 부동산을 대여(貸與)하거나 담보로 제공하는 행위
2. 경내지에서 건조물을 신축 · 증축 · 개축 또는 철거하는 행위
3. 경내지가 「자연공원법」에 따른 자연공원, 「도시공원 및 녹지 등에

관한 법률」에 따른 도시공원 · 녹지 및 도시자연공원구역에 위치한 경우 그 경내지에서의 「자연공원법」 제23조제1항제1호부터 제4호까지의 규정, 「도시공원 및 녹지 등에 관한 법률」 제24조제1항 · 제27조제1항 및 제38조제1항의 규정에 해당하는 행위

4. 「국토의 계획 및 이용에 관한 법률」 제56조제1항 각 호의 어느 하나에 해당하는 행위

5. 「산지관리법」 제5조에 따른 보전산지에 위치한 전통사찰의 경내지에서 불사(佛事)를 위한 시설과 그 부대시설을 설치하는 행위

6. 「개발제한구역의 지정 및 관리에 관한 특별조치법」 제3조에 따른 개발제한구역에 위치한 전통사찰이 전통문화의 계승과 창달을 목적으로 불가피하게 증축이 필요하다고 문화체육관광부장관이 인정한 경우 같은 법 제13조에 따른 행위

③ 문화체육관광부장관 또는 시 · 도지사는 제1항이나 제2항에 따른 허가 신청 대상 행위가 전통사찰 보호에 지장을 주지 아니하고 수행 환경을 훼손하지 아니하는 경우로서 다음 각 호의 어느 하나에 적합한 경우에만 허가를 하여야 한다. 〈개정 2008.2.29, 2009.3.5〉

1. 전통사찰의 이용 가치를 높이는 행위일 것
2. 주민을 위한 편의 제공 등 공공용 목적일 것
3. 전통문화의 보급과 활용에 이바지할 것
4. 「공익사업을 위한 토지 등의 취득 및 보상에 관한 법률」 제4조에 따른 공익사업일 것

④ 시 · 도지사는 제2항 제2호부터 제6호까지의 규정에 따른 행위에 대하여 허가를 하려면 미리 관계 행정기관의 장과 협의하여야 한다. 이 경우 제5항에 따라 허가나 신고가 의제(擬制)되는 경우에는 같은 항 각 호의 관계 행정기관의 장과도 협의하여야 한다. 〈개정 2009.3.5〉

⑤ 전통사찰의 주지가 제2항제2호부터 제6호까지의 규정에 따른 행위에 대하여 시 · 도지사의 허가를 받으면 각각 다음 각 호의 관계 법률에 따른 허가를 받거나 신고를 한 것으로 본다. 〈개정 2008.3.21, 2008.12.31, 2009.3.5, 2010.5.31〉

1. 「자연공원법」에 따른 자연공원에서 같은 법 제23조제1항제1호부터 제4호까지의 행위에 대한 허가

2. 「도시공원 및 녹지 등에 관한 법률」 제24조제1항, 제27조제1항 및 제38조제1항의 행위에 대한 허가

3. 「국토의 계획 및 이용에 관한 법률」 제56조 제1항 각 호의 행위에 대한 허가

4. 「산지관리법」 제14조 및 제15조에 따른 산지전용허가 및 산지전용신고, 같은 법 제15조의2에 따른 산지일시사용허가 · 신고와 「산림자원의 조성 및 관리에 관한 법률」 제36조제1항 · 제4항에 따른 입목 벌채등의 허가 및 신고

5. 「건축법」 제11조 제1항 또는 제14조 제1항에 따른 허가 또는 신고

6. 「개발제한구역의 지정 및 관리에 관한 특별조치법」 제13조에 따른 행위에 대한 허가

⑥ 문화체육관광부장관 또는 시 · 도지사는 제1항 또는 제2항에 따라 허가를 받은 자가 다음 각 호의 어느 하나에 해당하면 그 허가를 취소할 수 있다. 〈개정 2008.2.29〉

1. 거짓이나 그 밖의 부정한 방법으로 허가를 받은 경우
2. 허가내용에 위배되는 행위를 하거나 허가조건을 위반한 경우

⑦ 제1항과 제2항에 따른 허가를 받지 아니하고 제1항 및 제2항 제1호에 따른 행위를 한 경우에는 이를 무효로 한다.

제10조 (전통사찰 역사문화보존구역의 지정) ① 시 · 도지사는 직권에 의하거나 전통사찰 주지가 요청한 경우 전통사찰을 보존하기 위하여 필요하다고 인정되면 전통사찰 경내지 주변 지역을 전통사찰 역사문화보존구역으로 지정할 수 있다.

② 시 · 도지사는 제1항에 따라 전통사찰 역사문화보존구역을 지정하려면 미리 전통사찰보존위원회의 심의와 관계 행정기관의 장과의 협의를 거쳐야 하며, 전통사찰 역사문화보존구역으로 지정한 경우에는 지체 없이 이를 고시하여야 한다.

③ 전통사찰 역사문화보존구역에서 도로나 철도의 건설 등 대통령령으로 정하는 사업을 하려는 자는 그 사업의 실시계획 등에 관하여 관계 법령에 따른 인 · 허가 등을 받기 전에 시 · 도지사에게 사업계획서를 제출하여야 하며, 시 · 도지사는 사업계획에 대한 전통사찰보존위원회의 심의 결과 전통사찰보존을 위하여 필요하다고 인정되면 사업계획의 조정이나 보완을 권고할 수 있다.

④ 「건축법」 제11조제1항의 허가권자는 전통사찰 역사문화보존구역에서의 건축을 허가하는 경우 그 건축물의 용도 · 규모 및 형태가 전통사찰 및 수행 환경의 보호와 풍치 보존을 위하여 적합하지 아니하다고 인정되면

같은 법 제4조에 따라 설치된 건축위원회의 심의를 거쳐 건축허가를 하지 아니할 수 있다. 〈개정 2008.3.21〉

⑤ 전통사찰 역사문화보존구역의 지정 범위, 지정 절차, 그 밖에 지정에 필요한 사항은 대통령령으로 정한다.

제10조의2 (전통사찰의 보호 및 지원) ① 문화체육관광부장관 또는 시 · 도지사는 전통사찰과 전통사찰에 속하는 불교전통문화유산을 효과적으로 보호 · 보존하기 위하여 데이터베이스 구축사업 등을 지원할 수 있다.

② 제1항에 따른 전통사찰과 전통사찰에 속하는 불교전통문화유산의 범위에는 「문화재보호법」 제2조제2항에 따른 지정문화재, 같은 법 제47조제2항에 따른 등록문화재, 그 밖에 보호 · 보존할 가치가 있는 경내지 안의 비지정 문화재를 포함한다.

③ 제1항의 지원을 위하여 필요한 사항은 대통령령으로 정한다. [본조신설 2009.3.5]

제11조 (재산 목록의 작성 · 비치) 전통사찰은 대통령령으로 정하는 바에 따라 재산 목록을 작성하여 갖추어 두어야 한다.

제12조 (사업) 전통사찰의 주지는 불교 목적의 범위에서 포교사업, 사회복지사업, 그 밖의 공익사업과 그 부대사업을 할 수 있다.

제13조 (경내지의 보호) ① 전통사찰의 경내지에 대하여 다른 법률에 따른 수용 · 사용 또는 제한의 처분을 하려는 자는 미리 문화체육관광부장관의 동의를 받아야 한다. 〈개정 2008.2.29〉

② 문화체육관광부장관은 제1항에 따른 동의를 하려면 전통사찰의 소속 대표단체의 대표자와 협의하여야 한다. 〈개정 2008.2.29〉

제14조 (전법용 건물 등의 압류 금지) 전통사찰의 소유로서 전법(傳法)에 제공되는 경내지의 건조물과 토지는 저당권이나 그 밖의 물권의 실행을 위한 경우 또는 파산한 경우 외에는 제4조에 따른 등록 후에 발생한 사법(私法)상의 금전 채권으로 이를 압류할 수 없다.

제15조 (주지의 재산 취득 금지) 전통사찰의 주지는 해당 사찰의 재산을 처분하는 경우에 그 재산을 취득할 수 없다.

제16조 (재산관리인의 임명) ① 문화체육관광부장관은 전통사찰의 주지가 제6조제2항, 제9조제1항 · 제2항 또는 제15조를 위반하거나 분규(紛糾)로 인하여 이 법의 목적을 달성할 수 없다고 인정되면 그 사찰의 재산관리인을 임명할 수 있다. 〈개정 2008.2.29〉

② 문화체육관광부장관은 제1항에 따른 전통사찰이 이 법의 목적을 달성할

수 있는 상태로 회복되었다고 인정되면 지체 없이 재산관리인을 해임하여야 한다. 〈개정 2008.2.29〉

제17조 (청문) 문화체육관광부장관 또는 시 · 도지사는 제5조제2항(주지의 신청에 따라 지정이 해제된 경우는 제외한다) 또는 제9조 제6항에 따라 지정을 해제하거나 허가를 취소하려면 청문을 하여야 한다. 〈개정 2008.2.29〉

제18조 (권한의 위임) 문화체육관광부장관은 그 권한의 일부를 대통령령으로 정하는 바에 따라 시 · 도지사에게 위임할 수 있다. 〈개정 2008.2.29〉

제19조 (보조금) 국가 또는 지방자치단체는 전통사찰의 보존 · 관리에 필요한 경비를 보조할 수 있다.

제20조 (문화재의 현상변경허가) 「문화재보호법」 제34조 제3호에 따라 현상(現狀) 변경허가를 받은 경우에는 제9조 제2항 제2호에 따른 허가를 받은 것으로 본다.

제21조 (벌칙) 다음 각 호의 어느 하나에 해당하는 자는 500만원 이하의 벌금에 처한다.

1. 세6조제2항을 위반한 자
2. 제9조제1항 및 같은 조 제2항 제1호 · 제2호에 따른 허가를 받지 아니하고 그에 해당하는 행위를 한 자
3. 제15조를 위반한 자

부칙 〈법률 제8348호, 2007.4.11〉

① (시행일) 이 법은 공포한 날부터 시행한다.

② (처분 등에 관한 일반적 경과조치) 이 법 시행 당시 종전의 규정에 따른 행정기관의 행위나 행정기관에 대한 행위는 그에 해당하는 이 법에 따른 행정기관의 행위나 행정기관에 대한 행위로 본다.

③ (벌칙에 관한 경과조치) 이 법 시행 전의 행위에 대하여 벌칙 규정을 적용할 때에는 종전의 규정에 따른다.

④ (다른 법령과의 관계) 이 법 시행 당시 다른 법령에서 종전의 「전통사찰보존법」 또는 그 규정을 인용한 경우에 이 법 가운데 그에 해당하는 규정이 있으면 종전의 규정을 갈음하여 이 법 또는 이 법의 해당 규정을 인용한 것으로 본다.

중요 참고 자료

[대장경류]

『景德傳燈錄』(『대정장』51).
『高僧傳』(『대정장』50).
『大乘起信論義記』(『대정장』44).
『大乘起信論纂註』,(『신찬대일본속장경』45).
『大乘起信論海東疏』,(『대정장』44).
『大慧普覺禪師書』(『대정장』47).
『佛祖統紀』(『대정장』49).
『宋高僧傳』(『대정장』50).
『祖堂集』2册(孫昌武 外 2人 點校, 北京: 中華書局, 2007).
『勅修百丈清規』(『대정장』48).
『大乘起信論筆削記會編』(『한불전』8).
『白雲和尙抄錄佛祖直指心體要節』(『한불전』6).
『禪門拈頌說話』(『한불전』5).
『禪文手鏡』(『한불전』10).

[단행본류]

건봉사 편, 『乾鳳寺本末事蹟』, 서울: 아세아 문화사, 1977.
고현섭, 『대혜보각선사서』, 서울: 밀알, 1989.
九山門徒會 엮음, 『九山禪師 上堂法語 九山禪門』, 전남: 불일출판사, 1994 초판, 1995 재판.
歐陽宜璋, 『碧巖集的言語風格硏究』, 圓明出版社, 臺灣: 民國83.
駒澤大學禪宗史硏究會編, 『慧能硏究』, 大修館書店, 東京: 昭和53.
김경집, 『한국 근현대불교사』, 서울: 경서원, 2000.
김광식, 『근현대불교의 재조명』, 서울: 민족사, 2000.
김광식, 『한국 근대불교사 연구』, 서울: 민족사, 1996.

김산·님 웨일즈 지음, 조우화 옮김, 『아리랑』, 서울: 동녘, 1993.
김성숙, 『운암 김성숙 선생 일기장』, 서울: (사)운암김성숙선생기념사업회 복사 간행, 2011.
김순석, 『일제시대 조선총독부의 불교정책과 불교계의 대응』, 서울: 경인문화사, 2003.
김영태, 『한국불교사개설』, 서울: 경서원, 1986.
金烏 太田 著, 『金烏集』, 서울: 동국역경원, 1974.
金烏 大禪師 지음, 재단법인 금오선수행 연구원 편찬, 『꽃이 지니 바람이 부네』, 서울: 마음달, 2010.
김지견 편, 『육조단경의 세계』, 서울: 민족사, 1989.
那波利貞, 『唐代社會文化史研究』, 東京: 創文社, 昭和52.
대한불교조계종 포교원, 『통일법요집』, 서울: 조계종출판사, 1998.
董誥 等 編, 『全唐文』, 上海: 上海古籍出版社, 1993.
杜佑 撰, 王文錦 外4人 點校, 『通典』, 北京: 中華書局, 1988.
礪波護, 『隋唐の佛教と國家』, 東京: 中央公論社, 1999.
瀧川政次郎, 『中國那法制史研究』, 東京: 湖南堂書店, 昭和54.
末木文美士·曹章祺, 『現代中國の佛教』, 東京: 平河出版社, 1996.
무생 법인, 『불교의식해설』, 서울: 정우서적, 1999.
梶山雄一, 『佛教存在知識』, 東京: 紀伊國屋書店, 1983.
梶山雄一 著·권오민 譯, 『인도불교철학』, 서울: 민족사, 1994.
班固, 『漢書(卷56)』「董仲舒傳 第26卷」, 北京: 中華書局, 1990, 6刷.
백련선서간행회, 『碧巖錄』전3책, 경남: 장경각, 1993.
백련선서간행회, 『從容錄』전3책, 경남: 장경각, 1993.
백상규 역, 『대승기신론』, 경성부: 대각교중앙총본부, 昭和5.
백상규 저, 『修心論』, 경성부: 대각교중앙본부, 昭和11.
백용성 선생 역, 『수능엄경 선한연의』, 경성부: 삼장역회, 1922.
백용성 선생 역, 『신역대장 금강마하반야바라밀경』, 경성부: 삼장역회, 1922.
백용성 선생 역, 『조선글화엄경』, 경성부: 삼장역회, 1928.
백용성, 『각해일륜』, 서울: 대중불교장학회, 1979.
봉암결사 60주년 학술세미나 자료집 간행위, 『봉암결사의 재조명과 역사적 의의』, 서울: 불교학연구소, 2007.

불경서당 훈문회 편, 『삼대화상연구논문집』, 경기: 불천, 1996.
불교문화연구소 편, 『한국정토사상연구』, 서울: 동대출판부, 1985.
謝重光, 『漢唐佛教社會史論』, 臺北 : 國際文化事業有限公司, 1990.
三寶學會 編, 『韓國近世佛教百年史』, 서울: 민족사, 1985.
釋明正 譯註, 『鏡虛集』, 경남: 통도사 극락선원, 1990.
釋炯埈 編, 『증보 해동불조원류』, 서울: 불서보급사, 1978.
성철 편역, 『돈황본단경』, 경남: 장경각, 1995.
성철 현토 편역, 『돈황본단경』, 경남: 장경각, 1988.
성철, 『백일법문』상·하, 경남: 장경각, 1993.
성철, 『本地風光』, 경남: 장경각, 1990, 3쇄본.
성철, 『本地風光 · 說話/무엇이 너의 본래면목이냐』1·2, 경남: 장경각, 2007·2009.
성철, 『신심명·증도가 강설』, 경남: 장경각, 1986.
성철, 『韓國佛教의 法脈』, 경남: 장경각, 1990.
신규탁 역, 『원각경』, 경기: 도서출판 깃발, 2009.
신규탁 편역, 『화엄과 선』, 서울: 정우서적, 2010.
신규탁, 『때 묻은 옷을 걸치며』, 서울: 정우서적, 2009.
신규탁, 『선사들이 가려는 세상』, 서울: 장경각, 1989.
신규탁, 『화엄의 법성철학』, 경기: 도서출판 깃발, 2008.
심재열 역주, 『역주 육조단경』, 경북: 불국선원, 1986.
安震湖 編, 『釋門儀範』, 京城府: 前卍商會, 1935 초판, 1983, 17판.
吳經態 著, 조영록 · 정인재 역, 『선학의 향연』, 서울: 동국역경원, 1980.
王立民, 『唐律新探』, 上海: 上海社會科學出版社, 1993.
龍潛庵, 『宋元語言詞典』, 上海: 上海辭典出版社, 1985.
운허 강화·월운 녹취, 『능엄경 강화』전3권, 서울: 동국역경원, 1993.
운허 역, 『수능엄경』, 서울: 동국역경원, 1970 초판, 1987, 3판.
운허 저, 『불교의 깨묵』, 서울: 동국역경원, 1972 초판, 1978, 54판.
운허 역주, 『수능엄경 주해』, 서울: 동국역경원, 1974.
袁賓, 『禪宗詞典』, 湖北: 湖北人民出版社, 1994.
圓仁 著·足立喜六 譯註, 『入唐求法巡禮行記』, 東京: 平凡社, 1991.
월운 역, 『화엄경 초역』, 서울: 동국역경원, 1978.
월운 역, 『선문염송』전5책, 서울: 동국역경원, 1972.

월운 역, 『선문염송·염송설화』전10책, 서울: 동국역경원, 2005.
월운 역, 『경덕전등록』전2책, 서울: 동국역경원, 1971.
월운 주해, 『원각경 주해』, 서울: 동국역경원, 1974.
월운 편, 『운허선사어문집』, 서울: 동국역경원, 1989 초판, 1992 재판.
월운 편, 『현토 교감 능엄경환해산보기』, 서울: 동국역경원, 2005.
월운 편저, 『삼화일용도집』, 서울: 비백, 1986.
월운 강화, 『大乘起信論講話』, 경기: 佛泉, 1993.
월운스님고희기념논총간행위, 『월운스님 고희기념 불교학논총』, 서울: 동국역경원, 1998.
은정희 역주, 『대승기신론소 별기』, 서울: 일지사, 1997, 7쇄.
이능화 저, 조선불교통사역주편찬위원회 역편, 『역주 조선불교사』6권, 서울: 동국대학교출판부, 2010.
李林甫 著·陳仲夫 點校, 『唐六典』, 北京: 中華書局, 1992.
이재복, 『弘法友』, 경기: 봉선사홍법강우회, 昭和13.
仁井田, 『唐令拾遺』, 東京: 東京大學出版會, 1933.
任繼愈, 『漢唐佛教思想論集』, 北京: 人民出版社, 1974.
入失義高 監修, 『禪語辭典』, 京都: 思文閣出版, 1991.
入失義高 外, 『雪竇頌古』, 東京: 筑摩書房, 昭和56.
入失義高 著·신규탁 역, 『禪과 문학－구도의 기쁨－』, 경남: 장경각, 1993.
入失義高, 『空花集』, 京都: 思文閣出版, 1992.
滋野井括, 『唐代佛教史論』, 京都: 平樂寺書店, 昭和48.
長孫無忌 撰, 『唐律疏議』, 京都: 中文出版社, 1982.
장순용, 『참선의 길』, 서울: 고려원, 1997.
田中謙二, 『ことばと文學』, 東京: 汲古書院, 1993.
정광호, 『근현대 한일 불교관계사 연구』, 인천: 인하대학교출판부, 1994.
諸戶立雄, 『中國佛教制度史の研究』, 東京: 平河出版社, 1990.
조명제, 『고려후기 간화선 연구』, 서울: 혜안, 2004.
종단사간행위원회 편, 『태고종사』, 서울: 한국불교출판부, 2006.
佐藤密雄 역주, 『大乘成業論』, 東京: 大藏出版, 1990 再版.
朱慶之, 『佛典與中古漢語詞彙研究』, 臺灣: 文津出版社, 1990.
眞覺慧諶 編·張雪峰 懸吐, 『懸吐 禪門拈頌』, 서울: 불서보급사, 1979.

청담 설법·심재열 기록, 『현대의 위기와 불교』, 서울: 원각사, 1970.
청담, 『신심명·선입문』, 『청담대종사전서』제2권, 서울: 청담문도회 간행, 1999.
청담기념사업회, 『청담대종사와 현대한국불교의 전개』, 서울: 청담문화재단, 2002.
崔恒·金國光 共編, 『經國大典』, 『朝鮮王朝法典集』1, 부산: 도서출판 민족문화사, 1983.
漢巖門徒會, 『修訂增補版 漢巖一鉢錄』, 서울: 민족사, 1996.
해인사 강원, 『수다라, 열 번째』, 경남: 해인사강원, 1995.
홍익대학교 박물관 편, 『참을 찾아서 ; 大悟 釋鐘燮 先生 所藏 석준 교수 기증 서화집』, 서울: 홍익대학교 박물관, 2009.

[논문류]

권탄준, 「華嚴과 解深密經의 十地說 比較」『한국불교학』제9집, 서울: 한국불교학회, 1984.
吉川忠夫, 「裴休傳 - 唐代の一士大夫と佛教 - 」『東方學報』第64册, 京都: 京都大人文科學研究所, 1992.
김광식, 「일제하의 역경」『대각사상연구』제5집, 서울: 대각사상연구원, 2002.
김광식, 「이성철의 불교개혁론」『퇴옹성철의 깨달음과 수행』, 서울: 예문서원, 2006.
김광식, 「홍월초의 꿈 ; 그의 교육관에 나타난 민족 불교」『월초큰스님과 근대 교육사업』, 경기: 봉선사, 2008.
김광재, 「1930년대 중국 관내지역의 독리운동과 김성숙」『제1회 운암 김성숙 선생 기념 학술대회 자료집』, 서울: (사)운암김성숙선생기념사업회, 2007.
김성철, 「「간디와 성철」을 읽고」『퇴옹성철의 깨달음과 수행』, 서울: 예문서원, 2006.
김영미, 「고려시대 불교계 통제와 율령 - 승려 행동 규제를 중심으로-」『사학연구』67호, 과천: 한국사학회, 2002.
김영배, 「朝鮮 初期의 譯經」『대각사상연구』제5집, 서울: 대각사상연구원, 2002.
김은중, 「'동국역경원' 사업에 대한 논평」『대각사상』제5집, 서울: 대각사상연구원, 2002.
김재국, 「일제강점기 고려시대 건축물 보존 연구」, 서울: 홍익대학교 대학원 박사학위 청구논문, 2007.
문선희(정수), 「龍城禪師의 『修心正路』에 대한 小考」『대각사상』제6집, 서울: 대각사상연구원, 2003.

박해당, 「성철법맥론에 대한 비판적 검토」『퇴옹성철의 깨달음과 수행』, 서울: 예문서원, 2006.

서명원, 「性徹선사 理解를 위한 考察」『불교학 연구』제17집, 서울: 불교학연구회, 2007.

손염홍, 「1920년대 중국지역에서 전개한 김성숙의 민족혁명과 사회주의 운동」『제1회 운암 김성숙 선생 기념 학술대회 자료집』, 서울: (사)운암김성숙선생기념사업회, 2007.

수다라 편집실, 「1947년 봉암사 결사」『修多羅』제10호, 경남: 해인사 강원, 1995.

신규탁, 「中國禪書의 번역을 위한 문헌학적 접근(1), (2)」『백련불교논집』, 경남: 장경각, 1991, 1992.

신규탁, 「선학의 실천행 -『雲門廣錄』에 나타난 실천행-」『원효학연구』제5집, 경주: 원효학연구원, 2000.

신규탁, 「봉선사 불경서당 훈문회 연기」『때 묻은 옷을 걸치며』, 서울: 정우서적, 2009.

신규탁, 「보조 지눌 사상의 통시적(通時的) 현재성(現在性)」『보조사상』36집, 서울: 보조사상연구원, 2011.

耘虛龍夏, 「카멜 몬트레이 체류기」『耘虛禪師語文集』, 월운 편, 서울: 동국역경원, 1992 재판.

원영만, 「고려시대 승관제 연구」, 서울: 동국대학교 대학원 박사학위 청구논문, 2010.

尹暢和, 「漢岩의 自傳的 求道記 〈一生敗闕〉」『漢岩思想研究』제1집, 서울: 한암사상연구원, 2006.

이덕진, 「龍城震鐘의 선사상에 관한 일고찰」『한국불교학』제48집, 서울: 한국불교학회, 2007.

장원규, 「菩薩十地의 展開에 對한 考察」『불교학보』제2집, 서울: 동국대학교 불교문화연구소, 1964.

조지훈, 「독선심의 장벽-이청담師의 所論을 읽고」『청담대종사전서』제4권, 서울: 청담문문도회, 1999.

池田知久, 「中國古代の天人相關論」『世界像の形成』, 溝口雄三 外三人 編, 東京: 東京大學出版會, 1994.

한동민, 「한국 불교계의 변화와 奉先寺 주지 洪月初」『중앙사론』제18집, 서울: 한국중앙사회학, 2003.

한동민, 「한국근대 불교사와 홍월초 스님」『월초큰스님과 근대 교육사업』, 경기: 봉선사, 2008.

한태식(보광), 「백용성 선사의 역경활동과 그 의의」『대각사상』 제5집, 서울: 대각사상연구원, 2009.

한상도, 「중경 임정 시기 김성숙의 활동과 정치사상」『제1회 운암 김성숙 선생 기념학술대회 자료집』, 서울: (사)운암김성숙선생기념사업회, 2007.

허우성, 「간디와 성철」『퇴옹성철의 깨달음과 수행』, 서울: 예문서원, 2006.

[기타]

〈법제처 국가법령정보센터〉 http://www.law.go.kr

〈불교신문〉 http://www.ibulgyo.com/news

〈운암김성숙기념사업회〉 http://www.kimsungsuk.org

〈中國國家宗教事務局〉 http://www.sara.gov.cn/gb/zcfg

朝鮮總督府官報(日刊) 第227號.

朝鮮總督府官報(日刊) 第257號.

朝鮮總督府官報(日刊) 第2874號.

朝鮮總督府官報(日刊) 第901號.

[이 책에 사용된 필자 논문]

제1장 : 「漢巖禪師의 '僧家五則'과 曹溪宗의 信行」『한암사상』제3집, 서울: 한암사상연구원, 2009.

제2장 : 「불교 교단과 승려에 관한 규제 법령 소고-당률령·조선사찰령·불교재산관리법을 중심으로-」『불교와 수행』, 서울: 동국대학교 교수 법산 스님 정년퇴임기념논문간행위원회, 2011. ; 「국법에 의한 불교 교단 규제 연구-불교의 자주권 회복을 위한 '거울'-」『대학원논문집』제3집, 경기: 중앙승가대학, 2012.

제3장 : 「한역(漢譯) 불전의 한글 번역에 나타난 경향성 고찰-간경도감· 백용성·이운허·김월운 선사들의 경우를 중심으로-」『동아시아불교문화연구』제6집, 부

산: 2010.

제4장 : 「대한불교조계종 현행 '상단칠정례' 고찰」『정토학연구』제16집, 서울: 한국정토학연구회, 2011.

제5장 : 「『六祖壇經』과 용성 선사」『대각사상』제12집, 서울: 대각사상연구원, 2009.; 「『覺海日輪』분석 -동북아시아 불교의 전통과 관련하여-」『대각사상』제11집, 서울: 대각사상연구원, 2008.

제6장 : 「南宗禪의 地平에서 본 方漢巖 禪師의 禪思想-返照와 看話-」『한암사상』제2집, 서울: 한암사상연구원, 2007.

제7장 : 「운허의 생애와 불교사상 소고-불교의 경학 방면을 중심으로-」『불교학연구』제19호, 서울: 불교학연구회, 2008.

제8장 : 「이념 사상가로서 김성숙이 지니는 현대적 의의」『대가사상』제16집, 서울: 대각사상연구원, 2011.

제9장 : 「근현대 한국불교 지평에서 본 태허조사의 불교관」『태허조사 一大事因緣을 말하나』, 이홍파 편, 서울: 도서출판 범성, 2010.

제10장 : 「금오 선사의 선사상」『金烏 스님과 한국불교』, 금오선수행연구원 편, 서울: 동국대 종학연구소, 2011.

제11장 : 「청담순호 스님의 선사상-『신심명』 이해를 중심으로」『청담사상 학술 세미나 자료집』제9회, 서울: 청담사상연구소, 2010.

제12장 : 「九山 禪師의 上堂法語集 『九山禪門』 分析 試論」『보조사상』제38집, 서울: 보조사상연구원, 2012.

제13장 : 「『本地風光』과 臨濟禪風」『백련불교논집』제4집, 경남: 백련불교문화재단, 1994. ; 「성철 선사의 불교관에 나타난 개혁적 요소 고찰」『한국불교학』제49집, 서울: 한국불교학회, 2007.

찾아보기

ㄱ

ㅅ

ㅇ

ㅈ

ㅊ

ㅌ

저　자 | 신규탁(辛奎卓)

경기도 이천 부발에서 태어나 연세대 철학과를 졸업했다. 대학 시절 경기도 광릉 봉선사 월운 강백의 인연으로 경학에 뜻을 두었고, 1994년 동경대학 대학원 중국철학과에서 「圭峰宗密の'本覺眞心'思想硏究」로 文學博士 학위를 받았다. 그 후 연세대 철학과 교수로 재직하면서 화엄철학, 선불교, 중국철학사 등을 강의한다. 60여 편의 논문을 발표했고 우수연구실적표창과 우수강의교수상을 받았다. 저서로는 『선학사전(공저)』(불지사), 『선사들이 가려는 세상』(장경각), 『화엄의 법성철학』(깃발), 『때 묻은 옷을 걸치며』(정우서적) 등이 있고, 번역서로는 『선과 문학』(장경각), 『원각경』(깃발), 『화엄과 선』(정우서적) 등이 있다.

e메일: ananda@yonsei.ac.kr

한국 근현대 불교사상 탐구　값27,000원

2012년 3월 23일 초판인쇄
2012년 3월 27일 초판발행

지은이　신 규 탁
발행인　成 珍 慶

발행처　**새문사**
등록번호　제1-273호(1977.9.19)

주소 : 서울시 마포구 대흥로6길 6-12(용강동 494-80)
전화 : (02)715-7232(代), 717-7235, Fax : (02)715-7235
E-mail : sinlon@saemoon.co.kr
website : www.saemoonbook.com
ISBN : 978-89-7411-327-8 93220